प्राचीन भारत का इति

प्राचीन भारत का इतिहास

भाग – 2

डॉ. कैलाश खन्ना

arjun अर्जुन पब्लिशिंग हाउस

प्राचीन भारत का इतिहास (दो भागों में)

संस्करण : 2026

ISBN : 81-88775-07-X (Set)

प्रकाशक :

अर्जुन पब्लिशिंग हाउस

4831/24, गोविन्द लेन
अंसारी रोड, दरियागंज
नई दिल्ली—110002
फोन : 23242541, 23272541
e-mail : arjunbooks2001@gmail.com
arjunpubhouse@gmail.com

टाइपसेटिंग :

डिम्पल कम्प्यूटर्स

दिल्ली—110092

प्रिन्टर्स :

बालाजी डिजिटल

दिल्ली

भूमिका

साक्ष्यों तथा स्रोतों के आधार पर प्राचीन भारत के इतिहास के ज्ञान में निरन्तर वृद्धि हुई है और आगे भी बहुत कुछ होने की सम्भावना है। इससे स्पष्ट है कि प्राचीन भारत के इतिहास का ज्ञान प्राप्त करने की पर्याप्त सामग्री उपलब्ध है और इस कारण यह भी स्वीकार्य है कि भारतीय इतिहास-रचना की प्रवृत्ति से सर्वथा उदासीन न थे। भारतीयों ने ऐतिहासिक ज्ञान को विस्तृत ज्ञान का एक अंग माना और धर्म, नैतिकता, राजनीति, अर्थव्यवस्था, साहित्य आदि के साथ सम्मिलित कर दिया। इस कारण यह भी माना जाता है कि भारत में ज्ञान की एक पृथक् शाखा के रूप में इतिहास की रचना मुसलमानों के आने के समय से आरम्भ हुई। इस कारण पर्याप्त सामग्री उपलब्ध होते हुए भी प्राचीन भारत के इतिहास को जानने में बहुत कठिनाई और देरी हुई।

एक अन्य दृष्टि से भी भारतीयों ने गलती की। भारत के प्राचीन इतिहास और उसकी सभ्यता के गौरव को जानने का कार्य स्वयं भारतीयों ने नहीं बल्कि अंग्रेज विद्वानों ने आरम्भ किया जिसके कारण भारतीय इतिहास के बारे में विभिन्न भ्रान्तिपूर्ण धारणाओं का निर्माण हुआ। निस्सन्देह, अब भारतीय विद्वानों ने अपने प्रयत्नों के कारण इन भ्रान्तिपूर्ण धारणाओं को दूर करके प्राचीन भारत के इतिहास को उसका उचित स्थान प्रदान कराने में सफलता प्राप्त की है और इस दिशा में निरन्तर खोज और शोध का कार्य चल रहा है।

प्राचीन भारतीय इतिहास के इस साक्ष्य के विविध पक्षों को उजागर करने वाली अपने ढंग की यह अकेली पुस्तक है। आम छात्रों-अध्यापकों के अतिरिक्त शोधकर्त्ताओं और प्रतियोगी परीक्षाओं के छात्रों के लिए भी यह पुस्तक अत्यंत महत्वपूर्ण सामग्री उपलब्ध कराती है।

डा. कैलाश खन्ना

विषयानुक्रमणिका

9 शुंग, कण्व एवं सातवाहन

मौर्य साम्राज्य भारत का प्रथम विशाल साम्राज्य था। इस साम्राज्य के युग में भारत को जो राजनीतिक, सामाजिक तथा सांस्कृतिक एकता प्राप्त हुई वह पहले कभी प्राप्त नहीं हुई थी। चक्रवर्ती सम्राट अशोक के काल में यह एकता चरम सीमा तक पहुँच गयी थी परन्तु अशोक की मृत्यु के पश्चात् यह एकता समाप्त हो गयी। भारत न केवल राजनीतिक दृष्टि से अपितु सामाजिक तथा सांस्कृतिक दृष्टि से भी छिन्न-भिन्न हो गया। मौर्य साम्राज्य के पतन होने के पश्चात् भारत में अनेक छोटे-छोटे राज्य स्थापित हो गये। इस विकेन्द्रित शक्ति के कारण भारत पर विदेशी आक्रमण आरम्भ हो गये। सामाजिक क्षेत्र में वर्णाश्रम धर्म ने फिर जोर पकड़ा और ब्राह्मणों का महत्त्व फिर से बढ़ गया। इस काल में अहिंसा की प्रवृत्ति धीमी हो गयी और हिंसा की गति तेज हो गयी।

185 ई० पू० में मौर्यवंश के अन्तिम शासक बृहद्रथ की हत्या करके उसके सेनापति ने मगध में शुंग वंश की स्थापना की। शुंग ब्राह्मण थे और इन्होंने फिर से ब्राह्मण धर्म की स्थापना की। वह बौद्धधर्म का विरोधी था और उसने बौद्धों के ऊपर अनेक प्रकार के अत्याचार किये। पुष्यमित्र ने 36 वर्ष (185-148 ई० पू०) तक शासन किया। पुराणों के अनुसार शुंग वंश में 10 राजा हुए जिन्होंने 112 वर्ष तक शासन किया। शुंग वंश का अन्तिम शासक देवभूति था जिसको मारकर उसके अमात्य वसुदेव ने कण्व वंश की नींव रखी। इस वंश में चार राजा हुए जिन्होंने पुराणों के अनुसार 45 वर्ष तक शासन किया। इस वंश का अन्तिम शासक सुदर्शन था। जिसका आन्ध्र अथवा सातवाहन वंश के सिन्धुक नामक व्यक्ति ने वध कर दिया और सातवाहन वंश की सत्ता स्थापित की। इसमें गौतमीपुत्र शातकर्णी, श्री पुलुमावि और यज्ञश्री सातकर्णी जैसे प्रसिद्ध शासक हुए। इस प्रकार इन वंशों ने लगभग 500 वर्षों तक भारत में शासन किया।

शुंग वंश (185 ई० पू० — 73 ई० पू०)

लगभग 187-186 ई० पू० में मौर्यवंश के अन्तिम शासक बहद्रथ की हत्या करके पुष्यमित्र ने मगध में शुंग वंश की स्थापना की। पुष्यमित्र के राजवंश के विषय में विद्वानों में विवाद है। कालिदास के 'मालविकाग्निमित्रम्' के अनुसार शुंग बैम्बिक वंश से संबंधित थे। पुराणों और हर्षचरित्र में पुष्यमित्र को शुंग वंशीय बताया गया है।

तिब्बती लेखक तारानाथ स्पष्ट रूप से पुष्यमित्र को ब्राह्मण राजा कहता है। अधिकांश इतिहासकारों ने पुष्यमित्र को शुंगवंशीय शासक ही स्वीकार किया है।

पुष्यमित्र शुंग

पुष्यमित्र शुंग शुंगवंश का संस्थापक और प्रसिद्ध शासक था। पुराणों के अनुसार उसने 36 वर्ष शासन किया और मगध के जीर्ण साम्राज्य को फिर से संगठित करने का प्रयास किया। उसने मौर्य वंश के अन्तिम शासक वृहद्रथ को मारकर शुंग राजवंश की नींव रखी। हर्षचरित्र से भी ज्ञात होता है कि राजा वृहद्रथ जब सेना का निरीक्षण कर रहा था तो उसके सेनापति ने अपने स्वामी की हत्या कर दी।

विजयें—पुष्यमित्र शुंग ने अनेक विजयें कीं जो निम्नलिखित हैं–

1. विदर्भ के विरुद्ध युद्ध—'मालाविकाग्निमित्रम्' के अनुसार पुष्यमित्र ने विदिशा (पूर्वी मालवा) में अपने पुत्र अग्निमित्र को गवर्नर (गोप्ता) नियुक्ति किया था। अग्निमित्र को विदर्भ या बरार के शासक यज्ञसेन से युद्ध करना पड़ा। वस्तुत: यज्ञसेन मौर्य मंत्री का सम्बन्धी था और युग वंश का शत्रु था। मगध के विस्तार के समय पुष्यमित्र ने उसे आत्मसमर्पण करने के लिए कहा। परन्तु उसने ऐसा नहीं किया। पुष्यमित्र ने यज्ञसेन के चचेरे भाई माधवसेन को अपनी ओर मिला लिया परन्तु शीघ्र ही यज्ञसेन के सैनिकों ने उसे गिरफ्तार कर लिया। पुष्यमित्र ने उसे छोड़ने के लिए कहा। उसके द्वारा कुछ शर्त रखने पर अग्निमित्र ने वीरसेन को यज्ञसेन पर आक्रमण करने की आज्ञा दे दी। यज्ञसेन हार गया और माधवसेन मुक्त हो गया। बाद में विदर्भ का राज्य यज्ञसेन और माधवसेन में बांट दिया गया। वर्धा नदी दोनों के राज्य की सीमा थी।

2. यवनों से युद्ध—पुष्यमित्र को यवनों के साथ भी युद्ध करना पड़ा। पतंजलि के महाभाष्य से ज्ञात होता है कि जिस समय पतंजलि ने पुष्यमित्र का अश्वमेघ यज्ञ करवाया उस समय एक आक्रमण में यूनानियों ने चित्तौड़ के निकट माध्यमिका नगरी और अवध में साकेत का घेरा डाला किन्तु पुष्यमित्र ने उन्हें पराजित किया। गार्गी संहिता के युग पुराण खण्ड में भी लिखा है कि दुष्ट पराक्रमी यवनों ने साकेत, पांचाल और मथुरा को जीत लिया। सम्भवत: इस युद्ध में विजयी होकर ही पुष्यमित्र वहद्रथ को मारकर राजा बना हो। कालिदास ने यूनानियों के एक दूसरे पर आक्रमण का वर्णन अपने नाटक 'मालविकाग्निमित्रम्' में किया है। यह युद्ध कौशाम्बी के निकट हुआ। इसका प्रमाण एक मुद्रा है जिस पर यवन आक्रमण का दृश्य अंकित है। इस युद्ध में पुष्यमित्र के पौत्र और अग्निमित्र के पुत्र वसुमित्र ने यूनानियों को हराया। सम्भवत: इस युद्ध का कारण यूनानियों द्वारा अश्वमेघ घोड़े को पकड़ना हो सकता है। डी०सी० सरकार, राधाकुमुद मुकर्जी और सुधाकर चट्टोपाध्याय के अनुसार यह आक्रमणकारी डेमेट्रियस था परन्तु वासुदेव शरण अग्रवाल और ली०आर० शर्मा ने इसे मिनेण्डर

स्वीकार किया है। हाल में इलाहाबाद से मिनेण्डर का एक अभिलेख मिला है जिससे इस आक्रमण की पुष्टि होती है।

3. **कलिंग से युद्ध**—डा० स्मिथ और डा० जायसवाल जैसे इतिहासकारों का विचार है कि पुष्यमित्र और कलिंगराज खारवेल के मध्य भी युद्ध हुआ था जिसमें खारवेल को सफलता प्राप्त हुई। परन्तु अधिकांश विद्वान इस विचार से सहमत नहीं हैं क्योंकि दोनों शासक समकालीन नहीं थे। इस सम्बन्ध में हेमचन्द्र रायचौधरी और आर०एस० त्रिपाठी ने अनेक प्रमाण प्रस्तुत किये हैं। ऐसी स्थिति में दोनों के मध्य युद्ध सम्भव नहीं है।

साम्राज्य विस्तार—प्राप्त प्रमाणों से ज्ञात होता है कि पुष्यमित्र ने सम्भवत: पश्चिमी क्षेत्रों पर अधिकार कर लिया था। दक्षिण में उसका साम्राज्य नर्मदा नदी तक फैला था। पाटलिपुत्र, विदिशा, अयोध्या आदि नगर उसके साम्राज्य में थे। दिव्यावदान और तारानाथ के विवरण से ज्ञात होता है उसका राज्य जालंधर और सियालकोट में भी था।

धर्म—पुष्यमित्र ब्राह्मण धर्म का समर्थक था। उसे ब्राह्मण धर्म का पुनसंस्थापक कहा गया है। उसने ब्राह्मण धर्म की परम्परा को अपनाते हुए अश्वमेघ यज्ञ करवाया और रीति-रिवाजों को जारी किया। बौद्ध ग्रन्थों से ज्ञात होता है कि उसने बौद्धों के ऊपर अनेक प्रकार के अत्याचार किये। कहा जाता है कि उसने अनेक बौद्धविहारों को नष्ट करवा दिया था और अन्य बौद्ध अनुयायियों की हत्या करवा दी थी। ये विचार अत्यधिक सत्य के निकट नहीं प्रतीत होते। यह सही है कि वह ब्राह्मण धर्म का समर्थक था परन्तु वह असहिष्णु नहीं था। भरहुत का प्रसिद्ध बौद्ध स्तूप शुंग शासकों के काल में ही बनाया गया था। यदि वह विरोधी होता तो यह कार्य नहीं हो पाता।

मूल्यांकन—पुष्यमित्र शुंग की उपलब्धियों से ज्ञात होता है कि वह एक श्रेष्ठ सम्राट था। उसने सेनापति के रूप में मौर्य वंश का विनाश किया और शुंग राजवंश की स्थापना की। एक योद्धा के रूप में उसने विदर्भ पर अधिकार किया, यवनों को पराजित करके अपने साम्राज्य की शक्ति और वैभव का विस्तार किया। वह एक कुशल और योग्य शासक भी था। उसने अपने साम्राज्य को सुव्यवस्थित और सुसंगठित भी किया। उसने अपने साम्राज्य के विभिन्न भागों में उपराजा और अन्य अधिकारियों की नियुक्ति की। वह एक धर्म-सहिष्णु शासक था। वह हिन्दू धर्म का एक सफल पुनरुद्धारक था। वह विद्वानों का आश्रयदाता था। उसके काल में कला का खूब विकास हुआ।

पुष्यमित्र के उत्तराधिकारी—151 ई० पू० में पुष्यमित्र शुंग की मृत्यु हो गयी और उसके बाद उसका पुत्र अग्निमित्र गद्‌दी पर बैठा। उसने अपने पिता के काल में विदर्भ के शासक यज्ञसेन को पराजित किया था। अग्निमित्र के पश्चात् सुजश्रेष्ठ या वसुज्येष्ठ शासक हुआ जिसके बारे में विशेष जानकारी नहीं मिलती। चौथा शुंग शासक

वसुमित्र था। उसने अपने पितामह पुष्यमित्र के शासन काल में यवनों के विरुद्ध यज्ञ के घोड़े की रक्षा की। हर्षचरित्र के अनुसार मित्रदेव नामक व्यक्ति ने उसका वध कर दिया था।

आगे चलकर शुंग शासकों ने अपनी राजधानी पाटलिपुत्र से हटाकर विदिशा में स्थापित की। भागभद्र ने यहीं रहकर शासन किया। उसके राजदरबार में यवन शासक द्वारा भेजे गये राजदूत हेलियोडोर आया था। उसका एक अभिलेख प्राप्त हुआ है। उसी के द्वारा विदिशा में गरूड़-ध्वज स्थापित किया गया। भागभद्र एक शक्तिशाली शासक था और अपनी शक्ति बढ़ाने के लिए दूसरे देशों से सम्बन्ध स्थापित किया। पुराणों के अनुसार दसवां और अन्तिम शुंग शासक देवभूति या देवभूमि था जो अपने ब्राह्मण मंत्री वसुदेव के द्वारा मारा गया।

कण्व वंश

73 ई० पू० में शुंग वंश के शासन का अन्त हो गया। वसुदेव ने अन्तिम शुंग शासक देवभूति की हत्या करके कण्व राजवंश के शासन की स्थापना की। कण्व वंश के शासक भी ब्राह्मण थे। पुराणों के अनुसार कण्व वंश के चार राजाओं ने 45 वर्ष तक शासन किया। वसुदेव का शासन 9 वर्ष का था। उसका पुत्र भूमिमित्र 14 वर्ष बाद उसके पुत्र नारायण ने 12 वर्ष तथा नारायण के बाद उसके पुत्र सुशर्मा ने 10 वर्ष तक शासन किया। इस प्रकार कण्व वंश के चार शासकों ने लगभग 45 वर्ष तक शासन किया। कण्वों को शुंग भृत्य भी कहा गया है। इससे पता चलता है कि इन्होंने राजसत्ता तो अपने हाथ में ले ली किन्तु अपने स्वामी का अन्त नहीं किया था बल्कि उन्हें नाममात्र के लिए राजा बना रहने दिया। वसुदेव और उसके उत्तराधिकारियों के समकालीन जो शुंग राजा थे, वे इतने महत्त्वहीन थे कि उनके नामों का उल्लेख नहीं हुआ।

कण्व भी ब्राह्मण थे, इसलिए उन्होंने ब्राह्मण धर्म की उन्नति के लिए विशेष प्रयास किया। इनका काल राजनैतिक दृष्टि से महत्त्वपूर्ण नहीं था। इस काल में मगध साम्राज्य का विघटन हुआ। अनेक प्रदेश उसने साम्राज्य से स्वतंत्र हो गये। कण्व शासकों में इतनी शक्ति नहीं थी कि वे साम्राज्य को बिखरने से रोक सकते। उनके काल में मगध साम्राज्य में केवल बिहार, उत्तर प्रदेश का कुछ भाग शामिल था। कण्वों की राजसत्ता का आन्ध्र भृत्यों ने अन्त कर दिया। डॉ० भण्डारकर के अनुसार उन्होंने कण्व वंश के उन्मूलन के साथ-साथ शुंगों के अवशेषों को भी समाप्त कर दिया। कण्व वंश के शासन को पतन तक पहुँचाने वाले मगध के शासक नहीं थे।

सातवाहन वंश

पुराणों के अनुसार आन्ध्र और सातवाहन एक ही थे। वस्तुत: वे मौर्यों के उत्तराधिकारी थे। दोनों के मध्य की अवधि में शुंगों और कण्वों ने शासन किया। पुराणों में केवल

आन्ध्रों का उल्लेख मिलता है परन्तु अभिलेखों में सातवाहनों का वर्णन मिलता है, आन्ध्रों का नही। सातवाहनों का सर्वाधिक प्राचीन अभिलेख ई० पू० प्रथम शताब्दी का है, जब उन्होंने कण्वों को पराजित कर मध्य भारत के कुछ भागों में अपनी सत्ता स्थापित की। आरम्भिक सातवाहन राजा आन्ध्र में ही नहीं, महाराष्ट्र में थे जहाँ उनके आरम्भिक अभिलेख मिले हैं। उन्होंने अपनी सत्ता ऊपरी गोदावरी घाटी में स्थापित की।

सातवाहन शासक—पुराणों के अनुसार इस वंश के 30 शासक थे जिन्होंने लगभग 456 वर्ष शासन किया। कुछ पुराण यथा वायु पुराण के अनुसार केवल 19 शासकों ने 300 वर्ष तक शासन किया। प्रमुख शासक निम्नलिखित हैं—

1. **सीमुक**—पुराणों के अनुसार सीमुक ने कण्व वंश के अन्तिम शासक सुशर्मा की 23 ई० पू० में हत्या करके मगध के सिंहासन को प्राप्त किया। यद्यपि आन्ध्र लोग मौर्य वंश के पतन के पश्चात् स्वतंत्र हो गये थे, किन्तु उत्तर भारत में उनकी प्रसिद्धि कण्व वंश के साम्राज्य को हड़प लेने से हुई। सम्भवत: सीमुक की मृत्यु मगध की गद्दी प्राप्त करने के पश्चात में हुई।

2. **कृष्ण**—सीमुक के पश्चात् उसका छोटा भाई कृष्ण सिंहासन पर बैठा। वह बड़ा प्रतापी था और उसने राज्य शक्ति को बढ़ाना आरम्भ किया। उसने लगभग 18 वर्ष तक शासन किया। नासिक विजय उसके समय की प्रमुख घटना थी। उसके समय की बनी हुई एक गुफा को आज भी देखा जा सकता है।

3. **श्रीशातकर्णी**—श्री शातकर्णी इस वंश का तीसरा शासक था जो इस वंश के संस्थापक राजा सिमुक का पुत्र था। इस प्रतापी राजा ने आधुनिक बरार, मध्य प्रदेश तथा हैदराबाद पर विजय प्राप्त की और कई अश्वमेघ यज्ञ कराये। वह शुंग वंश के राजा पुष्यमित्र का समकालीन था। उसने दक्षिण तथा उत्तर भारत में कई युद्ध किये और आन्ध्र को एक शक्तिशाली राज्य बना दिया। उसके साम्राज्य में वर्तमान महाराष्ट्र, मालवा, हैदराबाद, बरार आदि प्रदेश शामिल थे। उसने प्रतिष्ठान नामक एक नई राजधानी भी बसाई। उसने महाराष्ट्र की राजकुमारी नागनिका से विवाह किया।

श्री शातकर्णी के पश्चात् इस वंश के शासकों के विषय में विशेष जानकारी नहीं मिलती। सम्भवत: पश्चिमी भारत में शक शासकों ने इस वंश को भारी क्षति पहुँचायी। फलस्वरूप इस वंश के लगभग 100 वर्षों का इतिहास अंधकारमय है। राजा हल सातवाहन वंश का 17वां शासक था, जिसका नाम युद्ध में विजयों के कारण नहीं वरन् कला तथा विद्या के क्षेत्र में उन्नति करने के कारण प्रसिद्ध हुआ। उसने 'सप्त शतक' नामक एक ग्रन्थ भी लिखा।

4. **श्री गौतमीपुत्र शातकर्णी**—श्री गौतमी पुत्र शातकर्णी सातवाहन सम्भवत: इस वंश का एक प्रतापी शासक था जिसने 106 ई० से 130 ई० तक शासन किया। इसके

आरम्भिक जीवन के विषय में विशेष जानकारी नहीं मिलती। पुराणों के अनुसार वह सातवाहन वंश का 23वां शासक था।

विजयें एवं साम्राज्य—गौतमीपुत्र शातकर्णी को शक, यवन, हूणों का विनाशक तथा सातवाहनों की कीर्ति का संस्थापक कहा गया है। क्षहरातों का विनाश इसकी सबसे महत्त्वपूर्ण उपलब्धि थी। नहपान के सिक्कों को उसने पुनराहत कराया। उसके शासन के 18वें वर्ष के नासिक अभिलेख से उसके द्वारा उस भूमि के दान का ज्ञान होता है जो नहपान के दामाद ऋषभदत्त के अधीन थे। नासिक अभिलेख से उसके द्वारा अधिकृत किये गये क्षेत्र का उल्लेख है। उनमें अपरान्त (उत्तरी कोंकण), अनूप निर्माण (नर्मदा का ऊपरी भाग), सौराष्ट्र, कुकुर (गुजरात), आकर (पूर्वी मालवा) अवन्ति (पश्चिमी मालवा) आदि नहपान को पराजित करके जीता था। उसका ऋषिक (कृष्णा के तट पर), अश्मक (हैदराबाद राज्य), मूलक (आधुनिक पैठन) तथा विदर्भ पर भी अधिकार था। इस प्रकार इसका साम्राज्य दक्षिण में कृष्णा से मालवा और उत्तर में सौराष्ट्र तथा पूर्व में बरार से पश्चिम में कोंकण तक फैला हुआ था।

व्यक्तित्व—नासिक अभिलेख में गौतमीपुत्र शातकर्णी के व्यक्तित्व की पर्याप्त प्रशंसा की गयी है। वह सुन्दर व्यक्तित्व वाला व्यक्ति था। उसका मुखमण्डल तेजस्वी तथा प्रभावशाली भी। वह दयावान मृदुभाषी था। उसकी भुजायें लम्बी और बलिष्ठ थीं। वह सबका रक्षक था। वह अपनी माँ का आज्ञाकारी पुत्र था और घातक शत्रुओं से भी नहीं डरता था। वह गुणवान् व्यक्तियों का आश्रयदाता था। वह एक कुशल और प्रतिभाशाली शासक था। शातकर्णी अपनी प्रजा से प्रेम करता था। वह प्रजा से बहुत कम कर लेता था और अपराधियों से उदार व्यवहार करता था। अभिलेख से यह भी ज्ञात होता है कि उसने ब्राह्मण धर्म का पुनरुत्थान किया। उसने वैदिक अनुष्ठानों को महत्त्व प्रदान किया। बौद्धधर्म और विदेशियों से सम्पर्क के कारण जो वर्णशंकर उत्पन्न हुआ था, उसे उसने समाप्त कर दिया। इस प्रकार गौतमीपुत्र शातकर्णी एक श्रेष्ठ सम्राट था।

5. श्री पुलुमावि—श्री पुलुमावि 130 ई० में अपने पिता के पश्चात् गद्दी पर बैठा। उसके समय में शक जाति के साथ युद्ध चलते रहे। शक राजा रुद्रदमन ने आन्ध्र नरेश को कई बार पराजित किया। परिणामस्वरूप पुलुमावि ने रुद्रदमन को अपने राज्य का कुछ भाग देकर अपनी पुत्री का विवाह उससे कर दिया। परन्तु उसके बाद भी दोनों पक्षों में संघर्ष चलता रहा और 159 ई० में श्री पुलुमावि की मृत्यु हो गयी।

6. यज्ञश्री शातकर्णी—यज्ञश्री शातकर्णी आन्ध्र वंश का अन्तिम प्रसिद्ध शासक था। उसके समय में शकों के साथ आन्ध्रों के युद्ध चलते रहे। उसने अपने पिता के समय के प्रदेशों को शकों से पुनः प्राप्त करने का प्रयत्न किया। प्राप्त लेखों से ज्ञात होता है कि यज्ञश्री का समुद्र पार के देशों के साथ भी अच्छा सम्बन्ध था।

यज्ञश्री शातकर्णी के छः उत्तराधिकारी थे जो बड़े अयोग्य तथा दुर्बल थे और उनके शासन काल में आन्ध्रवंश का पूर्णतया पतन हो गया और पल्लव आदि वंश इसके खण्डहरों पर अपना राज्य स्थापित करने में सफल हुए। इस वंश के पतन का प्रमुख कारण शकों द्वारा उसे भारी आघात पहुँचाना था।

सातवाहनकालीन समाज एवं संस्कृति

सातवाहन सभ्यता और संस्कृति के मूल तत्कालीन अभिलेख एवं साहित्य हैं। इसके अलावा स्मारकों तथा सिक्कों से भी जानकारी प्राप्त होती है।

(1) **राजनैतिक दशा**—मौर्यवंशीय सम्राटों के समान आन्ध्र वंशीय शासक भी निरंकुश थे किन्तु वे उनकी तरह प्रजापालक नहीं थे। उन्होंने स्थानीय संस्थाओं को स्वतंत्रता दी थी। सम्पूर्ण राज्य का कार्य छोटे-छोटे जागीरदारों को सौंप रखा था जो केवल भूमि की ही व्यवस्था नहीं करते थे बल्कि छोटे-छोटे भूभागों की व्यवस्था करते थे। वे अपने-अपने क्षेत्र के छोटे राजा की भांति कार्य करते थे। वे अपने नाम के सिक्के चलाते थे और किसानों में भूमि का वितरण करते थे। राजा कई प्रकार के अधिकारियों की सहायता से उन पर नियंत्रण रखते थे। इस वंश के राजा बड़े प्रतापी थे। अधिकांश शासक शातकर्णी की उपाधि धारण करते थे।

सातवाहनों की सेना चार भागों में विभाजित थी तथा वह पूर्णरूप से संगठित थी। नगरों को बड़ी दीवारों, परकोटों तथा दरवाजों द्वारा सुरक्षित रखा जाता था। राजा जनकल्याण के लिए विशेष चिन्तित रहता था।

(2) **सामाजिक दशा**—उन दिनों दक्षिण भारत में समाज प्रायः चार श्रेणियों में विभाजित था जिनका विभाजन आर्थिक आधार पर किया जाता था—

(*i*) प्रथम श्रेणी में सर्वश्रेष्ठ सामन्त तथा बड़े अधिकारी आते थे जो प्रान्तों एवं जिलों में नियंत्रण रखते थे।

(*ii*) द्वितीय श्रेणी में अमात्य, महामात्र, छोटे व्यापारी संघ के नेता आदि धनी व्यक्ति आते थे।

(*iii*) तृतीय श्रेणी में मध्यम वर्ण के लोग थे। इनमें वैद्य, लेखक, किसान, सुनार, गंधिक आदि आते थे।

(*iv*) चतुर्थ श्रेणी में बढ़ई, लुहार और माली आदि छोटी जातियां आती थीं।

समाज की सबसे छोटी इकाई परिवार थी। परिवार में सबसे वृद्ध व्यक्ति मुखिया होता है जिसका सबसे अधिक सम्मान था। उसे गृहपति कहा जाता था और परिवार के सभी सदस्य उसकी आज्ञा का पालन करते थे।

तत्कालीन समाज में सभी को उच्च स्थान प्राप्त था। उन्हें उच्च शिक्षा प्रदान की जाती थी। धार्मिक अनुष्ठानों में उन्हें शामिल किया जाता था। अनेक शासक अपने नाम के साथ अपनी माताओं का नाम जोड़ दिया करते थे जैसे गौतमीपुत्र, वाशिष्ठीपुत्र, पुलुमाविपुत्र आदि। इससे उस समय नाम जाति के सम्मान का प्रमाण मिलता है। यहां तक कि अश्वमेघ यज्ञों में भी स्त्रियां भाग लिया करती थी।

सातवाहन शासक ब्राह्मण थे। अत: उनके अधीन ब्राह्मण धर्म ने विशेष उन्नति की और समाज में ब्राह्मणों की पर्याप्त प्रतिष्ठा थी। उस समय समाज में ब्राह्मणों का क्षत्रियों से भी अधिक सम्मान था। अन्तरजातीय विवाह इस काल में घृणा की दृष्टि से देखा जाता था तथापि इस प्रकार के विवाह होते थे।

(3) आर्थिक दशा—सातवाहनकालीन आर्थिक दशा अत्यन्त उन्नत थी। इस समय के अनेक सिक्के, चांदी तथा तांबे के उपलब्ध हुए हैं तथा अभिलेखों में भी सम्राटों के दान के प्रसंग में सिक्कों के नामों का उल्लेख किया गया है। इस काल में विदेशी व्यापार भी पर्याप्त उन्नत था। टालेय तथा येरिप्लस के विवरण से ज्ञात होता है कि निर्यात की मुख्य वस्तुएँ–सोना, चाँदी, सुलेमानी आदि पत्थर तथा हाथी दाँत एवं रेशमी कपड़े आदि थे। व्यापारियों ने श्रेणियों का निर्माण करके स्वतंत्र रूप से व्यापार आरम्भ कर दिया। तिलपोसक, सुलरिक (कुम्हार), कोलिक (जुलाहे), वंशकार कांसाकार उद्योग आदि की श्रेणियों का उल्लेख भिन्न-भिन्न अभिलेखों में है जिससे प्रतीत होता है कि छोटे-छोटे कार्य करने वाले लोगों ने भी अपनी श्रेणियां बना ली थीं। वे श्रेणियां ब्याज पर ऋण भी दिया करती थीं तथा लोगों का पैसा भी जमा करती थीं। इन श्रेणियों का राजा भी आदर करता था और उनमें हस्तक्षेप नहीं करता था।

(4) धार्मिक दशा—सातवाहन शासक धर्म-सहिष्णु थे। यद्यपि वे शासक ब्राह्मण धर्म अनुयायी थे परन्तु अन्य धर्मों का भी आदर करते थे। वे बौद्ध और जैन संस्थाओं को भी दान दिया करते थे। सातवाहन शासक कृष्ण ने बौद्ध श्रमणों के आवास के लिए नासिक में विहार का निर्माण करवाया था। शातकर्णी ने कई अश्वमेघ और अन्य वैदिक यज्ञ कराये। उसने ब्राह्मणों को भारी दान दिये। इस समय सभी हिन्दू देवता यथा ब्रह्मा, इन्द्र, संकर्षण, वांसुदेव, यम, वरुण, कुंभ और वासव की पूजा होने लगी। गायें और घोड़े भी दान में दिये जाते थे। गौतमीपुत्र शातक ने बौद्ध-भिक्षुओं को उपासनागृह और भूमि दान में दी थी। शक राजा नहपान के दामाद उषवत ने ब्राह्मणों को प्रभास भारुकच्छ (भड़ौच), शूर्पारक (सोपारा), दशपुर, गोवर्धन (नासिक), उज्जयिनी आदि स्थानों पर अनेक दान दिये।

राजाओं के अलावा अन्य लोगों ने भी कई निर्माण कार्य करवाये। इस काल के उपासकों द्वारा बनवाये गये चैत्यगृह और विहार उल्लेखनीय हैं। अनेक धर्मात्मा व्यक्तियों

ने धार्मिक संस्थाओं को चलाने के लिए श्रेणियों के पास अक्षयनीवी (संचित राशि) जमा कराये थे। इनके ब्याज से इन संस्थाओं का खर्च चलाया जाता था। इस काल में अनेक विदेशियों ने भी ब्राह्मण धर्म और बौद्ध धर्म को अपनाया था।

(5) **सांस्कृतिक दशा**—सातवाहन काल में कला और साहित्य की पर्याप्त उन्नति हुई। दक्षिण-पश्चिम भारत में उनके शासन काल में प्रसिद्ध गुफाओं का निर्माण हुआ। कार्ले, कन्हेरी तथा नासिक के कुछ गुहा मन्दिर इस काल में बने। पर्याप्त मेहनत के द्वारा पहाड़ों को काटकर इन चैत्यों का निर्माण पूरा किया गया। इन चैत्यों की छतों एवं दीवारों पर अद्भुत तथा आकर्षक रंगों से चित्रकारी का कार्य किया गया। उस समय अनेक मठों एवं स्तूपों का निर्माण हुआ। द्वितीय सदी से चौथी सदी तक अमरावती एवं नागार्जुनकोंडा में स्तूप बनाये गये जिन पर उत्कीर्ण शिल्प कला सांची की अविकसित बौद्ध कला एवं चौथी से सातवीं शताब्दी तक की गुप्तकालीन निर्माण शालाओं की कला के बीच संबंध जोड़ने वाली महत्त्वपूर्ण कड़ी है। अमरावती का स्तूप इस काल की महत्त्वपूर्ण कृति है जिसकी प्रमुख विशेषता इसकी संगमरमर की आवरण पट्टिकायें हैं जो तत्कालीन चित्रकला की सर्वोत्तम कृति हैं। चित्रकला के क्षेत्र में अजन्ता कला सातवाहनों से प्रारम्भ होती है।

सातवाहन शासकों ने साहित्य की प्रगति की ओर भी ध्यान दिया। इस काल में अनेक श्रेष्ठ ग्रन्थों की रचना की गयी। इस युग में प्राकृत भाषा की विशेष उन्नति हुई। सातवाहन राजा के एक मंत्री सर्ववर्मन ने अपने स्वामी को 6 माह में संस्कृत व्याकरण का पूर्ण ज्ञान कराने के लिए 'कातंत्र' नामक व्याकरण ग्रन्थ की रचना भी की। इसी काल में गुणाढ्य नामक कवि ने 'वृहत्-कथा' की रचना की। स्वयं सातवाहन राजा हल ने 'सप्तशतक' या गाथा सतसई लिखा। यह ग्रन्थ शृंगाररस प्रधान काव्य है। सातवाहन राजाओं के दरबार में अनेक कवि और लेखकों को आश्रय मिला था।

चेदिवंशीय खारवेल

अशोक की मृत्यु के पश्चात् कलिंग का इतिहास अंधकारमय है परन्तु उड़ीसा में भुवनेश्वर के निकट उदयगिरि की पहाड़ियों से प्राप्त हाथी गुम्फा अभिलेख से ज्ञात होता है कि चेदिवंश का तीसरा शासक खारवेल था। डा० हेमचन्द्र राय चौधरी ने इसकी तिथि 24 ई० पू० निर्धारित किया है। हाथी गुम्फा अभिलेख से खारवेल के 13 वर्षों के कार्यों का उल्लेख मिलता है। इस अभिलेख से ज्ञात होता है कि चेदिवंश का संस्थापक माहामेघवाहन था, परन्तु इतिहास में इस वंश की प्रसिद्धि इसके तृतीय शासक खारवेल के द्वारा प्राप्त हुई। खारवेल के जीवन के प्रथम 15 वर्ष खेलकूद, पठन-पाठन, प्रशासनिक एवं कानूनी प्रशिक्षण प्राप्त करने में बीते। 16वें वर्ष में वह युवराज नियुक्त किया गया। 24वें वर्ष में महाराज के रूप में उसका राज्याभिषेक हुआ।

उसने 'कलिंगराज' की उपाधि धारण की थी। यद्यपि वह जैन धर्म का अनुयायी था परन्तु धार्मिक सहनशील शासक था।

उपलब्धियां—कलिंगराज खारवेल को हाथी गुम्फा लेख से उपलब्धियों के विषय में निम्नलिखित विवरण मिलता है—

(1) खारवेल ने अपने शासन के प्रथम वर्ष में अपनी राजधानी कलिंग के अनेक निर्माण कार्य करवाये। उसने राजधानी के मुख्य द्वार और रक्षा प्राचीर की मरम्मत करवायी। उसने कई तालाब का निर्माण भी करवाया। उसने जनता के लिए मनोरंजन के साधन भी जुटाये।

(2) शासन के द्वितीय वर्ष में विजय अभियान प्रारम्भ किया। एक सेना पश्चिम में भेजकर कृष्णा नदी के निकट मुसिक नगर पर अधिकार कर लिया। राजधानी में लौटकर विजयोत्सव का आयोजन किया। सम्भवत: यह युद्ध उसने शातकर्णी के विरुद्ध जीता था।

(3) तीसरे वर्ष की उपलब्धियों का उल्लेख नहीं है। चौथे वर्ष उसने बारबर और खानदोश में शासन करने वाले 'भोजकों' एवं 'रठिकों' को पराजित किया।

(4) शासन के पंचम वर्ष में उसने तनसुलि से लेकर अपनी राजधानी तक नहर का पुनर्निर्माण करवाया। इसी वर्ष उसने अपनी प्रजा पर लगे अनेक करों को माफ कर दिया।

(5) शासन के आठवें वर्ष में उसने उत्तरी भारत पर आक्रमण किया और विशाल सेना के साथ गया की ओर बढ़ा। बारबर की पहाड़ियों को पार करके गोरधागिरि (गया के पास) पहुँचे और वहाँ के दुर्ग को नष्ट कर दिया। इसके बाद उसने राजगृह पर धावा बोला और वहाँ के शासक वृहस्पति मित्र को पीछे हटने के लिए विवश किया।

(6) नवम् वर्ष में उसने भुवनेश्वर के निकट प्राची नदी के दोनों ओर 'महाविजय प्रसाद' बनवाया और ब्राह्मणों को खूब दान दिया।

(7) दसवें वर्ष में उसने फिर उत्तरी भारत पर आक्रमण किया। इसके परिणाम के अंश नगण्य हो गये हैं।

(8) ग्यारहवें वर्ष उसने पुन: दक्षिण में धावा बोला और पिथुण्ड नगर को नष्ट कर दिया। इसके बाद उसने पाण्ड्यदेश पर आक्रमण किया और वहाँ के शासक के बहुमूल्य उपहार प्राप्त किए।

(9) बारहवें वर्ष में उसने उत्तरी भारत की ओर ध्यान दिया और वहाँ के शासकों को आतंकित किया। मगध राजा के समर्पण करने पर पर्याप्त सम्पत्ति लेकर वापस अपनी राजधानी लौट आया।

(10) शासन के तेरहवें वर्ष में उसने कुमार्य की पहाड़ियों (उदय गिरी) पर अपना विजय स्तम्भ स्थापित किया। इसके बाद उसने धार्मिक अनुष्ठान करवाये। सम्भवत: वह अपने विजय से संतुष्ट हो गया था।

इस प्रकार इन कार्यों से स्पष्ट है कि कलिंगराज खारवेल एक महान शासक था जिसने अनेक विजयों के साथ प्रजा के कल्याण के लिए भी अनेक कार्य किये। खारवेल के बाद कलिंग का इतिहास फिर अंधकारमय हो जाता है। इसलिए राजबली पाण्डेय का यह कथन सही प्रतीत होता है कि ''इतिहास में उल्फा की भांति आया और थोड़ी देर चमककर विलीन हो गया।''

10 भारतीय यवन, शक, पार्थियन एवं कुषाण

सम्राट अशोक की मृत्यु के पश्चात् मौर्यसत्ता धीरे-धीरे समाप्त हो गयी। लगभग 206 ई० पू० में सम्राट एन्टियोकस तृतीय ने सर्वप्रथम भारत पर आक्रमण किया किन्तु उसके आक्रमण का भारत पर कोई विशेष प्रभाव नहीं पड़ा। इसके पश्चात् 190 ई० पू० में बैक्ट्रिया के यूनानी सम्राट डेमेट्रियस ने भारत पर आक्रमण किया और अफगानिस्तान, पंजाब तथा सिन्ध के एक बड़े भाग पर अधिकार कर लिया। इस वंश का दूसरा शक्तिशाली शासक मिनेण्डर था। इसने अनेक प्रदेशों को विजय करके यवन साम्राज्य का विस्तार किया। मिनेण्डर के उत्तराधिकारी निर्बल थे। फलतः शकों ने आक्रमण करके उसके राज्य को छीन लिया।

शकों का निवास स्थान मध्य एशिया में था। लगभग 176 ई० पू० में यूची नामक जाति ने शकों को मध्य एशिया से निकाल दिया और वे दक्षिण की ओर चले गये। उन्होंने सिन्धु के तराई में अपना अधिकार स्थापित कर लिया। कालान्तर में इन्होंने काठियावाड़, सुराष्ट्र, उज्जयिनी और मथुरा आदि पर अपना अधिकार स्थापित कर लिया।

बैक्ट्रिया के यवन आक्रमणों के बाद पार्थियन लोगों ने भारत के उत्तरी पश्चिमी प्रदेश पर आक्रमण करके अपना आधिपत्य स्थापित कर लिया। भारत के पार्थियनों का सर्वाधिक महत्त्वपूर्ण शासक गाण्डीफर्नीज था। इसके उत्तराधिकारी शक्तिशाली नहीं थे। फलस्वरूप उनके साम्राज्य का शीघ्र ही अन्त हो गया। भारत के पश्चिमोत्तर प्रदेश में यूनानियों, शकों तथा पार्थियनों की राजसत्ता को कुषाण नामक जाति ने आक्रमण करके समाप्त कर दिया। कुषाण यूची जाति के एक शाखा थे जो चीन के पश्चिमोत्तर प्रदेश में निवास करते थे। हूणों के आक्रमणों के फलस्वरूप इन्हें भारत की ओर कूच करना पड़ा।

भारतीय यवनों का आक्रमण

सिकन्दर की मृत्यु के पश्चात् उसके सेनापतियों ने उसके विशाल साम्राज्य को आपस में विभाजित कर लिया। इन्होंने अपनी शक्ति बढ़ानी आरम्भ कर दी। सिकन्दर के आक्रमण ने यूनानियों के लिए भारत के द्वार तो खोल दिये परन्तु इस आक्रमण का

राजनैतिक दृष्टि से कोई विशेष महत्त्व नहीं है। मौर्य सम्राटों ने उन्हें पराजित कर उनका दमन कर दिया था। आगे चलकर मौर्य सम्राट कमजोर निकले। फलस्वरूप यूनानी फिर सक्रिय हो गये। ये यूनानी आक्रमणकारी बैक्ट्रिया या अफगानिस्तान के उत्तर क्षेत्र में आये थे, इसलिए ये बैक्ट्रियन ग्रीक या भारतीय यवन कहलाये। भारतीय यवनों के आक्रमण का उद्देश्य स्थायी साम्राज्य की प्राप्ति और भारत में धन प्राप्त करना था। प्रमुख भारतीय यवन आक्रमणकारियों का संक्षिप्त विवरण निम्नलिखित है—

1. **एण्डीओकस**—द्वितीय शताब्दी ई० पू० में सर्वप्रथम एण्टीओकस ने भारत पर आक्रमण किया। उसने हिन्दुकुश पर्वत को पारकर भारत पर चढ़ाई की परन्तु सुभागसेन के विरोध के कारण वह सफल न हो सका। आगे चलकर दोनों में सन्धि हो गयी। सुभागसेन से हाथी एवं अन्य बहुमूल्य भेंट लेकर वापस चला गया। एण्टीओकस के आक्रमण का भारत पर कोई प्रभाव नहीं पड़ा। परन्तु इसके कारण यवनों का आक्रमण तेज हो गया।

2. **यूथीडेमस**—235 ई० पू० में यूथीडेमस शासक बना। 208 ई० पू० में उसने एण्टिओकस के विरुद्ध युद्ध किया परन्तु कुछ कारणों से दोनों के मध्य सन्धि हो गयी। यह भी ज्ञात होता है कि अरचोसिया, पेरोपमोसदी और ड्रेनगियाना पर यूथिडेमस का कब्जा था। उसने 205 ई० पू० शासन किया।

3. **डेमेट्रियस-I**—यूथीडेमस की मृत्यु के पश्चात् डेमेट्रियस बैक्ट्रिया के सिंहासन पर आसीन हुआ। वह यूथीडेमस का पुत्र था। उसने 25 वर्षों (200 ई० पू० से 175 ई० पू०) तक शासन किया। वह एक बहादुर, वीर और महत्वाकांक्षी शासक था। वह भारत में सिकन्दर के अपूर्ण कार्यों को पूरा करना चाहता था।

डेमेट्रियस ने अपनी महत्त्वाकांक्षा को पूरा करने के लिए बैक्ट्रिया का शासन अपने पुत्र को सौंपकर स्वयं सेना के साथ भारत की ओर कूच किया। मिनेण्डर और अपोलोडोट्स नामक दो सेनापति उसके साथ थे। उन्होंने 183 ई० पू० में भारत पर आक्रमण किया। अफगानिस्तान की विजय के उपरान्त वह तक्षशिला पहुँचा और उस पर अधिकार करके अपनी छावनी स्थापित की।

कुछ समय तक्षशिला में विश्राम करने के पश्चात् उसने अपनी विशाल सेना को दो भागों में विभाजत कर दिया। एक सेना का नेतृत्व मिनेण्डर और दूसरे का नेतृत्व अपोलोडोट्स ने किया। स्ट्रेबी के विवरण से इन आक्रमणों के विषय में जानकारी मिलती है। डेमेट्रियस ने अपोलोडोट्स के साथ सिन्धु की ओर प्रस्थान किया। उसने सिन्ध को जीतने के पश्चात् अवन्ति (उज्जैन और माध्यमिका) को अपने अधिकार में ले लिया। वह सौराष्ट्र तक पहुँच गया परन्तु मध्य प्रदेश में खारकर के कारण पीछे

हटना पड़ा। शुंग सम्राट पुष्यमित्र के पौत्र वसुमित्र ने भी उसे मध्यदेश छोड़ने के लिए विवश किया।

मिनेण्डर के नेतृत्व में भी यूनानी सेना तेजी से आगे बढ़ रही थी। उसने पंजाब को जीतकर मथुरा, पांचाल और साकेत आदि पर अधिकार कर लिया। पतंजलि ने महाभाष्य में लिखा है कि यूनानियों ने अवध में साकेत का और राजस्थान में माध्यमिका का घेरा डाला। शुंगों द्वारा रोके जाने के बावजूद यवनों का पश्चिमोत्तर भारत और पंजाब पर अधिकार बना रहा। बैक्ट्रिया में विद्रोह के कारण उसे वापस लौटना पड़ा।

4. यूक्रेटाइडीज—जब डेमेट्रियस अपने भारतीय अभियान में लगा हुआ था। यूकेटाइडीज नामक व्यक्ति ने 175 ई० पू० में अपने को बैक्ट्रिया का शासक घोषित कर दिया। भारत में लौटकर डेमेट्रियस ने उसे गद्दी से हटाने का प्रयास किया परन्तु इस कार्य में वह सफल नहीं हो सका। यूक्रेटाइडीज ने डेमेट्रियस के अधीन के अनेक प्रदेशों बैक्ट्रिया, सीस्तान, काबुल की घाटी, कपिशा और गांधार प्रदेश पर अधिकार कर लिया। इन स्थानों से उसके अनेक सिक्के प्राप्त हुए है। सम्भवतः झेलम नदी तक पश्चिमी पंजाब को उसने अपने राज्य में मिला लिया। कहा जाता है कि जब यूक्रेटाइडीज बैक्ट्रिया की ओर लौट रहा था तो उसके पुत्र होलियोक्लीज ने 150 ई० में उसकी हत्या कर दी।

5. हेलियोक्लीज—बैक्ट्रिया का अन्तिम यवन शासक हेलियोक्लीज था। 165 ई० पू० में यूची जाति ने शकों को उनके प्रदेशों से भगा दिया। फलस्वरूप शकों ने बैक्ट्रिया में शरण ली। इस प्रकार बैक्ट्रिया का कुछ भाग यवनों के हाथ से निकल गया। हेलियोक्लीज का राज्य काबुल की घाटी तक सीमित रह गया था।

6. मिनेण्डर या मिलिन्द—भारत के पूर्वी यूनानी राज्य के शासकों में मिनेण्डर सर्वाधिक प्रसिद्ध है। भारतीय साहित्य में उसका नाम मिलिन्द है। मिलिन्दपन्हो नामक ग्रन्थ में उसके सम्बन्ध में विवरण मिलता है। ई०जे० रैप्सन के अनुसार वह डेमोट्रियस प्रथम का सेनापति था और अपने स्वामी के आदेश से अनेक युद्ध किये। डेमेट्रियस की मृत्यु के पश्चात् उसने अनेक उपाधियाँ धारण कीं। चाहे जो भी हो, मिनेण्डर भारतीय यवन शासकों में सर्वाधिक प्रसिद्ध था।

मिनेण्डर को एक महान विजेता कहा गया है। स्ट्रेबी के अनुसार उसने सिकन्दर से भी अधिक विजय प्राप्त की। कुछ इतिहासकारों ने माध्यमिका, साकेत और पुष्यमित्र के समय भारत पर आक्रमण करने का श्रेय मिनेण्डर को दिया है। उनका कहना है कि पुष्यमित्र शुंग ने उसे पराजित किया और इस खुशी में उसने अश्वमेघ यज्ञ कराया। हाल में ही उत्तर प्रदेश के फतेहपुर जिले में रेह नामक स्थान से एक शिवलिंग पर ब्राह्मी लिपि में अभिलेख मिला है। उस पर मिनेण्डर की उपाधियां हैं। जी०आर० शर्मा के

अनुसार, इस अभिलेख से पता चलता है कि मिनेण्डर गंगा घाटी और शुंगसाम्राज्य का प्रमुख विजेता था। मिनेण्डर के सिक्के काबुल से मथुरा तथा अन्य कई स्थानों से प्राप्त होते हैं जिससे उसके विशाल साम्राज्य का प्रमाण मिलता है। पेरिप्लस के अनुसार उसके सिके भृगुकच्छ (भड़ौच) तक चलते थे। अपोलोडोट्स के अनुसार, उसने हाइफेनिस (व्यास) और इमामस (कालिंदी) को पार किया था। उसके शासन काल के शिनकोट अभिलेख से ज्ञात होता है कि पेशावर के आसपास के प्रदेशों पर भी उसका प्रभाव था।

चरित्र मूल्यांकन—मिनेण्डर एक प्रसिद्ध विजेता होने के साथ-साथ एक कुशल शासक था। प्लूटार्क का कहना है कि वह न्यायप्रिय शासक था। वह अपनी प्रजा में बहुत लोकप्रिय था। यही कारण है उसकी मृत्यु के पश्चात् उसकी भस्म प्राप्त करने के लिए बहुत संघर्ष हुआ। सभी उसकी किस्म पर अलग-अलग स्तूप बनाना चाहते थे।

मिनेण्डर बौद्ध धर्म का अनुयायी था। नागसेन ने उसे बौद्ध धर्म में दीक्षित किया था। मिनेण्डर के कुछ सिक्कों पर धर्मचक्र बना है और विरुद् 'धार्मिक' उत्कीर्ण है जिससे उसका बौद्ध होना प्रमाणित होता है। उसके पास एक विशाल सेना थी। उसकी राजधानी शाकल (स्यालकोट) व्यापार का एक बड़ा केन्द्र था। उसके राज्य में उपवनों, तालाबों, नदियों, पहाड़ों और वनों की बहुतायत थी। इस नगर में बनारसी मलमल, रत्न और बहुमूल्य वस्तुओं की बड़ी-बड़ी दुकानें थीं। प्रो० ए० के० नारायण ने उसकी प्रशंसा करते हुए लिखा है–"मिनेण्डर अन्य भारतीय यूनानी सम्राटों की तुलना में महानता तथा लोकप्रियता केवल उसके सिक्कों में ही नहीं बल्कि परम्परा में उसके नाम के जीवित रहने से प्रमाणित होती है। निश्चित रूप से वह भारत में भारतीय-यूनानी सम्राटों में सबसे महान है। मिनेण्डर की मृत्यु के पश्चात् उसके साम्राज्य का पतन हो गया।

भारतीय इतिहास पर यूनानी प्रभाव—भारत और यूनान का सम्बन्ध काफी पुराना चला आ रहा था। पहली बार भारत यूनान के सम्पर्क में तब आया जब सिकन्दर ने यहाँ आक्रमण किया था। सिकन्दर भारत में बहुत थोड़ी देर रहा। वह आंधी की तरह आया और तूफान की तरह वापिस चला गया। अत: उसके आक्रमण का कोई प्रत्यक्ष अथवा चिरस्थाई प्रभाव भारत पर नहीं पड़ा। उसके बाद सैल्यूकस उसके साम्राज्य का अधिकारी बना। उसके समय में भारतीयों और यूनानियों में बहुत गहरी मित्रता स्थापित हो चुकी थी। सैल्यूकस ने अपनी बड़ी लड़की का विवाह चन्द्रगुप्त मौर्य के साथ कर दिया था और मेगस्थनीज को अपना राजदूत बना कर उसके दरबार में भी भेजा था।

परन्तु सैल्यूकस की मृत्यु के बाद ये मित्रतापूर्ण सम्बन्ध नष्ट हो गए और यूनानियों ने फिर भारत पर आक्रमण करके उत्तर-पश्चिमी प्रदेश को जीत लिया। इस प्रकार

तीसरी शताब्दी ई० पू० में भारत की उत्तर-पश्चिमी सीमा पर बैक्ट्रिया और पर्थिया नामक दो यूनानी राज्य स्थापित हो गए। इन्होंने यहाँ 150 वर्षों तक राज्य किया। परिणामस्वरूप इस काल में भारतीयों के साथ खूब मेल हुआ और दोनों की सभ्यता ने एक दूसरे को प्रभावित किया। भारतीय सभ्यता पर यूनानी सभ्यता ने निम्नलिखित प्रभाव डाला—

1. मुद्रा—भारतीयों ने मुद्रा बनाने की कला में यूनानियों ने बहुत कुछ सीखा। यूनानियों के आने से पूर्व भारतीय सिक्के बड़े भद्दे और बेढंगे होते थे। परन्तु उन्होंने सांचों में ढाल कर और भी सुन्दर सिक्के बनाना सिखा दिया। अब सिक्कों पर लिखा भी जाने लगा और उनका दोनों तरह से प्रयोग किया जाने लगा।

2. व्यापार और वाणिज्य—यूनानी सम्पर्क से व्यापार और वाणिज्य बहुत अधिक प्रभावित हुआ। सिकन्दर के आक्रमण से अनेक व्यापारिक मार्गों की जानकारी प्राप्त हुई थी। आगे आने का भारतीय यवनों के आगमन से भी नये व्यापारिक मार्ग खुले तथा भारत का निर्यात व्यापार भी प्रभावित हुआ। रोम तथा अन्य देशों में भारत में निर्मित विलासिता की सामग्रियों के प्रयोग के प्रचलन यूनानी सम्पर्क का योगदान था। भारतीय यवनों के द्वारा भारी संख्या में सिक्कों के प्रचलन ने व्यापार को बहुत अधिक बढ़ावा दिया।

3. राजनैतिक प्रणाली—भारतीय यवनों के शासन ने भारतीय राजनीतिक प्रणाली को प्रभावित किया। अनेक प्रदेशों यथा–मथुरा, गुजरात और उज्जैन आदि में यूनानी उपाधियों का खुला प्रचलन हुआ। यूनानियों ने ही सैनिक सरदारों को अपने-अपने प्रान्तीय शासक अथवा राज्यपाल के रूप में नियुक्त करने की प्रथा आरम्भ की।

4. चिकित्सा प्रणाली—अनेक इतिहासकारों का विचार है कि चिकित्सा के क्षेत्र में भी भारत यूनानियों का ऋणी है। उनका कहना है कि चरक के वैद्य आचार संहिता के नियम यूनानी चिकित्सा शास्त्री हिप्पोक्रेट्स के नियमों में पर्याप्त समानता मिलती है। अनेक लोग इसे आकस्मिक मानते हैं।

5. कला—यूनानियों के सम्पर्क से भारतीयों ने मूर्तिकला, वास्तुकला आदि कलाओं में विशेष रूप से उन्नति की। गांधार शैली की उत्पत्ति-यूनानी और भारतीय सभ्यता के मिश्रण से ही है। इस शैली की विशेषता इस बात में है कि इसमें भाव और विषय तो भारतीय है लेकिन उनका प्रदर्शन का ढंग यूनानी है। स्तूपों और स्तम्भों के शीर्ष पर पशुओं के सिरों की मूर्तियां बनाना, भवनों की दीवारों और दरवाजों को अलंकृत करना आदि यूनानी कला के ही प्रभाव हैं।

गुफाओं के निर्माण में भी भारतीयों ने यूनानियों से बहुत कुछ सीखा। पत्थरों को काटकर यूनानी कला से प्रभावित गुफायें अब भी भारत में मिलती हैं।

6. साहित्य—साहित्य के क्षेत्र में यूनानी सभ्यता का क्या प्रभाव पड़ा? इसके विषय में विद्वानों में मतभेद है। कुछ विद्वानों का विचार है कि रामायण और महाभारत के कथानकों और होमर के महाकाव्य में कुछ समानतायें पायी जाती हैं परन्तु यह सत्य नहीं प्रतीत होता क्योंकि रामायण और महाभारत के रचनाकाल में भारत का यूनानियों के साथ कोई सांस्कृतिक सम्बन्ध नहीं था और न ही हमारी उत्तर-पश्चिमी सीमा पर उनके राज्य स्थित थे। कुछ अन्य विद्वानों का कहना है कि भारतीय नाटकों पर यूनानी नाटकों का प्रभाव पड़ा है, परन्तु इस बात को सिद्ध करने के लिए भी हम कोई प्रमाण नहीं दे सकते।

7. ज्योतिष—निश्चित रूप से ज्योतिष विद्या के क्षेत्र में यूनानी सभ्यता ने पर्याप्त प्रभाव डाला। यूनानी लोग इस विद्या में बड़े निपुण थे। अत: भारतीयों ने इस विषय में उनसे बहुत कुछ सीखा। भारतीय ज्योतिष के एक प्राचीन ग्रन्थ 'गार्गी संहिता' में भी इस बात का उल्लेख मिलता है कि भारत में ज्योतिष विद्या यूनानियों से आयी। अत: उनका देवताओं के समान आदर करना चाहिए।

8. धर्म—कुछ विद्वानों का कहना है कि धर्म के क्षेत्र में यूनानियों ने भारत पर काफी प्रभाव डाला। उनके अनुसार भारत में मूर्तिपूजा यूनानियों के आगमन से ही आयी। परन्तु यह बात उचित नहीं प्रतीत होती। वस्तुत: इस क्षेत्र में भारतीय सभ्यता ने यूनानियों को प्रभावित किया। मिनेण्डर जैसे यूनानी शासकों ने बौद्ध धर्म ग्रहण कर लिया तथा अन्य कई भारतीय प्रथाओं और विचारों को अपना लिया। डा० आर०एस० त्रिपाठी ने इस सम्बन्ध में लिखा है—"यूनान के सैनिक विजेता धीरे-धीरे भारत के नैतिक तथा आध्यात्मिक बन्दी बन गये।

पार्थियन अथवा पह्लव राजवंश

ई० पू० तीसरी शताब्दी तक पार्थिया सीरिया साम्राज्य का एक अंग था। जिस समय बैक्ट्रिया ने सीरियाई साम्राज्य में सम्बन्ध विच्छेद करके अपनी स्वतंत्रता की घोषणा कर दी, लगभग उसी समय 248 ई० पू० में एक बड़ा विद्रोह हुआ। अरसारोज के नेतृत्व में पार्थिया ने अपनी स्वतंत्रता की घोषणा कर दी। उसके राजवंश ने लगभग पाँच सदियों तक शासन किया। उस समय पार्थिया के साम्राज्य में आधुनिक ईरान और कैस्पियन सागर के दक्षिण-पूर्वी प्रदेश सम्मिलित थे। यह प्रदेश अधिक उपजाऊ न होने के कारण यहाँ के लोग प्राय: घुड़सवार, खानाबदोश तथा चरवाहे आदि थे। भारतीय-पार्थियनों का विस्तृत इतिहास हमें मालूम नहीं है। उनके प्रसिद्ध राजा निम्नलिखित थे—

मिथाडेटस—पार्थव वंश का प्रथम प्रसिद्ध शासक मिथाडेटस था। उसने 171 ई० पू० से 137 ई० पू० तक राज्य किया था। वह शायद यूक्रेटाईडज का समकालीन था।

उसने अपने बाहुबल से बहुत से प्रदेश जीत कर पार्थिया के साम्रज्य को काफी बढ़ा दिया था। उसने मद्र तथा पार्स के प्रदेश को जीत कर अपनी सीमा फरात नदी तक पहुँचा दी थी। कई विद्वानों का विचार है कि उसने भारत पर भी आक्रमण किया और सिन्धु तथा झेलम के प्रदेश जीत लिए थे।

मिथाडेट्स द्वितीय—मिथाडेट्स द्वितीय भी पार्थव साम्राज्य का एक बहुत महत्वपूर्ण शासन था। उसने 128 ई० पू० से 88 ई० पू० तक राज्य किया था। उसने महाराजाधिराज की उपाधि ग्रहण की थी। वह बड़ा योग्य, वीर और साहसी था और उसने शकों का दमन किया था। उसके बाद एजेंस प्रथम और एजेंस द्वितीय इस वंश के प्रमुख शासक हुए थे।

गोंडोफरनीज—पार्थियन साम्राज्य का अन्तिम महान शासक गोंडोफरनीज था जो बड़ा योग्य और वीर था। उसने 25 वर्ष तक शासन किया था। उसने भारत में अपनी शक्ति को दृढ़ बनाने के लिए कई महत्त्वपूर्ण कदम उठाए थे। बताया जाता है कि उसके शासनकाल में सेन्ट टोमस भारत में ईसाई धर्म का प्रचार करने के लिए आया था और उसे अपने उद्देश्य में पर्याप्त सफलता भी प्राप्त हुई थी। परन्तु स्मिथ इस विचार से बिल्कुल सहमत नहीं हैं और इसे बिल्कुल सत्य नहीं मानते हैं। वह एक योग्य एवं शक्तिशाली शासक था जिसका राज्य काबुल, कन्धार और तक्षशिला तक फैला हुआ था। प्रारम्भ में उसका अधिकार अफगानिस्तान तक ही सीमित था परन्तु कालान्तर में धीरे-धीरे अपनी शक्ति में वृद्धि कर उसने पेशावर तथा सिन्धु घाटी के निचले भाग तक अपना प्रभुत्व बढ़ा लिया था। पेरीपल्स में सिन्दु घाटी के निचले भाग से शकों के स्थान पर पार्थियन जाति के प्रभुत्व की स्थापना का प्रमाण मिलता है। अस्पवर्मन के सिक्कों से पता चलता है कि एजेंस द्वितीय से भी उसे शासन हस्तगत किया था।

ईसाई धर्म का प्रचारक सन्त टोमस गोण्डोफर्नीज के शासन काल में ही भारत आया था। यद्यपि विभिन्न विद्वानों का विचार है कि गोण्डोफर्नीज़ ने उसके प्रभाव से ईसाई धर्म स्वीकार कर लिया था परन्तु इसको सिद्ध करने के लिए ठोस प्रमाण उपलब्ध नहीं है। जनश्रुतियों के आधार पर यह अवश्य कहा जा सकता है कि सेन्ट टोमस गोण्डोफर्नीज के दरबार में आया था और उसने ईसाई धर्म में दीक्षित किया था।

शक शासन

शकों की उत्पत्ति—शक एक घुम्मक्कड़ जाति थी जिसका मूल निवास स्थान सर नदी का उत्तरी प्रदेश था। उनकी राजधानी आधुनिक तुर्किस्तान थी। 165-160 ई० पू० चीन में उथल-पुथल हुआ जहाँ हूणों ने वहाँ निवास करने वाले यूचियों पर आक्रमण कर दिया और उन्हें वहाँ से भगा दिया। फलस्वरूप यूची लोग शकों की बस्ती में आ गये। उन्होंने शकों को भगाकर उनके प्रदेश पर अपना अधिकार जमा लिया।

अपनी जन्म भूमि छोड़ने के पश्चात् वे कई स्थानों पर जाकर बस गये। ईरानी लेखों के अनुसार उनकी एक शाखा बोखरा के उस पार जा बसी। उनकी दूसरी शाखा हिलमन्द घाटी में बस गयी जिसका नाम शकस्तान पड़ गया। एक अन्य शाखा काले सागर के उत्तर में रूसी मैदान में रहने लगी। परन्तु सूचियों ने उन्हें वहाँ भी चैन से नहीं रहने दिया। फलस्वरूप 140-120 ई० पू० के मध्य इन्होंने भारतीय यवनों और भारतीय पार्थियनों पर आक्रमण करना शुरू कर दिया। भारतीय यवनों के तेजी से कमजोर होने के कारण उन्हें पर्याप्त सफलता मिली। परन्तु पह्लव शासक मिथ्राडेट्स द्वितीय के कारण उन्हें सीस्तान (शकस्तान) और हेरात को छोड़कर बोलन दर्रे से भारत में प्रवेश करना पड़ा।

भारत में सर्वप्रथम उन्होंने सिन्धु पर अपना अधिकार जमाया जो बाद में शकद्वीप के नाम से प्रसिद्ध हुआ। इसके पश्चात् उन्होंने भारत के अन्य प्रदेशों में भी अपने पाँव फ़ैलाये। धीरे-धीरे वे लोग यमुना नदी से लेकर दक्षिण में गोदावरी नदी तक फैल गये। शीघ्र ही उन्होंने काठियावाड़ और सौराष्ट्र में अपनी धाक जमा ली। अभिलेखों से पता चलता है कि मालवा, गुजरात, काठियावाड़, उज्जैन, सिन्धु और मथुरा आदि प्रदेश शकों के अधीन थे। प्रारम्भ में कुछ शक सरदारों ने भारतीय पार्थियन राजाओं के अधीन नौकरी की और कई प्रान्तों का क्षत्रप अर्थात् गर्वनर नियुक्त कर दिया गया परन्तु कालान्तर में जब ये क्षत्रप स्वतंत्र हो गये तब भी इन्होंने राजा की उपाधि नहीं ग्रहण की और अपने आपको क्षत्रप ही कहलाते रहे।

1. सिन्धु-पंजाब के शक-माओस—सम्भवत: भारत में प्रथम शक विजेता माओस था जिसके अनेक सिक्के प्राप्त हुए हैं। उसके सिक्के दो प्रकार के हैं। प्रथम प्रकार के सिक्कों के विषय में अनुमान है कि उनका प्रचलन उस समय किया गया जब वह बलूचिस्तान और अफगानिस्तान में पार्थियन शासक मिथ्राडेट्स का वायसराय था। इसीलिए उसने इन सिक्कों पर केवल बेसिलिओस की उपाधि धारण की। दूसरे प्रकार के सिक्के उसने शक्तिशाली होने पर चलाया जिसका प्रमाण उस पर अंकित 'बसिलिआस मेगालाय' और खरोष्ठी में 'रजतिरजस महतस मैआव' है। मिथ्रडेट्स की मृत्यु के पश्चात उसने जो सिक्के जारी किये उनसे पता चलता है उसका पुष्कलावति तथा कपिशा (गांधार) पर अधिकार था। इसके अलवा उसके सामुद्रिक विजय का भी संकेत मिलता है।

माओस के उत्तराधिकारी—माओस के उत्तराधिकारी कमजोर और अयोग्य थे। इसलिए वे शक साम्राज्य को कायम न रख सके। बैक्ट्रियनों ने अपने विशाल साम्राज्य को विभाजित करके क्षत्रपों को दे दिया था परन्तु क्षत्रप लम्बे समय तक अन्य राज्यों में शासन करते रहे।

2. मथुरा के क्षत्रप—प्रारम्भ में मथुरा के क्षत्रप तक्षशिला के अधीन थे किन्तु बाद में इन्होंने शुगों या कण्वों से मथुरा को जीतकर छीन लिया। इस वंश के प्रारम्भिक शासक हगान और हगामश थे। इन दोनों ने कुछ समय तक सम्मिलित रूप से मथुरा पर शासन किया तथापि इनके पारस्परिक सम्बन्ध निश्चित रूप से ज्ञात नहीं हैं। मथुरा के अन्य प्रमुख क्षत्रपों में राजवुल या राजुल, खरोष्ठ तथा सोडास अथवा शोडास के नाम उल्लेखनीय हैं जिनके विषय में मथुरा के लायन कैपिटल अभिलेख से जानकारी मिलती है। राजवुल पहले क्षत्रप था किन्तु बाद में महाक्षत्रप बन गया था। उसे अपने योग्य पुत्र सोडास से भी शासन-प्रबंध में पर्याप्त सहायता प्राप्त होती थी। सोडास के पश्चात् मथुरा के क्षत्रपों की शक्ति कमजोर पड़ने लगी तथा कुषाण आक्रमणकारियों ने मथुरा पर अपना कब्जा जमाकर क्षत्रपों की सत्ता को नष्ट कर दिया। इन क्षत्रपों के अभिलेखों तथा सिक्कों से तत्कालीन धार्मिक तथा आर्थिक स्थिति का ज्ञान प्राप्त होता है।

3. महाराष्ट्र का क्षहरात कुल—पश्चिमी भारत में क्षहरात कुल के क्षत्रपों का उदय हुआ। इनको कुछ विद्वान शक मानते हैं तो कुछ पह्लव। क्षहरात वंश के प्रमुख शासकों में भूमक तथा नहपान थे। इनमें से भूमक ने सम्भवत: गुजरात, काठियावाड़ तथा मालवा पर भी अपना अधिकार जमाया था। डॉ० दिनेश चन्द्र सरकार का मत है कि भूमक ने पश्चिमी राजपूताना तथा सिन्ध पर भी अधिकार कर लिया था। इसके सिक्के तथा अभिलेख भी प्राप्त हुए हैं।

महाराष्ट्र के इस क्षहरात वंश का सर्वाधिक पराक्रमी और यशस्वी शासक नहपान हुआ। पेरीपल्स ऑफ दी एरीप्रियन सी नामक एक अज्ञात नाविक के ग्रंथ में भी नहपान का उल्लेख हुआ है। विभिन्न अभिलेखों तथा सिक्कों आदि से भी उसके सम्बन्ध में प्रचुर जानकारी प्राप्त होती है। नासिक गुहा अभिलेख से पता चलता है कि नहपान ने सम्भवत: 119 से 125 ई० के मध्य शासन किया। नहपान ने अपनी सुन्दर कन्या का विवाह ऋषभदत्त अथवा उषावदात से किया जो वीर साहसी एवं तेजस्वी युवक था। नहपान ने उषावदात्त को अपना प्रधान सेनापति भी नियुक्त किया। नहपान तथा उसके जमाता उषावदात के अभिलेखों से ज्ञात होता है कि उसका राजनैतिक प्रभाव तथा प्रभुत्व पूना, उत्तरी कोंकण से लेकर काठियावाड़, मालवा, उज्जैन, मन्दसौर तथा अजमेर तक रहा। उसने ही सातवाहनों से महाराष्ट्र को जीत लिया था यद्यपि कालान्तर में वह भी सातवाहन शासक गौतमीपुत्र शातकर्णी के द्वारा परास्त कर दिया गया। नहपान की बहुत सी मुद्रायें मिली हैं जिनमें से बहुत सारी ऐसी हैं जिन पर गौतमीपुत्र शातकर्णी ने अपना नाम अंकित कराकर पुन: प्रसारित किया। इसके अतिरिक्त नासिक प्रशस्ति में गौतमीपुत्र के लिए 'खरवरातवसनिश्वसेसकरस' की उपाधि से भी क्षहरात वंश के राजा नहपान की पराजय का प्रमाण मिलता है। सातवाहनों ने दक्षिणी महाराष्ट्र से शकों को

मार भगाया फिर भी महाराष्ट्र के उत्तरी भाग में शक अपना अधिकार बनाये रखने में सफल रहे। नहपान के मरणोपरान्त महाराष्ट्र में शकों की शक्ति कमजोर होती चली गई।

4. उज्जयिनी के क्षत्रप—उज्जयिनी और काठियावाड़ में शकों के चष्टन वंश का शासन था। इस वंश की स्थापना चष्टन के पिता यसमोतिक ने की थी किन्तु इसके प्रमुख शासक पहले तो चष्टन और बाद में रुद्रदमन ही थे। चष्टम उज्जयिनी का प्रथम महत्त्वपूर्ण शासक था। कुछ विद्वानों का मत है कि शक सम्वत् इसी चष्टन के द्वारा प्रारम्भ किया गया था। परन्तु अधिकांश विद्वान इसको स्वीकार नहीं करते। सम्भवतः उसने कुषाणों के सामन्त या प्रतिनिधि के रूप में सिन्ध पर भी राज्य किया तथा सातवाहनों से भी कुछ प्रदेश जीते। उसकी राजधानी उज्जयिनी ही थी। अपने शासनकाल के अन्त में चष्टन ने अपने पुत्र जयदामन को अपना क्षत्रप नियुक्त किया किन्तु उसकी शीघ्र ही मृत्यु हो जाने के कारण चष्टन के उपरान्त रुद्रदमन शासक बना। भण्डारकर का यह विचार है कि चष्टन तथा रुद्रदमन दोनों ने कुछ समय तक सम्मिलित रूप से भी शासन किया परन्तु एलन तथा डुब्रिया आदि विद्वान इस मत का खण्डन करते हैं। डॉ० राखालदास बनर्जी भी भण्डारकर महोदय के मत से सहमत नहीं है।

शक क्षत्रप रुद्रदमन—इस वंश का महाप्रतापी शासक था—रुद्रदमन। उसका उल्लेख बौद्ध साहित्य तथा कौटिल्य के अर्थशास्त्र में मिलता हैं। उसके सिक्कों तथा जूनागढ़ अभिलेखां से उसके विषय में पर्याप्त जानकारी मिलती है। यद्यपि उसकी तिथि के सम्बन्ध में मतभेद है, परन्तु अन्धौ अभिलेख से उसकी तिथि 130 ई० के लगभग समझ में आती है। उसके अपने अभिलेख (जूनागढ़ अभिलेख) की तिथि 72 शक सम्वत् अर्थात् 150 ई० है। इससे यह अनुमान लगाया गया है कि उसने 150 ई० तक शासन किया हो। इस प्रकार प्राप्त सामग्री एवं साक्ष्यों के आधार पर उसकी तिथि 130 ई० - 150 ई० के मध्य निर्धारित की गई है।

रुद्रदमन का राज्य-विस्तार—रुद्रदमन ने 'महाक्षत्रप' की उपाधि धारण की एवं अनेक युद्धों में विजय प्राप्त कर अपने राज्य का विस्तार किया। उसके राज्य में आकर (पूर्वी मालवा), अवन्ति (पश्चिमी मालवा), अनूप, अनर्त (उत्तरी क्षेत्र), मरु (मारवाड़), कच्छ, सिन्धु (निचली सिन्धु नदी से पश्चिम का प्रदेश), सौवार (निचली सिन्धु नदी से पूर्व का प्रदेश), कुकुर (उत्तरी काठियावाड़), अपरान्त (उत्तरी कोंकण) और निशाद (पश्चिमी विन्ध्य और अरावली) आदि सम्मिलित थे।

इस शासक के जूनागढ़ अभिलेख से ज्ञात होता है कि उसने दक्षिणापथ के राजा शातकर्णी को दो बार पराजित किया परन्तु निकट सम्बन्धी होने के कारण उसका पूर्ण नाश नहीं किया। इस शातकर्णी के विषय में विद्वानों में मतभेद है। भण्डारकर महोदय

इसको गौतमीपुत्र शातकर्णी मानते हैं। सातवाहनों के अलावा रुद्रदमन का संघर्ष यौधेय जाति से भी हुआ जो सतलज नदी के आसपास निवास करती थी।

प्रशासन—रुद्रदमन एक महान विजेता होने के साथ-साथ एक सफल प्रशासक भी था। उसका राज्य प्रबंध बड़ा कुशल और सुव्यवस्थित था। वह सदैव प्रजा के हित के लिए चिन्तित रहता था। और जनता को भरसक सुखी रखने का प्रयत्न करता था। उसके कर्मचारी प्रजा के हित के लिए धर्म, अर्थ और व्यवहार सम्बन्धी कार्यों में सदैव तत्पर रहते थे।

वह एक धर्म-परायण शासक था। उसके राज्य में ब्राह्मण और गौ को आदर दिया जाता था। अत्यधिक वर्षा के कारण गिरिनार के सुदर्शन झील का बांध टूट जाने पर उसने अपने निजी कोष से बांध का निर्माण करवाया। वह एक उच्च कोटि का विद्वान और कलाकार भी था। व्याकरण, साहित्य, संगीत तथा तर्क शास्त्र का वह प्रकाण्ड पंडित था और अलंकारिक गद्य और पद्य का सिद्धस्थ लेखक था। काठियावाड़ में गिरिनार शिलालेख से यह बात प्रमाणित हो जाती है। यह शिलालेख शुद्ध संस्कृत में लिखा हुआ गद्य और पद्य दोनों में हैं। रुद्रदमन स्वभाव से दयालु और उदार था। अपनी प्रजा से कभी कोई बेगार नहीं लेता था और न ही उन्हें करों आदि के लिए तंग करता था।

रुद्रदमन के उत्तराधिकारी—रुद्रदमन के पश्चात् उसका पुत्र दमघसद राजा बना। दमघसद का उत्तराधिकारी जीवदामा था। इस वंश के सिक्कों से ज्ञात होता है कि रुद्रदमन के पश्चात् शकों ने 200 वर्षों तक शासन किया परन्तु उनके काल की घटनाओं के विषय में जानकारी नहीं मिलती। इस वंश का अन्तिम राजा रुद्रसिंह तृतीय था जिसने 390 ई० तक शासन किया। चन्द्रगुप्त विक्रमादित्य ने उसे मारकर पश्चिमी क्षत्रपों के राज्य को गुप्त साम्राज्य में मिला लिया।

कुषाण वंश

कुषाणों की उत्पत्ति एवं आरम्भिक शासक—कुषाण लोग यू-ची जाति की एक शाखा के थे। यू-ची लोग प्रारम्भ में चीन के उत्तरी-पश्चिमी प्रदेश में कानस नामक प्रान्त में निवास करते थे। लगभग 165 ई० पू० में हूंग-नू नामक जाति ने उन्हें वहाँ से मार भगाया। अब यू-ची लोग नए प्रदेश की खोज में पश्चिम की ओर बढ़े और वे सिरदरिया के प्रदेश में आ पहुँचे। यहाँ पर उन दिनों शक लोग निवास करते थे। अतएव यूचियों की शकों से मुठभेड़ हुई परन्तु विजय यूचियों की हुई और शकों को विवश होकर भाग जाना पड़ा। परन्तु यूची लोग इस नए प्रदेश में शान्तिपूर्वक न रह सके। उनके पुराने शत्रु वू-सुन नें हूंग-नू जाति की सहायता से लगभग 140 ई० पू० में उन्हें मार भगाया। यू-ची लोग फिर नए प्रदेश की खोज में आगे बढ़े। उन लोगों ने आक्स

नदी को पार कर लिया और वे ताडिया प्रदेश में आ गए। यहाँ के लोगों ने उनके प्रभुत्व को स्वीकार कर लिया। परन्तु ताडिया विजय से भी यू-ची सन्तुष्ट न हुए। इस समय यू-ची लोग पाँच शाखाओं में विभक्त थे जिनके अलग-अलग नाम थे। इन्हीं में से एक का नाम कुई-सांग अथवा कुषाण था। इस शाखा का प्रथम शासक कदफिस था। वह बड़ा ही वीर तथा साहसी शासक था। उसने यूचियों की अन्य शाखाओं पर भी अपना प्रभुत्व स्थापित कर लिया। इस प्रकार यूचियों का एकछत्र सम्राट बन गया और उसका वंश कुषाण वंश कहलाया।

भारतीय विजय—बैक्ट्रिया तथा उसके पास-पड़ोस के प्रदेशों पर विजय प्राप्त करने के उपरान्त कुजुल ने अपनी विशाल सेना के साथ भारत की ओर प्रस्थान कर दिया। सबसे पहले उसने काबुल की घाटी में प्रवेश किया और यूनानियों की रही सही शक्ति को विनष्ट कर उस पर अपना अधिकार कर लिया इसके बाद उसने पूर्वी गान्धार प्रदेश पर अपना प्रभुत्व स्थापित कर लिया। लगभग अस्सी वर्ष की आयु में कुजुल का परलोक वास हो गया और उसका पुत्र विम कदफिस उसके साम्राज्य का स्वामी बना। विम भी अपने पिता की भांति बड़ा वीर तथा साहसी था और उसके शासनकाल में कुषाओं की संख्या भारत में बड़ी तेजी से बढ़ने लगी। उसने थोड़े ही दिनों में पंजाब, सिन्ध, कश्मीर तथा उत्तर प्रदेश के कुछ भागों पर अपना प्रभुत्व स्थापित कर लिया। कुषाण लोग अपनी भारतीय विजय के साथ-साथ यहाँ की सभ्यता तथा संस्कृति से प्रभावित होते जा रहे थे। और उसकी छाप उन पर पड़ती जा रही थी। विश्वस्त सूत्रों से ज्ञात होता है कि कुजुल बौद्धधर्म का तथा उसका पुत्र विम जैनधर्म का अनुयायी था। विम के बाद कनिष्ठ कुषाण वंश का शासक हुआ। वह इस वंश का सबसे प्रतापी व शक्तिशाली शासक था।

कनिष्क (78-101 ई०)

कनिष्ठ कुषाण वंश का सर्वाधिक शक्तिशाली और प्रतापी शासक था। मौर्य साम्राज्य के पतन के पश्चात् उसने एक बार फिर भारत में एक विस्तृत साम्राज्य का निर्माण किया। उसकी प्रमुख उपलब्धियां निम्नलिखित हैं—

1. कनिष्क की विजय तथा साम्राज्य विस्तार

(1) मगध पर अधिकार—कनिष्क का सबसे पहला आक्रमण मगध पर हुआ और उसने मगध के शासक को परास्त कर उस पर अधिकार कर लिया। वहाँ उसकी भेंट अश्वघोष नामक प्रसिद्ध बौद्ध विद्वान से हुई जिसके प्रभाव में आकर वह बौद्ध बन गया।

(2) कश्मीर पर विजय—मगध पर अधिकार करने के पश्चात् कनिष्क ने कश्मीर को विजय किया। उसने चौथी बौद्ध परिषद् कश्मीर में ही बुलाई थी।

(3) उज्जैन के शक तथा क्षत्रपों से युद्ध—कनिष्क ने उज्जैन के शक तथा क्षत्रपों के साथ भी लोहा लिया। उसने शक शासक चस्तत (चष्टत) को अपमानित किया जिसके कारण शकों ने कुषाणों की अधीनता स्वीकार कर ली।

(4) चीन से युद्ध—चीन-विजय कनिष्क की सबसे महान सैनिक सफलता थी। चीन के शासकों ने कनिष्क के पूर्वजों को युद्ध में अपमानित किया था। कनिष्क इस हार का बदला लेना चाहता था। अत: अपनी स्थिति को सुदृढ़ करने के बाद उसने चीन पर आक्रमण कर दिया। प्रारम्भ में तो उसके प्रयत्न व्यर्थ गए किन्तु बाद में चीन पर विजय पाने में वह सफल रहा। उसने अपने सैनिक अभियानों द्वारा ताशकन्द, खेतान तथा यारकन्द के चीनी प्रान्तों पर अधिकार कर लिया। बाद में चीन के सेनापति पाच-चाओ ने कनिष्क की सेना को परास्त कर दिया और मध्य एशिया के उसके राज्य के कुछ भाग पर अधिकार कर लिया।

2. धर्म प्रचार

आरम्भ में कनिष्क पारसी धर्म का अनुयायी था। बाद में वह हिन्दु धर्म में विश्वास रखने लगा। किन्तु मगध से युद्ध के समय वह अश्वघोष के प्रभाव में आकर वह बौद्ध बन गया। सम्राट अशोक की भांति उसने भी बौद्धधर्म के प्रसार के लिए निम्नलिखित पग उठाए—

(1) बौद्धधर्म अपनाने के पश्चात् कनिष्क ने बौद्धधर्म में फैले मतभेदों को दूर करने के लिए कश्मीर में बौद्धों को चौथी सभा बुलाई और नागार्जुन के संरक्षण में बौद्धधर्म की महान शाखा महायान सम्प्रदाय का निर्माण हुआ। इस सम्प्रदाय का निर्माण हुआ। इस सम्प्रदाय के लिए कनिष्क ने उसी उत्साह से कार्य किया, जिस उत्साह से सम्राट अशोक ने हीनायन सम्प्रदाय के लिए किया था।

(2) सम्राट कनिष्क ने विदेशों में बौद्धधर्म के प्रचारक भेजे। इस प्रकार उसके प्रयत्नों से बौद्धधर्म तिब्बत, चीन, मध्य एशिया तथा जापान में फैल गया। इसलिए प्राय: यह कहा जाता है कि ''हीनयान सम्प्रदाय में जो स्थान अशोक का है, महायान सम्प्रदाय नें वह स्थान कनिष्क का है।''

(3) कनिष्क ने देश के विभिन्न भागों में महात्मा बुद्ध की मूर्तियाँ स्थापित करवाईं जिससे जन-मानस के ह्रदय में महात्मा बुद्ध के प्रति श्रद्धा उत्पन्न हुई।

(4) उसने बौद्ध भिक्षुओं के लिए कश्मीर के लिए, पुरूषपुर, मथुरा, तक्षशिला आदि स्थानों पर अनेक मठ-तथा विहार बनवाए और उनकी आर्थिक सहायता की।

3. कला तथा साहित्य का संरक्षण

(1) कला की दृष्टि से कनिष्क का समय अत्यन्त गौरवपूर्ण तथा अद्वितीय है। कनिष्क ने अपने शासनकाल में अनेक मठ, विहार, स्तूप, शिला-अभिलेख तथा स्तम्भ बनवाए। अजन्ता के गुफा-चित्रों का निर्माण भी उसके समय में शुरू हुआ। मूर्ति-कला की दृष्टि से तो उसका युग स्वर्ण युग था। गान्धार में गान्धार शैली का विकास हुआ। इस शैली में महात्मा बुद्ध तथा अनेक बोधिसत्वों की मूर्तियों का निर्माण हुआ। इसके अलावा उसके समय में मथुरा मूर्ति-कला शैली तथा अमरावती मूर्ति शैली का विकास हुआ। कनिष्क ने कनिष्कपुर नामक एक नया नगर भी बसाया।

(2) **विद्या तथा साहित्य**—कनिष्क के समय में संस्कृत भाषा एवं साहित्य का विकास हुआ। उसने अपने युग के उच्च कोटि के विद्वानों को अपने दरबार में संरक्षण प्रदान किया। पार्श्व, वसुमित्र, अश्वघोष तथा नागार्जुन उसके दरबार की शोभा थे। महान् विद्वान 'चरक' उसका राज-चिकित्सक था। कूटनीतिज्ञ 'मायर' उसका मंत्री था।

4. विदेशों से घनिष्ठ सम्बन्ध

कनिष्क के शासन काल में भारत के विदेशों से घनिष्ठ सम्बन्ध स्थापित हुए। कनिष्क का साम्राज्य मध्य एशिया तक फैला हुआ था। उसके साम्राज्य की सीमाएं चीन तथा ईरान के राज्यों से मिली थीं। अत: उसके समय में चीन, रोमन साम्राज्य और पश्चिमी एशिया से उसके राजनैतिक तथा सांस्कृतिक तथा सभ्यता का प्रभाव बढ़ा।

5. कनिष्क का चरित्र

(1) **सफल विजेता**—कनिष्क एक महान विजेता था। अत: उसने कश्मीर, मगध, चीन आदि अनेक प्रदेशों को विजय कर अपने साम्राज्य का विस्तार किया।

(2) **महान शासक-प्रबन्धक**—कनिष्क एक महान योद्धा व सेनानायक होने के अतिरिक्त एक सफल शासन-प्रबन्धक भी था। राज्य की सम्पूर्ण शक्ति उसके हाथों में थी। वह एक प्रजापालक शासक भी था और उसने शासन-कार्यों के लिए बड़े योग्य कर्मचारियों का चयन किया था।

(3) **महान् धर्म-प्रचारक व धर्म-सहिष्णु**—कनिष्क एक महान धर्म प्रचारक था। उसने चीन, जापान तथा मध्य एशिया में बौद्ध धर्म-का प्रचार किया। इसके अतिरिक्त वह बड़ा धर्म सहिष्णु भी था। वह ब्राह्मण धर्म तथा जैन धर्म के प्रति भी बड़ा उदार था।

(4) **कला तथा साहित्य का संरक्षक**—कनिष्क एक कला प्रेमी तथा साहित्य को पोषक सम्राट था। उसके समय में गान्धार कला-शैली का विकास हुआ। उसके समय

में अनेक भव्य तथा सुन्दर मूर्तियों का निर्माण हुआ और अश्वघोष तथा नागार्जुन ने अनेक उच्च कोटि के ग्रन्थों की रचना की। निस्सन्देह कनिष्क भारत का एक महान सम्राट था।

प्राचीन भारतीय इतिहास में कुषाण शासकों का महत्व

मौर्य वंश के पतन के पश्चात् कुषाण साम्राज्य का पर्याप्त विस्तार हुआ और उसकी सीमाएँ भारत के बाहर मध्य एशिया तक फैल गई। इससे भारत के विदेशों से व्यापारिक तथा सांस्कृतिक सम्बन्ध स्थापित हुए। कुषाण साम्राज्य के महत्व का निम्नलिखित तथ्यों के आधार पर अध्ययन किया जा सकता है—

1. राजनैतिक महत्व—(*i*) विशाल कुषाण साम्राज्य की सीमाएँ रूस, अफगानिस्तान तथा वर्तमान पाकिस्तान तक फैली हुई थीं। यहाँ एक नवीन प्रकार की संस्कृति का उदय हुआ।

(*ii*) कुषाणों ने अपने को मध्य-एशिया की एक सर्वश्रेष्ठ शक्ति सिद्ध कर दिया। मध्य एशिया के आक्रमणकारियों ने जहाँ सामंती संगठन को जन्म दिया वहाँ कुषाणों ने 'महाराजधिराज' जैसी उच्च उपाधियाँ ग्रहण की।

(*iii*) कुषाणों ने एक नवीन प्रकार की शासन-व्यवस्था को जन्म दिया। उन्होंने अपने शासन का विकेन्द्रीयकरण किया। उन्होंने क्षत्रपति शासन प्रणाली अपनाकर प्रांतों में सैनिक राज्यपालों की नियुक्ति की।

(*iv*) अन्तर्राष्ट्रीय दृष्टि से कुषाण साम्राज्य की स्थिति बड़ी महत्वपूर्ण थी। वह चीन, पार्थिया तथा रोमन साम्राज्य के मध्य में स्थित था। उन दिनों रोम तथा पार्थिया में आपसी शत्रुता थी। फलतः रोम कुषाण साम्राज्य से मैत्री स्थापित करने का इच्छुक था।

(*v*) कनिष्क कुषाण वंश का बड़ा प्रतापी राजा था। उसने 'शक संवत्' चलाया जो आज भी भारत में प्रचलित है।

2. सामाजिक दृष्टि से महत्व—कुषाण सम्राटों ने व्यापार एवं उद्योग पर से राज्य का नियंत्रण समाप्त कर दिया गया जिसके कारण नए व्यापारी तथा शिल्पी वर्ग का जन्म हुआ। इसके फलस्वरूप विदेशी जातियों यूनानी, शक तथा पार्थियनों की तरह कुषाणों का भी भारतीयकरण होने लगा। कुषाणों ने भारतीय नामों तथा रीति-रिवाजों को अपनाया और धीरे-धीरे भारतीय समाज में आत्मसात् हो गए। इससे जाति-प्रथा भी कम हो गई।

3. विज्ञान तथा प्रौद्योगिकी में उन्नति—कुषाणों के समय विशेषकर कनिष्क के काल में विज्ञान तथा प्रौद्योगिकी के क्षेत्र में पर्याप्त उन्नति हुई। प्रो० आर० एस० शर्मा

के अनुसार, संभवत: चमड़े का विकास इसी काल में हुआ। कनिष्क को उसकी विभिन्न मुद्राओं पर उसे लम्बे जूतों में दिखाया गया है। रोम के साथ सुखद सम्बन्ध होने के कारण भारत में रोमन तकनीक का भी प्रयोग होने लगा। इसी प्रकार अन्य देशों की तकनीकों का भारत में प्रयोग होने लगा।

4. **साहित्य में उन्नति**—कुषाण-काल में साहित्य के क्षेत्र में भारी उन्नति हुई। विदेशी होते हुए भी कुषाणों ने संस्कृत भाषा तथा साहित्य को समृद्ध बनाया। कुषाण शासक साहित्य के संरक्षक थे यद्यपि उनके समय में लिखे गए साहित्य का कोई निश्चित प्रमाण नहीं मिलता। अश्वघोष इस युग का एक महान साहित्यकार था। वह एक साथ दार्शनिक, नाटककार, लेखक, संगीतज्ञ तथा उच्चकोटि का कवि था। उसने 'बुद्ध चरित' नामक अमर काव्य की रचना की थी। नागार्जुन इस युग का महान दार्शनिक तथा लेखक था। उसने 'मध्यमककाटिका' तथा 'मुरूल्लेखा' नामक दो प्रसिद्ध ग्रन्थों की रचना की। वह महायान सम्प्रदाय का अनुयायी था। 'चरक संहिता' का लेखक चरक कनिष्क का राजवैद्य था। उसने आयुर्वेद विज्ञान पर प्रकाश डाला। संभवत: 'भरत नाट्यम शास्त्र' तथा वात्सायन का 'कामसूत्र' इसी काल में लिखा गया। फलत: यह साहित्य की उन्नति तथा समृद्धि का काल था।

5. **धार्मिक विकास**—कुषाण काल धर्म की उन्नति व विकास का भी काल था। कुषाण सम्राट बड़े धर्म-सहिष्णु तथा उदार थे। कुछ कुषाण शासक वैष्णव तथा शैव धर्म के अनुयायी थे। कुषाण शासक वासुदेव तथा उसके पूर्ववर्ती शासक हुविष्क की मुद्रा पर उसे एक हाथ में चक्र तथा दूसरे में एक लिंग धारण किए हुए अंकित किया गया है। इससे प्रतीत होता है कि वह हरिहर का अनुयायी था।

कुषाण सम्राट कनिष्क प्रारंभ में हिन्दु धर्म में आस्था रखता था किन्तु बाद में वह बौद्ध धर्म का अनुयायी बन गया। सम्राट अशोक के पश्चात् बौद्ध धर्म के विकास तथा प्रचार में इतिहास में दूसरा स्थान है। उसी के कारण महायान सम्प्रदांय का जन्म हुआ। बुद्ध को देवता माना जाने लगा। उसने स्वयं बुद्ध की स्मृति में अनेक स्तूप बनवाए।

6. **कला का विकास**—कुषाण सम्राट बड़े कला प्रेमी थे और उनके समय में कला की अभूतपूर्व उन्नति हुई। उनके समय में विभिन्न देशों के कलाकार एक स्थान पर इकट्ठे हो गए थे जो विभिन्न कलाओं में प्रवीण थे। विदेशी कलाकारों में यूनान तथा रोमन तथा रोम के कलाकार बड़े प्रसिद्ध थे जिन्होंने गांधार को अपना केन्द्र बनाया। फलत: यहाँ पर एक नवीन कला शैली का जन्म हुआ। जिसे 'गांधार कला' का नाम दिया गया। प्रारम्भ में इस कला-शैली में बुद्ध की मूर्तियां बनाई गईं। आगे चलकर इसका विस्तार मथूरा में हुआ। राबिन्सन के मतानुसार, 'मथुरा कला' एक विशुद्ध देशी कला है। विदेशी कला का विकास भरहुत तथा सांची में हुआ। भरा चेहरा तथा

विशालता मथुरा कला को अपनी विशेषता हैं। ये मूर्तियां गांधार कला से अनेक बातों से भिन्न हैं। मथुरा कला शैली में महावीर स्वामी की भी मूतियाँ बनाई गईं। इस काल में ब्राह्मण धर्म से सम्बन्धित देवताओं की भव्य मूर्तियाँ भी बनाई गईं। आज भी देश के विभिन्न संग्रहालयों में विष्णु, शिव, स्कन्द, कार्तिकेय की मूर्तियाँ देखी जा सकती हैं।

7. आर्थिक समृद्धि—कुषाण काल आर्थिक समृद्धि का काल था। कृषि इस समय मुख्य व्यवसाय था और इसकी उन्नति के लिए अनेक उपाय किये गये। व्यापार भी उन्नत देशों में था। विदेशों में अनेक वस्तुओं का निर्यात किया जाता था जिससे पर्याप्त सोना भारत में आता था। प्लिनी ने तो यहाँ तक लिखा है कि विदेश के लोग भारतीय वस्तुओं को इतना पंसद करते थे कि उनको खरीदने के लिए भारत को अपना सोना लुटाये जा रहे थे। सम्भवत: सर्वाधिक सोने की मुद्रा का प्रचलन कुषाण काल में हुआ जो आर्थिक सम्पन्नता का द्योतक था।

गांधार शैली एवं मथुरा शैली

(*i*) गांधार शैली

उत्पत्ति एवं काल—कुषाण काल में यह शैली बहुत अधिक लोकप्रिय थी। इस काल की उत्पत्ति के विषय में विद्वानों में मतभेद है। कला विशेषज्ञों के स्कूलों के विद्वानों का विचार है कि यूनानी शैली के प्रभाव में आकर इसका जन्म हुआ। इसे स्पष्ट करते हुए श्री स्मिथ और सर जान मार्शल ने लिखा है—"गांधार शैली पर यूनानी कला का प्रभाव है। भारतीय मूर्ति शैली का प्रभाव बिल्कुल नहीं पड़ा है।" इसके विपरित डा० स्वामी का विचार है कि—"इस शैली पर भारतीय मूर्ति शैली की छाप दिखाई देती है।" इस शैली का विषय बौद्ध है, यूनानी नहीं है। इस शैली की काली स्लेट के पत्थर और कुछ मसाले, चूने की बनी मूर्तियाँ अधिक संख्या में प्राप्त हो चुकी हैं। यद्यपि इन मूर्तियों पर तिथि नहीं लिखी गयी है परन्तु विशेषज्ञ विद्वानों का विचार है कि ये मूर्तियाँ 50 ई० पू० से 200 ई० तक की हैं। इस शैली में बुद्ध की अनेक मूर्तियों की रचना की गयी। कनिष्क के काल में भारतीय मूर्तिकला की शैली और यूनानी मूर्तिकला की शैलियों के सम्मिश्रण से गांधार शैली की विशेषताओं को अपनाया।

शैली का विषय—गांधार शैली का विषय बौद्धधर्म है परन्तु इसकी तकनीक यूनानी है मूतिकारों को अपनी कल्पना का सहारा नहीं लेना पड़ा, क्योंकि उन्होंने उन्हीं कथाओं को मूर्ति का रूप दिया जिनका अभ्यास वे जातक से कर चुके थे। गांधार शैली की कई मूतियाँ हाथी दाँत की बनी हुई हैं जो अफगानिस्तान में मिली हैं। इन मूर्तियों को देखकर विद्वानों का विचार है कि इन पर सांची की मूर्तिकला की छाप है। गांधार शैली की मूर्तियों पर भारतीय मूर्तिकला के प्रभाव दिखाई पड़ते है। इन मूर्तियों के हाथ

तथा पाँव की अंगुलियाँ भारतीय शैली की मूर्तियों के समान हैं। यूनानी मूर्तियों में इनकी रचना में लोच और वक्रता दोनों होती है परन्तु गांधार शैली की मूर्तियों में लोच और वक्रता नहीं दिखाई देती। इन मूर्तियों की आँखें भी भारतीय मूर्तियों के समान हैं। पलकें तथा भौहें भी भारतीय दिखाई पड़ती हैं। इनके दृश्यों का सन्निवेश भारतीय है और उस पर साँची की छाप दिखाई देती है। इस प्रकार कहा जा सकता है कि गांधार शैली पूर्णरूप से यूनानी शर्तों से प्रभावित नहीं है। ये मूर्तियाँ मोटे स्त्रों से ढकी हैं एवं पारदर्शक वस्त्रों का प्रयोग नहीं हुआ हैं। मूर्तियाँ माँसल हैं और शीश पर जूड़ा है। महात्मा बुद्ध कभी-कभी सिहांसन पर विराजमान दिखाई देते हैं। कभी-कभी उनके पैरों से चप्पल भी दिखाई देती हैं जो विदेशी प्रभाव की प्रतीक हैं।

(*ii*) मथुरा शैली

कुषाण मूर्तिकला की अन्य महत्वपूर्ण शैली मथुरा शैली थी। गांधार प्रदेश की भांति मथुरा भी कला का एक प्रमुख केन्द्र था। लोक शैली एवं भरहुत तथा सांची शैली के मिश्रण से जिस कला का जन्म हुआ उसे 'मथुरा शैली' कहते हैं। इस शैली की मूर्तियों में परम्परा की छाप है जो कि मोहन जोदड़ो की मूर्तियों में दिखाई देती है। इन मूर्तियों पर जैन कला की भी छाप है। यह कला गांधार कला से बिल्कुल अलग है और उससे अधिक उन्नत भी हुई।

मथुरा शैली की मूर्तियों पर यूनानी प्रभाव नहीं पड़ता है। मथुरा से प्राप्त मूर्तियों से इसकी पुष्टि होती है। उल्लेखनीय है कि कुषाण शासकों का एक देवकुल मथुरा में रहता था। यहाँ से कुषाण राजाओं की मूर्तियों के अवशेष मिले हैं जिनमें छाती पर ऊपर की ओर खण्डित कनिष्क की प्रतिमा मुख्य है। कुछ विद्वानों का कहना है कि ये मूर्तियाँ मध्य एशिया में बनायी गयी थीं और फिर उनको भारत में लाया गया था। यदि वे भारत में बनायी गयी होतीं तो इन पर गांधार बोली की झलक अवश्य दिखाई पड़ती।

मथुरा शैली की कुछ मूर्तियाँ उल्लेखनीय हैं। एक मूर्ति में मथुरा रोलिंग पर बनी है। इस मूर्ति को एक झरने के नीचे नहाते दिखाया गया है। इसमें उन्हीं भावों को दिखाया गया है जो स्नान करते समय पैदा होते हैं। यह मूर्ति अत्यन्त सुन्दर है। मथुरा शैली की एक अन्य सून्दर मुर्ति जो रोलिंग स्तम्भ पर बनी है। उसके हाथ में एक तोता लिये हुए दिखाया गया है।

मथुरा की सभी कलाकृतियों में सीकर के लाल पत्थर का प्रयोग हुआ हैं जिसके कारण ये सरलता पूर्वक पहचानी जा सकती है। मथुरा कला स्वदेशी है। इसलिए इसका प्रयोग गुप्त काल में भी हुआ तथा उस समय यह अपने विकास की चरमसीमा तक पहुंच गयी। प्रो० आनन्द स्वामी के अनुसार गुप्त युग की मूर्तिकला का मूल स्त्रोत मथुरा की कला ही है।

11 गुप्त साम्राज्य

प्राचीन भारतीय इतिहास में गुप्त युग को स्वर्ण युग कहा जाता है। इस युग में लगभग सभी क्षेत्र में आश्चर्यजनक उन्नति हुई। गुप्त साम्राज्य का उत्थान प्राचीन भारत के इतिहास में एक नये युग को आरम्भ करता है। गुप्त वंश की स्थापना से पहले और कुषाण वंश के नाश के बाद का इतिहास बड़ा अन्धकारपूर्ण माना जाता है। कुषाण वंश के नाश के पश्चात् भारत में राजनैतिक एकता का सर्वथा अभाव होने के कारण देश में बड़ी अशान्ति और अराजकता फैल गई। परिणाम यह हुआ कि इस काल का कोई क्रमबद्ध इतिहास नहीं लिखा गया। यही कारण है कि इस समय का इतिहास बहुत अन्धकारपूर्ण है। परन्तु गुप्त वंश की स्थापना से हम प्रकाश में आ जाते हैं और अन्धकार का यह युग समाप्त हो जाता है। गुप्त काल का क्रमबद्ध तथा विस्तृत इतिहास जानने के हमारे पास कई महत्वपूर्ण साधन हैं जिससे इतिहास में एक नए युग का आरम्भ होता है।

मौर्य साम्राज्य के पतन के बाद भारत की राजनैतिक एकता लुप्त हो गई थीं और देश अनेक छोटे-छोटे राज्यों में विभाजित हो गया था। बहुत समय तक यहाँ सातवाहन, शक तथा यवन शासकों ने अपनी-अपनी धाक जमाए रखी और उत्तरी भारत में शक्ति जमाए रखने के लिए उनका निरंतर युद्ध होता रहा। इसमें सन्देह नहीं कि कुषाण वंश के प्रसिद्ध शासक कनिष्क ने फिर से भारत को राजनैतिक एकता प्रदान करने में काफी सफलता प्राप्त की थी। परन्तु उसकी यह सफलता अधिक देर तक स्थायी न रह सकी और न ही उसके अधिकार में समस्त उत्तरी भारत आ सका। उसके बाद साम्राज्य शीघ्र ही छिन्न-भिन्न हो गया और रही-सही राजनैतिक एकता का लोप भी हो गया। परन्तु गुप्त वंश की स्थापना ने भारत को पुनः बड़ी दृढ़ और चिर-स्थायी राजनैतिक एकता प्रदान की। गुप्त सम्राट ने द्वारिका से आसाम तक और हिमालय से नर्मदा तक एक राज्य स्थापित किया और भारत को विदेशियों के चुंगल से छुड़ाया। सारे देश में सार्वभौमिक शासन व्यवस्था करके उन्होंने अपने साम्राज्य को बहुत मजबूत और सुसंगठित बना लिया। यही कारण है कि भारत के इतिहास में गुप्त सम्राटों को बहुत गौरवपूर्ण स्थान प्राप्त है।

गुप्त काल की सबसे महत्वपूर्ण विशेषता इस बात में है कि इस काल में अभुतपूर्व बौद्धिक विकास हुआ। सांस्कृतिक क्षेत्र में भारत ने जितनी उन्नति इस युग में की उतनी शायद कभी और नहीं की। वास्तव में इस काल में भारतीय प्रतिभा का सर्वतोमुखी विकास हुआ। विज्ञान, दर्शन, साहित्य आदि सभी दिशाओं में भारतीयों ने आश्चर्यजनक उन्नति की। भारतीय शेक्सपियर कालिदास, महाकवि हरिसेन, अमरसिंह, आर्यभट्ट जैसे साहित्यकार इसी युग में हुए। असंग, बसुबन्धु तथा आर्यदेव, से बौद्ध विद्वानों ने भी इस काल की शोभा बढ़ाई। पौराणिक साहित्य ने भी अपना वर्तमान रूप इसी काल में धारण किया और पंचतंत्र की विश्व-विख्यात कहानियाँ भी इसी युग में लिखी गईं। इस प्रकार बौद्धिक क्षेत्र में इस काल ने अभूतपूर्व उन्नति की।

प्राचीन भारत के इतिहास में गुप्त काल की प्रसिद्धि का एक और मुख्य कारण हिन्दु-धर्म का पुनरूत्थान है। मौर्य काल तथा कुषाण वंश में बौद्ध धर्म को अत्यधिक प्रोत्साहन मिला था जिससे हिन्दू-धर्म काफी पिछड़ गया था। परन्तु सम्राटों ने हिन्दू-धर्म को आश्रय देकर उसमें नव-जीवन फूँक दिया और इसे फिर से लोकप्रिय तथा प्रगतिशील बना दिया। हिन्दू धर्म के प्रति गुप्त सम्राटों की यह सेवा वास्तव में बहुत प्रशंसनीय थी।

इस काल में न केवल साहित्य और धर्म ने उन्नति की वरन ललित कलाओं ने भी बहुत उन्नति की। चित्रकारी, संगीत, भवन-निर्माण कला, मूर्ति-निर्माण कला आदि विभिन्न कलाएँ उन्नति की चरम-सीमा तक पहुँच गई थीं। अजन्ता के विश्व-विख्यात चित्र इस बात की सत्यता को प्रमाणित करते हैं।

आर्थिक दृष्टि से भी यह युग विशेष महत्व का था। गुप्तकाल में लोगों को पूर्ण शान्ति और समृद्धि प्राप्त थी। व्यापार और वाणिज्य बहुत उन्नत अवस्था में थे और देश में धन-धान्य की कोई कमीं नहीं थी।

गुप्तकाल की महत्ता का एक अन्य कारण इस काल में बृहतर भारत का जन्म था। गुप्त सम्राटों के समय में भारतीय सभ्यता चीन, जावा, सुमात्रा, बोर्नियों, कोचीन, असम और मध्य एशिया तक फैल चुकी थी और भारत के कई उपनिवेश भी बन गए थे। इसलिए भारतीयों के लिए यह युग बड़े गौरव का युग था।

अन्त में गुप्तकाल की विशेषताओं को संक्षेप में बताते हुए कहा जा सकता है कि इस काल की बहुमुखी कार्यवाहियाँ ही इसके महत्व का कारण थीं। इस युग में भारत ने किसी विशिष्ट दिशा में उन्नति न कर सभी दिशाओं में प्रगति की थी। राजनैतिक, अर्थिक, धार्मिक या सांस्कृतिक किसी भी क्षेत्र में भारत इस युग में पीछे नहीं रहा। यही कारण है कि इतिहास में गुप्त काल को पुनर्जागरण का युग कहा जाता है अ।र विशेष महत्व दिया जाता है।

गुप्त वंश की उत्पत्ति एवं चन्द्रगुप्त प्रथम

गुप्त शासकों की उत्पत्ति तथा प्रारम्भिक इतिहास के बारे में भली-भाँति कुछ ज्ञात नहीं है।

(1) कुछ लेखकों का विचार है कि गुप्त शासक वैश्य थे परन्तु इस विचार को नहीं माना जा सकता क्योंकि हमें कुछ ऐसे ब्राह्मणों के नाम भी मिलते हैं जिनके नाम का अंत 'गुप्त' में होता है।

(2) डॉ० के० पी० जायसवाल का विचार है कि गुप्त शासक जाट थे और पंजाब के रहने वाले थे। परन्तु आर्य मंजुश्री मूलकल्प, जिस पर यह विचार आधारित है, पूर्ण रूप से ठीक नहीं माना जा सकता है।

(3) डॉक्टर डाडवैल के विचारानुसार गुप्त, शासक विदेशी थे क्योंकि 'घटोत्कच्छ' भारतीय नाम नहीं है परन्तु इस विचार को भी नहीं माना जा सकता क्योंकि महाभारत में भीम के पुत्र का नाम घटोत्कच्च बताया गया है। परन्तु प्रो० आर० डी० बैनर्जी के विचारानुसार गुप्त सम्राट लिच्छव वंश के क्षत्रिय थे और उनका लिच्छवियों के साथ वैवाहिक सम्बन्ध था। इस प्रकार यह निश्चित रूप से नहीं बताया जा सकता कि गुप्त लोग कौन थे।

गुप्त वंश का उत्थान

गुप्त वंश का इतिहास श्रीगुप्त से आरम्भ होता है जो इस वंश का प्रथम शासक था। उसका राजनैतिक इतिहास विद्वानों को मालूम नहीं है। परन्तु सातवीं शताब्दी में आने वाले चीनी यात्री इत्सिंग के विवरण से ज्ञात होता है कि उससे 500 वर्ष पूर्व अर्थात् तीसरी शताब्दी में मगध का राजा श्रीगुप्त था, जिसने मगध में मृगाशिखन के पास चीनी यात्रियों के लिए एक मन्दिर का निर्माण किया था और उसके खर्च के लिए 20 गाँव दान भी किए थे। उसका राज्य-काल शायद 275 ई० से 300 ई० तक था। इलाहाबाद के एक अभिलेख से यह भी ज्ञात होता है कि वह घटोत्कच्च का पिता और चन्द्रगुप्त प्रथम का पितामाह था।

श्रीगुप्त के पश्चात् मगध के सिंहासन पर उसका पुत्र घटोत्कच्च गुप्त गद्दी पर बैठा। परन्तु उसके विषय में इतिहासकारों को कोई जानकारी नहीं है। घटोत्कच्च के बाद उसका पुत्र चन्द्रगुप्त प्रथम वहाँ का शासक था। वह गुप्त वंश का प्रथम महत्वपूर्ण शासक था। उसने महाराजाधिराज की उपाधि ग्रहण की हुई थी जिससे पता चलता है कि वह एक स्वतंत्र शासक था। कुछ विद्वानों का मत है कि उससे पहले के गुप्त स्वतंत्र शासक न होकर किसी अन्य शक्ति के अधीन केवल अधिराज थे। उनके अनुसार चन्द्रगुप्त प्रथम ही मगध को स्वतंत्र कराकर वहाँ गुप्त साम्राज्य को स्थापित

करने वाला था। अतः वही इस वंश का वास्तविक संस्थापक था। उसने 320 ई० से 335 ई० तक राज्य किया था। उसके शासन काल में मगध का राज्य बड़ा मजबूत और सुसंगठित हो गया था। उसने अपनी विजयों और वैवाहिक सम्बन्धों द्वारा अपनी शक्ति को बहुत बढ़ा लिया। लिच्छवी वंश की राजकुमारी कुमारदेवी के साथ विवाह कर लेने का बाद उसकी शक्ति में काफी वृद्धि हो गई थी। इतिहास में उसके इस वैवाहिक सम्बन्ध को बहुत महत्वपूर्ण घटना समझा जाता है। उसके सिक्कों पर उसके चित्र के साथ-साथ कुमारदेवी का चित्र वाले सिक्के समुद्रगुप्त द्वारा अपने माता-पिता की याद में चलाए गए थे। परन्तु अन्य विद्वानों ने इस मत का खण्डन करते हुए यह साबित करने की कोशिश की है कि इन मुद्राओं पर कुमारदेवी का चित्र उसके राजनैतिक महत्व का प्रतीक है क्योंकि कुमारदेवी से विवाह के परिणामस्वरूप ही चन्द्रगुप्त को पाटलिपुत्र दहेज में मिला था और लिच्छवियों की सहायता से उसकी शक्ति में वृद्धि हुई थी। एलेन के अनुसार, इस वैवाहिक सम्बन्ध का महत्व राजनैतिक न होकर सामाजिक था। उसके विचार में लिच्छिवियों को समाज में बहुत ऊँचा स्थान प्राप्त था क्योंकि जैनधर्म के संस्थापक महावीर का सम्बन्ध इसी वंश से था। अतः चन्द्रगुप्त ने लिच्छवी कन्या से विवाह करके सामाजिक दृष्टि से अपने गौरव और प्रतिष्ठा को बहुत बढ़ा लिया था। इस प्रकार चाहे इस विवाह का उद्देश्य राजनैतिक था अथवा सामाजिक, परन्तु इतना निश्चित है कि गुप्त वंश के लिए एक महत्वपूर्ण घटना थी।

कुछ विद्वानों के कथनानुसार चन्द्रगुप्त ने एक सम्वत् भी चलाया था, परन्तु इस विषय में निश्चित रूप से कुछ नहीं कहा जा सकता। पुराणों के अनुसार उसके राज्य में अवध, प्रयाग और मगध के प्रदेश शामिल थे। उसकी मृत्यु के बाद उसका उत्तराधिकारी समुद्रगुप्त सिहांसन पर बैठा था।

समुद्रगुप्त की उपलब्धियां (335-375 ई०)

यद्यपि समुद्रगुप्त अपने पिता का सबसे बड़ा पुत्र नहीं था, किन्तु उसके असाधारण गुणों के कारण उसके पिता ने अपने जीवनकाल में ही उसे अपना युवराज नियुक्त कर दिया। सिंहासन पर बैठने के पश्चात् उसने अपने पिता की आशाओं को पूर्ण किया। जब वह शासक बना, उस समय देश में राजनैतिक एकता न थी। चारों ओर अशांति फैली हुई थी। उसने देश की उत्तरी-पश्चिमी सीमा पर विदेशी शक्तियों को युद्ध में अपमानित कर साम्राज्य विस्तार की नीति अपनाई। समुद्रगुप्त के इतिहास के बारे में जानकारी हमें प्रयाग (इलाहाबाद) अभिलेख से मिलती है, जो इसके मंत्री हरिषेन की रचना है। उसके असाधारण गुणों के बारे में डा० आर० एस० त्रिपाठी ने लिखा है कि "उसकी प्रारंभिक अवस्था चाहे जो भी रही हो, इसमें संदेह नहीं कि समुद्रगुप्त सम्राटों

में कई अर्थों में अद्वितीय था और अपनी विजयों से उसने अपने पिता की दूरदर्शिता को सही प्रमाणित कर दिया।''

समुद्रगुप्त की विजयें

समुद्रगुप्त आरम्भ से ही बहुत महत्वकांक्षी था और अपूर्व साहसी तथा पराक्रमी भी था। वह अपने साम्राज्य का विस्तार कर सम्राट की उपाधि ग्रहण करना चाहता था। अत: सिंहासन पर बैठते ही उसने दिग्विजय की नीति पर चलना शुरू कर दिया और अन्त में अपने इस उद्देश्य में सफल भी हो गया। इलाहाबाद के स्तम्भ-लेख में उसकी विजयों का विस्तृत वर्णन मिलता है। इस लेख का लेखक उसका राजकवि हरिसेन लिखता है ''कि उसने सैकड़ों युद्धों में विजय प्राप्त की थी। उसका आकर्षक शरीर कई प्रकार के कटे-फटे घावों से ढ़का हुआ था जो कि उसको कई हथियारों, (जैसे कुल्हाड़ी, तीर, भाले, तलवार आदि) द्वारा लगे थे।

डॉक्टर राधा कुमुद मुकर्जी ने लिखा है ''समुद्रगुप्त सौ युद्धों का विजेता था। वह दो तीन सालों की निरन्तर चढ़ाइयों द्वारा सारे भारत पर अपना राजनैतिक आधिपत्य स्थापित करने में सफल हुआ।

उत्तर विजय—इलाहाबाद शिलालेख से हमें ज्ञात होता है कि समुद्रगुप्त ने उत्तरी भारत में दो बार आक्रमण किया। पहले आक्रमण में उसने केवल तीन शासकों को हराया जिनके नाम निम्नलिखित हैं। इस शिलालेख की सातवीं पंक्ति से ज्ञात होता है कि समुद्रगुप्त ने अच्युत तथा नागसेन पर पूर्ण विजय प्राप्त की और तीसरा शासक जिसको उसने हराया, कोटा कुल से सम्बन्ध रखता था। तत्पश्चात् समुद्रगुप्त ने पुष्पा नाम के शहर में आराम किया। क्योंकि यहां शिलालेख मिटा हुआ है इसलिए कुछ भली-भांति नहीं कहा जा सकता कि पुष्पा शहर से समुद्रगुप्त का या कोटा शासकों का क्या सम्बन्ध था।

इलाहाबाद शिलालेख समुद्रगुप्त के इस अभियान के पश्चात् दक्षिण विजय का उल्लेख करता है कि समुद्रगुप्त ने उत्तरी भारत के इन शासकों को हराया। डॉक्टर आलतेकर का विचार है कि यह नहीं माना जा सकता कि समुद्रगुप्त ने उत्तरी भारत में बिना अपनी शक्ति को दृढ़ बनाए ही दक्षिणी भारत पर आक्रमण किया होगा। क्योंकि दूसरे उत्तरी अभियान में समुद्रगुप्त ने 9 शासकों को हराया जिनमें उन तीन के नाम भी सम्मिलित हैं जिनको पहले अभियान में हराया गया था। इससे हम यह कह सकते हैं कि समुद्रगुप्त की शक्ति उत्तरी भारत में दृढ़ नहीं थी। इसलिये यह मानना उचित होगा कि समुद्रगुप्त ने पहले उत्तरी भारत के सब शासकों को हराया होगा और फिर उसने दक्षिणी भारत की ओर अपना ध्यान दिया होगा।

उत्तरी भारत में उसने 9 शासकों को हराया जिनके नाम निम्नलिखित हैं—

1. रूद्रदेव, 2. मतिल, 3. नागदत्त, 4. चन्द्रवर्मन, 5. गणपति नाग, 6. नागसेना, 7. अच्युत, 8. नन्दिन, 9. बलवर्मन।

प्रो० रैपसन का विचार है कि यह 9 शासक नाग शासक थे इसलिए समुद्रगुप्त ने अपना राज्य चिह्न गरूण रखा था क्योंकि जिस प्रकार गरूड़ न केवल नागों को मारता है बल्कि खा भी लेता है इसी तरह समुद्रगुप्त रूपी गरूड़ ने न केवल इन नौ नाग राजाओं को हराया ही बल्कि इनको खा भी लिया अर्थात इनके राज्य अपने राज्य में सम्मिलित कर लिए।

उत्तरी भारत में समुद्रगुप्त ने दिग्विजय की नीति का अनुसरण किया अर्थात उसने न केवल उत्तरी भारत के शासकों को हराया ही बल्कि उनके राज्य को भी अपने राज्य में सम्मिलित कर लिया।

अटवी राज्य पर विजय—जबलपुर और छोटा नागपुर के समीप उस समय छोटे-छोटे 18 अटवी राज्य थे। यह प्रदेश पर्वतीय और जंगली था। समुद्रगुप्त के लिए दक्षिणी भारत को जीतने के लिए इन राज्यों को जीतना बहुत जरूरी था अत: उसने उत्तरी भारत पर विजय प्राप्त करने के पश्चात् इन जंगली जातियों को परास्त कर उन्हें भी अपने अधिकार में कर लिया। उसने यहाँ के राजा को अपना मित्र बना लिया।

दक्षिण विजय—उत्तरी भारत में पूर्णरूप से अपनी शक्ति स्थापित करने के पश्चात् समुद्रगुप्त ने दक्षिणी भारत की ओर अपना ध्यान दिया। इसके लिए उसने लगभग 3000 मील की यात्रा की। इसकी दक्षिणी विजय से हमें न केवल उसके दक्षिण तक पहुँचने का रास्ता ही पता चलता है बल्कि दक्षिणी भारत की राजनैतिक दशा का भी ज्ञान होता है।

दक्षिणी भारत में समुद्रगुप्त ने 12 शासकों को हराया जिनके नाम निम्नलिखित हैं:

1. कोशल का महेन्द्र, 2. महाकान्तार का व्याघ्रराज, 3. कुशल का भण्टराज, 4. विष्टपुर का महेन्द्र, 5. कोटूर का स्वामीदत्त, 6. एरण्डपल्ल का दमन, 7 कांची का विष्णुगोप, 8. अवमुक्त का नीलराज, 9. बेंगी का हस्तिवर्मन, 10. पालक्क का उग्रसेन, 11. देवराष्ट्र का कुबेर, 12. कुस्थलपुर का धनज्जय।

राज्यों की पहचान—

1. कौशल से तात्पर्य सम्भवत: विलासपुर, रायपुर और संभलपुर के जिलों से है।

2. महाकान्तार सम्भवत: गौड़वाना के वन्य प्रदेश में स्थित था।

3. कुशल दक्षिणी भारत को सोनपुर का प्रदेश कहा था।

4. पिष्टपुर सम्भवत: गोदावरी में पिठापुरम् है।
5. कोटुर सम्भवत: गंजाम जिले में कोठूर है।
6. एरण्डपल्ल का तात्पर्य गंजाम जिले के एरण्डपल्ली से है।
7. कांची आधुनिक कांजीवरम् है।
8. हाथी गुम्फा अभिलेख के अनुसार अवमुक्त की राजधानी गोदावरी के निकट पिथुण्ड थी।
9. वेगी से तात्पर्य एलोर में पेड्डवेंगी है।
10. पालक्क नेलोर जिले में स्थित है।
11. देवराष्ट्र सम्भवत: विजरंगपट्टम् जिले में स्थित था।
12. कुस्थलपुर उत्तरी अर्काट का कुट्टलूर है।

समुद्रगुप्त ने दक्षिण में उत्तर से सर्वथा भिन्न नीति अपनायी। उत्तर में तो उसने राजाओं को पराजित करके उनके राज्य को अपने राज्य में मिला लिया था परन्तु दक्षिण में समुद्रगुप्त ने यह नीति नहीं अपनायी। उसने दक्षिण भारत के शासकों को हराकर उनको उनका राज्य वापस कर दिया। कुछ इतिहासकारों के अनुसार दक्षिण में उसकी नीति उसी प्रकार की थी जिस प्रकार कोई तितलियों को पकड़कर छोड़ देता है।

समुद्रगुप्त की यह नीति उसके राजनीतिज्ञ होने का प्रमाण है। वह यह अच्छी तरह जानता था कि उत्तर में रहकर दक्षिण पर पूर्ण नियंत्रण रखना कठिन है, क्योंकि उस समय यातायात के साधन पर्याप्त मात्रा में उपलब्ध नहीं थे और इसीलिए उसने दक्षिण पर अपना नियंत्रण रखना आवश्यक नहीं समझा और प्राय: उनको उनके राज्य में स्वाधीन रहने दिया।

सीमाप्रान्त के कबीलों से सम्बन्ध—प्रयाग प्रशस्ति के अनुसार सीमा प्राप्त के कबीलों ने समुद्रगुप्त के प्रति आत्म समर्पण कर दिया। ये कबीले निम्नलिखित थे—

(1) **मालव**—ये यूनानियों द्वारा लिखित मल्लोई जाति के समान थे। प्रथम शताब्दी के अन्त में अवन्ती में बसकर अपना नाम मालव रखा।

(2) **अर्जुनायन**—ये सम्भवत: अलवर और जयपुर के रियासत के पूर्वी भाग में बसे थे।

(3) **यौधेय**—ये उत्तरी राजपूताना के निवासी थे और यह प्रदेश बहावलपुर रियासत की सीमा पर स्थित है।

(4) **माद्रक**—ये यौधयों के उत्तर में बसे थे और इसकी राजधानी स्यालकोट थी।

(5) **आभीर**—इसका प्रदेश अहिरवाड़, मध्यभारत में पार्वती और वेतवा नदी के मध्य में था।

(6) **प्रार्जुन**—इसकी राजधानी मध्य प्रदेश में नरसिंहपुर अथवा नरसिंहगढ़ थी।

(7) **सनकानिक**—ये भिल्सा के पास थे।

(8) **काक**—यह सनकानिकों के पड़ोसी थे।

(9) **खरपरिक**—यह सम्भवत: मध्य प्रदेश के दमोह जिले में बसे हुए थे।

सीमावर्ती राज्यों से सम्बन्ध—समुद्रगुप्त ने कई सीमावर्ती राज्यों को भी जीता जो निम्नलिखित हैं—

(1) **समतट**—इनका तात्पर्य दक्षिणपूर्वी बंगाल से है।

(2) **डवाक**—यह सम्भवत: आसाम में स्थित था।

(3) **कामरूप**—यह आधुनिक कामरूप जिला है।

(4) **नेपाल**—आधुनिक नेपाल है।

(5) **कर्तुपुर**—फ्लीट और एलन के अनुसार यह जालन्धर का करतारपुर है।

साम्राज्य विस्तार—समुद्रगुप्त एक महान विजेता था। उसका साम्राज्य उत्तर में हिमालय से लेकर दक्षिण में नर्मदा नदी तक और पूर्व में ब्रह्मपुत्र से लेकर पश्चिम में चम्बल नदी तक फैला हआ था। इसके अलावा दक्षिण के 12 राज्यों पर भी उसने विजय प्राप्त की थी और उनसे कर लेकर उन्हें आंतरिक स्वतंत्रता प्रदान कर दी गयी। उसके पड़ोसी राज्य उस पर आश्रित थे और उसकी कृपा पर निर्भर रहते थे। इनमें सिंहलद्वीप, पश्चिम और उत्तर पश्चिम में शकों और कुषाणों के छोटे-छोटे राज्य शामिल थे। यद्यपि इन राज्यों ने उनकी अधीनता स्वीकार नहीं की तथापि ये उसकी सत्ता को मानते थे।

विदेश नीति—समुद्रगुप्त के कई विदेशी राज्यों से सम्बन्ध थे।

(1) **देवपुत्र शाहीशानुशाही शकमुरुण्ड**—प्रथम को इतिहासकारों ने कुषाण शासकों की उपाधि माना है। शक से तात्पर्य शक जाति से है जो पश्चिमी भारत में रहती थी। मुरुण्ड को कुछ लोग जाति तथा अन्य उपाधि मानते हैं।

हरिषेन के अनुसार इन शासकों ने समुद्रगुप्त को कई रूपों में श्रद्धांजलि अर्पित की—

(*i*) आत्म निवेदन

(*ii*) कन्योपायन दान

(*iii*) गुरुत्मदङ्कस्वविषय भुक्ति शासन याचना (अपने विषय मुक्ति के लिए गरुड़ के चिह्न से अंकित आज्ञापत्र प्राप्त करने की प्रार्थना)।

(2) लंका से सम्बन्ध—चीनी स्रोतों के अनुसार लंका के राजा मेघवर्ण ने बहुत से कीमती उपहार देकर समुद्रगुप्त के दरबार में अपने लोगों को भेजा था और बोधगया में मठ बनाने की अनुमति माँगी। समुद्रगुप्त ने यह आज्ञा दे दी थी।

अश्वमेघ यज्ञ—अनेक विजयों के उपरान्त समुद्रगुप्त ने अश्वमेघ यज्ञ किया और स्वयं महाराजाधिराज की उपाधि धारण की। इस अवसर पर उसने अनेक मुद्राओं का प्रचलन किया जिनके एक और 'अश्वमेघ पराक्रम' शब्द खुदे हुए थे और दूसरी ओर यज्ञ स्तम्भ के साथ बंधे हुए अश्व तथा चँवर लिये प्रधान महिषी की मूर्ति अंकित थी। उत्तरी अवध से प्राप्त एक घोड़े की पत्थर की प्रतिमा भी उसके अश्वमेघ को प्रमाणित करती है।

समुद्रगुप्त भारतीय नैपोलियन?—गुप्तवंश के गौरवपूर्ण इतिहास में समुद्रगुप्त का विशिष्ट स्थान है। उसके समय में गुप्त वंश की पताका भारत के अधिकांश भाग में फहराने लगी। वह एक महान सेनापति तथा विजेता था। डॉ० स्मिथ ने उसे 'भारतीय नैपोलियन' कहा है। वस्तुत: वह उससे भी श्रेष्ठ था। नैपोलियन को अपने अंतिम दिनों में 'ट्राफल्लांक' तथा 'वाटरलू' के युद्ध में पराजय का मुंह देखना पड़ा और आजीवन कारावास का दण्ड भोगना पड़ा और उसे यूरोप को जीतने में 28 वर्ष का समय लगा। इसके विपरीत समुद्रगुप्त का सम्पूर्ण जीवन सफलता का रहा उसे कोई भी दण्ड नहीं भोगना पड़ा और उसने केवल दो वर्ष के अल्पकाल में ही भारत के अधिकांश भाग को जीतकर एक विशाल एवं शक्तिशाली साम्राज्य की स्थापना की और महाराजाधिराज की उपाधि धारण की जबकि नैपोलियन यूरोप में एकछत्र राज्य स्थापित करने के अपने स्वप्न को साकार न कर सका। वाटरलू के युद्ध में नेलसन के हाथों अपमानित होने के बाद उनका गौरवपूर्ण इतिहास कलंकित हो गया।

शासन व्यवस्था—समुद्रगुप्त एक श्रेष्ठ शासक भी था। वह दूरदर्शी था और इस बात को अच्छी तरह से जानता था कि सम्पूर्ण विजित प्रदेशों को अपने साम्राज्य में मिलाकर अपने अधीन रखना राजनीतिज्ञता नहीं होगी और साम्राज्य चिरस्थायी नहीं रह सकता। अत: उसने सुदूर प्रान्तों द्वारा अधीनता स्वीकार करने के पश्चात् उन्हें आंतरिक स्वतंत्रता प्रदान कर दी और शासन नीति की कुशलता का परिचय दिया। उसका शासन इतना सुदृढ़ और सुसंगठित था कि उसके शासन काल में किसी अधीनस्थ प्रदेश ने विद्रोह नहीं किया और सम्पूर्ण साम्राज्य में शान्ति बनी रही। वस्तुत: उसने अपनी उदार और सद्व्यवहार की नीति पर ही अपने साम्राज्य के संगठित भवन का निर्माण किया।

साहित्यानुराग—समुद्रगुप्त एक उच्च कोटि का विद्वान तथा विद्या प्रेमी था। साहित्य में उसकी बड़ी रुचि थी और वह उच्च कोटि का लेखक तथा कवि था। वह साहित्यकारों तथा कवियों का आश्रयदाता भी था। सम्भवत: बौद्ध विद्वान वसुबन्धु को समुद्रगुप्त का आश्रय प्राप्त था। उसका मंत्री हरिषेन भी एक उच्च कोटि का कवि था। वह अपने स्वामी का बड़ा कृपापात्र था। प्रयाग के स्तम्भ लेख में हरिषेन ने समुद्रगुप्त के साहित्य प्रेम की बड़ी प्रशंसा की है। उसके अनुसार काव्य को लिखकर समुद्रगुप्त ने 'कविराज' की उपाधि धारण की थी। डॉ० रमाशंकर त्रिपाठी ने समुद्रगुप्त की अलौकिक प्रतिभा की प्रशंसा करते हुए लिखा है-''समुद्रगुप्त अद्‌भुत प्रतिभा का व्यक्ति था। वह न केवल शस्त्रों में कुशल था वरन् शास्त्रों में भी। वह स्वयं बड़ा सुसंस्कृत व्यक्ति था और उसे विद्वानों की संगति बड़ी प्रिय थी।''

कला प्रेम—समुद्रगुप्त कला प्रेमी भी था। वह वीणा बजाने में कुशल था और संगीत में उसकी रुचि थी। उसकी अनेक स्वर्ण मुद्रायें वीणांकित हैं। प्रयाग प्रशस्ति से ज्ञात होता है कि उसने संगीत में नारद तथा तुम्बरू को भी लज्जित कर दिया था। गायन तथा वादन दोनों में उसने प्रवीणता प्राप्त कर ली थी।

धार्मिक उदारता—समुद्रगुप्त ने अश्वमेघ यज्ञ करके ब्राह्मण धर्म तथा यज्ञों की उपयोगिता में अपनी आस्था प्रकट की। इससे ब्राह्मण धर्म के विकास को बढ़ावा मिला। समुद्रगुप्त की मुद्राओं में लक्ष्मी की आकृति अंकित मिलती है। उसने परम भागवत की उपाधि भी धारण की थी। उसका राजचिन्ह गरुड़ था, जो विष्णु का वाहन है। वस्तुत: वह वैष्णव धर्म का अनुयायी धार्मिक सहिष्णु शासक था। गया में उसने एक बौद्ध विहार बनवाया था। इससे यह विवाद है कि उसका धार्मिक दृष्टिकोण बड़ा उदार था।

इस प्रकार समुद्रगुप्त एक अद्वितीय प्रतिभा का व्यक्ति था. उसका मूल्यांकन करते हुए स्मिथ ने लिखा है-''समुद्रगुप्त असाधारण क्षमता तथा विभिन्न गुणों का आगार था। वह एक सच्चा मनुष्य, एक विद्वान, कवि, गायक तथा वीर सेनानी था।''

रामगुप्त

प्रारम्भ में यह माना जाता था कि समुद्रगुप्त का उत्तराधिकारी चन्द्रगुप्त द्वितीय था। परन्तु प्राप्त नये प्रमाणों से यह माना जाने लगा है कि समुद्रगुप्त का उत्तराधिकारी चन्द्रगुप्त द्वितीय न होकर रामगुप्त था। रामचन्द्र-गुणचन्द्र द्वारा लिखित 'नाट्य-दर्पण' से पता चलता है कि रामगुप्त समुद्रगुप्त का पुत्र तथा उत्तराधिकारी था। इसी प्रकार से हर्षचरित्र, शृंगार प्रकाश, काव्यमीमांसा, तवारीख, आयुर्वेद-दीपिका टीका तथा संजन, खम्भात और सांगली के ताम्रपत्रों एवं बिलसद तथा वैशाली के शिलालेखों में भी रामगुप्त के सन्दर्भ में लिखा है।

कुछ विद्वानों का विचार है कि रामगुप्त समुद्रगुप्त का पुत्र था जिसकी पत्नी ध्रुवदेवी थी और जो शकराजा से पराजित होने पर अपनी पत्नी उसे सौंपने को तैयार हो गया था। रामगुप्त के छोटे भाई चन्द्रगुप्त द्वितीय ने स्त्री का वश बनाकर शक राजा का वध कर दिया था। इसके बाद उसने रामगुप्त को भी मार डाला था और उसकी पत्नी ध्रुवदेवी से विवाह कर लिया था। परन्तु इस विचारधारा को सही नहीं माना जाता। यह कहानी 'देवीचन्द्रगुप्तम्' में है जो ऐतिहासिक नहीं है।

रामगुप्त ने अनेक सिक्के मालवा में विदिशा, एरण तथा अन्य स्थानों से प्राप्त हुए हैं। इनके आधार परमेश्वरी लाल गुप्त, ए० एस० अल्तेकर और प्रो० के०डी० वाजपेयी आदि विद्वानों ने रामगुप्त के साहित्य को रामगुप्त से सम्बद्ध करके उसे राजवंशीय गुप्त घराने का बताया है। परन्तु डी०सी० सरकार, ए०के० नारायण और निसार अहमद आदि इसे गुप्त वंशीय नहीं मानते और सिक्कों के आधार पर रामगुप्त को मालवा का स्थानीय शासक मानते हैं।

रामगुप्त की एक जैनमूर्ति विदिशा से मिली है जिस पर 'महाराजाधिराज' उत्कीर्ण है। इसके आधार पर रामगुप्त को पुन: राजवंशीय गुप्तवंश से जोड़ा गया। परन्तु इन मूर्तियों पर जो वंशावली अंकित है वह राजवंशीय गुप्तों की शैली में नहीं है। 'महाराजाधिराज' की उपाधि अन्य राजवंशों के शासकों ने भी धारण की है।

इस प्रकार अभी भी रामगुप्त की ऐतिहासिकता को लेकर विद्वानों में पर्याप्त मतभेद हैं। कुछ विद्वानों का कहना है कि यह सम्भव नहीं है कि समुद्रगुप्त का उत्तराधिकारी इतना डरपोक होगा कि वह अपना राज्य और जीवन बचाने के लिए अपनी पत्नी को शक राजा को देने को तैयार हो जायेगा। फिर भाई की विधवा से विवाह कर लेना अनैतिक प्रतीत होता है। यद्यपि अनेक विद्वान् इसका भी विरोध करते हैं और कहते हैं कि शास्त्रों में ऐसे विवाह पर निषेध नहीं है। इस प्रकार रामगुप्त की समस्या अभी विवादाग्रस्त है परन्तु 'देवीचन्द्रगुप्तम्' की कहानी कपोल-कल्पना नहीं हो सकती।

चन्द्रगुप्त विक्रमादित्य

चन्द्रगुप्त द्वितीय गुप्त वंश का दूसरा महान सम्राट था। ईरान और भिटारी अभिलेखों से हमें ज्ञात होता है कि समुद्रगुप्त की मृत्यु वृद्ध अवस्था में हुई और उसके कई पुत्र तथा पौत्र थे। अपनी मृत्यु से पहले उसने अपने पुत्र चन्द्रगुप्त को अपना उत्तराधिकारी नियुक्त कर दिया क्योंकि इन अभिलेखों में उसके लिए 'तत्परिगृहीत' शब्द का प्रयोग किया गया है। यदि विचार को मान लिया जाय जोकि अभिलेखों पर आधारित है तो हम यह नहीं मान सकते कि समुद्रगुप्त के बाद रामगुप्त सिंहासनारूढ़ हुआ होगा। यदि यह माना जाय कि रामगुप्त ने सम्भव है चन्द्रगुप्त से राज्य छीन लिया हो तो यह विचार निराधार-सा प्रतीत होता है क्योंकि वह तो स्वयं एक कमजोर शासक था जोकि राज्य

को तो दूर, अपने सम्मान को भी नहीं सम्भाल सका। परन्तु फिर भी यह कह सकते हैं कि सम्भवत: चन्द्रगुप्त को सिंहासनारूढ़ होते समय कुछ कठिनाईयों का सामना करना पड़ा है।

चन्द्रगुप्त को कई नामों से पुकारा जाता है जैसे नरेन्द्र चन्द्र सिंह, चन्द्रसिंह, विक्रम आदि उसकी माता का नाम दत्तादेवी था और यह वी०ए० स्मिथ के मतानुसार लगभग ८८० ई० में सिंहासनारूढ़ हुआ। इसके राज्य का हाल जानने के लिए हमारे पास कई साधन हैं जैसे मुद्राएं, अभिलेख तथा चीनी यात्री फाह्यान का वर्णन।

चन्द्रगुप्त के सिंहासनारोहण पर राजनैतिक स्थिति—चन्द्रगुप्त विक्रमादित्य के सिंहासनारोहण के समय भारत की राजनैतिक अवस्था फिर अव्यवस्थित हो चुकी थी। इसमें सन्देह नहीं कि उसके पिता समुद्रगुप्त के शासन काल में भारत राजनैतिक एकता के सूत्र में बड़ी दृढ़ता के साथ पिरोया जा चुका था और सभी समीपवर्ती राजाओं ने उसी सत्ता को स्वीकार कर लिया था। परन्तु उसके मृत्यु के पश्चात् रामगुप्त जैसे भीरू शासक के समय में सीमावर्ती और सुदूर प्रान्तों के शासकों अपनी स्वतंत्रता के लिए विद्रोह करना आरम्भ कर दिया था। अत: चन्द्रगुप्त को सिंहासन प्राप्त करने के बाद अनेक शत्रुओं का सामना करना पड़ा और कई युद्ध करने पड़े। उसने अपनी राजनैतिक शक्ति को दृढ़ करने के लिए निम्नलिखित वैवाहिक संबंध और विजयें प्राप्त कीं—

1. वैवाहिक सम्बन्ध

रायचौधरी के अनुसार गुप्त सम्राटों की राजनीति को उनके वैवाहिक सम्बन्धों ने बड़ा प्रभावित किया है। चन्द्रगुप्त द्वितीय ने भी अपनी शक्ति बढ़ाने के लिए इसको बढ़ावा दिया। चन्द्रगुप्त ने लिच्छवि राजकुमारी कुमारदेवी से विवाह करके अपनी शक्ति को बढ़ा लिया था। समुद्रगुप्त ने भी अपनी दिग्विजय को सफल बनाने के लिए इस नीति का अनुसरण किया था। समुद्रगुप्त के बाद चन्द्रगुप्त ने भी अपने पूर्वजों की इसी नीति का अनुसरण किया। उसने नागवंश की राजकुमारी कुबेरनागा के साथ विवाह करके नाग शासक के साथ अपने सम्बन्ध मजबूत कर लिये। इस विवाह से उत्पन्न हुई कन्या प्रभावती गुप्ता का विवाह उसने बरार के शासक रुद्रदेव द्वितीय से कर दिया। स्मिथ के अनुसार, चन्द्रगुप्त के लिए यह विवाह बहुत लाभदायक सिद्ध हुआ क्योंकि रुद्रदेव से गुजरात और सौराष्ट्र के शक क्षेत्रों को जीतने में उसे पर्याप्त सहायता मिली थी। चन्द्रगुप्त ने स्वयं अपने भाई की विधवा पत्नी ध्रुवस्वामिनी के साथ विवाह किया और अपने पुत्र का विवाह महाराष्ट्र में स्थित कुन्तल के शासक काकुस्थवर्मन की कन्या से कर दिया। इस प्रकार इन वैवाहिक सम्बन्धों द्वारा अपनी शक्ति को बहुत मजबूत कर लिया।

2. चन्द्रगुप्त द्वितीय की विजयें

यद्यपि चन्द्रगुप्त विक्रमादित्य को साम्राज्य विस्तार के लिए अधिक युद्ध नहीं करने पड़े, क्योंकि उसे पैतृक सम्पत्ति के रूप में एक विशाल साम्राज्य प्राप्त हुआ था। तथापि अपने राज्य को संगठित और मजबूत बनाने के लिए उसे कई युद्ध करने पड़े जो निम्नलिखित हैं:

1. गणराज्यों का विनाश—उत्तर पश्चिम भारत में कुषाण और अवन्ति के राज्य तथा गुप्त साम्राज्य के उत्तर में कई छोटे-छोटे गणराज्य थे। यद्यपि वे बड़े स्वतंत्रता प्रिय थे तथापि असंगठित होने के कारण उनकी स्थिति बड़ी कमजोर थी। चन्द्रगुप्त ने उनकी कमजोरी का लाभ उठाकर उनको जीत लिया और अपने साम्राज्य में मिला लिया।

2. शक क्षत्रपों का अन्त—गणराज्यों को अपने साम्राज्य में शामिल करने के पश्चात् चन्द्रगुप्त का ध्यान उन शक क्षत्रपों की ओर गया जो मालवा, गुजरात तथा सौराष्ट्र में शासन कर रहे थे। यद्यपि इन क्षत्रपों ने समुद्रगुप्त के प्रभुत्व को स्वीकार कर लिया था परन्तु चन्द्रगुप्त ने इस बात का अनुभव किया कि अपने साम्राज्य के निकट विदेशी शासन की स्थिति कभी भी घातक सिद्ध हो सकती है। अत: उसने उन पर आक्रमण कर दिया और शक राजा रुद्रसिंह को पराजित कर तथा उसकी हत्या करवाकर उसके राज्य को गुप्त साम्राज्य में शामिल कर लिया। अपने इस विजय के उपलक्ष्य में चन्द्रगुप्त ने चांदी की मुद्रायें चलवाईं। इस विजय से गुप्त साम्राज्य की सीमा पश्चिमी समुद्रतट तक पहुँच गयी जिससे विदेशों के साथ भारत का व्यापारिक तथा सांस्कृतिक सम्बन्ध बढ़ गया। इसके अतिरिक्त व्यापार में वृद्धि हो गयी। मालवा, गुजरात और सौराष्ट्र के प्रान्त बड़े उपजाऊ तथा धन सम्पन्न थे। अतएव ने केवल गुप्त साम्राज्य की सीमा बल्कि उसके कोष में भी वृद्धि हो गयी।

3. बंगाल की विजय—दिल्ली के महरौली स्तम्भ लेख से ज्ञात होता है कि चन्द्रगुप्त को बंगाल को विजय करना पड़ा-

वंगेष्वाहव..... खड्गेन कीर्ति भुजे

विद्वानों का अनुमान है कि उत्तरी आर्यावर्त के सभी शासकों ने मिलकर बंगाल में चन्द्रगुप्त से युद्ध किया जिसमें उन्हें पराजित होना पड़ा और उनके राज्य पर फिर चन्द्रगुप्त का अधिकार हो गया।

4. वाह्लीक राज्य पर विजय—भारत के पश्चिमोत्तर प्रदेश में कुषाणों के वंशज अब भी शासन कर रहे थे। महरौली स्तम्भ लेख से ज्ञात होता है कि चन्द्रगुप्त ने सिन्धु की सहायक नदियों को पारकर वाह्लीकों को परास्त किया और पंजाब तथा सीमान्त प्रदेश पर अपना प्रभुत्व स्थापित कर लिया और वाह्लीकों को काबुल की ओर भागना

पड़ा। सम्भवत: अपनी इस विजय के उपरान्त ही चन्द्रगुप्त ने विक्रमादित्य की उपाधि धारण की थी।

5. दक्षिणापथ पर पुनर्विजय—महरौली स्तम्भ लेख से ही ज्ञात होता है कि सम्भवत: रामगुप्त के शासन में दक्षिण भारत के राज्यों ने गुप्त साम्राज्य की सत्ता को अस्वीकार कर दिया था। परन्तु चन्द्रगुप्त ने अपने पराक्रम तथा प्रताप के बल पर फिर गुप्त साम्राज्य की सत्ता दक्षिणी समुद्र तक स्थापित की।

3. चन्द्रगुप्त विक्रमादित्य का शासन प्रबन्ध

चन्द्रगुप्त विक्रमादित्य एक वीर योद्धा और सफल विजेता होने के साथ-साथ कुशल शासन-प्रबन्धक भी था। उसके शासन प्रबन्धक की प्रमुख विशेषतायें निम्नलिखित हैं:

(1) **केन्द्रीय शासन**—राज्य की सम्पूर्ण शक्ति स्वयं साम्राज्य में केन्द्रित थी। वह स्वयं राज्य का मुखिया था। वह स्वयं नियम बनाता था तथा उसे लागू करता था। न्याय की अंतिम अपील भी वह स्वयं ही सुनता था। सेना का सर्वोच्च अधिकारी भी वही था। वह जनता के प्रति बहुत उदार तथा जनकल्याणकारी भावना से परिपूर्ण था। उसे शासन कार्यों में सलाह देने के लिए एक मंत्री परिषद् थी। मंत्रियों की नियुक्ति वह स्वयं करता था।

(2) **प्रान्तीय शासन**—शासन को सुचारू रूप में चलाने के लिए चन्द्रगुप्त ने अपने राज्य को चार प्रान्तों में विभाजित किया था। प्रान्त को भुक्ति अथवा देश कहकर पुकारते थे। प्रान्त के शासक को उपारिक या गोत्री कहते थे। प्राय: इस पद पर राजकुमारों को ही नियुक्त किया जाता था।

(3) **भुक्ति का प्रबन्ध**—शासन की सुविधा के लिए प्रत्येक प्रान्त या भुक्ति को अनेक विषय या जिलों में बांटा गया था जिसका शासक विषयपति कहलाता था। कुछ विषयपतियों पर सम्राट का सीधा नियंत्रण होता था तथा कुछ प्रान्त गवर्नरों के अधीन होते थे।

(4) **ग्राम प्रशासन**—शासन की सबसे छोटी इकाई ग्राम थी, जो ग्रामाध्यक्ष अथवा ग्रमाणिक के अधीन होता था। उसकी सलाह एवं सहायता के लिए ग्राम पंचायत होती थी।

(5) **न्याय व्यवस्था**—चन्द्रगुप्त द्वितीय न्याय की उच्च भावना से परिपूर्ण था। सभी मुकदमों का निर्णय वह स्वयं करता था। न्याय निष्पक्ष तथा बिना किसी भेदभाव के होता था। दण्ड अधिक कठोर नहीं थे। ग्रामों में अलग-अलग न्यायालय स्थापित किये गये थे।

(6) जन कल्याणकारी कार्य—चन्द्रगुप्त विक्रमादित्य ने जनता की भलाई और सुविधा के लिए सारे राज्य में सड़कें बनवायीं, सड़कों के दोनों ओर छायादार वृक्ष लगवाये, अनेक अस्पताल खुलवाये, कुएँ खुदवाये, अनेक शिक्षा केन्द्र, धर्मशालायें एवं विश्राम गृह बनवाये।

(7) व्यापार एवं वाणिज्य—चन्द्रगुप्त विक्रमादित्य ने देशी तथा विदेशी व्यापार को बढ़ावा दिया। उसने पश्चिमी शक-क्षत्रपों पर विजय प्राप्त करके विदेशी व्यापार को प्रोत्साहित किया। उन दिनों बंगाल में सूती कपड़ा, पश्चिमी बंगाल से रेशम, बिहार से नील, हिमाचल प्रदेश से अंगराज दक्षिण से कपूर सन्दल तथा गर्म मसाले आदि पश्चिमी तट के बन्दरगाहों से रोमन साम्राज्य के भेजे जाते थे।

(8) आय के साधन—राज्य की आय का मुख्य साधन भू-राजस्व कर (लगान) था जो उस का 1/6 भाग था। इसके अतिरिक्त व्यापारिक माल पर चुंगीकर, जुर्माने तथा उपहार आदि से राज्य को काफी आय होती थी।

चन्द्रगुप्त विक्रमादित्य के कार्यों का मूल्यांकन

चन्द्रगुप्त विक्रमादित्य की गणना भारत के अत्यन्त योग्य तथा सफल शासकों में होती है? चन्द्र मजूमदार ने लिखा है—

1. कुशल विजेता—चन्द्रगुप्त द्वितीय ने अपनी विजयों से अपने पिता के साम्राज्य को न केवल सुरक्षित तथा संगठित रखा अपितु उसने उसकी सीमाओं में वृद्धि की। उसने शक-क्षत्रपों को फिर मालवा, गुजरात तथा सौराष्ट्र को गुप्त साम्राज्य में मिलाया। उसने वाह्लीकों को पश्चिमोत्तर से मार भगाया और पश्चिम के गणराज्यों को गुप्त साम्राज्य में सम्मिलित किया। उसने पूर्व और गुप्त साम्राज्य की सीमाओं में वृद्धि की। दक्षिण भारत पर भी उसने गुप्त साम्राज्य की नींव फिर स्थापित की। इस प्रकार एक विजेता के रूप में उसका एक महत्वपूर्ण स्थान है।

2. कूटनीतिक एवं कुशल शासक—अपने साम्राज्य को नाग और वाकाटक जैसी शक्तियों से बचाने के लिए उसने अपने पूर्वजों के अनुसार ही वैवाहिक सम्बन्ध स्थापित किये। इन शक्तियों से वैवाहिक संबंध स्थापित करने से जहाँ उसे साम्राज्य विस्तार में सहायता मिली वहाँ उसे तथा उसके साम्राज्य को सुख शान्ति और चैन भी मिला इसके अलावा शासक के रूप में वह एक उदारचित का व्यक्ति था। वह स्वयं तो वैष्णव धर्म का अनुयायी था परन्तु अन्य धर्मों का भी आदर करता था।

3. आकर्षक व्यक्तित्व—चन्द्रगुप्त द्वितीय के व्याघ्र हन्ता प्रकार के सिक्कों से उसकी शारीरिक आकृति के विषय में ज्ञात होता है। इन सिक्कों पर उसे लम्बे कदवाला तथा हृष्ट-पुष्ट शरीर वाला दिखाया गया है। उसके अश्व प्रकार के सिक्कों पर बालों

की लट उसके ललाट पर बहुत ही सुन्दर तरीके से अंकित की गयी है। इन्हीं सिक्कों से उसके द्वारा उपयोग में लाये गये आभूषणों का भी चलता है उसके शंख प्रकार के सिक्कों से उसकी बौद्धिक एवं कलात्मक प्रवृत्तियों का पता चलता है। उसे शिकार का भी शौक था।

4. साहित्य एवं कला प्रेमी—चन्द्रगुप्त स्वयं विद्वान था और विद्वानों का आश्रयदाता था। उसके दरबार में नौ विद्वान रहते थे जिन्हें 'नवरत्न' के नाम से पुकारा जाता था। इनमें कालिदास, विशाखदत्त तथा धनवन्तरि विशेष रूप से प्रसिद्ध थे संस्कृत कवियों को आश्रय मिलने के कारण संस्कृत की विशेष उन्नति हुई तथा अधिकांश रचनायें संस्कृत में ही लिखी गयीं जिनमें रघुवंश, मेघदूत, शकुन्तला आदि प्रमुख हैं।

साहित्य और शिक्षा के अतिरिक्त संगीत, भवन निर्माण कला, चित्रकारी, वास्तुकला और ललितकला आदि विभिन्न कलाओं ने भी उस युग में विशेष रूप से उन्नति की। गुप्तकाल को प्राचीन भारतीय इतिहास का स्वर्ण युग कहने का यह भी एक कारण है।

5. उदार धार्मिक नीति—चन्द्रगुप्त एक उदार धार्मिक नीति वाला शासक था। यद्यपि वह धर्म अनुयायी था परन्तु वह एक धर्म-सहिष्णु शासक था। उसने अन्य धर्म वालों को भी राज्य में उच्च पद दिये। सांची के शिलालेख में पता चलता है कि बौद्ध धर्म के अनुयायी काशकादेव उसका सेनापति था। उसका सन्धि-विग्रहक मंत्री शिव का उपासक था। इस प्रकार चन्द्रगुप्त कुशल विजेता, शासक, उदार और कला तथा साहित्य का प्रेमी था।

फाह्यान एक चीनी यात्री था जो चन्द्रगुप्त विक्रमादित्य के शासन काल में भारत आया था। चीनी स्रोतों से ज्ञात होता है कि उसका प्रारम्भिक नाम कुंग था। कुंग ने जब प्रवज्या (धर्म में प्रवेश) ग्रहण की, उसी समय उसका नाम फाह्यान पड़ा। चीनी भाषा में 'फा' का अर्थ-धर्म और 'ह्विान' का अर्थ–आचार्य या रक्षक है। अत: फाह्यान का अर्थ भारतीय भाषा में 'धर्मरक्षक' होता है। धार्मिक दीक्षा ग्रहण करने के बाद वह भारत यात्रा के लिए चल पड़ा। पश्चिमी में खेतान, गांधार, तक्षशिला होकर पेशावर पहुँचा। तत्पश्चात् वह मथुरा, कन्नौज, श्रावस्ती, कुशीनगर, वैशाली, पाटलिपुत्र, नालन्दा, राजगृह, काशी, सारनाथ और चम्पा आदि नगरों को देखता हुआ ताम्रलिप्ति की बन्दरगाह पर पहुँचा। ताम्रलिप्ति से वह सिंहलद्वीप पहुँचा और वहाँ से जावा गया। जहाँ से वह स्वदेश चला गया। इस प्रकार उसने 15 वर्षों तक यात्रा की। फाह्यान ने अपना एक विवरण और लिखा जिसका नाम–'फा-को-कि' है। उसके भारत विषयक वर्णन से तत्कालीन भारत राजनीतिक, सामाजिक, धार्मिक तथा पाटलिपुत्र की दशा का ज्ञान प्राप्त होता है जो निम्नलिखित हैं।

भारत विषयक वर्णन

(*i*) **राजनीतिक दशा**—चीनी यात्री फाह्यान के यात्रा विवरण से गुप्तकालीन शासन व्यवस्था का पर्याप्त ज्ञान होता है। उसने लिखा है कि भारत की प्रजा सम्पन्न और सुखी है। व्यवहारिक पढ़ाई-लिखाई आदि पंचायत नहीं है। लोग राजा की भूमि की जुताई करते हैं और अंश न देने पर राजा न तो प्राण दण्ड देता है और न शारीरिक दण्ड देता है। बार-बार अपराध करने पर उसका हाथ छेद दिया जाता है। बड़े-बड़े नगरों में वैश्यों के मुखिया लोग औषधालय स्थापित करते हैं। देश के निर्धन, अपंग, अनाथ, विधवा, निःसन्तान, लूले-लंगड़े और रोगी लोग इस स्थान पर आते हैं। उन्हें सभी प्रकार की सहायता मिलती है। वैद्य रोगी की चिकित्सा करते हैं। वे अनुकूल इलाज और औषधि पाते हैं। अच्छा होने पर अपने आप चले जाते हैं।

(*ii*) **सामाजिक दशा**—फाह्यान के विवरण में तत्कालीन भारत की सामाजिक दशा का वर्णन और ज्ञान प्राप्त होता है। उसने मध्य प्रदेश की प्रजा को बड़ा शुद्ध और धर्मनिष्ठ बताया है। वह यह है कि सम्पूर्ण देश में सिवाय चंडाल के कोई व्यक्ति न जीव हिंसा करता है, न मद्य पीता है न ही लहसुन प्याज खाता है। दस्यु को चाण्डाल कहा जाता है। वे नगर के बाहर रहते हैं। जब नगर में प्रवेश करते हैं तो सूचना के लिए लकड़ी के डंडे बजाते चलते हैं ताकि लोगों को मालूम हो जाय और उनसे बचकर चलें। कहीं कोई उनसे छू न जाय। जनपद में सूँअर नहीं पालते और न जीवित पशु बेचते हैं। क्रय-विक्रय में कौड़ियों का व्यवहार होता है। केवल मछली मारते हैं, शिकार करते हैं और माँस बेचते हैं। सुअर और मुर्गी केवल निम्न जाति के लोग ही पालते थे।

(*iii*) **धार्मिक दशा**—फाह्यान के विवरण से गुप्तकालीन भारत की धार्मिक दशा का भी परिचय प्राप्त हो जाता है। उसके अनुसार बौद्धधर्म उन्नत अवस्था में था। उसने अशोक निर्मित 16,000 स्तूपों को देखा था। उसने एक बहुत ही विद्वान महायान मत के पंडित राधास्वामी का उल्लेख किया है। वह लिखता है कि महायान मत के अनुयायी ब्राह्मण कुमार राधास्वामी पाटलिपुत्र में हैं। उस जनपद का राजा उसका गुरुवत् आदर और व्यवहार करता था। उसकी 50 वर्ष से तक आयु थी। सारे जनपद में उसका आदर था। केवल इस मनुष्य की बौद्धधर्म में सर्वत्र प्रसिद्धि थी।

मध्य देश में प्रचलित 96 पाखण्डों के विषय में फाह्यान लिखता है कि यहाँ 96 पाखण्डों का प्रचार है। सब लोग लोक-परलोक को मानते हैं। उनके साधु संघ हैं। वे भिक्षा मांगते हैं। केवल पात्र नहीं रखते। सब लोग अनेक प्रकार से धर्म अनुष्ठान करते हैं।

(*iv*) **पाटलिपुत्र की दशा**—पाटलिपुत्र एक भव्य नगर था। यहाँ फाह्यान ने लगभग तीन दिन तक निवास किया था। उसने पाटलिपुत्र में अशोक द्वारा निर्मित विशाल

राजमहल अपनी आँखों से देखा था; जिसे देखकर वह विस्मय से भर गया। इस सम्बन्ध में वह लिखता है कि नगर के प्रासाद असुरों के बनाये हुए हैं। ऐसे भवनों का निर्माण इस लोक के मनुष्य द्वारा सम्भव नहीं है। फाह्यान ने कथनानुसार पाटलिपुत्र में अनेक औषधालय थे, जहाँ निःशुल्क चिकित्सा की जाती है। इस प्रकार फाह्यान के उपर्युक्त विवरण से गुप्तकाल की राजनीतिक, सामाजिक और धार्मिक पर पर्याप्त प्रकाश पड़ता है।

महरौली लौह स्तम्भ लेख

महरौली आधुनिक दिल्ली में एक ग्राम है जिसे महरौली भी कहते हैं। इसका प्राचीन नाम मिहिरपुरी था। इस स्थान पर कुतुबमीनार के समीप एक लौह स्तम्भ पर छन्द में लिखे संस्कृत के तीन सुन्दर श्लोक मिलते हैं। जिनमें चन्द्र नामक राजा की प्रशंसा बड़े ही भावात्मक ढंग से की गयी है।

इन श्लोकों के आधार पर सम्राट चन्द्र की उपलब्धियों पर निम्नलिखित प्रकाश पड़ता है—

(1) वह एक चक्रवर्ती सम्राट था और अपने विशाल राज्य को उसने अपने पौरुष से प्राप्त किया था। इसमें उसने लम्बे समय तक एक छत्र शासन किया।

(2) वह वैष्णव धर्म का अनुयायी था। उसने विष्णुपद नामक पर्वत पर विष्णु ध्वज स्थापित किया था। वह विष्णुध्वज वस्तुतः लौह स्तम्भ ही है।

(3) जिस समय यह प्रशस्ति उत्कीर्ण की गयी, उस समय वह नरेश जीवित नहीं था।

(4) उसने सिन्धु नदी को पार करके वाह्लीकों को पराजित किया।

(5) उसने बंगाल में किसी युद्ध में अपने शत्रुओं के दल को हराया था।

चन्द्र का समीकरण—महरौली लौह स्तम्भ लेख में उल्लिखित 'चन्द्र' नामक शासक की पहचान लेकर विद्वानों में मतभेद है—

(1) एच०सी० सेठ ने अपने एक लेख में भ्रमवश चन्द्रगुप्त का समीकरण चन्द्रगुप्त मौर्य से पाया है जो सर्वथा गलत है।

(2) हेमचन्द्र रायचौधरी ने चन्द्र का समीकरण पुराणों में वर्णित सदाचन्द्र अथवा चन्द्रमान किया है, जो नागवंशीय नरेश था। इस विचार को भी स्वीकार नहीं किया जाता।

(3) महामहोपाध्याय हरप्रसाद शास्त्री ने चन्द्रवर्मा नामक नरेश को चन्द्र नामक शासक किया है, परन्तु यह भी दोषों से भरा है।

(4) फ्लीट, बसाक तथा आयंगार आदि ने उसका समीकरण गुप्तवंशीय चन्द्रगुप्त प्रथम किया है। यह उचित प्रतीत नहीं होता है।

(5) रमेशचन्द्र मजूमदार ने अपने एक लेख में चन्द्र को कुषाण सम्राट कनिष्क के साथ समान किया है। इस मत की भी आलोचना की गयी है।

(6) हार्नले, ए०एस० अल्तेकर एवं दिनेश चन्द्र डा० उदय नारायण आदि ने चन्द्र नाम शासन की पहचान चन्द्रगुप्त विक्रमादित्य से की है। इनके द्वारा दिये हुए तर्क उचित और तर्कपूर्ण प्रतीत होते हैं; जिनके आधार पर दावे के साथ चन्द्र का समीकरण चन्द्रगुप्त द्वितीय से किया जा सकता है।

कुमारगुप्त महेन्द्रादित्य
(413 से 455 ई० तक)

चन्द्रगुप्त विक्रमादित्य की मृत्यु के पश्चात उसका पुत्र कुमारगुप्त प्रथम सिंहासन पर बैठा। उसने 413 से 455 ई० तक राज्य किया। उसके इतने लम्बे शासन काल का इतिहास बताने के लिए हमारे पास कोई तत्कालीन ग्रन्थ उपलब्ध नहीं है। परन्तु उसकी मुद्राओं से पता चलता है कि उसने अपने साम्राज्य को पूर्णतया सुसंगठित और सुरक्षित रखा था। उसने अश्वमेघ यज्ञ किया था जिससे पता चलता है कि वह भारतवर्ष का चक्रवर्ती सम्राट मान लिया गया था। सिंहासन पर बैठने के पश्चात उसने 'महेन्द्रादित्य' की उपाधि भी ग्रहण की थी। कुमारगुप्त की बहुत-सी मूर्तियां महाराष्ट्र प्रान्त में सतारा के स्थान पर मिली हैं जिनसे यह अनुमान लगाया जाता है कि उसके साथ में गुप्त साम्राज्य दक्षिण पश्चिमी भारत तक फैल गया होगा। उसका एक और अभिलेख मध्य प्रदेश में मन्दासौर नामक स्थान से प्राप्त हुआ है जिसमें लिखा है कि कुमारगुप्त ने बन्धुका नाम के एक शासक को हराकर उसे अपने अधीन कर लिया था। इससे स्पष्ट है कि कुमारगुप्त बड़ा साहसी और वीर योद्धा था जिसने अपने बाहुबल से गुप्त साम्राज्य का विस्तार भी किया।

कुमारगुप्त की मुद्राओं में उसके शासन प्रबंध और उसके अधिकारियों के विषय में थोड़ी-बहुत जानकारी प्राप्त होती हैं। उसका मुख्यमंत्री पृथ्वीसेन था जो बाद में सेनापति बन गया था। वह शिखरस्वामी का पुत्र था जो विक्रमादित्य का मुख्यमंत्री रह चुका था। उसका राज्य प्रान्तों में बंटा हुआ था। बंगाल में चित्रदत्त, मालवा में घटोत्कच्चगुप्त और सौराष्ट्र में गोविन्दगुप्त गवर्नर था।

कुमारगुप्त के समय में व्यापार बड़ी उन्नत अवस्था में था। व्यापारियों ने अपने आपको श्रेणियों में संगठित किया हुआ था। पश्चिमी मालवा उस समय सूती व रेशमी वस्त्रों के लिए काफी प्रसिद्ध था।

ऐसा प्रतीत होता है कि 450 ई० तक कुमारगुप्त ने काफी शान्ति के साथ शासन किया था परन्तु बाद में उसे महान आपत्ति का सामना करना पड़ा। उसके राज्य के अन्तिम दिनों में उसके राज्य पर दो तरफ से आक्रमण हुए। एक आक्रमण पुष्यमित्र जाति का था जो शायद ईरानी थे और दूसरा आक्रमण हूणों का था। युवराज स्कन्दगुप्त ने बड़ी वीरता से शत्रुओं का मुकाबला किया और अपने देश की रक्षा की। भिटारी के शिलालेख से पता लगता है कि सम्राट के शत्रु बड़े शक्तिशाली और खतरनाक थे। उस समय तक कुमारगुप्त काफी वृद्ध और रोगी हो चुका था। 445 ई० में उसका देहान्त हो गया।

स्कन्दगुप्त
(455 से 468 तक)

कुमारगुप्त की मृत्यु के पश्चात स्कन्दगुप्त साम्राज्य का शासक बना। डा० रमेश चन्द्र मजूमदार का विचार है कि स्कन्दगुप्त को सिंहासन प्राप्त करने के लिए युद्ध करना पड़ा क्योंकि वह गुप्त सिंहासन का वास्तविक उत्तराधिकारी नहीं था। आर्य-मंजुश्री मूल-कल्प के अनुसार भी कुमारगुप्त के पश्चात स्कंन्दगुप्त गद्दी पर बैठा। डा० मजूमदार ने लिखा है "जिस समय कुमारगुप्त की मृत्यु हुई तो उस समय पुष्यमित्रों से युद्ध हो रहा था उसी समय स्कन्दगुप्त को सिंहासन के लिए भी युद्ध करना पड़ा और अपने भाईयों को हराने में सफल हुआ। डा० मजूमदार लिखते हैं कि बिहार और भिटारी के शिलालेखों में स्कन्दगुप्त की माता का नाम नहीं दिया गया है जबकि इससे पहले जितने भी शासक हुए उन सबकी माताओं का नाम शिलालेखों में दिया गया है क्योंकि वह सब महारानियां थीं। स्कन्दगुप्त की माता का नाम किसी भी शिलालेख में नहीं दिया गया है इससे पता लगता है कि स्कन्दगुप्त की माता पटरानी या महारानी नहीं थी और क्योंकि वह महारानी का पुत्र नहीं था इसलिए सिंहासन पर इसका कोई अधिकार नहीं था। उसको अपने पूर्वजों से राज्य प्राप्त नहीं हुआ जैसा कि समुद्रगुप्त के पिता चन्द्रगुप्त ने अपने पुत्र को नियुक्त करते हुए कहा था 'तू ही योग्य है और इस विश्व पर शासन कर।' इसी प्रकार समुद्रगुप्त ने अपने पुत्र द्वितीय के लिए 'तत्परिगृहीत' शब्द का प्रयोग किया है। ऐसा कोई शब्द स्कन्दगुप्त के लिए किसी भी शिलालेख में प्रयोग नहीं किया गया। इसके विपरीत जूनागढ़ अभिलेख में स्कन्दगुप्त स्वयं कहता है कि 'लक्ष्मी ने स्वयं दूसरों को छोड़ कर उसे अपनाया'? यह लेख सिद्ध करता है कि दूसरे राजकुमार योग्य नहीं थे और वही योग्य था। इसलिए अपनी योग्यता के आधार पर स्कन्दगुप्त शासक बना। इसलिए यह कहा जा सकता है कि स्कन्दगुप्त वास्तविक उत्तराधिकारी नहीं था और युद्ध करके ही सिंहासन प्राप्त किया।

स्कन्दगुप्त को चारों ओर से कठिनाईयों ने घेरा हुआ था। घर में भी उसके शत्रु और बाहर भी। अपने सिंहासन को सुरक्षित कर लेने के पश्चात् स्कन्दगुप्त ने विदेशी

आक्रमणकारियों को यहाँ से मार भगाने का निश्चय किया। इन बर्बर विदेशी आक्रमणकारियों का सामना करते हुए एक बार तो उसे धरती पर भी सोना पड़ा था।

हूणों का आक्रमण

स्कन्दगुप्त के शासन काल की सबसे महत्वपूर्ण घटना हूणों का आक्रमण है। उसके सिंहासन पर बैठने के तुरन्त बाद ही स्कन्दगुप्त को फिर से हूणों का सामना करना पड़ा। हूण दूसरी शताब्दी ई० पू० में चीन की पश्चिमी सीमा पर मध्य एशिया में रहते थे। स्कन्दगुप्त के सिंहासनारूढ़ होने के कुछ समय बाद ही इन लोगों ने भारत पर एक जबर्दस्त हमला किया और टिड्डी दल की भांति सिन्धु नदी को पार करते हुए आगे आ गए। स्कन्दगुप्त ने इस विपत्ति का बड़े साहस से सामना किया और हूणों को करारी पराजय दी। बाद में इस विजय के उपलक्ष्य में उसने देवताओं के लिए कई बलि अनुष्ठानों का आयोजन किया और गाजीपुर जिले में भिटारी गांव में एक विष्णु की मूर्ति का स्तम्भ स्थापित किया जो अब भी पाया जाता है। इस स्तम्भ पर खुदे हुए लेखों से स्कन्दगुप्त के शासन काल की बहुत सी घटनाओं का पता चलता है।

यद्यपि हूणों को स्कन्दगुप्त के हाथों बड़ी करारी हार मिली थी तथापि उन्होंने अपने आक्रमण बन्द नहीं किए। उसके राज्य के अन्तिम दिनों में हूणों ने फिर भारत पर आक्रमण करने आरंभ कर दिए और धीरे-धीरे उत्तर-पश्चिमी पंजाब पर अपना अधिकार जमा लिया। हूणों ने इन आक्रमणों से गुप्त साम्राज्य की जड़ें कमजोर हो गई और देश की आर्थिक अवस्था पर बहुत बुरा प्रभाव पड़ा।

शासन-व्यवस्था

एक वीर योद्धा होने के साथ-साथ स्कन्दगुप्त एक कुशल प्रशासक भी था। विदेशी आक्रमणों के बावजूद उसका शासन प्रबंध किसी प्रकार शिथिल नहीं हुआ। उसने अपने साम्राज्य को दृढ़ करने के लिए कई महत्त्वपूर्ण कार्य किए। उसने पाटलिपुत्र के स्थान पर अयोध्या को अपनी राजधानी बनाया क्योंकि यह उसके राज्य के मध्य में स्थित थी। उसका राज्य प्रान्तों में बंटा हुआ था जिनका शासन प्रबन्ध प्रान्तपति करते थे। जूनागढ़ के अभिलेख से विदित होता है कि वह अपने सीमावर्ती राज्यों की सुरक्षा के लिए सदैव बड़ा चिन्तित रहता था। उसने बड़े सोच-विचार के पश्चात् सौराष्ट्र का प्रान्तपति प्राणदत्त को नियुक्त किया था क्योंकि वह बड़ा स्वामीभक्त और कुशल अधिकारी था। जूनागढ़ अभिलेख से ही हमें इस गवर्नर की योग्यताओं का पूर्ण विवरण मिलता है।

''एक गवर्नर के पास सारी ही योग्यताएँ होनी चाहिए। उसमें बौद्धिक बल के अतिरिक्त सत्यता तथा स्पष्टवादिता होनी चाहिए। वह स्वामीभक्त हो तथा ईमानदारी की सारी परीक्षाओं में उत्तीर्ण हुआ हो। वह मनुष्य मात्र की भलाई करने वाला तथा धन

प्राप्त करने वाला होना चाहिए। इसके अतिरिक्त उसमें धन को सुरक्षित रखने की भी क्षमता होनी चाहिए।''

स्कन्दगुप्त ने भी अपने पूर्वजों की भांति कई उपाधियां धारण की थीं। वह गुप्त वंश का अन्तिम महान सम्राट था। उसकी मृत्यु के पश्चात् गुप्त साम्राज्य का पतन आरम्भ हो गया।

सुदर्शन झील का निर्माण भी स्कन्दगुप्त के राज्य काल की एक महत्त्वपूर्ण घटना है। सर्वप्रथम इस झील को चन्द्रगुप्त मौर्य ने गिरनार पर्वत के पास बनवाया था। रुद्रदमन प्रथम के समय में अतिवृष्टि के कारण यह झील टूट गई थी और उसके मंत्री ने इसे फिर से बनवाया था। परन्तु स्कन्दगुप्त के समय में इस झील का बांध पुनः टूट गया। अत: सम्राट ने चक्रपालित के निरीक्षण में सुदर्शन झील की फिर मरम्मत करवाई और वहाँ एक विष्णु-मन्दिर भी स्थापित किया। लेकिन आजकल यह झील नहीं पाई जाती है।

स्कन्दगुप्त के राज्यकाल में गुप्त साम्राज्य की आर्थिक अवस्था बड़ी अच्छी थी और लोग बड़े सुखी व समृद्धिशाली थे। कुमारगुप्त प्रथम ने सोने और चांदी की जिन मुद्राओं का दर घटा दिया था स्कन्दगुप्त ने उन्हें फिर पूर्ववत स्तर पर कर दिया। उसने एक नए प्रकार की मुद्रा भी चलाई थी जिस पर सम्राट और लक्ष्मी का चित्र अंकित था।

स्कन्दगुप्त का धर्म

अपने पूर्वजों की भांति स्कन्दगुप्त भी विष्णु का उपासक था और ब्राह्मण धर्म का अनुयायी था। परन्तु उसमें धार्मिक सहिष्णुता का अभाव नहीं था। वह सभी धर्मों और सम्प्रदायों के प्रति उदार और सहनशील था। बौद्ध लेखकों के अनुसार उसने उस समय के बौद्ध महात्मा वसुबन्धु को अपना गुरु मान लिया था। हैवेल के मत में, उसने महात्मा बुद्ध को केवल अपना पथ-प्रदर्शक माना था। उसकी पूजा भी बड़ी सहिष्णु थी और हिन्दू व बौद्ध आपस में बहुत प्रेम से रहते थे।

डा० वी०पी० सिन्हा ने स्कन्दगुप्त की समीक्षा इन शब्दों में की है—

> ''स्कन्दगुप्त एक महान विजेता था। उसने देश को स्वतंत्र बनाये रखा। गुप्त वंश के गिरते हुए सम्मान को संभाला। इसके अतिरिक्त वह एक अच्छे शासन को चलाने वाला था। उसके महान कार्यों के आधार पर उसकी तुलना चन्द्रगुप्त मौर्य, अशोक, समुद्रगुप्त तथा चन्द्रगुप्त विक्रमादित्य से की जाती है।'' स्कन्दगुप्त की मृत्यु 468 ई० में हुई।''

स्कन्दगुप्त के बाद के गुप्त शासक अधिक योग्य और प्रसिद्ध नहीं थे। उनके शासन काल में गुप्त साम्राज्य की शक्ति बिल्कुल नष्ट हो गई और अन्त में

540 ई० तक गुप्त साम्राज्य सदैव के लिए मिट गया। बाद के गुप्त शासक निम्नलिखित थे—

1. पुरुगुप्त—स्कन्दगुत की मृत्यु के पश्चात् उसका भाई पुरुदत्त सिंहासन पर बैठा। इतिहासकारों को उसके विषय में अधिक जानकारी नहीं है किन्तु उसकी मुद्राओं से अनुमान लगाया जाता है कि उसके समय में गुप्त साम्राज्य काफी वैभवपूर्ण रहा होगा।

2. नरसिंहगुप्त—नरसिंहगुप्त पुरुगुप्त का पुत्र था। उसने बालादित्य की उपाधि धारण की थी। उसके राज्यकाल के बारे में भी कुछ ज्ञान प्राप्त नहीं है।

3. कुमारगुप्त द्वितीय—कुमारगुप्त द्वितीय नरसिंहगुप्त का पुत्र था जो अपने पिता की मृत्यु के पश्चात सिंहासन पर बैठा। विश्वास किया जाता है कि उपरोक्त तीनों शासकों ने कुल मिला कर दस वर्ष से अधिक देर तक राज्य नहीं किया।

4. बुद्धगुप्त—बुद्धगुप्त ने लगभग 20 वर्ष तक शासन किया। उसके बारे में भी हमें कुछ ज्ञात नहीं है और न ही यह बताया जा सकता है कि कुमारगुप्त द्वितीय के साथ उसका क्या सम्बन्ध था।

5 भानुगुप्त—बुद्धगुप्त के साथ भानुगुप्त का क्या सम्बन्ध था और सिंहासन पर कब बैठा इस विषय में कुछ निश्चय पूर्वक नहीं कहा जा सकता क्योंकि इतिहासकारों में बड़ा मतभेद है। उसके समय में गुप्त साम्राज्य की शक्ति बहुत नष्ट हो चुकी थी और बहुत से प्रदेशों ने अपनी स्वतन्त्रता की घोषणा कर दी थी। भानुगुप्त के बाद और भी कई गुप्त शासक हुए लेकिन उनके नाम उल्लेखनीय नहीं हैं।

गुप्त साम्राज्य के पतन के कारण

गुप्त वंश उपलब्धियों की दृष्टि में प्राचीन भारतीय इतिहास का सर्वाधिक प्रसिद्ध वंश माना जाता है। समुद्रगुप्त और चन्द्रगुप्त विक्रमादित्य जैसे प्रतापी सम्राटों की विजयों के फलस्वरूप गुप्त साम्राज्य के अन्तर्गत भारत का अधिकांश भूखण्ड शामिल हो गया था। तत्कालीन स्वदेशी और विदेशी राजवंशों ने गुप्त वंश से या तो मित्रता कर ली या अधीनता स्वीकार कर ली थी। स्कन्दगुप्त के शासन काल में गुप्त साम्राज्य पर अनेक विपत्तियाँ आयीं परन्तु उस साहसी सम्राट ने उन विपत्तियों का सफलतापूर्वक सामना करके अपने पैतृक साम्राज्य की रक्षा की। तत्पश्चात् गुप्तवंश का अवनति काल प्रारम्भ हुआ। इस काल में भी नरसिंहगुप्त, बुद्धगुप्त और बालादित्य आदि ने विशेष पराक्रम का परिचय दिया। परन्तु अन्य सम्राट निर्बल थे। अत: उनके काल में गुप्त साम्राज्य तेजी से सिकुड़ने लगा और वह मात्र पूर्वी भारत में ही सीमित रह गया। अन्तत: वह पूर्णतया विलुप्त हो गया। गुप्त साम्राज्य के पतन के निम्नलिखित कारण थे—

1. केन्द्रीय शासन की निर्बलता—स्कन्दगुप्त के पश्चात गुप्त वंश का विघटन प्रारम्भ हो गया था। अवनति काल के एक-दो राजाओं के अतिरिक्त शेष सभी गुप्त राजा निर्बल और अयोग्य सिद्ध हुए। उनके शासन काल में केन्द्रीय शासन शिथिल हो गया। साम्राज्य के केन्द्र-बिन्दु राजा के निर्बल होते ही गुप्त साम्राज्य एवं गुप्त शासन में सर्वत्र अस्त-व्यस्तता दिखाई देने लगी।

2. उत्तराधिकार युद्ध—राजकुमारों के स्वार्थ और राज्यसभा की दलगत नीति के कारण प्रायः गुप्त साम्राज्य का भविष्य विवादग्रस्त हो जाता था। कभी-कभी सिंहासन प्राप्ति के लिए राजकुमारों में युद्ध भी होते थे। समुद्रगुप्त और काच, रामगुप्त और चन्द्रगुप्त द्वितीय के प्रारम्भिक युद्ध गद्दी प्राप्ति के लिए हुए थे। इन युद्धों से साम्राज्य को भारी हानि पहुँची थी।

3. सामन्तों के विद्रोह—गुप्त साम्राज्य अनेक भुक्तियों (प्रान्तों) और विषयों (जिलों) में विभक्त था। यहाँ गुप्तों के अधीन सामन्त शासन करते थे। परन्तु केन्द्रीय सरकार की निर्बलता से लाभ उठाकर इन सामन्तों ने धीरे-धीरे अपनी स्वतंत्रता घोषित करनीं प्रारम्भ कर दी। स्कन्दगुप्त की मृत्यु के पश्चात पश्चिमी भारत में गुप्तों का कोई लेख या सिक्का नहीं मिलता है। इससे प्रमाणित होता है कि यह प्रदेश स्कन्दगुप्त की मृत्यु के पश्चात ही गुप्त साम्राज्य में बाहर निकल गया था। बल्लभी शासक द्रोहसिंह के अभिलेख से ज्ञात होता है कि वह 502 ई० तक गुप्तों के अधीन था। परन्तु इसके पश्चात वह स्वतंत्र हो गया। इसी प्रकार मध्य देश के परिव्राजकों एवं महाराजाओं ने भी धीरे-धीरे शक्ति बढ़ाकर अपनी स्वतंत्रता घोषित कर दी। इन उदाहरणों से स्पष्ट है कि गुप्तों की अवनति काल में उनके अधीन शासक बड़ी-बड़ी उपाधियां धारण करने लगे थे जो उनकी स्वतंत्रता प्राप्ति के लिए बढ़ती हुई चेष्टाओं की सूचना देती है।

4. बाह्य आक्रमण—बाह्य आक्रमणों के कारण भी गुप्त साम्राज्य कमजोर हो गया था। कुमारगुप्त प्रथम के काल में पुष्यमित्रों के आक्रमण का उल्लेख मिलता है। जिनका दमन करने में उसका पुत्र स्कन्दगुप्त सफल हुआ। पुष्यमित्रों का समीकरण हूणों से किया जाता है जिससे गुप्त साम्राज्य में भारी धक्का लगा। स्कन्दगुप्त तो हूणों का सामना करने में सफल हुआ परन्तु उसके उत्तराधिकारी इस आक्रमण का सामना न कर सके। पांचवीं शताब्दी के अन्त तक हूणों का आक्रमण तेज हो गया और उन्होंने उत्तरी भारत में आतंक मचाकर अपना शासन स्थापित कर लिया। तोरमाण एवं मिहिरकुल के नेतृत्व में हूणों ने गुप्त साम्राज्य पर भारी आघात पहुँचाया जिससे गुप्त साम्राज्य तेजी से कमजोर होने लगा। हूणों के जोरदार आक्रमण से प्रेरित होकर गुप्त शासकों के अधीनस्थ शासक धीरे-धीरे स्वतंत्र होने लगे। कुछ विद्वानों ने तो गुप्त साम्राज्य के पतन तथा विघटन का सर्वप्रथम कारण हूणों का आक्रमण ही माना है।

5. स्थानीय शक्तियों की स्वतंत्रता—गुप्त साम्राज्य के पतन में नवीन शक्तियों के उदय की महत्त्वपूर्ण भूमिका थी। वस्तुतः यह हूणों से भी खतरनाक थी। डा० रमेशचन्द्र मजूमदार ने कहा है कि गुप्त साम्राज्य पर हूणों का आघात उतना विनाशकारी नहीं था जितना कि कुछ महत्त्वाकाक्षी सरदारों का था जिन्होंने गुप्त साम्राज्य की पतनोन्मुख अवस्था का लाभ उठाकर अपना प्रभाव बढ़ाया और अन्ततः स्वतंत्र राज्यों की स्थापना कर ली। इसमें मालवा का यशोवर्मन प्रमुख था। उसने गुप्त शासकों की उपेक्षा करते हुए अपनी शक्ति बढ़ायी और मिहिरकुल को परास्त करने में सफलता प्राप्त की। यहाँ तक कि उसने गुप्त साम्राज्य के कुछ भागों को भी जीत लिया। इसी प्रकार कन्नौज के मौखरियों, बल्लभी के मैत्रकों और बंगाल के गौड़ों ने अपने को स्वतंत्र कर लिया। इन राज्यों का जन्म गुप्त साम्राज्य के अवशेषों पर हुआ था। इसी प्रकार दक्षिण में भी कई राज्य स्वतंत्र होने लगे थे। इस प्रकार नवीन शक्तियों के उदय से मौर्य साम्राज्य अत्यधिक कमजोर हो गया।

6. एकतंत्र शासन प्रणाली—एकतंत्र शासन प्रणाली की सबसे बड़ी कमजोरी यह है कि शक्तिशाली शासक के पश्चात् कमजोर शासक अवश्य आता है और फलस्वरूप राज्य का पतन होता है। सर यदुनाथ सरकार ने लिखा है-''यदि सारे भारत के इतिहास का अध्ययन किया जाय तो एक भी ऐसा राज्य नहीं मिलेगा जिसमें पाँच से अधिक शक्तिशाली शासक उत्पन्न न हुए हों। मौर्यवंश में केवल दो ही शासक थे। गुप्त वंश में भी स्कन्दगुप्त के उत्तराधिकारी कमजोर थे। उनमें इतनी योग्यता नहीं थी कि वे राज्य की बागडोर भलीभांति सम्भाल सकते। कमजोर शासक होने से केन्द्रीय शासन शिथिल हो जाता है और पतन की ओर अग्रसर होने लगता है। स्कन्दगुप्त की मृत्यु के पश्चात् भी ऐसा ही हुआ।

7. विस्तृत साम्राज्य—गुप्त साम्राज्य बहुत विशाल था। उसकी उत्तरी सीमा हिमालय से लेकर दक्षिण में नर्मदा तक फैली हुई थी। पूर्व में उसकी सीमा बंगाल और पश्चिम में सौराष्ट्र तक फैली हुई थी। इतने विशाल साम्राज्य को सुव्यवस्थित रखना केवल योग्य शासकों यथा चन्द्रगुप्त द्वितीय जैसे महान सम्राट का काम था। बाद के गुप्त शासक इस विशाल साम्राज्य को सम्भालने की योग्यता नहीं रखते थे।

8. सीमान्त प्रदेशों की अवहेलना—स्कन्दगुप्त के उत्तराधिकारियों ने अपने राज्य की सीमाओं की रक्षा की ओर अधिक ध्यान नहीं दिया। फलस्वरूप विदेशी आक्रमणकारी बिना रोकटोक साम्राज्य के अन्दर घुस आये और उन्होंने कमजोर गुप्त साम्राज्य को रेत के घरौंदे की तरह नष्ट कर दिया।

9. कमजोर सैनिक व्यवस्था—मौर्यों के समान गुप्त सम्राटों के पास विशाल वेतन भोगी तथा सुसंगठित सेना नहीं थी। गुप्त अभिलेखों में उनके सैन्यबल, सैनिक

संगठन आदि का कोई उल्लेख नहीं हुआ है। फाह्यान तक ने गुप्तों की सेना की संख्या, स्वरूप अथवा संगठन का कोई संकेत नहीं दिया है। इससे अनुमान लगाया जा सकता है कि गुप्त सम्राट सम्भवत: अपने सामन्तों अथवा अधीनस्थों की सेना पर ही निर्भर थे। इसी प्रकार उन्होंने मौर्यों की ही भांति हथियारों के निर्माण आदि महत्वपूर्ण कार्यों पर भी राज्य का एकाधिकार स्थापित करने का कोई प्रबन्ध नहीं किया था। साम्राज्य के अन्तिम दिनों में जब गुप्तों की शक्ति कमजोर पड़ने लगी तब इन सामन्तों ने न केवल उनको सहायता ही नहीं दी बल्कि कुछ सामन्तों ने लाभ उठाकर शत्रुओं का साथ दिया। कुछ ने स्वयं को स्वतंत्र शासक घोषित कर दिया और कुछ ने उनके कुछ प्रदेशों पर भी अधिकार कर लिया।

10. बौद्ध धर्म का प्रभाव—आरम्भ के गुप्त शासक वैष्णव धर्म के अनुयायी थे। बाद के गुप्त शासकों ने बौद्धधर्म को अपना लिया। इनमें विशेषकर बुद्धगुप्त, तथागत् गुप्त और बालादित्य गुप्त उल्लेखनीय हैं। इन शासकों ने बौद्धधर्म को पूर्णरूप से ग्रहण करना आरम्भ कर दिया। इससे राज्य की सैनिक कार्यवाहियों पर विशेष प्रभाव पड़ा और जिस समय विदेशी आक्रमण हुए यह उनका सामना न कर सके। चीनी यात्री ह्वेनसांग ने ऐसे ही एक वर्णन में गुप्त शासकों की कमजोरी का वर्णन किया है। वह लिखता है-''जिस समय मिहिरकुल ने बालादित्य के राज्य पर आक्रमण किया तो बालादित्य ने अपने मंत्रियों से इस प्रकार कहा-''मैं सुनता हूँ कि ये चोर आ रहे हैं और मैं उनसे नहीं डर सकता। अपने मंत्रियों की आज्ञा से मैं अपने आपको दलदल की झाड़ियों में छुपा लूँ।''

यह कहकर वह समीप ही एक टापू में जा छिपा। यह तो नहीं कहा जा सकता कि यह कहानी कहाँ तक सही है परन्तु इससे इतना अनुमान लगाया जा सकता है कि सातवीं शताब्दी तक गुप्त शासकों में वह वीरता नहीं रह गयी थी जो कि पहले गुप्त शासकों में थी।

11. खराब आर्थिक-दशा—बाद के गुप्त शासकों की आर्थिक दशा खराब हो गयी थी। पहले तो उन्होंने कर एकत्रित करने का कोई अच्छा प्रबन्ध नहीं किया और जो प्रबन्ध किया भी वह स्कन्दगुप्त के बाद न चल सका। इस आर्थिक दशा के खराब होने का एक प्रमाण और भी है। समुद्रगुप्त तथा चन्द्रगुप्त द्वितीय ने जितने सोने के सिक्के चलाये थे उतने उनके उत्तराधिकारियों ने नहीं चलाये। कुमारगुप्त तथा स्कन्दगुप्त के काल में चांदी तथा तांबे के सिक्के चले। इससे प्रमाणित होता है कि जो आर्थिक दशा समुद्रगुप्त तथा चन्द्रगुप्त द्वितीय के काल में थी वह कुमारगुप्त तथा स्कन्दगुप्त के काल में नहीं रही। जिस राज्य के पास धन की कमी होती है वह राज्य अधिक समय तक नहीं चल सकेगा। सैनिक शक्ति आर्थिक दशा पर ही आधारित होती है। इसलिए

धन न होने के कारण बाद के गुप्त शासक विदेशी आक्रमणकारियों का सामना न कर सके।

हूणों का आक्रमण

आरम्भिक परिचय—हूण बर्बर, खानाबदोश और जंगली जाति के लोग थे। वे मंगोल जाति के और सीथियनों की एक शाखा थे। वे युद्ध और शस्त्र प्रेमी थे। लूटमार करना उनका मुख्य व्यवसाय था और लड़ने-भिड़ने में गौरव महसूस करते थे। आरम्भ में वे चीन के पास रहते थे। अन्तर्जातीय युद्धों के फलस्वरूप ये लोग अपने निवास स्थान को छोड़कर नये प्रदेशों की खोज में आगे बढ़े। इनकी एक शाखा वोल्गा की ओर गयी और दूसरी शाखा आक्सस की ओर बढ़ी। जो हूण योरोप में गये वे काले हूण कहलाये और उनका नेता एट्टिला था। जो हूण ईरान और भारत में बस गये थे श्वेत हूण थे और ऐपथलाइट्स कहलाये। पांचवीं शताब्दी के मध्य में वे आक्सस घाटी में शक्तिशाली बन गये। 484 ई० में उनके राजा अख्शीनवर ने ईरान के ससैनियन राजा फिरोज को पराजित किया और उसको मृत्यु के घाट उतार दिया। इससे उनकी शक्ति बढ़ गयी और उन्होंने एक साम्राज्य की स्थापना की जिसकी राजधानी बलख थी। फारस विजय के पश्चात् वे भारत की ओर कूच कर गये।

हूणों के विषय में हमें जानकारी अनेक साहित्यिक स्रोतों यथा–चन्द्रगर्भ-परिपृच्छा, कथासरित्सागर, चन्द्रव्याकरण, कुवलयमाला, राजतरंगिणी आदि अभिलेखों यथा–भिटारी लेख, जूनागढ़ लेख, ऐरण अभिलेख, मन्दसौर लेख आदि और अनेक मुद्राओं से होती है।

भारत पर हूणों का आक्रमण—उपर्युक्त साक्ष्यों के आधार पर भारत में हूणों के उत्थान पतन की कहानी स्पष्ट है। उन्होंने सर्वप्रथम 455 ई० के आस-पास स्कन्दगुप्त के शासन काल में भारत पर आक्रमण किया परन्तु उनकी पराजय हुई और वे वापस चले गये।

1. तोरमाण—गांधार हूणों के प्रभाव में बना रहा। यहाँ उन्होंने अपने एक राजकुमार को राजा बनाया। गांधार को केन्द्र मानकर उन्होंने कुछ समय पश्चात् पुन: भारत पर आक्रमण करना प्रारम्भ कर दिया। इस बार उनका नेता तोरमाण था। जैनग्रन्थ कुवलयमाला और कुर अभिलेख से ज्ञात होता है कि उसने पंजाब पर अपना अधिकार कर लिया। अब उसने मालवा पर आक्रमण किया तथा गुप्तों के सामन्त शासक धन्यविष्णु को अपनी अधीनता स्वीकार करने पर विवश किया। बुधगुप्त ने 484-85 के एक अन्य एरण अभिलेख से ज्ञात होता है कि उस तिथि तक मातृविष्णु और धन्यविष्णु गुप्तों के अधीन थे। अत: एरण प्रदेश (मालवा) पर तोरमाण का अधिकार 484-85 ई० के

पश्चात हुआ होगा। यह घटना सम्भवत: गुप्त नरेश वैत्यगुप्त अथवा नरसिंहगुप्त के शासन काल में हुई होगी।

परन्तु मालवा अधिक समय तक हूणों के अधिकार में न रह सका। एरण के एक अन्य अभिलेख से ज्ञात होता है कि गुप्त नरेश नरसिंहगुप्त बालादित्य के मालवा के वायसराय भानुगुप्त ने अपने अधीनस्थ सामन्त गोपराज की सहायता से हूणों के विरुद्ध एक युद्ध किया। डा० मजूमदार और डा० रायचौधरी के अनुसार, इस युद्ध में भानुगुप्त की विजय हुई। यद्यपि उसका सामन्त गोपराज युद्ध करते हुए मारा गया और उसके शव के साथ उसकी पत्नी सती हो गयी। 510-228 ई० के मध्य प्रान्त अभिलेखों से पता चलता है कि मध्यभारत में गुप्तों की अधीनता में परिव्राजक वंश शासन कर रहा था। इससे अनुमान लगाया जा सकता है कि भानुगुप्त की विजय के पश्चात मध्य भारत हूण आधिपत्य से स्वतंत्र हो गया था।

इस प्रकार अपनी उन्नति के चरमोत्कर्ष पर तोरमाण के भारतीय राज्य में गांधार, कश्मीर, पंजाब और मध्य भारत का पश्चिमी प्रदेश शामिल था। तोरमाण के सम्बन्ध में एक बात उल्लेखनीय है। राजतरंगिणी में तोरमाण का नाम आता है, कश्मीर में उसकी कुछ मुद्रायें भी मिली हैं। परन्तु कनिंघम महोदय का विचार है कि राजतरंगिणी का यह तोरमाण हूण तोरमाण नहीं था।

2. **मिहिरकुल**—तोरमाण की मृत्यु के पश्चात् उसके पुत्र मिहिरकुल ने पुन: हूण राज्य का विस्तार करने की चेष्टा की, यूनानी लेखक कास्मस द्वारा उल्लिखित गोल्ल मिहिरकुल ही था। इस यूनानी लेखक के अनुसार मिहिरकुल भारतवर्ष का स्वामी है और मनुष्यों का उत्पीड़न करते हुए वह उन्हें कर देने के लिए विवश करता है। इस विवरण से अनुमान होता है कि कास्मस के लेख के समय (535 ई०) मिहिरकुल गुप्त नरेश बालादित्य को भी पराजित कर चुका होगा। इसको हराये बिना वह भारत का स्वामी कैसे बन सकता था। इस सम्बन्ध में ह्वेनसांग का भी कथन है कि मिहिरकुल ने इस नगर (साकल) पर अधिकार जमाया और भारतवर्ष पर शासन किया। उसने बिना अपवाद के सभी पड़ोसी प्रदेशों का दमन किया। वह आगे कहता है कि मिहिरकुल ने बालादित्य को भी कर देने के लिए विवश किया। इन प्रमाणों से स्पष्ट है कि कुछ समय के लिए मिहिरकुल उत्तरी भारत में सर्वशक्तिशाली शासक बन गया। ग्वालियर अभिलेख से प्रकट होता है कि उसका राज्य मध्य प्रदेश में ग्वालियर तक विस्तृत था। राजतरंगिणी, ह्वेनसांग के विवरण और मन्दसोर अभिलेख से प्रकट होता है कि कश्मीर पर भी उसने अपना आधिपत्य जमा लिया था। इस प्रकार उसके राज्य में गन्धार, कश्मीर, पंजाब और मध्य भारत के भाग सम्मिलित थे। बालादित्य को पराजित करने के पश्चात् उसने उत्तरी भारत के कुछ अन्य प्रदेशों को अपने राज्य में मिलाया था अथवा नहीं, यह निश्चित रूप से नहीं कहा जा सकता।

ग्वालियर के लेख से प्रकट होता है कि मिहिरकुल ने कम से कम 15 वर्ष तक शासन किया।

मिहिरकुल बौद्ध द्रोही था। ह्वेनसांग के अनुसार उसने यह आदेश दिया था कि पंच भारत में समस्त बौद्ध भिक्षुओं का विनाश कर दिया जाय और बौद्धधर्म का उन्मूलन कर दिया जाय। ग्वालियर लेख और अपनी मुद्राओं के आधार पर मिहिरकुल शैव सिद्ध होता है।

मध्य प्रदेश में गुप्तों के अधीन परिव्राजक महाराजाओं ने 528 ई० तक राज्य किया। अत: मध्य प्रदेश पर मिहिरकुल का शासन 528 ई० के पश्चात् स्थापित हुआ होगा। मन्दसोर से प्राप्त दो अभिलेखों के आधार पर यह कहा जा सकता है कि 532 ई० तक (एक मन्दसोर अभिलेख की तिथि 532 ई० है) यशोधर्मा ने मिहिरकुल को इस तिथि के पूर्व पराजित किया होगा।

कुछ ही दिनों में यशोधर्मा का अन्त हो गया। इस परिस्थिति से मिहिरकुल ने पुन: लाभ उठाया। उसने अपनी शक्ति संगठित कर पुन: आस-पास के प्रदेश जीतने आरम्भ कर दिये। यशोधर्मा से पराजित होने के पश्चात बालादित्य की शक्ति पहले ही क्षीण हो गयी थी। अत: उसे मिहिरकुल ने आसानी से अपने अधीन कर लिया और कर देने के लिए विवश किया। कास्मस के अनुसार यह घटना 535 ई० के लगभग हुई होगी। परन्तु मिहिरकुल के अत्याचार बहुत बढ़ गये तो बालादित्य ने इसका विरोध किया और कर देना बन्द कर दिया। अन्त में बालादित्य मिहिरकुल को कैदी बनाने में सफल रहा। राजमाता के कहने पर उसे छोड़ दिया गया इसके बाद मिहिरकुल कश्मीर चला गया। तत्पश्चात् पुन: उसने शेष भारत पर आक्रमण करने का साहस नहीं किया। इस प्रकार मिहिरकुल की अन्तिम पराजय बालादित्य के हाथों हुई होगी। यद्यपि यह मत भी विवाद से खाली नहीं है।

हूणों का अन्त—मिहिरकुल की मृत्यु के पश्चात् बड़ी शीघ्रता से हूणों का पतन हो गया। मिहिरकुल के उत्तराधिकारी अत्यन्त अयोग्य और कमजोर थे। वे हूण साम्राज्य को स्थिर न रख सके। मध्य एशिया में उनका अन्त तुर्कों के उत्थान के कारण हो गया और भारत में उनकी शक्ति राजपूतों ने नष्ट कर दी। यद्यपि हर्ष काल में भी भारत के उत्तर-पश्चिम में उनके कुछ छोटे-छोटे राज्य स्थापित थे, तथापि वे कालान्तर में पूर्णतया भारतीय समाज में समा गये।

हूण आक्रमण का भारतीय इतिहास पर प्रभाव

यह सही है कि हूणों ने भारत पर अल्प समय तक शासन किया, तथापि भारतीय इतिहास पर उनका गहरा प्रभाव पड़ा, जो निम्नलिखित हैं—

(*i*) राजनैतिक प्रभाव

(1) हूण आक्रमण का सर्वाधिक महत्त्वपूर्ण राजनैतिक प्रभाव यह था कि उन्होंने लड़खड़ाते हुए गुप्त साम्राज्य का अन्त कर दिया। स्कन्दगुप्त के अयोग्य तथा कमजोर उत्तराधिकारी हूणों को रोक न सके। परिणामस्वरूप हूणों ने उत्तर-पश्चिम का बहुत भाग अपने अधिकार में कर लिया।

(2) हूणों के आक्रमणों ने भारत की राजनैतिक एकता को नष्ट कर दिया। गुप्त साम्राज्य के लोगों के मन से देश की राष्ट्रीयता तथा राजनैतिक एकता की भावना विलुप्त हो गयी। उसके अवशेषों पर अनेक नये राज्यों का उदय हुआ।

(3) हूण आक्रमणों ने देश में भयंकर अशान्ति व अराजकता फैला दी जिसका अन्त बाद में हर्षवर्धन के उत्थान द्वारा हुआ।

(4) उनके आक्रमणों के कारण भारत के ऐतिहासिक भवनों और स्रोतों को बहुत क्षति पहुँची। हूणों ने अपनी बर्बर और क्रूर प्रवृत्ति के कारण अनेक मन्दिरों, विहारों, स्तूपों तथा अन्य भवनों को नष्ट कर डाला। सांस्कृतिक एवं ऐतिहासिक दोनों दृष्टियों से यह क्षतिपूर्ति न होने वाली थी।

(5) हूण साम्राज्य ने भारत में निरंकुश और क्रूर राजतंत्र प्रणाली को प्रोत्साहित किया। हूणों के अत्याचारी शासकों के समान भारतीय शासक भी बड़ी निर्दयता से शासन करने लगे और प्रजातांत्रिक भावना का लोप होने लगा। हेवेल के अनुसार, हूण आक्रमणों ने भारत में लोकतंत्रीय व्यवस्था को नष्ट करते हुए स्वेच्छाचारिता और निरंकुशता को बढ़ाया।

(*ii*) सामाजिक तथा सांस्कृतिक प्रभाव

(1) हूण लोग भारत में बहुत बड़ी संख्या में आये। अपने पतन के बाद वे लोग यहीं बस गये और भारतीय समाज में पूर्णतया घुलमिल गये। उन्होंने हिन्दू धर्म और हिन्दू सभ्यता को ग्रहण कर लिया। फलस्वरूप देश में कई नई जातियों का उदय हुआ। जाति प्रथा पहले से अधिक कठोर हो गयी।

(2) टाड महोदय का विचार है कि हूणों ने भारतवासियों से वैवाहिक सम्बन्ध स्थापित किये जो सम्बन्ध ब्राह्मणों और क्षत्रियों से हुए उनकी सन्तान को राजपूत कहा जाने लगा। वे वैवाहिक सम्बन्ध जो वैश्य और शूद्रों से हुए उनकी सन्तान को अहीर, गुर्जर, जाट आदि कहा जाने लगा।

(3) हिन्दू लोग हूणों जैसी बर्बर और हिंसक जाति से घृणा करते थे और उन्हें अपने साथ मिलाना नहीं चाहते थे। अतः जाति प्रथा पहले से अधिक कठोर हो गयी तथा जातिगत भेदभाव की भावना प्रबल हो गयी।

(4) भारतीय समाज में हूणों के आगमन से लोगों का नैतिक स्तर गिर गया और लोगों को सामाजिक जीवन में अनेक बुराईयां घर कर गयीं।

(5) हूणों के आक्रमणों से भारतीय सभ्यता और संस्कृति को गहरा आघात पहुँचा। आक्रमणकारियों ने उस समय की कला को नष्ट कर डाला और साहित्य को जला दिया। उन्होंने अनेक सुन्दर प्रतिमाओं, मन्दिरों, विहारों, स्तूपों और भवनों का नाश किया तथा ग्रन्थों को जला दिया। बहुत से विद्वानों और कलाकारों को मार डाला गया।

(6) हूणों के आक्रमण का एक प्रमुख प्रभाव उत्तरी भारत में बौद्धधर्म का नष्ट हो जाना भी है। क्योंकि इन्होंने बहुत से बौद्ध भिक्षुओं की जान ले ली और स्तूप आदि को उत्तरी भारत से नष्ट कर दिया। यही कारण है कि उत्तरी भारत से बौद्धधर्म से सम्बन्धित कोई प्रमाण नहीं मिलता। जबकि दक्षिणी भारत तथा भारत के अन्य भागों में बौद्धधर्म के अवशेष प्राप्त हुए।

12 गुप्तकालीन राजनैतिक, सामाजिक, आर्थिक और सांस्कृतिक दशा

प्राचीन भारतीय इतिहास में गुप्तकाल को महत्त्वपूर्ण स्थान प्राप्त है। यह भारत का दूसरा विशाल साम्राज्य था। इस युग में भारत को जो राजनैतिक एकता प्राप्त हुई, वह पहले नहीं प्राप्त थी। भारत के छोटे-छोटे राज्यों को समाप्तकर इस विशाल साम्राज्य की स्थापना की गयी। इस काल में विदेशी आक्रमणकारियों का सफलतापूर्वक सामना किया गया और उन्हें भारत भूमि से निकालने का प्रयास किया गया। इस काल में अनेक प्रतापी राजा हुए जिन्होंने अपनी सैनिक तथा प्रशासकीय प्रतिभा से भारत का गौरव बढ़ाया।

गुप्तकाल केवल राजनैतिक दृष्टि से ही महत्त्वपूर्ण नहीं था बल्कि सामाजिक, धार्मिक, आर्थिक तथा सांस्कृतिक दृष्टि से भी इस काल का बहुत बड़ा गौरव है। इस सम्बन्ध में डा० स्मिथ महोदय ने लिखा है—''अत: यह स्पष्ट है कि गुप्त वंश के योग्य तथा लम्बे शासन काल में बौद्धिक सक्रियता का असाधारण विस्फोट हुआ।'' गुप्तकालीन समाज में आत्मसात् करने की अद्भूत क्षमता थी। यही कारण है कि शक, कुषाण, पह्लव आदि विदेशी जो गुप्त साम्राज्य की स्थापना से पूर्व भारत में प्रविष्ट हुए थे, भारतीयों में घुलमिल गये और अपने अस्तित्व को खो बैठे।

धार्मिक क्षेत्र में भी यह अद्वितीय सहनशीलता का युग था। यद्यपि गुप्त सम्राट वैष्णव धर्म के अनुयायी थे और इसी को राजधर्म के रूप में अपनाया था परन्तु अन्य धर्मों के साथ उन्होंने किसी प्रकार का अत्याचार नहीं किया। गुप्तों की प्रशासनिक सेवा में सभी वर्गों के लिए द्वार खुले हुए थे और सभी धर्मों को गुप्तों से आर्थिक सहायता मिलती थी। साहित्य और कला की दृष्टि भी इस युग का बड़ा महत्त्व है। साहित्य की दृष्टि से यह पुनरुत्थान तथा पुनर्जागरण का युग माना जाता है। संस्कृत साहित्य के इस युग में पर्याप्त उन्नति हुई। इसे राजभाषा का दर्जा प्राप्त था। अब पाली तथा प्राकृत में साहित्य की रचना बन्द हो गयी और वह संस्कृत में लिखा जाने लगा। कला का विदेशी प्रभाव भी इस युग में समाप्त हो गया और वह विशुद्ध भारतीय कला अपने रूप में प्रतिष्ठित हुई।

गुप्त युग आर्थिक सम्पन्नता का काल था। समुद्र तट तक इस साम्राज्य की सीमा विस्तृत हो जाने के कारण विदेशों के साथ भारत का व्यापारिक तथा सांस्कृतिक सम्बन्ध

स्थापित हो गया और विदेशी व्यापार की पर्याप्त उन्नति हुई। आन्तरिक व्यापार की भी उन्नति हुई। क्योंकि देश में शान्ति तथा सुव्यवस्था थी जो व्यापारिक उन्नति के लिए आवश्यक है। कृषि की भी इस काल में बड़ी उन्नति हुई। विज्ञान एवं प्रौद्योगिकी को खूब बढ़ावा मिला। अनेक विद्वानों ने ज्योतिष तथा गणित को समृद्ध बनाया। इस प्रकार गुप्त युग चहुँमुखी विकास का युग था। इसीलिए इस युग को प्राचीन भारतीय इतिहास का स्वर्णयुग कहा जाता है।

गुप्तकालीन राजनीतिक दशा

गुप्त सम्राट योग्य और शक्तिशाली थे। अपनी बुद्धि और शक्ति से एक विशाल साम्राज्य की स्थापना की थी जिसको उन्होंने सुसंगठित और सुव्यवस्थित रूप प्रदान किया था। गुप्तकालीन राजनीतिक दशा की निम्नलिखित विशेषतायें थीं—

(*i*) **साम्राज्यवादी प्रवृत्ति**—राजनीतिक दृष्टि से गुप्त काल साम्राज्यवादी प्रवृत्ति का युग था। सर्वप्रथम गुप्तों के काल में ही भारत में राजनीतिक एकता की स्थापना हुई। यह कार्य विशेष रूप से समुद्रगुप्त और चन्द्रगुप्त विक्रमादित्य ने किया। उन्होंने समस्त छोटे-छोटे राज्यों को जीतकर एक सूत्र में पिरो दिया और देश को राजनैतिक एकता और राष्ट्रीयता की भावना प्रदान की। इस काल में भारत को सर्वाधिक राजनैतिक एकता प्राप्त हुई। गुप्त सम्राटों ने अपने आपको महाराजाधिराज विक्रमादित्य आदि उपाधियों से विभूषित किया।

(*ii*) **राजतंत्रात्मक प्रणाली**—यद्यपि गुप्तकाल में राजतंत्रात्मक प्रणाली ही अधिक प्रचलित थी तथापि पंजाब तथा राजपूताना में कहीं-कहीं छोटे-छोटे गणतंत्र भी स्थापित थे। राजा का पद प्राय: पैतृक था और पिता की मृत्यु के पश्चात् उसके पुत्र सिंहासन पर बैठता था। राजा अपने जीवन काल में ही अपने उत्तराधिकारी को नियुक्त कर देता था। स्त्रियां भी राजा बन सकती थीं।

(*iii*) **राजा का दैवी सिद्धान्त**—गुप्तकाल में राजा का दैवी सिद्धान्त काफी लोकप्रिय हो गया था। लोग सम्राट को देवतुल्य मानते थे। गुप्त सम्राटों ने अपने आपको परमदेवता, परमेश्वर, महाराजाधिराज, चक्रवर्ती, पृथ्वीपाल, एकाधिराज आदि उपाधियों से विभूषित किया था। परन्तु गुप्त सम्राट इस दैवी शक्ति से विचलित नहीं हो सकते थे। इतना महत्त्वपूर्ण पद प्राप्त होने पर भी उन्होंने कभी भी इग्लैंड के स्टुअर्ट शासकों की भांति अपनी शक्ति को निरंकुश और असीमित बनाने की कोशिश नहीं की। उनका दैवी सिद्धान्त लोक-कल्याण के लिए बाधक नहीं थी। लोकहित, सामाजिक रीति-रिवाज और धार्मिक प्रथायें सम्राट की शक्ति पर प्रतिबन्ध थे।

(*iv*) **राजत्व के आदर्श**—गुप्त सम्राटों का आदर्श उच्च एवं श्रेष्ठ था। राजा का जीवन अपने लिए न होकर प्रजा के लिए होता था। प्रजा उसकी सन्तान थी और प्रजा

के सुख के लिए उसने अपना तन-मन-धन सब कुछ समर्पित करना पड़ता था। राजा के इस आदर्श को निभाने के लिए सम्राट के व्यक्तित्व में बहुमुखी प्रतिभा का होना आवश्यक था। गुप्तकाल में बहुत से सम्राट हुए हैं जिन्होंने अपने आदर्श कर्त्तव्य का पालन करते हुए अपनी महानता का परिचय दिया। समुद्रगुप्त चन्द्रगुप्त विक्रमादित्य, रुद्रदामा, स्कन्दगुप्त आदि उस समय के प्रसिद्ध और महान सम्राट थे।

(*v*) सम्राट की शक्तियां और कर्त्तव्य—राजा न्याय, सेना तथा दीवानी विभाग का अध्यक्ष था, प्रधान सेनापति के रूप में सैनिक अभियान में उसे सेना का नेतृत्व करना पड़ता था। महत्वपूर्ण नियुक्तियाँ वह स्वयं करता था। लोग सम्राट को पृथ्वी पर ईश्वर का प्रतिनिधि समझते थे। प्रयाग की प्रशस्ति में समुद्रगुप्त को देव कहा गया है। (लोक धाम्नो देवस्य) इस लेख के अनुसार वह मनुष्य वहीं तक था जहाँ तक कि वह लौकिक क्रियाओं का अनुष्ठान करता था अन्यथा वह अन्य बातों में देवता-तुल्य था। प्रयोग की प्रशस्ति में उसे 'अचिन्त्य पुरुष' (भगवान विष्णु के तुल्य) कहा गया है तथा उसकी तुलना कुबेर, वरुण, इन्द्र तथा यमराज आदि से की गई है।

(*vi*) मन्त्रि परिषद्—राजा की सहायता के लिए विभिन्न मंत्री होते थे, जो उसी के द्वारा नियुक्त एवं पदच्युत किए जाते थे परन्तु मंत्री वंशानुगत भी होते थे तथा एक ही मंत्री कई-कई विभागों का प्रधान होता था, जैसे हरिषेन कई पदों पर आसीन था। कालिदास ने तीन प्रकार के मंत्रियों का वर्णन किया है, जो क्रमश: विदेश नीति, वित्त एवं न्याय का कार्य देखते थे। अभिलेखों में अन्य मंत्रियों, कर्मचारियों एवं पदाधिकारियों का उल्लेख हुआ है। इनमें प्रमुख थे—

महासेनापति (राजा के बाद सैनिक व्यवस्था का प्रधान), रणभाण्डाकाटिक (सेना के रसद की व्यवस्था के लिए), महाबलाधिकृत (सेना, छावनी तथा व्यूह रचना विभाग), दण्डपाशिक (पुलिस विभाग का प्रधान), महादण्डनायक (युद्ध तथा न्याय सम्बन्धी कार्य), महासन्धि विग्रहिक (विदेश नीति का प्रधान), भण्डागाराधिकृत (राजकीय कोष का प्रधान), महाप्रतिहार (राजाप्रासाद की सुरक्षा का प्रमुख अधिकारी), सर्वाध्यक्ष (केन्द्रीय सचिवालय का प्रधानाधिकारी) आदि।

गुप्त अभिलेखों में कुछ अन्य अधिकारियों का भी उल्लेख मिलता है जिनसे पता चलता है कि उस समय भी आधुनिक प्रणाली की तरह विभिन्न स्तर के मंत्री थे। अनेक अधिकारियों का पद वंशानुगत होता था। गुप्तकालीन अधिकारी स्थायी होते थे। इनको नकद वेतन के अतिरिक्त, सेवाओं के बदले भूमि अनुदान भी प्रदान किये जाते थे।

(*vii*) सैनिक व्यवस्था—सम्राट सेना का अध्यक्ष होता था। सम्राट के वृद्ध होने पर सेना की अध्यक्षता युवराज करता था। राजा के नीचे प्रधान सेनापति होता था जिसे सेनापति अथवा महादण्डनायक कहा जाता था। सम्भवत: प्रधान सेनापति के नीचे कई

उपसेनापति भी होते थे। सेना कई शाखाओं में विभाजित थी यथा गज सेना तथा अश्व सेना। गज सेना के प्रधान अध्यक्ष को महापीलुपति कहा जाता था। इसके नीचे पीलुपति होते थे। अश्व सेना के अध्यक्ष को महाशिवपति कहा जाता था। इसके नीचे कई उपाध्यक्ष होते थे, जिन्हें अश्वपति कहते थे। सैनिकों द्वारा प्रयोग में लाये गये शस्त्रों के नाम का उल्लेख प्रयाग प्रशस्ति में मिलता है, यथा फरसा (परशु) बाण, शंकु, शक्ति, प्राक्षासि, तोमर, भिन्दिपाल, नाराच तथा वैतस्तिक।

(*viii*) **पुलिस व्यवस्था**—गुप्त काल में पुलिस व्यवस्था अधिक सुदढ़ थी। पुलिस विभाग के बड़े कर्मचारी को 'दण्डपाशिक' कहते थे। इसका उल्लेख बसाढ़ की मुद्रा में मिलता है। डा० अल्तेकर के अनुसार, यह कर्मचारी आधुनिक जिला पुलिस अधीक्षक के समान होता था। पुलिस विभाग के साधारण कर्मचारी को 'चाट' तथा 'भाट' कहा जाता था। कुछ ग्रन्थों में पहरेदार को 'रक्षिन्' कहा गया है। फाह्यान के अनुसार उस समय चोरी का कोई डर नहीं था। स्पष्ट है कि पुलिस व्यवस्था अत्यन्त कठोर थी।

(*ix*) **प्रान्तीय शासन**—शासन की सुविधा के लिए गुप्त साम्राज्य अनेक प्रान्तों में विभाजित था। प्रान्त को देश अथवा भुक्ति कहा जाता था। इस समय के प्रान्तों से सौराष्ट्र, पश्चिमी मालवा (अवन्ति), पूर्वी मालवा (एरण) तीरभुक्ति (उत्तरी बिहार), पुण्ड्रवर्धन (उत्तरी बंगाल), वर्द्धमान (पश्चिमी बंगाल) तथा मगध उल्लेखनीय हैं। राज्यपाल को 'उपरिक' अथवा 'उपरिक महाराज' कहा जाता था। सीमा प्रान्तों के राज्यपाल के लिए 'गोप्ता' शब्द अभिलेखों में आता है। इस पद पर प्रायः राजकुमार अथवा अत्यन्त योग्य कर्मचारी नियुक्त किये जाते थे। राज्यपाल की नियुक्ति स्वयं सम्राट के द्वारा की जाती थी। अभिलेखों में कुछ राज्यपालों के नाम यथा गोविन्दगुप्त, घटोत्कच्चगुप्त, पणगुप्त आदि मिलते हैं। अपने सहायक कर्मचारियों की नियुक्ति राज्यपाल स्वयं करता था।

(*x*) **जिला प्रशासन**—प्रान्तों का विभाजन जिलों में किया गया था जिन्हें 'विषय' कहते थे। जिले के सबसे प्रधान अधिकारी को 'विषयपति' कहा जाता था। उसकी नियुक्ति राज्यपाल स्वयं करता था। विषयपति की सहायता के लिए एक समिति होती थी, जिसमें चार सदस्य हुआ करते थे।

(*xi*) **नगर शासन**—नगर का शासन राज्य की ओर से नियुक्त अधिकारियों तथा स्थानीय सभा समितियों एवं समुदायों द्वारा होता था। अधिकारियों में नगर प्रमुख उल्लेखनीय हैं इसकी नियुक्ति की परम्परा भारत में मौर्यों के काल से चली आ रही है। जूनागढ़ अभिलेख के अनुसार उसके मुख्य कर्त्तव्य थे—(*i*) नगर की रक्षा, (*ii*) दुष्टों का दमन। इस अधिकारी से आशा की जाती थी कि उसका व्यवहार नगरवासियों के

साथ सहानुभूति एवं आत्मीयता से परिपूर्ण हो। गिरिनगर का प्रधान अधिकारी चक्रपालित यहाँ के नागरिकों को पुत्र के समान मानता था तथा दोषों को दूर करने का प्रयास करता था।

(xii) **स्थानीय समितियां**—आपसी विवादों का निर्माण प्राय: स्थानीय समितियों एवं समुदायों द्वारा किया जाता था। इनमें तीन श्रेणियां विशेष रूप से उल्लेखनीय हैं—*(i)* श्रेणी, *(ii)* पूग एवं *(iii)* कुल। व्यावसायिक समिति को श्रेणी कहा जाता था। यह समिति श्रेणी धर्म के अनुसार अपने सदस्यों के झगड़े का निपटारा करती थी। 'पूग' नगर में रहने वाली विभिन्न जातियों की समितियों को कहा जाता था। सम्भवत: एक ही परिवार के सदस्यों के समूह को 'कुल' कहते थे।

(xiii) **ग्राम शासन**—ग्राम प्रशासन की सबसे छोटी इकाई थी। ग्राम शासन का कार्य मुख्य रूप में ग्राम सभा के द्वारा सम्पादित होता था। इसे ग्राम की भूमि का लेखा तैयार रखना पड़ता था। ग्राम निवासियों के लाभ के लिए इसे कई प्रयास करने पड़ते थे। उदाहरण के लिए सभागृह का निर्माण, रक्षा व्यवस्था, सफाई व्यवस्था, सरोवर निर्माण तथा असहाय व्यक्तियों के भोजन एवं वस्त्र का प्रबन्ध।

ग्राम सभा का प्रधान सदस्य 'ग्रामिक' (मुखिया) होता था। अन्य सदस्यों को महत्तर कहा जाता था। 'महत्तर' ग्राम के प्रतिष्ठित एवं कुलीन व्यक्ति होते थे।

(xiv) **राजस्व व्यवस्था**—सरकार की आय के प्रमुख साधन कर थे। अभिलेखों में इसी को 'भागकर' कहा गया है। यह भूमिकर था। सम्भवत: उपज का 1/6 भाग कर के रूप में वसूल किया जाता था। लेखों में 'भूतप्रत्याय' नामक कर का भी उल्लेख मिलता है। यह नशीली वस्तुओं पर लगने वाला कर था। नगर में आने वाली वस्तुओं के ऊपर चुंगी (शुल्क) लगायी जाती थी। नियमित कर के अन्तर्गत अनेक करों का वर्णन मिलता है। जैसे उद्रंग (भूमिकर), उपरिकर (मोल कर), भूतोवात, प्रत्याय एवं विष्टि आदि। कर नकद एवं वस्तु दोनों रूपों में लिये जाते थे। राज्य की चुंगी चोरी करने वाले कड़े दण्ड के भागीदार होते थे।

(xv) **न्याय व्यवस्था**—न्याय व्यवस्था का सर्वोच्च अधिकारी सम्राट स्वयं होता था, परन्तु उसकी सहायता के लिए अन्य अधिकारी भी होते थे। अभिलेखों में 'महादण्डनायक' एवं 'महाक्षपटलिक' आदि न्याय सम्बन्धी अधिकारियों के नाम मिलते हैं। 'महादण्डनायक' सम्भवत: न्यायाधीश या सेनापति दोनों का कार्य करता था। नारद स्मृति के अनुसार उस समय चार प्रकार के न्यायालय थे—*(i)* कुल न्यायालय, *(ii)* श्रेणी न्यायालय, *(iii)* गुण न्यायालय, *(iv)* राजकीय न्यायालय। प्रथम तीन न्यायालय जनता के अपने न्यायालय थे तथा चौथा सरकारी न्यायालय था। चीनी यात्री फाह्यान के

अनुसार, दण्ड व्यवस्था कठोर नहीं थी एवं अपराध कम होते थे। दण्ड के रूप में प्रायः जुर्मानों की व्यवस्था थी। कई बार अपराध करने पर अंग-भंग की सजा दी जाती थी। देशद्रोह के लिए आंख निकलवा देने की व्यवस्था थी। राज्य के विरुद्ध षडयन्त्र करने पर कठोर दण्ड दिया जाता था।

गुप्तकालीन सामाजिक दशा

गुप्त काल बहुत समृद्धि और सुख-शान्ति का काल था। देश धन-धान्य से पूर्ण था और लोगों को कोई तकलीफ नहीं थी। जनता को पूरी स्वतन्त्रता थी और सरकार की ओर से कोई अनुचित हस्तक्षेप नहीं होता था। कल्याणकारी राज्य होने के कारण लोगों की हर प्रकार की सुविधा का ख्याल रखा जाता था। बड़े-बड़े समृद्धिशाली नगर थे। स्थान-स्थान पर दानालय, विश्रामगृह, औषधालय, अनाथालय आदि स्थापित थे। धार्मिक एवं सांस्कृतिक क्षेत्र में भी उस काल में भारत उन्नति की चरम सीमा तक पहुँच गया था। लोगों का नैतिक स्तर बहुत ऊँचा था। व्यापार भी बड़ी उन्नत अवस्था में था जिससे जनता बड़ी सुखी थी।

गुप्तकालीन समाज की व्यवस्था निम्न प्रकार की थी—

(1) संयुक्त परिवार—गुप्त काल में संयुक्त परिवार की प्रथा थी। परिवार विभाजन को घृणा की दृष्टि से देखा जाता था। परिवार का प्रधान घर का सबसे बड़ा व्यक्ति होता था, जिसे विशेष सम्मान प्राप्त था। सभी सदस्य उसकी आज्ञा का पालन करते थे। पारिवारिक रीति-रिवाज उसी के द्वारा चलाए जाते थे। पिता परिवार की सम्पत्ति का मालिक होता था। लेकिन पुत्रों और भाईयों के हिस्से भी होते थे।

(2) नारियों की स्थिति—गुप्त काल में नारियों की स्थिति गिरी हुई थी। स्त्री को जन्म से मरने तक किसी न किसी के अधिकार में रहना पड़ता था। बचपन में पिता के अधिकार में, यौवन में पति के अधिकार में और वृद्ध अवस्था में पुत्रों के अधिकार में रहना पड़ता था। अब लड़कियों का छोटी आयु में ही विवाह कर दिया जाता था। इस कारण अब उनके लिए उच्च शिक्षा प्राप्त करना बहुत कठिन हो गया था। इस काल में यह कहा जा सकता है कि स्त्रियों को अपना पति चुनने की स्वतंत्रता नहीं थी। मनुस्मृति में इस बात का उल्लेख है कि पिता को अपनी पुत्री का युवावस्था के आगमन से पहले ही विवाह कर देना चाहिए और जो पिता ऐसा नहीं करता वह नरक को जाता है। इसी स्मृति में स्त्रियों को वैदिक शिक्षा देने की भी मनाही की गई। परन्तु इससे पहले यह अनुमान नहीं लगाना चाहिए कि स्त्रियाँ सर्वथा अनपढ़ ही रहती थीं। 'अभिज्ञानशाकुन्तलम्' में अनुसूया शकुन्तला के छन्दोबद्ध प्रणय-सन्देश को समझ लेती है। इसके आधार पर यह कहा जा सकता है कि स्त्रियाँ काव्य आदि को समझ लेती थीं। नारियां ललित कलाओं में पूर्ण पारंगत होती थीं, जैसे नृत्य, वीणावादन, चित्रकला आदि।

गुप्त काल में विधवा विवाह प्रचलित था। चन्द्रगुप्त विक्रमादित्य ने अपने भाई की विधवा पत्नी ध्रुवस्वामिनी से विवाह कर लिया था। सती प्रथा का प्रचलन समाज़ में था तो सही परन्तु अधिक जोरों पर नहीं था। इस काल की मूर्तियों से तो यही ज्ञात होता है कि पर्दे का प्रचलन नहीं था, फिर भी ऐसा विश्वास किया जाता है कि कुलीन घराने की स्त्रियाँ घर से बाहर जाते समय घूँघट का प्रयोग करती थीं।

(3) **जाति प्रथा**—प्राचीन काल से चली आ रही जाति प्रथा उस समय तक सामाजिक व्यवस्था का आधार बन चुकी थी। जाति-बन्धन पहले की अपेक्षा अधिक कठोर व जटिल हो गए थे। शूद्रों को घृणा की दृष्टि में देखा जाता था और उच्च जातियाँ उनके साथ किसी प्रकार का सम्बन्ध रखना पसन्द नहीं करती थीं। बाकी की जातियाँ आपस में मिलती-जुलती रहती थीं। ब्राह्मणों को समाज में विशेष आदर प्राप्त था। गुप्त काल ब्राह्मण धर्म अथवा हिन्दू धर्म के पुनर्जागरण का काल था। अत: इस काल में ब्राह्मणों, यज्ञों तथा अन्य रीति-रिवाजों को काफी प्रोत्साहन मिला। संस्कृत भाषा और साहित्य ने भी इस काल में खूब उन्नति की।

ब्राह्मण वेदाध्ययन के अनुसार भिन्न-भिन्न शाखाओं में बंटे हुए थे, जैसे ऋग्वेदिन, यजुर्वेदिक, सामवेदिन और अथर्ववेदिन। वैश्य लोगों ने भी अपने आपको कई श्रेणियों में संगठित कर लिया था। अति स्मृद्धशाली और वैभवपूर्ण होने के कारण समाज में उन्हें भी काफी सम्मान प्राप्त था।

(4) **दास प्रथा**—गुप्त काल में दास प्रथा भी प्रचलति थी। युद्ध के कैदी, ऋणी और हारे हुए जुआरी दास बन जाते थे। लेकिन उनकी दासता जीवन भर के लिए नहीं होती थी। ऋण आदि चुका देने पर वे स्वतन्त्र हो सकते थे।

(5) **खान-पान**—गुप्तकालीन समाज में शाकाहारी और मांसाहारी दोनों ही प्रकार के लोग थे। फाह्यान लिखता है कि "लोग शराब का प्रयोग नहीं करते थे। वह प्याज और लहसुन भी नहीं खाते थे। केवल चन्डाल ही इन वस्तुओं का प्रयोग करते थे। वह मुर्गी तथा सूअर आदि पालते थे।" फाहियान के इस विवरण को पूर्ण रूप से ठीक नहीं माना जा सकता। ऐसा प्रतीत होता है कि फाहियान का यह उल्लेख केवल बौद्ध जनता के लिए ही है क्योंकि हमें उस समय के साहित्य से ज्ञात होता है कि माँस और मदिरा का प्रचलन समाज में कम था। लोग माँस और मछली खाते थे और स्मृति ने भी इस पर कोई प्रतिबन्ध नहीं लगाया है। स्मृति केवल इतना ही कहती है कि उस स्त्री को माँस और मदिरा का प्रयोग नहीं करना चाहिए जिसका पति बाहर गया हो। इससे यह सिद्ध होता है कि स्त्रियाँ भी इन वस्तुओं का प्रयोग करती थीं। स्मृति साहित्य बीमार व्यक्ति के लिए तथा श्राद्धों में माँस की आज्ञा देता है। दक्षिणी भाग में राज-दरबार में उच्च वर्ग में माँस से कई प्रकार के स्वादिष्ट भोजन बनाए जाते थे। परन्तु साहित्यकार

के उल्लेख को भी सर्वथा सत्य नहीं माना जा सकता। कवि या लेखक जिन चरित्रों को प्रकट करता है वह सारे समाज का प्रतिनिधित्व नहीं करते क्योंकि यह कैसे सम्भव हो सकता है कि धार्मिक आन्दोलनों का लोगों के जीवन पर कोई असर ही न हुआ हो। लोगों में माँस का प्रचलन कम होता जा रहा था।

लोग भोजन के पश्चात् पान का बहुत प्रयोग करते थे।

(6) वस्त्राभूषण—गुप्त काल के साहित्यिक ग्रंथों तथा कलाकृतियों से इस समय के वस्त्र और आभूषणों पर विशेष प्रकाश पड़ता है। पुरुषों के कपड़े प्राय: एक धोती तथा ऊपर ओढ़ने वाला वस्त्र होता था। यद्यपि साइथियनों ने कोट और पाजामा चलाया परन्तु गुप्त शासकों ने अधिकतर धोती का प्रयोग किया। पुरुष सर पर पगड़ी भी पहनते थे।

गुप्त काल की स्त्रियों की पोशाक आजकल के समान ही थी। वह प्राय: धोती, पेटीकोट और चोली का प्रयोग करती थीं। साइथियन स्त्रियाँ जैकेट, फ्राक और ब्लाउज आदि का प्रयोग भी करती थीं। परन्तु उनके कपड़ों का प्रचलन यहाँ अधिक नहीं था। केवल नाचने वाली लड़कियाँ ही साईथियन वस्त्रों का प्रयोग कर लेती थीं। अजन्ता की गुफाओं से भी ज्ञात होता है कि स्त्रियाँ प्राय: धोती और चोली का प्रयोग करती थीं।

प्राय: सूती कपड़े ही प्रयोग किए जाते थे परन्तु ऋतु के अनुसार ऊनी और रेशमी कपड़ों का भी प्रयोग कर लिया जाता था। रेशमी कपड़ा चीन से आता था और इसको अधिक पसन्द किया जाता था।

कपड़ों के अतिरिक्त आभूषणों का प्रयोग भी पर्याप्त मात्रा में होता था। स्त्रियाँ भिन्न-भिन्न प्रकार के आभूषण पहनती थीं जो कि देखने में सुन्दर प्रतीत होते थे। कड़ों, अंगूठियों और बाजूबन्दों का प्रयोग बहुतायत से किया जाता था। स्त्रियाँ घुँघरू वाले गहनों का प्रयोग करती थीं। केवल स्त्रियाँ ही नहीं, पुरुष भी गहनों के प्रयोग के बहुत शौकीन थे। अंगूठियाँ और हार प्राय: पुरुषों द्वारा पहने जाते थे। यह आभूषण प्राय: सोने, चाँदी और हाथी दाँत आदि के होते थे।

स्त्रियों को बाल बनाने का भी बहुत शौक था। बाल कई प्रकार के बनाये जाते थे और वह अपने केशों को फूलों से सजाती थीं। केशों की सुन्दरता को बढ़ाने के लिए नकली बालों का भी प्रयोग कर लिया जाता था।

(7) आमोद-प्रमोद—गुप्तकाल के लोग खेलों से अपना मन बहलाते थे। मनोरंजन के कई साधन और भी थे। राजा और लोग भी शिकार के शौकीन थे। केवल साहित्य में ही नहीं, बल्कि मुद्राओं में भी राजाओं का आखेट से प्रेम दर्शाया गया है। समुद्रगुप्त

को एक शेर मारते हुए तथा इसी दशा में चन्द्रगुप्त विक्रमादित्य को भी एक शेर मारते हुए मुद्राओं में बताया गया है।

लोग इसके अतिरिक्त भेड़ों, भैंसों और हाथियों की लड़ाई देखकर भी अपना दिल खुश करते थे। लोग जुए द्वारा भी मनोरंजन करते थे। इसके अतिरिक्त शहरों में कई नाटकगृह भी होते थे जिनमें लोगों का मनोरंजन होता था। गायन और नृत्य भी मनोरंजन के मुख्य साधन थे।

फाह्यान के विवरण से ज्ञात होता है कि लोग पूरे जोश के साथ प्रतिवर्ष उत्सव भी मनाते थे। उसने विशेषकर 'रथयात्रा' के उत्सव का उल्लेख किया है जो लगभग दो रातों तक मनाया जाता था और जिसमें प्राय: सभी लोग शामिल होते थे। इस उत्सव में सारी रात दीपक जलते रहते थे और बड़ी धूम-धाम से यह उत्सव चलता था। लोगों के मनोरंजन का एक-एक महत्त्वपूर्ण दिन होता था।

(8) **लोगों का उच्च नैतिक स्तर**—गुप्तकाल में लोग सम्पन्न और समृद्धिशाली तो थे ही, वह उच्च कोटि का नैतिक जीवन में व्यतीत करते थे। लोग प्राय: धर्म, अर्थ, काम और मोक्ष के अनुसार अपना जीवन व्यतीत करते थे। दूसरे शब्दों में, लोगों का उद्देश्य मोक्ष प्राप्त करना था। उनके इस कार्य के लिए राज्य से भी उनको पूरी-पूरी सहायता प्राप्त होती थी। क्योंकि गुप्त राज्य भी एक धर्म-परायण राज्य था तथा उसने लोगों को अपना स्वधर्म पूर्ण करने का वातावरण उत्पन्न कर रखा था। फाह्यिान के लेख से ज्ञात होता है कि लोग सदा एक दूसरे की सहायता करने में तत्पर रहते थे। वह दान देने में एक दूसरे से बाजी ले जाने की कोशिश करते थे। यात्रियों को हर प्रकार की सुविधा दी जाती थी। रस्किन ने लिखा है:-

"A civilisation is to be Judged by the type of person that it produces."

अर्थात् एक सभ्यता को उस काल के लोगों के आधार पर ही देखा जा सकता है। यदि सभ्यता की यही कसौटी है तो हम निष्पक्ष और निर्भय होकर यह कह सकते हैं कि गुप्तकाल की सभ्यता उच्चतम, गौरवशाली और सर्वश्रेष्ठ सभ्यता थी।

गुप्तकालीन आर्थिक दशा

गुप्तकाल प्राचीन भारतीय इतिहास में आर्थिक सम्पन्नता का काल था। इसकी सम्पन्नता के द्योतक इस काल में स्थापित अनेक नगर और भारी संख्या में जारी स्वर्ण मुद्रायें हैं। चीनी यात्री फाह्यान के अनुसार गुप्तकालीन नगर समृद्ध और धनवानों से भरा-पूरा था। इस काल की आर्थिक दशा की प्रमुख विशेषतायें निम्नलिखित हैं—

(1) **बहुमूल्य धातु के सिक्कों का प्रयोग**—प्राचीन भारत के गुप्त राजाओं ने सबसे अधिक स्वर्ण मुद्रायें जारी कीं जो उनके अभिलेखों में दीनार कही गयी हैं।

नियंत्रित आकार और भार वाली ये स्वर्ण मुद्रायें अनेक प्रकारों और उपप्रकारों में पायी जाती हैं। इन पर गुप्त राजाओं के स्पष्ट चित्र हैं और इनसे उनकी युद्धप्रियता और कलाप्रियता का संकेत मिलता है। यद्यपि इनमें सोने का अंश में मुद्रायें उतनी शुद्ध नहीं हैं जितनी कुषाण मुद्रायें, तथापि वे न केवल सेना और प्रशासन के अधिकारियों को वेतन चुकाने में अपितु भूमि खरीद-बिक्री सम्बन्धित आवश्यकता की पूर्ति में सहायक हुईं। गुजरात विजय के पश्चात् गुप्त राजाओं ने चांदी के सिक्के भी चलाये, जो केवल स्थानीय लेन देन के लिए प्रयोग में लाये जाते थे। कुषाओं के विपरीत गुप्तों के तांबे के सिक्के बहुत कम मिलते हैं। इससे यह प्रकट होता है कि जनसामान्य मुद्रा का प्रयोग जितना कुषाण काल में होता था उतना गुप्तकाल में नहीं रहा।

(2) **सम्पन्न नगर**—गुप्त काल आर्थिक जीवन के क्षेत्र में नगरों के विकास के लिए अति उल्लेखनीय है। फाह्यान के अनुसार पाटलिपुत्र उस समय भारत का प्रमुख नगर माना जाता था। मुद्राराक्षस में इसके प्रकार तथा नगर द्वार का उल्लेख हुआ हैं। फाह्यान के अनुसार वहाँ के राजप्रसाद को देखकर ऐसा आभास होता था, मानो इसका निर्माण देवताओं ने किया हो। उत्तर-पूर्व भारत के नगरों में उस समय वैशाली भी प्रसिद्ध था। फाह्यान के अनुसार इसके भीतर एक विहार था जिसे आम्रपाली नामक सुप्रसिद्ध वेश्या ने गौतमबुद्ध के प्रति श्रद्धा के कारण उनके निवास के लिए बनवाया था। इसी प्रकार गुप्तकाल में उज्जयिनी, पश्चिम भारत में दशपुर, समुद्रतट पर भृगुकच्छ, ताम्रलिपि आदि प्रमुख नगर थे।

(3) **व्यवसाय**—भारतीय नगर व्यवसाय के केन्द्रबिन्दु थे। वस्तुत: व्यवसाय के अनुकूल परिस्थितियाँ नगरों में उपलब्ध थीं। यही कारण है कि एक ही नगर में विभिन्न प्रकार के व्यावसायिक भारी संख्या में रहते थे। रामायण में अयोध्या के व्यवसाय की एक तालिका मिलती है जिसमें सुनार, जौहरी, कपड़े बुनने वाले, कुम्हार, मायूरका (मोर के पूंछ से पंखा बनाने वाले) रंगसाज और धोबी आदि प्रमुख हैं।

(4) **श्रेणी**—गुप्तकालीन ग्रंथों से ज्ञात होता है कि प्राचीन काल में व्यावसायिक शिक्षा देने वाले आचार्य रहते थे। इन आचार्यों की प्रयोगशालाओं में नये आये हुए विद्यार्थी शिल्प में प्रवीणता प्राप्त करते थे। व्यावसायिकों की समिति को 'श्रेणी' कहा जाता था। मन्दसौर के लेख में 'पट्टवाय श्रेणी' (रेशमी सूत बनाने वाले कारीगरों की समिति) का उल्लेख मिलता है। वस्ततु: ये श्रेणियां चोर, डाकुओं तथा अन्य मानवीय आपत्तियों से सुरक्षा एवं सामूहिक साथ के लिए स्थापित की गयी थीं। श्रेणी के प्रधान को 'ज्येष्ठक' कहा जाता था। वह समृद्ध तथा समाज का एक सम्मानित व्यक्ति होता था। ज्येष्ठक का पद आनुवांशिक हुआ करता था। पिता के व्यवसाय का अनुसरण उसका पुत्र करता था। प्रत्येक श्रेणी का श्रेणीधर्म होता था जिसका तात्पर्य उन नियमों से है जो आर्थिक श्रेणियों में कानून के रूप में प्रचलित थे। ये व्यावसायिक समितियाँ

आधुनिक बैंक का भी काम करती थीं। वे धन को सुरक्षित रखतीं तथा उस पर सूद देती थीं। इस सूद से मन्दिर में दीपक जलाना अथवा किसी निश्चित उद्देश्य की पूर्ति भी उसे करना पड़ता था। इन्दौर के एक अभिलेख के अनुसार वहाँ की एक 'तैलिक श्रेणी' के पास धन जमा किया गया था जिसके ब्याज से सूर्य मन्दिर में दीपक जलाने के लिए तेल का खर्चा चलाया जाता था।

(5) **कृषि**—गुप्तकाल में कृषि प्रमुख व्यवसाय था। राजा को कृषि तथा गोरक्षा का विशेष ध्यान रखना पड़ता था। कृषि समृद्धि थी और सिंचाई के साधनों की भी व्यवस्था की गयी थी। सिंचाई के साधनों में प्राकृतिक साधनों के अतिरिक्त कृत्रिम साधनों के भी संकेत मिलते हैं। मुख्य रूप में गेहूँ, जौ, चना, चावल, ईख, उड़द, नील, मिर्च, मूँग आदि की खेती होती थी। खेती में कई प्रकार के कृषि यन्त्रों का प्रयोग किया जाता था। मुख्य रूप से हल, कुदाल, लौगाल, फाल, शूल और टंक आदि का प्रयोग होता था।

कृषि के क्षेत्र में क्रान्तिकारी परिवर्तन यह हुआ कि स्थानीय किसानों के हित के विरुद्ध ब्राह्मणों की जमींदारी की स्थापना हुई। ब्राह्मण पुरोहितों को दान में जो भूमि दी जाती थी उससे अवश्य ही बहुत-सी परती जमीन आबाद हुई। मध्य और पश्चिमी भारत में किसानों से बेगार भी लिया जाने लगा। दूसरी ओर मध्य भारत के कबाइली इलाकों में ब्राह्मण अधिकारियों ने बहुत सारी परती जमीन को आबाद कराया और खेती की अच्छी जानकारी प्रचलित की।

(6) **उद्योग धन्धे**—साहित्य तथा पुरातात्त्विक स्रोतों से ज्ञात होता है कि गुप्तकाल में कपड़ा बनाने का धन्धा बहुत विकसित हो गया था। यह उस समय के मुख्य उद्योगों में एक था। लाखों की संख्या में पुरुष इससे अपनी जीविका चलाते थे। कपड़ा बनाने के लिए कुछ केन्द्र विशेष रूप से प्रसिद्ध थे यथा गुजरात, बंगाल और दक्षिण के कुछ प्रान्त आदि। अमरकोष से ज्ञात होता है कि कपड़े साधारण से लेकर कीमती बनाये जाते थे। कपड़े ऊनी, सूती और रेशमी होते थे। केवल कपड़े बुने ही नहीं जाते थे बल्कि रंगे भी जाते थे। वस्त्रों को रंगने के लिए कुछ रासायनिक क्रिया की जाती थी। प्राय: कपड़े बिना सिले ही पहन लिए जाते थे परन्तु कुछ कपड़े सिले भी मिलते हैं जैसे पाजामा, कोट, जैकेट आदि।

गुप्तकाल में आभूषण भी बनाये जाते थे। इसके आधार पर यह कहा जा सकता है कि लोग स्वर्णकारी का कार्य भी करते थे, क्योंकि इस काल में रत्नजड़ित आभूषण बनते थे। हाथीदाँत का प्रयोग भी काफी मात्रा में होता था। लकड़ी के सामान तथा अन्य सामान सजाने के लिए भी हाथी दाँत का प्रयोग किया जाता था।

—

मूर्तियों तथा ऐसे ही दूसरे साधनों से ज्ञात होता है कि ताँबे, काँसे और लोहे का भी काम होता था। कुछ लोग हीरे काटने तथा पालिश का कार्य भी करते थे।

(7) **व्यापार**—गुप्तकाल में व्यापार भी उन्नति पर था। आंतरिक और बाह्य दोनों ही व्यापार होते थे। आंतरिक व्यापार जल एवं स्थल दोनों ही मार्गों से होता था। देश के एक भाग से दूसरे भाग तक व्यापारी अपने बेचे जाने वाले सामानों के साथ बिना किसी रोकटोक आते जाते थे। नदियों में नावें और सड़कों पर बैलगाड़ियां चलती थीं। जल मार्ग एवं स्थल मार्ग विशेष रूप से सुरक्षित थे। पेशावर, भड़ौच, उज्जयिनी, बनारस, प्रयाग, मथुरा, पाटलिपुत्र और ताम्रलिप्ति आदि व्यापार के मुख्य केन्द्र थे।

विदेशी व्यापार भी जल एवं स्थल दोनों मार्गों से होता था। चीन, तिब्बत तथा पश्चिमी एशिया के साथ स्थल मार्ग से व्यापार होता था। जलमार्ग द्वारा मिस्र, फ्रांस, रोम, यूनान, लंका, बर्मा, सुमात्रा, से व्यापार होता था। देश के समुद्रतट पर अनेक बन्दरगाह विदेशी व्यापार के केन्द्र थे। पश्चिम में भड़ौच और पूर्व में ताम्रलिप्ति प्रसिद्ध बन्दरगाह थे जिनके द्वारा देश का विदेशी व्यापार चलता था। बहुमूल्य रत्न, सूती वस्त्र, मसाले, सुगन्धित तेल, उबटन, पाउडर, इत्र, आभूषण, धूप और चन्दन आदि एवं कलात्मक वस्तुओं का निर्यात किया जाता था। इसके बदले विदेशों से सोना, चाँदी, ताँबा, टीन, रेशम, कपूर, खजूर और घोड़ों आदि आयात किया जाता था। व्यापार का काम यम वस्तु विनिमय एवं विभिन्न प्रकार के सोने, ताँबे और चाँदी के सिक्के थे।

आर०एस० शर्मा का कथन है कि पूर्वकाल की तुलना में दूर व्यापार में पतन दिखाई देता है। 550 ई० तक भारत पूर्वी रोमन साम्राज्य के साथ कुछ-कुछ व्यापार करता रहा, जहाँ वह रेशम भेजता था। 550 ई० के आस-पास पूर्वी रोमन साम्राज्य के लोगों ने चीनियों से रेशम पैदा करने की कला सीख ली। इससे भारत के निर्यात व्यापार पर बहुत बुरा असर पड़ा। छठी शताब्दी का मध्य आते-आते भारतीय रेशम की माँग विदेश में कमजोर पड़ गयी। पाँचवी शताब्दी के मध्य ने रेशम बुनकरों की एक श्रेणी पश्चिम भारत स्थित अपने मूल निवास स्थान लाट देश को छोड़कर मंदसौर चली गयी और वहाँ उन बुनकरों ने अपना मूल व्यवसाय छोड़कर अन्य व्यवसायों को अपना लिया।

गुप्तकालीन धार्मिक दशा

गुप्तकाल में धार्मिक क्षेत्र में पर्याप्त परिवर्तन हुए। संहिता और ब्राह्मण ग्रंथों का स्थान अब पुराणों ने ले लिया। हिन्दू धर्म को पुनः बढ़ावा मिला। वैष्णव धर्म और शैव धर्म का तेजी से विकास हुआ। इसीलिए इस काल को हिन्दू पुर्नस्थापना का काल कहते हैं। इतना होते हुए भी गुप्त सम्राट धर्म-सहिष्णु थे। उन्होंने अन्य धर्मों को सम्मान ही नहीं दिया अपितु आर्थिक सहायता भी दी। इस युग की धार्मिक विशेषतायें निम्नलिखित हैं—

(1) **भक्तिमार्ग का अनुसरण**—गुप्तकाल के लोगों का धार्मिक विश्वास भक्तिमार्ग में बंट गया। अनेक देवी-देवताओं की उपासना इस काल का मुख्य धर्म बन गया। लोग यह विश्वास करने लगे कि ये देवी-देवता उनकी रक्षा कर सकते हैं। लोग यह भी मानते थे कि भक्ति मार्ग से ही उन्हें मोक्ष प्राप्त हो सकता है। इसी भक्ति से प्रेरित होकर राजाओं, व्यापारियों तथा अन्य सम्पन्न लोगों ने मन्दिरों का निर्माण करवाया।

(2) **मन्दिरों में मूर्तिपूजा**—मन्दिर निर्माण के साथ लोगों ने मन्दिरों में मूर्तिपूजा आरम्भ कर दी। ये मूर्तियाँ विशेष रूप से शिव, विष्णु और कार्तिकेय आदि की होती थीं। मूर्तिपूजा के साथ-साथ अनेक रीतिरिवाजों को भी अपनाया गया। सम्भवतः स्थापात्य कला को विशेष बढ़ावा मिला।

(3) **धार्मिक स्वतंत्रता, सहनशीलता तथा दानशीलता**—अनेक साहित्यिक और पुरातात्त्विक स्रोतों से ज्ञात होता है कि गुप्त काल में धार्मिक स्वतंत्रता, सहनशीलता तथा दानशीलता को प्रोत्साहित किया गया। गुप्तकाल में धर्म के नाम पर लोगों में मतभेद नहीं था। लोगों में एक दूसरे के प्रति प्रेम था। वे अन्य धर्मों का आदर करते थे। यद्यपि गुप्त सम्राट वैष्णव धर्म के अनुयायी थे परन्तु उन्होंने बौद्धधर्म और जैनधर्म को भी पर्याप्त सुविधायें दीं। समुद्रगुप्त से लंका के मेघवर्ण नामक शासक को बोधगया में एक मठ बनाने की आज्ञा दी थी। इन सम्राटों ने बौद्ध धर्म के प्रचार की स्वतंत्रता भी दी और उनकी आर्थिक सहायता भी की। नालन्दा के बौद्ध मठ का निर्माण कुमारगुप्त ने कराया था। लोग दान देने में रुचि रखते थे। राजाओं और व्यापारियों ने अनेक मन्दिर बनवाये और उनकी व्यवस्था के लिए धन दिया।

(4) **धार्मिक ग्रन्थों की रचना**—गुप्तकाल में अनेक धार्मिक ग्रन्थों की रचना की गयी। इस युग में स्मृति, पुराण, रामायण तथा महाभारत को फिर से लिखा गया। ब्राह्मणों ने हिन्दूधर्म को पुनर्जन्म दिया जिसमें बौद्ध तथा जैनधर्म के सिद्धान्तों को शामिल किया गया।

गुप्तकालीन प्रमुख धर्म

1. **वैष्णव धर्म**—गुप्त सम्राट वैष्णव धर्म के अनुयायी थे। उनका उपाधि 'परमभागवत्' थी। प्रयाग की प्रशस्ति के अनुसार उनकी राजाज्ञाएँ गरुण ध्वज से अंकित हुआ करती थीं। गरुड़ ध्वजांकित मुद्रा का उदाहरण गाजीपुर जिले से भिटरी नामक स्थान से प्राप्त हुआ है। उनकी मुद्राओं के ऊपर वैष्णव धर्म के प्रतीक अंकित हैं, उदाहरणार्थ शंख, चक्र, गदा, पद्म तथा लक्ष्मी। स्कन्दगुप्त का जूनागढ़ का स्तम्भ लेख तथा बुधगुप्त का एरण का स्तम्भ लेख विष्णु की स्तुति से प्रारम्भ होता है। जूनागढ़ अभिलेख के अनुसार चक्रपालित नामक कर्मचारी ने विष्णु मंदिर का निर्माण किया था।

चन्द्रगुप्त विक्रमादित्य ने 'विष्णुपद' नामक पर्वत के ऊपर विष्णुध्वज की स्थापना की थी।

2. सूर्य की उपासना—गुप्तों के काल में सूर्योपासक विद्यमान थे। विक्रम संवत् 529 वाले मंदसौर के लेख के प्रारम्भ में कुछ श्लोक मिलते हैं जिनके भाव हैं–"सूर्य आपकी रक्षा करें, जिनसे संसार का प्रारम्भ तथा नाश होता है, देवलोक अपने रक्षार्थ जिनकी पूजा करते हैं, सिद्ध लोग अपनी यौगिक सिद्धि के लिए जिनकी अराधना करते हैं.....।" मन्दसौर के उपर्युक्त लेख से ज्ञात होता है कि इस स्थान पर एक सूर्य मन्दिर विद्यमान था। स्कन्दगुप्त कालीन इन्दौर का ताम्र लेख सूर्य पूजा से प्रारम्भ होता है। इस लेख के द्वारा भी गुप्तों के काल में सूर्य मन्दिर के निर्माण की सूचना मिलती है।

3. शैव धर्म—गुप्तों के काल में शैव धर्म का भी विकास हुआ। चन्द्रगुप्त विक्रमादित्य का सेनापति वीरसेन शैव धर्म का अनुयायी था। उसने शैवों के निवास के लिए उदयगिरी की पहाड़ी में एक गुफा का निर्माण किया था। मथुरा में माहेश्वर नामक एक शैव सम्प्रदाय रहता था। मेघदूत से ज्ञात होता है कि उज्जयिनी में महाकाल का एक मन्दिर था जहाँ सन्ध्या के समय आरती उतारी जाती थी। कुमारगुप्त प्रथम का सेनापति पृथ्वीषेन शैव धर्म का अनुयायी था। उसने कर्मदाण्डा नामक स्थान पर एक शिव प्रतिमा की स्थापना की थी। विल्सद के लेख के अनुसार ध्रुवशर्मा नामक ब्राह्मण ने एक शिवमन्दिर को दान दिया था। गुप्तों को सामन्त महाराजा हस्तिन् के खोह के लेख में 'नमो महादेव' शब्द उत्कीर्ण मिलते हैं। इससे लगता है कि किसी शुभ कार्य से पूर्व शिव की वन्दना की जाती थी। दामोदरपुर के लेख में शिवपूजा के लिए अग्रहार दान का वर्णन मिलता है।

4. जैनधर्म—गुप्तों के काल में जैनधर्म का भी विकास हुआ। इस समय बल्लभी में जैनों की एक वृहद सभा का आयोजन किया गया था। पहाड़पुर में कई लेख मिले हैं जिनमें जैन मन्दिरों को भूमिदान का वर्णन किया गया है। कहोम के लेख के अनुसार स्कन्दगुप्त के काल में मद्र नामक व्यक्ति ने पांच जैन तीर्थंकरों की मूर्तियों की स्थापना करायी थी—आदिनाथ, शांतिनाथ, नेमिनाथ, पार्श्वनाथ और महावीर। मथुरा के एक अभिलेख के अनुसार कुमारगुप्त प्रथम के शासन काल में हरिस्वामिनी नामक जैन महिला ने किसी जैन मन्दिर को दान दिया था। फाह्यान के अनुसार गुप्तों के काल में भारतवर्ष के प्रसिद्ध नगरों में जैनियों के देवालय विद्यमान थे। इनमें प्रतिदिन झाड़ू लगाया जाता था। जैन पुजारी इनमें धूप एवं दीपक जलाते थे।

5. बौद्धधर्म—इस समय बौद्धधर्म का भी विकास हुआ। सांची के एक लेख के अनुसार चन्द्रगुप्त विक्रमादित्य ने आम्रकार्द्दव नामक एक प्रसिद्ध बौद्धानुयायी को उच्च पद पर नियुक्त किया था। गुप्तकाल के प्रसिद्ध बौद्धाचार्यों का आविर्भाव हुआ, जिन्होंने

अपनी विद्वता के द्वारा भारतीय ज्ञान के विकास में योगदान दिया। इसमें वसुबन्धु, असंग तथा दिडनाग उल्लेखित हैं। फाह्यान के वर्णन के अनुसार गुप्तकाल में बौद्धधर्म अपने स्वाभाविक रूप में पनप रहा था। उसके अनुसार भारतीय नगरों में इस समय कई मठ बने हुए थे।

गुप्तकालीन सांस्कृतिक दशा

सांस्कृतिक दृष्टि से गुप्तकाल भारतीय इतिहास का स्वर्णयुग कहा जाता है। वस्तुत: यह गुप्त सम्राटों के विशेष प्रयास से सम्भव हुआ। उन्होंने सम्पूर्ण देश में राजनीतिक एकता और सुव्यवस्था की स्थापना की। ऐसी स्थिति में साहित्य और कला का विकसित होना स्वाभाविक था। साहित्य में विशेष रूप से संस्कृत साहित्य की खूब उन्नति हुई वहीं स्थापत्य कला, मूर्तिकला, चित्रकला, संगीतकला तथा अन्य ललित कलाओं का भी विकास हुआ।

गुप्तकालीन साहित्य

गुप्तकाल में संस्कृत साहित्य की विशेष उन्नति हुई। वास्तव में यह कहना गलत न होगा कि संस्कृत साहित्य की उतनी उन्नति न पहले हुई और न ही बाद में। परन्तु इससे यह नहीं समझना चाहिए कि इस काल में संस्कृत साहित्य का फिर से जन्म हुआ। वास्तव में संस्कृत साहित्य का स्रोत कभी और किसी काल में नहीं सूखा। यहाँ तक कि विदेशी आक्रमणकारियों और उनके शासन काल में भी उच्च कोटि के संस्कृत साहित्यकार उत्पन्न हुए। कनिष्क काल में अश्वघोष ने त्रिपिटक पर टीका लिखी। गुप्त काल में इस संस्कृत साहित्य की इतनी उन्नति हुई कि इसकी तुलना ऐलिजाबेथ के शासन काल से की जा सकती है। इस उन्नति का प्रमाण हमें गुप्तकालीन साहित्य, सिक्कों तथा अभिलेखों से मिलता है।

गुप्त काल में गद्य और पद्य दोनों की ही रचना हुई। इलाहाबाद शिलालेख इसका प्रमाण है कि हरिषेन उच्च कोटि का कवि था। क्योंकि जिन शब्दों में उसने चन्द्रगुप्त द्वारा समुद्रगुप्त की नियुक्ति का वर्णन किया है यह प्रमाणित करते हैं कि वह कोई छोटा-मोटा कवि नहीं था। महरौली शिलालेख तथा जूनागढ़ शिलालेख भी कविता का उच्च उदाहरण है।

4. धर्म निषेध—गुप्त काल में महाकाव्य, खण्डकाव्य तथा नाटक आदि की विशेष उन्नति हुई। इस काल में कवि कालिदास का नाम एक सितारे की भांति चमकता है। कालिदास एक उच्च कोटि के कवि और नाटककार थे। डा० रमेशचन्द्र मजूमदार ने लिखा है—

"Both in drama and poetry Kalidasa stands not only unsurpassed but even nonivalled."

इसमें कोई भी सन्देह नहीं कि कवि कालीदास जैसे उच्च कोटि का साहित्यकार किसी और युग में पैदा नहीं हुआ। उसकी शैली बड़ी ही सुगम है तथा उसने अलंकारों का प्रयोग अपने साहित्य में बड़ी योग्यता से किया है। इसके अतिरिक्त उसके 'विक्रमोर्वशीयम्' तथा 'मालविकाग्निमित्रम्' भी दो प्रसिद्ध नाटक है। 'कुमारसम्भव' और 'रघुवंशम' कालिदास के दो महाकाव्य हैं। 'मेघदूत' और 'ऋतुसंहार' उसके दो खण्डकाव्य हैं।

गुप्त युग के दूसरे साहित्यकार शूद्रक थे। इनका नाटक 'मृच्छकटिकम्' संस्कृत हास्य रस का सर्वोत्तम प्रतीक है। 'मुद्राराक्षस' के लेखक विशाखदत्त भी गुप्त काल में ही हुए थे। 'सुबन्धु' भी इसी काल में हुए। मही का काल भी यही था। इनका प्रसिद्ध महाकाव्य 'रावणवध' है। कुछ विद्वानों का विचार है कि भर्तृहरि भी इसी समय हुए थे।

संस्कृत के प्रसिद्ध ग्रंथ 'पंचतंत्र' की रचना भी इसी काल में हुई थी। इस पुस्तक में कहानियों द्वारा नैतिक और सांसारिक जीवन की समस्याओं का समाधान किया गया है। इसका अनुवाद प्राय: विश्व की हर भाषा में हुआ है।

(1) धार्मिक साहित्य—गुप्त काल में बहुत-सा धार्मिक साहित्य भी लिखा गया। इस काल में पुराणों की रचना ठीक से की गई। यद्यपि पुराण ईसा से पहले ही लिखे जा चुके थे। परन्तु पुराणों का जो स्वरूप हमें आज प्राप्त होता है वह गुप्त काल में ही लिखा गया।

पुराणों के अतिरिक्त गुप्त काल में स्मृति साहित्य की भी रचना मनुस्मृति के आधार पर हुई। याज्ञवल्क्य, नारद, कात्यायन और वृहस्पति स्मृति इसी काल में फिर से लिखी गईं। इस साहित्य के अध्ययन से यह ज्ञात होता है कि गुप्त काल में सिविल कानूनों की ओर विशेष ध्यान दिया जाता था।

गुप्त काल में कामन्दक ने अर्थशास्त्र के आधार पर 'नीति शास्त्र' लिखा। कामन्दक इस दृष्टिकोण से पूर्णत: कौटिल्य का ही शिष्य था और उसने थोड़ा-बहुत संशोधन करके कौटिल्य के नियमों को ही लिखा है।

इसके अतिरिक्त इस काल में 'रामायण' और 'महाभारत' भी दुबारा से लिखे गये।

(2) दार्शनिक साहित्य—गुप्त युग में दार्शनिक साहित्य की भी रचना हुई। हिन्दुओं, बौद्धों और जैनियों सभी धर्मों ने अपने-अपने सिद्धांतों का प्रतिपादन करने के लिए अनेक ग्रन्थों की रचना की। इस काल में सांख्यदर्शन पर टीका लिखी गई। मीमांसा सूत्रों पर टीका लिखी गई। इसी काल में वात्स्यायन ने न्याय-दर्शन पर टीका लिखी। परन्तु बाद में दिग्नाग ने उसके विचारों को खण्डित कर दिया। चन्द्र नामक विद्वान् ने 'दशपदार्थ शास्त्र' लिखा।

बौद्ध और जैनधर्म में भी धार्मिक, साहित्य लिखा गया। गुप्त काल में बुद्ध धर्म के दोनों भागों का आगे दो-दो भाग में बंटवारा हो गया था। हीनयान की दो शाखाएँ थेरवाद और वैभाषिक थीं तथा महायान् की दो शाखाएँ माध्यमिका और योगाचार कहलाती थीं। असंग योगाचार सम्प्रदाय के सबसे प्रधान आचार्य थे। इन्होंने निम्नलिखित ग्रन्थों की रचना की—

1. महायान सम्प्ररिग्रह,
2. प्रकरण आर्यवाचा,
3. महायानाभिधर्म संगीतिशास्त्र
4. वज्र-छेदिका टीका,
5. योगाचार भूमिशास्त्र।

वसुबन्धु भी प्रसिद्ध आचार्य थे और उन्होंने अभिधर्मकोष की रचना की। बौद्ध साहित्य में दिग्नाग का नाम भी प्रसिद्ध है।

जैन साहित्य में प्रसिद्ध आचार्य सिद्धसेन थे। इन्होंने न्याय दर्शन पर 'न्यायावतार' नामक ग्रन्थ की रचना की।

गुप्त युग में ही प्रसिद्ध कोषकार अमरसिंह ने अमरकोष की रचना की। चन्द्र ने व्याकरण पर एक ग्रन्थ लिखा। भर्तृहरि ने पातंजलि के महाभाष्य पर एक टीका लिखी जोकि अब मिलती नहीं है।

(3) तमिल साहित्य—गुप्त काल का तमिल साहित्य धार्मिक है। इस साहित्य पर प्राय: सभी धर्मों का प्रभाव पड़ा और भक्ति मार्ग का प्रभाव साफ पता चलता है। इस साहित्य में कुछ भक्तों ने भक्ति रस के ही गीतों की रचना की है।

शिक्षा

प्राचीन काल से ही प्राईवेट अध्यापक उस समय की शिक्षा प्रणाली का केन्द्र था। वह अपना कर्त्तव्य समझ कर विद्यार्थियों को शिक्षा दिया करता और जो कुछ भी उसे विद्यार्थी के माता-पिता द्वारा मिलता था उसी में सन्तुष्ट रहता था। इसके अतिरिक्त अध्यापक पण्डित का कार्य करके भी अपनी आय को बढ़ा लेता था। गुप्तकाल में भी ऐसा ही होता था।

इस काल में पाटलिपुत्र, वल्लभी, उज्जैनी तथा पद्मावती विद्या के मुख्य केन्द्र थे। इसके अतिरिक्त पवित्र स्थान जैसे बनारस, मथुरा, नासिक और कांची भी शिक्षा के मुख्य केन्द्र थे। कांची बौद्ध शिक्षा का भी मुख्य केन्द्र था। इसके अतिरिक्त नालन्दा विश्वविद्यालय में दूर-दूर से विद्यार्थी शिक्षा प्राप्त करने के लिए आते थे। तक्षशिला का महत्त्व इस काल में कम हो रहा था।

मुख्य नगरों तथा तीर्थों के अतिरिक्त अग्रहार गाँव भी उच्च शिक्षा के मुख्य केन्द्र थे। दक्षिणी भारत में उच्च शिक्षा केन्द्रों को घटिका कहा जाता था।

इस काल में शिक्षा केवल साहित्यिक ही नहीं टैक्नीकल भी होती थी। युवक विद्यार्थी किसी कलाकार के पास शिक्षा प्राप्त करने जाते थे और बिना कुछ दिए ही शिक्षा प्राप्त करते थे।

इस काल में कुछ मौलिक शिक्षा देने का भी प्रबन्ध था। पाँच वर्ष की आयु में यह शिक्षा आरम्भ होती थी और विद्यार्थी पढ़ना, लिखना तथा गणित आदि सीखते थे। बच्चे उंगली से जमीन पर लिखना सीखते थे। कुछ संस्कृत व्याकरण भी पढ़ाया जाता था।

गुप्त काल में ज्योतिष और गणित में विशेष उन्नति हुई है।

ज्योतिष—आर्यभट्ट इस काल का प्रसिद्ध व्यक्ति था। उसी ने यह प्रमाणित किया था कि पृथ्वी गोल है तथा सूर्य के चारों ओर घूमती है। गुप्तकास के दूसरे प्रसिद्ध ज्योतिषज्ञ वराहमिहिर थे। उनकी 'पञ्चासिद्धान्तिका' विशेष प्रसिद्ध है। उनके दूसरे ग्रन्थ 'लघुजातक', 'वृहत्संहिता' तथा 'योगभाषा' प्रसिद्ध हैं।

गणित—गुप्तकाल में गणित की भी विशेष उन्नति हुई। आर्यभट्ट एक उच्च कोटि का गणितज्ञ था। आर्यभट्ट ने गणित को अलग ज्ञान माना है। दशमलव प्रणाली जो आज सारे संसार में प्रचलित है, भारत की ही देन है और इस प्रणाली की खोज भारत में ही हुई। यह प्रणाली यहाँ से अरब गई और फिर अरब लोगों से योरोप वालों ने इसको सीखा। ब्रह्मगुप्त भी इस काल के महान गणितज्ञ थे।

गुप्तकालीन कलायें

कलाओं की उन्नति—गुप्तकाल में कलाओं ने भी विशेष उन्नति की। इसी काल में वास्तुकला, चित्रकला, शिल्पकला आदि अपनी चरम सीमा तक पहुँच गई।

1. वास्तुकला—इस काल में वास्तुकला या भवन निर्माण कला की विशेष उन्नति हुई। इस क्षेत्र में गुप्तों के शासन ने एक नए युग को प्रारम्भ किया। इस काल के भवन निस्सन्देह अद्भुत और शानदार हैं। गुप्त काल में अनेक मन्दिरों का निर्माण हुआ जिनमें निम्नलिखित प्रसिद्ध हैं—

1. जबलपुर जिले के तिगवा नामक स्थान में विष्णु-मन्दिर।
2. बोध-गया तथा सांची के बौद्ध मन्दिर।
3. देवगढ़ का दशावतार मन्दिर।
4. नागोद राज्य में भुमरा का शिव मन्दिर।

5. आसाम के दरंग जिले में ब्रह्मपुत्र नदी के तट पर यह परिबतिया नामक स्थान में एक मन्दिर मिला है जो काफी टूट-फूट गया है परन्तु कला की दृष्टि से यह मन्दिर काफी महान है।

6. नागोद राज्य के खोह नामक स्थान में एक शिव मन्दिर मिला है।

7. अजयगढ़ राज्य में नचना-कूथर के स्थान पर पार्वती का मन्दिर।

इन मन्दिरों के अतिरिक्त कुछ ईंटों के बने हुए मन्दिर भी थे। झांसी का देवगढ़ मन्दिर तथा कानपुर के मन्दिर एक अच्छे कलापूर्ण नमूने हैं। इसके अतिरिक्त गुप्त भवन निर्माण कला में अलंकृत स्तम्भों का एक विशेष स्थान है।

2. मूर्तिकला—गुप्तकाल में मूर्तिकला उच्चतम शिखिर पर जा पहुँची। इस काल की मूर्तिकला की विशेषता शारीरिक सुन्दरता की ओर अधिक ध्यान न देकर भावों को प्रकट करने में है। इस काल की मूर्तिकला पूर्ण रूप से भारतीय है। इस प्रकार मूर्तिकला विदेशी प्रभाव से सर्वथा स्वतंत्र हो गई।

कुषाण काल से पहले जो कलापूर्ण कृतियां थीं उनमें केवल भाव ही प्रकट किए जाते थे। कुषाण काल में शारीरिक सुन्दरता पर अधिक ध्यान दिया जाता था परन्तु गुप्त काल में कुषाण युग से पहले और कुषाण युग की कलापूर्ण कृतियों को एकत्रित कर दिया गया। इस काल में जिन मूर्तियों का निर्माण हुआ उनमें भाव अधिक प्रकट किए जाते थे। बुद्ध की मूर्तियां इसका प्रत्यक्ष प्रमाण हैं। गौतम बुद्ध की प्रतिमाएँ आध्यात्मिक अभिव्यक्ति प्रशान्त मुस्कुराहट तथा गंभीर विचारपूर्ण मुद्रा भारतीय कला की उच्चतम सफलता का नमूना प्रस्तुत करती हैं।

यदि इस काल में गौतम की प्रतिमाएँ बनाई गईं तो ब्राह्मणों ने भी अपने देवी देवताओं के मूर्तियों का निर्माण किया। इस काल में विष्णु, शिव, ब्रह्मा, सूर्य तथा देवताओं आदि की मूर्तियाँ बनाई गईं।

3. चित्रकारी—गुप्तकालीन चित्रकला अद्वितीय थी। इसकी चित्रकारी के नमूने हमें अजन्ता और बाघ की कन्दराओं से मिले हैं। यह हमारे सामने उस समय के जीवन का सजीव चित्र उपस्थित करते हैं। यद्यपि चित्रों का उद्देश्य तथागत के जीवन की घटनाओं का वर्णन करना है परन्तु यह फिर भी लोक जीवन से अलग नहीं हैं। अजन्ता के चित्रकार प्रकृति के साथ बड़ा प्रेम रखते थे। उन्होंने फलते हुए वृक्ष तथा विचरते हुए पशुओं के सजीव चित्र खींचे है। ग्रिफिन्ज और फरगुसन ने गुफा नं. 16 पर मरती हुई राजकुमारी की प्रशंसा करते हुए लिखा है कि वेदा और हृदय के भावों को व्यक्त करने में यह चित्रकला के इतिहास में अद्वितीय है।

अजन्ता के चित्रों की जितनी प्रशंसा की जाए थोड़ी है। श्रीमती हैरिन्थम क। कथन है कि अजन्ता के चित्रों की कारण भारत मानवता की श्रद्धा का अधिकारी है।

4. संगीत कला—चित्रकला की भांति संगीत कला का भी इस काल में उन्नति का उल्लेख मिलता है। गुप्तकालीन साहित्य में हमें ज्ञात होता है कि इस समय गाना बजाना तथा नाचना तीनों का ही प्रचलन था। समुद्रगुप्त के सिक्कों से ज्ञात होता है कि उसकी वीणावादन में विशेष रुचि थी। उसको इस कला में नारद के समान बताया गया है। गुप्त काल में नृत्य का भी काफी प्रचलन था। इसके लिए शिक्षक भी रखे जाते थे और नारियाँ विशेष रूप से इस कला को सीखती थीं।

इस सांस्कृतिक और साहित्यिक विकास के कारण ही इस युग को स्वर्ण युग कहते हैं, बल्कि यह कहना अनुचित न होगा कि यह कला और साहित्य का ही युग था।

5. मुद्रा कला—गुप्त काल में मुद्रा कला की भी उन्नति हुई। प्रारम्भ में तो गुप्तकालीन सम्राटों ने विदेशी मुद्राओं का अनुसरण किया था, परन्तु बाद में भारतीयता से प्रभावित मुद्रायें चलायीं। गुप्त सम्राटों की अधिकांश मुद्रायें सोने की हैं। परन्तु बाद में उन्होंने चांदी की मुद्रायें भी चलायीं थीं। ये मुद्रायें सुन्दर और आकर्षक हैं। इनका आकार तथा इन पर अंकित मूर्तियां बड़ी सुन्दर हैं। इन मुद्राओं पर गुप्त सम्राटों की प्रशस्ति भी लिखी गयी है।

उपर्युक्त विवरण से स्पष्ट है कि गुप्त काल में भारतीय साहित्य एवं कला का चहुँमुखी विकास हुआ था। ह्वेल महोदय ने गुप्तकाल की प्रशंसा करते हुए लिखा है—''भारत उन दिनों शिष्य की स्थिति में नहीं था, बल्कि वह सम्पूर्ण एशिया का शिक्षक था और पाश्चात्य सुझावों को लेकर उसने उन्हें अपने विचारों के अनुकूल बना लिया।''

गुप्तकाल : प्राचीन भारत का स्वर्णयुग

गुप्तकाल को प्राचीन भारतीय इतिहास का 'स्वर्ण युग' माना जाता है। स्वर्ण युग से तात्पर्य उस युग से है जो स्वर्ण के समान तेज, चमकदार, मूल्यवान, धनवान, गुणवान, प्रसिद्ध और शक्तिशाली हो। इतिहास में स्वर्णयुग का तात्पर्य उस युग से है जो दूसरे युग से अधिक यशस्वी ऐश्वर्यपूर्ण रहा हो, जिसमें राजनीतिक, सामाजिक, आर्थिक, धार्मिक तथा सांस्कृतिक दृष्टिकोण से साम्राज्य का चरमोत्कर्ष विकास हो, जिसमें लोगों को अपने भौतिक, मानसिक, आध्यात्मिक तथा नैतिक विकास का सुअवसर प्राप्त हुआ हो, जनता को दैहिक, दैविक एवं भौतिक सुख के साथ आध्यात्मिक सुख-शान्ति भी प्राप्त हो और उसे चरमोन्नति के लिए अवसर प्राप्त हुआ हो। जिसमें संकीर्णता तथा असहनशीलता का लेश मात्र भी स्पर्श न हो और संगठन, सहयोग तथा सद्‌भावना का बाहुल्य रहा हो, जिसमें समृद्धि तथा सम्पन्नता का बोलबाला हो, जिसमें साहित्य तथा कला का चरमोत्कर्ष विकास हो और जिसमें राष्ट्र के गौरव तथा प्रतिष्ठा में वह विश्व

में प्रसिद्ध हो। गुप्त काल में लगभग ये सभी लक्षण दिखाई देते हैं जो निम्नलिखित बातों से स्पष्ट हैं—

1. राजनीतिक एकता का युग—गुप्त काल की सर्वाधिक गौरवपूर्ण उपलब्धि इस बात में है कि इस काल में भारत को राजनीतिक एकता प्राप्त थी जो अन्य राजवंशों के काल में नहीं थी। डा० आर०के० मुकर्जी ने गुप्त सम्राटों द्वारा स्थापित राजनीतिक एकता के विषय में लिखा है—''गुप्त साम्राज्य बड़ा ही सुसंगठित राज्य था, जिसे अपनी सार्वभौम सम्प्रभुता की छाया में भारत के बहुत बड़े भाग पर राजनीतिक एकता स्थापित करने में सफलता प्राप्त हुई और इतने बड़े क्षेत्र पर अपना प्रभाव स्थापित किया जो उससे भी बड़ा था, जो प्रत्यक्ष रूप में उसके साम्राज्य तथा शासन के अन्तर्गत था।''

गुप्त सम्राटों ने भारत की अस्त-व्यस्तता को समाप्त कर एक विशाल साम्राज्य की स्थापना की और विदेशी शासकों को भगाने में सफल रहा। गुप्त काल महान शासकों का युग माना जाता है। इस काल का प्रतापी तथा प्रसिद्ध विजेता समुद्रगुप्त था। अपनी वीरता तथा साहस के कारण उसे भारत का नैपोलियन कहा गया है। उसने सम्पूर्ण भारत को एकता के सूत्र में पिरो दिया। आगे चलकर चन्द्रगुप्त विक्रमादित्य ने इसे न केवल सुरक्षित रखा अपितु इसमें वृद्धि भी की। स्कन्दगुप्त ने हूणों आदि से इसे सुरक्षित रखा। इस प्रकार राजनीतिक एकता की दृष्टि से गुप्त काल स्वर्णयुग कहा जा सकता है।

2. हिन्दू संस्कृति की रक्षा का युग—गुप्त काल को हिन्दू संस्कृति की सुरक्षा का युग माना जाता है। इस सम्बन्ध में डा० स्मिथ का कथन उल्लेखनीय है—''इतना ही बता देना पर्याप्त है कि ब्राह्मण धर्म के पुनरुद्धार के साथ ब्राह्मणों की पवित्र भाषा संस्कृत का भी विस्तार हुआ। वैदिक धर्म जो पतन को प्राप्त कर रहा था, उसे गुप्त सम्राटों ने पुर्नजीवित किया। समुद्रगुप्त चन्द्रगुप्त द्वितीय तथा स्कन्दगुप्त ने अश्वमेघ यज्ञों को कराकर वैदिक धर्म की प्रतिष्ठा को फिर से स्थापित किया। ब्राह्मणों को दान देकर तथा उनका सम्मान कर इन शासकों ने वर्णाश्रम धर्म को गौरव को फिर से स्थापित किया। अनेक शैव तथा वैष्णव मन्दिरों का निर्माण कराकर इन सम्राटों ने 'परमभागवत' होने का गौरव प्राप्त किया। गुप्त काल में संस्कृत भाषा फिर राजभाषा बन गयी थी और फिर साहित्यिक भाषी हो गयी। इस प्रकार हिन्दू संस्कृति की पूर्ण रक्षा की गयी।

3. विदेशों में भारतीय सभ्यता एवं संस्कृति का प्रचार—गुप्त काल में भारतीय सभ्यता एवं संस्कृति का प्रसार विदेशों में हुआ। जावा की एक अनुश्रुति के अनुसार गुजरात के राजकुमार ने कई हजार मनुष्यों के साथ समुद्र पार करके जावा में उपनिवेश की स्थापना की। इस काल में पूर्वी द्वीप समूहों के साथ भारत का घनिष्ठ व्यापारिक तथा सांस्कृतिक सम्बन्ध स्थापित हो गया था। विद्वानों का विचार है कि इस युग में जावा, सुमात्रा, बोर्नियो, चम्पा, कम्बोडिया आदि द्वीपों में भारतीय भाषा साहित्य तथा

शिक्षा का खूब प्रचार हुआ। इस प्रकार विदेशों में भारतीय सभ्यता एवं संस्कृति के प्रचार की दृष्टि से गुप्त काल को स्वर्ण युग कहा जा सकता है।

4. महान सम्राटों का युग—गुप्तकाल के सम्राट महान विजेता एवं कुशल शासक थे। उन्होंने दिग्विजयों के द्वारा अनेक प्रकार के विरुद धारण किये। चन्द्रगुप्त प्रथम ने 'महाराजाधिराज' समुद्रगुप्त ने 'व्याघ्रपराक्रम', चन्द्रगुप्त द्वितीय एवं स्कन्दगुप्त ने 'विक्रमादित्य', कुमारगुप्त ने 'महेन्द्रादित्य' आदि उपाधियाँ धारण कीं तथा विद्या और ललित कलाओं के प्रसार में पूर्ण सहयोग प्रदान किया। उन्होंने अपनी प्रजा के साथ पितातुल्य व्यवहार किया। इसीलिए गुप्त सम्राटों की गणना महान सम्राटों में की जाती है।

5. शान्ति एवं सुव्यवस्था युग—गुप्त सम्राटों की शासन व्यवस्था ने देश को शान्ति तथा सुव्यवस्था प्रदान की। गुप्त सम्राट प्रजा को पुत्रतुल्य समझते थे। वे अच्छी तरह जानते थे कि प्रजा के सुखी होने पर राजा सुखी और प्रजा के दु:खी होने पर राजा को दु:ख झेलना पड़ता है। प्रजा के सुखी होने पर राजा इस लोक में कीर्तिमान होता ही है स्वर्ग में भी कीर्तिमान होता है। गुप्त साम्राज्य प्रान्तों में, प्रान्त विषयों में और विषय ग्राम में विभाजित थे। इस काल में न्याय व्यवस्था अत्यन्त उच्च कोटि की थी। दण्ड अपराधों के अनुसार दिये जाते थे। राजद्रोह करने पर अंग भंग की सजा दी जाती थी। सम्राट एवं धनी लोग प्रजा के हित के लिए अस्पताल एवं दानशालायें खुलवाते थे। व्यापार एवं वाणिज्य की बड़ी उन्नति हुई जिससे देश की आर्थिक समृद्धि को बहुत अधिक बढ़ावा मिला। गुप्त सम्राटों ने स्वर्ण मुद्राओं का प्रचलन करके इस युग को 'स्वर्ण युग' कहलाने की संज्ञा प्रदान की।

6. धार्मिक सहिष्णुता का युग—ब्राह्मण धर्म के अनुयायी होते हुए भी गुप्त सम्राटों ने धार्मिक सहिष्णुता की नीति अपनायी थी। फलस्वरूप ब्राह्मण धर्म के साथ जैनधर्म, बौद्धधर्म का भी विकास हुआ। इस काल में विष्णु, शिव, सूर्य और देवियों की उपासना प्रचलित थी। चन्द्रगुप्त द्वितीय के मंत्री वीरसेन ने उदयगिरि पर शिवपूजा के लिए एक मन्दिर का निर्माण कराया था। कुमारगुप्त प्रथम के मन्दसौर वाले लेख में तथा स्कन्दगुप्त के इन्दौर वाले ताम्रपत्र में भगवान सूर्य के उपासना का उल्लेख है। गुप्त सम्राटों की धार्मिक सहिष्णुता का परिणाम था जिसके कारण शक, कुषाण, यूनानी तथा हूण आदि विदेशी जातियाँ भारतीय संस्कृति में घुलमिल गयीं। अत: धार्मिक दृष्टिकोण से भी इस युग को 'स्वर्ण युग' की संज्ञा दी जाती है।

7. साहित्य तथा विज्ञान की उन्नति का युग—साहित्य तथा विज्ञान की उन्नति के दृष्टिकोण से भी गुप्तकाल स्वर्णयुग था। इस काल में संस्कृत ने राजकीय भाषा का पद प्राप्त कर लिया था। कालिदास इस युग का सर्वोच्च साहित्यकार था जिसने

'कुमारसम्भव', 'रघुवंश', 'मेघदूत', 'माल्लविकाग्निमित्रम्', 'अभिज्ञानशाकुन्तलम्' आदि ग्रन्थों को रचना की। विशाखदत्त ने 'मुद्राराक्षस', रवि ने किरातार्जुनीय' शूद्रक ने 'मृच्छकटिक' तथा सुबन्धु ने 'वासवदत्ता' आदि नाटकों की रचना की। विष्णुशर्मा द्वारा रचित 'पंचतंत्र' तथा अमरसिंह द्वारा रचित 'अमर कोष' इस काल की देन है। बौद्धग्रन्थों के प्रणेता बुद्धघोष, वसुबन्धु तथा जैन ग्रन्थों के प्रणेता भद्रबाहु द्वितीय और सिद्धसेन इसी काल में हुए। इस प्रकार गुप्तकाल में साहित्य की गद्य, नाटक तथा काव्य के क्षेत्र में विशेष प्रगति हुई।

इस काल में गणित, ज्योतिष और आयुर्वेद, विज्ञान की भी विशेष प्रगति हुई। सुविख्यात गणितज्ञ आर्यभट्ट, ज्योतिषाचार्य वाराहमिहिर और आयुर्वेद विज्ञान के धन्वन्तरि, चरक आदि इस कला की विभूतियाँ हैं।

8. **ललित कलाओं के चरमोत्कर्ष का युग**—गुप्त काल में विभिन्न कलाओं का विशेष रूप से विकास हुआ। भारतीय कला पर जो विदेशी प्रभाव पड़ा था, उसका पूर्णतया अन्त हो गया और भारतीय कला ने विदेशी कला को प्रभावित किया। इस काल की कलाओं को निम्न शीर्षक के अन्तर्गत विभक्त किया जा सकता है—

(1) **वास्तुकला**—गुप्तकाल में वास्तुकला की बड़ी उन्नति हुई। उत्खनन के आधार पर वास्तुकला के पाँच उदाहरण—राजप्रसाद, स्तम्भ, स्तूप, विहार और मन्दिर उपलब्ध हैं। महलों में दशपुर के महल स्तम्भों में सारनाथ का स्तम्भ और मन्दिरों में झूमरा का शिवमन्दिर उल्लेखनीय है। भीतरगांव के मन्दिर तथा देवगढ़ का दशावतार मन्दिर आदि वास्तुकला के उत्कृष्ट नमूने हैं।

(2) **मूर्तिकला**—इस काल में मूर्ति निर्माण कला की बड़ी उन्नति हुई। इस कला के सारनाथ और पाटलिपुत्र केन्द्र थे। गुप्तकालीन बौद्ध प्रतिमाओं में पांच मुद्रायें—ध्यान मुद्रा, भूमि मुद्रा, वरद मुद्राएँ और धर्मचक्र मुद्रा प्रायः मिलती हैं। इस काल की विष्णु प्रतिमायें मूर्तिकला के उत्कृष्ट नमूने हैं।

(3) **चित्रकला**—गुप्तकाल की चित्रकला के उदाहरण अजन्ता, एलोरा गुफाओं में उपलब्ध हैं। एक कला विशेषज्ञ की राय में अजन्ता की चित्रकला अपनी पूर्ण परम्परा में इतनी निर्दोष और इतनी सजीव है कि इसे संसार की सर्वोत्तम कला कीर्तियों में बरबस गिनना पड़ेगा। इस भूतकाल में चित्रकला उन्नति की चरम सीमा पार कर चुकी थी।

(4) **संगीत कला**—गुप्त सम्राटों की संगीत के प्रति विशेष अभिरुचि थी। फलस्वरूप और कलाओं की भांति संगीत कला की पर्याप्त उन्नति हुई। समुद्रगुप्त को वीणा बजाने का विशेष शौक था। वह अपनी संगीत कला में नारद व तुम्बरू तक को लज्जित करता था। वह अपने एक प्रकार के सिक्के में वीणा बजाता हुआ अंकित है।

9. आर्थिक सम्पन्नता का युग—गुप्तकाल में भारतीय जनता की आर्थिक अवस्था उन्नत दशा में थी। शान्ति और सुव्यवस्था का साम्राज्य होने के कारण कृषि और उद्योग धन्धों की विशेष प्रगति हुई। कपड़ा बुनना देश का प्रमुख व्यवसाय था। इस काल का विदेशी व्यवसाय बहुत उन्नत व्यवस्था में था। दो स्थल मार्गों से व्यापार होता था। इनमें एक पूर्वी समुद्र तट होता हुआ जबलपुर से दक्षिण की ओर गया था। इस काल में निर्यात की वस्तुएँ–मोती, रत्न, नारियल, हाथी दाँत की वस्तुएँ और आयात में—स्वर्ण, चाँदी, ताँबा, टीन, शीशा, रेशम, कपूर, खजूर के पेड़ और अश्व थे। उस काल में वाणिज्य व्यापार से देश की आर्थिक दशा में पर्याप्त समृद्धि आयी।

उपर्युक्त कारणों के आधार पर इतिहास के विद्वानों ने गुप्तकाल को स्वर्ण युग के नाम से सम्बोधित किया। क्योंकि इस काल में साहित्य, कला, विज्ञान की पर्याप्त उन्नति हुई। भारत सामाजिक, आर्थिक और धार्मिक व्यवस्था उन्नति की पराकाष्ठा पर पहुँच गयी थी। बारनेट के अनुसार–''गुप्त काल साहित्यिक भारत के इतिहास में वही स्थान रखता है जो यूनान के इतिहास में पेरीक्लीज के युग को प्राप्त है।'' ''गुप्तकाल कला तथा साहित्य में बड़ी क्रियाशीलता का काल था और उस काल में साम्राज्य समृद्ध तथा सुशासित था।''

इस प्रकार अधिकांश विद्वानों और इतिहासकारों ने गुप्त काल को 'स्वर्ण युग' की संज्ञा दी है। परन्तु प्रो० डी०एन० झा जैसे कुछ इतिहासकारों इसे स्वर्ण युग की कपोल कल्पना मानते हैं। प्रो० डी०एन० झा ने अपनी पुस्तक में लिखा है—''हाँ, इसमें सन्देह नहीं है कि उच्च वर्गों के लोग सुखी और समृद्ध थे तथा वे भोग-विलास का जीवन व्यतीत करते थे, जैसा कि तत्कालीन कला और साहित्य से प्रतिबिंबित होता है। लेकिन यही बात निम्न श्रेणियों के लोगों के बारे में नहीं कही जा सकती। चीनी यात्री ने चाण्डालों की दुर्दशा का जिक्र किया है। सामाजिक स्तर पर समग्र रूप से अछूतों को और भी हेय दृष्टि से देखा जाने लगा था। सामाजिक तनाव जारी रहे। वर्णविभक्त समाज को कायम रखने के लिए एक हथियार के रूप में धर्म का उपयोग किया जाने लगा। उच्च वर्गों के लिए इतिहास के सभी युग स्वर्णयुग रहे हैं, लेकिन आम जनता के लिए वे कभी स्वर्णयुग नहीं रहे। जनता का वास्तविक स्वर्ण युग अतीत के गर्भ में नहीं, बल्कि भविष्य के गर्भ में निहित है।''

13 हर्षवर्धन और उसका काल

गुप्त साम्राज्य के पतन के पश्चात् भारत की राजनीति फिर अस्त-व्यस्त हो गयी थी देश में एकता समाप्त हो गयी थी। गुप्त साम्राज्य के ध्वंसावशेषों पर अनेक छोटे-छोटे राज्यों की स्थापना हुई। जिनमें आपस में संघर्ष होता रहता था। देश में केन्द्रीय शक्ति का अभाव हो गया था, फलस्वरूप सम्पूर्ण भारत पर नियंत्रण रखना कठिन हो गया था। हूणों के आक्रमण के कारण गुप्त साम्राज्य तेजी से विखर रहा था। इन्हीं दिनों छठी शताब्दी के आरम्भ में थानेश्वर में एक नये राजवंश की स्थापना हुई। इस वंश का संस्थापक पुष्यभूति था। इस काल में थानेश्वर राज्य बहुत शक्तिशाली बन गया था। इस राज्य में पूर्वी पंजाब का बहुत-सा भाग शामिल था। मधुकर प्रशस्ति में थानेश्वर राज्य के शासकों के नाम दिये गये हैं। पुष्यभूति शिव का उपासक था। हर्षवर्धन के लेखों से उसके चार पूर्वजों का उल्लेख मिलता है। ये पूर्वज—नरवर्धन, राज्यवर्धन, आदित्यवर्धन तथा प्रभाकरवर्धन थे।

प्रथम तीन शासक स्वतंत्र शासक नहीं थे। सम्भवत: वे सरदार थे और किसी स्वतंत्र शासन के अंतर्गत शासन कर रहे थे। प्रभाकरवर्धन इस वंश का प्रथम स्वतंत्र शासक था जिसने भट्टारक तथा महाराजाधिराज की उपाधि धारण की। वह बड़ा प्रतापी शासक था और उसने गुजरात के विरुद्ध सफलतापूर्वक युद्ध किया था। प्रभाकरवर्धन के दो पुत्र और एक कन्या थी। उसके बड़े पुत्र का नाम राज्यवर्धन और छोटे पुत्र का नाम हर्षवर्धन था। उसकी पुत्री का नाम राज्यश्री था जिसका विवाह कन्नौज के मौखरी शासक गृहवर्मन के साथ हुआ था। 705 ई. में प्रभाकरवर्धन की मृत्यु के बाद राज्यवर्धन गद्दी पर बैठा किन्तु बंगाल के शासक शशांक से युद्ध में धोखे से जाने के बाद हर्षवर्धन शासक बना।

हर्ष से पूर्व भारत की राजनीतिक दशा

हर्षवर्धन से पूर्व छठी शताब्दी ई० के मध्य काल की भारत की राजनैतिक अवस्था बहुत शोचनीय थी। हूण आक्रमणों ने शिथिल गुप्त साम्राज्य को बिल्कुल नष्ट कर दिया था और उसके खंडहरों पर बहुत से छोटे-छोटे स्वतंत्र राज्य स्थापित हो गए थे। फलस्वरूप देश में राजनैतिक एकता का सर्वथा अभाव हो गया और सब ओर अशान्ति व अराजकता फैल गई। छोटे-छोटे विभिन्न राज्य सदैव एक दूसरे के साथ लड़ते-

झगड़ते रहते थे जिससे देश की राजनैतिक स्थिति बहुत खराब हो चुकी थी। उस समय का क्रमबद्ध इतिहास मालूम न होने के कारण इतिहास में उस काल को अंधकार का युग कहा जाता है। उस समय भारत में निम्नलिखित राज्य स्थापित थे—

1. गुप्त राज्य—इसमें सन्देह नहीं कि छठी शताब्दी ई० के मध्य तक गुप्त राज्य का अत्यधिक ह्रास हो गया था और उसके दूर-दूर के भागों ने स्वतंत्रता प्राप्त कर ली थी, परन्तु वह अभी पूर्णतया नष्ट नहीं हुआ था। 530 ई० में गुप्त शासकों की मूल शाखा का अन्त हो जाने पर उन्हीं की एक और शाखा ने मगध में अपना राज्य स्थापित किया। इस शाखा का संस्थापक चन्द्रगुप्त था। बाद में हर्षवर्धन ने मगध को जीत कर गुप्त राज्य को सदैव के लिए मिटा दिया।

2. हूण साम्राज्य—छठी शताब्दी ई० के मध्य तक भारत के बहुत से उत्तर-पश्चिमी इलाकों पर हूणों का अधिकार हो गया था। उनका साम्राज्य काफी विशाल था और अफगानिस्तान, काबुल, गान्धार आदि देशों तक फैला हुआ था। भारत में उन्होंने गुप्त सम्राटों से उनके राज्य का उत्तर पश्चिमी भाग छीन लिया था। उनकी राजधानी स्यालकोट थी। तोरमान और मिहिरकुल उनके प्रसिद्ध शासक थे परन्तु मिहिरकुल की मृत्यु के पश्चात् उनकी शक्ति बिल्कुल खत्म हो गई।

3. मालवा—आरम्भ में मालवा गुप्त साम्राज्य का अंग था। परन्तु अन्तिम गुप्त सम्राटों की शक्ति क्षीण होने पर वहां के शासक यशोवर्मन ने गुप्त राज्य से अपना सम्बन्ध विच्छेद कर एक स्वतंत्र राज्य की स्थापना की। यशोवर्मन का सबसे महत्वपूर्ण कार्य हूण शासक मिहिरकुल से युद्ध कर उसकी शक्ति को नष्ट करना था। मन्दसौर के स्तम्भ लेख से उसके राज्य-विस्तार की जानकारी होती है। उससे पता चलता है कि मालवा का राज्य महेन्द्र पर्वत से लेकर ब्रह्मपुत्र तक फैला हुआ था।

4. बल्लभी राज्य—गुप्त साम्राज्य का पतन होने पर जिस प्रदेश ने सबसे पहले गुप्त साम्राज्य से अपनी स्वतंत्रता की घोषणा की वह सौराष्ट्र था। उस समय वहां का शासक-भट्टीक था जिसने वल्लभी को अपनी राजधानी बना कर एक नये व स्वतंत्र राज्य की स्थापना की। इतिहासकार भट्टीक की जाति के संबंध में अलग-अलग विचार रखते हैं। कुछ विद्वानों के अनुसार वह एक भारतीय था। लेकिन स्मिथ के मत में वह ईरानी था। प्रारम्भ में वल्लभी राज्य अधिक उन्नति नहीं कर सका। वहाँ के शासकों ने महाराजा की उपाधि भी नहीं ग्रहण की और वे केवल सेनापति कहलाते रहे। परन्तु बाद में ध्रुवसेन के शासन काल में उसका महत्व काफी बढ़ गया। बताया जाता है कि उसने हर्षवर्धन की लड़की से विवाह करके वर्धन राज्य से मित्रता स्थापित कर ली थी। वल्लभी राज्य में कला और साहित्य को काफी बढ़ावा मिला था। इस वंश के शासक

बौद्ध धर्म को मानते थे लेकिन उनकी धार्मिक नीति बड़ी उदार व सहनशील थी। इस वंश का अंतिम शासक शीलादित्य था। अरबों ने इस वंश को नष्ट किया था।

5. मौखरी राज्य—मौखरी वंश के विषय में इतिहासकारों को अधिक जानकारी नहीं है। विश्वास किया जाता है कि यह एक बहुत प्राचीन वंश था जिसने गुप्त साम्राज्य का पतन होने पर अपनी शक्ति को बढ़ा लिया था। इस वंश का संस्थापक हरिवर्मन था जो मगध के शासक कृष्णगुप्त का समकालीन था। मौखरियों का राज्य कन्नौज और बिहार में स्थित था। उनकी एक शाखा राजपूताना में कोटा पर शासन करती थी। लेकिन कन्नौज की शाखा सबसे अधिक महत्वपूर्ण थी। मौखरी वंश का सबसे अधिक शक्तिशाली प्रतापी शासक ईश्वरवर्मन था जिसने आंध्र गौड़ आदि कई राज्यों को जीता था। जौनपुर में प्राप्त एक अभिलेख से पता चलता है कि 525-555 ई० में मौखरी राज्य का काफी विस्तार हो गया था और उनकी शक्ति में भी पर्याप्त वृद्धि हो गई थी। इस समय तक मौखरी शासक ने महाराजाधिराज की उपाधि ग्रहण कर ली थी। इस वंश के अन्य प्रसिद्ध शासक ईशानवर्मन ने पंजाब में हूणों के विरुद्ध एक युद्ध किया था और सफल भी हुआ था।

आरम्भ में मौखरी शासकों और गुप्त सम्राटों के पारस्परिक सम्बन्ध बहुत अच्छे थे। लेकिन ईशानवर्मन के समय में उनके संबंध बहुत खराब हो गये और कई वर्षों तक गुप्तों व मौखरियों का संघर्ष चलता रहा। मौखरी वंश का अंतिम शासक गृहवर्मन था जिसका विवाह थानेश्वर के शासक प्रभाकरवर्धन की पुत्री राज्यश्री के साथ हुआ था। 605 ई० में मालवा के नरेश देवगुप्त ने गृहवर्मन को युद्ध में मार डला। परिणामस्वरूप हर्षवर्धन ने कन्नौज को अपने राज्य में मिला लिया और मौखरी वंश का अन्त हो गया।

मौखरी राज्य काफी दूर-दूर तक फैला हुआ था। उनकी राजधानी कन्नौज थी। पूर्व में उनका राज्य गुप्त राज्य तक फैला हुआ था और दक्षिण में आंध्र राज्य तक। उत्तर में उनकी शक्ति का विस्तार नेपाल तक हो चुका था। उनकी पश्चिमी सीमा थानेश्वर राज्य तक थी। इस प्रकार मौखरी राज्य ने अपनी शक्ति और सीमा को काफी बढ़ा लिया था।

6. वाकाटक वंश—वरार में वाकाटक वंश का राज्य था। तीसरी शताब्दी ई० में दक्षिण के सातवाहनों की शक्ति नष्ट होने पर वहां कई छोटे-छोटे राज्य स्थापित हो गए। उन्हीं में से एक वाकाटक वंश का राज्य था जिसने छठी शताब्दी ई० के मध्य तक शासन किया। इस वंश का पूरा इतिहास विद्वानों को मालूम नहीं है। पुराणों से पता चलता है कि अपने उन्नत काल में वाकाटक राज्य वरार, मध्य भारत, बुन्देलखण्ड तथा दक्षिण के उत्तरी भाग तक फैला हुआ था।

वाकाटक वंश का संस्थापक विन्ध्यशक्ति था जिसने 225 से 275 ई० तक राज्य किया। उसका राज्य केवल एक दो जिलों तक ही फैला हुआ था। परन्तु उसके पुत्र प्रवरसेन के समय में वाकाटकों ने बहुत उन्नति की। पुराणों के अनुसार प्रवरसेन ने चार बार अश्वमेघ यज्ञ किया और सम्राट की उपाधि धारण की। उसके समय के कुछ ताम्रपत्र भी मिले हैं जिनमें उसके शासनकाल की कुछ महत्वपूर्ण घटनाओं का पता चलता है।

प्रवरसेन के पश्चात् उसका पौत्र रुद्रसेन 335 ई० में शासक बना। रुद्रसेन ने 335 से 360 ई० तक राज्य किया। वह समुद्रगुप्त का समकालीन था और उसने गुप्त सम्राट् की आधीनता भी स्वीकार कर ली थी। रुद्रसेन के पश्चात् उसका पुत्र पृथ्वीसेन सिंहासन पर बैठा। वह विक्रमादित्य का समकालीन था। विक्रमादित्य ने अपनी लड़की प्रभावती की शादी पृथ्वीसेन के पुत्र रुद्रसेन द्वितीय के साथ कर दी थी जिससे दोनों राज्यों में मित्रता के संबंध स्थापित हो गए थे। उसके काल में वाकाटक राज्य ने बहुत उन्नति की और लोग बड़े समृद्धशाली हो गए। पृथ्वीसेन की सबसे बड़ी सफलता कुन्तल (दक्षिणी महाराष्ट्र) की विजय थी। रुद्रसेन द्वितीय ने 385 से 390 ई० तक शासन किया। उसके बाद वाकाटक वंश के अन्य प्रतापी राजा प्रवरसेन द्वितीय, नरेन्द्रसेन, देवसेन, हरिसेन आदि हुए। उस समय गुप्त साम्राज्य की शक्ति दिन प्रतिदिन क्षीण होती जा रही थी। वाकाटक वंश के शासकों ने उनकी इस निर्बलता का पूरा-पूरा लाभ उठाया और अपनी शक्ति को खूब बढ़ा लिया। परन्तु हरिसेन की मृत्यु के पश्चात् इस वंश का पतन होने लगा और हर्ष के समय तक उनकी शक्ति पूर्णतया लुप्त हो गई।

7. सिन्ध—ह्यूनसांग के विवरण से ज्ञात होता है कि उस समय सिन्ध भी एक स्वतंत्र राज्य था जहां एक शूद्र का शासन था। लेकिन बाद में इसे वर्धन राज्य ने जीत लिया था।

8. उत्तर-पश्चिमी के राज्य—भारत के उत्तर-पश्चिम में गुर्जर जाति के दो शासक इनमें से एक भड़ौच और दूसरा भिनमल था। प्रभाकरवर्मन ने उनके उपद्रवों का दमन करने के लिए कई बार अपनी सेना वहां भेजी थी।

9. दक्षिण के राज्य—वर्धन राज्य के उत्थान के समय दक्षिणी भारत भी कई स्वाधीन राज्यों में विभक्त था। चोल, पाण्ड्य, चालुक्य, पल्लव आदि अनेकों राज्य थे जो निरन्तर एक दूसरे के साथ लड़ते रहते थे। इसलिए उत्तर की भांति दक्षिण में भी राजनैतिक एकता का अभाव था और लोगों में बड़ी अशान्ति फैली हुई थी।

दक्षिण का सबसे प्रसिद्ध राज्य चालुक्य राज्य था जो महाराष्ट्र में था। इसकी स्थापना छठीं शताब्दी ई० के मध्य में हुई थी फिर भी यह उस समय का सबसे शक्तिशाली राज्य था। इस वंश का सबसे महत्वपूर्ण और प्रतापी राजा पुलकेशिन द्वितीय

था जिसने अपने बाहुबल से चालुक्य राज्य को बहुत विस्तृत और सुदृढ़ बना लिया था। उसने हर्षवर्धन को भी करारी पराजय दी थी जब वह दक्षिण में साम्राज्य विस्तार के लिए आया था।

दक्षिण में दूसरा प्रमुख राज्य पाण्ड्यों का था जिसे मलकूट देश भी कहा जाता था। पाण्ड्य राज्य के उत्तर में पल्लव राज्य था। यह सुदूर दक्षिण के द्रविड़ प्रदेश में स्थित था। पल्लवों का चालुक्य और चोल शासकों के साथ बड़ा संघर्ष होता रहता था। मैसूर के नजदीक गंगवादी और कोकणपुर में कदम्ब लोगों का शासन था।

इस प्रकार से दक्षिण की राजनैतिक अवस्था भी अच्छी नहीं थी।

10. **बंगाल**—वर्धन राज्य की उन्नति के समय बंगाल में गौड़ वंश का राज्य था जो काफी शक्तिशाली था। इस वंश का प्रसिद्ध शासक शशांक था जो हर्ष का समकालीन था। उसने मालवा के शासक देवगुप्त के साथ मिलकर कन्नौज के शासक गृहवर्मन पर आक्रमण कर दिया था। युद्ध में गृहवर्मन मारा गया। बाद में हर्षवर्धन ने शशांक से अपने बहनोई और भाई की मृत्यु का बदला लिया।

11. **आसाम**—हर्ष के समय आसाम अथवा कामरूप में भी एक स्वतंत्र राज्य स्थापित हो चुका था। उस समय आसाम का शासक भास्करवर्मन था। उसकी शशांक के साथ घोर शत्रुता थी। वह हर्ष का मित्र था।

12. **थानेश्वर का राज्य**—गुप्त साम्राज्य के खंडहरों पर स्थापित होने वाला एक और महत्वपूर्ण राज्य थानेश्वर का था। थानेश्वर में वर्धन वंश का शासन था। इस वंश का सबसे महत्वपूर्ण शासक हर्षवर्धन था जिसने भारत को फिर से एक बार राजनैतिक एकता प्रदान की। वह भारत का अंतिम महान् हिन्दू सम्राट था।

इस प्रकार छठी शताब्दी ई० में अथवा वर्धन राज्य के उत्थान के समय सारा भारत कई छोटी-छोटी स्वतंत्र राजनैतिक इकाईयों में बंटा हुआ था जिस कारण देश में बड़ी अशान्ति और अराजकता फैली हुई थी।

हर्षकालीन इतिहास के स्त्रोत

हर्षवर्धन प्राचीन भारतीय इतिहास का अंतिम महान हिन्दू सम्राट था। इसके शासन काल के संबंध में अनेक साहित्यिक और पुरातात्विक स्त्रोतों से जानकारी मिलती है। इस काल के महत्वपूर्ण स्त्रोत निम्नलिखित हैं:

(1) ह्वेनसांग (युवान् च्वांग) का विवरण

ह्वेनसांग का सामान्य परिचय—चीनी यात्री ह्वेनसांग का जन्म 605 ई० में चीन के हूनान-फू प्रदेश में हुआ था। उसका बड़ा भाई पहले ही बौद्ध भिक्षु हो चुका था। बचपन से ही चिन्तनशील एवं जिज्ञासु प्रवृत्तिवाला होने के कारण ह्वेनसांग भी अपने

बड़े भाई की भांति बौद्धधर्म में दीक्षा लेकर बौद्ध भिक्षु बन गया। 629 ई० में 24 वर्ष की आयु में वह भारत दर्शन के लिए चल पड़ा क्योंकि वह भारत की उस पवित्र भूमि को प्रमाण करना चाहता था जहां भगवान बुद्ध ने शान्ति और अहिंसा की ज्योति प्रज्वलित की थी। मार्ग में अनेक कठिनाईयों का सामना करते हुए वह गोवी की मरूभूमि तक पहुँचा जहाँ उसके दो साथियों ने उसका साथ छोड़ दिया। फिर वहाँ से वह गंधार, काशगर, समरकन्द होता हुआ बामियान पहुँचा। वहाँ से वह पेशावर आया और फिर तक्षशिला आया।

तक्षशिला से वह कश्मीर में घुसा जहाँ वह दो वर्ष तक ठहरा और फिर वहाँ से थानेश्वर मथुरा होता हुआ कान्यकुब्ज (कन्नौज) आया। वहाँ हर्ष ने उसका खूब सत्कार किया। उसके बाद वह अयोध्या, प्रयाग, कौशाम्बी, श्रावस्ती, कपिलवस्तु, कुशीनगर, पाटलिपुत्र, गया तथा राजगृह होता हुआ नालन्दा आया। ह्वेनसांग ने दो वर्ष तक नालन्दा में रुक कर संस्कृत और बौद्धग्रंथों का अध्ययन किया। उसके बाद आसाम, ताम्रलिप्ति, उड़ीसा, कांचीपुरम होकर पश्चिमी किनारों के प्रदेशों को देखता हुआ काबुल नदी के किनारे होता हुआ अपने पुराने मार्ग से स्वदेश लौट गया। चीन पहुँचने पर चीनी सम्राट ने उसका बड़ा सत्कार किया। 664 ई० में इस महान चीनी यात्री की मृत्यु हो गयी।

प्राचीन भारतीय इतिहास में ह्वेनसांग के यात्रा विवरण का विशेष महत्त्व है। उसके लेखों में हर्षकालीन राजनीतिक, सामाजिक, आर्थिक, धार्मिक तथा सांस्कृतिक दशा का पर्याप्त ज्ञान प्राप्त होता है जिसका विवरण निम्नलिखित है—

I. राजनीतिक दशा—चीनी यात्री ह्वेनसांग का हर्ष के विषय में कथन है कि शासक वैश्य जाति का था। उनका नाम हर्षवर्धन था। यद्यपि यह स्वीकार नहीं किया जाता। छः वर्ष के युद्ध के पश्चात् उसने भारत विजय की थी। उसके पास 60,000 युद्ध के हाथी और एक लाख घुड़सवार थे। उसका प्रत्येक दिन तीन भागों में विभाजित था। प्रथम भाग में वह राज्य कार्य देखता था, दूसरे भाग में वह धार्मिक कार्यों में संलग्न रहता था। इस भाग में कोई बाधा नहीं पहुंचा सकता था। तीसरे भाग में वह प्रजा के सुख-दु:ख का गुप्त रूप से पता लगाता था। इस प्रकार उसकी दिनचर्या निश्चित थी।

चीनी यात्री के अनुसार हर्ष के शासन काल में दण्ड की कठोर व्यवस्था थी। बड़े-बड़े अपराधों के लिए नाक या कान काट लिये जाते थे या अपराधी के हाथ-पैर काटकर, उसको देश से निकाल कर अन्य प्रदेशों तथा रेगिस्तान में डाल दिया जाता था। छोटे अपराधों के लिए जुर्माना लगाया जाता था। यद्यपि दण्ड व्यवस्था कठोर थी, तथापि राजपथ और जल मार्ग सुरक्षित नहीं थे।

ह्वेनसांग के विवरण के अनुसार प्रजा पर बहुत कम कर लगाये जाते थे। लगान थोड़ा था। वहाँ उपज का केवल 1/6 भाग लिया जाता था। प्रजा सुखी और सम्पन्न थी। राज्य की आय धार्मिक कार्यों, अधिकारियों के वेतन, विद्वानों को पुरस्कार तथा दान आदि में खर्च की जाती थी।

II. सामाजिक दशा—ह्वेनसांग के कथनानुसार भारतीय समाज चार वर्गों में विभाजित था। प्रथम वर्ग में ब्राह्मण, द्वितीय वर्ग में क्षत्रिय, तृतीय वर्ग में वैश्य और चतुर्थ वर्ग में किसान थे। निम्न श्रेणी के लोगों में कसाई, मछुए, नर्तक, जल्लाद तथा मेहतर थे। प्याज और लहसुन बहुत कम लोग खाते थे। रोटी, दूध, मक्खन, मलाई, सरसों का तेल आदि सर्वसाधारण का भोजन था। मिट्टी तथा लकड़ी के बर्तनों में केवल एक बार ही भोजन किया जाता था। फिर उन्हें फेंक दिया जाता था। उच्च वर्ग की स्त्रियों में पुनर्विवाह की प्रथा प्रचलित नहीं थी। लेकिन सती प्रथा प्रचलित थी। लोग प्राय: स्वच्छ तथा सफेद कपड़े पहनते थे।

III. आर्थिक दशा—चीनी यात्री ने हर्षकालीन आर्थिक दशा के विषय में भी विवरण दिया है। उसके अनुसार देश धन-धान्यपूर्ण था। कृषि तथा व्यापार दोनों ही उन्नत दशा में थे। कृषकों को अपनी उपज का छठा भाग भूमिकर के रूप में देना पड़ता था। व्यापारी इधर-उधर आया जाया करते थे। लोगों से बेगारी नहीं ली जाती थी। लोगों पर करों का बोझ भारी नहीं था। भारत में अनेक भवन विशाल और सुन्दर होते थे। गरीब लोग लकड़ी अथवा ईंटों के द्वारा बने मकानों में रहते थे। वहाँ के विशाल भवनों को देखकर चीनी यात्री आश्चर्यचकित रह गया था।

IV. धार्मिक दशा—ह्वेनसांग के कथनानुसार ब्राह्मण सच्चरित्र और धार्मिक प्रवृत्ति वाले थे। ब्राह्मणों के अनेक सम्प्रदाय थे। इस समय यज्ञों का बहुत अधिक प्रचलन था तथा हिन्दू धर्म के दोनों सम्प्रदायों शैव तथा वैष्णव धर्म का खूब प्रचार था। बौद्धधर्म अवनति की दशा में था। किन्तु महायान सम्प्रदाय की दशा अपेक्षाकृत अच्छी थी। बौद्धधर्म के अनुयायी महात्मा बुद्ध की मूर्ति की पूजा करते थे। ह्वेनसांग स्वयं भी बुद्ध की अनेक बहुमूल्य धातुओं की बनी मूर्तियाँ भारत में ले गया था।

V. सांस्कृतिक दशा—ह्वेनसांग भारत में बौद्धधर्म के बारे में विस्तृत जानकारी प्राप्त करने आया था। उसने दो वर्ष नालन्दा विश्वविद्यालय में व्यतीत किये थे। वह लिखता है कि बड़ी उच्च कोटि की प्रतिभा वाले तथा योग्यता वाले कई हजार भिक्षु यहाँ रहते थे जिनका यश दूर-दूर के देशों मे फैल चुका था। दीक्षा नि:शुल्क दी जाती थी और अध्यापक बड़े परिश्रम से विद्यार्थियों को अपना ज्ञान प्रदान करते थे। नालन्दा में प्रवेश पाने की शर्तें बड़ी कठोर थीं। विद्यार्थियों के पोषण के लिए 200 गाँवों की

आमदनी प्राप्त होती थी। यहाँ लगभग 100 व्याख्यान स्थान थे। कक्षा में छात्रों की उपस्थिति आवश्यक थी। इसमें लगभग 1000 अध्यापक और 10,000 विद्यार्थी रहते थे। विश्वविद्यालय के कुछ निश्चित उद्देश्य थे-''क्रोध को क्षमा से जीतो, दुष्ट आदमी को अच्छे कार्य से जीतो, कृपण को अधिक दान देकर तथा असत्य बोलने वाले को सत्य से जीतो।''

(2) बाणभट्ट

हर्षकालीन इतिंहास जानने का एक प्रमुख स्रोत वाणभट्ट के दो ग्रंथ-हर्षचरित और कादम्बरी हैं। हर्षचरित से ज्ञात होता है कि वह एक ब्राहृण परिवार में पैदा हुआ था और हर्ष का राजदरबारी कवि था। उसके दोनों ग्रंथों की मूल प्रतियां उपलब्ध हैं। ये दोनों ग्रंथ विशेष रूप से 'हर्षचरित' ऐतिहासिक ग्रंथ माना जाता है। उसने इस ग्रंथ में स्वयं देखी गयी बातों का उल्लेख किया है। हर्ष का राजकवि होने के कारण कुछ विद्वान उसके विवरण के विषय में सन्देह करते हैं तथापि अन्य ग्रंथों के अध्ययन से ये सन्देह से दूर हो जाते हैं। हर्षचरित मूलत: हर्ष के जीवन और उसकी उपलब्धियों से सम्बद्ध है। उसका विचरण प्रामाणिक माना गया है। इस संबंध में डा० आर० के० मुखर्जी का कहना है कि यद्यपि यह पुस्तक अत्यन्त उपयोगी है तथापि इसको पूर्ण ऐतिहासिक नहीं माना जा सकता क्योंकि उसमें कवि ने ऊँची उड़ान के साथ-साथ हर्ष के महान कार्यों को बढ़ा-चढ़ाकर लिखा है। परन्तु अतिशयोक्ति होते हुए भी इसका महत्व कम नहीं है।

हर्षचरित से तत्कालीन राजनीतिक, सामाजिक, आर्थिक और सांस्कृतिक जीवन के विषय में विस्तृत जानकारी मिलती है। इससे उस समय के रीति-रिवाजों का पता चलता है। इस ग्रंथ के द्वारा चीनी यात्री ह्वेनसांग के विवरण और साहित्यिक ग्रंथों की बातों की पुष्टि की जा सकती है।

बाणभट्ट का दूसरा ग्रंथ 'कादम्बरी' है। इसे संस्कृत का सर्वोत्तम गद्य काव्य माना जाता है। बाणभट्ट ने अपने इस ग्रंथ में तत्कालीन सामाजिक और धार्मिक दशा के विषय में प्रभूत जानकारी दी है। इस ग्रंथ में परिमार्जित और प्रवाहपूर्ण भाषा का प्रयोग किया गया है। सामाजिक विवरणों को अलंकृत ढंग से प्रस्तुत किया गया है।

(3) अभिलेख, सिक्के एवं मुद्रायें

हर्षकालीन इतिहास जानने के लिए अनेक अभिलेख उपयोगी हैं। इसमें मधुवन ताम्रपात्र लेख, सोनपत ताम्रपत्र और वांसखेड़ा ताम्रपत्र लेख उल्लेखनीय हैं। चालुक्य शासक पुलकेशिन के अभिलेखों से भी पर्याप्त जानकारी उपलब्ध होती है।

हर्षकालीन अनेक सिक्के और मुद्रायें भी प्राप्त होती हैं जिससे तत्कालीन इतिहास के विषय में ज्ञान प्राप्त होता है। कहा जाता है कि हर्ष ने कन्नौज और प्रयाग के सम्मेलन में अनेक सिक्के वितरित किये। इनसे तत्कालीन तिथियों का भी ज्ञान होता है।

हर्ष की विजयें एवं उपलब्धियाँ

आरम्भिक जीवन—हर्षवर्धन थानेश्वर का शासक और प्रभाकरवर्धन का पुत्र था। प्रभाकरवर्धन पुष्यभूमि वंश का प्रथम शक्तिशाली शासक था। वह बड़ा ही पराक्रमी और प्रतापी राजा था। उसने पड़ोसी राजाओं को पराजित कर अपने राज्य और शक्ति का पर्याप्त विस्तार किया। उसके दो पुत्र और एक पुत्री थी। बड़े पुत्र का नाम राज्यवर्धन और छोटे पुत्र का हर्षवर्धन था। उसकी पुत्री का नाम राज्यश्री था, जिसका विवाह कन्नौज के मौखरी राजा गृहवर्मन के साथ हुआ था। 605 ई० में प्रभाकर वर्धन की मृत्यु हो गयी और उसके बाद उसका ज्येष्ठ पुत्र थानेश्वर के राज्यसिंहासन पर आसीन हुआ। परन्तु जब मलवा शासक देवगुप्त द्वारा गृहवर्मन की हत्या का समाचार थानेश्वर पहुँचा तो राज्यवर्धन 10 हजार घुड़सवारों को लेकर कन्नौज पहुंचा। वहाँ उसने मालवा के राजा देवगुप्त की सेना को आसानी से पराजित कर दिया परन्तु वह स्वयं बंगाल के शासक शशांक के हाथों मारा गया। हर्षचरित के टीकाकार शंकर का कथन है कि शशांक ने राज्यवर्धन को विश्वास में लेने के लिए अपनी कन्या का विवाह उसके साथ करने का आश्वासन दिया। राज्यवर्धन भोजन करने उसके घर गया और शशांक ने षडयंत्र करके राज्यवर्धन की हत्या करवा दी।

राज्यवर्धन की हत्या करने के पश्चात् शशांक ने कन्नौज पर अधिकार कर लिया। उसने राज्यश्री को बन्दी जीवन से मुक्त कर दिया जो विन्ध्य की पहाड़ियों में अज्ञात स्थान पर चली गयी। राज्यवर्धन की मृत्यु के पश्चात् उसका छोटा भाई हर्षवर्धन थानेश्वर के सिंहासन पर बैठा।

हर्ष का सिंहासनारोहण—606 ई० में हर्षवर्धन सिंहासनारूढ़ हुआ। इस समय उसकी आयु केवल 16 वर्ष की थी। उसने तुरन्त अपनी बहन की खोज के लिए प्रस्थान कर दिया। वह विन्ध्याचल के वनों के गया, जहाँ राज्यश्री इधर-उधर भटक रही थी। संकटों से तंग आकर राज्यश्री एक चिता बनाकर अपने को अग्नि को समर्पित करने की तैयारी कर रही थी। उसी समय हर्षवर्धन वहाँ पहुँच गया और उसकी जान बचा ली। वह राज्यश्री को लेकर कन्नौज चला गया। ऐसा प्रतीत होता है कि हर्ष से भयभीत होकर शशांक ने कन्नौज छोड़ दिया था। गृहवर्मन को कोई पुत्र नहीं था और न कोई दूसरा उत्तराधिकारी ही था। इसलिए मंत्रियों तथा जनता के अनुरोध करने पर हर्ष ने कन्नौज का भी सिंहासन स्वीकार कर लिया। इस प्रकार हर्ष थानेश्वर तथा कन्नौज दोनों

ही का शासक बन गया और उसकी शक्ति में पर्याप्त वृद्धि हो गयी। हर्ष ने कान्य कुब्ज (कन्नौज) को अपनी राजधानी बना लिया और वहीं से शासन करने लगा। इस संबंध में रमाशंकर त्रिपाठी का कथन उल्लेखनीय है-''छठी शताब्दी ई० का प्रारम्भ राजनीतिक मंच पर एक अलौकिक व्यक्ति के आगमन से होता है यद्यपि हर्षवर्धन में न तो अशोक का उच्चादर्श था और न चन्द्रगुप्त मौर्य का सैनिक कौशल, फिर भी वह उन्हीं दोनों महान सम्राटों की भांति इतिहासकारों की दृष्टि को आकृष्ट करने में सफल हुआ है।

हर्ष की विजयें

थानेश्वर तथा कन्नौज दोनों का शासक हो जाने के पश्चात् हर्ष की शक्ति में पर्याप्त वृद्धि हुई। उसके पास एक विशाल सेना भी थी। इस सेना की सहायता से उसने दिग्विजय कर फिर भारत का राजनीतिक एकता स्थापित करने का निश्चय कर लिया। डा० स्मिथ महोदय ने हर्ष को विजय योजनाओं की प्रशंसा करते हुए लिखा है,-''सम्पूर्ण भारत को एक छत्र के नीचे लाने के उद्देश्य से उसने अपनी सारी शक्ति तथा योग्यता को एक सुव्यवस्थित विजय योजना के रूप में प्रारम्भ किया। उसकी प्रमुख विजयें निम्नलिखित हैं:

1. बल्लभी के राजा के युद्ध—गुजरात के काठियावाड़ में मैत्रक वंश शासन कर रहा था। बल्लभी इसके राज्य की राजधानी थी। यह राज्य उत्तर के कन्नौज और दक्षिण के चालुक्य राज्यों के मध्य स्थित था। अत: सैनिक दृष्टि से इसका बहुत महत्व था। इन दिनों ध्रुवसेन द्वितीय बल्लभी में शासन कर रहा था। हर्ष ने बल्लभी पर आक्रमण कर दिया और ध्रुवसेन को युद्ध में परास्त कर दिया। परन्तु ध्रुवसेन की हर्ष से मैत्री हो गयी। हर्ष ने अपनी पुत्री का विवाह ध्रुवसेन के साथ कर दिया। सम्भवत: ध्रुवसेन ने हर्ष की अधीनता स्वीकार कर ली और उसी के सामन्त के रूप में वह फिर बल्लभी पर शासन करने लगा।

2. चालुक्य राज्य पर आक्रमण—बल्लभी राज्य के दक्षिण में चालुक्य वंश महाराष्ट्र में शासन कर रहा था। पुलकेशिन द्वितीय इस वंश का सर्वाधिक शक्तिशाली तथा प्रतापी शासक था। उसने अपने पड़ोसी राज्यों को नतमस्तक कर अपनी शक्ति को अत्यन्त सुदृढ़ बना लिया था। लगभग 620 ई० में हर्ष ने पुलकेशिन के राज्य पर आक्रमण कर दिया। पुलकेशिन ने डटकर हर्ष का सामना किया और उसे युद्ध में परास्त कर दिया। निराश होकर हर्ष नर्मदा नदी के तट से लौट आया और यही उसके राज्य की सीमा बन गयी।

3. बंगाल की विजय—हर्ष ने अपने ज्येष्ट भ्राता राज्यवर्धन के हत्यारे शशांक के प्रति वह प्रतिज्ञा की थी-''मैं आर्य (पिता) की चरणराज का स्पर्शकर शपथ लेता हूँ कि

यदि मैं कुछ दिनों के भीतर पृथ्वी को गौड़ों से रहित न कर दूँ तो अपने पापी शरीर को पतंग की भांति लपटों में झोंक दूँगा।'' परन्तु अपने प्रारम्भिक प्रयासों में उसे शशांक के विरुद्ध सफलता नहीं मिली, किन्तु बाद में उसने आसाम के शासक भास्करवर्मन की सहायता से शशांक की शक्ति का विनाश कर दिया। ह्वेनसांग ने हर्ष की विजय का उल्लेख किया है—''पूर्व की ओर बढ़कर उसने उन राजाओं पर आक्रमण किया जिन्होंने उसकी अधीनता स्वीकार नहीं की थी। छः वर्षों में जब तक कि उसने पांच भारतों से पूर्णतः युद्ध न कर लिया, वह निरन्तर लड़ता रहा।'' वह पुनः लिखता है कि—''शीघ्र ही उसने अपने भ्राता की मृत्यु का बदला ले लिया और वह भारत का स्वामी बन गया।'' वह पुनः कहता है कि ''शिलादित्य महाराज ने अब तक पूर्व से पश्चिम तक के देश जीत लिये थे और दूरस्थ प्रदेशों तक धावे मारे थे।

4. पांच भारतों की विजय—चीनी यात्री के विवरण से ज्ञात होता है कि उसने 'पांच भारतों' की विजय की थी। इसका तादात्म्य इस प्रकार स्थापित किया जाता है—

(*i*) सारस्वत मंडल—कश्मीर और पंजाब।

(*ii*) गौड़—दिल्ली के आसपास का प्रदेश।

(*iii*) कान्यकुब्ज—सम्पूर्ण उत्तर प्रदेश, दक्षिण में विन्ध्य पर्वत और पश्चिमी बिहार।

(*iv*) पूर्वोत्तर—मिथिला, बिहार, बंगाल, आसाम।

(*v*) उत्कल—उड़ीसा।

ह्वेनसांग के अनुसार हर्ष ने सम्पूर्ण उत्तरी भारत को जीतकर 'सकलोत्तरपथनाथ' की उपाधि ग्रहण की।

5. सिन्ध और नेपाल की विजय—बाण के हर्षचरित से ज्ञात होता है कि हर्ष ने सिन्धुराज को मथकर उसकी सम्पत्ति छीन ली। परन्तु इसको पूर्णतया सत्य नहीं माना जा सकता। इसमें कोई सन्देह नहीं कि प्रभाकरवर्धन की सिन्ध से शत्रुता थी और हो सकता है कि हर्ष का उससे युद्ध हुआ हो परन्तु यह नहीं माना जा सकता कि हर्ष ने उसको सर्वथा पराजित कर दिया हो। क्योंकि ह्वेनसांग का कहना है कि जिस समय वह सिन्ध में पहुँचा उस समय वह शक्तिशाली स्वतंत्र राज्य था। बाणभट्ट के ग्रंथों से ज्ञात होता है कि हर्ष ने नेपाल को जीत लिया था परन्तु इस सम्बन्ध में दावे के साथ कुछ नहीं कहा जा सकता।

6. गंजाम विजय—हर्ष की अंतिम विजय गंजाम की थी। कई प्रयासों के पश्चात उसने इस राज्य पर विजय प्राप्त कर ली थी। उसने इस राज्य को अपने साम्राज्य में मिला लिया।

हर्ष का साम्राज्य विस्तार—हर्ष के साम्राज्य में उसका पैतृक राज्य थानेश्वर और उसके आस-पास का प्रदेश शामिल था। गृहवर्मन की मृत्यु के पश्चात राज्यश्री के अनुरोध करने पर कन्नौज का शासन भी अपने हाथ में ले लिया। उसने अहिच्छात्र (बरेली के पास) और श्रावस्ती भुक्ति भूमि दान में दी। इस प्रकार अहिच्छात्र, श्रावस्ती और प्रयाग उसके साम्राज्य में थे। उत्तर प्रदेश और पंजाब का पूर्वी भाग निश्चित रूप से उसकी साम्राज्य सीमा के अंतर्गत थे। उसे अपने शासन काल के अंतिम दिनों में मगध, पश्चिमी बंगाल और उड़ीसा पर भी अधिकार कर लिया था। अनेक विद्वानों ने नेपाल को उसके राज्य का अंग नहीं माना है, क्योंकि इस संबंध में कोई ठोस साक्ष्य उपलब्ध नहीं है। कामरूप को भी हर्ष के अधीन नहीं माना जा सकता, क्योंकि वहाँ का शासक भास्करवर्मन उसका मित्र था। बल्लभी नरेश से भी मित्रता स्थापित हो गयी थी।

ह्वेनसांग के विवरण से ज्ञात होता है कि उसने उन्हीं राजाओं का वर्णन किया है जो स्वतंत्र थे। इससे पता चलता है कि कपिशा, कश्मीर, सिन्धु, गुजरात, नेपाल, कामरूप, वैराट, मथुरा, मतिपुर, कपिलवस्तु, महाराष्ट्र, भड़ौच, बल्लभी, उज्जैन, बुन्देलखण्ड और माहेश्वरपुर उसके राज्य में शामिल नहीं थे। किन्तु जालन्धर का राज्य सम्भवत: हर्ष के अधीन था। उसने हर्ष के लिए 'सकलोत्तरापथनाथ', 'चक्रवर्ती' शब्द अवश्य प्रयुक्त किए हैं। ह्वेनसांग के अनुसार उसने भारत के पांचों खण्डों को अपने अधीन कर लिया किन्तु ऐसे शब्दों के आधार पर किसी राजा को समस्त उत्तरी भारत का स्वामी मानना उचित नहीं होता। इस प्रकार उसके साम्राज्य में वर्तमान पूर्वी पंजाब, उत्तर प्रदेश, बिहार, बंगाल और उड़ीसा राज्य शामिल थे।

विदेशी सम्बन्ध—एक महान विजेता होने के साथ-साथ हर्षवर्धन एक उच्च कोटि का राजनीतिज्ञ भी था। ह्वेनसांग और तारानाथ के विवरण से पता चलता है कि चीन और फारस के साथ हर्षवर्धन के राजनैतिक सम्बन्ध बहुत अच्छे थे। हर्ष का एक राजदूत चीनी दरबार में रहता था। ये लोग आपस में एक दूसरे को बड़े कीमती उपहार भी भेजा करते थे।

कुशल प्रशासक—हर्ष में एक महान सफल शासक के गुण भी विद्यमान थे। उसने सुव्यवस्थित शासन की स्थापना की। सम्पूर्ण साम्राज्य की शक्ति उसमें निहित थी। उसने अपनी शक्ति का कभी दुरुपयोग नहीं किया।

सुख और शान्ति की स्थापना के लिए वह सम्पूर्ण राज्य में दौरा किया करता था। इस प्रकार वह अपने कर्तव्यों के प्रति बड़ा निष्ठावान् था। डा० राधाकुमुद मुखर्जी ने लिखा है-''हर्ष के चरित्र में समुद्रगुप्त तथा अशोक दोनों के गुणों का समन्वय था।''

धार्मिक नीति—हर्ष एक धर्मपरायण सम्राट था। उसकी धार्मिक नीति बड़ी ही उदार थी। बौद्धधर्म की ओर आकृष्ट हो जाने पर भी अन्य धर्मों के प्रति सहिष्णु था। प्रयाग के धार्मिक सभा में उसने सभी सम्प्रदायों के अनुयायियों को दान दिया था और बौद्धधर्म के प्रति विशेष निष्ठा रखते हुए भी शिव और सूर्य की पूजा की थी। इस प्रकार वह सभी धार्मिक संस्थाओं के प्रति सहिष्णु था।

साहित्य एवं कला प्रेमी—हर्ष स्वयं एक साहित्यकार था। उसने 'नागानन्द', 'प्रियदर्शिका' और 'रत्नावली' नामक श्रेष्ठ नाटकों की रचना की। बाणभट्ट उसकी राजसभा का सबसे बड़ा विद्वान था और 'हर्षचरित' तथा 'कादम्बरी' जैसी प्रसिद्ध रचनाओं का लेखक था और दिवाकर आदि विद्वान भी उसके दरबार में रहते थे। शिक्षा के क्षेत्र में उसने नालन्दा विश्वविद्यालय को 200 ग्रामों की आय दान में दी थी। वह कला का भी प्रेमी था। उसके काल में कन्नौज में बौद्धविहारों और देवमन्दिरों का निर्माण हुआ था। इस प्रकार वह साहित्य विद्या और कला का विशेष प्रेमी था।

उपर्युक्त विवरण से यह स्पष्ट हो जाता है कि हर्ष में एक महान शासक के सभी गुण विद्यमान थे। इसलिए उसकी गणना महान सम्राटों में की जाती है। डा० रमेशचन्द्र मजूमदार ने लिखा है-''वह निःसन्देह एक महान भारतीय सम्राट था। महान सेनापति और न्यायी शासक तो वह था ही, किन्तु धर्म और शिक्षा के क्षेत्र में वह और भी महान था।''

हर्ष की प्रशासनिक व्यवस्था

ह्वेनसांग के विवरण से पता चलता है कि हर्ष एक महान प्रशासक और साम्राज्य निर्माण था। उसने न केवल दिग्विजय द्वारा भारत को उसकी खोई राजनैतिक एकता प्रदान की वरन् अपने कुशल प्रशासन द्वारा उसे पुनः शान्ति और समृद्धि भी दी। उसका राज्य निरंकुश होते हुए भी लोकहितकारी था। वह सदैव देख-भाल करता था। उसकी शासन-पद्धति मौर्य प्रणाली से काफी मिलती थी। उसका शासन निम्न प्रकार का था—

केन्द्रीय प्रशासन

1. **सम्राट**—राज्य का सर्वोच्च अधिकारी सम्राट था जिसकी शक्तियां निरंकुश तथा असीमित थीं। परन्तु वह कभी भी अपनी शक्तियों का दुरुपयोग नहीं करता था। हर्ष बहुत उदार और दयालु हृदय था। वह अपनी प्रजा के साथ सन्तान जैसा व्यवहार करता था। उसने परम देवता, महाराजाधिराज आदि उपाधियाँ ग्रहण की हुई थीं। लोग उसे बड़ी श्रद्धा की दृष्टि से देखते थे। राज्य का सर्वोच्च अधिकारी होने के नाते उसे बहुत से कार्य करने पड़ते थे। वह सभी उच्च अधिकारियों, जैसे मन्त्री, राज्यपाल आदि की नियुक्ति करता था। उसकी आज्ञा सारे साम्राज्य में लागू की जाती थी। वह सर्वोच्च

न्यायाधीश का कार्य भी करता था और युद्ध में सेना का संचालन करता था। हर्षवर्धन बड़ा धार्मिक विचारों का व्यक्ति था। उसने अपने दैनिक समय को तीन भागों में बांटा हुआ था। उसका एक भाग राज्य-कार्यों में खर्च होता था और दो भाग धार्मिक कार्यों में। सेवा तथा त्याग उसके जीवन का मुख्य आदर्श था। वह कभी विश्राम नहीं करता था और सदैव अपनी प्रजा के कार्यों में संलग्न रहता था। प्रजा की वास्तविक स्थिति को जानने के लिए वह हमेशा वेश बदल कर समय-समय पर अपने राज्य में भ्रमण किया करता था।

2. मंत्री व अन्य अधिकारी—यह निश्चित रूप से ज्ञात नहीं है कि हर्ष के काल में कोई मंत्री परिषद् थी या नहीं। परन्तु इतना निश्चित है कि वह अकेला सारा कार्य नहीं करता था। ह्वेनसांग के अनुसार सम्राट की सहायता के लिए कई मंत्री व सचिव होते थे लेकिन राज्य के विभिन्न कार्यों के लिए हर्ष ने अन्य अधिकारी नियुक्त कर रखे थे।

हर्ष का प्रधान सचिव उसका ममेरा भाई भंडी था। सिंहनाद उसका सेनापति था। स्कन्दगुप्त हर्ष का दूसरा योग्य मंत्री था जो गजसेना का सेनापति था। अश्वरोही सेना का सेनापति कंतक था। सेना के कुछ और पदाधिकारी भी थे। वसाढ़ की एक मोहर में रणभांडागाराधिकरण का उल्लेख किया गया है। दान पत्रों पर भी हर्ष के पदाधिकारियों की सूची प्राप्त होती है वह इस प्रकार है—

1. महासन्धिविग्रहाधिकृत—युद्ध तथा शान्ति का मंत्री।
2. महाबलाधिकृत—सर्वोच्च सेनापति।
3. बलाधिकृत—सेनापति।
4. वृहदाश्ववार—अश्वरोही सेना का सेनापति।
5. कटुक—गज सेना का सेनापति।
6. पथि—सिपाहियों के स्थानों का अध्यक्ष।
7. चाटमट्ट—वेतन तथा बिना वेतन के सैनिक।
8. यम-सेती—रात को पहरा देने वाली औरतें।
9. दूत।
10. राजस्थानीय—वायसराय।
11. कुमारामात्य—राजकुमार का परामर्शदाता।
12. उपारिक—प्रान्तीय गवर्नर।
13. विषयपति—जिला शासक।

14. दौस्साधनिक—ग्रामाध्यक्ष।

15. भौतिक और भोगपति—राजकीय कर एकत्रित करने वाला।

16. इसके अतिरिक्त महाप्रतिहार, भीमोसंक (न्यायाधीश) लेखक अक्षपट्टालिका (रेकार्डकीपर) तथा दूतक आदि दूसरे अफसर होते थे।

उपरोक्त मंत्रियों के नामों के आधार पर यह कहा जा सकता है कि हर्ष ने अधिकतर गुप्त शासकों की शासन पद्धति को ही अपनाया था तथा उसके काल में भी अफसरों के प्राय: वही नाम थे जो गुप्त शासकों के काल में थे।

3. साम्राज्य विभाजन—हर्ष के अभिलेखों द्वारा ज्ञात होता है कि राज्य निम्नलिखित भागों में बंटा हुआ था—

(i) **भुक्ति**—प्रान्त का नाम ही भुंक्ति था जैसे सारावस्ती भुक्ति तथा अहिच्छत्र भुक्ति का उल्लेख हमें मधुवन तथा बांसखेरा अभिलेखों से ज्ञात होता है।

(ii) **विषय**—भुक्ति का विभाजन विषय में हुआ था जिसको हम आधुनिक जिले के समान समझ सकते हैं।

(iii) **पथक**—जिले के बाद पथक होता था जिसे हम तहसील के समान समझ सकते हैं।

(iv) **ग्राम**—शासन की सब से छोटी इकाई ग्राम थी। महत्तर नामक पदाधिकारी गाँव के सब मामलों के देख-रेख रखता था परन्तु इसके बारे में कुछ नही कहा जा सकता कि उसे राज्य की ओर से वेतन मिलता था या नहीं। इसके अतिरिक्त ग्रामिक तथा अष्टकुलाधिकरण ही गाँव के प्रमुख पदाधिकारी होते थे। आधुनिक पटवारी के स्थान पर उन दिनों 'अक्षपटलिक' नामक पदाधिकारी होता था!

4. दण्ड विधान—शासन कठोर तथा संगठित होने के कारण अधिक अपराध नहीं होते थे। ह्वेनसांग इसको प्रमाणित करते हुए लिखता है—

"As the Government is honestly administered and the people live together on good terms the criminal class is small"—*Yuan-Chaung.*

परन्तु फिर भी सड़कें सुरक्षित नहीं थीं। ह्वेनसांग को दो बार ऐसी ही कठिनाई उठानी पड़ी जबकि एक बार तो उसके कपड़े उतार लिए गए और दूसरी बार उसको कुछ डाकू बलि देने के लिए पकड़ ले गए।

ह्वेनसांग लिखता है कि अपराधियों को कठोर दंड दिये जाते थे। दंड देने का उद्देश्य लोगों के सामने एक उदाहरण प्रस्तुत करने का होता था ताकि लोग इसको देख कर अपराध न करें। राजद्रोही को आजीवन कारावास दिया जाता था और हमें ज्ञात होता

है कि अपराधियों को इतना बुरा समझा जाता था कि उनको समाज का सदस्य भी नहीं माना जाता था। इसके विपरीत बाणभट्ट लिखता है कि राजा के जन्मदिन पर या दूसरे खुशी के दिन पर अपराधियों को छोड़ दिया जाता था। सामाजिक सदाचार के विरुद्ध चलने वाले या माता-पिता के साथ अनुचित व्यवहार करने वाले का अंग भंग कर दिया जाता था अर्थात् उसकी नाक, एक कान, हाथ या पाँव काट दिया जाता था या उसको देश निकाला भी दिया जाता था। छोटे-छोटे अपराधों के लिए प्राय: जुर्माना भी होता था। जल, अग्नि, तुला तथा विष द्वारा अपराधी की परीक्षा ली जाने की प्रथा प्रचलित थी। ह्वेनसांग भी ऐसी परीक्षाओं का उल्लेख करता है।

इतने कठोर दंड विधान के आधार पर यह कहा जा सकता है कि लोगों का नैतिक जीवन उतना अच्छा नहीं था जितना कि गुप्त काल में था। परन्तु ह्वेनसांग के उल्लेख को इसलिए सत्य माना जा सकता है (कि यहाँ पर अपराधियों की संख्या कम थी) कि लोगों का चाल-चलन भी बहुत अच्छा था।

Yuan-Chaung adds "they will not take anything wrongly and they field more than fairness requires. They fear the retribution for sins in other lives and make light of what conduct produces in this life. They do not practise decent and they do not practise deceit and they keep their sworn obligations."

ह्वेनसांग लिखता है कि वह किसी की चीज नहीं लेते, वह पाप नहीं करते क्योंकि दूसरे जीवन में उसके भरने से डरते हैं। वह किसी को धोखा नहीं देते और अपने वचन को निभाते हैं।

5. आय के स्रोत—समकालीन स्रोतों से ज्ञात होता है कि आय के निम्नलिखित साधन थे—

(1) उद्रंग (एक प्रकार का भूमि कर), (2) उपरिकर (नियमित कर के अतिरिक्त कर), (3) हिरराय (सोना), (4) आदेश आदि।

इसके अतिरिक्त प्रतिदिन के प्रयोग की वस्तुओं पर भी कर लगाया जाता था। कर व्यापारियों पर भी लगता था। मण्डियों और घाटों पर भी कर लगता था। राज्य के अन्दर खान या पड़ा हुआ धन हो उस पर भी राजा का अधिकार होता था। जुर्माने से भी अच्छी आमदनी हो जाती थी। प्राय: भूमि की उपज का छठा भाग कर के रूप में लिया जाता था।

6. व्यय—राज्य की आमदनी को बड़ी उदारता से खर्च किया जाता था। वाटस लिखता है कि राजकीय आय को चार भागों में बांटा हुआ था। एक भाग धार्मिक कार्यों तथा सरकारी कार्यों पर खर्च किया जाता था। दूसरे भाग को राजकर्मचारियों के वेतन

के लिए प्रयोग किया जाता था और चौथा भाग विभिन्न सम्प्रदायों को दान देने के लिए था।

7. सैनिक शक्ति—हर्ष का सबसे पहला कार्य अपनी सैनिक शक्ति बढ़ाना था ताकि वह जीते हुए राज्यों पर नियंत्रण रख सके तथा आन्तरिक विद्रोहों का दमन कर सके और विदेशी आक्रमणों से देश की रक्षा कर सके। ह्वेन-सांग से हमें ज्ञात होता है कि अपने राज्य को विस्तृत करने के पश्चात् उसने अपनी गजसेना को बढ़ाकर 60,000 कर दिया तथा हमलावरों की संख्या को बढ़ाकर 1,00,000 कर दिया। इतनी बड़ी सेना पर हर्ष का राज्य आधारित है।

8. उदारतापूर्ण शासन—हर्ष का शासन सहानुभूति पूर्ण था। ह्वेन-सांग लिखता है-कि किस प्रकार सहानुभूतिपूर्ण है तथा इसकी मांगं कम हैं, कुनबों के नाम रजिस्टर नहीं किये जाते। लोगों से बेगार नहीं कराई जाती और कराई भी जाती है तो बहुत कम। कर बहुत थोड़े हैं। हर एक व्यक्ति अपना पैतृक धंधा करता है और पैतृक धन का स्वामी है।

हर्ष एक न्याय-प्रिय शासक था। वह इस बात का ध्यान रखता था कि कहीं अमीर वर्ग असाधारण पर अत्याचार न करें। लोगों को हर प्रकार की सुविधा थी तथा राज्य की ओर से जो कार्य भी होता था, जनहितकारी होता था।

9. प्रजाहित के कार्य—हर्ष प्रजा के कल्याण का ध्यान रखता था। उसने विश्राम गृह (सराय एवं धर्मशालायें) बनवायीं जहाँ यात्री बड़े आराम से रहा करते थे। इस शासक ने विशेष रूप से औषधालय बनवाये जहाँ रोगियों को मुफ्त दवा के साथ-साथ दूध भी दिया जाता था। इस सम्राट ने बहुत से मन्दिरों तथा चैत्यों व विहारों का भी निर्माण कराया। यह सम्राट पुण्य के कार्य भी किया करता था तथा गरीबों, दुखियों, अपाहिजों तथा लूले-लंगड़े लोगों की सहायता के लिए बड़ी रकम प्रत्येक वर्ष खर्च किया करता था। शिक्षण संस्थाओं को भी इस समय आर्थिक रूप से बड़ी मदद दी जाती थी। गुप्तचर के अधिकारियों के सहयोग से राज्य में होने वाली प्रत्येक बात की सूचना मिल जाती थी। इसी कारण हर्ष के शासन काल में शान्ति बनी रही।

(*i*) शशांक

शशांक हर्ष का समकालीन और बंगाल का एक महत्वाकांक्षी शासक था। बंगाल में अराजकता से लाभ उठाकर वह बंगाल का शासक बन गया। चीनी यात्री ह्वेनसांग ने इसे कर्णसु का राजा बताया है। बाण ने इसे गौड़ का राजा बताया है। वह इसका नाम नहीं लेता है। इसे गोडाधिपापम्, गौडभुजंग, और असार्य आदि नामों से अभिहित किया है। इस स्थान पर हर्ष के मुँह से कहलवाया है कि इस पापी का नाम लेने से ही मेरी

जीभ पापमल से लिप्त हो जाती है। हर्षचरित टीकाकार ने गौड़ाधिपति का नाम शशांक बताया है।

कुछ विद्वानों का विचार है कि शशांक प्रारम्भ से ही किसी का सामन्त था। रोहतासगढ़ में उसे 'श्रमहासामन्त शशांकदेव' कहा गया है। सम्भवत: उसका स्वामी मौखरी वंश का राजा कनिंघम्, गौरीशंकर, चटर्जी आदि विद्वानों का विचार है कि इस समय मौखरी-नरेश पूर्णस्वामी ह्वेनसांग के अनुसार शशांक द्वारा नष्ट किये गये बोधिवृक्ष का पूर्णवर्मा ने पुनरुद्धार किया।

सम्भवत: शशांक ने मगध से ही अपनी स्वतंत्रता घोषित की और वहीं से अपना विस्तार आरम्भ किया। 606 ई० तक उसने बंगाल को जीत लिया। बाण ने उसे गौड़ाधिपति है। आर्यमंजुश्रीकल्प के अनुसार सम्भवत: पूर्वी उत्तर प्रदेश के कुछ भाग पर अधिकार रखा कर था। कुछ विद्वानों का विचार है कि शशांक ने 602 ई० में उड़ीसा के राजा शम्भूय को पकड़ करके उससे उसका राज्य छीन लिया था। उत्तरी भारत में एक छत्र सत्ता स्थापित करने के बाद मालवा के गुप्त नरेश देवगुप्त के साथ संधि कर ली। प्रभाकरवर्धन की मृत्यु के पश्चात् ने हर्ष के बहनोई के राज्य कन्नौज पर आक्रमण किया और वहाँ के राजा गृहवर्मन की हत्या कर दी। बाद में राज्यवर्धन ने इसे पराजित किया।

आगे चलकर शशांक ने कूटनीति से काम लिया और राज्यवर्धन को एक षडयन्त्र से मार डाला। हर्षवर्धन ने उससे बदला लेने का निश्चय किया, परन्तु वह ऐसा न कर सका। गंजाम अभिलेख से ज्ञात होता है कि शशांक उस समय सुख-समृद्धि के साथ शासन कर रहा था। कुछ विद्वानों का विचार है कि शशांक हर्ष के विरुद्ध तो अपनी रक्षा कर सका, परन्तु पुलकन द्वितीय के विरुद्ध उसे सफलता नहीं प्राप्त हुई। इस चालुक्य नरेश ने 616-17 ई० में कलिंग राज्य शशांक से छीन लिया। 637 ई० में जब ह्वेनसांग कर्णसुवर्ण गया तो उस समय उसने शशांक को हाल में ही मरा हुआ बताया है। इससे पता चलता है कि शशांक की मृत्यु 637 ई० के पूर्व हुई थी। उसकी मृत्यु के पश्चात् हर्ष ने उसके राज्य पर अपना अधिकार कर लिया। इस प्रकार उत्तरी भारत में साम्राज्य स्थापना की प्रतिद्वन्द्विता में शशांक ने प्रमुख भूमिका अदा की जो हर्ष वंश के लिए संकट थी।

चीनी यात्री के विवरण से ज्ञात होता है कि शशांक शैव धर्म का अनुयायी था तथा धर्म को नष्ट करने के लिए कई प्रयास किये। उसने बोधगया के मन्दिर से महात्मा बुद्ध को हटाकर उसके स्थान पर शिव की मूर्ति स्थापित करने का प्रयास किया परन्तु असफल रहा। उसने बौधिवृक्ष को कटवा दिया और शेष भाग में आग लगा दी। शशांक ने कुशीनगर (कसया) के निकट एक और बौद्ध मठ को नष्ट कर दिया। उसने पाटलिपुत्र में स्थित एक पत्थर पर बनी बौद्ध के पद चिन्हों को मिटाने का प्रयास किया

परन्तु असफल रहने पर उसने उस प्रस्तर खण्ड को गंगा में फेंकवा दिया। उसकी मुद्राओं पर शिव और नन्दी की आकृतियाँ मिलती हैं, जो उसके होने का द्योतक हैं।

(*ii*) भास्करवर्मन

गुप्त साम्राज्य के पतन के समय कामरूप में एक स्थानीय राजवंश-वर्मन वंश धीरे-धीरे शक्तिशाली होने लगा। निधनपुर ताम्रपत्र में इस वंश के राजाओं के नाम दिये गये हैं। इसका प्रथम ऐतिहासिक शासक पुष्यवर्मन था। आगे चलकर भास्करवर्मन शासक बना जिसके पिता का नाम स्थितवर्मन था।

बंगाल के शासक शशांक की साम्राज्यवादी प्रवृत्ति से तंग आकर अपनी सुरक्षा के लिए भास्करवर्मन ने हर्ष के साथ मित्रता करना आवश्यक समझा। बाणभट्ट के अनुसार जिस समय हर्ष वर्मन की मृत्यु के पश्चात् कन्नौज का उद्धार करने जा रहा था, उसी समय मार्ग में उसे ज्योतिष-नरेश का दूत हंसबेरा मिला जो अपने स्वामी की ओर से हर्ष के लिए बहुमूल्य उपहार और सन्धि का प्रस्ताव लाया था। उस दूत ने सूचित किया कि उसके स्वामी ने शिव के अतिरिक्त किसी के भी सम्मुख नतमस्तक न होने का निश्चय किया है। इसके लिए हर्ष से मित्रता ज़रूरी समझता है। हर्ष भी शशांक से तंग था। अत: उसने इस मित्रता को स्वीकार कर लिया। उधर राज्यवर्धन के सेनापति भाण्डे ने मालव नरेश देवगुप्त की पराजय और मृत्यु के पश्चात् मालव सेना को भी शशांक से मिलने का अवसर न दिया। ऐसी अवस्था में शशांक कन्नौज छोड़कर बंगाल भाग गया।

निधनपुर ताम्रपत्र में भास्करवर्मा द्वारा अनेक राजाओं की पराजय तथा उस स्थान से दिये गये दान का उल्लेख है। इस आधार पर कुछ इतिहासकारों ने यह अनुमान लगाया है कि भास्करवर्मा ने शशांक को पराजित करके कर्णसुवर्ण पर अधिकार कर लिया। परन्तु इसका कोई प्रमाण उपलब्ध ही नहीं है। सम्भवत: हर्ष और शशांक की मृत्यु के पश्चात् ही उसने कर्णसुवर्ण पर अधिकार किया होगा। डा० रमेशचन्द्र मजूमदार के अनुसार हर्ष शासन काल के अंतिम दिनों में भास्करवर्मा से उसके सम्बन्ध अच्छे नहीं रहे, तथापि इसका भी कोई प्रमाण उपलब्ध नहीं है।

प्राप्त प्रमाणों से ज्ञात होता है कि भास्करवर्मा शैव था। बाण के कथन से ज्ञात होता है कि शिव के अतिरिक्त किसी अन्य के समक्ष नतमस्तक न होने का संकल्प किया था परन्तु युवान-च्वांग के अनुसार यह योग्य बौद्धों का भी आदर करता था। वह विद्याप्रेमी और विद्वानों का आश्रयदाता था।

(*iii*) नालन्दा विश्वविद्यालय

नालन्दा विश्वविद्यालय हर्षकालीन भारत का सर्वाधिक प्रसिद्ध और विशाल शिक्षा केन्द्र था। यह बौद्धधर्म का आक्सफोर्ड विश्वविद्यालय था। यह शिक्षा की दृष्टि से एशिया का सिरमौर था। डा० रमेशचन्द्र मजूमदार ने लिखा है: "In a word, the university of Nalanda was embodiment of the highest ideal of education and it was the visible monument the soul which India played as the teacher of Asia."

इस विश्वविद्यालय का भवन अत्यन्त विशाल एवं भव्य था। इसमें सम्भवत: आठ महाविद्यालय थे, जो कि पंक्तियों में निर्मित थे जिसमें से एक का निर्माण सुमात्रा के शासक ने करवाया था। प्रारम्भ में विश्वविद्यालय के भवन विहारों के रूप में थे। इसका शिलान्यास अशोक ने किया था। ह्वेनसांग के आगमन तक यह विश्वविद्यालय निश्चित रूप से पूर्ण विकसित हो गया था। उसके अनुसार छ: राजाओं ने भिन्न-भिन्न कालों में नालन्दा में छ: विहार बनवाये थे। इनमें से पांच गुप्त थे और एक मध्य प्रदेश का राजा था। सम्भवत: यह हर्ष था। नालन्दा के इन विहारों के चारों ओर एक दीवार बनायी गयी थी जिसमें केवल एक प्रवेश द्वार था। सातवीं शताब्दी में आने वाले चीनी यात्री इत्सिंग ने नालन्दा के 8 हालों और 300 कमरों का उल्लेख किया है। वास्तुकला स्थापत्य की दृष्टि से यह भवन बहुत सन्दर थे।

इस विश्वविद्यालय का कुलपति शीलभद्र था जो अपनी विद्वता के लिए सारे भारत में प्रसिद्ध था। इसमें केवल बौद्ध धर्म की शिक्षा ही नही दी जाती अपितु वेद, सांख्य, दर्शन, तर्कशास्त्र, गणित, चिकित्साशास्त्र, ज्योतिष, व्याकरण आदि सभी विषयों का अध्ययन कराया जाता था। शिक्षा का माध्यम संस्कृत था। ह्वेनसांग ने लगभग दो वर्ष यहाँ व्यतीत किये। उसके अनुसार उस समय वहाँ के प्रसिद्ध अध्यापक शीलभद्र, गुणमति, धर्मपाल आदि थे।

ह्वेनसांग का कथन है कि उसके समय में राजा (हर्ष) ने नालन्दा बिहार को 100 गाँव रखे थे। इसी प्रकार इत्सिंग कहता है कि कई पीढ़ियों से राजाओं ने इस विहार को 200 से अधिक गाँव दे रखे थे। इन ग्रामों के निवासी इस विहार को प्रतिदिन कई मन चावल और गेहूँ भेजते थे।

चीनी यात्री ने इस विश्वविद्यालय के छात्रों की संख्या 10,000 हजार बतायी है। ह्वेनसांग का कथन है कि इन छात्रों में चीन, कोरिया, तिब्बत, खोतान आदि देशों के भी विद्यार्थी सम्मिलित थे। इत्सिंग ने इसमें अध्ययन करने वाले मंगोलिया के विद्यार्थियों का भी उल्लेख किया है। सभी विद्यार्थियों को भोजन, वस्त्र, बिस्तर, औषधि आदि नि:शुल्क दी जाती थी। इस विश्वविद्यालय में अध्यापकों की संख्या 1510 थी। इनमें 1000 अध्यापक सूत्रों और शास्त्रों के, 20 संग्रहों के, 50 शिक्षक, 30 संग्रहों के और 10 अध्यापक थे।

शिक्षक और विद्यार्थी का संबंध बहुत प्रेम और सहानुभूति पूर्ण था। वहाँ का अनुशासन बहुत अच्छा था। विद्यार्थी अपने अध्यापकों के प्रति बहुत अधिक श्रद्धा रखते

थे। शिक्षा के साथ-साथ चरित्र निर्माण की ओर विशेष ध्यांन दिया जाता था। इस विश्वविद्यालय में शिक्षा प्राप्त करना छात्र के लिए गौरव की बात थी। छात्र पूर्णता प्राप्त करने के लिए दिनरात कार्य करते थे और छोटे-छोटे सभी एक दूसरे की सहायता करते थे।

नालन्दा विश्वविद्यालय में एक बहुत बड़ा पुस्तकालय भी था जिसमें विभिन्न लिपियों में किये गये हजारों हस्तलिखित ग्रन्थ थे। विभिन्न देशों के विद्यार्थी अलग-अलग भाषाओं में इनका अनुवाद करते थे। उस समय की लोकप्रिय भाषा संस्कृत और पाली थी। अधिकांश ग्रन्थ बौद्ध धर्म से संबंधित थे।

(*iv*) कन्नौज सम्मेलन

643 ई० में हर्षवर्धन ने कन्नौज में एक बड़े धार्मिक सम्मेलन का आयोजन किया था। जिसकी अध्यक्षता चीनी यात्री ह्वेनसांग ने की थी। इसमें लगभग 3000 हीनयान और महायान भिक्षु, 3000 ब्राह्मण और जैनी, 1000 नालन्दा विश्वविद्यालय के शिक्षक, 20 राजाओं तथा अन्य कई प्रतिष्ठित लोगों ने भाग लिया। सम्मेलन मंडप के मध्य में महात्मा बुद्ध की एक स्वर्ण प्रतिमा को स्थापित किया गया था।

ह्वेनसांग को वाद-विवाद का अध्यक्ष बनाया गया जिसमें सबसे पहले महायान सम्प्रदाय के सिद्धांतों की प्रशंसा की गई तब उसने वाद-विवाद के विषय को घोषित किया और बौद्धधर्म संबंधी अध्ययन में अन्तर्राष्ट्रीय ख्याति प्राप्त नालन्दा के एक श्रमण को श्रोता समुदाय के सम्मुख तर्कपूर्ण ढंग से विषय का समर्थन करने के लिए कहा। वाद-विवाद का विषय सभा भवन के फाटक पर तख्ती पर लिखकर सूचित कर दिया गया था। जिसमें निम्नलिखित शब्दों में एक खुली चुनौती दी गयी थी।

''यदि कोई व्यक्ति प्रस्ताव में एक शब्द भी तर्क के विरुद्ध बताए या उसमें उलझन पैदा कर दे तो मैं विपक्ष के अनुरोध से उसके बदले अपना सिर काटने को तैयार हूँ।''

डा० वी०ए० स्मिथ का विचार है कि यह वाद-विवाद एक-तरफा था। उसकी शर्त न्याय-संगत न थी। हर्ष इस बात पर तुला हुआ था कि उसके कृपा-पात्र ह्वेनसांग की हार न होने पाये। भला ऐसी दशा में कौन विपक्ष में बोलता।

स्मिथ के इस विचार में सत्यता प्रकट होती है क्योंकि जिस समय विरोधी मतों को वाद-विवाद का निमंत्रण दिया गया तो किसी ने वाद-विवाद नहीं किया बल्कि उन्होंने ह्वेनसांग के जान से मार डालने के लिए षडयन्त्र रचने आरम्भ कर दिए। जब हर्ष को इसका पता लगा तो उसने घोषणा की—

''यदि कोई व्यक्ति धर्माचार्य को स्पर्श करेगा अथवा चोट पहुँचाएगा तो उसे मृत्यु दण्ड दिया जाएगा और जो उनके विरुद्ध कोई शब्द कहेगा उसकी जबान काट ली जाएगी। लेकिन जो लोग उनके उपदेशों से लाभ उठाना चाहते हैं वे सब मेरी सत्कामना पर विश्वास रखें और इस घोषणा पत्र से भयभीत न हो। 18 दिन ऐसे ही बिना वाद-विवाद के गुजर गए। किसी ने भी बहस करने की हिम्मत न की क्योंकि ह्वेनसांग को चुनौती देने का अर्थ हर्ष को चुनौती देना था। ह्वेनसांग ने महायान सम्प्रदाय की दिल खोल कर प्रशंसा की और सभा विसर्जित कर दी गई। ह्वेनसांग का शानदार जुलूस निकाला गया।

सी-यू-की से ज्ञात होता है कि ह्वेन-सांग की जान लेने के लिए षडयन्त्र नहीं रचा गया बल्कि हर्ष की जान लेने के लिए षडयंत्र रचा गया। सी-यू-की से ज्ञात होता है कि धार्मिक सभा के लिए जो अस्थाई पण्डाल को बनाया गया था उसमें आग लग गई। हर्ष यह सब कुछ देखने के लिए बुर्ज पर चढ़ा। जिस समय हर्ष नीचे उतर रहा था तो एक आदमी ने उस पर वार कर दिया परन्तु वह पकड़ लिया गया।

इस उल्लेख से हम निष्कर्ष पर पहुँचते हैं कि लोग या दूसरे धर्म वाले हर्ष की इस नीति के विरुद्ध हो गए थे और उन्होंने हर्ष की जान लेने की भी कोशिश की इसी कारण 500 ब्राह्मणों को देश निकाला दिया गया।

अन्त में 18 दिनों के पश्चात सम्मेलन समाप्त हो गया और चीनी यात्री की विजय के उपलक्ष में एक जुलूस निकाला गया। हर्ष ने यह भी घोषणा की कि ह्वेनसांग ने सभी विरोधी धर्मानुयायियों को पराजित करके महायान की सत्यता सिद्ध कर दी है।

(*v*) प्रयाग सम्मेलन

हर्ष के शासन काल का एक महत्वपूर्ण धार्मिक सम्मेलन प्रयाग सम्मेलन था। इसे पंचवर्षीय महामोक्ष परिषद् भी कहते हैं। ह्वेनसांग जिस प्रयाग समारोह में शामिल हुआ वह हर्ष के शासन काल का छठां समारोह था। इसके पूर्व पाँच अन्य प्रयाग सम्मेलन पाँच-पाँच वर्ष के अन्तर से हो चुके थे। ह्वेनसांग ने छठे समारोह का आँखों देखा हाल लिखा है। यह समारोह तीर्थराज प्रयाग में गंगा-यमुना के संगम पर होता था। यहाँ एक बड़ा मैदान था। इसमें घासफूस के अनेक झोपड़े बनाये जाते थे, वस्त्र आदि का संग्रह किया जाता था। इन झोपड़ों के बाहर भोजन कक्ष और विश्राम कक्ष थे।

प्रयाग सम्मेलन में भाग लेने के लिए हर्ष के अतिरिक्त इसके मित्र राजा और अधीनस्थ राजा एवं पदाधिकारी आये थे। इस अवसर पर दान लेने के लिए 5 लाख ब्राह्मण, श्रमण, परिव्राजक दीन, अनाथ आदि एकत्र हुए थे। समारोह के प्रथम दिन एक भव्य जुलूस निकाला गया और इसी के लिए एक भवन में महात्मा बुद्ध की मूर्ति स्थापित की गयी और खूब दान दिया गया। इसी प्रकार दूसरे दिन आदित्य (सूर्य)

भगवान की और तृतीय दिवस पर शिव की मूर्तियां स्थापित की गयीं, परन्तु दूसरे दिन और तीसरे दिन जो दान दिये गये वे पहले दिन से आधे थे। चतुर्थ दिवस पर 10 हजार बौद्ध भिक्षुओं में से प्रत्येक को सौ-सौ स्वर्ण मुद्रायें, एक मोती, वस्त्र, भोजन आदि दिये गये। फिर 20 दिनों तक ब्राह्मणों को और उसके पश्चात 10 दिनों तक बौद्धों और ब्राह्मणों के अतिरिक्त अन्य धर्मानुयायियों को दान दिया गया। अब ऐसे व्यक्तियों को, जो बिना आमंत्रण के दूर-दूर से प्रदेशों से आये थे, उन्हें 10 दिनों तक दान मिला। तत्पश्चात 30 दिन तक अनाथों और निर्धनों को दान दिया गया। इस समय तक दान करते-करते हर्ष ने अपना सारा राजकोष और अपने आभूषण इत्यादि दान कर दिये थे। अब उनके पास केवल हाथी, घोड़ों के अथवा शेष कुछ न बचा था। सब कुछ दान करने के बाद अन्त में हर्ष ने अपनी वहन राज्यश्री से पुराने वस्त्र मांगकर पहने और तत्पश्चात् दसों दिशाओं के बौद्धों की पूजा की। यह समारोह कुल ढाई महीने चला। इस प्रकार हर्ष ने दानशीलता में संसार के सामने एक अद्वितीय उदाहरण प्रस्तुत किया।

हर्षकालीन भारत की सामाजिक, आर्थिक तथा धार्मिक दशा

सामाजिक अवस्था

हर्षवर्धन के राज्य की परिस्थितियों का उल्लेख हमें ह्वेनसांग और उस समय के संस्कृत साहित्य के ग्रंथों में मिलता है। ह्वेनसांग के अनुसार उस समय ब्राह्मण, क्षत्रिय, वैश्य तथा शूद्र जातियों के अतिरिक्त पांचवीं मिश्रित जाति भी थी। लगता है कि उसने उपजातियों को मिश्रित जाति मान लिया है। उसके अनुसार ब्राह्मणों का समाज में बहुत सम्मान था, वे राज-काज में भी भाग लेते थे।

क्षत्रियों के विषय में ह्वेनसांग ने लिखा है कि वे सरल और निर्दोष जीवन बिताते थे। वैश्यों का काम वाणिज्य व्यापार था। शूद्रों का प्रधान व्यवसाय कृषि था। शूद्रों की दशा पहले से काफी सुधरी हुई थी। अछूतों की संख्या भी समाज में बहुत बड़ी थी जिन्हें नगर के बाहर रहना पड़ता था।

उत्तरी भारत और दक्षिणी भारत के शादी ब्याह की रस्मों में कुछ अन्तर था उदाहरणार्थ उत्तरी भारत में मामा की लड़की के साथ शादी करना अवैध था किन्तु दक्षिणी भारत में वैध समझा जाता था। सती प्रथा का प्रचलन था जैसे कि हर्ष की बहन राज्यश्री भी सती होने जा रही थी जबकि हर्ष ने ठीक अवसर पर उसको रोक लिया।

वस्त्राभूषण—रंग-विरंगे वस्त्र लोकप्रिय नहीं थे। अधिकतर सफेद वस्त्र पहने जाते थे। स्त्रियाँ दोनों कंधों को ढकता हुआ एक लम्बा वस्त्र पहना करती थीं। आभूषण का प्रयोग काफी होता था। विभिन्न प्रकार के आभूषण हार, कुण्डल, कड़ा आदि का काफी प्रयोग किया जाता था।

भोजन—ह्वेनसांग के विवरण से पता चलता है कि प्राय: लोग माँस नहीं खाते थे, लहसुन-प्याज से भी घृणा की जाती थी। मिट्टी के बर्तनों का प्रयोग केवल एक ही बार किया जाता था। घी, दूध, चीनी, मिश्री, रोटी आदि भोजन के प्रधान अंग थे। जन-साधारण का भोजन गेहूँ तथा चावल होता था।

निवास—अमीर लोग नगरों में रहते थे। सड़कें कम चौड़ी और टेढ़ी-मेढ़ी थीं। अमीर लोगों के मकान पक्के होते थे किन्तु गरीब लोगों के मकान कच्चे बने होते थे।

रीति-रिवाज—घर में बेटा उत्पन्न होने पर उत्सव मनाया जाता था। सन्तानोत्पत्ति के लिए औरतें भिन्न-भिन्न प्रकार के अनुष्ठान करती थीं। विभिन्न प्रकार के व्रतों और उत्सवों के भी उल्लेख मिलते हैं।

मनोरंजन के साधन—शतरंज और पासे का खेल काफी प्रचलित था। गाँव में मदारी, नट आदि घूम-घूम कर अपने करतब दिखलाते थे। नाटकों के अभिनय में इस समाज ने उन्नति की जैसा कि रंगशाला, संगीतशाला तथा चित्रशालाओं का उल्लेख तत्कालीन नाटक ग्रंथों में यत्र-तत्र किया गया है। प्रियदर्शिका और रत्नवली से पता चलता है कि चैत्र की पूर्णिमा की वसन्तोत्सव मनाया जाता था।

नारियों की स्थिति—बहुपत्नी प्रथा के प्रचलन से ही स्त्रियों की दशा जानी जा सकती है। विभिन्न साधनों से पता चलता है कि वे संगीत, नृत्य, चित्रकला तथा शिक्षा आदि में निपुण होती थीं तथापि उनका कौटुम्बिक जीवन पूर्णतया शांत न था। उच्चकुलों में पर्दा-प्रथा भी प्रचलित थी।

राजप्रसादों में जीवन का मापदंड—राजप्रसादों में विलासिता ही जीवन का एक मापदंड था। जीवन का ध्येय और महान् लक्ष्य नाच-गाना ही था। राज्य के उच्च पदाधिकारी और राजकुल के सदस्य विलासिता का जीवन व्यतीत करते थे। वे सुन्दरियों की अपना खिलौना समझते थे।

ह्वेनसांग की एक विलक्षण टीका—उसने भारत के विभिन्न प्रदेशों के निवासियों के विषय में एक अत्यन्त विलक्षण टीका हमारे सामने रखी है। वह लिखता है—कश्मीरी लोग डरपोक और धोखेबाज होते थे। मथुरा के लोग विद्वान और नैतिक आचरण का सम्मान करते थे, कन्नौज के लोग विद्या एवं कला के व्यसनी तथा स्पष्ट एवं अर्थपूर्ण वक्ता थे। मालवा के लोग बुद्धिमान तथा नम्र स्वभाव के होते थे (वाण का कादम्बरी भी इसकी पुष्टि करती है।)

आर्थिक अवस्था

लोगों का प्रमुख व्यवसाय कृषि था। वैश्य वर्ग उद्योग एवं वाणिज्य में लीन था और शूद्र अधिकतर कृषि कार्य करते थे। सिंचाई का प्रबन्ध अच्छा था जिससे कृषि

उपज में कोई कमी नहीं होती थी। पशुओं के चारे की समस्या को हल करने के लिए चारागाहों के वास्ते काफी भूमि छोड़ी जाती थी।

व्यापारियों की दशा अच्छी थी। व्यापारिक कारणों से ही कुछ नये नगरों की उन्नति दिखाई पड़ती है। बंगाल में ताम्रलिपि नाम की एक बन्दरगाह थी। पाटलिपुत्र से उज्जैन होता हुआ एक राजमार्ग भड़ौच तक जाता था जिससे काफी व्यापार होता था।

हर्ष कालीन शिक्षा, साहित्य एवं कला—ह्वेनसांग ने भारतीय शिक्षा की खूब प्रशंसा की है। मध्य देश के निवासियों की भाषा की स्पष्टता और शुद्धता पर तो वह मुग्ध हो गया। इस चीनी यात्री द्वारा हमें ज्ञात होता है कि सात वर्ष का बालक विद्या ग्रहण करने के लिए जाता था तथा बहुत से शास्त्रों का अध्ययन करता था। शिक्षा देने वाले प्राय: एकान्तवासी हैं, परन्तु दूर-दूर तक प्रसिद्ध हैं।

नालन्दा विश्वविद्यालय—ह्वेनसांग ने अनेक शिक्षा-केन्द्रों का उल्लेख किया है जिनमें सर्वप्रसिद्ध वल्लभी का हीनयान विश्वविद्यालय तथा नालन्दा का महायान विश्वविद्यालय था। जिस समय ह्वेनसांग इस विश्वविद्यालय में आया था उस समय इसमें दस सहस्त्र विद्यार्थी थे। हर्ष ने इसे अपार धनराशि दान रूप में दी थी। कुछ दूसरे साधनों से भी संस्था को पर्याप्त धन प्राप्त होता था क्योंकि इसें नि:शुल्क शिक्षा के अतिरिक्त विद्यार्थियों के भोजन-वस्त्रों का भी इन्तजाम किया जाता था। भारत-विख्यात शीलभद्र यहाँ का कुलपति था।

नालन्दा विश्वविद्यालय को कुमारगुप्त और उसके अनेक उत्तराधकारियों ने विशेष महत्व प्रदान किया था। हर्ष ने काफी धनराशि दी थी।

कला—हर्ष कालीन कला की प्रशंसा भी ह्वेनसांग ने की है, वह नालन्दा के मठों तथा विहारों की सुन्दरता को प्रशंसनीय बताता है और बुद्ध भगवान की आठ फीट ऊँची ताम्रमूर्ति की भी सराहना करता है। सीरपुर (राजपुर-जिला मध्य प्रदेश) का ईंटों वाला मन्दिर हर्षकालीन भवन-निर्माण-कला का एक सुन्दर नमूना है।

धार्मिक अवस्था

हर्ष के काल में बौद्ध धर्म फिर जोर पकड़ गया था परन्तु दूसरे धर्मों का प्रभाव भी कम नहीं था। ह्वेनसांग ने यहाँ पर जो कुछ भी देखा, बौद्ध दृष्टिकोण से देखा परन्तु फिर भी उसने दूसरे धर्मों की दशा संतोषजनक बताई है। हर्ष के काल में बौद्ध, ब्राह्मण तथा जैनधर्मों का काफी प्रचार था।

ब्राह्मण धर्म—प्रयाग तथा बनारस इसके मुख्य केन्द्र थे। लोग प्राय: शिव और विष्णु की पूजा अधिक करते थे। बाणभट्ट द्वारा हमें ज्ञात होता है कि यह मूर्तियाँ मन्दिरों में बनाई जाती थीं। ऊपर लिखे स्थानों के अतिरिक्त ब्राह्मण धर्म का कन्नौज में भी

काफी जोर था। डा. त्रिपाठी लिखते हैं—"ब्राह्मण धर्म वाले गाय की पूजा करते थे तथा इनमें कई प्रकार के साधु होते थे।"

जैन धर्म—वैशाली, पुन्डवर्धन, समतट तथा इनके अतिरिक्त दूसरे स्थानों पर जैन धर्म का प्रभाव कम हो गया था। यहाँ पर भी दिगम्बरों की ही सर्वप्रियता थी।

बौद्ध धर्म—इस काल में हीनयान के बजाए महायान अधिक सर्वप्रिय था। कन्नौज की सभा से भी इस विचार की पुष्टि होती है। हर्ष भी इस सम्प्रदाय में विश्वास रखता था। इस काल में ऐसा प्रतीत होता है कि बौद्ध धर्म कई भागों में बंट गया था।

14 दक्षिण-भारत के राजवंश

(I)

संगम-साहित्य पर आधारित प्राचीन सुदूर दक्षिण-भारत का इतिहास

सुदूर दक्षिण-भारत में प्राचीन पाण्ड्य-शासकों के संरक्षण में मदुरा में हुई विद्वानों की गोष्ठियों को 'संगम' पुकारा गया। इनका सर्वप्रथम उल्लेख 8वीं सदी में रचित इरैयनार अगप्पोरुल के भाष्य की भूमिका में प्राप्त होता है। इसमें तीन संगमों अथवा विद्वानों के सम्मेलनों का उल्लेख किया गया है। यह तीनों संगम पर्याप्त समय के अन्तर से संगठित किये गये थे। इरैयनार अगप्पोरुल के अनुसार इन संगमों में 8,598 कवियों ने भाग लिया और 197 पाण्ड्य-शासकों ने इनको संरक्षण प्रदान किया था। इसमें उल्लिखित कुछ शासकों और कवियों के नाम बाद के अभिलेखों और अन्य ग्रंथों में भी प्राप्त हुए हैं जिससे अनुमान किया गया है कि यद्यपि इसमें दिया गया सभी विवरण सत्य स्वीकार नहीं किया जा सकता, तब भी उसमें कुछ मात्रा में सत्य अवश्य है। संगम-साहित्य जो इन गोष्ठियों में तैयार किया गया, प्राय: काव्य के रूप में है। कुछेक कविताओं के अन्त में टिप्पणियाँ भी दी गयी हैं। ये सभी तमिल भाषा में लिखी गयी थीं और यह इस बात का प्रमाण है कि संस्कृत के अनेक शब्दों को आत्मसात करके तमिल भाषा पर्याप्त उन्नति कर चुकी थी तथा साहित्यिक भाषा कहलाने की अधिकारी थी। संगम-साहित्य की रचना का काल प्राय: 100 ई० से 250 ई० तक स्वीकार किया गया है। परन्तु सभी संगम-साहित्य अभी तक उपलब्ध नहीं है। जो कुछ भी प्राप्त हो सका है वह उस सम्पूर्ण साहित्य का एक भाग ही है जिसे निम्न ग्रंथों में संकलित किया गया है: नर्रिणई, कुरुन्दोहइ, रोन्गुरुनुस, पन्तुप्पतु, पदिदुप्पत्तु, परिपाड़ल, कलित्तोहई, अहनानुरु और पुरनानुरु।

संगम—साहित्य का सुदूर दक्षिण-भारत के प्राचीन इतिहास तथा संस्कृति के अध्ययन में महत्वपूर्ण स्थान है। उससे हमें सुदूर दक्षिण-भारत की राजनीतिक, सामाजिक एवं आर्थिक स्थिति, दक्षिण-भारत के विदेशों से व्यापारिक सम्बन्ध तथा उत्तर और दक्षिण भारत की संस्कृतियों के समन्वय का ज्ञान होता है। निश्चय ही संगम-साहित्य में बहुत कुछ कपोलकल्पित अथवा अतिशयोक्तिपूर्ण है परन्तु तब भी जब तक विद्वान

तत्कालीन अभिलेखों और अन्य ग्रंथों की सहायता प्राप्त कर नहीं लेते हैं तब तक तत्कालीन समाज, राजनीति एवं अर्थ-व्यवस्था को जानने में हमें उससे बहुत कुछ सहायता मिलती है।

संगम-साहित्य में हमें सुदूर दक्षिण-भारत के तीन प्राचीन राज्यों के राजनीतिक इतिहास के बारे में कुछ ज्ञान प्राप्त होता है। वे राज्य थे—चेर, चोल और पाण्ड्य राजवंश ई० पू० चौथी सदी में मैगस्थनीज ने पाण्ड्य-राज्य का उल्लेख किया था। कलिंग के शासक खारवेल के हाथी-गुम्फ अभिलेख में दिया गया है कि उसने सुदूर दक्षिण-भारत के तीन राजाओं के संघ को पराजित किया। इससे यह स्पष्ट है कि दक्षिण के ये तीनों राज्य प्राचीन राज्य थे। सम्भवतया, ई०पू० पहली सदी तक ही दक्षिण-भारत की राजनीति में ये तीनों राज्य प्रभावशाली बन चुके थे। इसके अतिरिक्त अनेक छोटे राज्य भी इस क्षेत्र में थे जिनमें से सात राज्यों का वर्णन भी संगम-साहित्य में प्राप्त होता है।

चेर राज्य—चेर-शासकों में प्रथम उल्लेखनीय नाम उदियनजेराल का है। उसका पुत्र नेपुलजेराल आदन एक यशस्वी शासक हुआ। उसने अपने राज्य का विस्तार किया। उसने 'अधिराज' की उपाधि ग्रहण की। उसके बारे में यह विवरण दिया गया है कि उसने हिमालय पर्वत तक विजय-यात्रा की। परन्तु यह अतिशयोक्ति है। अन्त में, वह समकालीन चोल-शासक से युद्ध करते हुए मारा गया यद्यपि उसने भी अपने विपक्षी को मार दिया। आदन के भाई कट्टुवन ने भी चेर-राज्य का विस्तार किया और 'अधिराज' की उपाधि ग्रहण की। उसके बारे में यह दिया गया है कि उसका राज्य पश्चिमी समुद्र-तट से पूर्वी समुद्र-तट तक फैला हुआ था। आदन का दूसरा पुत्र शेतगुट्टुवन भी एक यशस्वी शासक हुआ जिसने एक बड़ा जल-बेड़ा भी रखा। उसे एक साहसी योद्धा तथा कला एवं साहित्य को संरक्षण प्रदान करने वाला शासक बताया गया है। उसके शासन-काल में पत्तिनी (पत्नी) पूजा की प्रथा आरम्भ हुई जिससे यह अनुमान किया जाता है कि उस समय तक आर्यों की सभ्यता का प्रभाव वहाँ होने लगा था जिसके कारण दक्षिण का मातृप्रधान समाज पितृप्रधान समाज में परिवर्तित होने लगा था जिसका प्रतीक पत्नी-पूजा का आरम्भ होना था। इस काल में दक्षिण-भारत में गन्ने की खेती भी शुरू हुई। संगम-साहित्य में उल्लिखित अंतिम चेर-राजा कुडक्को इलन्जेराल इरंपोरई तथा मांदरजेराल इरंपोरई थे जिन्होंने क्रमश: चोल तथा पांण्ड्य शासकों से युद्ध किये।

चोल राज्य—प्रारम्भिक चोल-शासकों में करिकाल नाम के शासक का संगम-साहित्य में प्रमुख स्थान है। उसका उल्लेख कई कविताओं में किया गया है। उसका समय प्राय: 190 ई० का बताया गया है। 'पत्तुपात्तु' नामक एक कविता-संग्रह में बताया गया है कि प्रारम्भ में उसे बन्दी बना लिया गया था परन्तु वह कैद से भाग निकला और

अपनी योग्यता से उसने अपने सिंहासन को पुन: प्राप्त किया। उसने अनेक युद्ध किये, एक युद्ध में 11 राजाओं के संयुक्त समूह को परास्त करके उसने वेण्णिं नामक स्थान को विजय किया और एक अन्य युद्ध में 9 राजाओं की संयुक्त सेनाओं को परास्त किया। उसने सम्पूर्ण तमिल प्रदेश को जीता। उसने कहीं-कहीं अपना प्रत्यक्ष शासन स्थापित किया, जबकि बहुत से स्थानों का शासन अपने अधीनस्थ शासकों को ही करने दिया। उसने लोकहितकारी कार्य किये, सिंचाई की व्यवस्था की, कृषि-योग्य भूमि में वृद्धि की, कृषि और व्यापार को प्रोत्साहन दिया तथा राज्य में शान्ति और समृद्धि की व्यवस्था की। अनेक कवियों ने उसकी यशोगाथा का वर्णन किया। उसके विषय में किंवदन्तियाँ प्रख्यात हुईं जिनका उल्लेख 11वीं और 12वीं सदी में रचित साहित्य में भी हुआ। करिकाल के बारे में कहा गया है कि उसने अनेक वैदिक यज्ञ कराये। इससे प्रतीत होता है कि तीसरी सदी तक आर्य-सभ्यता सुदूर दक्षिण भारत में पर्याप्त लोकप्रिय हो गयी थी।

पाण्ड्य राज्य—संगम-साहित्य में पहले के पाण्ड्य-शासकों में नेडियोन, पल्शालह मुदुकुडुमी और सबसे अधिक नेंडुजेलियन का उल्लेख है। नेडियोन के बारे में कहा गया है कि उसने पहरूली नदी को अस्तित्व प्रदान किया और समुद्र की पूजा आरम्भ करायी। पल्शालह मुदुकुडुमी भी एक यशस्वी शासक हुआ जिसने अनेक यज्ञ कराये। परन्तु नेडुंजेलियन सर्वाधिक योग्य शासक हुआ जिसने अनेक शत्रुओं को परास्त किया, अपने समकालीन चेर-शासक को बन्दी बना लिया तथा अपने राज्य का विस्तार किया। वह एक कुशल शासक भी सिद्ध हुआ जिसने कृषि और व्यापार की वृद्धि में सहायता दी।

'पत्तुपातु' में दी गयी एक कविता का शीर्षक नत्ततनार है जिसका नायक राजा नल्लियक्कोडन है। नल्लियक्कोडन का समय 275 ई० के लगभग माना गया है और वह संगम-साहित्य में वर्णित अंतिम शासक है। उसी के वर्णन से पता लगता है कि उस समय तक यशस्वी शासकों का समय समाप्त हो गया था और तमिल-प्रदेश का राजनीतिक पतन शुरू हो चुका था।

राजनीतिक स्थिति—सम्भवतया, उस समय के ये तमिल-राज्य कुल-राज्य थे जिनमें राज्य-कुलों के सभी सदस्य किसी न किसी प्रकार शासन में भाग लेते थे। तब भी धीरे-धीरे वंशानुगत राजवंशों की व्यवस्था उन राज्यों में स्थापित हो गयी और राजा सर्वशक्तिमान होने लगे। लेकिन राजा निरंकुश नहीं होते थे। उनके अधिकार परम्पराओं, मंत्रियों के परामर्श और विद्वानों अथवा कवियों की मंत्रणा से सीमित होते थे। राजा से अपेक्षा की जाती थी कि वह आदर्श नैतिकता का पालन करेगा, प्रजा को पुत्रवत् मानेगा, कला, धर्म एवं साहित्य की उन्नति का प्रयत्न करेगा और न्याय की स्थापना करेगा।

राजा युद्ध और राज्य-विस्तार करना भी अपना लक्ष्य मानते थे। संगम-साहित्य में भी राजाओं के लिए चक्रवर्ती सम्राट बनने की लालसा का उल्लेख मिलता है। गाँव की देखभाल साधारणतया ग्राम-सभाएँ (मन्रम) करती थीं। उनका विकसित स्वरूप ही चोल-शासकों के समय में स्थापित स्थानीय स्वशासन की इकाइयाँ बनीं। राजाओं और उनके सामन्तों के पास बहुत सम्पत्ति थी जबकि निम्न वर्ग की आर्थिक स्थिति अच्छी न थी। राज्य की आय का मुख्य साधन कृषि से लगान और आन्तरिक एवं विदेशी व्यापार से एकत्रित होने वाला कर था। युद्ध में लूट का माल भी आय का एक साधन था। ऐसे भी अनेक विवरण प्राप्त होते हैं जिनमें पशुओं की चोरी अथवा अपहरण का वर्णन है। ये कार्य वहाँ की कबाइली जन-जातियों के द्वारा किये जाते थे, और यह उनके लिए दोषपूर्ण नहीं माना जाता था। सम्भवतया, पड़ौसी राज्यों में लूटमार करना भी उचित माना गया था। राजा के पास स्थायी सेना होती थी। रथ, हाथी, घोड़े और पैदल सेना के प्रमुख चार अंग थे। तलवार, धनुष-बाण, कवच, बर्छे, भाले, ढाल आदि अस्त्र-शस्त्र के रूप में प्रयोग में आते थे। राजा स्वयं युद्ध में भाग लेते थे। युद्ध में शत्रु-राज्य की फसलों को नष्ट किये जाने के विवरण हैं जिससे अनुमान किया गया है कि तमिल-सैनिक युद्ध में नैतिक नियमों का पालन नहीं करते थे। लेकनि युद्ध में मृत्यु को प्राप्त करना स्वर्ग को प्राप्त करना स्वीकार किया जाता था। राजा और सामन्तों का जीवन अत्यधिक विलासपूर्ण था जिसका वर्णन संगम-साहित्य में प्रचुर मात्रा में मिलता है।

सामाजिक स्थिति—संगम-साहित्य में यथेष्ठ रूप से यह प्रमाण प्राप्त होते हैं कि उत्तर और दक्षिण-भारत की संस्कृतियों का समन्वय सुदूर दक्षिण में हो गया था। यद्यपि जाति-व्यवस्था वहाँ पूर्णरूप से स्वीकार नहीं की गयी थी और सामाजिक विभक्तीकरण का आधार मुख्यतया व्यक्तियों के पेशे अथवा व्यवसाय थे, परन्तु ब्राह्मणों और क्षत्रियों अथवा युद्ध करने वाली जातियों ने समाज में श्रेष्ठ स्थान प्राप्त कर लिया था। ब्राह्मणों को दान-दक्षिणा, भूमि आदि देकर सन्तुष्ट करने का प्रयत्न शासन-वर्ग करता था जो समाज में एक प्रकार से क्षत्रियों का स्थान प्राप्त कर चुका था। आठ प्रकार के विवाहों का प्रचलन तमिल प्रदेश में भी हो गया था और वैदिक परम्परा के अनुसार विवाह को एक संस्कार माना जाने लगा था। स्त्रियों की स्थिति उत्तर-भारत की अपेक्षा अधिक श्रेष्ठ थी और वे शरीर-रक्षकों के रूप में भी कार्य करती थीं। परन्तु कहीं-कहीं पर सती-प्रथा का उल्लेख यह बताता है कि वैदिक-सभ्यता के प्रभाव के कारण स्त्रियों की स्थिति निम्न होने लगी थी और परिवार पितृसत्तात्मक होने लगे थे। समाज में निर्धनों का स्तर निम्न हो गया था, यद्यपि अस्पृश्यता का समावेश उस समय तक वहाँ के समाज में नहीं हुआ था।

आर्थिक स्थिति—संगम-साहित्य में तत्कालीन सुदूर दक्षिण-भारत को आर्थिक दृष्टि से बहुत सम्पन्न बताया गया है। इसकी पुष्टि पुरातत्व सम्बन्धी खोजों और बाद के अन्य साहित्यिक ग्रन्थों से भी होती है। वहाँ की भूमि की उर्वरता का वर्णन अनेक कवियों ने किया है। निश्चय ही कृषि वहाँ के निवासियों की सम्पन्नता का एक प्रमुख कारण था। विभिन्न शासकों ने सिंचाई आदि की व्यवस्था करके कृषि की उन्नति और कृषि-योग्य भूमि में वृद्धि की थी। जंगलों से प्राप्त विभिन्न वस्तुएं और समुद्र से प्राप्त होने वाले मोती भी इस आर्थिक सम्पन्नता के लिए उत्तरदायी थे। इनके अतिरिक्त, विदेशी व्यापार सुदूर दक्षिण-भारत की सम्पन्नता का एक बड़ा आधार था। दूसरी सदी तक वहाँ का व्यापार रोमन-साम्राज्य से प्रचुर मात्रा में था जिससे भारत को बहुत लाभ था। इसके अतिरिक्त, पश्चिम में मिस्र और अरब तथा पूर्व एवं दक्षिण-पूर्व में चीन और दक्षिण-पूर्वी एशिया के द्वीपसमूहों से चेर, चोल और पाण्ड्य राज्यों के व्यापारिक सम्बन्ध थे। पूर्वी और पश्चिमी दोनों तटों पर बहुत से बन्दरगाह थे। कावेरीपत्तिनम, एरिकामेडु, वसवसमुद्र आदि उन बन्दरगाहों में प्रमुख थे। भारत काली मिर्च, हाथीदाँत, विभिन्न औषधियाँ, मोती, मुख्यतया सूती-वस्त्र विदेशों को निर्यात करता था और उसके बदले में सोना, शराब और घोड़ों आदि का आयात करता था। विदेशी व्यापार भारत के पक्ष में था जिससे सुदूर दक्षिण-भारत के राज्य सम्पन्न थे। एक अज्ञात लेखक की रचना पेरिप्लस ऑफ दी एरीथियन सी नामक ग्रन्थ से उस काल के इन राज्यों के विदेशी व्यापार के सम्बन्ध में विस्तृत जानकारी प्राप्त होती है। यह ग्रन्थ ईसा पूर्व की पहली सदी में लिखा गया था। इससे पता लगता है कि भारत के रोमन-साम्राज्य से घनिष्ठ व्यापारिक सम्बन्ध थे। नौरा, तोण्डी, मुशिरी और नेल्सिंडा पश्चिमी समुद्र-तट के बड़े बन्दरगाह थे, और भारत से बड़ी मात्रा में गर्म मसाले, हाथी-दाँत, मोती, मलमल, रेशमी कपड़े, बहुमूल्य रत्न आदि विदेश भेजे जाते थे। उन राज्यों में आन्तरिक व्यापार भी प्रचुर मात्रा में होता था जो अधिकांशतया विनियम से होता था। पशु, जड़ी-बूटी, मछली का तेल, ताड़ी, गन्ना आदि वस्तुओं की अदला-बदली अर्थात् विनियम का उल्लेख बहुत स्थानों पर किया गया है। तीसरी सदी तक ये राज्य सम्पन्न रहे यद्यपि इस सम्पन्नता का लाभ मुख्यतया शासक-वर्ग ने उठाया जिसके पास बड़े भवन और विलासिता की सभी सामग्री उपलब्ध थीं। जनसाधारण का जीवन निर्धनता का था। तीसरी सदी के उपरान्त विदेशी व्यापार में कमी हो जाने से इन राज्यों की सम्पन्नता में कमी आ गयी जो इन राज्यों के पतन का एक कारण बनी।

धार्मिक स्थिति—सुदूर दक्षिण के इन राज्यों में सबसे अधिक प्रसार ब्राह्मण वैदिक धर्म का हुआ। जनश्रुति के अनुसार सर्वप्रथम ऋषि अगस्त्य ने सुदूर दक्षिण में ब्राह्मण धर्म का प्रचार किया। ऐसा विवरण प्राप्त होता है कि अगस्त्य ने विन्ध्याचल पर्वत को नतमस्तक कराया, इलबल और वातापि नामक राक्षसों का विनाश किया और

समुद्र को भी पी गये और वहाँ छिपे हुए राक्षसों का विनाश किया। ये घटनाएं उनके द्वारा ब्राह्मण धर्म के वहाँ प्रसार किये जाने के संबंध में हैं। अगत्स्य के समान ही एक अन्य ऋषि कौंडिन्य ने भी सुदूर दक्षिण में ब्राह्मण धर्म का प्रचार किया। अनेक शिलालेखों और ताम्रपत्रों में इस गौत्र के ब्राह्मणों को भूमि दान में दिये जाने के उल्लेख है। अगस्त्य के बारे में कहा गया है कि उन्होंने ही तमिल भाषा तथा व्याकरण की उत्पत्ति की। ब्राह्मण धर्म के यज्ञ और कर्मकाण्डों का प्रारम्भ भी सुदूर दक्षिण में हुआ। वहाँ बाद में ब्राह्मण धर्म में दक्षिण-भारत की प्राचीन परम्पराएं भी सम्मिलित हो गयीं। दक्षिण-भारत में मुरुगन अथवा मुरुगन की उपासना बहुत प्राचीन है। इस मुरुगन को वैदिक देवता कार्तिकेय का स्वरूप माना गया है। इसके अतिरिक्त वहाँ शिव, अर्द्धनारीश्वर, कृष्ण, बलराम, विष्णु, इन्द्र आदि की भी पूजा आरम्भ हुई। बलि-प्रथा दक्षिण-भारत की प्राचीन परम्परा और वैदिक कर्मकाण्ड की प्रथा के समन्वय के रूप में वहाँ प्रचलित हुई।

सुदूर दक्षिण में बौद्ध और जैनधर्म का भी प्रसार हुआ। बौद्धधर्म से संबंधित स्तूप, बुद्ध का चरण-चिन्ह, धर्मचक्र आदि विभिन्न स्थानों पर प्राप्त हुए हैं। बाद में नागार्जुनकोंड और कांचिपुरम् दक्षिण-भारत में बौद्धधर्म के प्रमुख स्थान बने। ये सभी इस बात का प्रमाण हैं कि दक्षिण-भारत में बौद्धधर्म पहले ही पहुँच गया था। सम्भवतया सम्राट अशोक के समय में ही बौद्धधर्म वहाँ लोकप्रिय हो गया था। जैन धर्म भी, सम्भवतया, मौर्य-काल में ही दक्षिण-भारत में फैला और उसका प्रारम्भ आचार्य भद्रबाहु के वहाँ जाने से उस समय में हुआ जबकि महावीर की मृत्यु के 200 वर्ष पश्चात् मगध में गम्भीर अकाल पड़ा और भद्रबाहु अपने शिष्यों को लेकर वहाँ गये।

इस प्रकार संगम-साहित्य हमें सुदूर दक्षिण-भारत के प्राचीन इतिहास को जानने में बहुत सहायता करता है। तीसरी सदी तक के सुदूर दक्षिण-भारत के इतिहास का पता हमें उससे लगता है यद्यपि हमें अन्य ऐतिहासिक स्रोतों और साहित्य की सहायता भी इस कार्य में लेनी पड़ती है।

(II)

दक्षिण-भारत के प्रमुख राजवंश (600-1200 ई०)

दक्षिण-भारत के साम्राज्यों के युग को, सर्वप्रथम, सातवाहन-शासकों ने आरम्भ किया। ई०पू० पहली सदी के अंतिम चरण से लेकर तीसरी सदी के प्रारम्भ तक सातवाहन-शासकों ने दक्षिण-भारत के चेर, चोल और पाण्ड्य राज्यों के अतिरिक्त दक्षिण-भारत के अधिकांश भाग और उत्तर-भारत के भी कुछ भाग को अपने राज्य में सम्मिलित करके दक्षिण-भारत के इतिहास को गौरवपूर्ण बनाया। उनके पश्चात् दक्षिण-

भारत की राजनीति वाकाटक-नरेशों के हाथों में गयी जिन्होंने तीसरी सदी के बाद के चरण से छठी सदी के प्रारम्भ के समय तक वहाँ एक विशाल साम्राज्य को बनाये रखने में सफलता प्राप्त की। उसके पश्चात् दक्षिण-भारत की राजनीति में प्रमुख भाग चालुक्य, राष्ट्रकूट, पल्लव और चोल-शासकों से लिया। 600-1200 ई० के मध्य दक्षिण-भारत के प्रमुख राजवंश यही थे।

600-1200 ई० के दक्षिण-भारत के इतिहास की समता एक दृष्टि से उत्तर-भारत के समकालीन इतिहास से की जा सकती है। कदम्ब, गंग, चेर आदि राजवंशों के अतिरिक्त इस काल में कुछ ऐसे शक्तिशाली राजवंशों का उत्थान हुआ जिन्होंने दक्षिण-भारत में एकछत्र राज्य स्थापित करने का प्रयत्न किया। वाकाटक-वंश के पतन के उपरान्त दक्षिणापथ के चालुक्य और राष्ट्रकूट तथा सुदूर दक्षिण के पल्लव, चोल एवं पाण्ड्य राजवंशों ने दक्षिण-भारत में उसी प्रकार एकछत्र राज्य स्थापित करने का प्रयत्न किया जिस प्रकार उत्तर-भारत में प्रतिहार और पाल-वंश के शासकों ने किया था। इसका परिणाम भी इन राजवंशों में एक लम्बे समय तक पारस्परिक संघर्ष का होना था। छठी शताब्दी के मध्य से आगे आने वाले प्राय: 200 वर्षों तक बादामी के चालुक्य, काँची के पल्लव और मदुरा के पाण्ड्य राजवंश निरन्तर आपस में संघर्ष करते रहे। इसके पश्चात् बादामी के चालुक्यों का स्थान राष्ट्रकूटों ने ले लिया और प्राय: 100 वर्ष तक राष्ट्रकूटों, पल्लवों और पाण्ड्यों में संघर्ष चला। 9वीं सदी के मध्य में पल्लवों और पाण्ड्यों का स्थान चोल-वंश ने ले लिया और उन्होंने कल्याणी के चालुक्यों से संघर्ष किया। इन वंशों के कुछ शक्तिशाली सम्राटों ने उत्तर-भारत की राजनीति में भी हस्तक्षेप किया और कभी-कभी यह हस्तक्षेप अत्यन्त प्रभावी सिद्ध हुआ। परन्तु मुख्यतया उनके संघर्ष का क्षेत्र दक्षिण-भारत रहा। इन राजवंशों के सम्राट भी उत्तर-भारत के सम्राटों की भांति दक्षिण-भारत को जीतने के लिए अपने आक्रमण शुरू किये उस समय दक्षिण-भारत में कुछेक छोटे राज्यों के अतिरिक्त देवगिरि के यादव-वंश, वारंगल के काकतीय-वंश, द्वारसमुद्र के होयसल-वंश और मदुरा के पाण्ड्य-वंश के राज्य प्रमुख थे। उत्तर-भारत की राजनीति से पूर्णतया उदासीन और उसके परिणामों से अनभिज्ञ दक्षिण-भारत के ये राज्य उस समय भी अपनी-अपनी सीमाओं के विस्तार के लिए एक-दूसरे के प्रतिद्वन्द्वी बने हुए थे। अलाउद्दीन ने एक-एक करके और विभिन्न अवसरों पर एक का दूसरे के विरुद्ध प्रयोग करके उन सभी को पराजित किया। अलाउद्दीन ने उनको दुर्बल करके छोड़ दिया परन्तु गयासुद्दीन तुगलक और मुहम्मद बिन-तुगलक केवल इसी से सन्तुष्ट न रहे। उन्होंने उनके अस्तित्व को समाप्त करके उन्हें दिल्ली-सल्तनत के अधीन कर दिया। इस प्रकार दक्षिण-भारत के इतिहास का क्रम वही रहा जो उत्तर-भारत का रहा, यद्यपि इसमें कुछ देर अवश्य हुई। निस्सन्देह, इन संघर्षों के बीच भी विभिन्न राजवंशों ने साहित्य, धर्म, ललित-कलाओं (भवन-निर्माण-कला,

मूर्ति-कला, चित्र-कला) आदि की प्रगति में सहयोग दिया और भारत की सांस्कृतिक प्रगति में सराहनीय योगदान दिया परन्तु राजनीतिक दृष्टि से उन सभी का परिणाम समान रहा। वे सभी अन्त में मुस्लिम आक्रमणों का शिकार हो गये।

(क) चालुक्य-वंश

चालुक्य-वंश की मुख्य शाखा जिसने इस वंश के साम्राज्य की नींव डाली, बादामी अथवा वातापी (बीजापुर जिला) के चालुक्यों की थी। बादामी के चालुक्यों को प्रारम्भिक पश्चिमी चालुक्य भी पुकारा गया है। उनकी एक शाखा वेंगी अथवा पिष्टपुर के पूर्वी चालुक्य थे जिन्होंने 7वीं सदी के प्रारम्भ में अपने लिए एक स्वतंत्र राज्य की स्थापना की परन्तु वे अन्त में राष्ट्रकूट-शासकों के अधीन हो गये। इनकी एक अन्य शाखा कल्याणी के चालुक्य थे जिन्हें बाद में पश्चिमी या पिछले चालुक्य भी पुकारा गया और जिन्होंने 10वीं सदी के उत्तरार्द्ध में राष्ट्रकूट शासकों से अपने वंश के राज्य को पुनः छीन लिया और एक बार फिर चालुक्यों की कीर्ति को स्थापित किया।

1. बादामी के चालुक्य

बादामी के चालुक्यों ने छठी सदी के मध्य से लेकर 8वीं सदी के मध्य तक के प्रायः 200 वर्षों के समय में 'दक्षिणापथ' (विन्ध्याचल पर्वत और कृष्णा नदी के बीच के भाग को जिसमें पश्चिम में महाराष्ट्र और पूर्व में तेलगू भाषा-भाषी प्रदेश सम्मिलित था, साधारणतया दक्षिणपथ पुकारा गया है) में एक विस्तृत साम्राज्य का निर्माण किया। डॉ० स्मिथ ने चालुक्यों को गुर्जर जाति से संबंधित एक विदेशी जाति बताया। परन्तु आधुनिक समय में न तो गुर्जरों को विदेशी माना जाता है और न चालुक्यों को। डॉ० डी०सी० सरकार ने उनको स्थानीय कन्नड़-परिवार का माना है। जिनको बाद में क्षत्रियों का स्थान प्रदान किया गया। डॉ० सरकार का कहना है कि उन्होंने अपने वंश के इस नाम को चल्क, चलिक अथवा चलुक नाम के किसी प्राचीन व्यक्ति से प्राप्त किया और चालुक्य कहलाने लगे।

इस वंश का सबसे पहला शासक जिसके बारे में कुछ पता लगता है, जयसिंह था। उसके पश्चात् उसका पुत्र रनराग सिंहासन पर बैठा। रनराग का पुत्र पुलकेशी प्रथम (535-566 ई०) हुआ जिसने वातापी (बादामी) के किले का निर्माण किया और उसे अपनी राजधानी बनाया। उसका उत्तराधिकारी कीर्तिवर्मा प्रथम (566 अथवा 567-597 अथवा 598 ई०) था जिसने कदम्ब, कोंकण, नल आदि राजवंशों के राजाओं को परास्त करके अपने राज्य का विस्तार किया। उसकी मृत्यु के पश्चात् उसके भाई मंगलेश (597 अथवा 598-610 अथवा 611 ई०) ने गद्दी के उत्तराधिकारी पुलकेशी द्वितीय का संरक्षक बनकर शासन किया। उसके पश्चात पुलकेशी द्वितीय शासक हुआ।

पुलकेशी द्वितीय (610 अथवा 611 से 642 ई०)—पुलकेशी द्वितीय ने अपने चाचा मंगलेश से युद्ध करके सिंहासन प्राप्त किया क्योंकि मंगलेश उसके वयस्क हो जाने के पश्चात् भी उसे सिंहासन देने के लिए तत्पर न हुआ था। इस कारण पुलकेशी के शासन का प्रारम्भ संघर्ष और कठिनाईयों से आरम्भ हुआ। परन्तु उसने अपनी योग्यता से चालुक्यों को श्रेष्ठता प्रदान की उसने दक्षिण में कदम्बों को परास्त किया, मैसूर के गंग और आलूप शासकों को अपनी अधीनता स्वीकार करने के लिए बाध्य किया, कोंकण के मौर्यों को परास्त करके उनकी राजधानी राजपुरी (एलिफेन्टा) पर अधिकार कर लिया, उत्तर में लाट, मालव और गुर्जर-शासकों को अपनी अधीनता मानने के लिए बाध्य किया, पूर्व में कलिंगों को परास्त किया और पिष्टपुर को जीत कर अपने भाई विष्णुवर्धन (जिसने पिष्टपुर को राजधानी बनाकर पूर्वी चालुक्यों के स्वतंत्र राज्य की स्थापना की) को अपना राज्यपाल बनाया। परन्तु उसकी सबसे प्रशंसनीय विजय सम्राट हर्ष के विरुद्ध थी जिसके कारण हर्ष दक्षिण-भारत में प्रवेश न कर सका। पुलकेशी द्वितीय के समय में चालुक्यों और सुदूर दक्षिण के पल्लव-शासकों में भी संघर्ष आरम्भ हुआ। पुलकेशी ने पल्लव-शासक महेन्द्रवर्मा को परास्त किया और उसके राज्य की सीमाओं को अपने राज्य में सम्मिलित कर लिया। तत्पश्चात् उसने चोल, चेर और पाण्ड्य राज्यों से मित्रता की जिससे वे पल्लवों के विरुद्ध उसके सहायक बने रहें। परन्तु महेन्द्रवर्मा के उत्तराधिकारी नरसिंहवर्मा (630-668 ई०) ने उस पराजय का बदला लिया। उसने पुलकेशी को पराजित ही नहीं किया अपितु चालुक्यों की राजधानी बादामी पर अधिकार कर लिया। 642 ई० के लगभग इन्हीं युद्धों में पुलकेशी मारा गया। इस प्रकार पुलकेशी अन्त में पल्लवों से पराजित हुआ। परन्तु उसने चालुक्यों को जो श्रेष्ठता और गौरव प्रदान किया था वह उसकी मृत्यु के पश्चात् भी समाप्त न हो सका। उसके उत्तराधिकारियों ने पल्लवों से संघर्ष को जारी रखा।

विक्रमादित्य प्रथम (655-681 ई०)—पुलकेशी द्वितीय की मृत्यु के समय पल्लवों ने बादामी और चालुक्यों के राज्य के दक्षिणी भाग पर अधिकार कर रखा था। इसका लाभ उठाकर चालुक्यों के राज्यपालों ने स्वयं को स्वतंत्र घोषित कर दिया। पुलकेशी के पुत्र पल्लवों से संघर्ष करते रहे और सम्भवतया आपस में भी संघर्ष करते रहे जिसके कारण 642 ई० से प्राय: 655 ई० तक हमें किसी चालुक्य-शासक के नाम का पता नहीं लगता। अन्त में, इस संघर्ष में पुलकेशी का छोटा पुत्र विक्रमादित्य सफल हुआ। उसने बादामी पर अधिकार कर लिया और पल्लवों को अपने राज्य से बाहर निकाल दिया। विक्रमादित्य अपने पिता के समान ही योग्य था। उसने चोल, चेर और पाण्ड्य शासकों को परास्त किया। उसने अपने वंश के अपमान का बदला लेने के लिए पल्लव-शासक महेन्द्रवर्मा द्वितीय और परमेश्वरवर्मा प्रथम से युद्ध किये, उनको पराजित

किया तथा कुछ समय के लिए उनकी राजधानी कांची पर भी अपना अधिकार कर लिया। परन्तु उनकी यह विजय स्थायी नहीं रही। बाद में परमेश्वरवर्मा प्रथम ने विक्रमादित्य को परास्त करके अपने सम्पूर्ण राज्य को चालुक्यों से छीन लिया।

विक्रमादित्य के महत्वपूर्ण उत्तराधिकारी विनयादित्य (681-696 ई०) और विक्रमादित्य द्वितीय (733-744 ई०) हुए। विनयादित्य ने पल्लवों से युद्ध करने के अतिरिक्त उत्तर-भारत पर भी सफल आक्रमण किये जबकि विक्रमादित्य द्वितीय ने पल्लव-नरेश परमेश्वरवर्मा को परास्त करने में सफलता पायी।

कीर्तिवर्मा (744-753 ई०) बादामी के चालुक्यों का अंतिम शासक हुआ। पल्लव-शासकों से हुए संघर्षों ने चालुक्यों की शक्ति को दुर्बल बना दिया था। अपनी दुर्बल स्थिति में कीर्तिवर्मा अपने उत्तर-भारत के राज्यपालों की ओर पूर्ण ध्यान न दे सका। उन्हीं में से राष्ट्रकूट-वंश के दन्तिदुर्ग ने कीर्तिवर्मा के राज्य के अधिकांश भाग को जीतकर राष्ट्रकूटों के वैभव-काल को आरम्भ किया। दन्तिदुर्ग की मृत्यु के पश्चात् कीर्तिवर्मा ने अपने राज्य को पुन: प्राप्त करने का प्रयत्न किया परन्तु वह असफल हुआ और दन्तिदुर्ग के उत्तराधिकारी कृष्णा प्रथम ने उसके बचे हुए राज्य को भी उससे छीनकर बादामी के चालुक्यों के राज्य को समाप्त कर दिया।

2. वेंगी के पूर्वी चालुक्य

पुलकेशी द्वितीय के भाई विष्णुवर्धन को पिष्टपुर का राज्यपाल बनाया गया था। परन्तु उसने बहुत शीघ्र ही अपने को स्वतंत्र शासक घोषित कर दिया। इस प्रकार पूर्वी चालुक्यों के स्वतंत्र राज्य का निर्माण हुआ और विष्णुवर्धन प्रथम (615-633 ई०) उसका पहला शासक हुआ। पूर्वी चालुक्यों की पहली राजधानी पिष्टपुर थी, उसके पश्चात् वेंगी बनी और अन्त में राजमहेन्द्री बनी। विष्णुवर्धन के पश्चात् क्रमश: जयसिंह (633-663 ई०), इन्द्रवर्मन (633 ई०), विष्णुवर्धन द्वितीय (663-672 ई०), सर्वकोकासराय (672-696 ई०) जयसिंह द्वितीय (696-709 ई०), कोकुल विक्रमादित्य (709 ई०), विष्णुवर्धन तृतीय (709-746 ई०) और विजयादित्य प्रथम (746-764 ई०) शासक हुए। विजयादित्य के समय में राष्ट्रकूटों ने बादामी के चालुक्यों को समाप्त कर दिया और उसके पश्चात् पूर्वी चालुक्यों को समाप्त करने के प्रयत्न आरम्भ किये जिसके कारण राष्ट्रकूटों और पूर्वी चालुक्यों का संघर्ष शुरू हुआ।

विजयादित्य का उत्तराधिकारी उसका पुत्र विष्णुवर्धन चतुर्थ (764-799 ई०) हुआ। उसके समय में 769 ई० में राष्ट्रकूटों ने विष्णुवर्धन को परास्त करके उसे अपना आधिपत्य स्वीकार करने के लिए बाध्य किया। 779 ई० में गोविन्द द्वितीय और उसके भाई ध्रुव में राष्ट्रकूट-सिंहासन के लिए संघर्ष हुआ। इसमें चालुक्यों ने गोविन्द की

सहायता की। परन्तु अन्त में ध्रुव विजयी हुआ और उसने चालुक्यों को पराजित करके अपमानित किया। विष्णुवर्धन का उत्तराधिकारी विजयादित्य द्वितीय (799-847 ई०) हुआ यद्यपि उसके भाई भीम ने राष्ट्रकूट-शासक गोविन्द तृतीय की सहायता लेकर कुछ वर्षों के लिए उससे सिंहासन छीन लिया, परन्तु अन्त में विजय विजयादित्य की ही हुई। विजयादित्य ने 12 वर्ष तक राष्ट्रकूट और गंग-शासकों से संघर्ष किया। आरम्भ में वह सफल भी हुआ परन्तु अन्त में गोविन्द तृतीय के उत्तराधिकारी अमोघवर्ष ने उसे राष्ट्रकूटों का आधिपत्य स्वीकार करने के लिए बाध्य किया। विजयादित्य का उत्तराधिकारी विष्णुवर्धन पंचम (847-848 ई०) हुआ परन्तु उसने केवल 18 या 20 माह शासन किया। उसके पश्चात् उसका पुत्र विजयादित्य तृतीय (848-852 ई०) शासक हुआ। विजयादित्य तृतीय इस वंश का सबसे अधिक शक्तिशाली शासक हुआ जिसने पल्लव, पाण्ड्य, पश्चिमी गंग, दक्षिणी कोसल, कलिंग, कलचुरि और राष्ट्रकूट-शासकों को परास्त किया।

विजयादित्य तृतीय के पश्चात् चालुक्य भीम (892-921 ई०) शासक बना। उसका सम्पूर्ण शासन-काल राष्ट्रकूट-शासक कृष्णा द्वितीय से संघर्ष करते हुए व्यतीत हुआ। वह कई बार परास्त भी हुआ परन्तु अन्त में वह राष्ट्रकूटों को अपने राज्य की सीमाओं से बाहर निकालने में सफल हुआ। परन्तु इस संघर्ष ने चालुक्यों की शक्ति को बहुत दुर्बल कर दिया। चालुक्य भीम के पश्चात् क्रमश: विजयादित्य चतुर्थ (921-922 ई०), अम्मा प्रथम (922-929 ई०) और विजयादित्य पंचम शासक हुए। विजयादित्य पंचम ने केवल 15 दिन शासन किया और ताल ने उसे सिंहासन से हटा दिया। उस समय से चालुक्यों में पारस्परिक प्रतिद्वन्द्विता की शुरूआत हुई। राजवंश के विभिन्न व्यक्तियों ने बाहरी शक्तियों की सहायता लेकर सिंहासन पर अधिकार करने का प्रयत्न किया जिसके कारण शासकों में जल्दी-जल्दी परिवर्तन हुए और क्रमश: विक्रमादित्य द्वितीय (9-11 माह), भीम द्वितीय (8 माह), और युद्धमल्ल द्वितीय (930-935 ई०) शासक हुए। मल्ल के समय में आन्ध्र प्रदेश में राष्ट्रकूट पूर्ण शक्तिशाली बन चुके थे। मल्ल को परास्त करके चालुक्य भीम तृतीय (935-946 ई०) ने प्राय: 12 वर्ष शासन किया। उसके पश्चात् अम्मा द्वितीय (946-956 ई०), बादप, ताल द्वितीय, पुन: अम्मा द्वितीय, दानारनव और चोडा भीम शासक हुए। अन्त में, चोल-शासक राजपाल की सहायता लेकर शक्तिवर्मा प्रथम (दानारनव का पुत्र) ने वेंगी पर अधिकार (999 ई० में) कर लिया। उसके समय से चालुक्यों की स्वतंत्र सत्ता नष्ट हो गयी और वे चोल-शासकों के अधीन शासक मात्र रह गये। इस प्रकार, राष्ट्रकूट-शासकों ने संघर्ष और अपनी आन्तरिक फूट के कारण 10वीं सदी के अन्त में पूर्वी चालुक्यों का स्वतंत्र अस्तित्व नष्ट हो गया।

3. कल्याणी के पिछले चालुक्य

कल्याणी के चालुक्य राष्ट्रकूट-शासकों के अधीन थे। अंतिम राष्ट्रकूट-शासक कर्क के समय में उसके चालुक्य सामन्त तैल द्वितीय ने विद्रोह किया और कर्क को परास्त करके राष्ट्रकूटों के राज्य पर अधिकार कर लिया। गंग-शासक मारसिंह ने अपने भतीजे और राष्ट्रकूट-वंशज इन्द्र की तरफ से एक बार फिर राष्ट्रकूटों के राज्य को प्राप्त करने का प्रयत्न किया परन्तु उसकी पराजय हुई। इस प्रकार, तैल द्वितीय ने पिछले चालुक्यों के साम्राज्य का निर्माण राष्ट्रकूट-साम्राज्य के अवशेषों पर किया।

तैल द्वितीय (993-997 ई०) एक महान् योद्धा हुआ। उसने चेदि, उड़ीसा, कुन्तल, गुजरात के चौलुक्य, मालवा के परमार-शासक मुंज और चोल-शासक उत्तम को परास्त किया। उसने लाट और पांचाल-प्रदेश को अपने अधीन कर लिया। इस प्रकार, विभिन्न युद्धों में भाग लेकर उसने चालुक्यों के एक बड़े साम्राज्य का निर्माण किया। वह अपने को बादामी के महान् चालुक्य-शासकों का वंशज बताता था। उसने पुनः उनकी कीर्ति की स्थापना की।

तैल के उत्तराधिकारी सत्याश्रय (997-1108 ई०) को भी अनेक युद्ध लड़ने लड़े। उसे परमार-शासक सिन्धुराज और कलचुरि-शासक कोक्कल द्वितीय ने परास्त किया परन्तु उसने चोल-शासक राजाधिराज को परास्त करने में सफलता पायी। सत्याश्रय के उत्तराधिकारी विक्रमादित्य पंचम (1008-1014 ई०) और अय्यन द्वितीय (1014-1015 ई०) का शासन-काल महत्वहीन रहा। उनके पश्चात् जयसिंह द्वितीय (1015-1043 ई०) को कलचुरि के गांगेयदेव, परमार भोज और राजेन्द्र चोल जैसे शक्तिशाली राजाओं की सम्मिलित शक्ति का मुकाबला करना पड़ा। झगड़े का मुख्य कारण चालुक्यों तथा चोल-शासकों का वेंगी के पूर्वी चालुक्य-राज्य पर अधिकार करने का प्रयत्न था। परन्तु जयसिंह अपने राज्य की रक्षा करने में असमर्थ रहा। उसके पश्चात् सोमेश्वर प्रथम (1043-1068 ई०) शासक बना। उसने कोंकण को जीता, मालवा, गुजरात, दक्षिणी-कोसल और केरल पर आक्रमण किये तथा कलचुरि-शासक कर्ण से युद्ध किया। परन्तु उसका मुख्य झगड़ा चोल-शासकों से रहा। चोल-शासक राजाधिराज ने उसकी राजधानी कल्याणी को लूटने में सफलता पायी परन्तु सोमेश्वर संघर्ष करता रहा और अन्त में एक युद्ध में राजाधिराज चोल मारा गया। परन्तु उसके भाई राजेन्द्र चोल द्वितीय ने सोमेश्वर के आक्रमणों के विरुद्ध चोल-राज्य की रक्षा करने में सफलता पायी और अन्त में 1063 ई० में सोमेश्वर की पराजय हुई। सोमेश्वर प्रथम के पश्चात् सोमेश्वर द्वितीय (1068-1076 ई०) और उसके बाद विक्रमादित्य षष्ठ (1076-1126 ई०) शासक बना। विक्रमादित्य ने अनेक राजाओं से युद्ध करके अपने राज्य का विस्तार किया। उसका राज्य उत्तर में नर्मदा नदी और दक्षिण में कड़प्पा तथा मैसूर तक फैला

हुआ था। विक्रमादित्य के पश्चात् सोमेश्वर तृतीय (1126-1138 ई०), जगदेव मल्ल (1138-1151 ई०) और तैल शासक हुए। तैल के समय में चालुक्य-राज्य छिन्न-भिन्न हो गया। उसने चौलुक्य कुमारपाल और कलोत्तुंग चोल के विरुद्ध तो सफलता पायी परन्तु काकतीय राजाओं के विरुद्ध उसकी पराजय हुई। अन्त में, उसी के सेनापति विज्जल ने उसकी राजधानी कल्याणी पर अपना अधिकार कर लिया। 1156-1181 ई० के मध्य-काल में वास्तविक सत्ता विज्जल और उसके वंश के उत्तराधिकारियों के हाथों में रही। 1181 ई० में सोमेश्वर चतुर्थ (1181-1189 ई०) ने अपने वंश के राज्य पर अधिकार कर लिया परन्तु यादव-शासक भिल्लम ने उसे परास्त करके भागने पर बाध्य किया। सोमेश्वर चतुर्थ को जो चालुक्य-वंश का अंतिम शासक हुआ, गोआ में अपने ही एक अधीन सामन्त के यहाँ रहकर अपना शेष जीवन व्यतीत करना पड़ा।

4. चालुक्य-वंश की उपलब्धियाँ

चालुक्य-वंश के शासकों ने दक्षिणापथ में एक विशाल साम्राज्य स्थापित किया। बादामी के चालुक्यों ने प्राय: 200 वर्षों तक और उसी प्रकार कल्याणी के चालुक्यों ने भी बाद में प्राय: उतने ही समय तक इस साम्राज्य तथा इसकी कीर्ति को स्थापित रखा। इस वंश के शासकों में अनेक शासक महान् योद्धा हुए और उन्होंने उत्तर तथा दक्षिण-भारत के अनेक यशस्वी शासकों को परास्त करने में सफलता पायी। उनमें से अनेक ने परमेश्वर, परमभट्टारक आदि उपाधियां ग्रहण कीं। इस प्रकार, दक्षिण-भारत की राजनीति में उनका स्थान एक लम्बे समय तक महत्वपूर्ण रहा।

परन्तु राजनीति के अतिरिक्त उन्होंने दक्षिण-भारत की सांस्कृतिक प्रगति में भी महत्वपूर्ण भाग लिया। चालुक्य-शासकों का राज्य आर्थिक दृष्टि से सम्पन्न था और उसके अंतर्गत कई अच्छे बन्दरगाह थे जिनसे विदेशी व्यापार में सुविधा थी। उस सम्पन्नता का उपयोग चालुक्य-शासकों ने साहित्य तथा ललित-कलाओं की प्रगति के लिए किया।

धार्मिक दृष्टि से चालुक्य-शासक हिन्दू धर्म के अनुयायी थे। उन्होंने प्राचीन वैदिक धर्म के अनुसार अनेक यज्ञ किये और उनके समय में धार्मिक ग्रन्थों की रचना अथवा उनका संकलन किया गया। पुलकेशी द्वितीय और कुछ अन्य शासकों ने अश्वमेघ और ताड्मेय जैसे यज्ञ किये थे। परन्तु उन्होंने पौराणिक हिन्दू धर्म का भी पालन किया और विष्णु तथा शिव के मन्दिरों का निर्माण कराया। इससे हिन्दू धर्म दक्षिण-भारत में लोकप्रिय हुआ। परन्तु चालुक्य-शासक धार्मिक दृष्टि से बहुत उदार थे। अन्य धर्मों के प्रति उनका व्यवहार पूर्ण सहनशीलता का था, मुख्यतया उनमें से कई ने जैन धर्म को सहायता प्रदान की। ऐहौल-प्रशस्ति का लेखक रविकीर्ति जैन था परन्तु उसने पुलकेशी द्वितीय से सर्वोच्च पुरस्कार प्राप्त किया था। इसी प्रकार विजयादित्य और विक्रमादित्य

ने जैन विद्वानों को अनेक गांव दान में दिये थे। दक्षिण-भारत में जैनधर्म लोकप्रिय था। सम्भवतया, इसी कारण अपनी प्रजा की धार्मिक भावनाओं को ध्यान में रखते हुए चालुक्य-शासकों ने जैनधर्म के प्रति उदारता की नीति अपनायी थी। परन्तु इसके अतिरिक्त बम्बई के थाना जिले में पारसियों को बसने की आज्ञा देना और उन्हें उनके धर्म का पालन करने की पूर्ण स्वतंत्रता प्रदान करना चालुक्यों की उदार धार्मिक प्रवृत्ति को सिद्ध करता है। उनके समय में बौद्धधर्म पतनोन्मुख था परन्तु सर्वथा लुप्त नहीं था, जैसा कि चीनी-यात्री युवान च्वांग के वर्णन से सिद्ध भी होता है। युवान च्वांग ने अनेक व्यवस्थित बौद्ध-विहारों और मठों को चालुक्य-राज्य के अन्तर्गत पाया था।

ललित-कलाओं में चित्र-कला और सबसे अधिक वास्तु-कला की प्रगति इस समय में हुई। अजन्ता के भित्ति-चित्रों में से कुछ का निर्माण चालुक्य-शासकों के समय में हुआ। इनमें से एक चित्र में पुलकेशी द्वितीय के दरबार में पर्शिया (ईरान) के राजदूत के स्वागत के दृश्य को चित्रित किया गया है। वास्तु-कला के क्षेत्र में चालुक्यों के समय की एक मुख्य विशेषता पहाड़ों और चट्टानों को काटकर बड़े-बड़े मन्दिरों का निर्माण था। उनके समय में विभिन्न हिन्दू गुहा (गुफा) मन्दिरों और चैत्य-हालों का निर्माण किया गया। सम्राट मंगलेश ने वातापी के विष्णु के गुफा-मन्दिर का निर्माण कराया। 634 ई० में मेगुति का शिव-मन्दिर बनाया गया जिसमें रविकीर्ति द्वारा लिखित पुलकेशी द्वितीय की प्रशस्ति भी है। एहौल का विष्णु मन्दिर जिसमें विक्रमादित्य द्वितीय का एक अभिलेख है, चालुक्य-कला का एक अच्छा नमूना माना गया है। सम्राट विजयादित्य ने बीजापुर जिले में विजयेश्वर (शिव) का मन्दिर बनवाया जिसे अल-संगमेश्वर का मन्दिर पुकारा जाता है। उसकी बहन ने लक्ष्मेश्वर नामक स्थान पर एक जैन मन्दिर का निर्माण कराया। सम्राट विक्रमादित्य की पत्नी ने पट्टूदकल (बीजापुर जिला) नामक स्थान पर लोकेश्वर नाम का एक शिव-मन्दिर बनवाया जिसे अब वीरपक्ष मन्दिर कहा जाता है। इतिहासकार हैवेल ने उसकी बहुत प्रशंसा की है। विक्रमादित्य की एक अन्य पत्नी ने इसी मन्दिर के निकट त्रिलोकेश्वर नाम का एक अन्य भव्य मन्दिर बनवाया। चालुक्य-शासकों के समय में बने इन मन्दिरों ने भारतीय वास्तु-कला की प्रगति में सहयोग दिया।

इस प्रकार, चालुक्य-शासकों ने दक्षिण-भारत की राजनीति और सांस्कृतिक प्रगति में महत्वपूर्ण भाग लिया।

(ख) राष्ट्रकूट-वंश

राष्ट्रकूट-वंश के शासकों ने बादामी के चालुक्यों के राज्य को नष्ट करके अपने साम्राज्य का निर्माण किया और प्राय: 223 वर्ष तक एक विशाल साम्राज्य की सत्ता का उपभोग करने के पश्चात् कल्याणी के पिछले चालुक्य-शासकों द्वारा नष्ट कर दिये गये।

राष्ट्रकूटों की उत्पत्ति के विषय में विभिन्न विचार प्रकट किये गये हैं। कुछ के अनुसार वे महाराष्ट्र निवासी थे और प्राचीन यादव-कुल से सम्बन्धित थे, कुछ अन्य के अनुसार वे तेलगू रेड्डी-वंश के थे, जबकि कुछेक उन्हें क्षत्री बताते थे, और कुछ अन्यों के अनुसार वे आंध्र प्रदेश के किसान थे जिनको चालुक्य-शासकों ने विभिन्न स्थानों पर पैतृक अधिकारी बना दिया था। परन्तु अधिकांशतया यह माना जाता है कि वे चालुक्य-शासकों के राष्ट्रों (जिलों) के प्रधान थे और राष्ट्रकूट उनका पद था। उनके पद के नाम पर ही उनके वंश का नाम राष्ट्रकूट पड़ा। डॉ० अल्तेकर ने उनका मूल निवास स्थान कर्नाटक बताया है जहाँ से विभिन्न परिवार महाराष्ट्र जाकर बस गये थे।

1. विभिन्न शासक

सातवीं सदी में राष्ट्रकूट चालुक्य—शासकों के अधीन सामन्त थे। उनके वंश में से इन्द्र ने औरंगाबाद अथवा एलिचपुर में एक दृढ़ राज्य की स्थापना की। उसने एक चालुक्य राजकुमारी से विवाह करके अपनी स्थिति को सुदृढ़ किया।

दन्तिदुर्ग (733-738 ई०)—इन्द्र के उत्तराधिकारी दन्तिदुर्ग ने निर्बल चालुक्यों को परास्त करके इस वंश के साम्राज्य की नींव डाली। दन्तिदुर्ग 733 ई० में सिंहासन पर बैठा था और वह चालुक्य-शासक को अपना अधिपति मानता था। उसने चालुक्य-शासक विक्रमादित्य द्वितीय की ओर से अरबो और पल्लवों से युद्ध किया और सफल हुआ। 744 ई० में विक्रमादित्य की मृत्यु के पश्चात् उसने स्वयं के राज्य का विस्तार किया और नान्दीपुरी तथा मालवा पर आक्रमण करके मध्य देश पर अपना अधिकार कर लिया। उसकी शक्ति में वृद्धि होने से चालुक्य-शासक कीर्तिवर्मा को ईर्ष्या हुई और उसने उसे दबाने का प्रयत्न किया। इसके परिणामस्वरूप दोनों में युद्ध हुआ जिसमें दन्तिदुर्ग की विजय हुई। इस युद्ध के पश्चात् कीर्तिवर्मा भाग गया और दन्तिदुर्ग ने सम्पूर्ण महाराष्ट्र पर अधिकार कर लिया। इस प्रकार, चालुक्य-राज्य को नष्ट करके दन्तिदुर्ग ने राष्ट्रकूट-साम्राज्य की नींव डाली।

कृष्णा प्रथम (758-773 ई०)—दन्तिदुर्ग के पश्चात् उसका पुत्र कृष्णा प्रथम शासक बना। चालुक्य-शासक कीर्तिवर्मा ने एक बार फिर अपने राज्य को प्राप्त करने का प्रयत्न किया परन्तु वह पूर्णतया असफल हुआ। कृष्णा प्रथम ने मैसूर के गंग-राज्य पर अधिकार किया, वेंगी के पूर्वी चालुक्यों को परास्त करके उनके राज्य (हैदराबाद राज्य) पर अधिकार कर लिया और कोंकण को अपने राज्य में सम्मिलित किया।

गोविन्द द्वितीय (773-780 ई०)—कृष्णा प्रथम का उत्तराधिकारी गोविन्द द्वितीय भोग-विलासी था। उसने शासन का उत्तरदायित्व अपने छोटे भाई ध्रुव को सौंप दिया जिसका लाभ उठाकर ध्रुव ने स्वयं सिंहासन पर अधिकार कर लिया।

ध्रुव (780-793 ई०)—ध्रुव एक महान् सम्राट सिद्ध हुआ। उसने पल्लव-शासक दन्तिवर्मा और वेंगी के चालुक्य-शासक विष्णुवर्धन चतुर्थ को परास्त करके दक्षिण-भारत में अपनी श्रेष्ठता को स्थापित किया। उसने उत्तर-भारत पर भी आक्रमण किया। उसने प्रतिहार-शासक वत्सराज को झांसी के निकट परास्त किया और उसके पश्चात् बंगाल के पाल-शासक धर्मपाल को भी परास्त किया। उत्तर-भारत के इन दोनों शक्तिशाली राज्यों को परास्त करके उसने कन्नौज पर अपना अधिकार कर लिया। परन्तु ध्रुव उत्तर-भारत की अपनी विजयों को संगठित न कर सका। वह दक्षिण-भारत वापस आ गया। तब भी ध्रुव के अंतिम समय तक राष्ट्रकूटों की शक्ति बहुत श्रेष्ठ हो गयी थी। मैसूर के राज्य का गंगवंशीय युवराज उसकी कैद में था, पल्लव-शासक ने उसको धन देकर अपनी जान बचाई थी, प्रतिहार वत्सराज उससे परास्त होकर राजपूताना में शरण लेने के लिए बाध्य हुआ था और पालवंशीय धर्मपाल की शक्ति पराजित होने के पश्चात् बिहार और बंगाल तक ही सीमित रह गयी थी। उस समय भारत में एक भी ऐसा सम्राट न था जो ध्रुव का मुकाबला कर पाता।

गोविन्द तृतीय (793-814 ई०)—गोविन्द तृतीय ने अपने पिता की कीर्ति को आगे बढ़ाया। वह भी एक महान् सेनापति और यशस्वी शासक सिद्ध हुआ। गोविन्द के बड़े भाई स्तम्भ ने उसके विरुद्ध विद्रोह किया परन्तु असफल हुआ। गोविन्द ने उसे गंग-राज्य में अपना प्रतिनिधि नियुक्त कर दिया। गोविन्द ने उत्तर-भारत में राष्ट्रकूटों के सम्मान को पुनः स्थापित किया। उसके पिता ध्रुव के वापस आ जाने के पश्चात् प्रतिहार-शासक वत्सराज के पुत्र नागभट्ट द्वितीय ने अपने राज्य का विस्तार कर लिया था और पाल-शासक धर्मपाल ने कन्नौज के शासक इन्दारयुध को परास्त करके चक्रायुध को अपनी अधीनता में कन्नौज का शासक बना दिया था। इस कारण उत्तर-भारत में राष्ट्रकूटों का प्रभाव प्रायः नष्ट हो गया था। गोविन्द ने उत्तर-भारत पर आक्रमण करके धर्मपाल और चक्रायुध को अपनी अधीनता मानने के लिए बाध्य किया और नागभट्ट द्वितीय के विरोध करने पर उसे बुन्देलखण्ड में किसी स्थान पर परास्त किया। इस प्रकार एक बार पुनः उत्तर-भारत में राष्ट्रकूटों की प्रतिष्ठा स्थापित हो गयी। यद्यपि नागभट्ट द्वितीय ने गोविन्द के दक्षिण-भारत वापस आ जाने के पश्चात् पुनः अपनी शक्ति का विस्तार कर लिया तथा कन्नौज को भी अपनी अधीनता में ले लिया परन्तु गुजरात और मालवा पर राष्ट्रकूटों का अधिकार रहा। दक्षिण-भारत में गोविन्द ने वेंगी में अपने समर्थक भीम को विक्रमादित्य द्वितीय के विरुद्द शासक बनाने में सफलता पायी, पल्लव, पाण्ड्य, केरल और गंग-शासकों के सम्मिलित संगठन को नष्ट किया और काँची तक अपना राज्य बढ़ाया। श्रीलंका के राजा ने आतंकित होकर उससे मित्रता कर ली। इस प्रकार, गोविन्द तृतीय राष्ट्रकूट-शासकों में सबसे महान् हुआ। उसकी

सेनाओं ने कन्नौज से लेकर कुमारी अन्तरीप तक विजय प्राप्त की तथा बनारस से लेकर भड़ौंच तक का सम्पूर्ण प्रदेश उसके आधिपत्य में हो गया।

शर्व अथवा अमोघवर्ष (814-878 ई०)—अमोघवर्ष स्वयं एक योग्य सेनापति न था परन्तु तब भी उसने अपने सेनापतियों की सहायता से वेंगी के चालुक्य-शासकों को परास्त किया। परन्तु वह युद्ध से अधिक शासन में सफल हुआ। उसने अपने राज्य में शान्ति स्थापित रखी, मान्यखेट का नगर बसाया, विद्वानों को आश्रय दिया और सभी धर्मों के प्रति सहिष्णु रहा। वह स्वयं विद्वान था और उसने 'कविराज मार्ग' नामक ग्रंथ की रचना की।

कृष्णा द्वितीय (878-914 ई०)—कृष्णा को वेंगी के चालुक्य-शासकों के विरुद्ध सफलता प्राप्त हुई। परन्तु प्रतिहार-शासक भोज और चोल-शासक से उसे पराजित होना पड़ा। भोज ने उससे मालवा और काठियावाड़ को छीनने में सफलता प्राप्त की।

कृष्णा द्वितीय के पश्चात् इन्द्र तृतीय (914-927 ई०), गोविन्द चतुर्थ (927-936 ई०) और अमोघवर्ष तृतीय (936-939 ई०) का समय बहुत अधिक सफल न रहा।

उसके पश्चात् कृष्णा तृतीय (939-965 ई०) ने पुनः राष्ट्रकूटों की प्रतिष्ठा को स्थापित किया। उसने गंग-राजा की सहायता लेकर चोल-राज्य पर आक्रमण किया और काँची तथा तंजौर को अपने अधिकार में किया। उसने वेंगी को विजय किया तथा उत्तर-भारत में प्रतिहारों को दो बार परास्त किया। यद्यपि उत्तर-भारत में उसकी सफलता अधिक न थी परन्तु दक्षिण भारत में उसका साम्राज्य रामेश्वरम् तक फैल गया।

परन्तु कृष्णा तृतीय का समय राष्ट्रकूटों की सफलता का अंतिम समय था। उसके उत्तराधिकारी खोट्टिग (965-972 ई०) के समय में परमार-शासक सीयक द्वितीय ने मान्यखेट पर आक्रमण करके उसे लूटा। खोट्टिग के उत्तराधिकारी कर्क द्वितीय (972-975 ई०) के समय में उसकी अयोग्यता का लाभ उठाकर उसके चालुक्य-सामन्त तैल द्वितीय ने उसे परास्त करके राष्ट्रकूटों के साम्राज्य पर अधिकार कर लिया और कल्याणी के चालुक्य-वंश के साम्राज्य की नींव डाली।

2. राष्ट्रकूट-वंश की उपलब्धियाँ

दक्षिण-भारत के राजनीतिक इतिहास में राष्ट्रकूट-शासकों का समय अत्यधिक गौरवपूर्ण है। दक्षिण-भारत के किसी अन्य राजवंश ने इतने लम्बे समय तक इतने बड़े साम्राज्य का निर्माण नहीं किया और न किसी राजवंश के शासकों ने इतने सफल युद्ध किये। डॉ० ए० एस० अल्तेकर ने लिखा है: "दक्षिण-भारत के किसी अन्य राजवंश ने 18वीं सदी में एक साम्राज्यवादी शक्ति के रूप में मराठों के उत्थान के समय से पहले

भारत के इतिहास में इतना अधिक प्रभावपूर्ण भाग नहीं लिया।''[1] दक्षिण-भारत में इस वंश के शासकों ने सुदूर दक्षिण तक आक्रमण किये और कृष्णा तृतीय ने रामेश्वरम् तक पहुँचकर अपनी कीर्ति की स्थापना की। इसके शासक उत्तर-भारत में आक्रमण करने वाले दक्षिण-भारत के पहले शासक थे। सम्राट ध्रुव और गोविन्द तृतीय ने उत्तर-भारत के शक्तिशाली प्रतिहारों और पालों को परास्त किया तथा उत्तर-भारत की राजनीति को गम्भीरता से प्रभावित किया। राष्ट्रकूट-शासकों ने भारत के तत्कालीन शक्तिशाली शासकों में से सभी को किसी न किसी समय परास्त किया। निस्सन्देह, समय-समय पर उनकी पराजय भी हुई परन्तु उसके शक्तिशाली सम्राटों का समय निर्विवाद सफलता का रहा और उन्होंने समय-समय पर उत्तर-भारत के शक्तिशाली प्रतिहार और पाल-शासकों तथा दक्षिण-भारत के चालुक्यों और चोल-शासकों को परास्त किया। गुप्त-शासकों के पश्चात् युद्धों में इतनी अधिक सफलता भारत के हिन्दू शासकों में किसी अन्य राजवंश के शासक ने प्राप्त नहीं की।

राष्ट्रकूट-शासकों ने रामेश्वर, परमभट्टारक, महाराजाधिराज आदि उपाधियाँ ग्रहण कीं। इस प्रकार, वे अपने को ईश्वर का प्रतिनिधि और सर्वशक्तिशाली मानते थे। सम्राट का पद पैतृक था और साधारणतया सबसे बड़ा पुत्र अथवा युवराज राज्य का उत्तराधिकारी होता था। परन्तु राजा निरंकुश न थे। वे राजधर्म के आधार पर शासन करते थे और प्रजा की सुरक्षा तथा भलाई उनका प्रमुख कर्त्तव्य था। राजा की सहायता के लिए मंत्री और अन्य बड़े अधिकारी होते थे। सम्राट के अधीन राष्ट्रपति अथवा विशपति होते थे। राज्य राष्ट्रों, भुक्तियों और गाँवों में बंटा होता था। अधीनस्थ शासकों और सामन्तों को विस्तृत अधिकार होते थे और वे समय-समय पर सम्राट की सैनिक सहायता करते थे।

राष्ट्रकूट-शासकों ने सांस्कृतिक प्रगति में सहयोग दिया। धार्मिक दृष्टि से अधिकांश राष्ट्रकूट-शासक हिन्दू धर्म को मानने वाले थे। उन्होंने वैदिक धर्म के अनुसार विभिन्न यज्ञ किये और पौराणिक हिन्दू धर्म के अनुसार विभिन्न हिन्दू देवी-देवताओं के प्रति श्रद्धा व्यक्त की। उनके समय में हिन्दू धर्म की प्रगति हुई यद्यपि उनमें से कुछ ने जैनधर्म को संरक्षण दिया। परन्तु राष्ट्रकूट-शासक धार्मिक दृष्टि से बहुत उदार थे। उन्होंने जिन मंदिरों का निर्माण किया उनमें शिव, विष्णु, ब्रह्मा, लक्ष्मी आदि सभी देवी-देवताओं की मूर्तियाँ स्थापित की गयीं। अन्य धर्मों के प्रति भी उनका व्यवहार सहिष्णुता का था। सम्राट अमोघवर्ष महावीर और लक्ष्मी दोनों को ही समान रूप से मानता था।

---

1. "No other ruling dynasty in the Deccan played such a dominant part in the history of India till the rise of the Marathas as an imperial power in the eighteenth century."—Dr. A.S. Altekar : *The Age of Imperial Kannauj.*

कृष्णा द्वितीय के सामन्त पृथ्वीराज और उनके पुत्र ने जैन-मन्दिरों का निर्माण कराया जबकि उनके प्रपौत्र हिन्दु हुए। इस्लाम धर्म को मानने वाले अरबों के प्रति भी राष्ट्रकूट-शासक उदार रहे। उन्होंने अरबों को अपने धर्म को मानने तथा व्यापार करने की पूर्ण सुविधा प्रदान की थी। निस्सन्देह, उनके समय में बौद्ध धर्म अवनति पर था परन्तु इसका कारण उसकी स्वयं की दुर्बलता थी।

राष्ट्रकूट-शासक शिक्षा और साहित्य की प्रगति में रुचि लेते थे। उनके समय में संस्कृत भाषा के अतिरिक्त कन्नड़ भाषा की भी प्रगति हुई। राष्ट्रकूट-शासकों ने हिन्दू और जैन दोनों धर्मों के विद्वानों का सम्मान किया। जिनसेन ने 'हरिवंश' और 'पार्श्वाभ्युदल' की रचना की, शाक्तायन ने 'अमोघशक्ति' और वीराचार्य ने 'गणितसार संग्रह' लिखा। ये सभी विद्वान सम्राट अमोघवर्ष प्रथम के दरबार में थे जो स्वयं एक विद्वान था और जिसने स्वयं कन्नड़ भाषा में 'कविराज-मार्ग' नामक ग्रन्थ लिखा था। इसके अतिरिक्त, कन्नड़ भाषा के तीन विद्वान (रत्न) 'पोन्ना', 'पम्मा', 'रन्ना' भी इसी काल में हुए।

राष्ट्रकूट-शासकों ने कला के क्षेत्र में किसी नवीन शैली को जन्म नहीं दिया परन्तु तब भी उसके समय में बहुत से मन्दिर और मूर्तियाँ बनायी गयीं। उनके द्वारा बनवाये गये मन्दिरों में से अब केवल एक मन्दिर प्राप्त होता है। वह एलौरा का प्रख्यात कैलाश मन्दिर है। पहाड़ी चट्टानों को काटकर बनाया गया यह विशाल मन्दिर वास्तु-कला का एक श्रेष्ठ नमूना है। डॉ० स्मिथ ने उसे भारत के वास्तु-आश्चर्यों में सर्वाधक विस्मयजनक माना है। इस मन्दिर के भित्ति-चित्रों में 'गंगावतरण' और रावण द्वारा कैलाश पर्वत के उठाये जाने के चित्र अत्यन्त सुन्दर और सजीव है।

इसी प्रकार, राष्ट्रकूट-शासकों ने दक्षिण-भारत को ही नहीं बल्कि समकालीन उत्तर-भारत की राजनीति को भी प्रभावित किया। निस्सन्देह, उत्तर-भारत की राजनीति में उनका हस्तक्षेप लाभदायक न रहा क्योंकि उत्तर-भारत में उनके आक्रमणों के कारण प्रतिहारों को एक शक्तिशाली सार्वभौमिक राज्य के निर्माण में कठिनाई हुई जो देश के लिए हानिकारक रहा। परन्तु तब भी राष्ट्रकूट-शासकों ने यश और शक्ति अर्जित की। दक्षिण-भारत की राजनीति और सांस्कृतिक प्रगति में उनका प्रभाव, निस्सन्देह, अधिक प्रभावपूर्ण सिद्ध हुआ।

(ग) पल्लव-वंश

भारत के सुदूर दक्षिण में पल्लव और चोल-राजवंशों का उत्थान हुआ। साधारणतया दक्षिण-भारत के पठार को कृष्णा और तुंगभद्रा नदियों द्वारा विभाजित किये गये भारतीय उप-महाद्वीप के सबसे नीचे के भाग को सुदूर दक्षिण पुकारा गया है।

सुदूर दक्षिण के इस भाग को तमिल-प्रदेश भी पुकारा गया है। यहाँ के प्राचीनतम राजवंशों में चोल, पाण्ड्य और चेर राजवंश प्रमुख रहे। संगम (जो विद्वानों की साहित्यिक गोष्ठियाँ थी)—साहित्य से प्राचीन सुदूर दक्षिण के इतिहास पर प्रकाश पड़ता है। उसके अनुसार चोल, पाण्ड्य और चेर शासकों ने राजनीतिक प्रतिस्पर्धा के कारण आपस में एक लम्बे समय तक संघर्ष किया। परन्तु इनमें से कोई भी सुदूर दक्षिण में एक शक्तिशाली साम्राज्य स्थापित करने में सफल न हो सका। सर्वप्रथम इस कार्य की पूर्ति पल्लव-शासकों ने की। सातवाहन-वंश के पतन के पश्चात् उनके राज्य के दक्षिण-पूर्वी भाग पर पल्लव-वंश ने अपना अधिकार कर लिया और कांची को अपनी राजधानी बनाया।

पल्लव-वंश की उत्पत्ति के विषय में विभिन्न विद्वानों ने विभिन्न विचार प्रकट किये हैं। यूरोपियन इतिहासकारों ने पल्लवों की उत्पत्ति पार्थियन पल्लवों से सिद्ध करने का प्रयत्न किया। परन्तु आधुनिक समय में इस विचार को कोई नहीं मानता। कुछ अन्य विद्वानों ने उन्हें चोल-नाग-वंश से उत्पन्न बताया है। परन्तु अधिकांशतया यह विश्वास किया जाता है कि वे टोण्डियार नामक स्थान पर रहने वाले स्थानीय निवासी थे। तमिल शब्द 'टोण्डियर' को संस्कृत में पल्लव पुकारा गया है। इसी से यह वंश पल्लव-वंश कहलाया। इस कुल के बारे में कुछ विद्वानों का कथन है कि ये क्षत्री थे। परन्तु डॉ० जायसवाल इनको वाकाटक-वंश से संबंधित शुद्ध ब्राह्मण मानते हैं। डॉ० दशरथ शर्मा ने भी पल्लवों को ब्राह्मण बताया है।

पल्लव-शासकों की उत्पत्ति का अनुसार तीसरी सदी के मध्य से किया जाता है। शिवस्कन्धवर्मा, विष्णुगोप आदि इनके प्रारम्भिक महत्वपूर्ण शासक थे। परन्तु पल्लवों की महानता का काल छठी सदी के अंतिम चरण में उनके शासक सिंहविष्णु के समय से आरम्भ हुआ।

1. विभिन्न शासक

सिंहविष्णु (575-600 ई०)—उसके समय में अर्द्ध-बर्बर और ब्राह्मण-विरोधी **'कलभरास'** जाति ने तमिल-प्रदेश पर आक्रमण किया। सिंहविष्णु ने उनको परास्त किया। उसने कावेरी से कृष्णा नदी तक अपने राज्य का विस्तार किया। उसने साहित्य और कला को संरक्षण दिया। संस्कृत का महान् कवि भारवि उसके दरबार में था और उसके समय में महाबलीपुरम् नगर कला का केन्द्र-स्थान बन गया था।

महेन्द्रवर्मा प्रथम (600-630 ई०)—सिंहविष्णु के पुत्र महेन्द्रवर्मा के समय में पल्लवों और चालुक्यों का संघर्ष आरम्भ हुआ क्योंकि दोनों ही दक्षिण-भारत में अपनी-अपनी शक्ति के विस्तार के लिए उत्सुक थे। पल्लवों ने कदम्बों के साथ मिलकर चालुक्य-शासक पुलकेशी द्वितीय की शक्ति के विस्तार को रोकने का प्रयत्न किया। इस

कारण पुलकेशी ने पल्लव-राज्य पर आक्रमण किया और बहुत अन्दर तक प्रवेश कर गया। काँची से 15 मील दूर महेन्द्रवर्मा ने उससे युद्ध किया। इससे उसकी राजधानी कांची की सुरक्षा तो हो गयी परन्तु पुलकेशी ने उससे उसके उत्तरी प्रान्त वेंगी को छीन लिया जहाँ उसने अपने भाई विष्णुवर्धन को राज्यपाल नियुक्त किया जिसने पूर्वी चालुक्यों के राज्य की स्थापना की।

महेन्द्रवर्मा साहित्य और ललित-कलाओं का प्रेमी था। वह स्वयं कवि और गायक था। उसने स्वयं 'मत्तविलास-प्रहसन' नामक संस्कृत भाषा के ग्रन्थ को लिखा और यह विश्वास किया जाता है कि उसने गान-विद्या पर भी एक ग्रन्थ लिखा था। उसने त्रिचनापल्ली, चिंगिलपुट और अर्काट में बहुत से मन्दिरों को बनवाया जो पहाड़ों की चट्टानों को काटकर बनाये गये। उसने महेन्द्रवर्मा नामक नगर बसाया और उसी के निकट एक झील का निर्माण किया। उसने चित्रकला को भी प्रोत्साहन दिया। वह प्रारम्भ में जैन था परन्तु बाद में शैव बन गया था।

नरसिंहवर्मा प्रथम (630-668 ई०)—महेन्द्रवर्मा का पुत्र नरसिंहवर्मा एक महान् शासक हुआ। उसके समय में भी पल्लवों का बादामी के चालुक्यों से संघर्ष हुआ। पुलकेशी द्वितीय ने उसके राज्य पर आक्रमण किया परन्तु नरसिंहवर्मा ने उसे तीन स्थानों पर परास्त किया जिसके कारण पुलकेशी को वापस लौटना पड़ा। इसके पश्चात्, नरसिंहवर्मा ने चालुक्य-राज्य पर आक्रमण किया और 642 ई० में उसकी राजधानी बादामी (वातापी) पर अधिकार कर लिया। इन्हीं युद्धों में पुलकेशी द्वितीय मारा गया और पल्लवों ने चालुक्य-राज्य के दक्षिणी भाग पर अधिकार कर लिया। नरसिंहवर्मा ने चालुक्यों की शक्ति को दुर्बल करके मैसूर तक अपने राज्य का विस्तार कर लिया। इसके पश्चात् उसने चोल, चेर तथा पाण्ड्य शासकों को परास्त करके दक्षिण की ओर अपने राज्य का विस्तार किया। उसने अपने समर्थक मानवर्मा की सहायता के लिए लंका पर समुद्री मार्ग से दो बार आक्रमण किये और उसे लंका के सिंहासन पर बैठाने में सफलता पायी। परन्तु 665 ई० में चालुक्य-शासक विक्रमादित्य ने नरसिंहवर्मा को पराजित करके अपने वंश के खोये हुए प्रदेशों को पुनः प्राप्त कर लिया। तब भी नरसिंहवर्मा ने पल्लवों के एक विस्तृत साम्राज्य का निर्माण करने में सफलता प्राप्त की। नरसिंहवर्मा ने ममल्लपुरम् में अनेक मन्दिरों का निर्माण कराया जो अब ममल्लपुरम् के रथ-मन्दिर कहलाते हैं। उसने त्रिचनापल्ली में भी अनेक मन्दिर बनवाये। उसके समय में चीनी-यात्री युवान च्वांग काँची गया था और उसने वहाँ का बहुत अच्छा वर्णन लिखा।

नरसिंहवर्मा के पुत्र महेन्द्रवर्मा द्वितीय (668-670 ई०) ने केवल दो वर्ष शासन किया। उसके पश्चात् उसका पुत्र परमेश्वरवर्मा प्रथम (670-695 ई०) सिंहासन पर

बैठा। उसके समय में चालुक्य विक्रमादित्य प्रथम ने काँची पर आक्रमण करके उसे जीत लिया और त्रिचनापल्ली की ओर बढ़ा। परन्तु पेरुवलनल्लूर नामक स्थान पर परमेश्वरवर्मा प्रथम ने उसे परास्त किया और पल्लव-राज्य को सुरक्षित करने में सफलता पायी। विक्रमादित्य को अपने राज्य में वापस जाना पड़ा।

नरसिंहवर्मा द्वितीय (695-722 ई०)—परमेश्वरवर्मा के पुत्र नरसिंहवर्मा द्वितीय का समय शान्ति का रहा। उसके समय में राज्य में समृद्धि बढ़ी। उसने चीनी सम्राट के दरबार मे अपना राजदूत भेजा। उसने काँची में कैलाशनाथ मंदिर और महाबलीपुरम् के समुद्र-तट पर कई सुन्दर मन्दिर बनवाये। वह विद्वानों को आश्रय प्रदान करता था। उसके समय में विद्वान दण्डिन ने 'दशकुमारचरित' नामक काव्य-ग्रन्थ की रचना की।

नरसिंहवर्मा द्वितीय की मृत्यु के पश्चात् उसका पुत्र परमेश्वरवर्मा द्वितीय (721-739 ई०) सिंहासन पर बैठा. उसके अंतिम समय में चालुक्यों से पुन: संघर्ष आरम्भ हुआ। चालुक्य विक्रमादित्य द्वितीय ने काँची पर आक्रमण किया और परमेश्वरवर्मा ने धन देकर उसे वापस किया।

नन्दिवर्मा द्वितीय (730-795 ई०)—नन्दिवर्मा परमेश्वरवर्मा द्वितीय का पुत्र न था बल्कि सम्बन्धी था। उसे चुनाव के द्वारा शासक बनाया गया था। इस कारण कुछ राजपुत्रों ने उसका विरोध किया। परन्तु वे असफल हुए। नन्दिवर्मा के समय में निकट के पड़ोसी राज्यों ने पल्लवों पर आक्रमण किये। सर्वप्रथम पाण्ड्य-शासक राजसिंह ने उसके राज्य पर आक्रमण किया। परन्तु उसे वापस लौटना पड़ा। राजसिंह के उत्तराधिकारी के समय में भी यह संघर्ष चलता रहा और अन्त में पाण्ड्य-शासक जटिल परान्तिक ने नन्दिवर्मा से कोंगु को छीनने में सफलता पायी। चालुक्य-शासक विक्रमादित्य द्वितीय ने भी नन्दिवर्मा की दुर्बलता का लाभ उठाया और कुछ समय तक कांची को अपने अधिकार में रखने में सफलता पायी। विक्रमादित्य के पुत्र कीर्तिवर्मा ने दुबारा पल्लव-राज्य पर आक्रमण किया और उसकी सम्पत्ति को लूटा। 750 ई० के लगभग राष्ट्रकूट-शासक दन्तिदुर्ग ने भी पल्लवों पर आक्रमण करके उन्हें परास्त किया। नन्दिवर्मा ने दन्तिदुर्ग से अपनी पुत्री का विवाह करके अच्छे सम्बन्ध बनाये। बाद में भी उसे राष्ट्रकूट-सम्राट ध्रुव को प्रसन्न करने के लिए बहुत धन देना पड़ा। नन्दिवर्मा की एकमात्र सफलता गंग-राज्य के विरुद्ध रही जिसके कुछ भाग पर उसने अधिकार कर लिया।

नन्दिवर्मा के समय में हुए पाण्ड्य, चालुक्य और राष्ट्रकूट राज्यों के आक्रमणों ने पल्लव-राज्य की शक्ति को पर्याप्त दुर्बल कर दिया।

नन्दिवर्मा के पश्चात दन्तिवर्मा शासक हुआ। उसके समय में राष्ट्रकूटों और पाण्ड्यों के आक्रमण हुए तथा पाण्ड्यों ने उससे कावेरी-क्षेत्र छीन लिया। दन्तिवर्मा के पश्चात् नन्दिवर्मा तृतीय, नृपतुंगवर्मा और अपराजित शासक हुए। अपराजित ने 880 ई०

में पाण्ड्यों को पराजित करने में सफलता पायी। परन्तु वह पल्लवों का अंतिम सफल युद्ध था। इस युद्ध में अपराजित के चोल-वंशीय सामन्त आदित्य ने उसकी बड़ी सहायता की थी। उसी आदित्य ने 893 ई० के लगभग अपराजित को मारकर पल्लव-राज्य पर अपना अधिकार कर लिया और चोल-राजवंश के साम्राज्य की नींव डाली।

2. पल्लव-वंश की उपलब्धियाँ

पल्लवों की शासन-व्यवस्था बहुत कुछ गुप्त और मौर्य-सम्राटों की शासन-व्यवस्था के समान थी। उसमें सम्राट राज्य का प्रधान था। वह बड़ी-बड़ी पदवियाँ धारण करता था और राज्य की सम्पूर्ण शक्तियाँ उसमें केन्द्रित थीं। परन्तु सम्राट निरंकुश न थे बल्कि प्रजा की भलाई करना अपना प्रमुख कर्त्तव्य मानते थे। सम्राट की सहायता के लिए विभिन्न मंत्री और राज्य के अन्य बड़े पदाधिकारी होते थे। सम्पूर्ण राज्य को राष्ट्रों, कोट्टमों और गाँवों में बाँटा गया था। पल्लव-शासकों ने एक अच्छी शासन-व्यवस्था स्थापित करने में सफलता पायी थी।

पल्लव-शासक हिन्दू धर्म को मानने वाले थे। उन्होंने विभिन्न यज्ञ किये और विष्णु, शिव, ब्रह्मा, लक्ष्मी आदि हिन्दू देवी-देवताओं की मूर्तियों को मन्दिरों में प्रतिष्ठित किया। उन्होंने संस्कृत साहित्य और हिन्दू धर्म को संरक्षण प्रदान करके दक्षिण-भारत में आर्य-संस्कृति के प्रसार को पूरा कर दिया। 8वीं सदी के भारत में आरम्भ हुए धार्मिक आन्दोलन पल्लव-राज्य में विकसित किए। काँची का विश्वविद्यालय दक्षिण-भारत में आर्य-संस्कृति के प्रसार का केन्द्र-स्थान बना और स्वयं काँची नगर हिन्दुओं के सात तीर्थ-नगरों में एक माना जाने लगा। परन्तु पल्लव-शासक धार्मिक दृष्टि से उदार थे। जैन और बौद्ध धर्म के प्रति उनका व्यवहार सहिष्णु था। उनके समय में जहाँ शैव और वैष्णव साहित्य की प्रगति हुई और अनेक हिन्दू सन्त हुए, वहाँ जैन और बौद्ध धर्म भी संरक्षण प्राप्त किये रहे।

पल्लव-शासकों के समय साहित्यिक प्रगति हुई। काँची के विश्वविद्यालय ने इस प्रगति में बहुत सहयोग दिया। प्रसिद्ध बौद्ध विद्वान दिग्नाग कुछ वर्षों तक काँची के विश्वविद्यालय में रहा था। पल्लव-शासकों में कुछ स्वयं विद्वान हुए और सभी ने विद्वानों को आश्रय दिया। सम्राट महेन्द्रवर्मा प्रथम ने 'मत्तविलास-प्रहसन' की रचना की थी। सम्राट सिंहविष्णु ने समकालीन विद्वान भारवि को अपने दरबार में आने के लिए आमंत्रित किया था तथा विद्वान दण्डित को राजकीय संरक्षण प्राप्त हुआ था। पल्लव-शासकों के समय में संस्कृत के अतिरिक्त तमिल साहित्य की भी प्रगति हुई।

सुदूर दक्षिण में पाषाण-वास्तुकला का आरम्भ पल्लव-शासकों ने किया और उनके संरक्षण में अनेक मन्दिर पहाड़ों की चट्टानों को काटकर बनाये गये जिनमें विष्णु, शिव, ब्रह्मा तथा हिन्दू देवी-देवताओं की मूर्तियाँ प्रतिष्ठित की गयीं। पल्लव-वास्तुकला का

विकास धीरे-धीरे हुआ। विभिन्न शासकों के समय में जो परिवर्तन समय-समय पर इसमें हुए उनके कारण उनको चार भागों में बांट दिया गया है। सम्राट महेन्द्रवर्मा प्रथम के समय में इस वास्तु-कला का आरम्भ हुआ। इस कारण 600-625 ई० के समय में विकसित हुई प्रथम शैली को महेन्द्र-शैली के नाम से पुकारा गया। 625-647 ई० के मध्य में विकसित हुई द्वितीय शैली को ममल्ल-शैली पुकारा गया। ममल्लपुरम् के सुन्दर मन्दिरों का निर्माण इस शैली के अंतर्गत हुआ। ममल्लपुरम् के रथ-मन्दिर (शिव-मन्दिर), पाँच पाण्डवों का मन्दिर और वाराह-मन्दिर इस समय की कला के श्रेष्ठतम नमूने हैं। इनमें सुन्दर मूर्तियाँ और चित्र बनाये गये। त्रिमूर्ति, गंगावतरण की मूर्ति, दुर्गा-मूर्ति, वाराह-मूर्ति और पाँच पाण्डवों की मूर्तियाँ बहुत ही सुन्दर हैं। देवी-देवताओं और पशु-पक्षियों के चित्रों को यहाँ बहुत सजीवता से चित्रित किया गया है। 8वीं सदी में सम्राट राजसिंह के संरक्षण में पनपी तृतीय शैली को राजसिंह-शैली पुकारा गया। इस शैली के अंतर्गत काँची और महाबलीपुरम् के मन्दिरों का निर्माण हुआ जिनमें काँची के कैलाशनाथ मन्दिर का स्थान प्रमुख है। चौथी शैली सम्राट अपराजित के नाम से अपराजित-शैली कहलायी। इस समय तक पल्लव-वास्तुकला का विकास पूर्णता प्राप्त कर गया। बाहसर का मन्दिर इस शैली का एक अच्छा नमूना है।

इस प्रकार, शासन, धर्म, साहित्य और कला की दृष्टि से पल्लव-शासकों ने दक्षिण-भारत की सभ्यता में महत्वपूर्ण योगदान दिया। सुदूर दक्षिण तक आर्य अथवा हिन्दू सभ्यता को पहुँचाने और विकसित करने में पल्लव-वंश का भाग प्रमुख रहा। दक्षिण-पूर्वी एशिया में भारतीय सभ्यता के प्रसार का कार्य भी पल्लवों के समय में हुआ।

(घ) चोल-वंश

चोल-वंश सुदूर दक्षिण के प्राचीन राजवंशों में से एक था। संगम-काल में चोलों ने अपनी प्रतिष्ठा को बरकरार रखा था परन्तु बाद के समय में वे शक्तिशाली पल्लवों, चालुक्यों और राष्ट्रकूटों के अधीन सामन्त की भांति रह गये। 9वीं सदी के मध्य से उनकी शक्ति का पुनरुत्थान हुआ और इस अवसर पर वे सुदूर दक्षिण की एक महान् शक्ति बन गये। 200 वर्ष से भी अधिक समय तक चोलों ने तुंगभद्रा नदी के दक्षिण के सभी भू-प्रदेश और अरब सागर के बहुत से द्वीपों पर अपनी सत्ता को स्थापित रखा तथा शासन और सभ्यता के विकास की दृष्टि से दक्षिण भारत के इतिहास में महत्वपूर्ण भाग लिया।

1. विभिन्न शासक

विजयालय (850-871 ई०)—9वीं सदी में चोल-शक्ति की स्थापना में प्रमुख भाग विजयालय ने लिया। विजयालय पल्लव-शासकों के अधीन एक शक्तिशाली

शासक था। उसने पल्लव और पाण्ड्यों से तंजौर को छीन कर उसे अपनी राजधानी बनाया। उसने कावेरी की निम्न घाटी और कोलसन घाटी को विजय किया।

आदित्य प्रथम (871-907 ई०)—विजयालय के पुत्र और उत्तराधिकारी आदित्य ने पल्लव-शासक अपराजित को पाण्ड्यों के विरुद्ध सहायता दी। बाद में 893 ई० के लगभग उसने अपराजित को परास्त करके मार दिया और सम्पूर्ण तोण्डमण्डल पर अपना अधिकार करके चोल-वंश के स्वतंत्र राज्य की स्थापना की। पल्लवों का बचा हुआ सभी राज्य उसके हाथों में चला गया। उसने पश्चिमी गंगों को भी अपने अधीनता मानने के लिए बाध्य किया। उसने अपनी राजधानी तंजौर में अनेक शिव-मन्दिरों का निर्माण कराया और उसे सुदर बनाया।

परान्तक प्रथम (907-953 ई०)-परान्तक ने श्रीलंका और पाण्ड्य-शासक राजसिंह की सम्मिलित सेनाओं को परास्त करके राजसिंह के राज्य को अपने राज्य में मिला लिया। उसने बाणों और वैदुम्बों को परास्त किया तथा बल्लाल के युद्धों में राष्ट्रकूट-शासक कृष्णा द्वितीय को परास्त करके पैनर नदी के दक्षिण के सम्पूर्ण भू-प्रदेश पर अधिकार कर लिया। परन्तु चोलों की शक्ति के इस तीव्र विकास को राष्ट्रकूट-शासक सहन न कर सके और कृष्णा तृतीय ने गंग-शासक के साथ मिलकर चोल-राज्य पर आक्रमण किया। 949 ई० में तक्कोलम नामक स्थान पर चोल-सेना की पराजय हुई और चोल-युवराज राजदित्य इस युद्ध में मारा गया। राष्ट्रकूटों ने तोण्डमण्डल को भी अपने राज्य में सम्मिलित कर लिया। चोलों की यह पराजय इतनी गम्भीर थी कि अगले 32 वर्षों तक चोल-शासक दक्षिण की राजनीति में नगण्य बने रहे।

परान्तक प्रथम के पश्चात् सम्भवतया सुन्दर चोल अथवा परान्तक द्वितीय (957-973 ई०) ने तोण्डमण्डल को पुनः प्राप्त करने में सफलता पायी।

राजराज प्रथम महान (985-1014 ई०)—चोलों की शक्ति और प्रतिष्ठा को पुनः स्थापित करने का श्रेय राजराज को गया जो चोल-वंश का एक महान् शासक हुआ। उसने पश्चिमी गंगों, वेंगी के पूर्वी चालुक्यों, मदुरा के पाण्डयों, कलिंग के गंगों और केरल के चेरों को परास्त किया और सम्पूर्ण सुदूर दक्षिण में अपने राज्य का विस्तार किया। उसने एक शक्तिशाली नौ-सेना का निर्माण किया और उसकी सहायता से कुर्ग, सम्पूर्ण मलाबार-तट और श्रीलंका के कुछ भाग पर अधिकार कर लिया। उसने लकदीव और मालदीव नामक द्वीपों को जीता, पूर्वी द्वीपसमूहों पर आक्रमण किये और श्रीविजय-साम्राज्य के राजा तुंगवर्मा से मित्रता की। उसने वेंगी में अपने समर्थक विमलादित्य को सिंहासन पर बैठाया और उससे अपनी पुत्री का विवाह किया। उसने पश्चिमी चालुक्य-शासक सत्याश्रय के राज्य पर आक्रमण करके उसे लूटा। इस प्रकार, राजराज ने चोलों के एक विशाल साम्राज्य का निर्माण किया और उसकी महानता की नींव डाली।

राजराज एक महान् विजेता ही न था अपितु एक योग्य शासन-प्रबंधक और निर्माता भी था। उसने दक्षिण-भारत में सर्वप्रथम एक शक्तिशाली नौ-सेना का निर्माण किया। उसने अपने पुत्र उत्तराधिकारी राजकुमार को अपने समय में ही शासन में सम्मिलित करने की परम्परा को आरम्भ किया और एक अच्छे स्थानीय स्वशासन की नींव डाली। राजराज शैवमतावलम्बी था। उसने राजराजेश्वर के शिव-मन्दिर का निर्माण कराया जो तमिल-वास्तुकला का एक अद्वितीय नमूना माना गया है। परन्तु वह धार्मिक दृष्टि से सहिष्णु था। उसने बौद्ध-मठों एवं विहारों को भी संरक्षण प्रदान किया।

राजेन्द्र प्रथम (1014-1044 ई०)—राजेन्द्र ने अपने पिता द्वारा शुरू किये गये कार्य को आगे बढ़ाया और चोलों की शक्ति को उसकी चरम सीमा पर पहुंचा दिया। उसने दक्षिण के पाण्ड्य और चेर राज्यों को जीतकर अपने राज्य में सम्मिलित कर लिया। उसने श्रीलंका को जीतकर अपने राज्य में सम्मिलित कर लिया यद्यपि 1929 ई० में दक्षिणी श्रीलंका उसके आधिपत्य से मुक्त हो गया। उसने पश्चिमी चालुक्यों के शासक जयसिंह के वेंगी पर अपने प्रभुत्व को स्थापित करने के प्रयत्न को असफल किया और बाद के समय में चालुक्य-शासक सोमेश्वर प्रथम के राज्य पर आक्रमण करके उसे लूटा। उसके समय में तुंगभद्रा नदी को पश्चिमी चालुक्य-राज्य और चोल-साम्राज्य को विभाजित करने वाली रेखा मान लिया गया। राजेन्द्र ने कलिंग, उड़ीसा और बस्तर के मार्ग से पश्चिमी बंगाल पर आक्रमण किया और शक्तिशाली पाल-शासक महीपाल को परास्त किया। परन्तु उत्तर-भारत पर उसका यह आक्रमण केवल कीर्ति स्थापित करने हेतु किया गया। उसने उत्तर-भारत के किसी भाग को अपने राज्य में सम्मिलित नहीं किया। उसने मलाया, जावा, सुमात्रा आदि में स्थापित महान् शैलेन्द्र-साम्राज्य पर नौ-सेना के द्वारा आक्रमण किया और वहाँ के शासक श्रीविजय ने उसके आधिपत्य को स्वीकार कर लिया। अरब सागर में भी उसने अपनी नौ-सेना का प्रतिष्ठा को बढ़ाया। इन आक्रमणों का मुख्य उद्देश्य समुद्री व्यापार की रक्षा करना था जिसमें वह सफल हुआ।

राजेन्द्र एक महान् विजेता था और वह अरब सागर में नौ-सेना की श्रेष्ठता को स्थापित करने वाला पहला भारतीय शासक था। इसके अतिरिक्त वह एक योग्य शासक और महान् निर्माता था। उसने गंगईकोण्डचोलपुरम् नामक अपनी राजधानी को बसाया, वहाँ अनेक मन्दिर और महल बनवाये तथा चोलगंगम नामक एक झील का निर्माण किया।

राजाधिराज (1044-1052 ई०)—उसके पुत्र राजाधिराज का अधिकांश समय पाण्ड्य और श्रीलंका के विद्रोहों को दबाने में व्यतीत हुआ। उसने 1052 ई० में चालुक्य-शासक सोमेश्वर को परास्त करने में भी सफलता पायी। परन्तु वह इसी युद्ध में मारा गया।

राजेन्द्र द्वितीय (1052-1063 ई०)—राजेन्द्र ने पश्चिमी चालुक्यों और श्रीलंका के राजाओं से युद्ध किये और अपने साम्राज्य की सुरक्षा करने में सफलता पायी।

राजेन्द्र के पश्चात् वीरराजेन्द्र (1063-1070 ई०) ने श्रीलंका और शैलेन्द्र-साम्राज्य पर अपने आधिपत्य को सुरक्षित रखा और चालुक्य-शासक सोमेश्वर प्रथम और सोमेश्वर द्वितीय को परास्त करने में सफलता पायी। उसके पश्चात् उसका पुत्र अधिराजेन्द्र (1070 ई०) शासक बना परन्तु कुछ विद्रोहियों के द्वारा वह बहुत शीघ्र मारा गया।

अधिराजेन्द्र के पश्चात् चोल-वंश की मध्य शाखा समाप्त हो गयी और उसके पश्चात् उसका बहनोई कुलोत्तुंग (1070-1118 ई०) शासक बना। कुलोत्तुंग ने पाण्ड्य और केरल के शासकों को परास्त किया, अपनी पुत्री का विवाह श्रीलंका के एक राजकुमार से किया, कन्नौज, काम्बोज, चीन और बह्मा से अपने कूटनीतिक संबंध स्थापित किये और अपने राज्य को समृद्धशाली बनाया।

कुलोत्तुंग प्रथम के उत्तराधिकारियों (विक्रम चोल, कुलोत्तुंग द्वितीय, राजराज द्वितीय, राजाधिराज द्वितीय, कुलोत्तुंग तृतीय, राजराज तृतीय और राजेन्द्र तृतीय) ने एक सदी से भी अधिक समय तक शासन किया परन्तु उनके समय में चोलों की शक्ति निरन्तर दुर्बल होती गयी। पाण्ड्य, होयसल, काकतिया और पूर्वी गंग-वंश के शासक उनकी सीमाओं को छोटा करते चले गये। अन्त में, 1258 ई० में सुन्दर पाण्ड्य ने अंतिम चोल-शासक राजेन्द्र तृतीय को अपना आधिपत्य स्वीकार करने के लिए बाध्य किया और चोल-शासकों का स्वतंत्र अस्तित्व नष्ट हो गया।

2. चोल-शासन, संस्कृति, सभ्यता तथा उसकी उपलब्धियाँ

(*i*) केन्द्रीय और प्रान्तीय शासन—केन्द्रीय शासन का प्रधान सम्राट होता था और वह सम्मानित उपाधियाँ ग्रहण करता था। तंजौर, गंगईकोण्डचोलपुरम्, मुडिकोम्डन और काँची समय-समय पर विभिन्न सम्राटों की राजधानियाँ रहीं। सम्राटों के सम्मान में ऐश्वर्य में वृद्धि हुई थी और मन्दिरों में सम्राटों और उनकी पत्नियों की मूर्तियाँ प्रतिष्ठित की गयी थीं। परन्तु चोल-शासक निरंकुश न थे। प्रजा की भलाई और सार्वजनिक हित के कार्य करना वे अपना प्रमुख कर्तव्य मानते थे। चोल-शासकों ने अपने समय में ही युवराज (राज्य का उत्तराधिकारी) को चुनने और शासन में उसे सम्मिलित करने की परम्परा को आरम्भ किया था जिसके कारण उनके समय में उत्तराधिकार के युद्ध नहीं हुए। सम्राट का पद पैतृक होता था और, साधारणतया, ज्येष्ठ पुत्र को ही युवराज चुना जाता था। परन्तु बड़े पुत्र के अयोग्य होने पर छोटे पुत्रों में से किसी एक को युवराज चुने जाने के उदाहरण भी प्राप्त होते हैं।

सम्राट की सहायता के लिए विभिन्न मंत्री तथा राज्य के अन्य बड़े पदाधिकारी होते थे। राज्य के अधिकारियों को बड़ी-बड़ी उपाधियाँ और जागीरें दी जाती थीं।

अधिकारी उच्च और निम्न दो प्रकार के होते थे। चोल-शासक ने एक व्यवस्थित असैनिक शासन-संगठन की स्थापना की थी।

चोल-सम्राटों ने एक विशाल सेना और श्रेष्ठ नौ-सेना का निर्माण किया था। हाथी, घुड़सवार और पैदल सेना के मुख्य अंग थे। अभिलेखों से चोल-सेना में 70 रेजीमेंटों का होना प्रकट होता है। उनकी सेना में 60,000 हाथी थे और पूरी सेना में 1,50,000 सैनिक थे। अरब से श्रेष्ठ घोड़े मँगाये जाते थे और उन पर काफी धन व्यय किया जाता था. सैनिकों की छावनियाँ होती थीं जहाँ उनकी शिक्षा और अनुशासन का पर्याप्त प्रबन्ध था। सम्राट के शरीर-रक्षक अलग से होते थे जिन्हें 'वेलाइककारी' पुकारते थे। योग्य सैनिकों और सरदारों को 'क्षत्रियशिरोमणि' की उपाधि देकर सम्मानित किया जाता था। चोल-शासकों की नौ-सेना भी शक्तिशाली थी जिसके कारण वे श्रीलंका और शैलेन्द्र-साम्राज्य पर आक्रमण कर सके, अरब सागर में अपने व्यापार की सुरक्षा कर सके और बंगाल की खाड़ी को वस्तुतः अपनी एक झील बना सके। इस प्रकार, चोल-शासकों ने एक शक्तिशाली रक्षात्मक और आक्रामक सैनिक-शक्ति का निर्माण किया था। परन्तु चोल-सेना हिन्दुओं की परम्परागत युद्ध-नैतिकता का पालन करने में असमर्थ रही थी। युद्ध के अवसरों पर चोल-सैनिक सामान्य जनता पर अत्याचार करते थे। लूट-मार, अंग-विच्छेद और स्त्रियों को अपमानित करना चोल-सैनिकों के लिए अपवाद न था।

राज्य की आय का मुख्य साधन लगान अथवा भूमि-कर था। राजराज प्रथम के समय में लगान पैदावार का 1/2 भाग होता था। लगान मल्ले और सिक्के दोनों ही शक्लों में लिया जाता था। चोल-शासकों ने सिंचाई की अच्छी व्यवस्था की थी। उन्होंने झीलें बनवायीं तथा कावेरी और अन्य नदियों पर बाँध बनवाकर सिंचाई की पर्याप्त व्यवस्था की उत्पादन के आधार पर भूमि को कई किस्मों में बांट दिया जाता था और लगान भूमि की पैमाइश करके उसके उत्पादन पर निश्चित किया जाता था। लगान वसूल करने में कठोरता बरती जाती थी। लगान किसानों से अथवा सामूहिक रूप में सम्पूर्ण गाँव से लिया जाता था। लगान के अतिरिक्त व्यापार, व्यवसाय, खानों, वनों, सिंचाई, नमक, पान आदि पर कर राज्य की आय के अन्य साधन थे। शासन, सेना, सार्वजनिक निर्माण-कार्य, सम्राट और उसके महल का व्यय आदि राज्य के व्यय के मुख्य विषय थे।

सम्पूर्ण राज्य को मण्डलों (जो 7 या 8 थे) में, मण्डलों को नादु में और नादु को कुर्रम अथवा कोट्टम में बाँटा गया था। प्रत्येक कुर्रम में अनेक गाँव होते थे जो शासन की सबसे छोटी इकाई थे।

***(ii)* स्थानीय स्वशासन**—चोल-शासन की एक मुख्य विशेषता स्थानीय स्वशासन माना गया है। चोल-शासन में गाँव से लेकर मण्डल तक के लिए स्वशासन की

व्यवस्था थी। गाँव की महासभा का शासन में बहुत महत्व था। इसके अतिरिक्त, कुर्रम, नादु और मण्डल तक में प्रतिनिधि-सभाएं होती थीं जिनसे शासन में सहयोग प्राप्त किया जाता था। स्थानीय स्वशासन की रूपरेखा का अनुमान गाँव की महासभा के अधिकार तथा कर्त्तव्यों से किया जा सकता है।

प्रत्येक गाँव को 30 वार्डों में बांटा जाता था और प्रत्येक वार्ड के व्यक्ति कुछ व्यक्तियों को चुनते थे। चुने जाने वाले व्यक्तियों के लिए आवश्यक था कि उनके पास प्राय: 1.5 एकड़ भूमि हो, अपना मकान हो, 30 से 70 वर्ष की आयु हो, कम से कम एक वेद और भाष्य का ज्ञाता हो और उसने अथवा उसके किसी सम्बन्धी ने कोई भी अपराध न किया हो। उन सभी चुने हुए व्यक्तियों में से प्रत्येक वार्ड से एक व्यक्ति लिया जाता था और उसके लिए पर्चियाँ डालकर नाम निकलवाये जाते थे। इस प्रकार, ग्रामसभा अथवा सभा में 30 व्यक्ति लिये जाते थे। उसके पश्चात् उसकी विभिन्न समितियां बना दी जाती थीं, जैसे–तालाब-समिति, न्याय-समिति, बगीचा-समिति, विदेशी-यात्री-समिति आदि। महासभा की बैठक मन्दिर में अथवा किसी वृक्ष के नीचे होती थी और उसके निर्णयों को लिखकर रखा जाता था।

ग्राम-महासभा सार्वजनिक भूमि की स्वामी होती थी और व्यक्तिगत भूमि पर उसका नियंत्रण था। भूमि संबंधी सभी परिवर्तनों पर केन्द्रीय सरकार महासभा की स्वीकृति लेती थी। वह सरकारी कर्मचारियों को उत्पादन का अनुमान लगाने और लगान निश्चित करने में सहायता देती थी। गाँव से लगान वसूल करने का अधिकार भी उसी का था और जो लगान नहीं देता था उसकी भूमि को वह नीलाम करा सकती थी। वही गाँव के अधिकार-क्षेत्र के अंतर्गत आने वाले जंगलों और बेकार पड़ी हुई भूमि की देखभाल करती थी और उसकी प्रगति का प्रयत्न करती थी। गांव की देखभाल के बदले उसे कर लगाने का अधिकार था और अपने कार्य के लिए वह वेतनभोगी कर्मचारियों की नियुक्ति करती थी। उसकी न्याय-समिति गाँव के सभी असैनिक और फौजदारी झगड़ों का निर्णय करती थी। महासभा स्थानीय सड़कों, तालाबों, सिंचाई के साधनों, दान और धर्म के हेतु दी गयी भूमि, सम्पत्ति, मन्दिर आदि सभी देखभाल करती थी। इस प्रकार, स्थानीय शासन के प्राय: सभी कार्यों की देखभाल गाँव की महासभा करती थी। केन्द्रीय सरकार स्थानीय शासन में उसी समय हस्तक्षेप करती थी जब ऐसा करना अनिवार्य हो जाता था अन्यथा शासन की विभिन्न इकाइयाँ अपने स्थानीय शासन की देखभाल स्वयं करती थीं। नीलकान्त शास्त्री ने लिखा है: ''सुयोग्य नौकरशाही और सक्रिय स्थानीय संस्थाओं के मध्य जो विविध प्रकार से नागरिकता की भावना का पोषण करती थीं, प्रशासनिक-निपुणता तथा शुद्धता का एक ऐसा श्रेष्ठ स्तर प्राप्त

कर लिया गया था जो, सम्भवतया, एक हिन्दू राज्य द्वारा प्राप्त किया गया सर्वोच्च स्तर था।''[2]

(iii) **सामाजिक दशा**—चोल-काल का समाज जातीय व्यवस्था पर संगठित था। परन्तु विभिन्न जातियाँ सहयोगात्मक जीवन व्यतीत करती थीं। अनुलोम और प्रतिलोम दोनों ही प्रकार के विवाह होते थे जिनके कारण विभिन्न उप-जातियों का निर्माण हुआ था। स्त्रियों की स्थिति अच्छी थी। उन पर कोई सामाजिक बन्धन न थे। यद्यपि लज्जा स्त्री का एक विशेष गुण माना जाता था परन्तु तब भी पर्दा-प्रथा थी और स्त्रियाँ सभी सामाजिक तथा धार्मिक कार्यों में भाग लेती थीं। स्त्रियाँ सम्पत्ति की स्वामिनी होती थीं। साधारण व्यक्ति एक पत्नी व्रत का पालन करते थे परन्तु सम्राट, सामन्त और धनाढ्य व्यक्ति बहु-विवाह करते थे। देवदासी-प्रथा प्रचलित थी और नगरों में गणिकाएं (वेश्याएं) भी होती थीं। समाज में दास-प्रथा भी प्रचलित थी।

(iv) **आर्थिक दशा**—चोल शासन में राज्य और प्रजा सम्पन्न थे। चोल-शासकों ने कृषि की वृद्धि के लिए सिंचाई की अच्छी व्यवस्था की थी जो राज्य की आय और प्रजा की समृद्धि का मुख्य आधार था। उनके समय में व्यापार और उद्योगों की प्रगति हुई थी, राजमार्गों की सुरक्षा का अच्छा प्रबन्ध था और एक शक्तिशाली नौ-सेना के कारण समुद्री मार्ग से विदेशी व्यापार की प्रगति हुई थी। उद्योगों में वस्त्र, आभूषण, धातु की वस्तुओं का निर्माण, नमक बनाना तथा मूर्तियों और मन्दिरों का निर्माण प्रमुख थे। उस समय में चीन, मलाया, दक्षिण-पूर्वी द्वीपसमूह और पश्चिम की खाड़ी के निकट के देशों से अत्यधिक व्यापार होता था।

(v) **धार्मिक दशा**—चोल-शासक हिन्दू शैव और वैष्णव धर्म के समर्थक थे। सम्राट विजयपाल के पश्चात् के समय से दक्षिण-भारत में हिन्दू शैव और वैष्णव सम्प्रदाय का रजत-युग आरम्भ हुआ। इस काल के धर्म में मन्दिरों का स्थान प्रमुख बन गया था। मन्दिर धर्म, शिक्षा, कला और जन-सेवा के केन्द्र-स्थान बन गये थे। इस कारण चोल-शासकों ने अनेक मन्दिरों का निर्माण किया। परन्तु हिन्दू धर्म का समर्थन करते हुए भी चोल-शासक धार्मिक दृष्टि से सहिष्णु थे। प्राय: सभी शासकों ने सभी धर्मों का सम्मान किया। एक दो उदाहरण ऐसे भी प्राप्त होते हैं जब किसी शासक ने धार्मिक असहिष्णुता की नीति को अपनाया परन्तु उसका परिणाम जन-विद्रोह हुआ। यह उदाहरण सिद्ध करता है कि शासक ही नहीं अपितु प्रजा भी धार्मिक सहिष्णुता में विश्वास करती थी।

---

2. "Between an able bureaucracy and the active local assemblies which in various ways fostered a lively sense of citizenship, there was attained a high standard of administrative efficiency and purity, perhaps the highest, ever attained by a Hindu state."—*K.A. Nilakanta Sastri.*

(*vi*) **साहित्य**—चोल-सम्राटों का शासन-काल तमिल-साहित्य का स्वर्ण-काल था। साहित्य के क्षेत्र में मुख्यतया काव्य-ग्रंथों की रचना हुई। जैन विद्वान तिरुत्कदेवर ने 'जीवन-चिन्तामणि', तोलामोक्ति ने 'शूलमणि', जयगोदार ने 'कलिंगत्तुप्पाणि' और कम्बन ने 'रामावतारम्' नामक ग्रन्थ लिखे। बौद्ध विद्वान बुद्धमित्र ने 'रसोलियम' और एक अन्य बौद्ध विद्वान ने 'कुण्डलकेशि' तथा 'कल्लदम' नामक ग्रन्थ लिखे। प्रसिद्ध विद्वान पुगलेन्दि और दण्डिन भी इसी काल में हुए। तमिल के अतिरिक्त संस्कृत भाषा में भी विभिन्न ग्रन्थ लिखे गये। परान्तक प्रथम के समय में वेंकटमाधव ने ऋग्वेद पर अपना भाष्य लिखा और राजराज द्वितीय के समय में केशवस्वामिन ने 'नानार्थार्णव' नामक कोष का सम्पादन किया।

(*vii*) **ललित-कलाएँ**—चोल-शासक महान् निर्माता थे। उनके समय में अनेक नगर, झील, बाँध, तालाब आदि बनाये गये। राजेन्द्र प्रथम द्वारा अपनी राजधानी गंगईकोण्ड-चोलपुरम् के निकट बनवायी गयी झील बहुत विशाल थी जिसमें कोलेरुन और बेल्लार नदियों का जल भरा गया था और उससे अनेक नहरें निकाली गयी थीं।

परन्तु चोल-कला की मुख्य विशेषता मन्दिरों और मूर्तियों के निर्माण में पायी जाती है। प्रारम्भ में ये मन्दिर छोटे बनाये गये। विजयालय-चोलेश्वर मन्दिर, नागेश्वर-मन्दिर, कोरंगनाथ-मन्दिर और मुवरकोविल्-मन्दिर प्रारम्भिक चोल-कला के अच्छे नमूने हैं। नागेश्वर-मन्दिर के गर्भगृह की बाहरी दीवार पर स्त्री-पुरुषों के सजीव तक्षण चित्र बनाये गये हैं। बाद में चोल-साम्राज्य की सम्पत्ति और ऐश्वर्य में वृद्धि हो जाने पर बड़े-बड़े मन्दिरों का निर्माण हुआ। राजराज प्रथम ने तंजौर में राजराजेश्वर का मन्दिर बनवाया। उसी ने तिन्नवेली जिले में विरुवलीश्वरम् का मन्दिर बनवाया जिसमें पत्थर में खुदे हुए (तक्षण) चित्र बनाये गये हैं। राजेन्द्र प्रथम ने अपनी राजधानी गंगईकोण्डचोलपुरम् में राजेश्वर की भांति ही शिव का एक विशाल मन्दिर बनवाया। राजराज द्वितीय ने ऐरावतेश्वर का मन्दिर और कुलोत्तुंग तृतीय ने कम्प्रहरे के मन्दिर का निर्माण कराया। ये सभी मन्दिर आकार की दृष्टि से बहुत विशाल और कला की दृष्टि से अति सुन्दर हैं। तंजौर का राजराजेश्वर का मन्दिर 150 मीटर लम्बा और 75 मीटर चौड़ा है। इसमें 14 मंजिलें हैं जो 57 मीटर ऊंची हैं। इसके शीर्ष पर 7.50 मीटर ऊँचा गुम्बद है जिसका वजन 80 टन है और जो एक ही चट्टान को काटकर बनाया गया है। सम्पूर्ण मन्दिर पत्थर की विभिन्न मूर्तियों से अलंकृत है। पर्सी ब्राउन ने उसके बारे में लिखा है: "यह सम्पूर्ण भारतीय वास्तु-कला की अनुपम कसौटी है।"[3] निश्चय ही चोल-शासकों के समय में दक्षिण-भारत की वास्तु-कला अपनी चरम सीमा पर पहुंच गयी। फर्गुसन ने लिखा है: "चोल कलाकार अपनी रचनाओं के लिए दानवों के समान कल्पना करते थे और उनकी पूर्ति जौहरियों के समान करते थे।"

---

3. "It is the touchstone of Indian architecture as a whole."—*Percy Brown.*

इस काल में मूर्ति-कला का बहुत अच्छा विकास हुआ। सभी हिन्दू देवी-देवताओं की मूर्तियाँ मन्दिरों में प्रतिष्ठित की गयी थीं। इसके अतिरिक्त, सम्पूर्ण मन्दिर को छोटी-छोटी अनेक मूर्तियों से अलंकृत किया जाता था। कुछ मन्दिरों में चोल-सम्राटों और उनकी पत्नियों की विशालकाय मूर्तियाँ भी स्थापित की गयी थीं। परन्तु चोल-मूर्तिकला की मुख्य विशेषता काँसे की मूर्तियों का निर्माण था। उनमें भी शिव की 'नटराज' के रूप में क़ाँसे की मूर्तियाँ सर्वश्रेष्ठ मानी गयी हैं।

इस समय में चित्रकला में भी प्रगति हुई। तंजौर के मन्दिर में बने हुए चित्रों की समानता बहुत कुछ अजन्ता के भित्ति-चित्रों से की जा सकती है।

उपर्युक्त विभिन्न प्रकारों से चोल-शासनकाल में प्रगति हुई। चोल-वंश की मुख्य उपलब्धियाँ उसका स्थानीय स्वशासन, नौ-सेना, तमिल-ग्रन्थ, विशालकाय मन्दिर और मूर्तियाँ हैं। इसका कारण, दक्षिण-भारत के इतिहास में यह काल एक महत्वपूर्ण स्थान रखता है।

15 दक्षिण के प्रमुख राज्य

प्राचीन भारतीय इतिहास में दक्षिण के राज्यों की भी महत्वपूर्ण भूमिका रही है। भारत का एक सामान्य विभाजन विन्ध्याचल पर्वत से होता है जो देश के मध्य भाग में स्थित है और पूर्व से पश्चिम में फैला हुआ है। प्राचीन काल में यह भूभाग घने जंगलों से घिरा हुआ था जिसको पार करना एक दुष्कर कार्य था। विन्ध्य पर्वत तथा इस वन्य प्रदेश के उत्तर में जो भूभाग स्थित था, वह उत्तरापथ कहलाता था और जो भूभाग दक्षिण में स्थित था, वह दक्षिणापथ कहलाता था।

दक्षिणापथ से तात्पर्य दक्षिण भारत से था, जो नर्मदा नदी के दक्षिण में स्थित है और जिसके पूर्व में बंगाल की खाड़ी और पश्चिम में अरब सागर विद्यमान है। प्राचीन काल में यातायात के साधनों का अभाव था और मार्गों का भी निर्माण नहीं हुआ था, ऐसे में उत्तर से दक्षिण की यात्रा अत्यन्त कठिन थी। फलस्वरूप आर्य लोग अपनी सभ्यता और संस्कृति का प्रचार उत्तर भारत में और अनार्य लोग, अपनी सभ्यता और संस्कृति का विकास दक्षिण में करते रहे। कुछ समय के पश्चात् जब आर्यों ने सम्पूर्ण उत्तरी भारत में अपनी सभ्यता और संस्कृति का प्रचार कर लिया, तब उन्होंने दक्षिण भारत में भी प्रवेश किया और वहाँ पर भी अपनी सभ्यता और संस्कृति का प्रचार करना आरम्भ कर दिया। इस कार्य को ऋषियों, महामुनियों और ब्राह्मणों ने आरम्भ किया। आगे चलकर राजकुमार, राजदरबार अन्य अधिकारी भी वहाँ आये और अपनी सत्ता की स्थापना की। गुप्त साम्राज्य के पतन के साथ उत्तर भारत में अस्थिरता उत्पन्न होने लगी, उसी समय दक्षिण भारत में छोटे-छोटे राज्यों की स्थापना होने लगी।

सम्भवत: दक्षिण में बस्तियों की शुरुआत महा-पाषाणिक संस्कृति से हुई। धीरे-धीरे सुदूर दक्षिण में चेर, चोल और पाण्ड्य राज्यों की स्थापना हुई। आगे चलकर चालुक्यों, पल्लवों, यादवों, होयसलों और काकतीय आदि वंश के लोगों ने भी शासन किया। इन राजवंशों के शासन के फलस्वरूप दक्षिण भारत की सभ्यता और संस्कृति समृद्ध हो गयी।

महापाषाणिक संस्कृति

महापाषाण—भारत के सुदूर दक्षिण में दूसरी शताब्दी ई०पू० के पहले महापाषाण निर्माता निवास करते थे। इन लोगों के बारे में जानकारी महापाषाण या बड़े-बड़े पत्थरों

से मिलती है जो उनकी कब्रों के चारों ओर प्राप्त हुए हैं। इन कब्रों को महापाषाण इसलिए कहा जाता है, क्योंकि इन्हें बड़े-बड़े पत्थरों के टुकड़ों से घेर दिया जाता था। इन कब्रों में दफनाये गये लोगों के न केवल अस्थिपंजर हैं बल्कि मृदुभाण्ड और लोहे की वस्तुएँ हैं। वे लोग कई प्रकार के बर्तनों का प्रयोग करते थे जिनमें लाल मृदुभाण्ड शामिल हैं। सम्भवत: मृतात्मा को परलोक में सभी वस्तुओं की आवश्यकता होती है, इस बात को ध्यान में रखकर लोगों ने अपने शवों के साथ जीविका के साधनों और रोजमर्रा की वस्तुओं को भी दफनाया। कब्रों से लोहे के बने बाण, बरछे की नोक, फावड़े और हंसिया भी मिलते हैं। महापाषाण कब्रों में त्रिशूल भी मिलते हैं जो बाद में शिव से जुड़ गया। इन कब्रों से कृषि के औजार से अधिक युद्ध और शिकार के हथियार प्राप्त होते हैं।

महापाषाणिक संस्कृति की विशेषतायें:

(*i*) **स्थल**—इस संस्कृति के अवशेष कर्नाटक में ब्रह्मगिरी, मास्की, पिक्कहल, संगमकल्लु और हललुर में प्राप्त हुए हैं। तमिलनाडु में नागार्जुनकोंडा, केमरपल्ली, येल्लेश्वर तथा पोचमपट से मिले हैं। केरल में पोर्थलम् में भी ये अवशेष प्राप्त हुए हैं।

(*ii*) **औजार**—इनके औजारों में विशेष रूप से लोहे के औजार प्राप्त हुए हैं। लोहे के वाणाग्र, बरछे और त्रिशूल मिले हैं। कृषि के उपकरणों में फावड़े तथा हंसिया आदि मिली हैं। दैनिक जीवन के बर्तन में मिट्टी की मूर्तियाँ, सुराही और ढक्कन आदि मिले हैं।

(*iii*) **सामाजिक जीवन**—प्राप्त प्रमाणों से ज्ञात होता है कि ये लोग पहाड़ी टीलों पर गुफाओं में रहते थे। इन स्थानों के आस-पास तालाब और जलाशय आदि होते थे। चावल इनका मुख्य भोजन था। ये लोग शिकार से भी मनोरंजन करते थे।

(*iv*) **आर्थिक जीवन**—ये लोग अपना जीविकोपार्जन कई प्रकार से करते थे। खाने के चावल, रागी आदि की खेती करते थे। इनके कृषि का क्षेत्र कच्छ डेल्टा में स्थित था। वाण के अवशेषों से ज्ञात होता है कि ये लोग शिकार भी करते थे। सम्भवत: ये लोग विदेशों से व्यापार भी करते थे। यहाँ से रोगन शासकों के सिक्के प्राप्त हुए हैं।

(*v*) **अन्त्येष्टि क्रिया और धर्म**—महापाषाण कब्रें अनेक प्रकार की प्राप्त हुई हैं। ब्रह्मगिरी से प्राप्त कब्रों को आयताकार खोदा गया है। पत्थर की शिलाओं से सन्दूक बनाकर उसमें हथियार, औजार, मिट्टी के बर्तन और आभूषण आदि रखा जाता था और उनके ऊपर शव रखा जाता था जो सूखा होता था। इस प्रकार की कब्रों को सिस्ट कब्र कहा गया है। ब्रह्मगिरी की एक दूसरी कब्र में वृत्ताकार गड्ढा बनाया गया है

जिसमें गोलाकार खाई का निर्माण किया जाता था। इसके ऊपर पत्थर के चार पाखे बनाये जाते थे जिन पर लकड़ी की अर्थी रखी जाती थी। इस प्रकार की कब्र को पिट सर्किल कहा गया है। मद्रास के केर्न सर्किल कब्र में बड़े-बड़े पत्थरों से वृत्त बनाकर उसके बीच में भस्मपात्र या शव अस्थिपात्र रखा जाता था। इसी प्रकार की चीन में कई प्रकार की कब्रें मिली हैं।

विद्वानों का विचार है ये लोग मुरुगन नाम.क देवता की पूजा करते थे। बैल और त्रिशूल का मुरुगन से विशेष सम्बन्ध है। पौराणिक साहित्य में बैल और त्रिशूल का सम्बन्ध शिव से है, परन्तु कार्तिकेय युद्ध का देवता है। इसलिए आगे चलकर मुरुगन और कार्तिकेय को एक ही माना जाने लगा।

संगम साहित्य

दक्षिण भारत के इतिहास के रूप में संगम साहित्य का विशेष महत्त्व है। सुदूर दक्षिण भारत में पाण्ड्य शासकों के नेतृत्व में उनकी राजधानी मदुरा में या अन्य स्थानों पर विद्वानों की गोष्ठियों को 'संगम' नाम से जाना जाता है। इनका सर्वप्रथम उल्लेख 8वीं शताब्दी में रचित इरैयनार अगप्पोरुल के भाष्य की भूमिका में प्राप्त होता है। इसमें तीन संगमों अथवा विद्वानों के सम्मेलनों का उल्लेख किया गया है जो निम्नलिखित हैं:

(1) **प्रथम संगम**—प्रथम संगम प्राचीन मदुरा में हुआ। कहा जाता है कि अगस्त्य ऋषि इस संगम के सभापति थे। इसके अन्य सदस्य शिवर सुब्राह्मनीय और आदिशेष थे। इसके कुल सदस्यों की संख्या 549 थी। इस संगम के 89 पाण्ड्य शासक संरक्षक थे जिसमें सात कवि थे। इसमें 4499 लेखकों ने अपने लेख प्रस्तुत किये और स्वीकृति प्राप्त की। इस संगम की कोई रचना उपलब्ध नहीं है। अन्य स्रोतों के अनुसार अगस्त्यम्, परिपादल, सुदुनारय, मृदूक रुकु और कालरियविराम आदि इसकी मुख्य रचनायें थीं। सम्भवत: यह संगम 4400 वर्षों तक चलता रहा।

(2) **द्वितीय संगम**—यह संगम कपातपुरम् में हुआ था। इस संगम का केवल एक ग्रन्थ 'तीलकाप्पियम्' उपलब्ध है। यह तमिल भाषा का व्याकरण है। इस पुस्तक के तीन भाग है। पहले भाग में वर्ण विन्यास, दूसरे में व्युत्पत्ति और तीसरे में विषयवस्तु का विवेचन है। इसमें प्रेम, युद्ध, फूलों, तत्कालीन रीति-रिवाजों आदि का वर्णन है। इस प्रकार इस ग्रन्थ में धर्म, अर्थ, काम और मोक्ष चारों पुरुषार्थों का विस्तृत विवेचन है। इसके इस संगम के ग्रंथ अकारियम्, लोल काप्पियम्, मायूसनम और भूतपुराणम् थे।

(3) **तृतीय संगम**—तीसरा संगम आधुनिक मदुरा में हुआ। इसके सदस्यों की संख्या 49 थी। इस संगम ने 449 कवियों की रचनाओं को स्वीकृति दी और इसे 49 पाण्ड्य शासकों का संरक्षण प्राप्त था तथा यह लगभग 1850 वर्ष तक रहा। इसके

सभापति नकीरार थे तथा पाण्ड्य शासक उग्र भी इसका सदस्य था। इस संगम के तीन संग्रह-पत्थुप्पातु, एतुत्थोकई और पदिनेन कीलकनक्कु उपलब्ध हैं। ये रचनायें हैं:

पत्थुप्पातु में दस प्रकृति का वर्णन है। इसमें पहली और दूसरी का लेखक नकीरार है। तीसरी और चौथी का कन्नार है तथा शेष अलग अलग कवियों द्वारा लिखी गयी हैं। ये रचनाएं उच्च कोटि की साहित्यिक रचनायें हैं और तमिल संस्कृति का इनमें वर्णन है।

एतुत्थोकई में आठ संग्रह हैं जिसमें पहले का नाम तमीनाई है। दूसरे में प्रेम सम्बन्धी 400 दोहे हैं। चौथे में दस-दस पैरों की दस कवितायें हैं। शेष आठ में चेर शासकों की वीरता का वर्णन है। इसमें रीति-रिवाजों का भी वर्णन है। पांचवें संग्रह में चेर वंश के महान् शासक का वर्णन किया गया है। छठे संग्रह की रचना एक स्त्री की है। सातवें संग्रह में 400 प्रेमगीत हैं। आठवें संग्रह में 400 कवितायें हैं।

पदिनेन कीलकनक्कु 18 छोटी उपदेशक कवितायें हैं। इसमें सबसे प्रसिद्ध रचना कूरल है जिसका अनुवाद कई भारतीय और यूरोपीय भाषाओं में किया गया है। इसमें प्रत्येक विषय पर लिखा गया है और इसे वेदों का छोटा रूप कहा जा सकता है। अन्य कविताओं में प्रेम का वर्णन है। चेर और चोल शासकों के युद्ध का वर्णन और प्रसंग संग्रहीत किये गये हैं।

संगम साहित्य की तिथि—संगम साहित्य के तिथि निर्धारण के लिए चेर शासक सेन गुट्टवन और श्रीलंका के राजा गजबाहु प्रथम के समकालीनता को आधार बनाया गया है। गजबाहु का शासन काल 173 से 195 ई० है। इसलिए सेन गुट्टवन का शासन काल भी इसके आस-पास माना गया है। इस प्रमाण के आधार पर अधिकांश विद्वान संगम साहित्य का रचनाकाल 100 ई० से 250 ई० स्वीकार करते हैं। रोमन इतिहासकारों—स्ट्रैवो, पैरिप्लस आफ दि एरिथ्रियन सी' के लेखक, प्लिनी और टामली के वर्णनों में तमिल प्रदेश के साथ रोम के व्यापार का उल्लेख है। पुरातात्विक शास्त्रों से भी इसकी पुष्टि हुई है। इस आधार पर संगम साहित्य का रचना काल 100 ई० से 250 ई० के मध्य ठहरता है।

संगम साहित्य का महत्व—संगम साहित्य भारतीय इतिहास में विशेष रूप से दक्षिण भारतीय इतिहास के लिए महत्त्वपूर्ण है—

(1) संगम साहित्य तमिल भाषा में रचित है जिसके कारण तमिल भाषा का पर्याप्त विकास हुआ।

(2) इस साहित्य में अनेक शब्द संस्कृत के हैं जिससे ज्ञात होता है उत्तर और दक्षिण भारत के साहित्य में तेजी से समन्वय हो रहा था।

(3) संगम साहित्य से दक्षिण भारत की पहली शताब्दी से तीसरी शताब्दी तक के इतिहास की पुष्टि करने में बड़ी सहायता मिलती है।

(4) इनके द्वारा दक्षिण भारत के सामाजिक इतिहास की अच्छी जानकारी मिलती है।

(5) संगम साहित्य में उत्तर भारत और दक्षिण भारत की संस्कृतियों का सफल समन्वय किया गया है।

(6) चेर, चोल और पाण्ड्य राजाओं के विषय में महत्वपूर्ण जानकारी मिलती है।

(7) इन ग्रंथों के द्वारा दक्षिण भारत और विदेशों से व्यापारिक सम्बन्ध की जानकारी होती है।

(8) संगम साहित्य सुदूर दक्षिण के इतिहास का महत्वपूर्ण स्रोत माना जाता है। इसके द्वारा तत्कालीन दक्षिण भारत के राजनैतिक, सामाजिक, आर्थिक एवं सांस्कृतिक इतिहास की पर्याप्त जानकारी मिलती है।

संगमकालीन समाज एवं राज्य

संगम साहित्य में तत्कालीन समाज के विषय में भी विस्तार से प्रकाश डाला गया है। संगम कालीन समाज की प्रमुख विशेषताएं निम्नलिखित हैं:

1. वर्ग—संगमकालीन समाज विभिन्न वर्गों में विभाजित था यह विभाजन मुख्य रूप से व्यवसाय के आधार पर हुआ। एक प्रकार के व्यवसाय के लोग एक स्थान पर रहते थे। सभी लोग अपने पद और आर्थिक स्थिति को अच्छी तरह समझते थे। उनमें आपस में कोई विरोधी भावनाएं नहीं थी। सभी समाजों में सामान्य बातें जैसे अतिथि सत्कार आदि प्रचलित थीं। वैसे पुड़नान्ड नामक कविता में केवल जातियों-तुड़ियन, पाड़न, पड़ैयन और कडैम्बन का उल्लेख मिलता है, फिर भी कार्य के आधार पर अनेक वर्ग थे, जो निम्नलिखित हैं—

(1) राजकीय वर्ग—संगमकालीन समाज में राजकीय वर्ग सर्वश्रेष्ठ था। इसमें राजा का स्थान सर्वोच्च था। शासकों या शासक जाति को अकसर कहा जाता था. राजा के पास पर्याप्त सम्पत्ति होती थी और सुदर राजप्रसाद में रहता था। उसके चारों ओर रक्षा के लिए सशस्त्र महिलाएं और मनोरंजन के लिए गायक होते थे। राजा के नीचे मंत्री और अन्य अधिकारी होते थे। इनके पास भी पर्याप्त धन होता था। ये लोग बड़े ठाट-बाट से रहते थे। ये लोग मदिरा और सुन्दरियों का भी उपयोग करते थे। इस कार्य को समाज में बुरा नहीं माना जाता था।

(2) ब्राह्मण वर्ग—उत्तर भारत में वैदिक संस्कृति का पतन हो रहा था, परन्तु सुदूर दक्षिण में अभी इसका प्रभाव था। संगमकालीन राजा अनेक यज्ञ कराते थे, जो

ब्राह्मणों द्वारा सम्पन्न होते थे। इस प्रकार समाज में ब्राह्मणों का महत्त्व बना हुआ था। प्रशासन के बड़े-बड़े पद तथा मंत्री आदि के पद पर ब्राह्मणों को नियुक्त किया जाता था। ब्राह्मण कवि को 1,60,000,00 मुद्राएं दान दी थीं। वैसे भी ब्राह्मणों को पर्याप्त दान दिया जाता था। ब्राह्मण भी ठाट-बाट से रहते थे और मदिरा मांस आदि का प्रयोग करते थे।

(3) **अन्य वर्ग**—इसके अलावा अन्य कई वर्ग बेलालर, चरवाहे, मलबर और एनियर आदि भी थे। बेलालर लोगों का सैनिक के रूप में काफी महत्त्व था। ये लोग धनी किसान होते थे, परन्तु योद्धा के रूप में प्रसिद्ध थे। सैनिक के पद पर इनकी नियुक्ति की जाती थी। ये लोग खेती अन्य जातियों 'कड़े सिवर' आदि से कराते थे। बेलालर लोगों को चोल राज्य में उपाधि 'बेल', और पाण्ड्य राज्य में 'कबिदी' थी। सेना के नायकों की 'एथांड़ी' की उपाधि दी जाती थी। पुलैमन वर्ग के लोगों में रस्सी की चारपाई और चटाई बनवाई जाती थी। चरवाहे पशु चराते थे और दूध, दही, घी आदि बेचा करते थे। 'मलवर' जाति के लोग डाका डालते थे। एनियर शिकार करते थे।

II. भोजन एवं वस्त्र—सुदूर दक्षिण के राज्यों में लोग भोजन में विभिन्न वस्तुओं का प्रयोग करते थे। इस सन्दर्भ में नीलकण्ठ शास्त्री का कथन उल्लेखनीय है—दावतों में परोसे जाने के व्यंजन इस प्रकार के थे—समूचे पकाए गए जानवरों के माँस, जैसे उस सूअर का माँस जो अपने मादा से बहुत दिनों तक अलग रखा गया था तथा दावत पर पकाए जाने के लिए खिला पिलाकर मोटा किया गया था। दूध से तर आप्पम (हलवा) और कछुओं तथा विशेष प्रकार की मछलियों का माँस। पेय पदार्थों में विशेष रूप से उल्लेखनीय थे हरी बोतलों में बन्द विदेशी शराब, मुन्नी अधपके नारियल के दूध, ताड़ के रस तथा गन्ने के रस का सम्मिश्रण होता था तथा माँस पीपों में बन्द कर जमीन के भीतर गाड़कर रखी गयी तथा इस प्रकार भली-भांति पकाई गयी। शायद संगम युग में ही चूने तथा सुपारी के साथ पान खाने की आदत शुरू हो गई।

ये सूती, ऊनी और रेशमी कपड़े पहनते थे। पुरुष प्रायः धोती कमीज और लुंगी धारण करता था। स्त्रियाँ साड़ी ब्लाउज और पेटीकोट का प्रयोग करती थीं। स्त्री पुरुष दोनों आभूषण धारण करते थे।

III. निवास—संगम युग में विभिन्न वर्गों के विभिन्न प्रकार के मकान होते थे। अमीर लोगों का मकान पक्का और सजा हुआ होता था। राजकीय भवनों के आस-पास पार्क आदि होते थे। मध्यमवर्ग और गरीबों के मकान कच्चे होते थे। जंगली जातियाँ झोपड़ियों में रहती थीं।

IV. स्त्रियों की दशा—संगम साहित्य से ज्ञात होता है कि इस काल में स्त्रियों की स्थिति अच्छी थी। पत्नियों की मूर्तियाँ बनाकर उनकी पूजा की जाती थी। इस आधार पर इतिहासकारों का अनुमान है कि दक्षिण भारत में मातृ सत्तात्मक परिवार था। स्त्रियों को पर्याप्त शिक्षा-दीक्षा प्राप्त होती थी। संगम साहित्य में अनेक कवयित्रियों के नाम मिलते हैं। वे पुरुषों के साथ विभिन्न धार्मिक कार्यों और त्यौहारों में भाग लेती थीं।

विधवाओं की दशा खराब थी। पति की मृत्यु के पश्चात् स्त्री को जीवन की सुख-सुविधाओं का परित्याग करना पड़ता था और उन्हें अनेक प्रकार के कष्ट उठाने पड़ते थे। सम्भवत: इसीलिए स्त्रियाँ विधवा होना अच्छा नहीं समझती थीं। समाज में बाल-विवाह की भी प्रथा थी। मैगस्थनीज के विवरण से इसकी पुष्टि होती है। स्त्रियां नर्तकियों और गायिकाओं आदि का भी कार्य किया करती थीं। निम्न वर्ग की स्त्रियों की स्थिति बहुत अधिक खराब थी। इस संबंध में आर०एस० शर्मा ने लिखा है—''कृषि कार्य सामान्यत: निम्नतम वर्ग की औरतें करती थीं जिनकी स्थिति दासों से शायद ही भिन्न थी।''

V. विवाह-प्रथा—संगम युग में विवाह एक संस्कार के रूप में स्थापित था। तमिल व्याकरण ग्रन्थ 'तोल्काप्पियम्' के अनुसार उस समय विवाह कई प्रकार से होते थे। संगम साहित्य में विवाह से संबंधित अनेक बातों का भी उल्लेख मिलता है। इसमें एकपक्षीय प्रेम को कैक्किल्लई तथा अनुचित प्रेम की पेरुन्द्रिणाई की संज्ञा दी गयी है।

VI. मनोरंजन—संगमकालीन समाज अनेक प्रकार से मनोरंजन करता था। लोग विशेष रूप से नृत्य, संगीत, कविता पाठ, धार्मिक भजन आदि से अपना मनोरंजन करते थे। राजमहलों में राजकीय वर्ग के लोगों के मनोरंजन के लिए अनेक नृत्यकार, संगीतकार, तमाशबीन आदि होते थे। ढोल, वीणा, बांसुरी आदि वाद्य यन्त्र के रूप में प्रयोग किया जाता था। खेलकूद, शिकार, कुश्ती, जानवरों की लड़ाई, सामूहिक स्नान और पिकनिक आदि से भी मनोरंजन किया जाता था।

राजनीतिक विशेषताएँ—संगम युग की राजनैतिक विशेषताएं निम्नलिखित थीं–

(1) सुदूर दक्षिण भारतीय प्रायद्वीप अनेक छोटे-छोटे राज्यों में विभाजित था। इन सभी राज्यों का नियंत्रण चेर, चोल तथा पाण्ड्य राज्यों के द्वारा होता था। ये तीनों सामन्ती राज्य थे।

(2) इन राज्यों में आपस में संघर्ष होता रहता था। केन्द्रीय-सत्ता का अभाव होने के कारण ये राज्य एक दूसरे के राज्य को हड़पना चाहते थे।

(3) इस काल में शासक निरंकुश और स्वेच्छाचारी थे, परन्तु प्रजाहित की ओर ध्यान देते थे। वे राज्य में ऐसे कानून का निर्माण करते थे जो जनता के लिए कल्याणकारी हो।

(4) राजा की सहायता के लिए एक मंत्री परिषद् होती थीं। यह मंत्रीपरिषद् राजा पर नियंत्रण रखती थी। मंत्रियों की नियुक्ति राजा स्वयं करता था और वे अपने पदों पर उसकी मर्जी तक ही कार्य कर सकते थे। विभिन्न विभागों के लिए अलग-अलग मंत्री हुआ करते थे। मंत्रियों के पद पर योग्य ब्राह्मणों को नियुक्त किया जाता था। कभी-कभी धनी और प्रभावशाली व्यक्तियों को भी प्रशासन के बड़े पदों पर नियुक्त किया जाता था।

(5) प्राय: राजा कला और साहित्य का संरक्षक होता था। अपने राज्य में विभिन्न प्रकार के सुन्दर भवनों का निर्माण कराता था। वे साहित्य के विकास पर भी जोर देते थे। इसीलिए उन्हें 'वल्लान' (संरक्षक) की उपाधि दी गयी थी।

(6) संगमकालीन राजाओं के पास एक स्थायी सेना होती थी। सेना में पैदल, घुड़सवार, हाथी सवार, रथसवार और नौसैनिक आदि होते थे। सेना का सर्वोच्च अधिकारी 'एनाड़ी' होता था। युद्ध में धनुष-बाण, तलवार, भाला, बर्छी, कवच, ढाल आदि हथियारों का प्रयोग करते थे। सेना में उत्साह लाने के लिए शंख, नगाड़े और जलघड़ी आदि का प्रयोग किया जाता था। युद्ध में मरे हुए सैनिकों की मूर्तियाँ बनायी जाती थीं।

(7) राज्य की आय के दो प्रमुख साधन कृषि और व्यापार था। संगम युग में कृषि अच्छी थी और इससे सरकार को विशेष आमदनी होती थी। व्यापार भी विकसित था। सरकार सीमा शुल्क और चुंगीकर एकत्र करती थीं। इसके अलावा युद्ध के लूट के सामान, लावारिस वस्तु आदि से भी आमदनी होती थी।

(8) संगम युग में न्याय की अच्छी व्यवस्था थी। न्याय का सबसे बड़ा अधिकारी राजा होता था। न्याय निष्पक्ष होता था। इसके लिए एक विशेष सभा होती थी जिसे 'मतम्' कहा जाता था। न्याय में राजा को सहायता देने के लिए अनेक सभासद होते थे। अपराधियों को कठोर दण्ड यहाँ तक कि मृत्यु-दण्ड भी दिया जाता था।

सुदूर दक्षिण भारत के राज्य

तुंगभद्रा के दक्षिण वाले क्षेत्र को सुदूर दक्षिण कहा जाता है जिसमें प्राचीन काल में, पाण्ड्य और चोल राज्यों की स्थापना हुई। आरम्भ में यहाँ आर्येत्तर जातियाँ निवास करती थीं। आगे धुलकर इस भाग में आर्यों का प्रवेश (लगभग आठवीं शताब्दी ई०पू०) आरम्भ हुआ और सभ्यता विकसित होने लगी।

चेर राज्य

चेर राज्य आधुनिक ट्रावनकोर, कोचीन तथा मालाबार के तटों के निकट स्थित था। यह राज्य प्राचीन काल से ही स्थापित था। अशोक के अभिलेखों में चेर वंश के शासकों को 'केरल पुत्र' कहा गया है। इनके इतिहास की जानकारी के स्रोत बहुत कम उपलब्ध हैं इसलिए इनका विस्तृत इतिहास नहीं मिलता।

प्राप्त प्रमाणों से प्रथम शताब्दी में इनके सम्राट पेरूनार के बारे में वर्णन प्राप्त होता है जिसकी घोलों ने हत्या कर दी थी। इसका उत्तराधिकारी जेत सेमी था। इस वंश के सम्राट नेडुज्जेराल आदन ने चोल राजकुमारी से विवाह किया। उसने कदम्ब राज्य की विजय की जिसकी राजधानी गोआ के निकट वनवासी थे। सात शासकों को हराकर उसने अधिराज के विरुद्ध युद्ध किया। इसी युद्ध में उसकी मृत्यु हो गयी। सम्भवतः उसने कुछ यूनानी या रोमन व्यापारियों को भी बन्दी बनाया, क्योंकि उस समय भारत का रोम के साथ पर्याप्त व्यापार होता था।

आदन का पुत्र सेनगुत्तवम् उसकी मृत्यु के पश्चात् शासक बना। उसने चोलों को दो बार पराजित करके चेर शक्ति का उत्थान किया किन्तु उसके उत्तराधिकारी कमजोर निकले जिसके कारण चिर वंश का पतन आरम्भ हो गया। पाण्ड्यों के साथ उनका संघर्ष होता रहा। चौथी शताब्दी में पल्लवों का उत्थान हुआ जिन्होंने चेरों को बुरी तरह पराजित किया और उन्हें पल्लवों की अधीनता स्वीकार करनी पड़ी। दसवीं शताब्दी में पल्लवों के पतन के पश्चात् वे चोलों के अधीन हो गये। परन्तु बारहवीं शताब्दी में वीर केकल के नेतृत्व में चेर राज्य फिर स्वतंत्र हो गया। पुनः तेरहवीं शताब्दी में पाण्ड्यों ने चेरों को उखाड़ दिया। मलिक काफूर के आक्रमण से पाण्ड्य साम्राज्य में बिखराव आ गया जिसका लाभ उठाकर रविवर्मन कुलशेखर ने चेरों को शक्तिशाली बना दिया। चौदहवीं शताब्दी के प्रारम्भ में दक्षिण भारत में चेर राजवंश सर्वाधिक शक्तिशाली था। कुलशेखर के पल्लवों को हराकर उनकी राजधानी कांची पर अधिकार कर लिया। इस शासक के पश्चात् चेर राज्य पतन की ओर बढ़ने लगा और यह अनेक छोटे-छोटे भागों में विभाजित हो गया।

चेर शासक धार्मिक दृष्टि से उदार थे और उन्होंने सहनशीलता की नीति अपनायी। उन्होंने अपने राज्य में ईसाइयों और यहूदियों को आश्रय प्रदान किया था।

पाण्ड्य राज्य

पाण्ड्य राज्य भारतीय प्रायद्वीप के सुदूर दक्षिण और दक्षिण-पूर्व में था। इसमें तमिलनाडु के आधुनिक तिल्लवेली, रामनाद और मदुरा जिले शामिल है। इस राज्य की राजधानी मदुरा थी। इसकी आरम्भिक सदियों में तमिल परिषदों में संकलित साहित्य

(संगम) में पाण्ड्य राजाओं का उल्लेख मिलता है, तथापि इसमें क्रमबद्ध विवरण नहीं है। संगम साहित्य में पाण्ड्य राज्य को धनवान बताया गया है।

यद्यपि पाण्ड्य राजाओं के विषय में बहुत कम स्रोत उपलब्ध हैं तथापि चौथी शताब्दी पू० से इनका उल्लेख मिलने लगता है। इसका सर्वप्रथम उल्लेख मैगस्थनीज ने किया है। उसने कहा है कि उनका राज्य मोतियों के लिए प्रसिद्ध है। उसने यह भी लिखा है कि इस राज्य का शासन एक स्त्री के हाथ में है जिससे प्रमाणित होता है कि पाण्ड्य समाज में मातृसत्तात्मक प्रभाव से अशोक के अभिलेखो में इसका स्वतंत्र जाति के रूप में उल्लेख हुआ है। कलिंगराज खारवेल हाथीगुम्फा अभिलेख के अनुसार खारवेल ने पाण्ड्य राजाओं को हराया था और भेंट के रूप में घोड़े, रत्न तथा मणियां ली थीं। एक पाण्ड्य शासक ने 20 ई०पू० में रोमन सम्राट आगस्ट्स के दरबार में अपना राजदूत भेजा था। ब्राह्मणों का आदर होता था। पाण्ड्य राजा ने ईसा की आरम्भिक सदियों में वैदिक यज्ञ किये थे। ईसा के आरम्भ में रोमन साम्राज्य के साथ भारत का अच्छा व्यापार चलता था।

द्वितीय शताब्दी के अन्त में 'नेडुचेलियन' नामक पाण्ड्य सजा का वर्णन आता है। उस तंजौर के निकट अपने शत्रुओं को हराया और साम्राज्य का विस्तार किया। उसके बाद फिर साम्राज्य के विस्तार के कारण पाण्ड्यों की शक्ति कम हो गयी। छठी शताब्दी के अन्त में कटुण्फ ले पाण्ड्यों की शक्ति का पुनरुत्थान किया। किन्तु उसके विषय में अधिक विवरण नहीं मिला है। सातवीं शताब्दी में अरिकेशरी मारवर्मन (670-710 ई०) ने केरलों को हराया और चालुक्यों को समर्थन देकर पल्लवों से युद्ध किया और पल्लव राजा परमेश्वर वर्मन को पराजित किया। उस बाद कोच्चडयन (710-735 ई०) शासक बना। उसने कोंगू प्रदेश पर विजय प्राप्त की। उस उत्तराधिकारी मारवर्मन राजसिंह प्रथम (735-765 ई०) ने पल्लव राजा नन्दिवर्मन से युद्ध किया था। गंगों तथा चालुक्यों के संयुक्त दल को भी हराया। उसके उत्तराधिकारी जटिल परान्तक ने भी विजय की।

नवीं शताब्दी में पाण्डयों की खूब उन्नति हुई। उनके शासक श्रीमार श्रीबल्लभ ने गंगों कलिंगों, पल्लवों और मगधों की मिली-जुली सेना को परास्त किया। उसने लंका पर आक्रमण किया और उसकी राजधानी से पर्याप्त धन प्राप्त किया। परन्तु अपने अंतिम दिनों में उसे पल्लव हारना पड़ा और लंका के राजा ने भी उनकी राजधानी को लूटा। श्रीबल्लभ के पुत्र वरगुण द्वितीय ने अपने को पल्लवों के प्रभुत्व से मुक्त करने का प्रयत्न किया किन्तु उसे हारना पड़ा। उसके उपरान्त चोल वंश के उत्कर्ष काल में भी पाण्ड्यों की दुर्दशा होती रही। आदित्य चोल के पुत्र परान्तु ने पाण्ड्यों की राजधानी मदुरा पर अधिकार कर लिया।

परान्तक के बाद पाण्ड्य शासक ने फिर स्वतंत्रता प्राप्त की परन्तु यह भी स्थायी नहीं राजेन्द्र प्रथम के शासन काल में पाण्ड्य और चेर राज्य मदुरा के प्रान्त में मिल गये जिस पर पाण्ड्य राजकुमार का शासन था। पाण्ड्य इतिहास की एक भिन्न घटना सिंहल के राजा बाहु प्रथम कुलोतुंग द्वितीय के समय घटी जब परान्तक पाण्ड्यों का कुलशेखर के मध्य उत्तराधिकारी के लिए युद्ध हुआ। कुलशेखर ने प्रतिद्वन्द्वी का वध कर दिया। लंका के राजा ने परान्तुक के वीर पाण्ड्य को गद्दी पर बिठाने का प्रयत्न किया। कुलशेखर की मदद चोल राजा कर रहे थे। अन्त में कुलशेखर की कृतघ्नता के कारण चोल राजा ने वीर पाण्ड्य को गद्दी पर बिठाया।

भारवर्मा सुन्दर पाण्ड्य प्रथम (1216 ई०) के समय पाण्ड्य लोगों का उत्कर्ष हुआ। उसने चोल राज्य पर आक्रमण कर दिया। उसके बाद जाटवर्मा सुन्दर पाण्ड्य 1259 ई० में राजा हुआ। उसने राजा राजेन्द्र तृतीय और सोमेश्वर के साथ मित्रता का संबंध स्थापित किया। उसने अपने राज्य का अधिकाधिक बढ़ाया। इन विजयों की खुशी में उसने नेलौर में वीराभिषेक किया। 1268 ई० में उसकी मृत्यु हो गयी और उसके बाद भारवर्मा कुलशेखर गद्दी पर बैठा। उसने होयसल और चोल सम्मिलित सेना को हराया और उन प्रदेशों को पाण्ड्य साम्राज्य में मिला लिया। उसने सर्वदेश विजेता' की उपाधि धारण की। 1280 ई० में उसने लंका को जीत लिया। अलाउद्दीन के सेनापति तालिक काफूर के आक्रमण के फलस्वरूप यह राज्य नष्ट हो गया। इसके बाद पाण्ड्य राजकुमारों का मदुरा पर से अधिकार हमेशा के लिए समाप्त हो गया और वे केवल अधीनस्थ सामन्त बनकर गये।

चोल वंश

चोल वंश का उदय—चेर और पाण्ड्य लोगों की भांति चोल भी दक्षिण के ही निवासी थे। वह दक्षिणी भारत की एक अत्यन्त प्राचीन और सभ्य जाति थी। चोल शब्द की उत्पत्ति के बारे में इतिहासकारों के विभिन्न मत हैं लेकिन इसमें कोई सन्देह नहीं कि वे दक्षिण के ही मूल निवासी है। कई अभिलेखों में इन्होंने अपने आपको सूर्यवंशी बतलाया है।

चोलों का आरम्भिक इतिहास अत्यन्त प्राचीन है। इनका उल्लेख महाभारत के सभा पर्व तथा भीष्म पर्व में मिलता है। अशोक के अभिलेखों में भी चोल शब्द का उल्लेख मिलता है। विश्वास किया जाता है कि चोल राज्य चोलमण्डल कहलाता था। राज्य के अंतर्गत त्रिचनापल्ली, आधुनिक जौर तथा मद्रास व मैसूर के कुछ जिले थे। कारीकल की राजधानी कावेरीपट्टम थी।

चोल शासक

विजयपाल—वास्तव में चोल राज्य का इतिहास नवीं शताब्दी से आरम्भ होता है। इस वंश का पहला महत्वपूर्ण शासक विजयपाल था। यह पहले पल्लव राजा का

सामन्त था लेकिन बाद में उसने अपनी शक्ति को बढ़ा कर एक स्वतंत्र राज्य की नींव रखी थी। उसका राज्यकाल 850 ई० के करीब आरम्भ हुआ था।

विजयपाल की मृत्यु के बाद उसका पुत्र आदित्य प्रथम शासक बना। उसने पल्लव नरेश पराजितवर्मन को हराकर चोलमण्डल पर अपना अधिकार कर लिया। आदित्य शिव की उपासना करता था। उसने अनेकों शैव मन्दिर बनवाए। आदित्य का पुत्र व्रान्तक प्रथम भी इस वंश का एक प्रतापी राजा था। उसने पाण्ड्यो को हराकर उनके बहुत से प्रदेश जीत लिए थे और लंका पर भी कई सफल आक्रमण किये थे।

राजराजा—राजराजा इस वंश का सबसे प्रसिद्ध और महान शासक माना जाता है। उसने 885 से 1014 ई० तक राज्य किया। वह एक सफल विजेता था। उसने चेर और पाण्ड्यों को हराकर उनका बहुत-सा प्रदेश अपने अधीन कर लिया। कुछ, ट्रावनकोर तथा मैसूर के इलाकों पर भी उसने विजय प्राप्त की। उसने वेंगी के चालुक्यों को हराया और उत्तर में कलिंग पर विजय प्राप्त की। अभिलेखों से पता चलता है कि सिंहलद्वीप पर भी उसने विजय प्राप्त की थी। उसकी इन विजयों से चोल राज्य की शक्ति चरम सीमा तक पहुँच गई और सारे दक्षिण में उसकी धाक जम गई। प्रशासक के रूप में भी राजराजा को बहुत सफलता मिली। अपने कुशल शासन प्रबंध द्वारा उसने अपने राज्य को बहुत दृढ़ कर लिया था। उसके पास एक बहुत बड़ा समुद्री बेड़ा था। अपनी इस सामुद्रिक शक्ति के सहारे उसने अरब सागर वे हिन्द महासागर के कुछ भारतीय द्वीपों पर भी अधिकार किया हुआ था। राजराजा एक उच्च कोटि का भवन निर्माता और धर्मपरायण शासक था। वह शिव का भक्त था और उसने बहुत से मन्दिरों का निर्माण किया था। उसका बनवाया हुआ तंजौर का शिव मन्दिर उसके शासन काल की कला का सर्वश्रेष्ठ नमूना है। उसके राज्य में शैव धर्म ने काफी उन्नति की लेकिन अन्य धर्मों को भी पूरी स्वतंत्रता प्रदान की।

राजेन्द्र—राजराजा की मृत्यु के पश्चात उसका पुत्र राजेन्द्र सिंहासन पर बैठा। वह भी अपने पिता की भांति एक वीर योद्धा और सफल शासक था। उसने 1016 से 1045 तक राज्य किया। उसने न केवल दक्षिणी भारत में अपनी शक्ति का विस्तार किया वरन् उत्तरी भारत को भी जीता। दक्षिण में उसने केरल, पाण्ड्य तथा सिंहलद्वीप पर विजय प्राप्त की और उत्तर में उसने उड़ीसा, दक्षिणी कोशल तथा पूर्वी बंगाल पर अपना अधिकार कर लिया। परन्तु उसकी विजयें अधिक स्थाई नहीं रह सकीं।

अपने पिता की भांति राजेन्द्र ने भी नौ-सेना द्वारा कई विजयें प्राप्त कीं। अण्डमान निकोबार और मलाया द्वीप समूहों पर उसने अपना प्रभुत्व स्थापित कर लिया। वह एक कुशल प्रशासक और कल्याणकारी राजा था। उसके समय में साहित्य और कला ने काफी उन्नति की।

राजेन्द्र की मृत्यु के बाद उसका पुत्र राजाधिराज शासक बना। वह इस वंश का अंतिम शासक था। 1052 ई० में वह चालुक्यों के साथ युद्ध करता हुआ मारा गया। उसके बाद चोल वंश में कई और शासक हुए लेकिन वे महत्वूपर्ण नहीं रहे। तेरहवीं शताब्दी तक इस वंश की शक्ति बिल्कुल मिट गई।

चोल शासन व्यवस्था—चोल शासक बहुत अच्छे प्रबंधक थे। उन्होंने अपनी शासन व्यवस्था निम्न प्रकार से की थी—

1. **केन्द्रीय शासन**—राजा देश का सर्वोच्च अधिकारी होता था। सारे राज्य में शान्ति व कानून स्थापित करने का उत्तरदायित्व उसी पर होता था। वह राज्य का कार्य मंत्रियों और उच्च अधिकारियों की सहायता से करता था। चोल शासक सदैव जनता के हित का ध्यान रखते थे और प्रजा की वास्तविक स्थिति जानने के लिए देश के विभिन्न भागों का भ्रमण करते थे। यही कारण था कि प्रजा उन्हें बहुत चाहती थी और देवताओं की तरह उनकी पूजा करती थी।

2. **प्रान्तीय शासन**—प्रशासन की सुविधा के लिए चोल राज्य 6 प्रान्तों में बटा हुआ था जिसको मण्डल कहा जाता था। इन मण्डलों का शासन प्रबन्ध गर्वनर करते थे जो बहुधा राज्य परिवार के होते थे। प्रान्त अथवा मण्डल बहुत से विभागों में बटे हुए थे जिन्हें 'कोट्टम' कहा जाता था। ये कोट्टम फिर कई जिलों में बटे हुए थे। जिलों को नाडु कहा जाता था। जिलों का विभाजन तहसीलों में किया गया था जिनको कुर्रम कहा जाता था। प्रशासन की सबसे छोटी इकाई गांव से पंचायतें होती थीं जो सब प्रकार का प्रबंध करती थीं। उनके पास न्याय संबंधी अधिकार भी थे।

3. **लोकप्रिय सभायें**—चोल शासक प्रणाली में प्रजातांत्रिक सिद्धान्तों का समावेश था। उनके राज्य में कई लोकप्रिय सभायें थीं जो शासन प्रबन्ध का कार्य करती थीं। पहले प्रान्त के लोगों की समिति होती थी। इस समिति को भूमिकर में कमी और क्षमादान करने का अधिकार था। फिर नाडू अथवा जिले की एक समिति होती थी जो सम्पूर्ण जिले से संबंधित समस्याओं पर विचार करती थीं। नगरों के लिए अलग समितियां होती थीं जो नगरहार कहलाती थीं। गाँवों के लिए ग्राम समितियाँ होती थीं जिन्हें उर कहते थे। गाँवों की एक और सभा थी जिसे महासभा कहते थे। इस सभा के सभी सदस्य ब्राह्मण होते थे। 'अधिकारिन' नाम का एक सरकारी कर्मचारी गाँव समितियों का निरीक्षण करता था। गाँव-सभा कर एकत्रित करने और न्याय के अतिरिक्त लोगों की शिक्षा का प्रबंध भी करती थी। मठों में संस्कृत और तमिल शिक्षा का प्रबन्ध करना इसी का कार्य था। सभा की बैठकें सार्वजनिक भवन अथवा मन्दिरों में होती थीं। स्थानीय सार्वजनिक हित के कार्यों के लिए उस समय कई निर्वाचित सभाएं होती थीं। इस प्रकार इन बातों से पता चलता है कि चोल शासन व्यवस्था में स्थानीय स्वतंत्रता और प्रजातांत्रिक सिद्धान्तों की ओर पर्याप्त ध्यान दिया जाता था।

कर व्यवस्था—चोल वंश की आय का मुख्य साधन भूमि कर था जो कुल उपज का छठा भाग होता था। दुर्भिक्ष अथवा बाढ़ के दिनों में यह कर नहीं लिया जाता था। किसान लोग इसे धन अथवा वस्तु किसी भी रूप में अदा कर सकते थे। भूमि कर के अतिरिक्त सरकार की आय के मुख्य साधन चुंगी, व्यवस्था कर, नमक-कर, जल-कर, जुर्माने आदि थे। इन करों से प्राप्त धन शासन चलाने तथा जन-हित कार्य करने में खर्च किया जाता था।

लोक-हित-कार्य—चोल शासक कल्याणकारी शासक थे। वे अपनी प्रजा के हित का सदैव ध्यान रखते थे और उनकी वास्तविक स्थिति जानने के लिए सारे राज्य में भ्रमण किया करते थे। प्रजा की सुविधा के लिए उन्होंने अनेक कार्य किये। कृषि को उन्नत करने की खातिर पल्लव राजाओं की भांति उन्होंने सिंचाई की ओर बहुत ध्यान दिया। उन्होंने बहुत से जलाशयों, कुएँ, झीलें, बांध और नहरों का निर्माण किया। आवागमन को सुविधाजनक बनाने के लिए कई सड़कें भी बनवाई जिससे व्यापार को बहुत लाभ पहुँचा। इसके अतिरिक्त उन्होंने अनेक भवन, मन्दिर, पुल आदि बनवाये और प्रजा को बड़ा सुख दिया।

सैनिक संगठन—चोल राज्य का सैनिक संगठन बहुत अच्छा था। उसके सैनिक बड़े प्रशिक्षित और अनुशासित थे। उनकी सेना के कई भाग थे जैसे पैदल सेना, हस्ति-सेना और नौ सेना। इस सेना के सहारे ही चोल राजाओं ने न केवल दक्षिण में अपना अधिकार जमाया था बल्कि उत्तर और मलाया द्वीप-समूह में भी अपनी शक्ति का प्रसार किया था।

चोल कला और साहित्य—चोल शासक विजेता और प्रशासक होने के साथ-साथ कला और साहित्य के संरक्षक भी थे। पल्लव और चोल शासकों के अंतर्गत दक्षिणी भारत की कला चरम सीमा तक पहुँच गई थी। उनके शासन काल में भवन निर्माण कला, मूर्ति निर्माण कला, तक्षण कला, चित्र कला आदि विभिन्न कलाओं ने बहुत प्रगति की। चोल राजाओं को नगर बसाने और सुन्दर-सुन्दर भवनों को बनवाने का बड़ा शौक था। उन्होंने अनेक सुन्दर राजभवन और देवालय बनवाए और उन्हें अलंकृत करवाया। इन देवालयों को उस समय बहुत महत्व प्राप्त था। स्थानीय सभाएँ इन्हीं में हुआ करती थीं। इसके अतिरिक्त ये शिक्षा केन्द्र भी थे। उनके सुयोजित नगर, अलंकृत भवन, विशाल मन्दिर और सजीव मूर्तियाँ इस बात का प्रमाण हैं कि चोल राजाओं के अंतर्गत कला ने आश्चर्यजनक प्रगति की थी। राजराजा प्रथम का बनवाया हुआ राजराजेश्वर नामक शिव-मन्दिर की चोटी 137 फुट ऊंची है और इसकी 13 मंजिलें हैं। इसकी चोटी पर एक गुम्बद है जो एक ही पत्थर का बना हुआ है और जिसका भार 10 टन है। आज भी दर्शक इस मन्दिर को देखकर आश्चर्य करते हैं कि

किस प्रकार यह इतना ऊंचा उठाया गया होगा। इससे स्पष्ट है कि इस काल की इंजीनियरिंग कला भी बहुत उन्नत अवस्था में रही होगी। तंजौर के इस मन्दिर पर की गई चित्रकारी और शिल्पकला भी अत्यन्त आकर्षक और शोभायमान है। गंगकोड-चोलपुरम् में उनकी बनाई हुई एक कृत्रिम झील भी उस समय की विकसित कला का एक भव्य नमूना है।

कला के साथ-साथ उस समय साहित्य और संस्कृति ने भी बहुत उन्नति की। संस्कृति और तमिल दोनों भाषाओं का खूब विकास हुआ। चोल शासकों के संरक्षण में बड़े-बड़े विद्वानों और साहित्यकारों को प्रोत्साहन मिलता था। उनके राज्य में शिक्षा का भी खूब प्रसार था। उनके देवालय, ग्राम-सभा तथा मठ शिक्षा के केन्द्र थे। धर्म के प्रति उनका दृष्टिकोण बहुत उदार था और उनके समय में प्रत्येक धर्म ने बहुत प्रगति की थी। शिक्षा केन्द्रों में वेद, रामायण, महाभारत, दर्शन, ज्योतिष, व्याकरण आदि विभिन्न विषयों का अध्ययन कराया जाता था। संस्कृत साहित्य के साथ-साथ तमिल का भी विकास हुआ। यही कारण है कि उनके काल को तमिल जागरण का युग कहा जाता है।

चालुक्य वंश

चालुक्यों की उत्पत्ति–अनेक इतिहासकारों का विचार है कि चालुक्य लोग क्षत्रियों के वंशज थें। ये लोग पहले उत्तर भारत में निवास करते थे, परन्तु कलान्तर में यह लोग दक्षिण भारत में चले गये और वहीं पर शासन करने लगे। तथापि चालुक्यों की उत्पत्ति को लेकर विद्वानों में मतभेद है। पौराणिक अनुश्रुतियों के आधार पर चालुक्यों की उत्पत्ति हारिति पंचशिख साधु के चुलू (हथेली) से हुई। बिल्हण के 'विक्रमांकचरितदेव' के अनुसार उनकी उत्पत्ति ब्रहमा की चुलू से हुई। डी०आर० भण्डारकर और वी० स्मिथ के अनुसार उनकी उत्पत्ति गुर्जरों से हुई जो विदेशी थे। परन्तु रमेश चन्द्र मजूमदार और के० दत्त आदि ने इसका विरोध किया है। अभिलेखों और अनुश्रुतियों के आधार पर उनकी उत्पत्ति श्रत्रियों से ज्ञात होती है। उनके अभिलेखों में मानव्य गोत्री, हारिति पुत्र, सूर्यवंशीय और चन्द्रवंशीय कहा गया है। उनके सिक्कों पर वराह की आकृति मिलती है। चीनी यात्री ह्वेनसांग ने भी उन्हें क्षत्रिय कहा है।

चालुक्यों की शाखाएं–चालुक्यों की तीन प्रमुख शाखायें थीं:

I. बादामी के चालुक्य

II. कल्याणी के चालुक्य

III. वेंगी के पूर्वी चालुक्य

1. बादामी के पश्चिमी चालुक्य

(1) जयसिंह और रणराग—इस शाखा के प्रारम्भिक शासकों में जयसिंह और उसके पुत्र रणराग का नाम मिलता है। इन दोनों के बारे में और कोई जानकारी नहीं मिलती है।

(2) पुलकेशिन प्रथम—रणराग के पश्चात उसका पुत्र पुलकेशिन प्रथम शासक बना। इस का वास्तविक संस्थापक इसे ही माना जाता है। उसने 'रणविक्रम', 'सत्याश्रय' और 'पृथ्वीवल्लभ' अनेक उपाधियां धारण कीं। उसने वातापी (बादामी) को अपनी राजधानी बनाया। उसके बादामी अभिलेख से ज्ञात होता है कि उसने अनेक पड़ोसी राज्यों पर विजय प्राप्त की थी। इस खुशी उसने हिरण्यगर्भ, अश्वमेघ और श्रौत यज्ञ कराये।

(3) कीर्तिवर्मन प्रथम—पुलकेशिन प्रथम के पश्चात् कीर्तिवर्मन सिंहासनारूढ़ हुआ। उसने चाश्रय' और 'पृथ्वीबल्लभ' की उपाधियां ग्रहण की थीं। उसने अपनी राजधानी बादामी को भवनों के मन्दिरों से सुसज्जित किया। उसने कलिंग और बरार के नलों, उत्तरी कोंकण के मौर्यों और जलगांव और धारावार जिले के कदम्बों को पराजित किया।

(4) मंगलेश—596 ई० में कीर्तिवर्मन प्रथम की मृत्यु के पश्चात् शासक बना। उसने गुजरात, जनदेश और मालवा आदि प्रदेशों पर विजय प्राप्त की। उत्तराधिकार के प्रश्न पर उसका संघर्ष अपने भतीजे पुलकेशिन् से हुआ जिसमें मंगलेश मारा गया।

(5) पुलकेशिन् द्वितीय (610-641 ई०)

सिंहासनारोहण—मंगलेश ने अपने पुत्र सत्याश्रय-ध्रुवराज इन्द्रवर्मन को अपना उत्तराधिकारी घोषित किया। इसपर कीर्तिवर्मन् प्रथम का पुत्र तथा मंगलेश का भतीजा पुलकेशिन् द्वितीय क्रुद्ध हो गया और उसने स्वयं राज्य प्राप्त करने के लिए अपने चाचा मंगलेश के विरुद्ध युद्ध की घोषणा कर दी। इस युद्ध में मंगलेश मारा गया और पुलकेशिन् द्वितीय 610 ई० में गद्दी पर बैठा।

विजयें—पुलकेशिन् द्वितीय चालुक्य वंश का सर्वाधिक प्रसिद्ध और शक्तिशाली सम्राट था। उसने अनेक राज्यों पर विजय प्राप्त की जो निम्नलिखित हैं:

(1) कदम्बों पर आक्रमण—उसने कदम्ब शासक कृष्णवर्मन द्वितीय की राजधानी को घेर लिया और उसे पराजित किया।

(2) दक्षिण मैसूर का अभियान—दक्षिण मैसूर के गंगों और मैसूर के शिमोगा जिलों के में शासन कर रहे अलूपों को समर्पण करने के लिए विवश किया, क्योंकि वे कदम्बों के मित्र हैं।

(3) कोंकण पर विजय—पुलकेशिन् द्वितीय ने कोंकण के मौर्यों को पराजित किया।

(4) लाटों, मालवों और गुर्जरों पर आक्रमण—उसने लाटों, मालवों और गुर्जरों का दमन किया। गुजरात में उसकी सफलता की पुष्टि इससे भी होती है कि वहाँ उसने चालुक्य वायसराय नियुक्त किया।

(5) हर्ष से युद्ध—ह्वेनसांग के विवरण से ज्ञात होता है कि मध्य देश का राजा (हर्ष) और दक्षिणपथ का राजा (पुलकेशिन् द्वितीय) दोनों ही भारत के पश्चिमी गुजरात क्षेत्र में अपना प्रभुत्व जमाना चाहते थे। दोनों के मध्य संघर्ष हुआ जिसमें सम्भवत: पुलकेशिन् द्वितीय विजयी हुआ।

(6) कौशलों एवं कलिंगों के विरुद्ध अभियान—उसने कोशलों (दक्षिण का पांडुवंशीय) तथा कलिंगों (गंगों) पर विजय प्राप्त की।

(7) पिष्टपुर तथा कुन्तल पर आक्रमण—पुलकेशिन् द्वितीय ने समुद्री मार्ग द्वारा पिष्टपुर (पीठापुर) तथा कुन्तल पर अधिकार कर लिया। पिष्टपुर में उसने अपने भाई विष्णुवर्धन को नियुक्त किया जिसने पूर्वी चालुक्य वंश की स्थापना की।

(8) एल्लौर पर आक्रमण—उसने एल्लौर पर भी आक्रमण किया परन्तु विष्णुकुण्डीन विक्रमदेव वर्मन तृतीय ने इसे रोकने का प्रयत्न किया परन्तु असफल रहा।

(9) कांची पर आक्रमण—कांची में उसने पल्लव शासक महेन्द्रवर्मन को हराया।

(10) साम्राज्य विस्तार—पुलकेशिन् द्वितीय ने एक विशाल साम्राज्य की स्थापना की जिसमें कोंकण, कर्नाटक और महाराष्ट्र शामिल थे।

अन्य कार्य—पुलकेशिन् एक महान विजेता के साथ एक कुशल राजनीतिज्ञ भी था। तबरीक के अनुसार उसने ईरान के सम्राट खुसरो ने यहाँ राजदूत भेजे थे तथा वहाँ से भी राजदूत भारत आये थे। कुछ इतिहासकारों का विचार है कि उसका चीन से भी राजनैतिक सम्बन्ध था। चीनी यात्री ह्वेनसांग भी ठहरा था। पुलकेशिन् के राज्य का वर्णन करते हुए उसने लिखा है कि उसने महाराष्ट्र देखा था जहाँ एक क्षत्रिय शासक पुलकेशिन् शासन कर रहा था। लोग उसकी आज्ञाओं का पालन करते थे। वहाँ की भूमि उपजाऊ थी। लोग लम्बे, कृतज्ञ और शिक्षाप्रिय थे। पुलकेशिन् द्वितीय विद्या और कला प्रेमी था और विद्वानों का आदर करता था। उसकी राज्य सभा में प्रसिद्ध कवि रविकीर्ति रहता था।

पुलकेशिन के उत्तराधिकारी—पुलकेशिन द्वितीय के बाद विक्रमादित्य, विनयादित्य, विजयादित्य और विक्रमादित्य ने शासन किया। इन शासकों ने चालुक्य साम्राज्य कायम

रखने का प्रयास किया परन्तु विक्रमादित्य के बाद कीर्तिवर्मन द्वितीय शासक बना जिसे राष्ट्रकूट शासक ने पराजित करके चालुक्य राज्य पर अधिकार कर लिया।

2. कल्याणी के चालुक्य

कुछ दिनों के पश्चात् चालुक्यों ने फिर शक्ति प्राप्त कर ली और कल्याणी को अपनी राजधानी बनाया जो निजाम राज्य में स्थित थी। इसलिए इनको कल्याणी के चालुक्य कहते हैं।

1. तैलप द्वितीय—इस वंश का संस्थापक तैलप द्वितीय था जो प्रारम्भ में राष्ट्रकूटों का सामान था। उसने अपने को शक्तिशाली बनाकर राष्ट्रकूटों से युद्ध किया और चालुक्य शक्ति का पुनरुत्थान किया। उसने 'आइमल्ल', 'महाराजाधिराज', 'परमेश्वर', 'परमभट्टारक', 'समस्त भुवनाश्रय' की उपाधि धारण की।

उसने उत्तर भारत में छः बार आक्रमण किया परन्तु परमार शासक मुञ्ज द्वारा हार हुई। मुञ्ज उसके अनेक बार आक्रमण से तंग आकर उसका दमन करना चाहता था। मंत्री के मना करने पर भी उसने तैलप पर आक्रमण किया परन्तु यादव शासक भिल्लम की सहायता से तैलप ने उसे हरा दिया। उसने परमारों को भी हराया। सम्भवतः उसे गंग शासक पंचाल देव को भी हराया।

इस प्रकार उनके साम्राज्य में शिमोगा, दक्षिण कोंकण, चित्तलदुर्ग, बलेरी जिले, पश्चिम में उत्तरी कोंकण आदि शामिल थे। उत्तर में नर्मदा तक भी उसका साम्राज्य विस्तृत था। वह एक साहसी व्यक्ति था और उसमें कुशल शासक की भी क्षमता थी। मुञ्ज के साथ उसके बर्बर व्यवहार के लिए इतिहास में उसकी निन्दा की जाती है।

2. सत्याश्रय—तैलप द्वितीय के पश्चात लगभग 997 ई० में सत्याश्रम शासक बना। उसने उत्तर और दक्षिण में कई युद्ध किये। उसने कर्नूल और गुंटूर तक के प्रदेशों पर अधिकार कर लिया।

3. विक्रमादित्य पंचम—सत्याश्रय के बाद उसका भतीजा विक्रमादित्य पंचम हुआ। उसके शासन बहुत कम समय था। उसके काल में परमारों ने मुञ्ज का बदला लेने के लिए चालुक्य साम्राज्य पर आक्रमण किया।

4. अय्यन द्वितीय एवं जयसिंह द्वितीय—विक्रमादित्य के बाद अय्यन द्वितीय शासक हुआ और उसके बाद जयसिंह द्वितीय हुआ, जिसने चोलों को भगाया।

5. सोमेश्वर प्रथम—लगभग 1043-1014 ई० में जयसिंह द्वितीय का पुत्र सोमेश्वर प्रथम शासक हुआ। उसने भी पैतृक शत्रु चोलों तथा परमारों से लोहा लिया।

6. सोमेश्वर द्वितीय—सोमेश्वर प्रथम का उत्तराधिकारी सोमेश्वर द्वितीय हुआ। आगे चलकर वह अपने कार्यों के प्रति वफादार नहीं रहा। इसका लाभ विक्रमादित्य षष्ठ ने उठाया।

7. विक्रमादित्य षष्ठ—इसने 'त्रिभुवन मल्ल' की उपाधि धारण की। उसका साम्राज्य दक्षिण में हसन तुमकुम और कदुत्फ तक एवं उत्तर में नर्मदा के पास खमसेल्ता तक के जिले तक फैला था। द्वारसमुद्र के होयसल, गोवा के कदम्ब, नोलम्बवाड़ी के पाण्डय, पनी पोमबुरचा (हूमचा, शिमोगा जिला) के सामन्त, इरमराज के सिन्द, स्यूनदेश के यादव, तेलंगाना के काकतीय उसके सामन्त थे।

वह श्रेष्ठ शासक था। उसने लंका नरेश विजयबाहु से कूटनीतिक संबंध स्थापित किये और 1083 में उसकी राजसभा में एक दूत मण्डल भेजा। वह विद्वानों का आश्रयदाता था। बिल्हण (विक्रमांक देवचरित का लेखक) और विज्ञानेश्वर (मिताक्षरी का लेखक) उसके दरबार में रहते थे। उसने विक्रमपुर नाम का नगर बसाया और एक मन्दिर बनवाया तथा एक तालाब भी खुदवाया।

सोमेश्वर तृतीय—विक्रमादित्य षष्टम के बाद सोमेश्वर तृतीय हुआ। होयसल विष्णुवर्धन के नेतृत्व में सोमेश्वर तृतीय पर हमला हुआ परन्तु निष्फल रहा। उसकी मगध और नेपाल विजय के बारे में कुछ निश्चित नहीं कहा जा सकता। उसे 'मानसोल्लास' का रचयिता माना गया है।

जगदेकमल्ल—सोमेश्वर तृतीय के बाद जगदेकमल्ल शासक हुआ। होयसलों को उसने दबाया, परमारों पर आक्रमण कर मलवा छीना। अनहिलवाड़ के कुमारपाल से भी मुठभेड़ हुई।

तैलप तृतीय—जगदेकमल्ल के बाद उसका छोटा भाई तैलप तृतीय हुआ। उसके समय में विद्रोह होने लगे। उसकी निर्बलता का लाभ उठाकर कलचुरी सामन्त विज्जल ने उस पर आक्रमण कर दिया।

सोमेश्वर चतुर्थ—तैलप तृतीय के बाद सोमेश्वर चतुर्थ हुआ। यह इस वंश का अंतिम शासक था। उसके बाद की कोई जानकारी नहीं मिलती। ऐसा लगता है कि वह देवगिरि के यादवों और द्वारसमुद्र के होयसलों का दो तरफ से मुकाबला करने में अपना साम्राज्य खो बैठा।

3. वेंगी के पूर्वी चालुक्य

वातापी और कल्याणी चालुक्यों के पूर्व में आंध्र प्रदेश में चालुक्यों की एक शाखा राज्य कर रही थी। इस शाखा के चालुक्यों की राजधानी वेंगी थी। अत: इन्हें वेंगी या पूर्व के चालुक्यों के नाम से भी जाना जाता है।

(1) **विष्णुवर्धन**—वातापी या बादामी के चालुक्य पुलकेशिन-2 का छोटा भाई विष्णुवर्धन इस शाखा का संस्थापक माना जाता है।

(2) **जयसिंह**—विष्णुवर्धन के बाद करीब 633 ई० और 663 ई० के मध्य जयसिंह ने शासन किया।

(3) जयसिंह के बाद क्रमशः इन्द्रवर्मन, विष्णुवर्मन द्वितीय, मंगी युवराज, जयसिंह द्वितीय, कोक्किल, विष्णुवर्धन तृतीय, विजयादित्य प्रथम और विष्णुवर्धन चतुर्थ हुए। इन सबके शासनकाल में कोई विशेष घटना नहीं हुई।

(4) **विजयादित्य II**—विजयादित्य द्वितीय ने 'नरेन्द्रमृगराज', 'चालुक्यार्जुन', 'त्रिभुवनांकुश', 'परमभट्टारक' 'महाराजधिराज परमेश्वर', की उपाधियां धारण की। उसके वृत्तान्तों में लिखा है कि लगातार 12 वर्षों तक उसने राष्ट्रकूटों और गंगों से 118 लड़ाईयां लड़ीं। इसमें अतिशयोक्ति हो सकती है, परन्तु इनकी उपाधियों से पता चलता है कि उसने नागराज (बस्तर और गुजरात का शासक) से भी युद्ध किया।

(5) **विष्णुवर्धन V**—विजयादित्य द्वितीय के बाद विष्णुवर्धन 5 ने करीब 18-20 माह राज्य किया और 'सत्याश्रम विषमश्री' की उपाधि धारण की।

(6) **विजयादित्य III**—करीब 884 ई० में विजयादित्य तृतीय सिंहासनारूढ़ हुआ। वह इस वंश का सबसे प्रतापी शासक था। उसने पल्लवों से नेल्लोर छीना, पाण्ड्यों पर विजय प्राप्त की, कलिंग के गंगों पर आक्रमण किया, राष्ट्रकूटों के अचलपुर (बरार, एलिचपुर) को नष्ट किया, बेड्डंग (शायद चालुक्यों की समान्तर शाखा का शासक) को हराया तथा कौशलों और कलचुरियों (शंख?) पर भी विजय प्राप्त की।

(7) **भीम I**—विजयादित्य तृतीय के बाद उसका भतीजा भीम प्रथम करीब 888 ई० में शासक हुआ। इसे परमभ्रमन्य और विष्णुवर्धन के नाम से जाना जाता है। उसके समय भी राष्ट्रकूटों से युद्ध चालू रहा। लगता है, राष्ट्रकूट शासक (कृष्ण द्वितीय) को उसने वेंगी पर स्थायी अधिकार नहीं करने दिया था।

भीम I के उत्तराधिकारी—भीम प्रथम के बाद उसके उत्तराधिकारियों के शासनकाल में कोई विशेष घटना नहीं घटी। शक्तिवर्मन इस वंश का अंतिम शासक था। और इसके समय तक चालुक्य वंश परचोल वंश का प्रभुत्व आ गया था।

पल्लव वंश की उत्पत्ति एवं इतिहास

पल्लव वंश की उत्पत्ति—पल्लव वंश की उत्पत्ति के विषय में इतिहासकारों में बहुत मतभेद है।

कुछ इतिहासकारों के अनुसार यह 'तोंड-मण्डलम्' अर्थात् कांची के समीप उत्तर पेनार तथा उत्तरी वेलर में रहते थे। बहुत से इतिहासकार इस विचार को नहीं मानते कि

वह यहाँ के रहने वाले थे। कुछ का विचार है कि पल्लव इस स्थान पर भी किसी और स्थान से आए थे।

वी०एल० राईस तथा वी० वेनकय्या का विचार है कि पल्लव पार्थियन थे। सातवाहन राज्य के पतन के समय इन्होंने सिन्धु घाटी पर एक शक जाति के साथ-साथ अधिकार कर लिया और वहाँ से तोंडमण्डलम् पर अधिकार कर लिया।

दूसरा विचार कवि राजशेखर ने प्रकट किया है। उसके अनुसार पल्लव दक्षिणी भारत के रहने वाले थे। के०पी० जायसवाल का विचार है कि पल्लव, वाकाटक की ही एक शाखा थे। उनका विचार है कि दोनों ही ब्राह्मणों के भारद्वाज गोत्र से संबंध रखते थे तथा वीरकर्च का विवाह एक नाग राजकुमारी से हुआ था। परन्तु यह कहना कठिन है कि वीरकर्च पल्लव वंश का संस्थापक था।

श्री कृष्णस्वामी आयंगर का विचार है कि पल्लव सातवाहन के ही जागीरदार थे तथा सातवाहन राज्य के दक्षिण पूर्वी भाग पर शासन करते थे और सातवाहन वंश के पतन के पश्चात् उन्होंने पल्लव वंश की स्थापना की।

परन्तु कुछ इतिहासकारों का विचार है कि पल्लव तोंड-मण्डलम् के वास्तविक अधिकारी थे और किसी दूसरे स्थान से यहाँ पर नहीं आए। इस प्रकार इनकी उत्पत्ति के विषय में निश्चित रूप से कुछ नहीं कहा जा सका।

पल्लव वंश का इतिहास

पल्लव वंश में अनेक शासकों ने शासन किया जिनका संक्षिप्त विवरण निम्नलिखित है:

(1) शिवस्कन्दवर्मन—इस वंश का प्रथम पराक्रमी शासक शिवस्कन्दवर्मन था। इसने लगभग चौथी शताब्दी के आरम्भ में शासन किया। इसने अपने राज्य की सीमाओं को कृष्णा नदी से वेल्लारी प्रान्त तक विस्तृत किया। उसकी महानता का प्रमाण उसके द्वारा किये गये अश्वमेध यज्ञ से अनुमानित किया जा सकता है। उसकी शासन प्रणाली मौर्य शासन प्रणाली से मिलती जुलती है।

(2) विष्णुगोप—शिवस्कन्दवर्मन के पश्चात् दूसरा महत्वपूर्ण शासक विष्णुगोप था। इलाहाबाद शिलालेख से हमें ज्ञात होता है समुद्रगुप्त द्वारा पराजित हुए दक्षिण के 12 शासकों में एक विष्णुगोप भी था। इसने लगभग 350 ई० से 375 ई० तक शासन किया।

विष्णुगोप के पश्चात् पल्लव वंश का इतिहास अंधकारमय है। यद्यपि इस काल में शासक तो बहुत हुए परन्तु समकालीन साहित्य से हमें उनके काल का वर्णन नहीं मिलता।

(3) सिंहविष्णु—यह लगभग 575 ई० में गद्दी पर बैठा। इसी से महान पल्लवों का युग आरम्भ होता है। इसके अतिरिक्त वह राजनैतिक तथा सांस्कृतिक मार्ग का दिग्दर्शक था। उसने चोलों पर विजय प्राप्त की। इसके अतिरिक्त कई शत्रुओं को पराजित किया जिनमें कालभ्रांश का नाम उल्लेखनीय है। अभिलेखों से ज्ञात होता है कि उसका राज्य मद्रास से कुंभकोणम् तक फैला हुआ था।

इसके अतिरिक्त सिंहविष्णु ने साहित्य की सेवा की थी। उसी के राज्य में 'किरातार्जुनीयम्' का लेखक भैरवी था। कला की दृष्टि महाबलिपुरम् का महत्त्व बढ़ाने वाला यही शासक था।

(4) महेन्द्रवर्मन प्रथम—600 ई० में सिंहविष्णु के मृत्यु के पश्चात् उसका पुत्र महेन्द्रवर्मन प्रथम सिंहासनारूढ़ हुआ। उसने लगभग 630 ई० तक शासन किया तथा इसे पल्लव राजाओं में से एक महान शासक माना जाता है। इसी के काल में पल्लव-चालुक्य युद्ध आरम्भ हुआ और दोनों ही एक दूसरे के प्रबल शत्रु बन गये। इस शत्रुता में चालुक्य वंश का शासक पुलकेशिन द्वितीय ही आक्रमणकारी था। ऐहोल अभिलेख से ज्ञात होता है कि पल्लव पुलकेशिन के मार्ग में बाधक थे और इसी कारण पुलकेशिन ने पल्लवों पर अपना अधिकार कर लिया। ऐहोल अभिलेख के आधार पर इतिहासकारों से यह सिद्ध किया है कि कांजीवरम् के समीप दुलालूर नामक स्थान पर महेन्द्रवर्मन का राज्य था। केवल उसके राज्य की उत्तरी सीमाओं पर ही पुलकेशिन का अधिकार स्थापित हुआ था।

महेन्द्रवर्मन प्रथम को ऊँची उपाधियाँ रखने का शौक था। उसने 'सत्ताधारी', 'चित्रकारापल्ली' तथा 'विचित्र वित्त' आदि उपाधियाँ धारण कर रखी थीं। कुछ स्त्रोतों के अनुसार महेन्द्रवर्मन पहले जैनधर्म का अनुयायी था। परन्तु उसके पश्चात् उसने शैव धर्म स्वीकार कर लिया। उसने कई मन्दिरों का निर्माण भी करवाया परन्तु उसके एक अभिलेख से ज्ञात होता है कि उसने भगवान विष्णु के लिए मन्दिर बनवाया। इसी प्रकार दूसरे स्त्रोतों से ज्ञात होता है कि वह शिव का उपासक था। उसने महेन्द्रवदी नामक स्थान पर एक तालाब भी बनवाया। कुछ स्त्रोतों के अनुसार उसने जैनधर्म के कई मठों को गिरवा दिया। विशेष रूप से इसने पाटलीपुत्र के जैन मठ को नष्ट करवा दिया तथा यहाँ तक कहा जाता है उसने जैन धर्म के मानने वालों का वध भी करा दिया।

महेन्द्रवर्मन के काल में कला को भी प्रोत्साहन मिला। भवन निर्माण कला के साथ-साथ चित्रकला भी विकसित हुई। वह स्वयं भी चित्रकारी में रुचि लेता था तथा उसके काल में वाद्यवृन्द को भी विशेष प्रोत्साहन मिला।

(5) नरसिंहवर्मन प्रथम—महेन्द्रवर्मन के पश्चात् उसका पुत्र नरसिंहवर्मन प्रथम 630 ई० में गद्दी पर बैठा। उसने लगभग 670 ई० तक राज्य किया। उसे पल्लव वंश का सबसे महान शासक माना जाता है।

उसकी महानता का प्रमाण हमें उसकी विजयों से मिलता है। इसने चालुक्य शासक पुलकेशिन द्वितीय को पराजित किया। इस सफलता से प्रोत्साहित होकर उसने आक्रामक नीति अपनाई। पुलकेशिन की मृत्यु के पश्चात् पल्लव राज्य दक्षिणी भारत में सर्वेसर्वा हो गया।

इसके अतिरिक्त नरसिंहवर्मन ने एक जलसैनिक अभियान लंका के विरुद्ध भेजा। उसका उद्देश्य राजकुमार मानवर्मा को सिंहानारूढ़ करना था। पहला जलसैनिक अभियान तो असफल रहा परन्तु दूसरे अभियान में उसे सफलता प्राप्त हुई।

इसी काल में ह्वेनसांग कांची आया। उसने कांची के साथ-साथ पल्लव राज्य का भी वर्णन किया है। ह्वेनसांग लिखता है कि कांची लगभग छ: वर्गमील में फैला हुआ था। उसमें लगभग सौ बौद्ध विहार थे। जिनमें 10,000 से अधिक भिक्षु रहते थे, इसके अतिरिक्त उसने 80 जैन मन्दिरों का भी उल्लेख किया है। इस समय यद्यपि बौद्ध धर्म अवनति की ओर अग्रसर हो रहा था फिर भी पल्लव राज्य में इसका प्रभाव था।

नरसिंहवर्मन के पश्चात् उसका लड़का महेन्द्रवर्मन द्वितीय सिंहासनारूढ़ हुआ परन्तु उसने केवल दो वर्ष ही शासन किया और उसके पश्चात् उसका लड़का परमेश्वरवर्मन प्रथम सिंहासनारूढ़ हुआ।

(6) परमेश्वर प्रथम—इसने 25 वर्ष तक शासन किया। उसका सबसे बड़ा शत्रु विक्रमादित्य प्रथम था जिसने चालुक्य वंश के गिरे हुए सम्मान को फिर से उठाया। उसने कांची पर अधिकार कर लिया तथा उसे नष्ट भी किया। इसके अतिरिक्त पल्लव लेख में परमेश्वरवर्मन के शत्रुओं पर विजय पर उल्लेख है। परमेश्वरवर्मन ने विक्रमादित्य को भी युद्ध में पराजित किया। परमेश्वरवर्मन शिव का उपासक था तथा कांची के समीप उसने एक शिव मन्दिर बनवाया।

(7) नरसिंहवर्मन द्वितीय—परमेश्वरवर्मन के पश्चात् उसका पुत्र नरसिंहवर्मन शासक बना। उसने कांची के समीप कैलाशनाथ मन्दिर बनवाया था तथा महाबलिपुरम् के समीप भी एक मन्दिर निर्माण किया। उसने 695 ई० से 722 ई० तक शासन किया। उसके शासन काल में प्राय: शांति बनी रही। उसने चीन में एक दूतमण्डल भी भेजा। ऐसा विश्वास किया जाता है कि संस्कृत का प्रसिद्ध विद्वान् दण्डिन इसी काल में हुआ था। उसके पश्चात् उसका उत्तराधिकारी परमेश्वरवर्मन द्वितीय शासक बना। उसने 782 ई० से 730 ई० तक शासन किया। उसे अपने शासन के अन्त में चालुक्य शासक युवराज विक्रमादित्य से युद्ध करना पड़ा।

(8) नन्दिवर्मन द्वितीय—इसने 730 ई० में से 800 ई० तक शासन किया। सम्भवत: गद्दी लिए नन्दिवर्मन को अपने भतीजे चित्रमय से संघर्ष करना पड़ा। नन्दिवर्मन अपने कार्यों के लिए बहुत प्रसिद्ध था। समकालीन सभी स्रोतों में उसका वर्णन मिलता है। 740 ई० में चालुक्य शासक विक्रमादित्य ने पल्लव राज्य पर आक्रमण कर दिया तथा कांची पर अधिकार कर लिया। परन्तु इन्दवर्मन ने शीघ्र ही कांची को जीत लिया।

नन्दिवर्मन को पाण्ड्यों से भी युद्ध करना पड़ा जिन्होंने चित्रमय को सहायता देना शुरू कर दिया था। इन्होंने नन्दिवर्मन को नन्दिपुर के किले में घेर लिया परन्तु उसके सेनापति से उसे मुक्त करा लिया। इसी सेनापति ने चित्रमय को मृत्यु के घाट उतार दिया और तंजौर के अनेक भागों पर अधिकार कर लिया।

उसने चालुक्यों और राष्ट्रकूटों पर धावा बोला। राष्ट्रकूट शासक तथा दन्तिदुर्ग ने कांची पर अधिकार कर लिया था। इसलिए नन्दिवर्मन को उनसे युद्ध करना पड़ा।

नन्दिवर्मन ने भी कांची में मुक्तेश्वर मन्दिर का निर्माण करवाया। साहित्यिक स्रोतों से हमें ज्ञात होता है कि नन्दिवर्मन साहित्यिक तथा धार्मिक इतिहास में बहुत महत्व रखता था। वह स्वयं एक बहुत बड़ा विद्वान था। उसने अश्वमेघ यज्ञ भी किया परन्तु यह ठीक रूप से प्रमाणित नहीं किया जा सकता।

795 ई० में उसकी मृत्यु हुई तथा उसके पश्चात् उसका लड़का दन्तिवर्मन सिंहासन पर बैठा।

इस प्रकार पल्लव वंश केवल राजनैतिक दृष्टिकोण से ही महान नहीं था बल्कि सांस्कृतिक दृष्टिकोण से भी महान था। इन शासकों के काल में कला, भवन निर्माण कला, चित्रकला, संगीत कला आदि विकसित हुई। अधिकतर शासक ब्राह्मण धर्म के अनुयायी थे और इसीलिए ब्राह्मण धर्म को राजधर्म माना गया था। इसी को मनाते हुए पल्लव शासकों ने कई मन्दिरों का निर्माण करवाया।

पल्लव काल में भारतीय संस्कृति भारत तक ही सीमित न रही, बल्कि दूसरे देशों तक पहुँची। चीन के साथ फिर से राजदूतों का आदान-प्रदान आरम्भ हुआ।

पल्लव शासक साम्राज्यवादी भी थे। उन्होंने लंका के विरुद्ध दो बार सैनिक अभियान भेजे। इसके अतिरिक्त दक्षिणी भारत की कला में अधिकतर इस युग की झलक दृष्टिगोचर होती है।

राष्ट्रकूट वंश

राष्ट्रकूटों की उत्पत्ति एवं दन्तिदुर्ग-राष्ट्रकूटों की उत्तरी और दक्षिणी भारत के इतिहास में महत्वपूर्ण भूमिका थी। लगभग 752 ई० में चालुक्य सम्राटों के सामन्त दन्तिदुर्ग ने राष्ट्रकूट साम्राज्य की स्थापना की। इसके वंशज हैदराबाद राज्य में उस्मानाबाद

जिले में रहने वाले थे। वे 625 ई० के आस-पास बरार के निकट एलिचपुर आकर निवास करने लगे और वहीं उन्होंने अपना एक छोटा-सा राज्य स्थापित किया। वे चालुक्यों को अपना स्वामी मानते थे। दन्तिदुर्ग 733 ई० के लगभग गद्दी पर बैठा। सम्भवत: पहले वह अपने स्वामी विक्रमादित्य की ओर से अवनिजनाश्रय पुलकेशिन के साथ मुसलमानों से युद्ध किया और उन्हें बुरी तरह पराजित किया। 743 ई० में दन्तिदुर्ग विक्रमादित्य के साथ पल्लवों के विरुद्ध लड़ने गया और उन्हें हराया। 744 ई० में विक्रमादित्य की मृत्यु हो गयी। इसके बाद दन्तिदुर्ग ने नन्दिपुर के गुर्जर राज्य को समाप्त किया। मालवा को जीतकर उसमें उज्जयिनी में हिरण्यगर्भ दानोत्सव किया। इसके बाद उसने मध्य प्रदेश पर अपना आधिपत्य स्थापित किया। 753 ई० के लगभग चालुक्य राजा कीर्तिवर्मा को हराकर महाराष्ट्र पर अधिकार कर लिया। 752 ई० में उसकी मृत्यु हो गई।

दन्तिदुर्ग के पश्चात् इन्द्र प्रथम, पुच्छक और गोविन्द प्रथम, कृष्ण प्रथम ने शासन किया परन्तु इनकी उपलब्धियां नगण्य हैं।

(1) **गोविन्द द्वितीय**—772 ई० में कृष्ण प्रथम की मृत्यु हो गयी उसके गोविन्द द्वितीय उसका उत्तराधिकारी बना। युवराज होते ही उसने वेंगी के शासक विष्णुवर्धन को पराजित किया। गद्दी पर बैठने के पश्चात् उसने परिजात को हराया। यह असंयमी तथा भ्रष्टाचारी था। इसका लाभ उठाकर उसके भाई ध्रुव ने सत्ता अपने हाथ में ले ली।

(2) **ध्रुव**—ध्रुव, जो भारतवर्ष तथा श्री वल्लभ के नाम से भी विख्यात था, ने सर्वप्रथम भाई के शत्रुओं पर आक्रमण किया। गंगराज शिवमार मुदरस को हरा कर उसे बन्दी बना लिया तथा उसके राज्य पर अपना अधिकार कर लिया। कांची के पल्लव नरेश को भी ध्रुव ने हराया तदनन्तर वह उत्तर की ओर अभिमुख हुआ। उसने उज्जैन के प्रतिहार नरेश 'वत्सराज' को मरू (रेगिस्तान) राजपूताना की ओर भगा दिया। इसके पश्चात् उसने गंगा के दोआब पर भी आक्रमण किया तथा गंगा-यमुना के भूभाग को भी अपने साम्राज्य में मिलाया। संभवत: इसी समय ध्रुव धर्मपाल को परास्त किया। मध्य प्रदेश पर ध्रुव के आक्रमण का कोई स्थायी तथा दीर्घकालिक परिणय न निकला, किन्तु इससे यह सिद्ध होता है कि राष्ट्रकूट भी इस समय साम्राज्य प्रसार की नीति का अवलम्बन ले चुके थे।

(3) **गोविन्द तृतीय**—ध्रुव ने गोविन्द तृतीय को अपना उत्तराधिकारी चुना किन्तु पिता राज्य त्याग या मृत्यु के पश्चात् 794 ई० में इसका राज्यारोहण सन्देहास्पद है। गोविन्द तृतीय बड़े भाई गंगवाड़ी के शासक स्तम्भ ने उसका समर्थन नहीं किया; उसने राष्ट्रकूट नरेश गोविन्द तृतीय के विरुद्ध सिर उठाया। परन्तु परिणाम कुछ न निकला तथा

विद्रोही कुचल दिए गए। गोविन्द की फिर विजय हुई, तथा उसने स्तम्भ के प्रति उदारता दिखाकर उसे गंगवाड़ी का शासक नियुक्त किया। इसके बाद गोविन्द तृतीय ने पल्लव नरेश दन्तिवर्मन तथा वेंगी के चालुक्य विजयादित्य द्वितीय (799-842 ई०) पर आक्रमण करके उसे पराजित किया। अपने पिता की ही भांति गोविन्द तृतीय ने भी उत्तरी शक्तियों पर विजय प्राप्त की। उसने नागभट्ट द्वितीय को हराया और पैतृक राज्य उज्जैन को 806 ई० और 808 ई० के बीच पुन: हस्तगत करने के सारे प्रयत्न निष्फल कर दिए। फिर भी गोविन्द तृतीय अपने महत्वाकांक्षी प्रतिद्वन्द्वी प्रतिहार के प्रति जागरूक रहा। तदनन्तर उसने गंगा की ओर आक्रमण किया। संजन पत्र लेखों के अनुसार कान्यकुब्ज के चक्रयुद्ध और के धर्मपाल दोनों ने स्वयं आत्मसमर्पण कर दिया। परन्तु इन विजयों से उसे शान्ति न मिली। क्योंकि वह उत्तर की ओर व्यस्त रहा, इस कारण अवसर पाकर चोलों और पाण्ड्यों ने कांची, गंगवई और केरल के नरेशों के साथ उसके विरुद्ध अपना संघ संगठित किया, किन्तु गोविन्द तृतीय एक बार उनकी सम्मिलित शक्ति पर विजयी हुआ। बाद में उसने अपना जीवन अपनी आन्तरिक शासन व्यवस्था को सुव्यवस्थित करने में लगाया।

(4) अमोघवर्ष प्रथम—814 ई० के आरम्भ में गोविन्द तृतीय की मृत्यु के पश्चात् राजमुकुट उसके उस पुत्र को मिला जो अमोघवर्ष के नाम से प्रख्यात था। अमोघवर्ष क्योंकि अभी बालक ही था, अत: गोविन्द तृतीय ने अपने मरने से पूर्व गुजरात शाखा के कर्करात सुवर्णवर्ष को शासन व्यवस्था का कार्य सौंप दिया था। यद्यपि कुछ समय तक शासन व्यवस्था सुचारू रूप से चलती रही परन्तु विद्रोही शक्तियों ने सिर उठाया। राजकुल की गृहकलह अन्त:पुर तक ही सीमित न रही। उन्होंने मन्त्रियों को कृतघ्न तथा सामान्तों को विद्रोही बना दिया। गंगवाड़ी का राजा स्वतंत्र हो गया। वेंगी के विजयादित्य द्वितीय तक ने रट्टों (राष्ट्रकूट) पर गोविन्द तृतीय का बदला लेने के लिए आक्रमण कर दिया। इस प्रकार सारे देश में अराजकता फैल गई, तथा अमोघवर्ष को सिंहासनच्युत कर दिया। परन्तु सूरत के दान लेख के अनुसार अमोघवर्ष ने 821 ई० अप्रैल के पूर्व ही पुन: राजगद्दी पर अधिकार कर लिया, जिसमें सम्भवत: कर्कराज ने सहायता की थी। अल्पायु होने के कारण उसकी आरम्भिक स्थिति डांवाडोल ही रही। अत: वह विजय के लिए कोई अभियान न कर सका। हां, सिसुर अभिलेख से (शक और अन्य अभिलेखों के अनुसार) वेंगी के चालुक्य राजा को उसके सामने झुकना पड़ा। फिर भी ऐसा अमोघवर्ष के शासन काल के पिछले काल में ही सम्भव हुआ होगा। और अधिक सम्भव तो यह है कि उसके प्रतिद्वन्द्वी विजयादित्य तृतीय गुणन (लगभग 844-888 ई०) थी, क्योंकि इस बात के प्रमाण मिलते हैं कि विजयादित्य द्वितीय (लगभग 799-842 ई०) ने पराजित होने की अपेक्षा अपने शासन के अन्त में राष्ट्रकूटों को विजय भी

किया। थोड़े समय पश्चात् अमोघवर्ष प्रथम ने अंग, बंग, और मगध के राजाओं पर अपना प्रभुत्व स्थापित किया। ऐसी धारणा है, यद्यपि इसके कोई पुष्ट प्रमाण नहीं है। दक्षिण अथवा उत्तर में अमोघवर्ष कोई विजय न पा सका। इसके विपरीत समकालीन मिहिर भोज ने उज्जैनी के चारों ओर नर्मदा तक अथवा उससे आगे तक के प्रदेशों को हराया और उसके आक्रमण को रोकने का श्रेय अमोघवर्ष प्रथम को नहीं, अपितु उसके गुजराती बन्धु ध्रुव द्वितीय को है। वास्तव में तो अमोघवर्ष प्रथम इतना दुर्बल प्रमाणित हुआ, कि वह गंगराज तक का दमन न कर सका। सम्भवत: उसकी इस सैनिक दुर्बलता का मुख्य कारण था उसकी धार्मिक तथा साहित्यिक रुचि। उसने गुरू जिनसेन द्वारा बताए हुए जैन सिद्धांतों ने उसके हृदय तथा बुद्धि को पूरी तरह प्रभावित कर दिया था। साथ ही वीराचार्य के गणितसार संग्रह के अनुसार तो अमोघवर्ष प्रथम स्याद्वाद का पूर्ण भक्त था, किन्तु इस पर भी उसने हिन्दू धर्म के प्रति अपनी उदारता न छोड़ी। संजनपत्र लेखों के अनुसार वह महालक्ष्मी की पुजारी बना रहा। प्रसिद्ध विक्रमादित्य की उदारता तथा विद्वानों की संरक्षता से भी उसकी उदारता की तुलना की जाती है। वह स्वयं भी 'कविराजमार्ग' का रचयिता था। कन्नड़ भाषा में यह ग्रंथ काव्य सिद्धान्त पर है। उसे प्रश्नोत्तर 'मालिका' नामक नीति ग्रंथ का रचयिता भी माना जाता है। कुछ लोग इसे विमल अथवा शंकराचार्य कृत ग्रंथ भी मानते हैं। अमोघवर्ष का अंतिम जीवन धार्मिक कृत्यों में बीता। अपना शासन युवराज तथा मंत्रिपरिषद् पर छोड़कर वह समाधिस्त हो जाया करता था। अमोघवर्ष ने अपनी राजधानी मान्थखेट (वर्तमान निजाम रियासत में मालखेड़) बनायी, किन्तु यह निश्चित रूप से नहीं कहा जा सकता कि यह इस नगर का निर्माता भी था या उसने वहाँ केवल राजधानी को परिवर्तित मात्र किया था। हाँ निश्चय ही उस नगर को उसने समृद्ध व श्रीसम्पन्न बनाया था।

(5) **कृष्ण द्वितीय**—अमोघवर्ष की मृत्यु लगभग 878 ई० में हुई। उसके पश्चात् उसका पुत्र कृष्ण द्वितीय सिंहासनारूढ़ हुआ। कृष्ण ने भी 'आकालवर्ष' की उपाधि ग्रहण की। उसने चेदि राजा कोकल्ला प्रथम की पुत्री से विवाह किया। इस विवाह से उसे विशेष लाभ हुआ।

राष्ट्रकूट अभिलेखों से ज्ञात होता है कि कृष्ण द्वितीय ने गुर्जरों को डरा दिया, लाटों के घमण्ड को तोड़ा और गौडों को झुकना सिखाया। हमें ऐसी भी जानकारी होती है कि उसने समुद्रतट के लोगों की नींद हराम कर दी तथा अंग, कलिंग, गंग और मगध के राजाओं ने उसका आधिपत्य स्वीकार किया। यद्यपि यह शब्द पारस्परिक हैं फिर भी इतना अवश्य है कि उसका काल युद्धों से परिपूर्ण था।

भोज से युद्ध—उसका सबसे कठिन सैनिक अभियान प्रतिहारों तथा पूर्वी चालुक्यों के विरुद्ध था। कई स्रोत उसका प्रतिहार शासक भोज के साथ युद्ध का उल्लेख करते हैं। कहा जाता है कि युद्ध इतना भयंकर था, कि कई वर्षों तक बूढ़े लोगों की जबान पर

युद्ध का उल्लेख रहा। इस युद्ध में कृष्ण ने एक सेनापति का कार्य किया। यद्यपि भोज का आगे बढ़ना रोक दिया गया, परन्तु ऐसा प्रतीत होता है, कि इस युद्ध के पश्चात् लाटा समाप्त हो गए।

पूर्वी चालुक्यों से युद्ध—परन्तु पूर्वी चालुक्यों के साथ युद्ध और भी घोर हुआ। एक समय तो राष्ट्रकूट राज्य ही खतरे में पड़ गया। विजयादित्य तृतीय, जो कृष्ण का समकालीन शासक था तथा वेंगी पर राज्य करता था, उसने अपने आपको स्वतंत्र घोषित कर लिया। यह स्वतंत्रता उसने अमोघवर्ष के काल में ही स्थापित कर ली थी, और कृष्ण के गद्दी पर बैठने से वह और भी प्रोत्साहित हो गया। दक्षिण में उसने नौतम्बास तथा गंगों को हराया और उत्तर में वह बिहार तक बढ़ गया। कुछ वर्ष के लिए तो कृष्ण ने सब कुछ खो दिया था। परन्तु तुरन्त ही कृष्ण ने सेनाएँ एकत्रित कीं तथा चालुक्य आक्रमणकारी को वापिस जाने के लिए विवश कर दिया। उसने पूर्ण विजय प्राप्त की तथा चालुक्य राजा के उत्तराधिकारी भीम को बन्दी बना लिया। कुछ समय पश्चात् भीम को स्वतंत्र कर दिया गया और एक जागीर के रूप में उसका राज्य उसको लौटा दिया। एक बार फिर उसने सिर उठाने का साहस किया, परन्तु बुरी तरह से हार खाई।

चोल राज्य से सम्बन्ध—कृष्ण द्वितीय के चोल राज्य से भी कुछ राजनैतिक सम्बन्ध थे। उसने अपनी एक पुत्री का विवाह चोल राजा आदित्य प्रथम से किया। इस पुत्री से एक पुत्र भी उत्पन्न हुआ जिसका नाम कन्नर रखा गया। आदित्य प्रथम की मृत्यु के पश्चात् उसका पुत्र प्रान्तक सिंहासनारूढ़ हुआ इस पर कृष्ण द्वितीय ने उस पर आक्रमण कर दिया जिससे कि वह अपने दोहते के लिए राज्य प्राप्त कर सके। परन्तु कृष्ण की बहुत बुरी तरह हार हुई।

कृष्ण को यद्यपि आरम्भ में सफलता प्राप्त हुई फिर भी उसके युद्ध लाभकारी सिद्ध न हो सके।

(6) इन्द्र तृतीय—कृष्ण द्वितीय की मृत्यु लगभग 914 ई० में हुई। वह अपने पिता की तरह जैनधर्म का अनुयायी था। कृष्ण द्वितीय की मृत्यु के पश्चात् उसका पोता इन्द्र सिंहासन पर बैठा। उसने भी कई ऊंचे पद ग्रहण किए।

इन्द्र तृतीय 30 वर्ष का एक युवक था। जिस समय वह सिंहासनारूढ़ हुआ उसमें गोविन्द तृतीय के सैनिक गुण विद्यमान थे। गद्दी पर बैठते ही उसने गुर्जर प्रतिहार शासकों के विरुद्ध युद्ध की घोषणा कर दी। ऐसा विश्वास किया जाता है कि यह युद्ध की घोषणा उसने सहानुभूति में की थी। परन्तु कोई विश्वस्त स्रोत ऐसा नहीं मिलता जो इस तथ्य को प्रमाणित करे। यह सम्भव है कि उसका प्रतिहार शासक के साथ युद्ध आक्रामक दृष्टिकोण से हुआ हो। उसने अपनी योग्यता के कारण ही कन्नौज पर अधिकार कर लिया।

922 ई० में इन्द्र की मृत्यु हो गई और उसका पुत्र अमोघवर्ष द्वितीय सिंहासन पर बैठा। परन्तु उसके छोटे भाई गोविन्द चतुर्थ ने उसको मार डाला।

(7) **गोविन्द चतुर्थ**—25 वर्ष की आयु में गोविन्द चतुर्थ गद्दी पर बैठा। अपने अत्याचार के कारण वह बदनाम हो गया और प्रजा ने उसके चाचा अमोघवर्ष से उसको गद्दी से हटाने के लिए प्रार्थना की। गोविन्द की अप्रियता ने अमोघवर्ष का कार्य सुगम कर दिया और उसने आसानी से गोविन्द को गद्दी से उतार दिया तथा लगभग 936 ई० में अमोघवर्ष तृतीय गद्दी पर बैठा।

936 ई० में अमोघवर्ष तृतीय की आयु 50 वर्ष के लगभग थी, वह धार्मिक विचारों का था इसलिए राज्य के काम-काज में उसने अधिक भाग नहीं लिया।

(8) **कृष्ण तृतीय**—अमोघवर्ष का शासन काल केवल तीन वर्ष ही रह सका। उसके पुत्र कृष्ण तृतीय ने उसके जीवन काल में ही राज्य सम्भाल लिया। तीन वर्ष के पश्चात् या 939 ई० में वह अपने पिता की मृत्यु के पश्चात् शासक बना। राज्य की बागडोर हाथ में लेते ही उसने चोल राज्य पर आक्रमण करने का निर्णय किया। इस आक्रमण में उसने अपने बहनोई की भी सहायता प्राप्त की। इस सैनिक अभियान में उन्होंने कांची और तंजौर पर अधिकार कर लिया, परन्तु चोल राजकुमार राजादित्य की मृत्यु हो गई और कृष्ण रामेश्वर तक बढ़ आया और उसने वहाँ पर दो मन्दिरों का निर्माण किया।

उत्तरी अभियान—कृष्ण ने अपने उत्तरी अभियान में बुन्देलखण्ड, मालवा तथा उज्जैनी पर आक्रमण किये। परन्तु यह नहीं कहा जा सकता कि अभियान में उसका उद्देश्य क्या था। सम्भव है कि आक्रामक दृष्टिकोण से ही किया गया हो।

कृष्ण राष्ट्रकूट वंश के योग्य शासकों में से एक था। यद्यपि उसमें अपने पूर्वजों की योग्यताएं तो नहीं थीं, परन्तु यह नहीं कहा जा सकता कि अभियान में उसका उद्देश्य क्या था। सम्भव है कि आक्रामक दृष्टिकोण से ही किया गया हो।

कृष्ण राष्ट्रकूट वंश के योग्य शासकों में से एक था। यद्यपि उसमें अपने पूर्वजों की योग्यताएं तो नहीं थीं, परन्तु इतना अवश्य है कि दक्षिण पर उसका पूर्ण अधिकार था। उसने चोल राज्य के कुछ भागों पर भी अपना अधिकार कर लिया था।

(9) **कृष्ण तृतीय के उत्तराधिकारी**—कृष्ण के पश्चात् उसका छोटा भाई खोट्टिग सिंहासन पर बैठा क्योंकि कृष्ण के कोई सन्तान न थी। खोट्टिग बूढ़ा था, इसलिए परमार शासकों के आक्रमण को न रोक सका। 972 ई० में तो परमारों ने राष्ट्रकूट की

राजधानी को भी लूट लिया तथा शाही ख़जाने को भी लूट लिया। इसी दुख से खोट्टिग की मृत्यु हो गई।

खोट्टिग के पश्चात् उसका भतीजा कर्क द्वितीय सिंहासन पर बैठा. राज्य की व्यवस्था तो खोट्टिग के काल में ही बिगड़ गई थी और कर्क ने अपने बुरे शासन द्वारा राज्य की स्थिति और भी खराब कर दी तथा उसके अधिकृत छोटे-छोटे सरदार ही उसके विरुद्ध हो गये और इस प्रकार उसके शासन के डेढ़ वर्ष पश्चात् ही राज्य समाप्त हो गया।

16 दक्षिण-भारत का भारतीय सभ्यता में योगदान

विन्ध्याचल पर्वत के दक्षिण के सम्पूर्ण भू-प्रदेश को दक्षिण-भारत पुकारा जाता है। विन्ध्याचल पर्वत और उसके निकट के घने जंगलों ने उत्तर-भारत और दक्षिण-भारत के सम्पर्क को कठिन बनाया और प्राचीन काल में तो क्या मध्य काल में भी सम्पूर्ण भारत में राजनीतिक एकता को स्थापित करने के सभी प्रयत्न असफल हुए। इस कारण, दक्षिण-भारत अधिकांशतया उत्तर-भारत में होने वाली राजनीतिक उथल-पुथल से पृथक रहा। परन्तु इसका यह अर्थ नहीं है कि उत्तर-भारत और दक्षिण-भारत एक-दूसरे से पूर्णतया भिन्न हो गये। प्राचीन भारत में अशोक और समुद्रगुप्त जैसे सम्राटों ने दक्षिण-भारत में प्रवेश किया और दक्षिण-भारत के राष्ट्रकूट तथा चोल-शासकों ने उत्तर-भारत पर आक्रमण किये। परन्तु राजनीतिक सम्पर्कों से अधिक महत्वपूर्ण सभ्यता और संस्कृति के सम्पर्क रहे जिसके कारण सम्पूर्ण उत्तर तथा दक्षिण-भारत में सभ्यता के समान तत्वों का विकास हुआ। उत्तर-भारत की शासन-व्यवस्था, धर्म, दर्शन, सामाजिक व्यवस्था, नैतिक मान्यताएँ आदि दक्षिण-भारत में स्वीकार की गयीं और दक्षिण-भारत ने उनकी सुरक्षा की, उनका विकास किया और समय आने पर उन्हें उत्तर-भारत को वापस कर दिया। इस प्रकार उत्तर और दक्षिण-भारत के सम्पर्क सर्वदा रहे। यद्यपि मूलतया उत्तर-भारत की सभ्यता ने दक्षिण-भारत को प्रभावित किया, परन्तु दक्षिण-भारत ने भी भारतीय सभ्यता में अभूतपूर्व सहयोग प्रदान किया, इसमें सन्देह नहीं किया जा सकता। नीलकान्त शास्त्री ने लिखा है: ''प्रागैतिहासिक युग से लेकर आधुनिक समय तक ऐसा कोई समय नहीं रहा जबकि इन दो क्षेत्रों ने राजनीति और सभ्यता के क्षेत्र में एक-दूसरे को प्रभावित न किया हो।''[1]

उत्तर-पाषण युग में मैडिटरेनियन जाति, जिसे द्रविण पुकारा गया, भारत में आयी और आर्यों के आने से पूर्व वह सम्पूर्ण भारत में फैल गयी। अधिकांशतया यह विश्वास किया जाता है कि सिन्धु घाटी की सभ्यता द्रविण-सभ्यता थी और उत्तर-वैदिक काल में

---

1. "Forum the prehistorical times to the present day, there has been no period when the two regions did not influence eachother politically and culturally."—K.A. Nilkanta Sastri: *A History of South India.*

ही द्रविणों और आर्यों का मिश्रण हो गया था। भाषा में 'अम्मा' जैसे शब्दों का प्रयोग, धर्म में प्रकृति-पूजा, शिव-पूजा (मुख्यतया पाशुपति शिव और लिंग के रूप में), शक्ति-पूजा (मातृ-देवी की पूजा) आदि द्रविणों के प्रभाव के कारण आर्य-सभ्यता में सम्मिलित हुई भारत में आर्यों का प्रसार-युद्ध, विवाह-सम्बन्ध और शान्तिपूर्ण विस्तार आदि सभी साधनों से हुआ और यद्यपि मूलतया भारत में आर्य-सभ्यता की प्रधानता रही परन्तु तब भी पारस्परिक सम्बन्धों के कारण आर्य-सभ्यता ने द्रविण-सभ्यता के अनेक तत्वों को अपने में आत्मसात क़र लिया।

धीरे-धीरे द्रविण दक्षिण-भारत की तरफ हटते गये थे और आर्यों ने 400 ई० पू० (400 बी०सी०) के लगभग सम्पूर्ण दक्षिण-भारत में प्रवेश पा लिया था, ऐसा कात्यायन के विवरण से स्पष्ट होता है। बाद में सम्राट अशोक के साम्राज्य का विस्तार दक्षिण-भारत में हुआ और दक्षिण-भारत के पहले शक्तिशाली सातवाहन-साम्राज्य की शासन-व्यवस्था आदि पर उत्तर-भारत की छाप स्पष्ट रूप से दिखायी देती है। दक्षिण-भारत में संगम-युग में सुदूर दक्षिण में चेर, चोल और पाण्ड्य प्राचीनतम राजवंश थे जो, निस्सन्देह, द्रविण थे। परन्तु यह भी स्पष्ट है कि उस युग तक आर्य और द्रविण सभ्यताएं दक्षिण-भारत में एक-दूसरे में समाविष्ट होकर एक हो गयी थीं। उस काल में दक्षिण-भारत का विदेशों से अत्यधिक व्यापार था और उसने भारत को धनवान बनाने में सहायता दी।

गुप्त—सम्राटों में से समुद्रगुप्त ने दक्षिण-भारत पर आक्रमण किया और चन्द्रगुप्त द्वितीय ने दक्षिण-भारत के वाकाटक-शासकों से विवाह-सम्बन्ध स्थापित किये। बहुत से विद्वान यह विश्वास करते हैं कि वाकाटक-शासकों ने दक्षिणापथ में और पल्लव नरेशों ने सुदूर दक्षिण में आर्य-सभ्यता के प्रसार में बहुत बड़ा योगदान दिया.। इसके अतिरिक्त, उन्होंने दक्षिण-भारत में ललित-कलाओं का विकास करके भारतीय सभ्यता में महत्वपूर्ण योगदान दिया। दक्षिण-भारत के चालुक्य, राष्ट्रकूट और चोल-वंशों ने भी इसी प्रकार भारतीय सभ्यता के विकास में विभिन्न प्रकार से सहयोग प्रदान किया।

साधारणतया, दक्षिण-भारत ने भारत के अन्य भागों की भांति भारतीय सभ्यता की मुख्य विशेषताओं का पालन किया। राजनीतिक क्षेत्र में उत्तर-भारत की भांति दक्षिण-भारत में भी यह परम्परा रही कि विजयी शासक ने विजित राजवंश को नष्ट नहीं किया। अपने आधिपत्य को स्वीकार कराने के पश्चात् विजेता ने विजित को अपने राज्य का शासन करने का अधिकार पुन: प्रदान किया और उस राज्य के शासन, सम्पत्ति और सामाजिक नियमों में कोई परिवर्तन नहीं किया। दक्षिण में भी युद्ध के नियम धर्म-युद्ध के आधार पर रहे और उसका आधार मानवीय रहा। उसी प्रकार, शासक, सामन्त, व्यापारी और धनी व्यक्ति विद्वान, कलाकार एवं धार्मिक व्यक्तियों को संरक्षण प्रदान करते रहे। दक्षिण-भारत में भी वर्णाश्रम व्यवस्था मानवीय रही यद्यपि उत्तर-भारत की तुलना में दक्षिण-भारत में जाति-भेद अधिक तीव्र न हुए। संस्कृत भाषा दक्षिण-भारत की

भी मुख्य साहित्यिक भाषा रही और उसने स्थानीय भाषाओं के साहित्य को प्रभावित किया। धार्मिक सहिष्णुता का पालन दक्षिण-भारत में भी किया गया तथा मूर्ति-पूजा, धार्मिक उत्सव, तीर्थस्थानों की यात्रा और धार्मिक संस्कार आदि भी उत्तर-भारत के समान रहे। इस प्रकार दक्षिण-भारत की सभ्यता भारतीय सभ्यता का एक अभिन्न अंग रही।

परन्तु दक्षिण-भारत की अपनी कुछ पृथक विशेषताएं भी रहीं और उन विशेषताओं में प्रगति करके उसने भारतीय सभ्यता की प्रगति में महत्त्वपूर्ण भाग लिया। राजनीतिक क्षेत्र में दक्षिण-भारत ने भारत के इतिहास में अधिक महत्त्वपूर्ण भाग नहीं लिया। समय-समय पर वाकाटक, राष्ट्रकूट और चोल शासकों ने मित्रता अथवा आक्रमणों के द्वारा उत्तर-भारत की राजनीति को थोड़ा अवश्य प्रभावित किया परन्तु मूलतया प्राचीन भारत में उत्तर और दक्षिण-भारत की राजनीति पृथक रही। दक्षिण-भारत ने मुख्यतया संस्कृति और सभ्यता के क्षेत्र में भारत को प्रभावित किया।

समुद्री मार्ग से विदेशों से व्यापार करने का मुख्य श्रेय दक्षिण-भारत को गया। चीन, दक्षिण-पूर्वी एशिया और पश्चिमी एशिया से दक्षिण-भारत के एक लम्बे समय तक व्यापारिक सम्बन्ध रहे जिससे भारत की आर्थिक सम्पन्नता में वृद्धि हुई। यह भी माना जाता है कि एक बड़े साम्राज्य के अभाव में जबकि उत्तर-भारत का विदेशी व्यापार कुछ कम हो गया था, दक्षिण-भारत का विदेशी व्यापार अविरल गति से चलता रहा और इसके द्वारा धन-धान्य में जो वृद्धि हुई उससे एक ऐसे व्यापारी वर्ग का जन्म हुआ जिसने दक्षिण-भारत की नहीं अपितु उत्तर-भारत की नैतिक मान्यताओं को भी प्रभावित किया जिसका प्रभाव तत्कालीन साहित्य और ललित-कलाओं पर पड़ा और उनमें शृंगार रस का बाहुल्य रहा। जहाँ धर्म और साहित्य पर तांत्रिक विचारधारा का प्रभाव स्वीकार करना पड़ता है वहाँ पर यह मानना भी आवश्यक है कि शृंगार रस और काम-क्रियाओं की ओर समाज का झुकाव बिना सम्पन्नता के सम्भव न था। निस्सन्देह, भारत की सम्पन्नता भी इन विचारों के लिए उत्तरदायी थी और उस सम्पन्नता में दक्षिण-भारत के विदेशी व्यापार ने सहयोग प्रदान किया था।

दक्षिण-भारत ने भारत की साहित्यिक प्रगति में भाग लिया। दक्षिण-भारत की साहित्यिक भाषा मूल रूप से संस्कृत थी और सभी शासकों ने उसको संरक्षण प्रदान किया। सातवाहन, वाकाटक और चालुक्य शासकों ने ही नहीं अपितु पल्लव, चोल तथा गंगा शासकों ने भी संस्कृत साहित्य की प्रगति में भाग लिया। संस्कृत के अनेक ग्रन्थों का निर्माण दक्षिण में हुआ। पल्लव-शासकों के समय में काँची विद्या का एक महान् केन्द्र बन गया था। संस्कृत के अतिरिक्त दक्षिण-भारत ने कन्नड़ और तमिल-साहित्य का भी निर्माण किया।

धर्म और दर्शन की दृष्टि से भी दक्षिण-भारत ने भारतीय सभ्यता को धनवान बनाया। इस क्षेत्र में दक्षिण की महान् उपलब्धियाँ रहीं जिनमें—

(*i*) शैव धर्म का व्यापक समर्थन और उसकी विभिन्न शाखाओं (लिंगायत, पाशुपति, कापालिक आदि) की उत्पत्ति;

(*ii*) मन्दिरों को धार्मिक संस्थाओं का रूप प्रदान करना;

(*iii*) कुमारिल भट्ट द्वारा कर्मकाण्ड का विरोध तथा ज्ञान-मार्ग का प्रचार, शंकराचार्य के द्वारा अद्वैतवाद का प्रचार और राजानुजाचार्य तथा माधवाचार्य जैसे सन्तों द्वारा द्वैतवाद का प्रचार;

(*iv*) भक्ति-आन्दोलन का सूत्रपात;

(*v*) हिन्दू धर्म को बौद्ध अथवा जैन धर्म की अपेक्षा अधिक लोकप्रिय बनाना प्रमुख हैं।

भारत में शैव-सम्प्रदाय को लोकप्रिय बनाने में दक्षिण-भारत का अधिक योग है। उत्तर-भारत के अधिकांश सम्राट जबकि विष्णु के उपासक थे, दक्षिण-भारत के अधिकांश सम्राट शैव-धर्म के उपासक रहे। इस कारण दक्षिण-भारत में शैव-मन्दिरों की अधिकता रही। मन्दिरों में एकत्रित होना, पूजा करना, धार्मिक वाद-विवाद करना और भक्ति-आन्दोलनों के पश्चात् कथा, कीर्तन आदि करना दक्षिण-भारत में आरम्भ हुआ जिसके कारण मन्दिर धार्मिक संगठनों का केन्द्र बन गये। हिन्दू-दर्शन के पुनरुत्थान का श्रेय 8वीं सदी में दक्षिण-भारत में हुए कुमारिल भट्ट और शंकराचार्य को गया। भक्ति-मार्ग का सूत्रपात भी दक्षिण-भारत में ही हुआ। निम्बार्काचार्य, रामानुजाचार्य आदि ने इसको आरम्भ किया। उत्तर-भारत में इसका प्रचार करने वाले रामानन्द का जन्म मैसूर में हुआ था और वल्लभाचार्य का मूल-वंश आन्ध्र का था। इन सभी ने हिन्दू धर्म को शक्तिशाली बनाया और उसे भारत में बौद्ध धर्म तथा जैन धर्म की तुलना में श्रेष्ठ बना दिया।

दक्षिण-भारत ने ललित-कलाओं की दृष्टि से भारतीय सभ्यता को महत्वपूर्ण उपलब्धियाँ प्रदान कीं। अजन्ता, सितनवासल और तंजौर मन्दिर के चित्र भारतीय चित्रकला को दक्षिण-भारत की अनुपम देन हैं। गुफा-मन्दिरों का निर्माण अधिकांशतया दक्षिण-भारत में हुआ और मन्दिरों, मूर्तियों, चैत्य-गृहों आदि की दृष्टि से भारतीय ललित-कलाओं में दक्षिण-भारत का योगदान अद्वितीय रहा। अमरावती का बौद्ध-स्तूप, मीनाक्षी मन्दिर, संगमेश्वर-मन्दिर, ऐहोल का विष्णु-मन्दिर, एलौरा का कैलाश मन्दिर, ममल्लपुर के रथ-मन्दिर, काँची के कैलाश और बैकुण्ठ-मन्दिर, चोलेश्वर-मन्दिर, तंजौर का राजराजेश्वर-मन्दिर आदि इस काल के भारत की अपूर्व निधियाँ हैं। आकार और सौन्दर्य की दृष्टि से ये सभी मन्दिर वास्तु और तक्षण-कला के अद्वितीय नमूने माने गये हैं। इन सभी मन्दिरों में प्रतिष्ठित मूर्तियाँ, दीवारों पर अलंकृत मूर्तियाँ, मैसूर की

गोमतेश्वर की मूर्ति और मुख्यतया काँसे की नटराज की मूर्तियाँ भारतीय मूर्ति-कला में एक विशेष स्थान रखती हैं। मूर्ति-कला की प्राचीन शैलियों में से अमरावती-शैली का विकास भी दक्षिण-भारत में ही हुआ था।

इसके अतिरिक्त, दक्षिण-भारत ने दक्षिण-पूर्वी एशिया में भारतीय सभ्यता का विकास करके वृहत्तर भारत के निर्माण में महत्वपूर्ण भाग लिया। दक्षिण-भारत के हिन्दुओं ने फू-नान में अपना उपनिवेश स्थापित किया, चम्पा का पहला राजवंश उन्हीं का था और इण्डोचीन और इण्डोनेशिया के हिन्दू-उपनिवेशों का दक्षिण-भारत से घनिष्ठ सम्पर्क रहता था।

इसके अतिरिक्त, जबकि मुसलमानी आक्रमणों के पश्चात् उत्तर-भारत की हिन्दू सभ्यता मुसलमानी सभ्यता से प्रभावित हो गयी, दक्षिण-भारत ने हिन्दू सभ्यता की विशेषताओं को सुरक्षित रखा। नृत्य-कला में भारतनाट्यम और कथाकली नृत्य-शैलियाँ मध्य-युग में तो क्या आधुनिक समय में भी दक्षिण-भारत ने सुरक्षित रखी हैं और भारतीय गायन-कला अब भी दक्षिण गायन-कला की कर्जदार है। इसी प्रकार, जबकि मुसलमानी आक्रमणों ने उत्तर-भारत में हिन्दुओं की साहित्यिक निधियों और कलाकृतियों को अधिकांशतया नष्ट कर दिया, दक्षिण-भारत ने उन्हें सुरक्षित रखने में सफलता पायी। इस प्रकार, दक्षिण-भारत ने प्राचीन भारतीय सभ्यता की प्रगति में सहयोग ही नहीं दिया अपितु उसे सुरक्षित रखने में भी सहयोग दिया।

17 भारत (प्राय: 650–1200 ई०)

[शासन-प्रबन्ध, संस्कृति और सभ्यता]

1. शासन-प्रबन्ध

(*i*) **केन्द्रीय शासन**—इस समय तक भारत के प्राचीन गणतन्त्रीय राज्य पूर्णतया लुप्त हो चुके थे और प्रत्येक स्थान पर राजतन्त्रीय व्यवस्था हो चुकी थी। परन्तु गुप्त-वंशीय सम्राटों के पश्चात् भारत में एकछत्र साम्राज्य स्थापित न हो सका। उत्तर-भारत में सम्राट हर्ष तथा पाल और प्रतिहार-वंश के शासकों के द्वारा एकछत्र राज्य स्थापित करने के प्रयत्न असफल हुए। उसी प्रकार, दक्षिण-भारत में भी चालुक्य, राष्ट्रकूट, पल्लव और चोल-वंश में से कोई भी सम्पूर्ण दक्षिण-भारत में एकछत्र साम्राज्य स्थापित न कर सका। इन प्रयत्नों के फलस्वरूप धीरे-धीरे एकछत्र साम्राज्य और चक्रवर्ती सम्राट का आदर्श भी लुप्त हो गया और जातीय अथवा प्रादेशिक सीमाओं के आधार पर छोटे-छोटे राज्यों का निर्माण हुआ। राजपूत-युग की सामन्तवादी प्रथा ने इन छोटे-छोटे राज्यों के निर्माण में सहायता दी और जब भारत पर अरबों और मुख्यतया तुर्कों के आक्रमण शुरू हुए उस समय भारत राजनीतिक दृष्टि से विभक्त ही न था अपितु इन राज्यों में परस्पर शत्रुता भी थी जिसके कारण वे मिलकर विदेशी शत्रु का मुकाबला न कर सके और उन सभी का विनाश हो गया।

राजा राज्य का प्रधान होता था। उसमें राज्य की सभी शक्तियाँ केन्द्रित होती थीं। वह राज्य का सबसे बड़ा कानून-निर्माता, शासन-प्रबन्धक, न्यायाधीश और सेनापति होता था। उसका अधिकार पैतृक होता था। राजा अपने पुत्रों में से किसी को भी अपना उत्तराधिकारी नियुक्त कर सकता था यद्यपि साधारणतया राजा का सबसे बड़ा पुत्र ही राज्य का उत्तराधिकारी हुआ करता था। राजा सम्राट, परमभट्टारक, परमेश्वर, महाराजाधिराज जैसी उपाधियाँ ग्रहण करते थे। राजा की शक्ति पर कोई कानूनी सीमा न थी परन्तु राजा निरंकुश और स्वेच्छाचारी नहीं हो सकते थे। उन्हें युवराज, मन्त्री और बड़े पदाधिकारियों की सलाह लेनी होती थी। इसके अतिरिक्त, प्रजा की भलाई करना उनके राजधर्म का परमावश्यक कर्तव्य था। परन्तु तब भी प्रजा की भलाई और राज्य का हित बहुत कुछ राजा की स्वयं की व्यक्तिगत योग्यता और विचारधारा पर निर्भर करता था। अनेक राजा प्रजा की भलाई का ध्यान नहीं भी रखते थे और प्राय: व्यक्तिगत यश और सत्ता-वृद्धि की लालसा से कार्य करते थे।

राजा की सहायता के लिए विभिन्न मंत्री होते थे। उनकी संख्या निश्चित न थी और न उनमें कोई महामन्त्री जैसा व्यक्ति होता था। केवल कलचुरि-लेखों में 'महामन्त्रिन' और पाल-लेखों में 'राजमात्य' जैसे पद का उल्लेख मिलता है जो सम्भवतया महामन्त्री अथवा प्रधानमंत्री के लिए प्रयोग में लाया गया था। राजा इन मंत्रियों से पृथक-पृथक या सम्मिलित रूप से सलाह ले सकता था और समय-समय पर उनकी सलाह प्रभावपूर्ण भी होती थी। परन्तु वे प्रत्येक प्रकार से राजा के अधीन थे। उनमें से प्रत्येक शासन के किसी न किसी विभाग का प्रधान होता था। साधारणतया मंत्रियों का पद भी पैतृक बन जाता था यद्यपि सर्वदा यह आवश्यक न था।

राजा की सहायता के लिए विभिन्न बड़े अधिकारी होते थे। साधारणतया उनमें सन्धिविग्रहिक (विदेश-मन्त्री), अक्षपटलिक (वित्त-मंत्री), भण्डानागरिक (कोषाधीश), महाप्रतिहार (राजा का शरीर-रक्षक और दरबार की व्यवस्था को स्थापित करने वाला), महादण्डनायक (पुलिस-विभाग का प्रधान), धर्मस्थ (न्यायाधीश) और सेनापति प्रमुख अधिकारी होते थे। इनके अतिरिक्त प्रान्तपति, युवराज, सामन्त आदि भी शासन में प्रमुख भाग लेते थे।

इस काल की एक मुख्य विशेषता सामन्त-व्यवस्था थी जो भारत की राजनीतिक दुर्बलता का प्रमुख कारण बनी। सम्राट अपने सम्बन्धियों अथवा उच्च पदाधिकारियों को विस्तृत भूमि जागीरों के रूप में दे दिया करते थे। इन भूमियों पर उन सामन्तों तथा उनके वंशजों का पैतृक अधिकार हो जाता था। वे अपनी जागीर की देखभाल करने में पर्याप्त स्वतंत्र होते थे। वे अपनी स्वयं की सेना रखते थे और समय-समय पर अपने सम्राट को सैनिक सहायता देते थे और उनके दरबार में उपस्थित होते थे। इन सामन्तों के लिए स्थानीय वफादारियाँ मुख्य बन गयीं। वे आपस में सम्मान और शक्ति के लिए परस्पर प्रतिस्पर्धा करते थे और सम्राट के दुर्बल होने पर अपने लिए स्वतंत्र राज्य स्थापित करने का प्रयत्न करते थे। उनके पारस्परिक संघर्षों और अवसर से लाभ उठाने की प्रवृत्ति ने, जो 800 ई० के पश्चात् प्रबल होती चली गयी, भारत को राजनीतिक दृष्टि से दुर्बल किया और एक शक्तिशाली साम्राज्य की स्थापना को असम्भव बना दिया।

सेना के मुख्य अंग हाथी, घुड़सवार और पैदल थे। रथों का प्रयोग प्राय: समाप्त हो गया था। कुछ शासकों, जैसे चोल और पाल-वंश के शासकों ने नौ-सेना का निर्माण किया था और राजपूत-शासकों ने ऊँट-सेना भी रखी थी। सैनिक अधिकारियों को महासेनापति, सेनापति, महाबलाधिकृत, बलाधिकृत, युद्धपति, पीलुपति, अश्वपति आदि की उपाधियाँ दी जाती थीं। राज्य का सर्वोच्च सेनापति स्वयं राजा होता था और वह स्वयं युद्ध में भाग लेता था। इस समय में किलों के निर्माण पर विशेष बल दिया गया।

राजस्थान, मध्य-भारत, गुजरात, दक्षिण-भारत आदि स्थानों पर दृढ़ किले बनवाये गये थे। किलों को रक्षा का एक मुख्य आधार माना जाता था। किले के अधिकारी को 'कोट्टपाल' पुकारते थे। इस समय 'शिविरों' का भी महत्व बढ़ गया था। परन्तु सभी कुछ मिलाकर भारत की सैन्य-व्यवस्था में दुर्बलता आ गयी थी। 1000 ई० के पश्चात् से किसी भी बड़े साम्राज्य का निर्माण न होने और निरन्तर पारस्परिक संघर्षों के बावजूद भी किसी एक सम्राट द्वारा अन्यों के विरुद्ध स्थायी सफलता प्राप्त न कर पाने से यह अनुमान किया जा सकता है कि कोई भी सम्राट युद्ध-शैली और शस्त्रों में उन्नति न कर सका था जिसके कारण भारत की राजनीतिक व्यवस्था में प्राय: 200 वर्षों तक स्थिरता रही और उसमें राजवंशों में परिवर्तन होने के अतिरिक्त मूल आधार पर कोई परिवर्तन नहीं हुआ। तुर्की आक्रमणों के विरुद्ध भारतीयों की पराजय का एक मुख्य कारण उनका सैन्य-दृष्टि से उन्नत न होना था।

राज्य की आय का मुख्य स्रोत भूमि-कर अथवा लगान था जिसे भागभोग, राजभोग, उपरिकर आदि नामों से पुकारा जाता था। लगान गल्ला और सिक्के दोनों ही रूपों में लिया जाता था। साधारणतया यह उत्पादन का 1/6 से 1/3 भाग होता था। इसके अतिरिक्त, व्यापारिक कर, उद्योगों पर कर, आयात-निर्यात कर, सिंचाई-कर, नमक-कर, अपराधियों पर जुर्माने आदि राज्य की आय के अन्य साधन थे। राज्य के व्यय के मुख्य विषय राजा और उसके परिवार का व्यय, सेना व असैनिक अधिकारियों के वेतन, दान, सार्वजनिक हित के कार्य आदि होते थे।

(ii) **प्रान्तीय तथा स्वानीय शासन**—शासन की सुविधा के लिए सम्पूर्ण राज्य प्रान्तों (मण्डल, भुक्ति), विजय (नादु), जिलों (कुर्रम), गाँव आदि में विभक्त होता था। प्रान्तों का शासन राजपाल, मण्डलेश्वर, राजपुत्र आदि करते थे। उसी प्रकार विषयों, जिलों आदि में भी विभिन्न राज्याधिकारी नियुक्त किये जाते थे। गाँवों का शासन अधिकांशतया पैतृक स्थानीय अधिकारियों के हाथों में था। चोल-शासकों ने स्थानीय स्वशासन को सफलता की पराकाष्ठा पर पहुंचा दिया था।

2. जागीरदारी अथवा सामन्त-व्यवस्था और उसका प्रभाव

जागीरदारी-व्यवस्था की उत्पत्ति दक्षिण-भारत में सातवाहन-वंश के समय में और उत्तर-भारत में गुप्त-काल के समय में तभी हो गयी थी जब सातवाहन और गुप्त-सम्राटों ने ब्राह्मणों को बड़े-बड़े भू-क्षेत्र दान में देकर उन्हें उनका स्वामी बना दिया। परन्तु सातवीं सदी में इस प्रथा की प्रगति हुई और राजपूत-युग तक यह व्यवस्था अपनी परिपक्व स्थिति में पहुँच गयी। सातवीं सदी से हिन्दू शासकों ने दान के अतिरिक्त अपने अधीन अधिकारियों अथवा सम्बन्धियों को तनख्वाहें या नकद इनाम देने की बजाय भूमि देना शुरू किया। इससे उस व्यवस्था का निर्माण हुआ जिसे जागीरदारी अथवा सामन्त-व्यवस्था पुकारा गया।

राजा अथवा सम्राट अपने अधिकारियों को जागीर के रूप में भूमि दिया करता था। उस भूमि से लगान वसूल करने का अधिकार उस अधिकारी को प्राप्त हो जाता था जिसमें से वह एक निश्चित वार्षिक धन राजा को कर के रूप में दिया करता था। सम्राट को यह अधिकार था कि वह अपने अधिकारी को कभी भी उस भूमि से जिसे जागीर पुकारा गया, पृथक कर सकता था। प्रारम्भ में ऐसा हुआ भी परन्तु धीरे-धीरे प्रभावशाली और शक्तिशाली अधिकारियों ने जिन्हें सामन्त या जागीरदार पुकारा गया, अपने अधिकार को पैतृक बना लिया अर्थात् पिता की मृत्यु के पश्चात उसकी जागीर का मालिक उसका पुत्र होने लगा, और सम्राट उसे स्वीकार मात्र कर लेता था। इस प्रकार राजा अथवा सम्राटों ने अपने राज्य की अधिकांश भूमि को अपने जागीरदारों में बाँट दिया जिनका अधिकार अधिकांशतया वंशानुगत हो गया। ऐसा नहीं था कि सम्राट के पास अपनी भूमि नहीं रहती थी। उसकी अपनी स्वयं की भूमि भी थी जिससे उसके कर्मचारी लगान वसूल करते थे। परन्तु उसके राज्य की भूमि का पर्याप्त भाग जमींदारों अथवा सामन्तों के अधिकार में चला गया। मूलतया इसी व्यवस्था को जागीरदारी-व्यवस्था पुकारा गया।

परन्तु इस व्यवस्था में कुछ अन्य बातें भी सम्मिलित थीं। प्रत्येक जागीरदार सम्राट के अधीन था, समय-समय पर वह सम्राट के दरबार में उपस्थित होता था, उसे भेंट देता था और अपनी उपाधियों की उससे स्वीकृति लेता था अथवा उपाधियाँ प्राप्त करता था। परन्तु जागीरदार का एक मुख्य उत्तरदायित्व सम्राट के आदेशानुसार उसे सैनिक सहायता प्रदान करना था। इसके लिए प्रत्येक जागीरदार को अपने पास एक सेना रखनी होती थी यद्यपि सम्राट उसकी संख्या को निश्चित नहीं करता था। प्रत्येक जागीरदार अपनी स्वेच्छा से अपनी सेना की संख्या, शिक्षा, वेतन आदि को निश्चित करता था। एक ही सम्राट के अधीन जागीरदारों को आपस में युद्ध करने की आज्ञा नहीं थी परन्तु नाम, वंश, कुल, सम्मान, विवाह, आदि के प्रश्नों को लेकर वे आपस में लड़ते-झगड़ते रहते थे। सम्राट उसमें अधिक हस्तक्षेप भी नहीं करता था क्योंकि उससे जागीरदारों की शक्ति उसकी तुलना में क्षीण होती थी और उनकी सैनिक प्रवृत्तियों को प्रोत्साहन मिलता था, जो उसके लिए लाभदायक था। पारस्परिक संगर्षों के अतिरिक्त जागीरदार पड़ौस के राजाओं अथवा जागीरदारों से भी युद्ध करते रहते थे। सम्राट के द्वारा इस प्रकार अपनी जागीर में वृद्धि करने की उन्हें स्वतंत्रता थी क्योंकि उससे सम्राट को लाभ था।

इस व्यवस्था की एक अन्य विशेषता भी बन गयी। जागीरदारों ने अपनी भूमियों को अपने अधीन अधिकारियों को देना आरम्भ कर दिया। ऐसे अधिकारी उस जागीरदार के अधीन जागीरदार बन गये। इस पद्धति से केवल सम्राट के ही जागीरदार नहीं रहे अपितु जागीरदारों के भी जागीरदार होने लगे और उनके कई वर्ग हो गये। इस व्यवस्था

से सम्राट और उसके किसानों के बीच कई बिचौलिये हो गये। इस प्रकार प्रारम्भ में भूमि के दान से और बाद में लगान वसूल करने के लिए स्थायी रूप से जागीरदारों को भूमि का स्वामी बना देने की प्रशासकीय व्यवस्था के फलस्वरूप इस जागीरदार-व्यवस्था का निर्माण हुआ जिसमें जागीरदार, छोटे जागीरदार और उनसे छोटे जागीरदार आदि वर्गों का जन्म हुआ।

इस व्यवस्था में सम्राट को एकमात्र लाभ यह था कि उसे लगान वसूल करने के लिए अपने अधिकारी नियुक्त करने की आवश्यकता नहीं थी। विभिन्न जागीरदार अपनी जागीरों के प्रशासकीय और न्याय-कार्यों की पूर्ति स्वयं कर लेते थे। जिन ब्राह्मणों को भूमि दान में दी जाती थी उनसे आशा की जाती थी कि वे कृषियोग्य भूमि का विस्तार करेंगे तथा अपनी आय के सहारे विद्या-प्रसार के लिए प्रयत्न करते रहेंगे। इस प्रकार, सम्राट को अपने कुछ उत्तरदायित्वों से मुक्ति मिल गयी। इस व्यवस्था से क्षेत्रीय भाषाओं और ललित-कलाओं के विकास में भी सहायता मिली। जागीरदारी-व्यवस्था की एक मुख्य विशेषता क्षेत्रीय वफादारियों को प्रोत्साहन प्रदान करना था जिसके कारण विभिन्न विद्वानों ने अपने सम्राटों, राजाओं और जागीरदारों की प्रशंसा अथवा उनके वशों के गुणगान पर स्थानीय भाषाओं में रचनाएं कीं। इससे क्षेत्रीय अथवा स्थानीय भाषाओं के साहित्य के निर्माण में सहायता मिली। इसी प्रकार विभिन्न सम्राटों ने अपने-अपने पृथक किलों, महलों और मन्दिरों का निर्माण कराया जिन पर स्थानीय शैलियों और धार्मिक विचारों का स्पष्ट प्रभाव पड़ा। इससे स्थापत्य-कला और शिल्प-कला की विभिन्न शैलियों का निर्माण हुआ। इसी कारण हमें राजपूत-युग में उत्तर और दक्षिण-भारत में अनेक महलों, मन्दिरों, मूर्तियों और किलों का निर्माण प्राप्त होता है। ये संख्या की दृष्टि से भी बहुत अधिक थे तथा शैलियों की दृष्टि से भी विभिन्न थे। एक अन्य प्रकार से भी इस व्यवस्था से लाभ हुआ। विभिन्न विद्वानों ने अपने सम्राटों और जागीरदारों के गुणगान करते हुए उनकी वंशावलियों और कार्यों पर प्रकाश डाला जिससे उस समय की ऐतिहासिक घटनाओं का पता लग सका और उस समय के भारतीय इतिहास को जानने में सुविधा हुई. इस प्रकार जागीरदारी व्यवस्था के कुछ लाभदायक परिणाम निकले।

परन्तु राष्ट्रीय, राजनीतिक, सैनिक, आर्थिक और जनसाधारण के हित की दृष्टि से इस व्यवस्था से बहुत हानि हुई। जागीरदारी-व्यवस्था के अंतर्गत जनसाधारण अपने जागीरदार अथवा सामन्त के प्रति ही वफादार होता था जिससे उसका कुछ प्रत्यक्ष सम्पर्क था। स्वयं सम्राटों और जागीरदारों ने क्षेत्रीय वफादारियों पर बल दिया। ऐसी स्थिति में विभिन्न सम्राटों और जागीरदारों में पारस्परिक प्रतिस्पर्धा और शत्रुता आवश्यक हो गयी जिसके कारण भारत में राष्ट्रीय अथवा राजनीतिक एकता सम्भव न हो सकी, यहाँ तक कि एक राज्य अथवा चक्रवर्ती सम्राट की भावना ही लुप्त हो गयी। इसी

कारण, राजपूत-शासक विदेशी तुर्कों के आक्रमण के अवसर पर भी एक राष्ट्र की भावना को जन्म न दे सके और पृथक-पृथक उनसे युद्ध करते रहे और परास्त हुए। इसी कारण जागीरदारी-व्यवस्था के अन्तर्गत सैन्य-संगठन भी दुर्बल हुआ। सम्पूर्ण राज्य के आर्थिक साधनों को एक स्थान पर एकत्रित करके सैनिक-बल में वृद्धि किया जाना सम्भव न हुआ, सैनिकों की भर्ती क्षेत्रीय अथवा जातीय आधार पर हुई, सैनिक प्रशिक्षण और साधनों में विभिन्नता हो गयी और अपने जागीरदारों के प्रति वफादार सैनिकों से मिला-जुलाकर एकत्रित की गयी एक सम्राट की सेना में न एकता सम्भव हुई, न एक नेतृत्व और न समान रूप से युद्ध करने का उत्साह। ऐसी सेना, निस्सन्देह, प्रत्येक दृष्टि से दुर्बल रही। जागीरदारी-व्यवस्था ने पारस्परिक प्रतिस्पर्धा और शत्रुता को जन्म दिया। इससे पारस्परिक युद्धों की परम्परा बनी। निरन्तर युद्धों की आवश्यकता के कारण शौर्य और सैनिक प्रवृत्ति को प्रोत्साहन मिला। साहस, क्षत्रित्व की आवश्यकता के कारण शौर्य और सैनिक प्रवृत्ति को प्रोत्साहन मिला। साहस, क्षत्रित्व और युद्ध में वीरगति प्राप्त करना पुरुषों के लिए गौरव का प्रतीक था जिसके कारण युद्ध करने का लक्ष्य गलत हो गया। हम पाते हैं कि राजपूतों में युद्ध करने का लक्ष्य युद्ध को जीतना नहीं रह गया था अपितु शौर्य-प्रदर्शन मात्र रह गया था जो तुर्कों के विरुद्ध उनकी असफलता का एक मुख्य कारण था। युद्ध के प्रति यह गलत भाव बहुत कुछ जागीरदारी-व्यवस्था के कारण था।

जागीरदारी-व्यवस्था की उत्पत्ति का मूल कारण आर्थिक था। लगान वसूल करने की एक विशेष प्रक्रिया ही मूल रूप से इस व्यवस्था की उत्पत्ति का कारण थी और इस व्यवस्था ने आर्थिक दृष्टि से भारत को सर्वाधिक हानि पहुंचाई जिससे जनसाधारण का हित सम्भव न हो सका। भूमि को जागीरदारों और उप-जागीरदारों में विभाजित किये जाने के कारण किसानों पर अत्यधिक आर्थिक बोझ पड़ गया। प्रत्येक जागीरदार, उप-जागीरदार या बिचौलिये को अपने लिए धन बचाना था और अन्त में राजा या सम्राट को भी उसमें से अपना भाग मिलना था। ऐसी स्थिति में किसानों से अधिकतम लगान और अन्य कर लिये गये क्योंकि सभी को उन्हीं के द्वारा किये गये उत्पादन में से अपना-अपना हिस्सा लेना था। इस कारण किसानों की स्थिति खराब हो गयी। आशा यह की जाती थी कि किसानों से उत्पादन का 1/6 भाग लगान के रूप में लिया जायेगा, परन्तु वस्तुत: स्थिति यह बन गयी कि उनसे उत्पादन का 1/3 और अन्य करों को सम्मिलित करके उससे भी कहीं अधिक भाग लिया गया। इसके अतिरिक्त किसानों से बेगार तथा अन्य सेवाएं भी ली जाती थीं। इससे किसानों की स्थिति निरन्तर खराब होती चली गयी और कृषि करना उपयोगी न रहा। इससे कृषि-उत्पादन में कमी होने से देश की आर्थिक स्थिति पर कुप्रभाव पड़ा। इससे देश के व्यापार और उद्योगों की हानि हुई। 11वीं और 12वीं सदी में हमें नवीन नगरों का निर्माण अधिक संख्या में प्राप्त नहीं

होता। उत्तर-भारत का विदेशी व्यापार तो प्राय: नष्ट ही हो गया। दक्षिण-भारत में, निस्सन्देह, हमें सम्पन्न बन्दरगाह और नगर प्राप्त होते हैं परन्तु वहाँ पर भी आयात और निर्यात के व्यापार पर अधिकांशतया अरबों का अधिकार हो गया। विदेशों से भारत का प्रत्यक्ष व्यापारिक सम्बन्ध प्राय: नष्ट हो गया जिससे उसकी आर्थिक हानि हुई। 11वीं और 12वीं सदी में हमें भारत में सम्पन्न व्यापारिक और औद्योगिक समुदाय (गिल्ड्स) आदि प्राप्त नहीं होते। इस प्रकार, भारत ने कृषि, उद्योग और व्यापार सभी में हानि उठाई। यद्यपि वे पूर्णतया नष्ट नहीं हुए, जिसके कारण भारत 11वीं और 12वीं सदी में भी पर्याप्त सम्पन्न देश था जो विदेशी आक्रमणकारियों के लालच का कारण बना। एक अन्य दृष्टि से भी जागीरदारी-व्यवस्था हानिकारक सिद्ध हुई। अधिकांश सम्पत्ति सम्राटों, जागीरदारों अथवा मन्दिरों में संग्रह हो गयी। यह भारत का ऐसा वर्ग था जो उत्पादन में कोई भाग नहीं लेता था लेकिन सुख-सामग्री सभी चाहता था। इस कारण यह वर्ग उपभोक्ता और शोषण करने वाला वर्ग मात्र रह गया। इसके अतिरिक्त कुछ विशेष व्यक्तियों और वर्गों में संचित धन विदेशी आक्रमणकारियों के लालच का भी कारण बना।

जागीरदारी-व्यवस्था ने समाज पर और भी कुप्रभाव डाला। ब्राह्मणों और क्षत्रियों के हाथों में शासन-सत्ता चले जाने के कारण जाति और उप-जातियों के अन्तरों को बल मिला और शूद्रों की स्थिति खराब हुई। राजपूतों की शौर्य और कुल के सम्मान की भावना ने स्त्रियों में सती-प्रथा को प्रोत्साहन दिया। विदेशी व्यापार की अनुपस्थिति में न केवल विदेशों से सम्पर्क ही नष्ट हुआ अपितु विदेश-यात्रा पर प्रतिबंध लगा दिये गये। उत्पादन की क्रिया ने पूर्णतया पृथक शोषण करने वाले जागीरदार और ब्राह्मण वर्ग ने नैतिक पतन के मार्ग को प्रशस्त किया। इन सभी ने मिलकर भारतीय समाज की प्रगति के मार्ग को अवरुद्ध किया।

इस प्रकार 11वीं और 12वीं सदी में हम भारत में जिन दुर्बलताओं को पाते हैं उन सभी का एक बड़ा कारण जागीरदारी अथवा सामन्त-व्यवस्था थी।

3. आर्थिक दशा

आर्थिक दृष्टि से गिरावट आने के बावजूद भी भारत सम्पन्न था। कृषि, उद्योग और विदेशी व्यापार ने भारत को एक समृद्धशाली देश बना दिया था जिसके कारण तुर्की आक्रमणकारी यहाँ पर अतुल धन पा सके। भारत विदेशों को कपड़ा, चन्दन, लौंग, कपूर, नारियल, मलमल, हाथीदाँत, मोती और बहुमूल्य पत्थर भेजता था तथा विदेशों से सोना, हीरे, शराब, रेशमी वस्त्र, खजूर, घोड़े आदि मँगाता था। विदेशी व्यापार भारत के पक्ष में था। चीन, दक्षिण-पूर्वी एशिया और पश्चिमी एशिया के विभिन्न राज्यों से भारत के व्यापारिक सम्बन्ध थे, यद्यपि अधिकांशतया ये सम्बन्ध विदेशियों के माध्यम से ही रह गये थे।

अरब व्यापारियों ने पश्चिम के समुद्र-तट पर और चीनी व्यापारियों ने पूर्वी तट पर बड़े पैमाने पर व्यापार में साझेदारी कर ली थी। भारत के पूर्वी और पश्चिमी समुद्र-तटों पर विभिन्न बन्दरगाह थे। पूर्वी तट पर ताम्रलिप्ति, सप्तग्राम, पुरी और शिकाकोस प्रमुख बन्दरगाह थे जबकि पश्चिमी तट पर खम्भात, भड़ौंच, थाना और देवल प्रमुख बन्दरगाह थे। भारत में आन्तरिक व्यापार भी सफलता से होता था। सुरक्षा की कमी, विभिन्न राज्यों की सीमाओं पर व्यापारिक-कर आदि की कठिनाईयों के बावजूद भी आन्तरिक व्यापार नदियों और सड़कों दोनों मार्गों से होता था। नदियों के माध्यम से व्यापार करना अधिक सुरक्षित माना जाता था। परन्तु भारत में सड़कों की भी कमी नहीं थी। एक सड़क कन्नौज से प्रयाग होती हुई ताम्रलिप्ति के बन्दरगाह तक और उसके पश्चात् काँची तक जाती थी, एक अन्य कन्नौज से उत्तर-पश्चिम की ओर गजनी तक जाती थी, एक अन्य मार्ग बयाना से राजस्थान होते हुए कराँची तक जाता था, और एक अन्य मार्ग दिल्ली से अजमेर और फिर वहाँ से अहमदाबाद तक जाता था। इस प्रकार, भारत के सभी नगर विभिन्न सड़कों द्वारा जुड़े हुए थे और सड़कों की सुरक्षा करना तथा उनकी मरम्मत कराना राजा का कर्तव्य माना जाता था। भारत का व्यापार पूर्व में कामरूप तथा बर्मा और उत्तर में नेपाल, तिब्बत और चीन से भी स्थल-मार्ग से होता था। यहाँ भी विभिन्न मार्ग थे यद्यपि इन मार्गों की यात्रा सुविधाजनक और संकटपूर्ण थी।

परन्तु तब भी भारत की सम्पन्नता का मुख्य आधार कृषि था। इस काल में कृषि की स्थिति में सुधार हुआ था। भूमि की नाप की जाती थी और उत्पादन के आधार पर उसका वर्गीकरण किया जाता था। सिंचाई की व्यवस्था में भी इस काल में सुधार हुआ। सिंचाई की व्यवस्था करना भी राज्य का एक कर्त्तव्य माना जाता था। इसके अतिरिक्त कुएँ, तालाब आदि खुदवाना पुण्य का कार्य माना जाता था। इस कारण राज्य ही नहीं अपितु अन्य धनवान व्यक्ति भी कुएँ, तालाब आदि खुदवाते थे। नदियों पर बाँध बनाकर नहरें भी बनवायी गयी थीं। 'राजतरंगिणी' में झेलम नदी पर बांध बनाकर एक नहर निकाले जाने का उल्लेख है। चन्देल-शासकों ने बड़े-बड़े तालाब बनवाये थे जिनमें 'राहिल्य-सागर' और 'कारित-सागर' प्रमुख थे। परमार-शासकों ने भी जलाशयों की व्यवस्था की थी। उनके बनवाये हुये जलाशयों में 'भुज-सागर' और 'भोज सागर' प्रमुख थे। इस कारण, इस काल में कृषि की स्थिति ठीक रही और कृषि उत्पादन में वृद्धि हुई।

भारत के उद्योगों में सूती और रेशमी कपड़े बनाये जाने का उद्योग इस काल में भी प्रमुख था जो विदेशी व्यापार का भी मुख्य आधार था। मगध, बंगाल, कामरूप, कलिंग, गुजरात, कश्मीर, मुल्तान, मध्य प्रदेश और दक्षिण-भारत में भी विभिन्न स्थान और नगर विभिन्न प्रकार के कपड़े बनाने के लिए प्रसिद्ध थे। ताँबे, काँसे और पीतल के बर्तन, सोने-चाँदी की मूर्तियाँ, हाथीदाँत से बनायी जाने वाली कलाकृतियाँ तथा लकड़ी,

चमड़ा आदि से बनायी जाने वाली अन्य वस्तुएँ भी लाभदायक उद्योगों की श्रेणी में आती थीं। विभिन्न व्यवसायों और उद्योगों की श्रेणियाँ भी थीं जो अपने सदस्यों के हितों की रक्षा करने के अतिरिक्त आधुनिक बैंकों की भांति धन के लेन-देन का भी कार्य करती थीं।

इस काल के सिक्के बहुत कम मात्रा में प्राप्त हुए हैं और उनमें भी सोने के सिक्के बहुत कम मात्रा में प्राप्त हुए है। अधिकांश शासकों ने चाँदी और ताँबे के ही सिक्के चलाये थे। इससे यह अनुमान किया गया है कि आन्तरिक व्यापार अधिकांशतया वस्तुओं के विनियम द्वारा कर लिया जाता था और विदेशी व्यापार पूर्व-काल की अपेक्षा कम हो गया था। भारत के विदेशी व्यापार की लाभप्रद स्थिति में कमी हो जाने का एक कारण रोमन-साम्राज्य से होने वाले व्यापार में कमी और दूसरा पश्चिमी देशों से होने वाले व्यापार में अरब-व्यापारियों का बिचौलिया बन जाना था।

इस प्रकार यद्यपि अपने से पहले समय की तुलना में भारत की आर्थिक स्थिति इस काल में अधिक सन्तोषजनक नहीं मानी गयी है परन्तु तब भी यह स्वीकार करना पड़ता है कि भारत इस काल में भी एक सम्पन्न देश रहा जो विदेशी आक्रमणकारियों के आकर्षण का एक बड़ा कारण रहा। परन्तु भारत की इस आर्थिक सम्पन्नता का सदुपयोग नहीं किया गया। जबकि जनसाधारण की स्थिति बहुत निम्न स्तर पर थी, राजाओं, सामन्तों, मन्दिरों और धार्मिक मठों में सम्पत्ति एकत्रित हो गयी थी जिसका उपभोग न तो जनता की भलाई के लिए हो सकता था और न ही राज्य की समृद्धि के लिए।

4. सामाजिक दशा

वर्णाश्रम धर्म इस समय भी समाज का मुख्य आधार था और इसकी स्थापना करना सम्राट का प्रमुख कर्तव्य समझा जाता था। ब्राह्मण, क्षत्री, वैश्य और शूद्र समाज के मुख्य भाग थे परन्तु इनके अतिरिक्त अनेक उप-जातियों का निर्माण हो चुका था। इस काल का प्रारम्भिक काल तुलनात्मक दृष्टि से उदारता का रहा और प्राय: सभी विदेशियों को भारतीय समाज और धर्मों में सम्मिलित कर लिया गया। राजपूतों को भारतीय क्षत्रियों में स्थान देना एक उदार सामाजिक व्यवस्था को सिद्ध करता है क्योंकि उनमें से पर्याप्त विदेशी भी थे। उसी प्रकार व्यावसायिक परिवर्तनों में भी लचीलापन रहा। ब्राह्मणों को कृषि कराने का अधिकार प्राप्त हो गया, वैश्यों ने अधिकांशतया कृषि और पशु-पालन को छोड़ दिया एवं व्यापार को ही मुख्य व्यवसाय बना लिया तथा शूद्रों को कृषि, पशुपालन तथा सभी शिल्प-कार्य करने का अधिकार दिया गया। 'पाराशर-स्मृति' के अनुसार तो शूद्र को व्यापार करने का भी अधिकार दिया गया। अपनी आर्थिक स्थिति में सुधार करके वैश्यों और शूद्रों ने अपनी सामाजिक स्थिति में भी सुधार किया। धर्म

की दृष्टि से भी शूद्रों की स्थिति में सुधार हुआ। शूद्रों को कुछ धार्मिक अनुष्ठान करने तथा दान-पुण्य करने के अधिकार भी दिये गये। इसी प्रकार वैश्यों की स्थिति में भी सुधार हुआ।

परन्तु यह स्थिति इस सम्पूर्ण काल में नहीं रह सकी। निस्सन्देह, वैश्यों और शूद्रों की स्थिति इस समय के उत्तरार्द्ध में खराब हो गयी जिसके कारण अल-बरूनी ने 11वीं सदी में यह लिखा कि वैश्य और शूद्र वेद-पाठी नहीं हो सकते थे और ऐसा करने पर उनकी जीभ काट ली जाती थी। इसके अतिरिक्त, अस्पृश्यता इस काल में बढ़ गयी। चाण्डालों के अतिरिक्त अन्य विभिन्न व्यवसायों के व्यक्तियों जैसे धोबी, चमार, नट, धीवर, चटाई और टोकरी बनाने वाले आदि भी अस्पृश्य जातियों में सम्मिलित कर लिये गये। दास-प्रथा भी बढ़ती गयी और उनकी स्थिति भी पहले की तुलना में गिर गयी। जाति-व्यवस्था जटिल होती गयी और अन्तर्जातीय विवाह और खान-पान सम्भव नहीं रह गये। धीरे-धीरे भारतीय अपनी उदारता की भावना को भूलते गये। विदेशियों को अपने मे सम्मिलित करना तो क्या उनमें आपस में अन्तर भी बढ़ते गये और जाति-परिवर्तन कठिन हो गया। इसके अतिरिक्त, सभी जातियाँ अपनी-अपनी श्रेष्ठता का दावा करने लगीं जिसके कारण समाज विभिन्न वर्गों में बँट गया तथा उन वर्गों में पारस्परिक प्रतिस्पर्द्धा और गम्भीर मतभेद हो गया। उदारता, सहनशीलता, विदेशियों से सम्पर्क आदि सभी कुछ भारतीय समाज से लुप्त होते गये जिसके कारण उनमें गिरावट आ गयी।

स्त्रियाँ पतिव्रता होती थीं और पत्नी की दृष्टि से उनका समाज में सम्मान था। उच्च परिवारों की स्त्रियाँ शिक्षा प्राप्त करती थीं और उन्हें अपना पति स्वयं चुनने की स्वतंत्रता थी। परन्तु तब भी स्त्रियों की स्थिति निरन्तर गिरती गयी। लड़की का जन्म दु:खद माना जाने लगा। बहुपत्नी-प्रथा, सती और जौहर आदि की प्रथाएँ उच्च वर्गों में प्रचलित हो गयीं। समाज में बाल-हत्या और अल्पायु में विवाह होने लगे। गणिकाओं और देवदासियों की संख्या बढ़ती गयी। साधारण वर्गों में स्त्रियों का सम्मान रहा, परन्तु धनवान वर्गों में स्त्री पुरुष की भोग्या मात्र रह गयी।

इस समय में राजनीतकि एकता और समाज में कानूनी व्यवस्था के अभाव में सभी अच्छी और बुरी सामाजिक परम्पराओं का समर्थन धर्म के आधार पर किया गया जिसके कारण समाज में जड़ता आ गयी और वह परिवर्तन एवं प्रगति के योग्य न रहा। समाज के ये दोष मुख्यतया 10वीं सदी के निकट अथवा उसके पश्चात् अधिक प्रकट हुए। इसके अतिरिक्त 11वीं सदी में शुरू हुए तुर्की आक्रमणों ने भारतीय समाज को रक्षात्मक बना दिया जिसके कारण उसने सभी प्रचलित परन्तु अनावश्यक बुराईयों की रक्षा करना भी अपनी रक्षा के लिए आवश्यक मान लिया और उनमें वे सभी दुर्गुण गम्भीरता से सम्मिलित हो गये जिनमें से अनेक को हम वर्तमान समय में भी भारतीय

समाज में पाते हैं। भारत में राजनीतिक, धार्मिक और बौद्धिक दुर्बलता का प्रभाव समाज पर गम्भीरता से आया जिसने उसकी प्रगति को सदियों के लिए अवरुद्ध कर दिया।

जनसाधारण के लिए सदाचार, सादा जीवन और व्यक्तिगत नैतिकता उस समय भी महत्वपूर्ण थे परन्तु उच्च वर्ग में विलासिता के आ जाने से नैतिकता पतनोन्मुख हुई। सामाजिक मान्यताओं, विभिन्न वर्गों और उनके आचारों के अन्तरों के परिणामस्वरूप सामाजिक उत्तरदायित्व की भावना लुप्त हो गयी और भारतीय समाज एकाकी, विभाजित तथा दुर्गुण एवं कुपमण्डूकता का शिकार बन गया।

5. धार्मिक दशा

इस सम्पूर्ण काल में हिन्दू धर्म सबसे प्रबल रहा। अधिकांश राजवंशों ने पौराणिक हिन्दू धर्म का समर्थन किया जिसका निर्माण बहुत कुछ गुप्त-काल में हुआ था। बौद्ध धर्म कहीं-कहीं प्रचलित था, मुख्यतया पाल-शासकों के संरक्षण में यह पूर्वी भारत में पर्याप्त समय तक लोकप्रिय रहा। जैन धर्म गुजरात और दक्षिण-भारत में अधिक लोकप्रिय रहा। परन्तु धार्मिक दृष्टि से यह काल भी सहिष्णुता का था। हिन्दू, बौद्ध और जैन धर्मों के मतावलम्बी धार्मिक वाद-विवाद करते हुए भी साथ-साथ मिलकर रहते थे। तुर्कों और अरबों के साथ भी सहिष्णुता का व्यवहार किया गया था। इसके अतिरिक्त, भारतीय धर्मों में कुछ विशेष समानताएं भी पायी जाती हैं। हिन्दू, बौद्ध और जैन सभी धर्मों में मूर्ति-पूजा, अवतारवाद, तान्त्रिक ज्ञान, तीर्थस्थानों का भ्रमण और भक्ति-मार्ग की प्रधानता समान रूप से पायी जाती है। इससे कर्मकाण्ड और अन्धविश्वासों में वृद्धि हुई।

बौद्ध धर्म में महायान और तान्त्रिक बौद्ध धर्म अधिक लोकप्रिय था जबकि जैन धर्म में दिगम्बर और श्वेताम्बर सम्प्रदाय समान रूप से प्रचलित थे।

हिन्दू धर्म में विष्णु और शिव प्रमुख देवता माने जाते थे। ब्रह्म भी प्रमुख देवता था परन्तु विष्णु, शिव और उनके विभिन्न अवतार अधिक पूजनीय थे। इनके अतिरिक्त गणेश, कार्तिकेय, सूर्य आदि भी प्रमुख देवता माने जाते थे। शक्ति-पूजा (देवियों की पूजा) भी प्रमुख बन गयी थी। प्रत्येक देवता की पत्नी की पूजा भी उसके साथ-साथ की जाती थी। लक्ष्मी, सरस्वती, पार्वती और उसके विभिन्न स्वरूप (चामुण्डा, काली, भैरवी आदि) अधिक लोकप्रिय थे। शैव और शक्ति-पूजा में तांत्रिक धर्म का प्रभाव प्रमुख था इन सभी हिन्दू देवी-देवताओं में परस्पर मतभेद न था अपितु मन्दिरों में सभी की मूर्तियों को एक साथ प्रतिष्ठित किया जाता था।

इस काल में कुमारिल भट्ट (700 ई०) ने मीमांसा दर्शन का प्रचार करके भक्ति-मार्ग का विरोध किया और शंकराचार्य (788-820 ई०) ने अद्वैतवाद (आत्मा और

परमात्मा एक हैं) का प्रचार किया। शंकराचार्य हिन्दू धर्म के एक महान् विद्वान और प्रचारक हुए। उनके प्रयत्नों से हिन्दू धर्म की शक्ति का विकास हुआ और बौद्ध धर्म की हानि हुई परन्तु जनसाधारण की धार्मिक प्रवृत्ति पर स्थायी प्रभाव नहीं आया। जनसाधारण ज्ञान-मार्ग के स्थान पर भक्ति-मार्ग में ही आस्था रखता रहा।

इस युग में वाम-मार्ग या तान्त्रिक धर्म का प्रभाव भी रहा जो धर्म और नैतिकता में पतन का कारण बना।

6. साहित्य

इस काल में साहित्यिक प्रगति पर्याप्त मात्रा में हुई। विभिन्न सम्राट शिक्षा और विद्वानों को संरक्षण प्रदान करना अपना कर्त्तव्य मानते थे। उनमें से कुछ स्वयं भी विद्वान थे। नालन्दा, विक्रमशील, ओदन्तपुरी, धारानगरी, वल्लभी, काँची आदि विद्या के केन्द्र थे जहाँ देश-विदेश से विद्वान और शिक्षार्थी ज्ञान प्राप्त करने की लालसा से एकत्रित होते थे। संस्कृत साहित्य ने बहुत प्रगति की यद्यपि अन्य भाषाओं, जैसे कन्नड़ और तमिल में भी अनेक ग्रन्थों की रचना हुई।

भारवि ने 'किरातार्जुनीय', भट्ट ने 'रावणवध' और 'भट्टिकाव्य', माघ ने 'शिशुपालवध', क्षेमेन्द्र ने 'बृहत्कथा-मंजरी', 'दशावतार-चरित्र' और 'कला-विलास', मरवक ने 'श्रीकण्ठचरित', श्रीहर्ष ने 'नैषधचरित' और 'खण्डन-खण्डखाद्य', पद्ममगुप्त ने 'नवसाहसांकचरित', विल्हण ने 'विक्रमांकिदेवचरित', कल्हण ने 'राजतरंगिणी', भवभूति ने 'महावीरचरित', 'उत्तररामचरित' तथा 'मालती-माधव', भद्रनारायण ने 'वेणीसंहार', मुरारि ने 'अनर्घराघव', जयदेव ने 'प्रसन्नराघव', रामेश्वर ने 'बाल-रामायण' तथा 'कपूर्रमंजरी', दण्डिन ने 'काव्यादर्श', हेमचन्द्रा ने 'छन्दोनुशान' और दामोदर मिश्र ने 'वाणीभूषण' के ललित-साहित्य की रचना की।

धर्म और दर्शन के क्षेत्र में उद्योलंकार, वाचस्पति मिश्र, जयन्त भट्ट, उदयनाचार्य, शिवाचार्य, श्रीधराचार्य, मण्डन मिश्र, कुमारिल भट्ट, शंकराचार्य, वल्लभाचार्य, माधवाचार्य, विजानुभिक्षु, राघवानन्द सरस्वती, धर्मकीर्ति, शान्तिरक्षित आदि अनेक विद्वानों ने अपनी विभिन्न रचनाएँ कीं। इनमें हिन्दू, बौद्ध तथा जैन सभी धर्मों के विद्वान सम्मिलित थे। इन्होंने धर्म के क्षेत्र में किन्हीं मौलिक दर्शन को जन्म नहीं दिया परन्तु प्राचीन धर्मग्रन्थों और उनके दर्शन पर टीकाएं लिखीं और विभिन्न प्रकार से उनकी व्याख्या की।

इस काल में लोक-साहित्य का भी निर्माण हुआ। अमरसिंह का 'अमरकोष', पुरुषोत्तम देव का 'त्रिकोण्डशेष', यादव का 'वैजयन्ती', हेमचन्द्र का 'अभियान-चिन्तामणि' तथा प्रादेशिक भाषाओं में चन्दबरदाई का 'पृथ्वीराज रासो', जयसिंह सूर का 'हम्मीर-मदमर्दन', नयचन्द सूर का 'हम्मीर महाकाव्य' आदि जैसे विभिन्न काव्य-ग्रन्थों की रचना की गयी।

इसके अतिरिक्त, आयुर्वेद, संगीत, नृत्य, ज्योतिष, विज्ञान, गणित, व्याकरण आदि ज्ञान के सभी क्षेत्रों में अनेक रचनाएं की गयीं। शरणदेव, जिनेन्द्र, शाक्टायन जैसे व्याकरणाचार्य, वाणभट्ट माधवकर और नित्यनाथ जैसे आयुर्वेदाचार्य, वाचस्पति जैसे गणिताचार्य, ब्रह्मदेव और भास्कराचार्य जैसे ज्योतिषाचार्य और जीभूतवाहन, हरदत्त, हेमाद्रि, देवभट्ट, गोविन्दराज जैसे व्याख्याकार इस काल में हुए।

इस प्रकार, इस समय में साहित्य के सभी क्षेत्रों में रचनाएँ हुई और सभी प्रकार के साहित्य का निर्माण हुआ।

7. ललित-कलाएँ

ललित-कलाओं की दृष्टि से यह काल प्रगति का था—मुख्तया वास्तु-कला और मूर्ति-कला के विकास की दृष्टि से अद्वितीय था। इस काल में बने हुए महल, किले, मन्दिर और उनमें प्रतिष्ठित मूर्तियाँ इस क्षेत्र में भारत की अभूतपूर्व प्रगति को सिद्ध करती हैं।

मूल आधार पर वास्तु और मूर्ति-कला के विकास को दो भागों में बाँटा जा सकता है—प्रथम, जिसका विकास 600-900 ई० के मध्य हुआ और जिसके अंतर्गत मुख्य रूप से ममल्लपुर के रथ-मन्दिर और मूर्तियाँ, एलौरा का कैलाश-मन्दिर और मूर्तियाँ तथा एलिफेण्टा टापू की त्रिमूर्ति आदि आते हैं। द्वितीय, जिसका विकास 900-1200 ई० तक हुआ जिसमें खजुराहो (बुन्देलखण्ड), उड़ीसा, राजपूताना तथा चोल, पल्लव और राष्ट्रकूट-वंशों द्वारा बनाये गये मन्दिर, महल, किले आदि आते हैं।

कला की दृष्टि से इसे दो भागों में बाँटा जा सकता है—उत्तर-भारत की कला और दक्षिण-भारत की कला। शैली की दृष्टि से उत्तर-भारत की कला को मुख्यतया नागर-शैली (यद्यपि स्थानों के आधार पर बंगाल, उड़ीसा, बुन्देलखण्ड, राजपूताना, गुजरात शैली आदि भी इनको पुकारा जाता है), दक्षिणापथ की शैली को वेसर-शैली और सुदूर दक्षिण की शैली को द्रविण-शैली पुकारा जाता है। उत्तर-भारत की शैली में गुम्बदाकार, उच्च शिखर, कलश, परिक्रमा-स्थान और सभा-मण्डप प्रमुख स्थान रखते हैं। दक्षिण-भारत की शैली में पिरामिडीय आकार, चपटे गुम्बद, अनेक स्तम्भों वाले सभा-गृह, सम्पूर्ण मन्दिर का अनेक मूर्तियों से अलंकरण और विशालकाय गोपुरम् (प्रवेश-द्वार) प्रमुख स्थान रखते हैं।

इस काल में बने हुए किलों में चित्तौड़, मांडू, रणथम्भौर और ग्वालियर के किले तथा राजप्रसादों में ग्वालियर, उदयपुर और जयपुर के राजमहल तथा मन्दिरों में उड़ीसा, बुन्देलखण्ड, गुजरात एवं सम्पूर्ण दक्षिण-भारत में फैले हुए अनेक मन्दिर हैं। उड़ीसा में भुवनेश्वर के मन्दिर प्रमुख हैं। इनमें भुक्तेश्वर, राजरानी और लिंगराज के मन्दिर श्रेष्ठ

हैं। बुन्देलखण्ड में खजुराहो के मन्दिरों में कन्दर्य का महादेव का मन्दिर, चतुर्भुज वैष्णव-मन्दिर, विश्वनाथ का मन्दिर, विष्णु-मन्दिर और आदिनाथ का जैन-मन्दिर श्रेष्ठ माने गये हैं। राजपूताना में जोधपुर के निकट सूर्य-मन्दिर और महावीर-मन्दिर, ग्वालियर में तेली का मन्दिर और सास-बहू का विष्णु-मन्दिर तथा आबू में ऋषभनाथ और नेमिनाथ के मन्दिर प्रमुख हैं। गुजरात में सिद्धपुर और सोमनाथ के शिव-मन्दिर तथा कश्मीर में मार्तण्ड (सूर्य) मन्दिर प्रमुख हैं। दक्षिण-भारत में मीनाक्षी-मन्दिर, दुर्गा-मन्दिर, संगमेश्वर-मन्दिर, एहोल का विष्णु-मन्दिर, एलौरा का कैलाश-मन्दिर, काशी-विश्वेश्वर-मन्दिर, अम्बरनाथ का मन्दिर, ममल्लपुर के रथ-मन्दिर, महाबलीपुरम् का मन्दिर काँची के कैलाश और बैकुण्ठ-मन्दिर, नल्लूर में कोरंगनाथ का मन्दिर, तंजौर का राजराजेश्वर-मन्दिर, गंगईकोण्डचोलपुरम् का चोलेश्वर का शिव-मन्दिर आदि अनेक मन्दिर हैं। ये सभी मन्दिर भारतीय वास्तुकला के अद्वितीय नमूने हैं। सम्भवतया इनसे विशाल और सुन्दर मन्दिरों का निर्माण भारत में इससे पहले और इसके बाद में नहीं हुआ। एलौरा के कैलाश-मन्दिर को फर्गुसन ने 'भारतीय वास्तु-कला का एक अद्वितीय और आकर्षक नमूना''।[1] माना है और स्मिथ ने उसे 'भारत के गुफा-मन्दिरों में सबसे अधिक विस्तृत और अलंकृत तथा वास्तु-कला के नमूनों में सर्वाधिक अद्भुत[2] माना है। इस मन्दिर को राष्ट्रकूट-शासक कृष्णा प्रथम ने बनवाया था।

इस काल में मूर्ति-कला अधिकांशतया वास्तु-कला की सहयोगी रही। मूर्तियों का निर्माण मन्दिरों में स्थापना के लिए किया गया। इस कारण मूर्तियाँ प्राय: देवी और देवताओं की बनायी गयीं। इस काल के उत्तरार्द्ध में बनी हुई मूर्तियों पर तांत्रिक विचारधारा का प्रभाव स्पष्ट है जिसके अंतर्गत स्त्री-पुरुषों की नग्न और कामचेष्टा में लिप्त मूर्तियों का निर्माण हुआ। भुवनेश्वर की मूर्तियाँ इनमें प्रमुख हैं और उनके पश्चात् खजुराहो की मूर्तियों का स्थान है। इस काल में चतुर्भुज मूर्तियों का निर्माण हुआ। विष्णु, शिव, गणेश, कार्तिकेय, दुर्गा, काली आदि की विभिन्न मूर्तियां बनायी गयीं। त्रिमूर्ति और अर्द्धनारीश्वर की मूर्तियों का भी निर्माण हुआ। सुदूर दक्षिण में बनायी गयी काँसे की नटराज की मूर्तियाँ भी बहुत सुन्दर मानी गयी हैं। बंगाल में प्राप्त उमा-महेश्वर की मूर्ति, मध्य प्रदेश के चौंसठयोगिनी-मन्दिर की 64 मूर्तियाँ, एलिफेण्टा टापू की शिव की अर्द्धनारीश्वर और त्रिमूर्ति की मूर्तियाँ, मैसूर की 56 फीट ऊँची गोमतेश्वर की मूर्ति, ममल्लपुर की वाराह मूर्ति, गंगावतरण का दृश्य, कैलाशनाथ-मन्दिर की मूर्तियाँ तथा अन्य अनेक सभी मन्दिरों की दीवारों पर बनी हुई मूर्तियाँ अद्वितीय मानी गयी हैं।

---

1. "One of the most singular and interesting monuments to architectural art in India."—*Fergusson.*
2. "The most extensive and sumptuous of the rock cut shrines and the most marvellous architectural freak in India."—*V. Smith.*

चित्रकला में अजन्ता, बाघ और सित्तनवासल गुफाओं के कुछ चित्र इस काल के माने गये हैं। इसके अतिरिक्त, इस काल में तीन नवीन शैलियों का विकास हुआ- राजधानी, कश्मीर और काँगड़ा। इन शैलियों के विकास से हमें चित्रकला की प्रगति का आभास होता है।

गायन और नृत्यकला की दृष्टि से भी यह समय प्रगतिशील था। गणिकाएं और देवदासियाँ इन कलाओं में पारंगत होती थीं और उनमें से अच्छे कलाकारों को समाज में सम्मान प्राप्त होता था।

इस प्रकार, यह काल राजनीतिक, सामाजिक और धार्मिक दृष्टि से गिरावट और दुर्बलता का रहा परन्तु साहित्य और ललित-कलाओं की दृष्टि से प्रगति का रहा, मुख्यतया मूर्ति-कला और स्थापत्य-कलाओं की दृष्टि से। इस कारण इस युग का भारतीय सभ्यता और संस्कृति के इतिहास में एक विशिष्ट-स्थान है।

18 राजपूत काल (650-1000 ई०)

हर्ष की मृत्यु के पश्चात भारत की राजनैतिक एकता फिर एक बार डांवाडोल हो गयी। सम्पूर्ण भारत अनेक छोटे-छोटे राज्यों में विभाजित हो गया। इन राज्यों के शासक प्राय: राजपूत थे। इसलिए इस युग को राजपूत काल कहते हैं। यह युग लगभग 650 ई० से लेकर 1200 ई० तक माना है। मुस्लिम राज्य की स्थापना के साथ इस युग का अन्त हो गया।

यह युग भारतीय इतिहास में बहुत महत्वपूर्ण माना जाता है। इस युग में अरबों ने अनेक आक्रमण किए जिसका जमकर राजपूत शासकों ने सामना किया और राज्यों की स्वतंत्रता बचाये रखने का प्रयास किया। यद्यपि आगे चलकर ऐसा करने में वे असफल रहे परन्तु जिस वीरता और साहस का परिचय दिया वह उल्लेखनीय है। वस्तुत: वे साहसी और सैनिक गुणों से भरे होते थे। वे अपने स्वामी के पूर्णरूप से विश्वासपात्र होते थे और विश्वासघात की धारणा उनके हृदय में नहीं थी। राजपूत निहत्थे और शरणागत पर कभी आक्रमण नहीं करते थे। वे पक्के देशभक्त होते थे तथा देश की रक्षा के लिए अपने प्राण न्यौछावर करने को तैयार रहते थे।

राजपूत युग न केवल राजनैतिक दृष्टि से अपितु सांस्कृतिक दृष्टि से भी महत्वपूर्ण था। इन शासकों ने देश को सम्पन्न बनाने के लिए खूब प्रयास किये। वे साहित्य और कला के प्रेमी थे और धर्म की रक्षा के लिए अपने प्राण हमेशा हथेली पर लिये रहते थे। वे कवियों और कलाकारों के आश्रयदाता थे और उन्हें समय-समय पर पुरस्कार दिया करते थे। उन्होंने असंख्य सुन्दर मन्दिरों का निर्माण करवाया और ब्राह्मणों आदि को खूब दान दिया करते थे। इस प्रकार सांस्कृतिक दृष्टि पर्याप्त उन्नति हुई।

राजपूतों के उद्भव सम्बन्धी सिद्धान्त

यद्यपि राजपूत अपनी देशभक्ति और विश्वसनीयता के लिए प्रसिद्ध हैं तथापि उनकी उत्पत्ति को लेकर विद्वानों में मतभेद है। कुछ विद्वान उन्हें प्राचीन क्षत्रियों का तो अन्य विदेशियों का वंशज मानते हैं। कुछ लोग तो उन्हें मिश्रित जाति का मानते हैं।

1. प्राचीन क्षत्रियों से उत्पत्ति—इस मत के अधिकांश समर्थक भारतीय इतिहासकार हैं। उनका कथन है कि राजपूत प्राचीन क्षत्रियों की सन्तान हैं जो अपने को सूर्य वंशीय या चन्द्रवंशीय मानते हैं। इस मत के समर्थक पं० गौरीशंकर ओझा, चिन्तामणि वैद्य, डा० नारद राय और वेदव्यास हैं। अपने मत के समर्थन में उनका कहना है कि राजपूतों की शारीरिक बनावट तथा आकृति प्राचीन काल के आर्यों से मिलती जुलती है। 9-10वीं शताब्दी के शिलालेखों में तथा अनुश्रुर्तियों में मेवाड़ के चालुक्य और सिसोदिया वंश अपने को राम का वंशज बताते हैं। आधुकिन काल में बीकानेर, जयपुर आदि राज्यों के राजपूत शासक सूर्यवंशी और चन्द्रवंशीय क्षत्रियों के सन्तान होने का गौरव अनुभव करते हैं। इनका कहना है—

राजपूतों के रीतिरिवाज, परम्परायें तथा उनका धर्म भी उपरोक्त मत की पुष्टि करता है। अग्निपूजा, यज्ञों में विश्वास, सती एवं बलि प्रथा आदि बातें उत्तर वैदिक बातों से साम्य रखती हैं। इससे यह प्रकट होता है कि राजपूत विदेशी न होकर प्राचीन काल के क्षत्रियों की सन्तान हैं। राजपूत शब्द संस्कृत के राजपुत्र का विकृत रूप है तथा महाभारत में इसका प्रयोग मिलता है—

''ऐते एकक्मरथा नाम राजपुत्रा महारथा:।
रथेष्वस्त्रेषु नागेषु च विशांपते॥

इसके अलावा विराट पर्व में द्रोपदी को भी राजपुत्री कहा गया है।

2. अग्निकुंड से उत्पत्ति—चन्दबरदाई द्वारा रचित 'पृथ्वी राजरासो' के अनुसार राजपूतों की उत्पत्ति अग्निकुंड से हुई। कहा जाता है कि जब परशुराम ने क्षत्रियों का विनाश कर दिया तब समाज में अव्यवस्था फैल गयी और लोग कर्तव्य भ्रष्ट हो गये। इससे देवता बड़े दु:खी हुए और आबू पर्वत पर एकत्रित हुए, जहाँ एक विशाल अग्निकुंड था। इस अग्निकुंड से देवताओं ने प्रतिहारों, चाहमानों आदि को उत्पन्न किया। अत: वे अग्निवंशीय कहलाये। इस अनुश्रुति को स्वीकार करने में एक बहुत बड़ी कठिनाई यह है कि यह अनुश्रुति 16वीं शताब्दी की है। इसके पूर्व इसका कहीं वर्णन नहीं मिलता। इसलिए इसे केवल चारणों की कल्पना की उपज कहा जा सकता है। कुछ इतिहासकारों का विचार है कि इन राजपूतों ने अग्नि के सामने अरबों तथा तुर्कों से देश की रक्षा करने की शपथ ली थी। इसलिए ये अग्निवंशीय कहलाये। कुछ अन्य इतिहासकारों की धारणा है कि ब्राह्मणों ने यज्ञ द्वारा जिन विदेशियों की शुद्धि कर ली थी और क्षत्रिय समाज में शामिल कर लिया था, वही अग्निवंशीय राजपूत कहलाये। परन्तु अग्निकुंड से राजपूतों की उत्पत्ति स्वीकार करने वाले बहुत कम लोग है। डा० ईश्वरी प्रसाद ने इसे कोरी कल्पना बताते हुए लिखा है—''यह स्पष्ट है कि कथा कोरी गप्प है और इसे सिद्ध करने के लिए प्रमाण की आवश्यकता नहीं है। यह ब्राह्मणों द्वारा

उस जाति को अभिजातीय सिद्ध करने का प्रयास प्रतीत होता है, जिसका समाज में बड़ा ऊँचा स्थान था और जो ब्राह्मणों को मुक्तहस्त होकर दान दिया करती थी जिन्होंने उत्साह के साथ उस उदारता को बदला देने का प्रयत्न किया।

3. विदेशियों से उत्पत्ति—कुछ इतिहासकारों (विशेष रूप से विदेशी) ने राजपूतों की उत्पत्ति विदेशियों से स्वीकार की है। इसमें कर्नल टाड उल्लेखनीय हैं। उन्होंने राजपूतों तथा मध्य एशिया की शक तथा सिथियन जातियों में अनेक समानताओं का उल्लेख किया है जिसके आधार पर वे उन्हें विदेशी मानते हैं। उनके अनुसार वे जातियां समय-समय पर भारत में प्रवेश करती रही हैं। इन्होंने आगे चलकर हिन्दू धर्म तथा हिन्दू रीति-रिवाजों को स्वीकार कर लिया। ये जातियाँ शासन वर्ग से संबंधित थीं जिसमें भारत के प्राचीन क्षत्रिय वर्ग आते हैं। इसलिए इन्होंने प्राचीन क्षत्रियों का स्थान ग्रहण कर लिया और राजपूत कहलाये। डा० स्मिथ ने कर्नल टाड के मत का समर्थन किया है। उनका कथन है—''मुझे इस बात में कोई सन्देह नहीं है कि शकों तथा कुषाणों के राजवंश, जब उन्होंने हिन्दू धर्म को स्वीकार कर लिया तब हिन्दू जाति व्यवस्था में क्षत्रियों के रूप में सम्मिलित कर लिये गये।'' कुक महोदय भी इस मत को मानते हैं।

परन्तु इस मत को स्वीकार करने में एक बहुत बड़ी बाधा यह है कि यदि सभी राजपूत विदेशी थे तो हर्ष की मृत्यु के उपरान्त राजनीतिक सत्ता के होते हुए कहाँ, कैसे और कब विलुप्त हो गये। इस मत को मानने की दूसरी समस्या यह है कि राजपूतों का जीवन, उनके आदर्श, उनका नैतिक स्तर तथा उनका धर्म विदेशियों से बिल्कुल भिन्न और प्राचीन क्षत्रियों के सर्वथा अनुकूल है। अत: उन्हें विदेशी नहीं माना जा सकता।

4. मूल निवासियों से उत्पत्ति—कतिपय इतिहासकारों ने राजपूतों की उत्पत्ति भारत के निवासियों से माना है। उनके अनुसार बुन्देलखंड राजपूत और रानी दुर्गावती गौड़ जाति से सम्बद्ध थीं। इस आधार पर इन विद्वानों का कहना है कि राजपूत यहाँ मूल निवासियों की ही सन्तान थे। यह मत ठोस प्रमाणों पर आधारित नहीं है। इसलिए इसे स्वीकार नहीं किया जा सकता।

5. गुर्जरों से उत्पत्ति—कुछ विद्वान यथा डा० भण्डारकर आदि ने विभिन्न राजपूत जातियों यथा प्रतिहार, चालुक्य, चाहमान तथा परमार को गुर्जरों से उत्पन्न माना है। अपने मत के समर्थन में उन्होंने कई तर्क दिये हैं। उनके अनुसार कन्नौज के प्रतिहारों को राष्ट्रकूटों के अभिलेखों में और अरबों ने अपने यात्रा विवरण में गुर्जर कहा है। रजोर में पाये गये एक अभिलेख में शासन करने वाले प्रतिहारों की गौण शाखा ने अपने को गुर्जर कहा है। श्री वैद्य ने डा० भण्डारकर के इन मतों का खण्डन किया है और

कहा है कि प्रतिहारों ने अपने आपको कभी गुर्जर नहीं कहा है। फिर गुर्जर कह देने से यह नहीं सिद्ध होता है कि उनकी उत्पत्ति गुर्जरों से हुई है।

6. मिश्रित उत्पत्ति—प्राप्त प्रमाणों से ज्ञात होता है कि राजपूत लोग प्राचीन क्षत्रियों के वंशज हैं। परन्तु कालान्तर में जो विदेशी जातियाँ भारत में आयीं और यहाँ पर शासन करने लगीं और क्षात्र धर्म को स्वीकार कर लिया, वे इन्हीं राजपूतों में घुलमिल गयीं। भारतीय समाज में विदेशियों को आत्मसात करने की बहुत अधिक क्षमता थी और शक, कुषाण और सिथियन आदि जातियाँ भारतीयों में घुलमिल गयीं, राजपूतों में इनके विलयन की सर्वाधिक सम्भावना थी, क्योंकि राजपूतों की भाँति ये शासक वर्ग के थे और उन्हीं के समान वीर तथा साहसी थे। अत: यह स्वाभाविक है कि इनमें विवाह सम्बन्ध स्थापित हो गया हो और इनके आचार-व्यवहार तथा रीति-रिवाज एक से हो गये हों। फिर अनेक विद्वानों की यह धारणा है कि राजपूत लोग निश्चय ही प्राचीन क्षत्रियों के वंशज हैं परन्तु रक्त सम्मिश्रण की भी सम्भावना है।

गुर्जर-प्रतिहार वंश

उत्पत्ति–हर्ष के पश्चात कन्नौज की प्रतिष्ठा स्थापित करने में गुर्जर प्रतिहारों का महत्वपूर्ण योगदान था। उन्होंने कन्नौज को राजधानी बनाकर एक विशाल साम्राज्य का निर्माण किया। कुछ विद्वानों ने गुर्जर-प्रतिहारों की विदेशी उत्पत्ति स्वीकार की है। उनका कहना है कि वह हूणों के साथ आये और पंजाब, राजपूताना तथा गुजरात आदि में फैल गये। इन विद्वानों के कथन को अब स्वीकार नहीं किया जाता। गुर्जर-प्रतिहारों की उत्पत्ति भारतीय क्षत्रियों से हुई। ग्वालियर के मिहिरभोज के अभिलेख से प्रतिहार अपने वंश की उत्पत्ति लक्ष्मण से मानते हैं जिसने अपने बड़े भाई राम के लिए प्रतिहार का काम किया। सम्भवत: इसीलिए इन्हें गुर्जर-प्रतिहार कहा जाता है। इसकी पुष्टि मन्दसोर अभिलेख से भी होती है। राजशेखर की 'काव्य मीमांसा' में भोज के उत्तराधिकारी महेन्द्रपाल को 'रघुकुल तिलक' कहा गया है। कुछ विद्वानों का कहना है कि छठी शताब्दी के मध्य में हरिचन्द्र ने राजपूताना में आधुनिक जोधपुर के निकट इस वंश के राज्य की स्थापना की। हरिचन्द्र ब्राह्मण था और उसकी दो पत्नियाँ थीं। उसकी ब्राह्मण पत्नी से उत्पन्न पुत्र प्रतिहार-ब्राह्मण और उसकी क्षत्रिय पत्नी से उत्पन्न पुत्र ने प्रतिहार राजवंश का निर्माण किया। हरिचन्द्र के चार पुत्र थे जिन्होंने विभिन्न स्थानों पर शासन किया। उन्हीं में एक ने उज्जयिनी में शासन किया। चाहे जो भी हो, गुर्जर-प्रतिहार भारतीय थे और उत्तर भारत की राजनीति में उनकी महत्त्वपूर्ण भूमिका थी।

1. नागभट्ट प्रथम—उज्जयिनी शाखा का प्रथम गुर्जर-प्रतिहार शासक नागभट्ट प्रथम था। वह एक प्रतापी शासक था। उसने सम्पूर्ण मालवा तथा पूर्वी राजस्थान पर अधिकार स्थापित कर लिया। उसके शासन काल की सर्वाधिक महत्वपूर्ण घटना

725 ई० में अरबों द्वारा मालवा पर आक्रमण था। नागभट्ट ने बड़ी वीरता और साहस से विदेशियों का सामना किया और मार भगाया। इस प्रकार नागभट्ट प्रथम ने मुसलमानों से देश की रक्षा की।

2. कक्कुक और देवराज—नागभट्ट प्रथम के पश्चात कक्कुक और देवराज ने सम्भवत: 760 ई० तक शासन किया। इनकी कोई विशेष भूमिका नहीं थी।

3. वत्सराज—यह इस वंश का चौथा एवं प्रतापी शासक था। उसने राजपूताना के भट्टी वंश के राजा को पराजित किया और गौड़ (बंगाल) के राजा धर्मपाल को पराजित किया और बंगाल को अपने अधीन कर लिया। परन्तु राजा ध्रुव ने उसे परास्त कर मरुभूमि में शरण लेने के लिए विवश किया। वत्सराज ने 775 ई० से 792 ई० तक शासन किया।

4. नागभट्ट द्वितीय—वत्सराज की मृत्यु के पश्चात उसका पुत्र नागभट्ट द्वितीय सिंहासन पर बैठा। वह अपने वंश का एक योग्य तथा सफल शासक था। उसमें सेनापतित्व करने का अद्‌भुत गुण था। साधनों के कम होते हुए भी उसने अपनी स्थिति मजबूत बना ली थी। ग्वालियर अभिलेख से ज्ञात होता है कि आंध्र, कलिंग, सैन्धव और विदर्भ (भोज) के राजाओं ने उसके सामने अपने को समर्पित कर दिया था। इसके अलावा यह भी ज्ञात होता है कि उसने चक्रायुध तथा बंग के राजा को हराया और आनर्त (उत्तर काठियावाड़), मालवा, मत्स्य, तुरुस्क (अरब), किरात (हिमालय प्रदेश), वत्स तथा राजगिरि के किले पर अधिकार कर लिया।

उसने राष्ट्रकूटों के विरुद्ध भी अभियान किया। उस समय गोविन्द तृतीय राष्ट्रकूटों का शासक था। उसने नागभट्ट को पराजित किया। अब वह दक्षिण की ओर नहीं बढ़ सकता था। इस स्थिति में नागभट्ट ने कन्नौज पर आक्रमण करने का निश्चय किया। उसने कन्नौज के शासक चक्रायुध को पराजित किया। इस पर धर्मपाल बहुत नाराज हुआ और नागभट्ट से युद्ध करने के लिए एक विशाल सेना के साथ चल पड़ा। कन्नौज की विजय से उत्साहित होकर नागभट्ट भी धर्मपाल से युद्ध करने की तैयारी करने लगा। बिहार में दोनों के बीच जमकर युद्ध हुआ जिसमें नागभट्ट विजयी रहा। इस विजय से भारत में प्रतिहार वंश का गौरव बढ़ गया। उसने इस उपलक्ष्य में परमभट्टारक महाधिराज' की उपाधि धारण की।

5. रामभट्ट—यह नागभट्ट द्वितीय का पुत्र था। इस योग्य शासक नहीं था। शीघ्र ही उसकी मृत्यु हो गयी। इसके बाद इसका पुत्र मिहिरभोज शासक बना।

6. मिहिरभोज (836-890 ई०)—चन्द्रप्रभासूर रचित 'वाष्पाभचरित्र' से ज्ञात होता है कि मिहिरभोज ने अपने पिता की हत्या की और गद्दी प्राप्त की। चाहे जो भी

हो, परन्तु वह अपने वंश का पराक्रमी सम्राट था। उसने अपने पूर्वजों के राज्य को फिर संगठित किया और शक्तिशाली बनाने का कार्य किया।

(1) पालों पर विजय—मिहिरभोज के ग्वालियर प्रशस्ति में यह लिखा है कि 'भाग्य की देवी लक्ष्मी ने देवालय को छोड़कर भोज को अपना स्वामी चुना।' गरुड़ स्तम्भ लेख के अनुसार देवपाल ने गुर्जरों के अहंकार को नष्ट किया। चूंकि दोनों पक्षों द्वारा विजय का वर्णन है अत: ऐसा लगता है कि आक्रमण का परिणाम निर्णयात्मक नहीं था। पालों पर विजय प्राप्त करने के पश्चात मिहिरभोज का सम्मान बढ़ गया। देवपाल के उत्तराधिकारी के शासन काल में भोज को अवसर मिला। इस कार्य में उसे सामन्तों से सहायता मिली।

(2) कल्चुरियों और गुहिलों की अधीनता—मिहिरभोज की ग्वालियर प्रशस्ति में कहा गया है कि उसके कल्चुरि सामन्त गुणमयोधिदेव ने भोज से भूमि प्राप्त की, क्योंकि उसने उसके लिए गौड़ से राजकीय सम्पत्ति प्राप्त की थी। इसी प्रकार गुहिल हर्षराज ने भी पूर्व के शासकों से अपने प्रतिहार स्वामी भोज के लिए उपहार प्राप्त किये। इससे यह भी पता चलता है कि कल्चुरि और गुहिल उसके अधीन थे।

(3) उत्तर में अभियान—उसने उत्तर में भी गुहिल हर्षराज की सहायता से विजय प्राप्त की। ऐसा प्रतीत होता है कि उसके शत्रु सिन्ध और मुल्तान के अरब थे। सूलेमान से भी यह ज्ञात होता है कि भोज भारत में अरबों का कट्टर शत्रु था। भोज ने सिक्के चलाये।

(4) पंजाब—ऐसा लगता है कि उसने थक्कीय वंश से पंजाब के प्रान्त छीन लिये थे। कल्हण की 'राजतरंगिणी' से भी यह प्रमाणित होता है।

(5) राष्ट्रकूटों पर आक्रमण—सर्वप्रथम राष्ट्रकूटों से कोई बाधा नहीं थी। क्योंकि अमोघवर्ष चालुक्यों और गुजरात के राष्ट्रकूटों के साथ व्यस्त था। इससे भोज को मालवा और सौराष्ट्र में भी अपना साम्राज्य फैलाने का मौका मिला। ध्रुव द्वितीय द्वारा उसे रोका गया। भोज ने शीघ्र ही इसका बदला ले लिया।

(6) लाट विजय—भोज के अपने शासन काल के अन्त में लाट को जीता और गुजरात के राष्ट्रकूटों का अन्त किया।

इस प्रकार उसके साम्राज्य में उत्तर प्रदेश, मध्य प्रदेश, मालवा, राजस्थान, पंजाब, बिहार, गुजरात आदि शामिल थे।

(7) मूल्यांकन—उपर्युक्त विवरण से पता चलता है कि मिहिरभोज प्रतिहार वंश का एक शक्तिशाली शासक था। उसमें महान सैनिक योग्यता थी। उसके इस गुण और

वीरता की प्रशंसा अरब यात्री सुलेमान ने भी की है। उसकी शासन व्यवस्था उत्तम थी तथा प्रजा सुखी और डाकुओं ने सुरक्षित थी। उसके अभिलेख तथा सिक्कों से पता चलता है कि वह वैष्णव धर्म का अनुयायी था।

(8) महेन्द्रपाल प्रथम—मिहिरभोज के बाद महेन्द्रपाल प्रथम शासक हुआ। यह भी बड़ा योग्य तथा प्रतापी शासक था। गद्दी पर बैठते ही उसने मगध के बहुत बड़े भाग तथा उत्तरी बंगाल पर अपना प्रभुत्व स्थापित कर लिया। उसने दक्षिण-पश्चिम से सौराष्ट्र तक अपनी सत्ता स्थापित कर ली थी।

(9) महिपाल—महेन्द्रपाल के बाद महिपाल कन्नौज का शासक हुआ। उसे महान संकट का सामना करना पड़ा। दक्षिण के राष्ट्रकूट राजा ने उसके राज्य पर आक्रमण कर दिया और उसे खूब लूटा। पूर्व में बंगाल के राजा ने भी अपने खोये हुए राज्य पर फिर से अपना अधिकार जमा लिया। यद्यपि महिपाल ने बड़े धैर्य के साथ इन संकटों का सामना किया, परन्तु वह कन्नौज राज्य के पतन को नहीं रोक सका। अपने शासन काल के अन्त में राष्ट्रकूट राजा ने कन्नौज पर आक्रमण करना आरम्भ किया। कन्नौज राज्य अपना गौरव खो बैठा।

(10) अन्य शासक—महिपाल के पश्चात उस वंश में कई अयोग्य शासक हुए। इनमें राज्यपाल विशेष रूप से उल्लेखनीय है। उनके शासन काल में 1018 ई० में महमूद गजनवी ने कन्नौज पर आक्रमण कर दिया। राज्यपाल ने बड़ी कायरता दिखाई। वह कन्नौज छोड़कर भाग गया और अपने सामन्त के यहाँ शरण ली। महमूद ने कन्नौज को और वहाँ के मन्दिरों को लूटा। फिर वह अपने देश लौट गया। यशपाल इस वंश का अंतिम शासक था। 1058 ई० में गाहडवाल वंश के राजा चन्द्रदेव ने कन्नौज पर विजय प्राप्त कर उसे अपने राज्य में शामिल कर लिया। इस प्रकार कन्नौज में प्रतिहार वंश के शासन का अन्त हो गया।

गुर्जर-प्रतिहारों का महत्व—भारतीय इतिहास में गुर्जर प्रतिहारों को बहुत अधिक महत्व प्राप्त है। रमेश चन्द्र मजूमदार के अनुसार, एक सुदृढ़ और विशाल राज्य की स्थापना प्रतिहारों ने हर्ष से अधिक किया। उन्होंने अपने साम्राज्य का बहुत अधिक विस्तार किया। प्रतिहारों में विशेष रूप से वत्सराज, नागभट्ट द्वितीय, मिहिरभोज और महेन्द्रपाल जैसे शक्तिशाली सम्राट हुए जिन्होंने पालों और राष्ट्रकूटों से मजबूत टक्कर ली और अनेक बार सफलता प्राप्त की। उनकी एक महत्वपूर्ण उपलब्धि मुस्लिम आक्रमणों को रोकना था। अनेक इतिहासकारों ने उनके कार्य की प्रशंसा की है। उन्होंने अरबों को सिन्ध से आगे नहीं बढ़ने दिया। स्वयं अरबों ने भी प्रतिहारों के शक्ति की प्रशंसा की है। अरब यात्री सुलेमान ने मिहिरभोज को इस्लाम का सबसे बड़ा शत्रु कहा है।

पाल वंश

इस बंश का उदय बंगाल में आठवीं शताब्दी के प्रथम चरण में हुआ था। इस वंश के सभी शासकों के नाम के साथ पाल शब्द जुड़ा है, इसलिए इसे पाल वंश के नाम से अभिहित किया गया है। हर्ष की मृत्यु के पश्चात बंगाल में जब भयंकर अराजकता फैल गयी तो उसे दूर करने के लिए जनता ने गोपाल नामक व्यक्ति को 750 ई० में अपना राजा चुना।

1. गोपाल—गोपाल के इतिहास के बारे में अधिक तो ज्ञात नहीं होता परन्तु इतना अवश्य ही कहा जा सकता है कि वह अवश्य ही महत्वपूर्ण व्यक्तियों में होगा और उसने अवश्य ही एक शासक और सेनापति के रूप में महान कार्य किये होंगे। ऐसा विश्वास किया जाता है कि उसके पिता वापियत ने अपने दुश्मनों का नाश किया था परन्तु फिर भी हम यह नहीं कह सकते कि वह एक शासक था या नहीं इसलिए गोपाल ही पाल वंश का संस्थापक था। इस वंश का नाम पाल वंश इसीलिए पड़ा क्योंकि प्राय: शासकों का नाम पाल शब्द पर समाप्त होता था।

कुछ इतिहासकारों का विचार है कि गोपाल एक क्षत्रिय था तथा इसी कारण इसके पूर्वजों ने अपने आप को सूर्यवंशी कहा। गोपाल तथा उसके उत्तराधिकारी बौद्ध धर्म में विश्वास करते थे। तारानाथ के अनुसार गोपाल ने एक मठ का निर्माण भी कराया था। गोपाल की तिथि के बारे में कुछ भली-भांति तो नहीं कहा जा सकता परन्तु फिर भी ऐसा विचार है कि उसने 750 ई० से 770 ई० तक शासन किया।

2. धर्मपाल—770 ई० में जब धर्मपाल गद्दी पर बैठा तो राजनैतिक परिस्थिति बिगड़ी हुई थी। प्रतिहार, जिन्होंने मालवा तथा राजपूताने में अपनी शक्ति स्थापित कर ली थी जब अपने राज्य को पूर्व की ओर विस्तृत कर रहे थे। दक्षिण के राष्ट्रकूट भी उत्तर भारत के उपजाऊ मैदानों पर अपनी लोलुप दृष्टि रखते थे। इसीलिए धर्मपाल को इनसे युद्ध करना पड़ा। यह तो नहीं कहा जा सकता कि युद्ध का उद्देश्य रक्षात्मक था या आक्रामक परन्तु इतना अवश्य है कि युद्ध काफी देर तक चलता रहा। गंगा दुआब के समीप धर्मपाल का प्रतिहार शासक वत्सराज से युद्ध हुआ जिसमें धर्मपाल की हार हुई और वत्सराज गौड़ राज्य का छत्र छीन कर ले गया। परन्तु इसके पहले कि वत्सराज अपनी विजय से पूर्ण लाभ उठाता, उस पर राष्ट्रकूट शासक ध्रुव ने आक्रमण कर दिया और उसे हरा दिया। वत्सराज को राजपूताने के मरुस्थल में शरण लेनी पड़ी। इस विजय के पश्चात ध्रुव आगे बढ़ा और धर्मपाल को हरा कर दक्षिण वापिस लौट गया।

ऐसा प्रतीत होता है कि धर्मपाल को राष्ट्रकूट के हस्तक्षेप से अधिक लाभ हुआ क्योंकि वत्सराज की शक्ति को बड़ा धक्का पहुँचा और अब राष्ट्रकूटों ने न केवल प्रतिहार आक्रमण से उनको बचा दिया बल्कि उत्तरी भारत में उसको राजनैतिक शक्ति

स्थापित करने का मार्ग भी दिखा गए और अब धर्मपाल के लिए अपनी शक्ति को विस्तृत करना सुगम हो गया और धीरे-धीरे उसने उत्तरी भारत पर आधिपत्य स्थापित कर लिया।

कन्नौज का दरबार—धर्मपाल के सैनिक अभियानों की तिथि तो हमें ज्ञात नहीं होती परन्तु कन्नौज के दरबार में हमें कुछ पता अवश्य चलता है। इस दरबार के बुलाने का मुख्य उद्देश्य इन्द्रायुध के स्थान पर चक्रायुध को कन्नौज का राजा बनाना था। क्योंकि इन्द्रायुध को धर्मपाल पराजित कर चुका था और इन्द्रायुद्ध प्रतिहारों के आधिपत्य में कन्नौज का शासन संभाले हुए था। इस दरबार में बहुत से राजा आए जिनमें से मुख्य-मुख्य के नाम ये हैं—भोज, मत्स्य, मुद्रा, कुरु, यादव, यवन, अवन्ती, गन्धार और कीरा। इन सब ने चक्रायुध की नियुक्ति स्वीकार की।

इस समकालीन उल्लेख से हम इस नतीजे पर पहुँचते हैं कि उत्तरी भारत में धर्मपाल कुछ समय तक अवश्य ही सर्वेसर्वा रहा होगा। यह विचार एक ग्यारहवीं शताब्दी के गुजराती कवि द्वारा भी सिद्ध होता है जिसमें धर्मपाल को 'उत्तरपथस्वामी' कहा गया है।

कन्नौज के दरबार में उपस्थित राजाओं से यह नहीं समझना चाहिए कि सब राजा अपने राज्य से वंचित कर दिए गए तथा धर्मपाल ने उनके राज्यों को अपने राज्य में मिला लिया। वास्तव में इन शासकों ने धर्मपाल का आधिपत्य स्वीकार कर लिया और जब तक वह उसकी शक्ति के आगे सर झुकाते रहे तब तक उनको कुछ न कहा गया। परन्तु इन्द्रायुध को कन्नौज के राज्य से इसलिए वंचित किया गया था क्योंकि वह वत्सराज के अधीन था। इस उल्लेख से ज्ञात होता है अब उत्तरी भारत का स्वामी प्रतिहार वंश नहीं, पाल वंश है और कन्नौज फिर से एक बार साम्राज्य का केन्द्र बन गया।

परन्तु धर्मपाल शान्तिपूर्ण शासन न कर सका। क्योंकि नागभट्ट द्वितीय ने, जो वत्सराज का पुत्र तथा उत्तराधिकारी था फिर से अपने पिता की भांति साम्राज्य विस्तृत करने की नीति पर चलते हुए कन्नौज पर आक्रमण कर दिया और वहाँ से चक्रायुध को भगा दिया। यह वास्तव में धर्मपाल को एक प्रकार की ललकार थी क्योंकि चक्रायुध उसके ही प्रतिनिधि के रूप में कन्नौज पर शासन कर रहा था।

प्रतिहार अभिलेखों के आधार पर मुंगेर के पास ही कहीं युद्ध हुआ जिसमें नागभट्ट ने धर्मपाल को पराजित कर दिया। पाल अभिलेखों में इस युग का कोई उल्लेख नहीं हुआ। पर इतना अवश्य है कि प्रतिहार मुंगेर तक बढ़ आए। परन्तु दुर्भाग्य ने नागभट्ट का साथ न छोड़ा। उसका भी वही हाल हुआ जो उसके पिता का हुआ था, क्योंकि इस

बार फिर दक्षिणी भारत के राष्ट्रकूट शासक गोविन्द तृतीय ने नागभट्ट को हरा दिया तथा उत्तरी भारत में उसका राज्य स्थापित करने का स्वप्न छिन्न-भिन्न कर दिया।

राष्ट्रकूट अभिलेखों से ज्ञात होता है कि धर्मपाल तथा चक्रायुध दोनों ही ने अपनी इच्छा से गोविन्द तृतीय का आधिपत्य स्वीकार कर लिया। क्योंकि गोविन्द ने समय पर उनकी सहायता की थी। ऐसा भी विश्वास किया जाता है कि इन्होंने गोविन्द से प्रार्थना की कि वह उनकी सहायता को आए और इन्होंने यह सहायता उसका आधिपत्य स्वीकार करके ली। परन्तु इस आधिपत्य को स्वीकार करने का वास्तविक अर्थ कुछ भी नहीं था क्योंकि वह अच्छी तरह जानते थे कि गोविन्द जल्दी ही दक्षिण लौट जाएगा और फिर वह स्वतंत्रतापूर्वक कार्य कर सकेंगे और हुआ भी ऐसा ही। गोविन्द के जाने के पश्चात धर्मपाल फिर उत्तरी भारत का एकमात्र शासक हो गया और राष्ट्रकूट आक्रमण एक साधारण घटना रह गई।

धर्मपाल की मृत्यु लगभग 32 वर्ष के शासन के बाद हुई और उसने अपने लड़के देवपाल के लिए बहुत बड़ा राज्य छोड़ा।

राज्य विस्तार—धर्मपाल के राज्य को उसकी सीमाएं जानने के लिए उसके शासन को तीन भागों में बांटा जा सकता है—

1. पहले स्थान पर वह राज्य थे जिन पर धर्मपाल स्वयं शासन करता था जैसे बिहार और बंगाल।
2. दूसरे वह राज्य थे जो उस पर पूर्णत: आधारित थे जैसे कन्नौज का राज्य।
3. तीसरे स्थान पर वह राज्य थे जिन्होंने धर्मपाल का आधिपत्य स्वीकार कर लिया था परन्तु वह अपने राज्य में सब कुछ करने के लिए स्वतंत्र थे जैसे पंजाब, राजपूताना, मालवा, विरार आदि।

पुराणों के अनुसार नेपाल ने भी उसका आधिपत्य स्वीकार कर लिया था।

धर्मपाल के कार्यों की समीक्षा—यद्यपि हमें धर्मपाल के व्यक्तिगत जीवन के बारे में अधिक नहीं पता परन्तु उसने बहुत से महान कार्य किए। वह उस समय शासक बना जिस समय न केवल उसका राज्य ही, बल्कि बंगाल का सम्मान भी खतरे में था। पर वह घबराया नहीं और उसने सारी कठिनाईयों पर शानदार विजय प्राप्त की।

राजनैतिक क्षेत्र में तो उसकी सफलता महान थी। बंगाल जो कि अपने राजनैतिक महत्व को खो चुका था, उसने अब उत्तरी भारत की राजनीति में जोरदार भाग लेना आरम्भ कर दिया। वही देश, जो सदा आपस में बंटा रहता था, जिस पर कोई भी आक्रमणकारी आकर अपना आधिपत्य स्थापित कर लेता था उसी ने अब उत्तरी भारत

में एक महत्वपूर्ण स्थान प्राप्त किया। बंगाल की महानता और बढ़ जाती है जबकि हम देखते हैं कि धर्मपाल ने परमेश्वर, परमभट्टारक, महाराजाधिराज की उपाधियां ग्रहण कीं। कन्नौज के दरबार से भी धर्मपाल की महानता का आभास होता है।

बंगाल का यह सारा महत्व धर्मपाल के कारण ही बढ़ा। यद्यपि बंगाल के लोगों ने इस शासक को भुला दिया परन्तु तिब्बत की परम्पराओं में आज भी उसका नाम जीवित है।

तिब्बत की परम्पराओं के अनुसार धर्मपाल ने बुद्ध धर्म की बहुत संरक्षा की। उसने विक्रमशिला, नाम का एक प्रसिद्ध मठ बनवाया जो धीरे-धीरे बौद्ध विद्या तथा संस्कृति का एक मुख्य केन्द्र बन गया और यदि उससे कोई बड़ा स्थान था तो वह नालन्दा था। यह मठ मगध में गंगा नदी के किनारे की पहाड़ियों पर स्थित था। धर्मपाल ने सोमापुरी में भी एक विहार बनवाया जिसके खंडहर अब भी पहाड़पुर जिले में मिलते हैं। धर्मपाल के दरबार में हरिभद्र नामक एक बौद्ध विद्वान भी था।

इन सब कार्यों के आधार पर हम कह सकते हैं कि धर्मपाल केवल युद्ध में ही नहीं, वरन् शांति के कार्यों में भी दक्ष था। 810 ई० में संभवत: उसकी मृत्यु हो गई और उसके पश्चात् उसका लड़का देवपाल सिंहासनारूढ़ हुआ।

देवपाल—देवपाल एक योग्य पिता का योग्य पुत्र था। उसने न केवल अपने पिता के राज्य को सुरक्षित रखा वरन् उसकी सीमाओं को बढ़ाने की भी कोशिश की। यह विश्वास किया जाता है कि उत्तरी भारत में उसका राज्य हिमालय तक तथा पूर्व से पश्चिम समुद्र तक फैला हुआ था इसके अतिरिक्त उसने उत्कल और आसाम को विजय किया और हूणों के गर्व को तोड़ा। उसने गुर्जर राजा को भी नीचा दिखाया। इन सब सफलताओं में उसे दर्भपनी का बुद्धिमत्ता पूर्ण परामर्श मिलता रहता था। जयपाल ने भी अपनी सैनिक योग्यताओं से इसे बहुत सहायता दी। जयपाल इसका चचेरा भाई लगता था।

ऊपर लिखित विवरण से यह अवश्य ज्ञात हो जाएगा कि देवपाल ने अपने पिता की आक्रमक नीति का अनुसरण किया तथा अपना काफी समय सैनिक कार्यवाहियों में व्यतीत किया। उसके इन सैनिक कार्यों में जयपाल का भी बहुत बड़ा हाथ था क्योंकि समकालीन साहित्य से ज्ञात होता है कि जिस समय वह आसाम के समीप पहुँचा तो वहाँ का राजा बिना युद्ध किए ही उसके आगे झुक गया और उत्कल का राजा तो अपनी राजधानी छोड़ कर ही भाग गया। ऐसा प्रतीत होता है कि उन्होंने पालवंश के शासक का आधिपत्य बिना लड़े ही स्वीकार कर लिया परन्तु केवल थोड़े समय के लिए।

पाल राज्य के सर्वथा विपरीत हूणों का राज्य था। उनके पास बहुत से राज्य थे जिनमें उत्तरपक्ष भी एक था। यह राज्य हिमालय के समीप ही स्थित था। इस पर सम्भवत: देवपाल ने अधिकार कर लिया तथा अब वह कम्बोज पर अपना अधिकार जमाने के लिए आगे बढ़ा। परन्तु हमें उसके इस सैनिक अभियान अथवा उसकी सफलता के बारे में कुछ अधिक ज्ञात नहीं होता।

परन्तु गुर्जर राजा, जिससे देवपाल ने युद्ध किया, अवश्य ही कोई प्रतिहार शासक होगा। सम्भव है कि नागभट्ट द्वितीय ने धर्मपाल की मृत्यु के पश्चात अपनी शक्ति को बढ़ाने का प्रयत्न किया हो जैसा कि कुछ विद्वानों का विचार है कि उसने फिर से कन्नौज को अपनी राजधानी बना लिया। परन्तु देवपाल ने फिर से अपनी शक्ति स्थापित कर दी। सम्भवत: उसने नागभट्ट के लड़के रामभद्र के राज्य पर आक्रमण किया हो और उसके (रामभद्र के) उत्तराधिकारी भोज को भी देवपाल के हाथों कुछ नुकसान उठाना पड़ा हो और ऐसा लगता है कि प्रतिहार शासक भोज तब तक अपनी शक्ति स्थापित न कर सका जब तक देवपाल जीवित रहा। इसलिए हम इस निष्कर्ष पर पहुँचते हैं कि प्रतिहार वंश की तीन पीढ़ियों से युद्ध करता रहा जब तक जीवित रहा उत्तरी भारत में अपनी शक्ति को बनाए रखा।

विद्वानों का विश्वास है कि जिस द्रविड़ राजा ने देवपाल से हार खाई वह राष्ट्रकूट शासक अमोघवर्ष था परन्तु इस विचार को सही नहीं माना जा सकता विशेषकर जबकि हम भली-भांति जानते हैं कि ध्रुव और गोविन्द तृतीय ने उत्तरी भारत की राजनीति में विशेष भाग लिया था तथा सफलता हासिल की। परन्तु द्रविड़ से अभिप्राय दक्षिण की तमिल भूमि से लेना चाहिए। इस विचार के अनुसार द्रविड़ राजा, जिसको देवपाल ने हराया, पाड्य वंश का शासक श्रमार श्री बल्लभ था जो कि एक अभिलेख में अपने आप को गंग, पल्लव, चोल, कलिंग, मगध तथा दूसरी ऐसी ही शक्तियों का विजेता बताता है। ऊपर दी हुई सूची में मगध का नाम पाल सेनाओं के लिए ही प्रयोग किया गया है और सम्भव है कि उत्कल की विजय के कारण ही देवपाल को कुछ सैनिक अभियान ले जाने पड़े। मुंगेर ताम्रपत्र के आधार पर कहा जा सकता है कि देवपाल का राज्य उत्तर में हिमालय तक तथा दक्षिण में रामेश्वर सेतुबन्ध तक फैला हुआ था।

देवपाल की दक्षिण विजय के बारे में चाहे शक ही क्यों न हो परन्तु इतना तो अवश्य ही माना जाएगा कि वह भारत का सर्व शक्तिशाली शासक था। उसका शासन केवल बंगाल बिहार तक ही सीमत नहीं था वरन् पूर्व और पश्चिम दोनों ही ओर फैला हुआ था। उसके प्रतिहार प्रतिद्वंदी आरम्भ में कुछ सफलताएँ प्राप्त कर लेने के पश्चात भी उसके मरने तक विशेष सफलता प्राप्त न कर सके। राष्ट्रकूट शासकों ने उत्तरी भारत में हस्तक्षेप ही नहीं किया और सम्भवत: देवपाल ने ही अपने राज्य को उनके राज्य की

सीमाओं तक विस्तृत किया। वह अपनी सेनाओं को सिंध तक ले गया तथा उत्तरी भारत में इतना ऊँचा स्थान प्राप्त किया कि आगे आने वाले हजार वर्षों में भी उसका कोई मुकाबला नहीं कर सका।

देवपाल ने लगभग चालीस वर्ष शासन किया। अपने पिता की भांति वह भी बुद्ध धर्म का अनुयायी था और उसकी प्रसिद्धि भारत के बाहर के देशों में भी फैल गई। पूर्व एशिया में उस समय शैलेन्द्र वंश का शासन था। शैलेन्द्र शासक बालपुत्रदेव ने देवपाल के राज्य में एक राजदूत भी भेजा और देवपाल से नालन्दा में एक मठ बनाने के लिए पांच गांव की प्रार्थना की। देवपाल ने एक प्रार्थना स्वीकार कर ली। एक और साहित्यिक स्रोत से ज्ञात होता है कि जलालाबाद के एक बौद्ध भिक्षु का देवपाल ने सम्मान किया तथा उसे नालन्दा के मठ का मुखिया नियुक्त कर दिया।

डा० मजूमदार का कथन सर्वथा सत्य है कि क्योंकि देवपाल तथा धर्मपाल बंगाल के ऐसे शासक थे जो बंगाल की शान को चार चाँद लगा सके। तत्पश्चात् बंगाल पर जिस आक्रमणकारी ने भी चाहा अधिकार कर लिया और फिर अंग्रेजों के आगमन तक यह सिलसिला जारी रहा।

पाल राज्य का पतन

विग्रहपाल—देवपाल के पश्चात विग्रहपाल शासक बना परन्तु तीन-चार वर्ष के शासन के पश्चात ही उसने राज्य त्याग कर सन्यास धारण कर लिया।

नारायणपाल—विग्रहपाल के पश्चात उसका पुत्र तथा उत्तराधिकारी नारायणपाल सिंहसनारूढ़ हुआ। उसने पचास वर्ष से अधिक शासन किया। वह भी धार्मिक विचारों का व्यक्ति था तथा इसी के काल में राज्य छिन्न-भिन्न हुआ। 860 ई० के पश्चात राष्ट्रकूट शासकों ने पाल शासकों को हराया तथा भोज ने अपने राज्य की सीमाओं को विस्तृत किया। नारायणपाल ने न केवल मगध (दक्षिणी बिहार) ही खो दिया वरन् कुछ समय बाद उत्तरी बंगाल भी प्रतिहार शासक महेन्द्रपाल के अधिकार में आ गया।

प्रतिहार शासकों की सफलता से उत्साहित पालों के अधीन शासक भी हाथ पाँव मारने लगे तथा असम के राजा हरजर ने न केवल अपनी स्वतंत्रता ही स्थापित की वरन् कई और सफलताएँ भी प्राप्त की। उड़ीसा भी पाल शासकों के अधिकार में न रहा।

पाल राज्य का पतन प्राय: पूर्ण हो चुका था परन्तु नारायणपाल ने अपने काल के 54वें साल में उत्तरी बंगाल तथा दक्षिण बिहार पर फिर अधिकार कर लिया। यह सफलता उसने लगभग 908 ई० में प्राप्त की। इसका मुख्य कारण फिर से एक बार उत्तरी भारत में राष्ट्रकूट शासकों का हस्तक्षेप था जिन्होंने फिर से प्रतिहार शासक को हराया।

राज्यपाल, गोपाल द्वितीय तथा विग्रहपाल द्वितीय—नारायणपाल के पश्चात उसका लड़का राज्यपाल सिंहासन पर बैठा तत्पश्चात गोपाल द्वितीय तथा विग्रहपाल द्वितीय सिंहासन पर बैठे। इन शासकों ने लगभग 80 वर्ष तक शासन किया। इनके काल में राज्य पूर्ण रूप से पतन की ओर अग्रसर होने लगा। सम्भवत: प्रतिहार वंश के पतन ने पाल शासकों की परिस्थिति को ठीक कर दिया हो परन्तु प्रतिहार वंश के पश्चात जो शक्तियाँ आदि उनके रिकार्ड से ज्ञात होता है कि उन्होंने पाल राज्य के शासकों को हराया। चन्देल और कलचुरि शासकों के रिकार्ड से ज्ञात होता है कि उन्होंने बङ्ग (बंगाल) के शासकों पर सफलता प्राप्त की और धीरे-धीरे वही राज्य जिसका निर्माण धर्मपाल तथा देवपाल ने अपनी योग्यताओं से किया था, छोटे-छोटे राज्यों में विभक्त हो गया तथा उत्तरी भारत में बंगाल का महत्व फिर कम हो गया।

पाल राजवंश का महत्व—भारतीय इतिहास में पाल राजवंश अनेक दृष्टियों से महत्वपूर्ण माना जाता है जो निम्नलिखित है—

(1) पालों ने मजबूत शासन की नींव रखी। उन्होंने परमभट्टारक, महाराजाधिराज और परमेश्वर आदि अनेक उपाधियाँ धारण कीं। यद्यपि उनका शासन विशाल था परन्तु उन्होंने कुछ ही प्रान्तों में अपना सीधा शासन स्थापित किया। उन्होंने शासन में धर्मनिरपेक्ष नीति को अपनाया। मंत्रियों को सम्मान प्राप्त था और उनका पद पैतृक होता था। ये राजा को सलाह देते थे। इनके अलावा महासन्धिविग्रहक (विदेश मंत्री), महासेनापति आदि अन्य अधिकारी थे। इनकी सेना चतुरंगिनी थी। उनके पास जल सेना भी थी। प्रशासन की सुविधा के लिए प्रान्तों को भुक्ति, विषय और नभ में बांटा गया था। गाँव का मुखिया ग्रामिक कहलाता था।

(2) पालों के काल में लोगों को धार्मिक स्वतंत्रता प्राप्त थी। बौद्ध धर्म के अलावा अन्य धर्मों का भी आदर किया जाता था। उन्हें सहायता दी जाती थी।

(3) पाल कालीन भारत में वर्णाश्रम धर्म पर समाज आधारित था। शाकाहारी और मांसाहारी दोनों प्रकार के भोजन का प्रचलन था। शिक्षा को पालों के काल में काफी प्रोत्साहन मिला। पाल शासक विद्वानों के आश्रयदाता थे। कई तिब्बती भारत में आकर रहे और संस्कृत भाषा के ग्रन्थों का अनुवाद किया।

(4) पालों के लम्बे और सफल शासन में देश की आर्थिक स्थिति मजबूत हो गयी थी। पालों ने कृषि को बढ़ावा दिया।

(5) बोधगया और नालन्दा से प्राप्त प्रमाणों से ज्ञात होता है कि इनके काल में विहार, स्तूप और मन्दिरों की स्थापना की गयी। शिल्पकला में काफी सूक्ष्मता

आ गयी। इस समय धातु मूर्तियों का खूब निर्माण किया गया और उनका जावा की धातु मूर्तियों पर भी प्रभाव पड़ा। इस काल में चित्रकला की खूब उन्नति हुई।

त्रिकोणीय संघर्ष

हर्ष के काल से ही कन्नौज एक महत्वपूर्ण राजधानी के रूप में स्थापित हो गया था। उसके बाद अनेक शासकों ने उसे अपने अधीन रखने का प्रयास किया। आठवीं शताब्दी के बाद इसको प्राप्त करने के लिए होने वाला संघर्ष रोचक है। वस्तुतः इस काल में भारत में तीन महान् शक्तियों का उदय हो चुका था। ये राजस्थान के गुर्जर प्रतिहार, बंगाल के पाल और महाराष्ट्र के आसपास के राष्ट्रकूट थे। इन तीनों वंशों के कई शासक भारत में चक्रवर्ती सम्राट होने का गौरव प्राप्त करना चाहते थे और इसके लिए साम्राज्य विस्तार करना और अधिकार करना आवश्यक था। इसके लिए इन तीनों में जो संघर्ष हुआ उसे त्रिराज्य या त्रिभुजाकार या त्रिकोणाकार या त्रिदलीय संघर्ष कहते हैं। इसका आरम्भ प्रतिहार शासक वत्सराज ने किया।

1. प्रथम चरण—अपनी महत्वाकांक्षाओं को क्रियात्मक रूप देने के लिए वत्सराज ने बंगाल के शासक धर्मपाल पर आक्रमण कर दिया। इस सैनिक अभियान में वत्सराज के अधिकृत सरदारों ने भी उसकी सहायता की।

परन्तु अभी धर्मपाल और वत्सराज उत्तर में अपना आधिपत्य स्थापित करने का प्रयत्न कर ही रहे थे कि दक्षिण के राष्ट्रकूट शासक ध्रुव ने वत्सराज पर चढ़ाई कर दी और वत्सराज को बुरी तरह से हराया। ध्रुव उसके पश्चात धर्मपाल की ओर बढ़ा तथा उसे गंगा-यमुना के मध्य में कहीं हराया। और इस प्रकार प्रतिहारों, राष्ट्रकूटों और पालों में उत्तरी भारत के आधिपत्य के लिए युद्ध आरम्भ हुआ। ऐसा प्रतीत होता था कि कन्नौज नगर पर ही प्रतिहारों और पालों की ललचाई हुई नजरें लगी हुई थी। यद्यपि वत्सराज ने धर्मपाल को हराया था तथा दोनों ने ध्रुव से हार खाई थीं परन्तु इस युद्ध में ऐसा प्रतीत होता है कि वत्सराज की दशा अधिक बुरी हुई होगी क्योंकि धर्मपाल उससे हारने के पश्चात भी कन्नौज पर अपना अधिकार जमाए रहा और यहीं पर उस (धर्मपाल) ने एक दरबार भी किया जिसमें उत्तरी भारत के बहुत से शासकों ने उसका आधिपत्य स्वीकार किया और धर्मपाल ने इन्द्रायुध को कन्नौज की गद्दी से उतार कर अपने प्रतिनिधि चक्रायुध को कन्नौज का शासक नियुक्त किया। इस उल्लेख से यह प्रमाणित होता है कि कन्नौज पर धर्मपाल का ही अधिकार रहा

2. द्वितीय चरण—ध्रुव से हारने के पश्चात् वत्सराज का कहीं उल्लेख नहीं आता विशेषकर उस समय जबकि धर्मपाल अपनी शक्ति को बढ़ाता जा रहा था। वत्सराज के बाद उसका लड़का तथा उत्तराधिकारी नागभट्ट सिंहासन पर बैठा। नागभट्ट भी महत्वाकांक्षी

था तथा साम्राज्यवादी भी था। उसने अपने खोए हुए राज्य के सम्मान को फिर से प्राप्त करने का प्रयत्न किया जिसमें वह बहुत हद तक सफल भी रहा।

नागभट्ट ने कन्नौज पर आक्रमण किया तथा चक्रायुध को, जो धर्मपाल के आधिपत्य में था हरा दिया। नागभट्ट ने कन्नौज को पूर्णत: अपने अधिकार में ले लिया तथा उसे प्रतिहार राज्य की राजधानी बना लिया। कन्नौज पर अधिकार वास्तव में धर्मपाल को एक प्रकार की ललकार थी जिसका बदला लेने के लिए धर्मपाल ने तैयारियाँ आरम्भ कर दीं। नागभट्ट भी यही भली-भांति जानता था कि कन्नौज पर अधिकार धर्मपाल को सहन नहीं होगा। इसलिए उसने भी युद्ध की तैयारियाँ आरम्भ कर दी। ग्वालियर अभिलेख से ज्ञात होता है कि नागभट्ट ने बंगाल के शासक धर्मपाल पर विजय प्राप्त की तथा मुंगेर तक बढ़ गया।

परन्तु नागभट्ट की यह विजय भी स्थायी प्रमाणित न हो सकी। क्योंकि इस बार दक्षिण के राष्ट्रकूटों ने हस्तक्षेप किया। क्योंकि समकालीन राष्ट्रकूट शासक गोविन्द तृतीय केवल रक्षात्मक नीति से संतुष्ट नहीं था। वह भी आक्रामक नीति में विश्वास करता था तथा ज्योंही वह अपने आन्तरिक झगड़ों से निपटा, उसने नागभट्ट पर आक्रमण कर दिया। समकालीन अरब साहित्य से ज्ञात होता है कि:

> "He destroyed the valour of Nagabhatta", who "in fear vanished no body knew whither", and then having] "devastated his name" and averum his dominions proceeded upto the Himalayas.
>
> —*The Age of Imperial Kanauj*—*R.C. Majumdar*

यद्यपि इस उल्लेख को पूर्ण ठीक नहीं माना जा सकता परन्तु इतना अवश्य है कि गोविन्द तृतीय ने नागभट्ट की आशाओं पर वज्रपात कर दिया।

राष्ट्रकूट रिकार्ड से ज्ञात होता है कि धर्मपाल तथा चक्रायुध ने अपनी इच्छा से गोविन्द तृतीय का आधिपत्य स्वीकार कर लिया। यह भी सम्भव हो सकता है कि इन दोनों ने गोविन्द को नागभट्ट पर आक्रमण करने का निमंत्रण दिया हो।

परन्तु गोविन्द को जल्दी ही लौटना पड़ा क्योंकि दक्षिण में कुछ राजनैतिक अशांति हो गई थी। गोविन्द के दक्षिण में जाने से धर्मपाल तथा उसका उत्तराधिकारी देवपाल एक बार फिर स्वतंत्र हो गए और उन्होंने स्वतंत्रता से उत्तरी भारत में अपनी राजनैतिक शक्ति को बढ़ाना आरम्भ कर दिया और इस प्रकार से फिर पाल वंश का उत्तरी भारत पर अधिकार हो गया और प्रतिहार शासक को फिर से चुप बैठना पड़ा।

3. तृतीय चरण—नागभट्ट के पश्चात उसका उत्तराधिकारी रामभद्र सिंहासनारूढ़ हुआ परन्तु रामभद्र का काल बहुत थोड़ा था। वह कमजोर शासक था इसलिए उसके राज्य पर प्राय: आक्रमण होते रहते थे।

भोज—राजभद्र के पश्चात उसका लड़का तथा उत्तराधिकारी भोज गद्दी पर बैठा। भोज सम्भवत: प्रतिहार वंश का सबसे शक्तिशाली तथा योग्य शासक था। राजा भोज ने अपने वंश के सम्मान को फिर से स्थापित किया। राज्य के सम्मान को बनाने के लिए उसे पालों से फिर युद्ध करना पड़ा। पल वंश का शासक उस समय देवपाल था। देवपाल न केवल एक उच्चकोटि का प्रशासक ही था बल्कि विजेता भी था। इसलिए देवपाल ने राजा भोज को हराया और इस प्रकार थोड़े समय के लिए उत्तरी भारत में राजा भोज की महत्वाकांक्षाओं पर पानी फिर गया।

देवपाल से हारने के पश्चात राजा भोज ने दक्षिण की ओर अपना ध्यान दिया। दक्षिण में सैनिक अभियान ले जाने का मुख्य कारण राष्ट्रकूट वंश की बुरी परिस्थिति थी परन्तु हमें राष्ट्रकूट अभिलेखों से ज्ञात होता है कि राजा भोज की बुरी तरह से हार हुई।

परन्तु इतना होने पर भी भोज ने हिम्मत न हारी। एक अभिलेख से ज्ञात होता है कि उसने तीनों दुनिया पर विजय प्राप्त करने का निश्चय किया और उसने अपनी आक्रामक नीति को फिर से अपना लिया। उस समय तक पाल वंश के शक्तिशाली शासक देवपाल की मृत्यु हो चुकी थी तथा उसके उत्तराधिकारी वास्तव में निर्बल शासक थे। इसके अतिरिक्त इस समय राष्ट्रकूट शासक अमोघवर्ष था जो धार्मिक विचारों का व्यक्ति था। अमोघवर्ष में अपने पूर्वजों जैसी योग्यताएँ नहीं थीं।

अमोघवर्ष का पाल वंश के शासकों से युद्ध हुआ जिसमें अमोघवर्ष को कुछ सफलता प्राप्त हुई। उसकी सफलता का मुख्य कारण उसकी योग्यता नहीं थी वरन् पाल शासकों की अत्यधिक कमजोरी के कारण ही उसको सफलता मिली।

सम्भव है कि भोज ने भी पाल शासकों की कमजोरी को देखते हुए बंगाल पर आक्रमण करने का निर्णय किया हो। भोज की सहायता उसके अधिकृत सरदारों ने भी की तथा भोज ने पाल शासक नारायण पाल को बुरी तरह से हराया तथा उसके राज्य के पश्चिमी भागों पर अपना अधिकार जमा लिया।

भोज को राष्ट्रकूट शासकों से भी लम्बा युद्ध करना पड़ा। ऊपर बताया गया है कि भोज राष्ट्रकूट शासक से हार खा चुका था। अब राष्ट्रकूट शासक कृष्ण द्वितीय था। इस बार युद्ध कृष्ण द्वितीय काल में ही हुआ। भोज को राष्ट्रकूट शासक के विरुद्ध कुछ सफलता भी प्राप्त हुई और उसने कृष्ण को नर्मदा नदी के तट पर हराया। इस प्रकार मालवा पर अधिकार करने के पश्चात वह गुजरात की ओर बढ़ा। अभिलेखों द्वारा ज्ञात होता है कि गुजरात तो उसके अधिकार में न केवल रहा परन्तु मालवा पर राजा भोज ने अपना अधिकार बनाए रखा।

इस प्रकार भोज ने एक बार फिर प्रतिहार वंश के सम्मान को चार चाँद लगाए और कन्नौज को प्रतिहार राज्य की राजधानी बना दिया।

4. चतुर्थ चरण—राजा भोज के पश्चात उसका उत्तराधिकारी महेन्द्रपाल सिंहासनारूढ़ हुआ। उसने उत्तरी बंगाल पर अपना अधिकार स्थापित किया। दूसरे शब्दों में, उसने अपने पारम्परिक शत्रु पालों से उनके राज्य का उत्तरी भाग छीन लिया।

महेन्द्रपाल के पश्चात् महीपाल प्रतिहार राज्य का स्वामी बना। उसे भी अपने पारस्परिक शत्रु राष्ट्रकूटों से युद्ध करना पड़ा। क्योंकि राष्ट्रकूट लेखों से हमें ज्ञात होता है कि कृष्ण द्वितीय के उत्तराधिकारी इन्द्र तृतीय ने प्रतिहार शासकों के विरुद्ध युद्ध किया। वह मालवा से होता हुआ यमुना नदी को पार करता हुआ उत्तर की ओर बढ़ता रहा तथा उसने कन्नौज को सर्वथा नष्ट कर डाला। इन्द्र तृतीय की विजय इतनी पूर्ण थी कि महीपाल को अपनी जान बचा कर भागना पड़ा। तथा महीपाल का पीछा इलाहाबाद तक किया गया।

महीपाल के उत्तराधिकारियों के काल में भी राष्ट्रकूट शासकों के आक्रमण होते रहे। वास्तव में अब यह युद्ध त्रिभुजाकार न रह गया था। क्योंकि देवपाल के पश्चात पालों की शक्ति समाप्त हो गई थी तथा प्रतिहार वंश की शक्ति राष्ट्रकूट शासकों के निरन्तर आक्रमणों से नष्ट हो गई। इस प्रकार दक्षिणी भारत के शासकों ने पहली बार उत्तरी भारत के इतिहास में महत्वपूर्ण भाग लिया तथा कई बार उत्तरी भारत के आधिपतित्व का निर्णय किया।

अन्य राजपूत वंश

(1) गाहडवाल वंश

गाहडवाल सम्भवत: मूलरूप से स्वदेशीय जनजाति के लोग थे और उन्होंने राजनैतिक प्रभुसत्ता प्राप्त कर क्षत्रियों के समान प्रसिद्धि प्राप्त की। कुछ विद्वान गाहडवालों का सम्बन्ध राष्ट्रकूटों या गैरों से जोड़ते हैं परन्तु यह सत्य प्रतीत नहीं होता है। उनके किसी भी राजपत्र में उनका संबंध अर्ध या चन्द्रवंशी से नहीं जोड़ा गया है। उनकी अनुश्रुतियाँ उन्हें ययाति वंश का बताती हैं। उनका सम्बन्ध किसी भी नायक से नहीं जोड़ा गया है।

1. यशोविग्रह एवं महिचन्द्र—इस वंश का सर्वप्रथम शासक यशोविग्रह था जिसका उत्तराधिकारी उसका पुत्र महिचन्द्र था। महिचन्द्र ने उत्तर प्रदेश के कुछ हिस्से पर शासन किया।

2. चन्द्रदेव—महिचन्द्र का उत्तराधिकारी चन्द्रदेव था। इसने गोपाल को हराकर कन्नौज पर अधिकार कर लिया। उसने 'गजपति', 'नरपति', 'त्रिशंकुपति' को भी हराया। उसने पवित्र थानों-काशी, बनारस, उत्तर कौशल (अयोध्या, फैजाबाद) तथा इन्द्रप्रस्थ (दिल्ली) की रक्षा की। वर्ष में मगध के शासक भीमयशंस द्वारा उसका प्रसार यद्यपि रुक गया परन्तु उसने बंगाल के विजयसेन की साम्राज्यवादी नीति को ठेस पहुँचायी। कल्चुरि यशकर्ण से उसने इलाहाबाद तथा बनारस के सभी स्थानों को जीत

लिया था। उसके 1090 ई० से 11000 ई० के अभिलेख मिले हैं जिससे उसके कन्नौज, बनारस और अयोध्या पर अधिकार का पता चलता है। इसके बाद मदनचन्द्र और गोविन्दचन्द्र ने शासन किया।

(2) चाहमान या चौहान वंश

उत्पत्ति—चाहमान वंश की उत्पत्ति के विषय में बहुत अधिक विवाद है। चन्दबरदाई ने इस यज्ञ की उत्पत्ति आबू पर्वत पर किये गये वशिष्ठ के यज्ञ के कुंड से बतायी है। 'हम्मीर काव्य' के अनुसार ब्रह्मा ने पुष्कर में यज्ञ किया था। उस यज्ञ की रक्षा के लिए सूर्य ने चाहमान नामक वीर योद्धा की उत्पत्ति की थी। बिजौलिया अभिलेख में चाहमानों को वत्स गोत्र में एक ब्राह्मण की सन्तान बताया गया है। परन्तु उनका मत नितान्त काल्पनिक है। अभिलेखों और साहित्यिक साक्ष्यों से चाहमान सूर्यवंशी क्षत्रिय प्रतीत होते हैं।

अनुश्रुतियों के अनुसार चाहमान वंश की सर्वप्रथम शाखा नर्मदा नदी पर स्थित माहिष्मति में राज्य करती थी परन्तु ऐसा प्रतीत होता है कि इस वंश की अनेक शाखायें थीं जिन्होंने भारत के अनेक भागों में अपने राज्यों की स्थापना की थी। इनमें से एक शाखा ने सातवीं शताब्दी में शाकम्भरी (सम्भर) में अपना शासन स्थापित किया। शाकम्भरी प्रदेश में सवा लाख गाँव थे इसलिए समादलक्ष कहते थे। शाकम्भरी की शाखा की स्थापना वासुदेव की थी। उसके पश्चात अनेक छोटे-छोटे चाहमान राजा शाकम्भरी में शासन करते रहे।

(1) दुर्लभराज प्रथम—इस वंश का सर्वप्रथम राजा दुर्लभराज प्रथम था। यह चन्द्रराज प्रथम का पुत्र था। यह प्रतिहार वंश के राजा वत्सराज (780-805 ई०) का सामन्त था। जिस समय वत्सराज ने गौड़ नरेश धर्मपाल से युद्ध किया था तो उस समय दुर्लभराज भी अपने स्वामी की सहायता के लिए गया था। पृथ्वीराज विजय के अनुसार दुर्लभराज ने गौड़ नरेश तक अभियान किया था और समुद्र तक विस्तार किया था।

(2) गूवक प्रथम—दुर्लभराज की मृत्यु के पश्चात उसका पुत्र गूवक सिंहासन पर बैठा। इसे गोविन्दराज प्रथम भी कहते हैं। यह प्रतिहार नरेश नागभट्ट द्वितीय (805-833 ई०) के अधीन था। एक अभिलेख से ज्ञात होता है कि गूवर प्रथम ने नागावलोक (नागभट्ट द्वितीय) की सभा में सम्मान पाया था। पृथ्वीराज विजय नामक ग्रन्थ के अनुसार गूवक प्रथम ने अपनी बहन कलावती का विवाह कन्नौज के राजा के साथ किया था। सम्भवत: यह राजा नागभट्ट द्वितीय ही था। प्रबन्धकोष के अनुसार चाहमान गोविन्दराज ने सुल्तान वेग वरिस को पराजित किया था।

(3) चन्द्रराज द्वितीय और गूवक द्वितीय—गूवक प्रथम के पश्चात् उसके पुत्र चन्द्रराज द्वितीय और पौत्र गूवक द्वितीय ने क्रमश: राज्य किया। गूवक द्वितीय के पश्चात

उसका पुत्र चन्दन सिंहासन पर बैठा। इस समय तक चाहमान वंश और दिल्ली के तोमरवंश की शत्रुता तीव्र हो गयी थी। चन्द्रराज ने तोमर नरेश रुद्रसेन से युद्ध किया और उसे मार डाला।

(4) **वाक्पतिराज प्रथम**—-चन्दन के पुत्र और उत्तराधिकारी वाकपतिराज प्रथम तक चाहुमान वंश पर्याप्त रूप से शक्तिशाली हो गया था। उसने अपने स्वामी प्रतिहार वंश का विरोध करना शुरू कर दिया। वाक्पतिराज सम्भवत: शैव था। उसने पुष्कर में एक शिवमन्दिर का निर्माण करवाया।

(5) **सिंहराज**—वाक्पतिराज के पश्चात् उसका पुत्र सिंहासन पर बैठा। चाहमान वंश का यह प्रथम सम्राट था जिसके नाम के साथ 'महाराजाधिराज' की उपाधि मिलती है। स्पष्ट है कि इसने प्रतिहारों के विरुद्ध युद्ध की घोषणा कर दी। उसने तोमरों के नेता सलवन को पराजित किया सिंहराज ने हर्षनाथ मन्दिर को कई ग्राम दान में दिये थे।

(6) **विग्रहराज द्वितीय**—सिंहराज का उत्तराधिकारी उसका पुत्र विग्रहराज द्वितीय था। यह अपने युग का एक पराक्रमी योद्धा था। इसने गुजरात के चालुक्य वंश के राजा मूलराज प्रथम (942-941 ई०) पर आक्रमण किया और सारस्वत-मण्डल तथा लाट का दमन करते हुए नर्मदा नदी तक पहुँच गया। विवश होकर मूलराज को विग्रहराज के साथ सन्धि करनी पड़ी। इसके विरुद्ध नभचन्द्र सूरी के हम्मीर-महाकाव्य के अनुसार विग्रहराज ने मूलराज को मार डाला था। विग्रहराज ने नर्मदा नदी के तट पर भृगुकच्छ में आभापुरी देवी का निर्माण करवाया।

(7) **दुर्लभराज द्वितीय**—विग्रहराज द्वितीय के पश्चात् उसका छोटा भाई दुर्लभराज द्वितीय शासक हुआ। इसने नड्डुल की चाहमान वंश की दूसरी शाखा के राजा महेन्द्र पर आक्रमण किया और उसे पराजित किया। इसका राज्य पूर्व में जयपुर तक, पश्चिम में जोधपुर तक, उत्तर में सिकरा तक और दक्षिण में अजमेर तक फैला हुआ था।

(8) **गोविन्दराज द्वितीय**—दुर्लभराज के पश्चात उसका पुत्र गोविन्दराज द्वितीय सिंहासन पर बैठा। इसी के समय भारत पर महमूद गजनवी के आक्रमण हुए। इसके पश्चात वाक्पतिराज द्वितीय और वीर्यराम ने क्रमश: शासन किया। वीर्यराम को युद्ध में परमार नरेश भोज (1020-47) ने मार डाला था।

(3) चन्देल वंश

इस वंश का उदय जेजाकभुक्ति (बुन्देलखण्ड) प्रदेश में हुआ था जो यमुना तथा नर्मदी नदियों के बीच स्थित था। ये लोग अपने को 'चन्द्राश्रेय' नामक व्यक्ति का वंशज

मानते थे। इसलिए इनको चन्देल कहा जाता है। प्रारम्भ में चन्देल लोग प्रतिहारों के सामन्त के रूप में कार्य करते थे। बाद में स्वतंत्र रूप से शासन करने लगे।

(1) **नन्नुक**—9वीं शताब्दी के आरम्भ में नन्नुक ने दक्षिणी बुन्देलखण्ड में शासन किया।

(2) **वाक्पति और जयशक्ति**—नन्नुक के पश्चात उसका पुत्र वाक्पति और उसके बाद उसके पुत्र जयशक्ति ने शासन किया।

(3) **विजयशक्ति**—जयशक्ति के पश्चात् उसका भाई विजयशक्ति शासक बना। खजुराहो अभिलेख से ज्ञात होता है उसने अपने पित्र की सहायता के लिए सुदूर दक्षिण तक अपनी सेना भेजी थी। स्पष्ट है कि अब तक चन्देल शक्तिशाली हो चुके थे और दूसरों की सेना से सहायता प्राप्त करते थे।

(4) **राहिल तथा हर्ष**—विजयशक्ति के पश्चात क्रमश: राहिल और हर्ष शासक बने। हर्ष ने 900 से 925 ई० तक शासन किया। सम्भवत: उसने भोज द्वितीय के विरुद्ध महिपाल की सहायता की थी।

(5) **यशोवर्मन**—हर्ष के पश्चात यशोवर्मन राजा बना। यह इस वंश का पराक्रमी शासक था। उसने चेदियों, कोशलों, और अन्य कई पड़ोसी राज्यों पर विजय प्राप्त की। इस विजय से चन्देल उत्तरी भारत में सर्वाधिक शक्तिशाली बन गये थे। खजुराहो के 645 ई० के अभिलेख के अनुसार वह गुर्जरों का कट्टर शत्रु था और उसने कालिंजर का दुर्ग आसानी से जीत लिया था। कुछ प्रमाणों से पता चलता है कि सम्भवत: उसने गौड़ और मिथिला पर भी विजय प्राप्त की।

यशोवर्मन एक महान विजेता के साथ कुशल शासन प्रबन्ध भी था। उसने प्रतिहार देवपाल से बैकुण्ठ (विष्णु) की मूर्ति प्राप्तकर खजुराहो के प्रसिद्ध मन्दिर की स्थापना की। उसने एक सरोवर का भी निर्माण करवाया। 950 ई० में उसकी मृत्यु हो गयी।

(6) **धंग**—यशोवर्मन के पश्चात धंग चन्देल वंश की गद्दी पर बैठा। उसने चन्देल वंश की प्रतिष्ठा को और अधिक बढ़ाया। उसने उत्तर और दक्षिणी भारत के कई राज्यों पर विजय प्राप्त की। मऊ के अभिलेख से पता चलता है कि कन्नौज के राजा को उसने पराजित किया था। 998 ई० के अभिलेख से उसके द्वारा प्रतिहारों से वाराणसी छीन लेने का संकेत मिलता है। 1002 ई० के खजुराहो अभिलेख से पता चलता है कि उसने कौशल, सिंहल, क्रथ, कुन्तल, कांची, आन्ध्र-राढ़ा और अंग राज्यों पर विजय प्राप्त की परन्तु यह काव्यात्मक वर्णन है। इसलिए अतिशयोक्तिपूर्ण कहा जा सकता है। फरिश्ता के विवरण से ज्ञात होता है कि उसने 989-990 ई० में पंजाब के जयपाल को अमीर सुबुक्तगीन को पराजित करने में सहायता की।

इस प्रकार धंग एक शक्तिशाली शासक था। उसने 'महाराजाधिराज' की उपाधि धारण की थी। उसके शासन काल में खजुराहो में कई मन्दिर बनाये गये। उसका मंत्री प्रभास न्याय दर्शन का ज्ञाता था। 1002 ई० में उसने प्रयाग में जल समाधि ले ली थी।

(4) परमार वंश

उत्पत्ति—एक अनुश्रुति के अनुसार ऋषि विश्वामित्र ने ऋषि वशिष्ट की कामधेनु चुरा ली थी। उसे प्राप्त करने के लिए वशिष्ट ने आबू पर्वत पर यज्ञ किया। यज्ञ कुण्ड से एक वीर योद्धा का जन्म हुआ जिसने विश्वामित्र से कामधेनु छीनकर वशिष्ठ को लौटा दी। वशिष्ट ने खुश होकर इस योद्धा को 'परमार' (शत्रु नाशक) नाम दिया। इस योद्धा के नाम पर उसके वंश का नाम परमार वंश पड़ा। परन्तु परमार वंश के सर्वाधिक प्राचीन अभिलेख—हरसोल अभिलेख—के अनुसार इस वंश की उत्पत्ति राष्ट्रकूट वंश से हुई थी। इसकी पुष्टि दोनों के समान उपाधियों से भी होती है। परमार वंश के कुछ राजाओं ने अमोघवर्ष और पृथ्वीवल्लभ आदि उपाधि धारण की थी। प्रारम्भ में परमार वंश उज्जैन में शासन करते थे परन्तु आगे चलकर अन्हिलवाड़ के चालुक्यों के भय से धार में अपनी राजधानी स्थापित की।

(1) **उपेन्द्र**—यह परमार वंश का प्रथम उल्लेखनीय शासक माना जाता है। डा० गांगुली के अनुसार राष्ट्रकूट शासक गोविन्द तृतीय ने मालवा जीतकर वहाँ उपेन्द्र को अपना सामन्त नियुक्त किया था।

(2) **वैरिसिंह प्रथम**—उपेन्द्र की मृत्यु के पश्चात् उसका पुत्र वैरिसिंह प्रथम गद्दी पर बैठा।

(3) **सीयक प्रथम**—यह वैरिसिंह का पुत्र था। सम्भवत: यह भी सामन्त था।

(4) **वाक्पति प्रथम**—सीयक प्रथम की मृत्यु के पश्चात उसका पुत्र वाक्पति प्रथम शासक बना। डा० गांगुली के अनुसार उसने अपने स्वीकार राष्ट्रकूट नरेश चन्द्र तृतीय के साथ प्रतिहार नरेश महिपाल प्रथम के विरुद्ध युद्ध किया था। उदयपुर प्रशस्ति के अनुसार वाक्पति अपनी सेना के साथ गंगा तट तक गया था।

(5) **वैरिसिंह द्वितीय**—वाक्पति प्रथम के पश्चात उसका पुत्र वैरिसिंह द्वितीय गद्दी पर बैठा। उसके शासन काल में कन्नौज के प्रतिहार नरेश महिपाल प्रथम ने अपने कल्चुरि वंशीय सामन्त भाभान्नदेव के साथ मिलकर मालवा पर पुन: अधिकार कर लिया परन्तु उदयपुर लेख से ज्ञात होता है कि कुछ समय पश्चात् वैरिसिंह द्वितीय ने मालवा पर पुन: अधिकार कर लिया।

(6) **सीयक द्वितीय**—वैरिसिंह के पश्चात सीयक द्वितीय शासक बना। उसने महाराजाधिराज और 'महामण्डलेश्वर' 'चूड़ामणि' आदि उपाधियाँ धारण कीं। 949 ई० हरसिला के अभिलेख से ज्ञात होता है कि उसने खेटमण्डल के साथ मित्रता कर

चालुक्य वंशीय अवन्तिवर्मन द्वितीय को पराजित किया। 'नवसाहशांकचरित' से ज्ञात होता है कि उसने हूणों को भी हराया। इसी अभिलेख के अनुसार उसने रूडापाटी के स्वामी को भी हराया था। उसका संघर्ष चन्देल शासक यशोवर्मन से भी हुआ जिसमें सीयक द्वितीय हार गया। 972 ई० में उसने मान्यखेट पर अधिकार कर लिया।

(7) **मुंज**—वाक्पति द्वितीय या मुंज या उत्पलराज लगभग 972 ई० में शासक बना। उसने 'पृथ्वीबल्लभ' 'श्रीबल्लभ' और 'अमोघवर्ष' की उपाधियां धारण कीं। उसका साम्राज्य अनेक शक्तियों से घिरा हुआ था।

विजयें

(1) **गुहिलों पर आक्रमण**—उसने शासन के आरम्भ में मेवाड़ के गुहिल शासक (नवाहन या शक्तिकुमार) को हराकर उनकी राजधानी आघार (आहड़) को लूटा। उसने गुहिल शासक के मित्र को भी हराया।

(2) **चाहमानों से युद्ध**—मुंज का साम्राज्य चाहमानों के साम्राज्य से अधिक विस्तृत हो गया था। इसलिए दोनों के मध्य संघर्ष हुआ। ऐसा प्रतीत होता है कि प्रारम्भ में मुंज हार गया परन्तु बाद में शक्ति जुटाकर विजय प्राप्त की।

(3) **हूणों पर विजय**—कौथुन अनुदान और गिओनरी अभिलेख से पता चलता है कि उसने हूणों पर विजय प्राप्त की।

(4) **कल्चुरियों का महत्व**—उदयपुर प्रशस्ति से ज्ञात होता है कि मुंज ने कल्चुरि युवराज द्वितीय को हराकर त्रिपुरी को लूटा था परन्तु उसे अपने साम्राज्य में नहीं मिलाया।

(5) **कर्नाटों, लाटों, केरलों एवं चोलों पर विजय**—उदयपुर प्रशस्ति से ज्ञात होता है कि उसने कर्नाटों, लाटों, केरलों और चोलों का दमन किया। परन्तु ब्युलर महोदय का कथन है कि मालवा से इतनी दूर स्थित प्रदेशों पर मुंज की विजय की बात सन्देहपूर्ण प्रतीत होती है। कर्नाटक में राष्ट्रकूटों के पतन के बाद कल्याणी का चालुक्य तैलप द्वितीय शक्तिशाली हो गया था। मुंज की आक्रमणकारी नीति की वजह से उसका सामना तैलप द्वितीय से भी हुआ। मेरुतुग से पता चलता है कि मुंज ने तैलप द्वितीय को एक से अधिक बार हराया। और अन्त में उनसे पराजित हुआ। उदयपुर प्रशस्ति पर मुंज की कर्नाटक पर विजय का उल्लेख है। ऐसा लगता है कि पहले मुंज सफल हुआ था, तैल द्वितीय हारने के बाद भी बार-बार आक्रमण करता रहा। अन्त में यह सफल हुआ। उसने मुंज की हत्या कर दी और परमार साम्राज्य के दक्षिण भाग पर अधिकार कर लिया।

मुंज का साम्राज्य पूर्व में भिलसा से लेकर पश्चिम में साबरमती तक और उत्तर झालावाड़ की दक्षिण सीमा से लेकर दक्षिण में ताप्ती नदी तक फैला था।

सांस्कृतिक उपलब्धियां—मुंज स्वयं विद्वान था। उदयपुर प्रशस्ति के अनुसार उस शास्त्र का ज्ञान था। वह विद्वानों का आश्रयदाता था. उसका प्रमुख राजकवि पद्मगुप्त था जिसने 'नवसाहसांकचरित' की रचना की। 'दशरूप' का रचयिता धनंजय और 'दशरूपावलोक' के रचयिता धनिक भी मुंज के सभासद थे। तत्कालीन अन्य विद्वानों में हलायुथ, अमितगति और शोभन विशेषरूप से उल्लेखनीय हैं। मुंज एक महान वास्तु निर्माता भी था। उसने उज्जैन, माहेश्वर और आदि स्थानों पर अनेक मन्दिरों का निर्माण करवाया। उसने अनेक सरोवर भी बनवाये जिसमें धार का मुंजसागर उल्लेखनीय है। सम्भवत: 998 ई० में मुंज की मृत्यु हो गयी।

मुंज के बाद परमारवंश में सिन्धराज, भोज, जयसिंह आदि अनेक शासक हुए जिन्होंने लगभग 1000 ई० के बाद शासन किया।

(5) सोलंकी वंश

इस वंश का उदय गुजरात में हुआ। इसीलिए इस वंश को गुजरात का चालुक्य वंश भी कहते हैं। इस वंश का संस्थापक मूलराज नामक व्यक्ति था, जिसने 941 ई० से 995 ई० तक शासन किया। सोलंकियों की राजधानी अन्हिलवाड़ था। इस वंश का दूसरा शक्तिशाली राजा प्रथम था। उसे महमूद गजनवी के आक्रमण का सामना करना पड़ा। 1023 ई० में महमूद गजनवी एक विशाल सेना लेकर सोमनाथ के मन्दिर पर चढ़ आया था। भीम भयभीत होकर भाग गया और महमूद ने मन्दिर को खूब लूटा। महमूद के चले जाने पर भीम ने अपनी स्थिति सुधारने का प्रयास किया।

इस वंश का सर्वाधिक प्रतापी राजा जयसिंह सिद्धराज था। गद्दी पर बैठते ही उसने अपने पड़ोस के राज्यों को जीतना आरम्भ किया। उसने सौराष्ट्र को जीतकर अपने राज्य में मिला लिया। चाहमान राजा को भी उसने परास्त किया। परमार राजाओं के साथ उसका लम्बे समय तक संघर्ष चलता रहा। अन्त में मालवा पर उसने अपना प्रभुत्व स्थापति कर लिया। सिद्धराज ने बुदेलखंड पर आक्रमण कर दिया परन्तु चन्देल राजा ने उसे परास्त कर दिया। सिद्धराज शिव का उपासक था। उसने बहुत से मन्दिर बनवाये थे। साहित्य में भी उसे बहुत रुचि थी। इस वंश का अंतिम शक्तिशाली शासक भीम हुआ था। उसके शासन काल में मुहम्मद गौरी ने गुजरात पर आक्रमण कर दिया। 1197 ई० में कुतुबुद्दीन ने अन्हिलवाड़ पर अपना अधिकार स्थापित कर लिया। इसके 100 वर्ष पश्चात 1297 ई० में अलाउद्दीन खिलजी ने गुजरात को जीत लिया और उसे अपने साम्राज्य में मिला लिया।

(6) सेन वंश

पाल वंश के पतन के पश्चात् बंगाल में सेन वंश का शासन आरम्भ हुआ। इस वंश का संस्थापक सामन्तसेन था जिसने 11वीं शताब्दी के मध्य में उड़ीसा में अपना राज्य स्थापित किया। इस वंश का वीर तथा योग्य शासक विजयसेन था। उसने गौड़ राजा मदनपाल को परास्त करके बंगाल पर अधिकार कर लिया था। वह शैव धर्म का अनुयायी था। उसने देवपाड़ा में एक शिवमन्दिर और एक झील का निर्माण करवाया था।

विजयसेन की मृत्यु के पश्चात उसका पुत्र बल्लालसेन गद्दी पर आसानी हुआ। वह हिन्दू धर्म का कट्टर अनुयायी था। वह उच्च कोटि का विद्वान तथा लेखक भी था। इस वंश का अंतिम प्रतिभाशाली शासक लक्ष्मणसेन था। उसने गौड़, कलिंग, काशी तथा कामरूप पर विजय प्राप्त की थी। वह वैष्णव धर्म का अनुयायी था। इसी के शासन काल में मुहम्मद-बिन बख्तियार खिजली ने बंगाल पर आक्रमण कर उस पर अधिकार कर लिया और सेन वंश का अन्त कर दिया।

(7) कल्चुरि वंश

कल्चुरि वंश का सम्बन्ध चेदि वंश और हैहय वंश से भी जोड़ा जाता है। इस वंश की उत्पत्ति क्षत्रिय सहस्रार्जुन से हुई थी। पुराणों के अनुसार सहस्त्रार्जुन ने रावण को पराजित किया। एक अनुश्रुति के अनुसार हैहयों ने सूर्यवंशी कोशल-नरेश सागर को भी पराजित किया था। इस राजवंश की राजधानी त्रिपुरी थी जो आधुनिक मध्य प्रदेश में जबलपुर के समीप तेवर नामक गाँव है।

(1) कोक्कल प्रथम—इस वंश का सर्वप्रथम महत्त्वपूर्ण राजा कोक्कल प्रथम था। बिल्हरी अभिलेख में इसे हैहय वंशीय अर्जुन की सन्तान कहा गया है। इसी अभिलेख के अनुसार हैहय वंश चन्द्रवंशी था। कोक्कल सम्भवत: 842 ई० में गद्दी पर बैठा। सिंहासनारोहण के पश्चात उसने कन्नौज के प्रतिहारों तथा उनके सामन्तों के विरुद्ध संघर्ष किया और उनके कई क्षेत्रों को छीन लिया। उसने तुर्कों को भी पराजित किया। उसने बंगाल पर विजय की। अपने शासन काल के अन्त में उसने दकन के राष्ट्रकूट राजा कृष्ण द्वितीय को हराया। उसके समक्ष कोकण के सामन्त ने आत्मसमर्पण किया। इन विजयों से कल्चुरि साम्राज्य का गौरव बढ़ गया। सम्भवत: 887 ई० में उसकी मृत्यु हो गयी।

(2) गांगेय देव—कल्चुरि वंश का सर्वाधिक प्रसिद्ध सम्राट गांगेय देव था जो कोक्कल द्वितीय का पुत्र था। उसने विक्रमादित्य की उपाधि धारण की थी। उसने अपने साम्राज्य का पर्याप्त विस्तार किया था। इसने कोशल के सोमवंशी राजा महाशिवगुप्त

ययाति से युद्ध किया। यह निश्चित रूप से नहीं कहा जा सकता कि अन्त में किसकी विजय हुई। दोनों पक्ष अपनी-अपनी विजय का उल्लेख करते हैं। तत्पश्चात् गांगेयदेव ने उत्कल पर आक्रमण करके उस पर अधिकार कर लिया। कल्चुरि अभिलेखों से ज्ञात होता है कि उसने अंग नरेश को भी पराजित किया था। इस विजय के परिणामस्वरूप गांगेयदेव ने वाराणसी प्रदेश महिपाल से छीन लिया। गांगेयदेव ने बुन्देलखण्ड पर अधिकार करना चाहा। परन्तु महोबा अभिलेख से पता चलता है कि वहाँ के चन्देल नरेश विजयपाल ने उसे पराजित कर दिया। दक्षिण ने चालुक्य नरेश जयसिंह द्वितीय के विरुद्ध गांगेयदेव, परमार भोज और राजेन्द्र चोल ने एक संघ बनाया था। परन्तु बेलगांव अभिलेख से प्रकट होता है कि जयसिंह ने इन सबको पराजित कर दिया। ऐसा प्रतीत होता है कि कुछ समय पश्चात् गांगेयदेव और परमार भोज की अनबन हो गयी। धारा प्रशस्ति का कथन है कि भोज ने गांगेयदेव को परास्त किया। इसके शासन काल में ही पंजाब के मुस्लिम गवर्नर अहमद नियाल्तगीन ने आक्रमण किया और बनारस को खूब लूटा। तत्पश्चात गांगेयदेव ने कीर (पंजाब) पर आक्रमण किया और मुसलमानों को पराजित किया। सम्भवतः उसका साम्राज्य सुखी और सम्पन्न था, क्योंकि उसकी अनेक सोने की मुद्रायें प्राप्त हुई हैं सम्भवतः 1034 और 1042 ई० के मध्य उसकी मृत्यु हो गयी। इस वंश का अंतिम प्रसिद्ध शासक लक्ष्मीकर्ण था। परमारों और चन्देलों के निरन्तर संघर्ष चलने के कारण कल्चुरि वंश की अधिक उन्नति नहीं हो सकी और तेरहवीं शताब्दी में उसका अन्त हो गया।

यशोवर्मा (725-752)

हर्ष के पश्चात कन्नौज के शासकों में यशोवर्मा एक विख्यात शासक था। उसके राजवंश को लेकर विद्वानों में विवाद है। कतिपय जैन ग्रन्थों में उसका सम्बन्ध मौर्यवंश से जोड़ा गया है और कुछ विद्वान 'वर्मन' शब्द के आधार पर उसे मौखरियों से सम्बद्ध करते हैं। परन्तु यह विचार स्वीकार करने योग्य नहीं है। चाहे जो भी हो, वह कन्नौज का प्रतापी शासक था। और डा० रमाशंकर त्रिपाटी के अनुसार उसने 725 ई० से 752 ई० तक शासन किया।

यशोवर्मा के इतिहास के स्रोत के रूप में नालन्दा अभिलेख, मुद्रायें, वाक्पति की रचना गौडबही, राजतरंगिणी प्रबन्धकोष और प्रभाकर चरित आदि से जानकारी प्राप्त होती है।

(1) **विजयें**—वाक्पति के 'गौडबहो' से उसकी विजयों के विषय में जानकारी मिलती है। इसके अनुसार वह दक्षिणी पूर्वी भाग से चलकर बीच के प्रदेशों को जीतता हुआ विन्ध्यवासिनी देवी के मन्दिर में पहुँचा और वहाँ उसने पूजा आदि की। एक मन्दिर आज उत्तर प्रदेश के मिर्जापुर नगर के समीप है यदि वह यही मन्दिर था तो

यशोवर्मा के अभियान मार्ग का अनुमान लगाया जा सकता है। वह कन्नौज से चलकर कानपुर, फतेहपुर और प्रयाग होता हुआ मिर्जापुर पहुँचा होगा।

इसके पश्चात् गौडबहो में यशोवर्मा की मगध विजय का वर्णन आता है। उस समय मगध और गौड (पश्चिमी बंगाल) एक ही राज्य के अंतर्गत थे। यहाँ का राजा यशोवर्मा के विरुद्ध युद्ध करते हुए मारा गया। सम्भवत: यह उत्तरकालीन गुप्त वंश का जीवितगुप्त द्वितीय था।

मगध और गौड को जीतने के पश्चात् यशोवर्मा ने वंग (पूर्वी बंगाल) पर आक्रमण किया। डा० बसाक के अनुसार इस समय वहाँ का राजा खंग-वंशीय राजराज भट्ट था।

तत्पश्चात् यशोवर्मा दक्षिणी भारत की विजय करता हुआ समुद्रतट तक पहुंच गया। यहाँ से वह पश्चिमी घाट के किनारे किनारे होता हुआ नर्मदा नदी के तट पर पहुँचा और उसे पार कर वह मरूदेश से होता हुआ श्रीकण्ठ (थानेश्वर) आया। श्रीकण्ठ से उसने पूर्व की ओर अभियान किया और अन्त में अयोध्या में प्रवेश किया। कुछ समय के पश्चात् वह मन्दर पर्वत तक पहुँच गया और वहाँ के निवासियों ने उसकी अधीनता स्वीकार कर ली। इस प्रकार सम्पूर्ण भारत की दिग्विजय कर वह अपनी राजधानी वापस आ गया।

डा० स्मिथ इस दिग्विजय को वास्तविक मानते हैं। उसके अनुसार इस दिग्विजय में कोई अस्वाभाविकता नहीं है परन्तु डा० आर० एस० त्रिपाठी इस वर्णन को एकमात्र काव्यात्मक प्रशस्ति मानते हैं। इसका प्रमुख कारण यह है कि विजय यात्रा में पराजित किसी भी राजा का नाम नहीं दिया गया है। इस वर्णन में जो बात प्रमुख रूप से ऐतिहासिक स्वीकार की जा सकती है वह यशोवर्मा का गौड़ देश पर आक्रमण है और युद्ध में गौड़ नरेश की हार। यह मूल बात काव्य के गौडबहों काव्य से भी सिद्ध होती है।

(2) कला प्रेम—अपनी मगध विजय की खुशी में यशोवर्मा ने मगध में एक नगर की स्थापना की। कनिंघम् के अनुसार यह आधुनिक बिहार नामक नगर के स्थान पर था परन्तु कीलहर्न का विचार है कि यह नगर उस स्थान पर बसाया गया था जहाँ आजकल घोस्रावा बसा हुआ है।

(3) विद्याप्रेम—यशोवर्मा एक पराक्रमी शासक था। इसके साथ ही वह विद्याप्रेमी भी था। उसकी राजसभा में कम से कम दो महाकवि-वाक्पति और भवभूति रहते थे। वाक्पति स्वयं अपने को कविराज कहता है। इसका प्रसिद्ध ग्रन्थ 'गौडबहो' है। यह प्राकृत भाषा में लिखा गया है। भवभूति संस्कृत के महान नाटककारों में गिना जाता है। इसके तीन नाटक—'मालती माधव', 'महावीरचरित' और 'उत्तर रामचरित' हैं जो संस्कृत साहित्य की अमूल्य निधि हैं। यशोवर्मा स्वयं काव्य रचना का प्रेमी था या नहीं, यह निश्चित रूप से नहीं कहा जा सकता। कुछ विद्वानों के अनुसार यह 'रामाभ्युदय'

नामक नाटक का रचयिता था।

(4) धर्म—यशोवर्मा शैव था और कालप्रिय नाथ की पूजा करता था।

इस प्रकार यशोवर्मा एक विजेता, कलाप्रेमी, विद्याप्रेमी और शैव धर्म का समर्थक था।

कश्मीर का इतिहास

कश्मीर प्राचीन काल से झेलम और सहायक नदियों तथा पर्वतों से घिरा हुआ है। यहाँ अनके शासकों ने शासन किया फलस्वरूप इसकी साम्राज्य सीमा घटती बढ़ती रही है। विशाल और ऊँची पर्वत श्रेणियों से घिरी होने के कारण कश्मीर का सम्पर्क शेष भारत और विश्व से कम रहा है। इसलिए इस राज्य का स्वतंत्र रूप से विकास हुआ।

कश्मीर के इतिहास का मुख्य स्रोत कल्हण की 'राजतरंगिणी' है। परन्तु इससे भी सातवीं शताब्दी से पूर्व का इतिहास ज्ञात नहीं होता। अशोक के अभिलेखों से ज्ञात होता है कि कश्मीर उसके साम्राज्य का अंग था और वहाँ उसने कई स्तूपों का निर्माण करवाया था। अशोक की मृत्यु के पश्चात् उसके पुत्र जलौक के शासन काल में कश्मीर स्वतंत्र हो गया था। कुषाणों में कनिष्क और हुविष्क का भी कश्मीर पर अधिकार था।

1. कर्कोट वंश

सातवीं शताब्दी के आरम्भ में कश्मीर गोलन्द के पौराणिक कुल का अन्त हो गया। इसके बाद दुर्लभवर्धन नामक शासक ने यहाँ कर्कोट वंश की स्थापना की।

(1) दुर्लभवर्धन—चीनी यात्री ह्वेनसांग जब (631-33 ई०) कश्मीर पहूँचा तो यहाँ दुर्लभवर्धन का शासन था। चीनी यात्री के अनुसार उसकी अध्यक्षता में बौद्ध ग्रन्थों की प्रतिलिपि के लिए 20 लेखकों की नियुक्ति की गई थी। उसके काल में अशोक के सौ मठ और तीन स्तूप विद्यमान थे। दुर्लभवर्धन भी बौद्ध धर्म का अनुयायी था तथापि कश्मीर में ब्राह्मण धर्म की भी उन्नति हुई। ह्वेनसांग के अनुसार तक्षशिला, उरशा (हजारा), सिंहपुर, राजपुरी और पर्णोत्स प्रदेश उसके अधीन थे।

(2) दुर्लभक और चन्द्रापीड—दुर्लभवर्धन के बाद उसके पुत्रदुर्लभक ने लगभग 50 वर्ष शासन किया। उसके बाद चन्द्रापीड सिंहासनारूढ़ हुआ। उसके शासन काल में 713 ई० में अरबों की सेना कश्मीर की सीमा तक पहुँच गयी। चन्द्रापीड ने उसे पराजित किया। 720 ई० में चीन के सम्राट ने चन्द्रापीड को राजा की पदवी प्रदान की अर्थात् वह स्वतंत्र राजा बन गया था। चन्द्रापीड एक न्यायप्रिय और धार्मिक शासक था।

(3) ललितादित्य मुक्तापीड—यह कर्कोट वंश का सर्वाधिक शक्तिशाली शासक था जो दुर्लभक का तीसरा पुत्र था। उसने 724 ई० से 760 ई० तक शासन किया। उसने अनेक महत्वपूर्ण विजयें कीं। उसने 733 ई० में यशोवर्मन को पराजित किया। उसने

पंजाब के एक भाग को भी जीता। उसने कश्मीर के तुखलिस्तान देरददेश (उत्तरी कश्मीर) पर भी धावा बोला। उसने गौड़ नरेश को भी हराया और तिब्बतियों पर आक्रमण किया।

उसने चीन से संबंध बनाये रखने का प्रयास किया। उसने चीनी सम्राट ह्युएन-त्सुंग (713-55) के पास अपने राजदूत भेजे थे। यह उल्लेखनीय है कि इस समय कश्मीर में चीनी प्रभाव स्थापित था। एक चीनी वृत्तान्त के अनुसार ललितादित्य ने अभिषेक के लिए चीनी सम्राट से अनुमति माँगी थी। ललितादित्य ने हुष्कपुर तथा अन्य कई स्थानों पर बौद्ध बिहार बनवाये थे। यही नहीं, उसने ब्राह्मण देवताओं यथा शिव और विष्णु के भी मन्दिर बनवाये। उसके द्वारा बनवाया गया मार्तण्ड मन्दिर बहुत अधिक प्रसिद्ध है। 760 ई० में ललितादित्य की मृत्यु हो गई।

(4) **जयापीड विनयादित्य**—उसने मध्य देशों में कश्मीर की धाक जमाने का प्रयास किया परन्तु उसे सफलता नहीं प्राप्त हुई। वह अपने शासन के अन्तिम दिनों में आर्थिक संकट में फंस गया था। इसके बाद कश्मीर की सत्ता कमजोर शासकों के हाथ में आयी जिसके कारण कर्कोट वंश का पतन हो गया और नवीं शताब्दी के अंत में उत्पल वंश की स्थापना हुई।

2. उत्पल वंश

(1) **अवन्तिवर्मन**—855 ई० में अवन्तिवर्मन ने कश्मीर में उत्पल वंश की स्तापना की। इस समय कश्मीर में बहुत अधिक अशान्ति थी। इसलिए अवन्तिवर्मन ने शासन में व्यवस्था, आन्तरिक सुरक्षा तथा आर्थिक सुधार किये। सर्वप्रथम उसने डामरों का दमन किया जो अभिजातवर्ग लुटेरे थे और जिनके आतंक से कश्मीर अव्यवस्थित हो गया था। उसके मंत्री सुट्टा ने सौपुर में अनेक निर्माण कार्य करवाये। उसने कृषि के लिए नहरें बनवायीं और झेलम की धारा बदलवा दी जिसकी बाढ़ से बचाकर भूमि को उपजाऊ बनाया और उत्पादन के बढ़ाया जिससे लोगों को अनाज (चावल) सस्ता मिलने लगा।

अवन्तिवर्मन एक कुशल व्यक्ति था। उसने मन्दिर बनवाये तथा उनके व्यय का प्रबन्ध किया और ब्राह्मणों को खूब दान दिया। वह भी विद्वानों का आश्रयदाता था। 'ध्वन्यालोक' का प्रसिद्ध रचयिता आनन्दवर्धन उसके दरबार की शोभा था। अवन्तिवर्मन का नाम वंतपोर अवन्तिपुर के विद्यमान नगर में सुरक्षित है।

(2) **शंकरवर्मन**—883 ई० में अवन्तिवर्मन की मृत्यु के पश्चात् कश्मीर में शंकरवर्मन शासक हुआ। उसने अपने पिता की शांतिप्रिय नीति के स्थान पर युद्ध की नीति अपनायी। उसने दर्वाभिसार (विस्तता और चन्द्रभागा के मध्य का भाग) पर आक्रमण

किया तथा त्रिगर्त (कांगड़ा) में अपना प्रभाव स्थापित किया। शंकरवर्मन ने मिहिरभोज द्वारा विजित कुछ प्रदेशों को महेन्द्रपाल प्रथम प्रतिहार से छीनकर थक्कीय राजा को प्रदान किये। 902 ई० में उसकी मृत्यु हो गयी।

(3) अन्य उत्पल शासक—शंकरवर्मन के पश्चात् उसके सभी उत्तराधिकारी अयोग्य थे। इस वंश का अंतिम शासक शूरवर्मा द्वितीय हुआ। 939 ई० में उसकी मृत्यु हो गयी। इसके पश्चात् ब्राह्मणों की एक सभा ने तत्कालीन शासक गोपाल वर्मा के मंत्री प्रभाकरदेव के पुत्र यशस्कर को शासक बनाया। उसने 9 वर्ष (939-948 ई०) शासन किया और राज्य की स्थिति में पर्याप्त सुधार किये। उसके पुत्र और उत्तराधिकारी संग्रामदेव को उसके मंत्री पर्वगुप्त ने 949 ई० में मार डाला और गद्दी हथिया ली।

(4) पर्वगुप्त का वंश—पर्वगुप्त बहुत दिन जीवित नहीं रहा। एक वर्ष में ही उसकी मृत्यु हो गयी। उसके पश्चात् उसका पुत्र क्षेमगुप्त (950-958 ई०) शासक बना। उसका विवाह लोहक राजवंश की राजकुमारी सिद्धा से हुआ था। जो एक महत्वाकांक्षी स्त्री थी। वह प्राय: 59 वर्षों तक अपने पति, उसके पश्चात् अपने पुत्र अभिमन्यु और तत्पश्चात् अभिभावक के रूप में कश्मीर की सत्ता अपने हाथ में बनाये रखी। 1003 ई० में उसकी मृत्यु हो गयी। इसी समय उसने अपने भतीजे संग्रामराज को अपना उत्तराधिकारी बनाया।

19 भारत पर अरबों का आक्रमण

(I)

इस्लाम धर्म का उत्थान

विश्व-इतिहास में इस्लाम धर्म का उत्थान एक महत्वपूर्ण घटना है। अरब के रेगिस्तान में इसकी उत्पत्ति हुई तथा अरबों, ईरानियों और तुर्कों ने इसके प्रसार में मुख्य भाग लिया। पैगम्बर मुहम्मद (570-632 ई०) ने प्रचार और तलवार के बलबूते इसकी सुरक्षा और विस्तार किया जिससे प्रारम्भ से ही इसका स्वरूप एक सैनिक धर्म की भाँति हो गया। 100 वर्ष से भी कम समय में इसका और इसके मतावलम्बियों के साम्राज्य का विस्तार पश्चिम में एटलाण्टिक समुद्र में पूर्व में सिन्धु नदी तक और उत्तर में कैस्पियन सागर से दक्षिण में नील नदी की घाटी तक हो गया जिसमें स्पेन, पुर्तगाल, फ्रान्स का दक्षिणी भाग, उत्तरी अफ्रीका, सम्पूर्ण मिश्र, अरब, सीरिया, मैसोपोटामिया, आर्मीनिया, पर्शिया, सम्पूर्ण मध्य-एशिया, अफगानिस्तान, बलूचिस्तान, सिन्ध आदि सम्मिलित थे। तलवार की शक्ति पर आधारित इस्लाम की शक्ति का इतने थोड़े समय में प्रसार और उसकी विजय इतिहास की महत्वपूर्ण घटना थी। विभिन्न छोटी-छोटी शक्तियाँ और धार्मिक सम्प्रदाय ही नहीं अपितु बड़ी-बड़ी शक्तियाँ और प्राचीन धर्म भी इस्लाम की बढ़ती हुई शक्ति के आगे झुकते चले गये। यूरोप के ईसाई राज्यों ने इस्लाम की शक्ति को रोकने के लिए विभिन्न प्रयत्न किये और यदि 716 ई० में कुस्तुनतुनिया के निकट थियोडोरस तृतीय ने तथा 732 ई० में टूअर्स के युद्ध में चार्ल्स ने इस्लाम की सेनाओं को परास्त करने में सफलता न पायी होती तो सम्भवतया सम्पूर्ण यूरोप इस्लामी सत्ता और धर्म को स्वीकार करने के लिए बाध्य हो जाता। इसके बावजूद भी यूरोप इस्लाम के भय से मुक्त न हो सका। ऑटोमान-तुर्कों ने एक बार फिर इस्लाम की शक्ति को यूरोप में फैलाया। रोमन-साम्राज्य, कुस्तुनतुनिया, बाल्कन प्रदेश और सम्पूर्ण पूर्वी यूरोप इस्लाम की शक्ति के आगे झुक गया और ईसाई राज्यों के संयुक्त प्रयत्न तथा विभिन्न धर्म-युद्ध भी इस्लाम के तूफान के सम्मुख असफल रहे। इस्लाम की इस बढ़ती हुई शक्ति का मुकाबला भारत को भी करना पड़ा। प्राय: तीन सौ वर्ष तक भारत ने अपनी पश्चिमोत्तर सीमाओं पर इसे रोककर रखा परन्तु अन्त में वह परास्त हो गया और इस्लाम ने भारत में प्रवेश किया।

पैगम्बर मुहम्मद

570 ई० में इस्लाम धर्म के संस्थापक हजरत मुहम्मद का जन्म मक्का (अरब) में हुआ। बचपन में ही उनके माता-पिता की मृत्यु हो गयी। इस कारण उनका लालन-पालन उनके चाचा अबू तालिब ने किया। मुहम्मद प्रारम्भ से ही अल्लाह के भक्त थे। चालीस वर्ष की आयु में उन्हें यह आत्मज्ञान हुआ कि वह अल्लाह के पैगम्बर हैं और उन्होंने स्वयं को नबी (पैगम्बर) और रसूल (ईश्वर का दूत) घोषित कर दिया। उस समय अधिकांश अरब-निवासी मूर्ति-पूजक थे। वह उल्लाह को मानते थे परन्तु अल्लाह की पूजा नहीं करते थे अपितु प्राय: 300 अन्य देवी-देवताओं की पूजा करते थे जिनकी मूर्तियाँ अथवा चिह्न काबा में रखे गये थे। उनमें से अल्लाह की बेटियों के रूप में लाट, मानत और उजा की पूजा प्रमुख थी और केवल हाबल की एक मूर्ति पूर्ण थी। उस समय तक अरबों का न तो कोई धार्मिक ग्रन्थ था और न कोई धार्मिक दर्शन। उनका मुख्य तीर्थस्थान मक्का का काबा था जो एक ऐसा घेराबन्द स्थान था जिसकी छत न थी और जिसमें अरबों के देवी-देवताओं की मूर्तियाँ अथवा उनके प्रतीक रखे गये थे। इसकी स्थापना अब्राह्म और इस्माइल ने की थी। बाद में भी इसमें कोई महत्वपूर्ण परिवर्तन नहीं किया गया। हज की धार्मिक क्रियाएँ भी काबा में नहीं की जातीं अपितु उसके इर्द-गिर्द की उस भूमि में की जाती हैं जिसे हातिम पुकारते हैं। अरब उस समय विभिन्न फिरकों में बँटा हुआ था जिनमें आपस में युद्ध होते रहते थे। हजरत मुहम्मद ने मूर्ति-पूजा का विरोध किया, विभिन्न देवी-देवताओं को मानने से इन्कार किया और एक अल्लाह में विश्वास करने का प्रचार किया। मक्का के निवासी उनके विचारों से असन्तुष्ट हो गये। उस समय यासरिब जो बाद में मदीना (पैगम्बर का शहर) कहलाया, औस तथा खजराज नामक दो अरब-फिरकों के झगड़े का केन्द्र बना हुआ था। इन दोनों फिरकों ने पैगम्बर मुहम्मद को मदीना आने का निमंत्रण दिया जिससे वह उन दोनों के झगड़ों का न्यायपूर्ण निर्णय करें। उस समय तक मुहम्मद को विभिन्न अरब-फिरकों की आर्थिक स्थिति और उनके पारस्परिक झगड़ों का बहुत अच्छा ज्ञान हो गया था और अरब में प्रचलित यहूदी और ईसाई धार्मिक विचारों के बारे में भी उन्हें अच्छी जानकारी थी। 662 ई० में वह मक्का को छोड़कर मदीना चले गये। वहाँ उनके धार्मिक विचारों का स्वागत हुआ। मुहम्मद किसी भी अरब-फिरके का नेता होने का दावा नहीं कर सकते थे। इस कारण, उनके पास कोई राजनीतिक शक्ति न थी। परन्तु उन्होंने जिस मुसलमान-सम्प्रदाय (मिल्लत) की स्थापना की, वह धीरे-धीरे सभी फिरकों में श्रेष्ठ और शक्तिशाली बन गया। मुहम्मद ने ही कुरान (इस्लाम का धार्मिक ग्रन्थ) की रचना की। धीरे-धीरे सम्पूर्ण अरब को उन्होंने धार्मिक और राजनीतिक एकता के सूत्र में बाँध दिया। इसके लिए उन्होंने युद्ध भी किये। स्वयं मुहम्मद ने कोई स्थायी सेना नहीं रखी थी। उनके कोई स्थायी रक्षक भी न थे, न कोई खजाना था और न कोई स्थायी दफ्तर।

उनके सभी कार्य स्वयंसेवकों द्वारा अथवा विभिन्न अवसरों पर उनके द्वारा नियुक्त किये गये प्रतिनिधियों के द्वारा किये जाते थे। मुहम्मद अपने समर्थकों की सलाह को सुनते थे और उन्हें अपनी आलोचना तक करने का अधिकार देते थे। परन्तु प्रत्येक विषय में अंतिम निर्णय उन्हीं का होता था। इस प्रकार इस्लाम का प्रचार करने के साथ-साथ मुहम्मद ने परिस्थितियोंवश एक राजनीतिक व्यवस्था और एक राज्य की स्थापना भी की और वह स्वयं उसके प्रधान बन गये यद्यपि सर्वदा पैगम्बर ही कहलाये और उन्होंने कभी भी किसी अन्य पद अथवा स्थिति को स्वीकार नहीं किया। 632 ई० में उनकी मृत्यु हो गयी।

उमय्यद खलीफा

पैगम्बर मुहम्मद ने अपना कोई उत्तराधिकारी नियुक्त नहीं किया। इस कारण मदीना में हुई एक जनसाधारण सभा में अबू बक्र को उनकी उत्तराधिकारी चुना गया। पैगम्बर मुहम्मद के उत्तराधिकारी खलीफा कहलाये। इस कारण अबू वक्र पहला खलीफा हुआ। उसका वंश उमय्यद कहलाया। इस कारण पहले खलीफा उमय्यद-खलीफा कहलाये। 633 ई० से 750 ई० तक के समय में उमय्यद-वंश के 18 खलीफा हुए।[1] जिनमें से प्रथम चार खलीफा पवित्र खलीफा माने गये और बाद के 14 खलीफा धार्मिक प्रधान होने के साथ-साथ शासक भी माने गये, यद्यपि पहले खलीफा अबू वक्र के समय में ही पैगम्बर मुहम्मद की मृत्यु के उपरान्त होने वाले विभिन्न विद्रोहों के दमन की आवश्यकता के कारण खलीफा एक धर्म का ही नहीं अपितु एक राज्य का प्रधान और मदीना उस राज्य की राजधानी बन गया था। उसकी मृत्यु बीमारी से हुई और उसने उमर को अपना उत्तराधिकारी बनाया। दूसरा खलीफा उमर हुआ जिसे एक आदर्श खलीफा माना गया और जिसके समय में महान् विजयें की गयीं। सीरिया, मिस्र, ईरान आदि को उसके समय में विजय किया गया। उमर ने अमीरूल-गिल की उपाधि ग्रहण की। उसके समय में इस्लाम के अतिरिक्त अन्य सभी धर्मों को मानने वालों को अरब से बाहर बसाया गया और अरब को पूर्णतया अरबों और इस्लाम का प्रदेश बना

---

1. (1) अबू वक्र (633-634 ई.), (2) उमर प्रथम (634-644 ई.), (3) उस्मान (644-656 ई.), (4) अली (656-661 ई.), (5) मुअव्विया (661-680 ई.), (6) याजिद (680-683 ई.), (7) मुअव्विया द्वितीय (683-684 ई.), (8) मारवान (684-685 ई.), (9) अब्दुल मलिक (685-705 ई.), (10) कालिद प्रथ (705-715 ई.), (11) सुलेमान (715-717 ई.), (12) उमर द्वितीय (717-720 ई.), (13) याजिद द्वितीय (720-724 ई.), (14) हिशाम (724-743 ई.), (15) वालिद द्वितीय (743-744 ई.), (16) याजिद तृतीय (744 ई.), (17) इब्राहीम (744 ई.), और (18) मारवान द्वितीय (744-750 ई.)। —*A Comrepensive History of India;* Vol. V, edited by Mohd. Habib and Khaliq Ahmad Nizami.

दिया गया। नवम्बर 644 ई० में प्रार्थना करते हुए उमर की एक ईरानी गुलाम ने हत्या कर दी। परन्तु मरने से पहले वह पैगम्बर के छह साथियों में से एक को अपना उत्तराधिकारी चुने जाने की सलाह दे गया। उनमें से उस्मान को नया खलीफा चुना गया। उस्मान योग्य खलीफा सिद्ध नहीं हुआ। 17 जून, 656 ई० को जब वह कुरान पढ़ रहा था, उसका कत्ल कर दिया गया। चौथा खलीफा अली चुना गया जिसका सम्पूर्ण जीवन युद्धों में व्यतीत हुआ। अली ने मदीना के स्थान पर कूफा को अपनी राजधानी बनाया। 25 जनवरी, 661 ई० को अली का कत्ल कर दिया गया। उसके पश्चात् उसके सबसे बड़े पुत्र हसन को खलीफा चुना गया परन्तु उसने मुअव्विया के पक्ष में अपना पद छोड़ दिया। इस कारण पाँचवाँ खलीफा मुअव्विया हुआ। मुअव्विया ने खलीफा के पद को पैतृक रूप प्रदान किया और अपने पुत्र याजिद को अपना उत्तराधिकारी चुना। उसके समय में खलीफा का पद धार्मिक होने के साथ-साथ पूर्णतया राजनीतिक भी बन गया क्योंकि उसके पश्चात् अधिकांश खलीफा या तो वंशानुगत आधार पर खलीफा बने अथवा चुने गये। याजिद करीब 3-1/2 वर्ष तक खलीफा रहा। उसका पुत्र खलीफा मुअव्विया द्वितीय केवल 2 या 3 महीने खलीफा रहा। आठवें खलीफा मारवान का शासनकाल भी थोड़ा रहा। परन्तु नवें खलीफा अब्दुल मलिक ने अपने 20 वर्ष के शासनकाल में सम्पूर्ण मुस्लिम साम्राज्य को अपनी अधीनता में लाने में सफलता पायी। उसके पुत्र खलीफा वाजिद प्रथम का शासन उससे भी अधिक श्रेष्ठ सिद्ध हुआ। उस समय तक हुए खलीफाओं में खलीफा उमर प्रथम का समय सबसे अधिक यश और विस्तार का रहा था। खलीफा वालिद का समय उससे भी अधिक श्रेष्ठ रहा। उसके समय में इस्लाम की शक्ति सबसे अधिक विस्तृत और संगठित हो गयी। प्रो० मुहम्मद हबीब ने लिखा है: ''कुछ भागों जैसे कि स्पेन के खो जाने और कुछ भागों जैसे कि इण्डोनेशिया को प्राप्त कर लेने के अलावा आज भी मुस्लिम अनुयायियों की सीमाएं वहीं हैं जहाँ कि मुस्लिम-खिलाफत की सीमाओं को 715 ई० में वालिद बिन अब्दुल मलिक ने छोड़ा था।''[2] खलीफा वालिद के समय में ईरान (पर्शिया) की विजय के पश्चात् इस्लाम की सीमाएँ चीन तक, सम्पूर्ण उत्तरी अफ्रीका में, दक्षिणी स्पेन तक और भारत में सिन्ध तक फैल गयीं। उसके बाद के खलीफाओं ने अपने साम्राज्य की सुरक्षा करने में सफलता पायी यद्यपि उनमें से कोई भी बहुत यशस्वी नहीं हुआ। सभी खलीफाओं का यह विश्वास रहा था कि बिना किसी जाति, देश, भाषा अथवा संस्कृति के अन्तर के सभी मुसलमानों का केवल एक ही राज्य होना चाहिए। जब तक उनकी

2. "Ignoring some losses, like Spain, and some gains, like Indonesia, the boundaries of the Muslim populations today are where Walid bin Abdul Malik left the frontiers of Muslim caliphate in A.D. 715."—*Prof. Mohammad Habib.*

शक्ति रही, वह अपने इस उद्देश्य में सफल रहे। परन्तु उमय्यद-खलीफाओं का शासन अरब कुलीनों का शासन था। इससे ईरानी असन्तुष्ट थे, वे अरब असन्तुष्ट थे जिनसे उमय्यदों ने राजनीतिक सत्ता छीन ली थी तथा पैगम्बर मुहम्मद अथवा हशीम-वंश के व्यक्ति भी असन्तुष्ट थे जो खलीफा के पद पर अपना स्वाभाविक अधिकार समझते थे। इस कारण उमय्यद-खलीफाओं को निरन्तर आन्तरिक विद्रोहों का सामना करना पड़ा। 747 ई० में अब्बासियों ने विद्रोह किया। 25 जनवरी, 750 ई० को उमय्यद-वंश के अंतिम खलीफा मारवान द्वितीय की 'जब' के युद्ध में पराजय हुई और उसे पकड़ कर कत्ल कर दिया गया। उमय्यद-वंश के प्राय: सभी प्रभावशाली व्यक्ति मार दिये गये। उनमें से केवल एक अब्दुल रहमान जान बचाकर स्पेन भाग सका जहाँ उसने एक स्वतंत्र राज्य की स्थापना की। एच०जी० वैल्स के अनुसार, 'उमय्यद वंश के सभी पुरुषों को कत्ल करके उनकी लाशों पर चमड़े का कालीन बिछाया गया और उस पर बैठकर अब्बास तथा उसके सलाहकारों ने भोजन किया। इसके अतिरिक्त, उमय्यद-वंश के खलीफाओं की कब्रों को खोदकर और उनकी हड्डियों को निकालकर तथा जलाकर हवा में बिखेर दिया गया।'

अब्बासी खलीफा

अब्बासियों का पहला खलीफा अबुल अब्बास था। उसने उमय्यद-वंश के सभी व्यक्तियों का कत्ल करा दिया। उसने कहा था, "मैं महान् बदला लेने वाला हूँ और मेरा नाम अस सफाह अर्थात् रक्त बहाने वाला है।"[3] इस्लाम के इतिहास में अब्बास-वंश के शासकों ने सबसे अधिक समय तक शासन किया। उनके 500 वर्ष के लम्बे शासनकाल में 37 शासक या खलीफा हुए यद्यपि उनमें से प्रथम आठ खलीफा[4] ही महत्वपूर्ण माने गये। अब्बास-खलीफाओं ने कूफा अर्थात् दमिश्क के स्थान पर बगदाद को अपनी राजधानी बनाया। इनमें से खलीफा अबू जफर मंसूर और खलीफा हारुन रशीद के नाम विख्यात हुए। परन्तु अब्बासी-खलीफा शासन और राज्य-विस्तार, दोनों ही दृष्टियों से उमय्यद-खलीफाओं की बराबरी न कर सके। प्रारम्भ से ही अब्बासी-खलीफा सम्पूर्ण मुस्लिम संसार को अपने अधिकार में रखने में असमर्थ रहे। बाद में धीरे-धीरे विभिन्न स्थानों पर स्वतंत्र राज्यों की स्थापना होती चली गयी और अन्त में

---

3. "I am the Great Revenger and my name is As Saffah, the Shedder of blood."—*Khalifa Abul abbas.*

4. (1) अबुल अब्बास सफाह (749-754 ई.), (2) अबू जफर मंसूर (754-774 ई.), (3) महदी (775-785 ई.), (4) हादी (785-786 ई.), (5) हारुन रसीद (786-809 ई.), (6) अमीन (809-813 ई.), (7) मामुन (813-833 ई.), (8) मुतासिम (833-842 ई.)। —*A Comprehensive History of India,* Vol. V.

खलीफाओं के पास बगदाद और उसके आसपास की भूमि के अतिरिक्त कुछ और बाकी न रहा। इतिहासकार गिबन ने लिखा है: "अब्बासियों के आठवें खलीफा मुहासिम की मृत्यु के साथ उसके वंश और राष्ट्र का गौरव समाप्त हो गया।"[5] बाद के दुर्बल खलीफा पहले अपने तुर्की-रक्षकों (842-945 ई० के समय में), उसके पश्चात् बुवाईहीदों (945-1031 ई० के समय में) और उसके बाद सल्जूक-तुर्कों अथवा ख्वारिज्म के सुल्तानों (1031-1218 ई० के समय में) के प्रभाव में रहे। उसके पश्चात् प्राय: 40 वर्षों तक वे शान्ति से रह सके परन्तु अन्त में 1258 ई० में मंगोल बादशाह हलाकू खाँ ने उन्हें परास्त कर दिया। अब्बासी-खलीफाओं के समय में शासन से अरबों का एकाधिपत्य समाप्त हो गया, इस्लाम के धार्मिक और धर्म-निरपेक्ष साहित्य का निर्माण हुआ, ग्रीक, ईसाई तथा संस्कृत साहित्य की पुस्तकों का अरबी भाषा में अनुवाद हुआ और ईरानी संस्कृति ने इस्लाम को प्रभावित किया। अब्बासी-खलीफाओं के बाद भी विभिन्न स्थानों पर खलीफाओं की परम्परा चलती रही, नाममात्र के लिए खलीफाओं का सम्मान भी रहा और मुख्य बात यह रही कि चूँकि राजतंत्र के बारे में कुरान चुप है, इस कारण खलीफा ही विभिन्न शासकों और सुल्तानों को कानूनी शासक अथवा सुल्तान स्वीकार करने के अधिकार का उपभोग करते रहे। अन्त में, प्रथम महायुद्ध के पश्चात् ब्रिटिश सरकार ने खलीफा के पद को समाप्त कर दिया और आधुनिक टर्की की सरकार ने उसे पुन: जीवित करने की कोई आवश्यकता नहीं समझी। अब इस्लामी संसार में खलीफा कहलाने वाला कोई व्यक्ति नहीं है।

(2) अरबों का सिन्ध पर आक्रमण

आक्रमण के समय भारत की स्थिति

शक्तिशाली गुप्त-साम्राज्य के नष्ट हो जाने के उपरान्त सम्राट हर्ष ने एक बार फिर भारत में एक विस्तृत और दृढ़ साम्राज्य स्थापित करने का प्रयत्न किया। हर्ष अपने उद्देश्य में केवल आंशिक रूप से सफल रहा। वह दक्षिण-भारत तो क्या सम्पूर्ण उत्तर-भारत को भी अपने शासन के अधीन न कर सका। तब भी हर्ष के समय में उत्तर-भारत में एक शक्तिशाली और दृढ़ साम्राज्य था जो शक्ति और सम्पन्नता की दृष्टि से किसी भी विदेशी आक्रमण का मुकाबला करने में समर्थ था। परन्तु हर्ष की मृत्यु के पश्चात् उत्तर-भारत की एकता खण्डित हो गयी। विभिन्न स्थानों पर स्वतंत्र राज्यों की स्थापना हो गयी और विभिन्न नवीन राजवंशों की उत्पत्ति हुई। ऐसा नहीं था कि वे सभी राज्य छोटे-छोटे और दुर्बल थे बल्कि इनमें से विभिन्न राज्य शक्ति और विस्तार की दृष्टि से पर्याप्त बड़े थे परन्तु उनकी दुर्बलता का मुख्य कारण उनकी पारस्परिक प्रतिस्पर्द्धा थी। विदेशी परिस्थितियों से पूर्णतया अनभिज्ञ और विदेशी आक्रमणों के प्रति उदासीन ये

---

5. "With Muhasim, the eighth of the Abbasids, the glory of his family and nation expired."—*Gibbon*

सभी राज्य यश और साम्राज्य-विस्तार के लिए परस्पर युद्ध करते रहते थे। भारत की राजनीतिक दुर्बलता का यही मुख्य कारण था।

उस समय अफगानिस्तान में हिन्दू राज्य थे। चन्द्रगुप्त मौर्य ने इस प्रदेश को सेल्यूकस निकेटर से विजय किया था। उस समय से वह एक हिन्दू राज्य रहा। वहाँ बौद्ध और हिन्दू धर्म प्रचलित थे और राजनीतिक तथा सांस्कृतिक दृष्टि से भारत का ही एक अंग था। बाद में वह काबुल और जाबुल नाम के दो राज्यों में विभक्त हो गया। मुसलमान इनको इन्हीं नामों से पुकारते थे। काबुल का राज्य उत्तर-पूर्व में कश्मीर और पश्चिम में ईरान की सीमाओं से मिला हुआ था। काबुल, जलालाबाद, गान्धार-प्रदेश, पेशावर, बन्नू, गोमती नदी के दोनों तट आदि इसमें सम्मिलित थे। जाबुल का राज्य काबुल के दक्षिण और बलूचिस्तान के उत्तर के मध्य भाग में स्थित था। सीस्तान इसमें सम्मिलित था। प्राय: 9वीं सदी के अंतिम वर्षों तक ये राज्य हिन्दू राज्य रहे। भारत की पश्चिमोत्तर सीमा पर होने के कारण इन्हें अरबों के आक्रमणों का सामना करना पड़ा। कश्मीर का शासक चन्द्रपीड़ था। उसके पश्चात् उसका भाई मुक्तपीड़ ललितादित्य (725-755 ई०) शासन हुआ जिसने कन्नौज के शासक यशोवर्मन को परास्त किया और मार्तण्ड नामक स्थान पर एक विशाल सूर्य-मन्दिर का निर्माण कराया। कन्नौज में प्रतिहार-वंश का शासक यशोवर्मन था। उसका राज्य पूर्वी पंजाब से लेकर बंगाल तक और हिमालय से लेकर नर्मदा नदी तक फैला हुआ था। बंगाल में उस समय पाल-वंश का राज्य था। दक्षिण-भारत में वाकाटक, पल्लव, पाण्ड्य, चोल और चेरि-वंश के शासक राज्य करते थे। सिन्ध जहाँ अरबों ने उस समय प्रवेश किया, एक विस्तृत राज्य था। उसकी सीमाएँ उत्तर में कश्मीर राज्य से, पूर्व में कन्नौज राज्य से और दक्षिण में समुद्र से मिलती थीं। पश्चिम में मकरान (वर्तमान बलूचिस्तान) उसकी सीमाओं के अंतर्गत था। उस समय वहाँ का शासक दाहिर था जो जाति से ब्राह्मण था। उसके पिता चच ने अपने राजा को मारकर कुछ समय पहले ही सिन्ध को प्राप्त किया था। चच के पश्चात् उसका भाई चन्द्र गद्दी पर बैठा था। इस कारण दाहिर को अपने चचेरे भाई और चन्द्र के पुत्र दुराज से गद्दी के लिए संघर्ष करना पड़ा था। दाहिर का शासन निम्न-वर्ग और मुख्यतया वहाँ की लड़ाकू जाट जाति के प्रति असहिष्णुता का था। इस कारण आन्तरिक संघर्ष और असन्तोष से ग्रस्त सिन्ध का राज्य दुर्बल हो गया था। इस प्रकार, अरबों के आक्रमण के समय भारत राजनीतिक दृष्टि से विभक्त था परन्तु सिन्ध के अतिरिक्त किसी अन्य स्थान पर दुर्बल न था। विभिन्न शासकों के पारस्परिक संघर्ष और उनकी महत्त्वाकांक्षाएँ उनकी दुर्बलता का कारण अवश्य थीं परन्तु साधारण विदेशी आक्रमण उनकी शक्ति को समाप्त करने की क्षमता नहीं रखते थे।

सामाजिक दृष्टि से भारत उस समय भी विभिन्न जातियों में बँटा हुआ था जिनमें आपस में खान-पान और विवाह-सम्बन्ध नहीं थे। परन्तु तब भी जाति-व्यवस्था बहुत

जटिल नहीं थी। जाति-परिवर्तन, विदेशियों को हिन्दू-समाज में स्थान प्राप्त होना और अन्तर्जातीय विवाह उस समय तक सम्भव थे। स्त्रियों का समाज में सम्मान था। वह शिक्षा प्राप्त करती थीं, उनमें पर्दा-प्रथा न थी, वे सामाजिक और प्रशासकीय कार्यों में भाग लेती थीं, और उनके लिए स्वयंवर (स्वयं अपना पति चुनने) की प्रथा प्रचलित थी. परन्तु स्त्रियों की स्थिति पुरुषों के समान न थी। पुरुष एक से अधिक स्त्रियों से विवाह कर सकते थे जबकि स्त्रियाँ ऐसा नहीं कर सकती थीं। शासक-वर्ग में सती-प्रथा लोकप्रिय होती जा रही थी। व्यक्तियों के आचार अच्छे थे, उनका भोजन अधिकांशत: प्याज, लहसुन, माँस और शराब से मुक्त था और वे सात्विक जीवन पर बल देते थे। शिक्षा में धार्मिक शिक्षा के अतिरिक्त विज्ञान, ज्योतिष, चिकित्साशास्त्र आदि का प्रमुख स्थान था। उत्तर-भारत में नालन्दा, वल्लभी, काशी और दक्षिण-भारत में भी अनेक स्थान शिक्षा के केन्द्र-स्थान थे। देश में हिन्दू और बौद्ध धर्म की प्रधानता थी।

आर्थिक दृष्टि से भारत सम्पन्न था। यद्यपि अमीरों और गरीबों की स्थिति में बहुत अन्तर था परन्तु तब भी जनसाधारण की स्थिति सामान्य थी। कृषि, व्यापार और उद्योग की दृष्टि से भारत सम्पन्न था।

इस प्रकार, अरबों के सिन्ध के आक्रमण के अवसर पर भारत राजनीतिक, सामाजिक, आर्थिक और सांस्कृतिक दृष्टि से दुर्बल नहीं माना जा सकता था। परन्तु भारत में विभिन्न राज्यों की पारस्परिक शत्रुता, सैनिक क्षमता को बढ़ाने के प्रति उदासीनता और जनसाधारण में देशभक्ति का अभाव ऐसी दुर्बलताएं थीं जो उस समय में प्रकट होने लगी थीं और जिन्होंने उसके भविष्य के इतिहास को गम्भीरता से प्रभावित किया।

आक्रमण के कारण

भारतीयों का अरबों से सम्पर्क उनके द्वारा सिन्ध पर आक्रमण किये जाने के समय से आरम्भ नहीं हुआ। इससे पहले भी अरब-निवासी भारत के दक्षिण-पश्चिमी तट के प्रदेशों से व्यापार करने के लिए आया करते थे. इस्लाम को स्वीकार करने के बावजूद भी अरब-निवासी भारत से व्यापार करते रहे। परन्तु खलीफाओं की धर्म और साम्राज्य-विस्तार की लालसा ने अरब और भारत के सम्बन्ध व्यापारिक मात्र न रहने दिये। अरबों ने अपनी विजय-लालसा के कारण खलीफा उमर के समय 636 ई० में बम्बई के निकट थाना नामक स्थान पर आक्रमण किया। परन्तु वह आक्रमण विफल रहा। इसके पश्चात् अरब जल और थल दोनों मार्गों से भारत पर आक्रमण करते रहे। परन्तु बाद में आक्रमणों का मुख्य उद्देश्य सिन्ध के समीपवर्ती क्षेत्र को जीतने तक सीमित रहा। मकरान (आधुनिक बलूचिस्तान) को जीतने के अरबों के कई प्रयत्न असफल हुए। परन्तु अन्त में 8वीं सदी के प्रारम्भ में अरबों ने मकरान को जीतने में सफलता पायी। मकरान की विजय ने अरबों के लिए सिन्ध-विजय का मार्ग प्रशस्त किया।

अरबों का सिन्ध पर आक्रमण करने का मुख्य उद्देश्य धार्मिक, राजनीतिक और आर्थिक था। तलवार की शक्ति के आधार पर इस्लाम का प्रचार करना सभी खलीफाओं की नीति का उद्देश्य रहा। सिन्ध पर आक्रमण भी इसी उद्देश्य से किया गया। भारत में साम्राज्य और धर्म-विस्तार की लालसा खलीफाओं की विस्तृत योजना का एक भाग थी। इसके अतिरिक्त, भारत से व्यापार करने वाले अरब भारत की आर्थिक सम्पन्नता से परिचित थे। इस कारण धन की लालसा भी उनके आक्रमण का एक लक्ष्य रहा, इसमें सन्देह नहीं किया जा सकता। सिन्ध के समुद्री डाकुओं द्वारा कुछ अरब-जहाजों को लूटा जाना सिन्ध पर आक्रमण करने का एक बहाना मात्र स्वीकार किया जा सकता है। इस घटना के बारे में विभिन्न लेखकों ने भिन्न-भिन्न मत प्रकट किये हैं। सर वूल्जे हेग ने लिखा है कि लंका के राजा ने खलीफा के पूर्वी प्रान्तों के सूबेदार हज्जाज के पास उन अनाथ कन्याओं को भेजा था जिनके पिताओं की मृत्यु लंका में हो गयी थी। परन्तु मार्ग में सिन्ध के समुद्र-तट के निकट समुद्री लुटेरों ने उन जहाजों को लूट लिया जिनमें वे कन्याएँ यात्रा कर रही थीं। एक अन्य लेखक के अनुसार समुद्री लुटेरों ने उन दासियों और उपहार की वस्तुओं को लूटा था जो खलीफा के लिए ले जायी जा रही थीं। एक अन्य लेखक के अनुसार लंका के राजा ने इस्लाम धर्म को स्वीकार कर लिया था (यद्यपि यह तथ्य ऐतिहासिक दृष्टि से पूर्णतया गलत है) और उसके द्वारा खलीफा को भेजे गये उपहारों को लुटेरों ने लूटा था। यह घटना जिस प्रकार भी हुई हो परन्तु यह माना जा सकता है कि यह घटना अरबों के सिन्ध पर आक्रमण करने का एक बहाना मात्र थी। निस्सन्देह, इस घटना से इराक का सूबेदार हज्जाज बहुत असन्तुष्ट हुआ और उसने सिन्ध के राजा दाहिर से क्षतिपूर्ति की माँग की। दाहिर ने समुद्री लुटेरों के कार्य का उत्तरदायित्व अपने ऊपर न लेकर क्षतिपूर्ति देने से इन्कार कर दिया। हज्जाज इससे बहुत क्रोधित हुआ और उसने खलीफा वाहिद से सिन्ध पर आक्रमण करने की आज्ञा प्राप्त कर ली।

मुहम्मद बिन कासिम का आक्रमण और विजय

हज्जाज ने एक सेना उबैदुल्ला के नेतृत्व में सिन्ध पर आक्रमण करने के लिए भेजी परन्तु उबैदुल्ला की पराजय हुई और वह मारा गया। बुदैल के नेतृत्व में भेजी गयी एक अन्य सेना का भी यही हस्र हुआ। तब 711 ई० में हज्जाज ने एक शक्तिशाली सेना 17 वर्षीय मुहम्मद बिन कासिम के नेतृत्व में सिन्ध पर आक्रमण करने के लिए भेजी। 6,000 सीरियन घुड़सवार, इतने ही ऊँट और 3,000 सामान ढोने वाली ऊँटों की सेना को लेकर मकरान के मार्ग से अरबों ने सिन्ध पर आक्रमण किया। इतनी श्रेष्ठ सेना और इतना श्रेष्ठ सेनापति इससे पहले सिन्ध पर आक्रमण के लिए नहीं भेजा गया था। एक अन्य सेना और पत्थर फेंकने वाला तोपखाना देबल के बन्दरगाह पर पहुँचकर मुहम्मद बिन कासिम के साथ हो गया। देबल की सुरक्षा और सहायता के लिए दाहिर

ने कोई सेना न भेजी जबकि उसकी राजधानी आरोर उससे केवल 150 मील दूर थी। 4,000 राजपूतों ने देबल के किले की रक्षा मृत्युपर्यन्त की परन्तु अरब विजयी हुए। 17 वर्ष से ऊपर की आयु के सभी पुरुष इस्लाम स्वीकार न करने के कारण कत्ल कर दिये गये और उनके बच्चों तथा स्त्रियों को गुलाम बना लिया गया। तीन दिन तक नगर में कत्लेआम और लूटमार होती रही। 75 सुन्दरतम स्त्रियाँ और लूट के माल का चौथा हिस्सा हज्जाज के पास भेज दिया गया और बाकी सभी को सेना ने आपस में बाँट लिया।

देबल से मुहम्मद निरुन के किले की ओर बढ़ा। दाहिर ने अपने लड़के जयसिंह को निरुन को वहाँ के एक पुजारी के आधिपत्य को छोड़कर ब्राह्मणवाद आने का आदेश दिया। निरुन ने बिना युद्ध के आत्मसमर्पण कर दिया। वहाँ से मुहम्मद सेहवान की ओर बढ़ा जहाँ दाहिर का चचेरा भाई बाझरा शासन करता था। एक सप्ताह के घेरे के पश्चात् बाझरा निकल भागा और सेहबान के नागरिकों ने आत्मसमर्पण कर दिया। उसके पश्चात् मुहम्मद ने सासम के जाटों को परास्त किया। बाझरा वहाँ मारा गया और जाटों ने अरबों का साथ देना स्वीकार कर लिया। वहाँ से मुहम्मद निरुन की ओर वापस लौटा और कई माह तक सिन्धु नदी की मुख्य धारा मेहरान को पार करने के लिए वहाँ रुका रहा। यहाँ उसकी सेना में बीमारी फैल गयी। इस कारण हज्जाज के द्वारा भेजी गयी दवाईयों और सैनिक-सहायता के पहुँच जाने पर ही वह नदी को पार कर सका।

दाहिर ने उस समय तक मुहम्मद के कार्य में कोई बाधा प्रस्तुत नहीं की थी और मात्र एक बड़े युद्ध पर ही अपने और सिन्ध के भाग्य को छोड़ रखा था। मुहम्मद इतनी सफलताएँ प्राप्त करने के बाद ब्राह्मणवाद के किले से निकल कर रावर की ओर बढ़ा। वहाँ कई दिनों तक अरबों और हिन्दुओं की सेनाएँ एक-दूसरे के सामने पड़ी रहीं। अन्त में, 20 जून, 712 ई० को युद्ध हुआ। दाहिर की सेना में, सम्भवतया, 50,000 सैनिक और अनेक हाथी थे। दाहिर ने बड़ी बहादुरी से मुकाबला किया। आग के भय से हाथी के भागने पर भी वह हाथी को दुबारा युद्ध-स्थल में लाया और तत्पश्चात् घोड़े पर सवार होकर उसने युद्ध किया। परन्तु वह युद्ध में मारा गया। हिन्दू-सेना का कुछ हिस्सा भागकर आरोर चला गया और कुछ हिस्सा जयसिंह के साथ भागकर ब्राह्मणवाद चला गया। रावर के किले की रक्षा दाहिर की पत्नी ने की। परन्तु अन्त में रानीबाई और उसकी सहयोगी स्त्रियों ने किले को शत्रु के हाथ में जाते देखकर जौहर कर लिया तथा हजारों ने आग में जलकर अपने सतीत्व की रक्षा की। जयसिंह के नेतृत्व में ब्राह्मणवाद के सैनिकों ने भी वीरता से अरबों के आक्रमण का मुकाबला किया परन्तु अन्त में उनकी भी पराजय हुई। जयसिंह वहाँ से भागकर चित्तूर चला गया और किले पर अरबों का अधिकार हो गया। वहाँ पर मुहम्मद को दाहिर की सम्पूर्ण सम्पत्ति, उसकी एक

अन्य पत्नी लाड़ी और उसकी दो पुत्रियों सूर्यदेवी और परमालदेवी प्राप्त हुई। रानी लाड़ी से मुहम्मद ने स्वयं विवाह कर लिया और सूर्यदेवी और परमालदेवी को खलीफा की सेवा में भेज दिया। इसके पश्चात् मुहम्मद ने सिन्ध की राजधानी आरोर (आलोर) पर भी अधिकार कर लिया जिसकी रक्षा दाहिर का एक अन्य पुत्र कर रहा था। इस प्रकार अरबों की सिन्ध की विजय पूर्ण हो गयी।

713 ई० के प्रारम्भ में मुहम्मद बिन कासिम मुल्तान की ओर बढ़ा। मार्ग में उसे कई कठिन युद्ध करने पड़े परन्तु अन्त में वह सफलतापूर्वक मुल्तान पहुँच गया। एक देशद्रोही ने अरबों को उस जल-धारा को बता दिया जिससे किले में पानी पहुँचता था। अरबों ने इस पानी को रोक दिया और मुल्तान के किले ने आत्मसमर्पण कर दिया। अरबों को यहाँ इतना सोना प्राप्त हुआ कि उन्होंने मुल्तान का नाम 'सोने का नगर' रख दिया। मुल्तान की विजय भारत में अरबों की अन्तिम विजय थी।

सिन्ध का विजेता मुहम्मद बिन कासिम अधिक समय तक जीवित न रहा। उस योग्य और साहसी सेनापति का अन्त दुर्भाग्यपूर्ण रहा। 'चचनामा' में और उसका अनुसरण करते हुए मीर मासूम ने भी लिखा है कि दाहिर की पुत्रियों सूर्यदेवी और परमालदेवी ने खलीफा के पास पहुँचकर यह शिकायत की कि मुहम्मद बिन कासिम ने तीन दिन तक उनको अपने हरम (जनानखाने) में रखकर उनके सतीत्व को भंग करके उन्हें खलीफा की सेवा में भेजा है। खलीफा, जो उनकी सुन्दरता पर मुग्ध हो जाता था, बहुत क्रोधित हुआ और उसने आदेश दिये कि मुहम्मद को बैल की कच्ची खाल में बन्द करके उसके पास भेजा जाये। मुहम्मद ने इस आदेश का पालन किया और स्वयं को बैल की खाल में बन्द कर लिया जिससे उसका जीवन समाप्त हो गया। जब उसकी लाश खलीफा के सामने ले जायी गयी तब राजकुमारियों ने खलीफा के सामने यह स्वीकार कर लिया कि मुहम्मद का कोई दोष न था और उन्होंने अपने पिता की मृत्यु का बदला के लिए उस पर यह आरोप लगाया था। खलीफा ने उन दोनों राजकुमारियों को घोड़े की पूँछ से बँधवाकर घोड़ो को उस समय तक दौड़ाया जब तक कि उन दोनों की मृत्यु नहीं हो गयी। इस प्रकार, इस कथन के अनुसार मुहम्मद बिन कासिम की मृत्यु के लिए दाहिर की पुत्रियाँ उत्तरदायी थीं। परन्तु आधुनिक इतिहासकार इस कहानी को सत्य नहीं मानते। मुहम्मद बिन कासिम की मृत्यु का वास्तविक कारण राजनीतिक था। 750 ई० में खलीफा वालिद के पश्चात् उसका भाई सुलेमान खलीफा बना। वह हज्जाज से असन्तुष्ट था। परन्तु उस समय तक हज्जाज की मृत्यु हो चुकी थी। इस कारण हज्जाज के सम्बन्धी और समर्थक उसके असन्तोष का कारण बने। मुहम्मद हज्जाज का चचेरा भाई और दामाद था। इस कारण याजिद को सिन्ध का नया सूबेदार बनाया गया और मुहम्मद को कैद करके मैसोपोटामिया भेज दिया गया जहाँ उसके शत्रुओं ने उसे अनेक शारीरिक यातनाएँ देकर समाप्त कर दिया।

सफलता के कारण

विभिन्न कारणों से मुहम्मद बिन कासिम को सिन्ध और मुल्तान में सफलता मिली। सिन्ध जनसंख्या, आर्थिक सम्पन्नता और सैनिक दृष्टि से भारत का एक शक्तिशाली राज्य न था। उसकी जनसंख्या कम थी तथा समाज ऊँच-नीच की भावना से आपस में विभाजित था। मुख्यतया जाटों और मेदों जैसे लड़ाकू जातियों के प्रति ब्राह्मण शासक-वर्ग के व्यवहार ने तीव्र असन्तोष उत्पन्न करके समाज की एकता को नष्ट कर दिया था। सिन्ध की भूमि सम्पन्नता प्रदान करने के अनुकूल न थी। निस्सन्देह, सिन्ध प्रदेश निर्धन न था और विदेशी व्यापार से वह लाभ प्राप्त करता था परन्तु उसकी कृषि, व्यापार और उद्योग ऐसी स्थिति में न थे जो उसे एक सम्पन्न प्रदेश बनाते। आर्थिक सम्पन्नता के अभाव में सिन्ध सैनिक दृष्टि से कभी भी शक्तिशाली न बन सका। दाहिर का राजवंश और स्वयं दाहिर न तो सुदढ़ शासन स्थापित कर सका था और न वह लोकप्रिय बन सका था। उसके प्रान्तीय सूबेदार प्रायः अर्द्ध-स्वतंत्र थे और उसकी प्रजा उसके प्रति वफादार न थी। इस कारण वह अरबों के विरुद्ध सिन्ध की संगठित शक्ति का प्रयोग न कर सका। बौद्ध-मतावलम्बियों और व्यापारियों ने भी उसके साथ असहयोग किया। सिन्ध भारत के एक कोने में स्थित था। इस कारण भारत के अन्य शासक सिन्ध के प्रति उदासीन रहे। अरबों का सैन्य-बल दाहिर के सैन्य-बल से अधिक श्रेष्ठ था। अरबों की सेना की शक्ति, उनके घोड़े तथा अस्त्र-शस्त्र सिन्ध के सैनिकों से अधिक श्रेष्ठ थे। अरबों में धार्मिक उत्साह था जबकि सिन्ध के हिन्दुओं को प्रेरणा देने वाली ऐसी कोई भावना न थी। हिन्दू अपनी धार्मिक उदारता के कारण धर्म के आधार पर राष्ट्रीयता का निर्माण नहीं कर सके। वह यह भी न समझ सके कि अरबों का आक्रमण उनके धर्म, सम्मान, समाज और संस्कृति पर होने वाले एक गम्भीर आक्रमण की पहली कड़ी है जिसका परिणाम भविष्य में बहुत बुरा होगा। इस कारण अरबों से उनके संघर्ष का दृष्टिकोण एक संकुचित राजनीति रहा और वे धर्म अथवा देश-प्रेम के आधार पर पूर्ण उत्साह से उस आक्रमण के विरुद्ध संघर्ष करने के लिए तत्पर न हुए। दाहिर की सैनिक-भूलें भी सन्धि की पराजय का कारण बनीं। अरबों द्वारा मकरान को जीतने के पश्चात् दाहिर को सचेत हो जाना चाहिए था। जो शक्ति निरन्तर उसके राज्य की सीमाओं पर आक्रमण कर रही थी और उसके प्रवेश-द्वार को जीतने में सफल हो चुकी थी, उसका मुकाबला करने के लिए जबरदस्त तैयारी आवश्यक थी। परन्तु उसने ऐसा नहीं किया अपितु जब मुहम्मद बिन कासिम देबल, निरुन, सौसम आदि सिन्ध के निचले भागों को एक-एक कर नष्ट कर रहा था, उसने कुछ भी नहीं किया। रावर के युद्ध से पहले जबकि मुहम्मद की सेना में बीमारी फैली हुई थी और वह सैनिक-सहायता की प्रतीक्षा कर रहा था, तब भी दाहिर ने उस पर आक्रमण नहीं किया। दाहिर की भूल यही नहीं थी कि उसने एक ही युद्ध के निर्णय पर अपना और सिन्ध का भाग्य

छोड़ रखा था अपितु यह भी थी कि वह अपने प्रदेश में आक्रमणकारी की शक्ति को विभिन्न स्थानों पर न तो बिखेर सका और न उसकी दुर्बल परिस्थितियों में उस पर आक्रामण कर सका। दाहिर बहादुर और साहसी था परन्तु एक सैनिक की भांति अपने जीवन को युद्ध में झोंक देना उसकी भूल थी। नेतृत्व, दूरदर्शिता और उचित अवसर के प्रयोग की दृष्टि से दाहिर असफल रहा और सिन्ध की पराजय का कारण बना। देश-प्रेम के अभाव में विभिन्न अवसरों पर विभिन्न हिन्दुओं ने अपने राजा और देश के साथ गद्दारी की। देबल में एक देशद्रोही ने भारतीयों के मनोबल को कम करने का तरीका अरबों को बताया, निरुन को उसके पुजारी ने बिना युद्ध किये अरबों को सौंप दिया, सीसम के युद्ध के पश्चात् जाट अरबों से मिल गये और मुल्तान के किले में पानी पहुँचाने वाली जल-धारा का पता एक देशद्रोही ने अरबों को दिया। मुहम्मद बिन कासिम का उत्साह, सैनिक-नेतृत्व और उसकी योग्यता भी अरबों की सफलता का कारण थी। यह कहना भूल है कि भारतीय सैनिक बहादुर न थे और उन्होंने अरबों से युद्ध करने में कायरता दिखायी थी। अरबों की सफलता उनके जोश, शक्ति, योग्य नेतृत्व और एक निश्चित लक्ष्य के प्रति आस्था का परिणाम थी जबकि भारतीयों में इन गुणों का अभाव था।

मुहम्मद बिन कासिम के पश्चात्

खलीफा सुलेमान ने मुहम्मद को हटाकर याज़िद को सिन्ध का सूबेदार बनाया। परन्तु सिन्ध में पहुँचने के 18 दिन पश्चात् याजिद की मृत्यु हो गयी। उसके स्थान पर हबीब सूबेदार बनाया गया। हबीब ने शान्ति और समझौते की नीति का पालन किया जिसके कारण दाहिर के लड़के जयसिंह ने ब्राह्मणवाद को अपने स्वामित्व में ले लिया। हबीब ने अन्य हिन्दू-सूबेदारों को भी अपने-अपने स्थानों को पुनः हस्तगत कर लेने दिया। परन्तु 717 ई० में खलीफा उमर द्वितीय के समय में इस उदारता की नीति को त्याग दिया गया और हिन्दुओं को इस्लाम स्वीकार करने के लिए बाध्य किया गया। स्वयं जयसिंह ने इस्लाम धर्म को स्वीकार कर लिया। खलीफा हिशाम के समय में इस नीति को और आगे बढ़ाया गया और सूबेदार जुनियाद ने सभी स्थानों पर प्रत्यक्ष अरब-शासन को स्थापित किया, यहाँ तक कि जयसिंह भी अपने देश को छोड़ने के लिए बाध्य हुआ। जुनियाद और उसके उत्तराधिकारी सुबेदारों ने सिन्ध के बाहर भी आक्रमण किये परन्तु उन्हें अधिक सफलता न मिली। 750 ई० में उमय्यद-खलीफा को अब्बासी-खलीफा ने हटा दिया और उसने मूसा को सूबेदार बनाकर सिन्ध भेजा जिसने उमय्यद-खलीफा के सूबेदार मंसूर से युद्ध करके सिन्ध को उससे छीन लिया। अरबों के इस पारस्परिक संघर्ष से सिन्ध में उनकी शक्ति दुर्बल हुई होगी, इसमें सन्देह नहीं किया जा सकता। सूबेदार बशहर ने तो बाद में खलीफा के आधिपत्य से भी मुक्त होने का प्रयत्न किया यद्यपि वह सफल न हो सका। परन्तु जैसे-जैसे खलीफाओं की शक्ति और

सम्मान में कमी आयी, वैसे-वैसे सिन्ध पर उनका आधिपत्य ढीला पड़ता गया और अरबों की शक्ति सिन्ध में दुर्बल होती गयी। 871 ई० तक सिन्ध में खलीफाओं की सत्ता प्राय: समाप्त हो गयी। अन्त में, सिन्ध में अरबों के दो स्वतंत्र राज्य हो गये। इनमें से एक सिन्ध के ऊपरी भाग में मुल्तान को सम्मिलित करते हुए आरोर तक फैला हुआ था और दूसरा निचले सिन्ध में मसूरा को सम्मिलित करते हुए समुद्र-तट तक फैला हुआ था। महमूद गजनवी के आक्रमणों के समय सिन्ध की राजनीतिक स्थिति यही थी। इससे स्पष्ट है कि अरब सिन्ध पर तो अपने अधिकार को सुरक्षित रख सके परन्तु वे भारत के अन्य प्रदेशों में प्रवेश पाने में असफल रहे।

अरबों की शासन-व्यवस्था

सिन्ध में अरबों का शासन एक फौजी जागीर की भांति रहा। अरबों में शासन की रचनात्मक बुद्धि का अभाव था और वे शासन में किसी ठोस व्यवस्था का निर्माण न कर सके। सिन्ध को विभिन्न भागों में बाँटकर सैनिक अधिकारी नियुक्त किये गये थे जो शक्ति के आधार पर शासन करते थे, न्याय करते थे और कर वसूल करते थे। परन्तु अरबों की संख्या बहुत कम थी। इस कारण उन्होंने भारतीय शासन-अधिकारियों से सहायता ली और स्थानीय शासन में हस्तक्षेप नहीं किया। हिन्दुओं से जजिया, किसानों से लगान, जो पैदावार का 2/4 से 1/4 तक था, बगीचा-कर तथा मछली, शराब, मोती आदि पर व्यापारिक कर लिये जाते थे। साधारणतया, अरबों का शासन एक विजेता-जाति के शासन की भाँति रहा। अरब उच्च सैनिक और शासन-अधिकारी रहे तथा उनकी भारतीय प्रजा उनकी आवश्यकताओं की पूर्ति करने का साधन बनी।

केवल एक दृष्टि से अरबों का शासन महत्वपूर्ण रहा। इस्लाम के अनुसार अन्य सभी धर्मों के व्यक्ति दो श्रेणियों में बांटे गये थे। एक वे जो ईश्वरीय ज्ञान के हिस्सेदार माने जाते थे, जैसे यहूदी और ईसाई। इनको 'जिम्मी' पुकारा गया था और वे जजिया (धार्मिक कर) देकर इस्लामी-राज्य में रहते हुए अपने धर्म का पालन कर सकते थे। दूसरे व्यक्ति वे जो मूर्तिपूजक थे और काफिर कहलाते थे। ऐसे व्यक्तियों को इस्लामी-राज्य में रहने का अधिकार न था। उन्हें मृत्यु अथवा इस्लाम में से एक को चुनना पड़ता था। इस कारण, हिन्दू मूर्तिपूजक होने के कारण इस्लामी-राज्य में रहने के अधिकारी न थे। मुहम्मद बिन कासिम ने देबल की विजय के पश्चात् हिन्दुओं से इसी आधार पर व्यवहार किया। परन्तु बाद में बहुसंख्यक हिन्दुओं को कत्ल करने में अपने को असमर्थ पाकर उसे अपने विचारों में परिवर्तन करना पड़ा। प्राय: सभी हिन्दू मूर्तिपूजक थे और उन सभी को मुसलमान बनाना अथवा कत्ल करना सम्भव न था। इस कारण मुहम्मद बिन कासिम ने हिन्दुओं को भी काफिर के स्थान पर जिम्मी मान लिया और इसकी स्वीकृति हज्जाज से ले ली। इस आधार पर हिन्दुओं को जजिया देकर इस्लामी-राज्य में

रहने और अपने धर्म का पालन करने की स्वीकृति मिल गयी। बाद के तुर्क-आक्रमणकारियों को इससे सुविधा हो गयी और उन्होंने भी हिन्दुओं को जिम्मी स्वीकार कर लिया। इसी कारण, सर विलियम म्योर ने कहा है: ''सिन्ध-विजय ने इस्लामी नीतियों में एक नवीन युग का प्रारम्भ किया।''[6] अरबों की धार्मिक नीति के बारे में एक बात यह भी कही जा सकती है कि वह बाद में आने वाले तुर्क-आक्रमणकारियों की तुलना में अवश्य ही सहिष्णु थी। यह अन्य बात है कि उनकी इस सीमित सहिष्णुता का आधार उनकी धार्मिक उदारता न थी अपितु अपनी सीमित शक्ति के कारण परिस्थितियों से समझौता करने की बाध्यता थी। इसका एक कारण यह भी हो सकता है कि अरबों का धार्मिक जोश प्राय: एक सदी से इस्लाम को मानते रहने के कारण कुछ स्थिरता प्राप्त कर गया था जबकि तुर्क इस्लाम-धर्म के नवीन अनुयायी थे और भारत पर आक्रमण करने के अवसर पर उनका धार्मिक जोश नूतनता के उत्साह के ओतप्रोत था।

भारत में अरब सिन्ध से आगे क्यों नहीं बढ़ सके?

भारत में अरबों के सिन्ध और मुल्तान से आगे बढ़ने के प्रयत्न असफल रहे। कच्छ पर अरबों का आक्रमण विफल रहा। लाट पुलेकिशन द्वितीय द्वारा एक अरब-सेना परास्त की गयी और गुर्जर नागभट्ट ने अरबों की एक अन्य सेना को परास्त किया, ऐसे प्रमाण प्राप्त होते हैं। सर वूल्जे हेग के मतानुसार राजपूताना और अवन्ती के राजवंशों ने अरबों को पूर्व की ओर बढ़ने से रोक दिया था। राष्ट्रकूट-वंश से अरबों के सम्बन्ध मित्रता के रहा। इससे स्पष्ट है कि अरबों का भारत का राज्य सिन्ध और मुल्तान तक सीमित रहा और वहाँ पर भी उनकी स्थिति सुदृढ़ न हो सकी। अरब भारत में अपना राज्य स्थापित न कर सके। अरबों की इस असफलता के विभिन्न कारण थे। इतिहास एलफिन्स्टन ने इसके निम्नलिखित तीन कारण बताये:

1. अरबों का सुमेर-राजपूतों द्वारा बाहर निकाला जाना;
2. हिन्दुओं की अपने धर्म और उसके अनुकूल आचरण में पूर्ण आस्था; और
3. हिन्दू राजाओं की पारस्परिक प्रतिस्पर्धा जिसके कारण राजवंशों में निरन्तर परिवर्तित होना और उनमें से प्रत्येक का अरबों के विरुद्ध होना।

इतिहासकार लेनपूल ने अरबों की असफलता के निम्नलिखित अन्य कारण भी बताये हैं:

4. पूर्व और उत्तर में शक्तिशाली राजपूत-राज्यों का होना;
5. खलीफाओं का भारत-विजय के लिए पर्याप्त सेना न भेजना;

---

6. "The conquest of Sindh began a new age in the policy of Islam."—*Sir William Muir.*

6. अरबों द्वारा सिन्ध की विजय को भी पूर्ण और संगठित न करना; और

7 खलीफाओं का सिन्ध की निर्धनता के कारण उसमें आवश्यक रुचि न लेना।

इसके अतिरिक्त अरबों की असफलता के कारणों पर कुछ अन्य इतिहासकारों ने भी प्रकाश डाला है। उनके अनुसार—

8. 750 ई० में अब्बासी–खलीफा ने उमय्यद-खलीफा को नष्ट कर दिया जिससे खलीफा की शक्ति और प्रतिष्ठा में कमी हुई और सिन्ध के अरब-अधिकारियों में झगड़े हुए। इससे उनकी शक्ति दुर्बल हुई।

9. खलीफा हारुन-अल-रसीद के समय से अरबों में विलासिता आ गयी। एच०जी० वैल्स ने अपनी पुस्तक में लिखा है कि ''इस्लाम अपने मौलिक और जीवनप्रद तत्वों से दूर हो गया और कुरान की धार्मिक कट्टरता तथा सादगी का स्थान चिन्तनयुक्त दर्शन तथा उच्चकोटि के रहन-सहन ने ले लिया।'' बढ़ती हुई सम्पत्ति और विलासिता ने न केवल खलीफाओं के नैतिक पतन में योग दिया अपितु सम्पूर्ण अरब-जाति को भोग-विलासी बना दिया जिससे उनका जोश, सैनिक-प्रतिभा आदि नष्ट हो गये। बाद के खलीफा न तो शक्तिशाली थे और न सम्मानित। वह अपने अधीन सेवकों के हाथों में खिलौना बन गये। उनकी शक्ति का स्रोत भी अरब-जाति न रही अपितु उसका स्थान क्रमश: ईरानियों और तुर्कों ने और बाद में अन्य जातियों ने ले लिया। ऐसे खलीफा और ऐसी अरब-जाति भारत जैसे दूरस्थ, विशाल और शक्तिशाली प्रदेश में राज्य स्थापित करने में सफल नहीं हो सकती थी।

10. खलीफा की दुर्बलता का लाभ उठाकर 871 ई० में सिन्ध प्राय: स्वतंत्र हो गया, अरबों की एकता नष्ट हो गयी और सिन्ध मुल्तान एवं मंसूरा के दो अरब-राज्यों में विभाजित हो गया। ऐसी स्थिति में उनकी सफलता का प्रश्न न था।

11. एक तरफ खलीफाओं की दुर्बलता और दूसरी तरफ नस्लवाद एवं राष्ट्रीयता की भावना के प्रादुर्भाव के कारण इस्लाम की एकता छिन्न-छिन्न हो गयी जिससे भारत में अरबों की आक्रमणकारी शक्ति समाप्त हो गयी।

12. सिन्ध का भारत के एक कोने में होना तथा आर्थिक दृष्टि से सम्पन्न न होना भी अरबों द्वारा भारत में आगे न बढ़ पाने का एक कारण था। सिन्ध को आधार बनाकर भारत की विजय करना किसी भी विदेशी शक्ति के लिए सम्भव नहीं था।

13. सिन्ध के निकट शक्तिशाली राजपूत राज्यों का होना, हिन्दुओं की धार्मिक कट्टरता, पुरोहित-वर्ग का उन पर प्रभाव तथा आक्रमणकारी विदेशी शत्रु का शौर्य और शक्ति से मुकाबला करने की उनकी क्षमता भी, निस्सन्देह, अरबों की सफलता के मार्ग में ऐसी बाधाएं थीं जिन्हें अरब दूर न कर सके।

उपर्युक्त कारणों से भारत में अरबों की असफलता अस्वाभाविक न थी, अपितु आश्चर्य तो इस बात का है कि अरब 300 वर्ष तक सिन्ध में अपना राज्य स्थापित रख

सके। कन्नौज का प्रतिहार-राज्य और उत्तर-पश्चिम तथा पश्चिमी पंजाब का हिन्दूशाही-राज्य अरबों की तुलना में बहुत शक्तिशाली थे और वे सरलता से अरबो को सिन्ध से बाहर निकाल सकते थे। यह भी कहना भूल होगी कि हिन्दुओं में अपने धर्म और देवताओं की मूर्तियों की रक्षा करने का जोश न था। परन्तु तब भी हिन्दुओं ने अरबों को देश से निकाल कर अपनी सीमाओं की सुरक्षा की व्यवस्था नहीं की, यह आश्चर्य की बात है। सम्भवतया, इसका मुख्य कारण हिन्दुओं की विदेशी राजनीति और भारत की सीमाओं पर होने वाली उथल-पुथल से अनभिज्ञता एवं उदासीनता थी। इससे हिन्दुओं को भयंकर परिणाम भुगतने पड़े।

अरब आक्रमण का प्रभाव

राजपूताना के इतिहास के सुविख्यात लेखक टॉड ने अरबों के आक्रमण के प्रभाव को बहुत बढ़ा-चढ़ाकर बताया। उसने यहाँ तक लिखा: "अरबों के आक्रमण से सम्पूर्ण उत्तर-भारत दहल गया था।" परन्तु उसके विचारों को कोई भी इतिहासकार स्वीकार करने के लिए तत्पर नहीं है। राजनीतिक क्षेत्र में अरबों के आक्रमण का प्रभाव बहुत सीमित और साधारण था। सर वूल्जे हेग ने लिखा है: "भारत के इतिहास में यह एक साधारण दुर्घटना थी और इसने इस विशाल देश के सीमावर्ती क्षेत्र के एक छोटे प्रदेश मात्र को प्रभावित किया।"[7] लेनपूल ने लिखा है: "यह इस्लाम के इतिहास की एक गौण तथा महत्वहीन घटना थी।"[8] अरबों की सिन्ध की विजय से भारत का कोई महत्वपूर्ण भाग मुसलमानों के हाथ में नहीं गया। अरबों ने भारत की राजनीतिक और सैनिक शक्ति को नहीं तोड़ा क्योंकि भारत के किसी भी शक्तिशाली राज्य से उसका युद्ध नहीं हुआ तथा सिन्ध की विजय ने मुसलमानों के लिए भारत-विजय का मार्ग नहीं खोला। इस प्रकार भारत की राजनीति पर अरब-आक्रमण का कोई विशेष और स्थायी प्रभाव न पड़ा। अरबों ने पहली बार भारत में इस्लामी राज्य की स्थापना की, एक बड़ी संख्या में भारत के एक प्रदेश में हिन्दुओं को जबरदस्ती मुसलमान बनाया तथा अरब एवं इस्लामी संसार से भारत का निकट का परिचय कराया, इसमें सन्देह नहीं। परन्तु अरब-आक्रमण का प्रभाव यहीं तक सीमित रहा। उसका कोई गम्भीर राजनीतिक प्रभाव भारत पर नहीं पड़ा।

सांस्कृतिक दृष्टि से अरबों ने भारतीयों को प्रभावित नहीं किया, अपितु इसके विपरीत अरब भारतीय संस्कृति और सभ्यता से प्रभावित हुए। भारत की कला, ज्योतिष, चिकित्सा-शास्त्र, साहित्य आदि से अरब प्रभावित हुए और उन्होंने उनका सदुपयोग किया। उन्होंने अपनी मस्जिदों और इमारतों के बनवाने में हिन्दुओं से सहयोग लिया।

7. "It was a mere episode in the history of India and affected only a sall portion of the fringe of that vast country."—*Sir Wolseley Haig.*
8. "It was simply an episode in the history of Islam."—*Lane-Poole.*

सर जॉन मार्शल ने लिखा है: ''अरबों में निर्माणात्मक प्रतिभा बिल्कुल नहीं थी। यदि वे अपने राजगृहों को उतना ही आकर्षक बनाना चाहते थे जितना कि उनके प्रतिद्वन्द्वी धर्मों के अनुयायी, तो उनके लिए विजित देशों के शिल्पियों और कलाकारों से काम लेना अनिवार्य था।'' उसी प्रकार हैवेल ने लिखा है: ''जिस समय इस्लाम सीखने योग्य यौवनावस्था में था उस समय उसे यूनान ने नहीं अपितु भारत ने सिखाया। भारत ने उसके दर्शन और आध्यात्मिक धार्मिक आदर्शों का निर्माण किया तथा उनके साहित्य और स्थापत्य-कला की विशिष्ट शैलियों को प्रेरणा दी।'' स्थापत्य-कला के अतिरिक्त हिन्दू और बौद्ध दर्शन ने अरबों की विचारधारा को गम्भीरता से प्रभावित किया। खलीफा अल-मंसूर के समय में संस्कृत के 'ब्रह्म सिद्धान्त' और 'खण्ड खाद्यक' नामक ग्रन्थों का अरबी भाषा में अनुवाद किया गया। तप और सन्यास की विचारधारा को अरबों ने भारत से प्राप्त किया। तबरी ने लिखा है कि खलीफा हारुन-अल-रसीद की बीमारी को एक भारतीय वैद्य ने ठीक किया। इससे स्पष्ट है कि अरबों ने भारतीय चिकित्सा-शास्त्र के ज्ञान से लाभ उठाया था। अरबों ने अंकों का ज्ञान भी भारतीयों से प्राप्त किया। इस प्रकार, यद्यपि अरब सिन्ध में विजेता की दृष्टि से आये परन्तु तब भी सभ्यता की दृष्टि से वह भारत को कुछ भी न दे सके बल्कि उन्होंने ही भारत से बहुत कुछ प्राप्त किया। यही नहीं, अपितु डॉ० आशीर्वादीलाल श्रीवास्तव का कहना है: ''अरबों ने भारतीय ज्ञान को यूरोप में पहुँचाया, विशेषकर दर्शन, ज्योतिष और अंकों को। आठवीं और नवीं शताब्दी में यूरोप में जो ज्ञान की ज्योति फैली उसका मुख्य कारण अरबों का भारत से सम्पर्क था।'' इस प्रकार यह कहना उचित है कि यद्यपि अरबों के भारत पर आक्रमण का राजनीतिक प्रभाव नगण्य था परन्तु संस्कृति और सभ्यता की दृष्टि से वह अरबों के लिए ही नहीं अपितु संसार के अन्य देशों के लिए भी लाभदायक सिद्ध हुआ।

(III)

अरबों और तुर्कों का अफगानिस्तान पर आक्रमण और विजय

उस समय भारत की उत्तर-पश्चिमी सीमा पर स्थित अफगानिस्तान में हिन्दू-राज्य थे। इस कारण, जिस प्रकार सिन्ध को अरबों की बढ़ती हुई शक्ति का मुकाबला करना पड़ा उसी प्रकार अफगानिस्तान के हिन्दू-राज्यों को भी अरबों से युद्ध करने पड़े। उस समय अफगानिस्तान में दो हिन्दू-राज्य थे। उनमें से एक काबुल और दूसरा जाबुल अथवा जाबुलिस्तान का राज्य कहलाता था। 643 ई० में अरबों ने ईरान को जीत लिया जिसके कारण उनकी सीमाएं अफगानिस्तान के इन हिन्दू-राज्यों से टकराने लगीं। इसके पश्चात् प्राय: 200 वर्षों तक अरब इन हिन्दू-राज्यों पर आक्रमण करते रहे। परन्तु उन्हें केवल आंशिक सफलता ही मिल सकी। सबसे पहले अरबों ने सीस्तान को जीता।

उसके पश्चात् प्राय: 50 वर्षों तक उनकी प्रगति रुकी रही। इसके पश्चात् इराक के सूबेदार हज्जाज के समय में जिस प्रकार सिन्ध को जीतने का प्रयत्न किया गया उसी प्रकार काबुल और जाबुल के राज्यों को भी जीतने का प्रयत्न किया गया। परन्तु हज्जाज के समय में इन राज्यों को न जीता जा सका। 750 ई० में जब अब्बासी-खलीफा हुए तब भी इन राज्यों को जीतने का प्रयत्न चलता रहा, मुख्यतया खलीफा अल-मंसूर के समय में। अरबों के ये प्रयत्न इन हिन्दू-राज्यों की शक्ति को दुर्बल तो कर सके परन्तु उन्हें समाप्त न कर सके, यहाँ तक कि सम्पूर्ण सीस्तान पर भी अरबों का आधिपत्य स्थायी न रह सका. इससे यह स्पष्ट होता है कि अफगानिस्तान के इन हिन्दू-राज्यों ने निरन्तर 200 वर्षों तक इस्लाम की उस बढ़ती हुई शक्ति को भारत के द्वार पर रोक कर रखा जिसने स्पेन से लेकर ईरान तक अपने राज्य का विस्तार कर लिया था। यद्यपि अरबों से इन राज्यों के संघर्ष का 200 वर्ष का इतिहास भारतीय इतिहास में अभी तक अपना उचित स्थान प्राप्त नहीं कर सका है, परन्तु जो कुछ भी उसके बारे में ज्ञात है उससे अनुमान किया जा सकता है कि उस समय के उन हिन्दू-राज्यों की दृढ़ता और शक्ति कितनी अधिक रही होगी जिससे उन्होंने अरबों को भारत में सीधे प्रवेश करने का मार्ग नहीं दिया।

870 ई० तक यहाँ के शासक हिन्दू रहे, परन्तु उसके पश्चात् वे नवोदित तुर्क शक्ति के आगे झुक गये। तुर्क याकूब-इब्न-लायथ ने अपने जीवन का प्रारम्भ एक लुटेरे के रूप में किया। परन्तु उसने ईरान और उसके आसपास के प्रदेश में एक दृढ़ राज्य स्थापित करने में सफलता पायी। वही याकूब इन राज्यों को भी समाप्त करने के लिए उत्तरदायी हुआ। उसने युद्ध-कौशल और छल-कपट से इन दोनों राज्यों को अफगानिस्तान से उखाड़ फेंका और 870 ई० में अफगानिस्तान में इस्लामी सत्ता को स्थापित कर दिया। इस प्रकार प्राय: 225 वर्ष के निरन्तर संघर्ष के पश्चात् हिन्दू भारत के प्रवेश-द्वार अफगानिस्तान को छोड़ने के लिए बाध्य हुए। भारत में प्रवेश करने वाले बाद में तुर्क-आक्रमणकारियों को इससे सुविधा हुई।

प्राचीन भारत का इतिहास

प्राचीन भारत का इतिहास

भाग - 1

डॉ. कैलाश खन्ना

अर्जुन पब्लिशिंग हाउस

प्राचीन भारत का इतिहास (दो भागों में)

संस्करण : 2026

ISBN : 81-88775-07-X (Set)

प्रकाशक :

अर्जुन पब्लिशिंग हाउस

4831/24, गोविन्द लेन

अंसारी रोड, दरियागंज

नई दिल्ली—110002

फोन : 23242541, 23272541

e-mail : arjunbooks2001@gmail.com

arjunpubhouse@gmail.com

टाइपसेटिंग :

डिम्पल कम्प्यूटर्स

दिल्ली—110092

प्रिन्टर्स :

बालाजी डिजिटल

दिल्ली

भूमिका

साक्ष्यों तथा स्रोतों के आधार पर प्राचीन भारत के इतिहास के ज्ञान में निरन्तर वृद्धि हुई है और आगे भी बहुत कुछ होने की सम्भावना है। इससे स्पष्ट है कि प्राचीन भारत के इतिहास का ज्ञान प्राप्त करने की पर्याप्त सामग्री उपलब्ध है और इस कारण यह भी स्वीकार्य है कि भारतीय इतिहास-रचना की प्रवृत्ति से सर्वथा उदासीन न थे। भारतीयों ने ऐतिहासिक ज्ञान को विस्तृत ज्ञान का एक अंग माना और धर्म, नैतिकता, राजनीति, अर्थव्यवस्था, साहित्य आदि के साथ सम्मिलित कर दिया। इस कारण यह भी माना जाता है कि भारत में ज्ञान की एक पृथक् शाखा के रूप में इतिहास की रचना मुसलमानों के आने के समय से आरम्भ हुई। इस कारण पर्याप्त सामग्री उपलब्ध होते हुए भी प्राचीन भारत के इतिहास को जानने में बहुत कठिनाई और देरी हुई।

एक अन्य दृष्टि से भी भारतीयों ने गलती की। भारत के प्राचीन इतिहास और उसकी सभ्यता के गौरव को जानने का कार्य स्वयं भारतीयों ने नहीं बल्कि अंग्रेज विद्वानों ने आरम्भ किया जिसके कारण भारतीय इतिहास के बारे में विभिन्न भ्रान्तिपूर्ण धारणाओं का निर्माण हुआ। निस्सन्देह, अब भारतीय विद्वानों ने अपने प्रयत्नों के कारण इन भ्रान्तिपूर्ण धारणाओं को दूर करके प्राचीन भारत के इतिहास को उसका उचित स्थान प्रदान कराने में सफलता प्राप्त की है और इस दिशा में निरन्तर खोज और शोध का कार्य चल रहा है।

प्राचीन भारतीय इतिहास के इस साक्ष्य के विविध पक्षों को उजागर करने वाली अपने ढंग की यह अकेली पुस्तक है। आम छात्रों-अध्यापकों के अतिरिक्त शोधकर्त्ताओं और प्रतियोगी परीक्षाओं के छात्रों के लिए भी यह पुस्तक अत्यंत महत्वपूर्ण सामग्री उपलब्ध कराती है।

डा. कैलाश खन्ना

विषयानुक्रमणिका

1 प्राचीन भारतीय इतिहास के स्रोत

I

ई०पू० छठी शताब्दी (600 B.C.) से पूर्व के भारतीय इतिहास को जानने के समकालीन स्रोत सीमित हैं। परन्तु उस शताब्दी (600 B.C.) से प्रारम्भ होने वाले इतिहास के स्रोत हमें पर्याप्त मात्रा में प्राप्त होते हैं। इस दिशा में पर्याप्त कार्य हो चुका है और हो रहा है जिससे प्राचीन भारत के इतिहास के हमारे ज्ञान में निरन्तर वृद्धि हुई है और आगे भी बहुत कुछ होने की सम्भावना है। इससे स्पष्ट है कि प्राचीन भारत के इतिहास का ज्ञान प्राप्त करने की पर्याप्त सामग्री उपलब्ध है और इस कारण यह भी स्वीकार्य है कि भारतीय इतिहास-रचना की प्रवृत्ति से सर्वथा उदासीन न थे। परन्तु तब भी प्राचीन भारतीयों ने ऐतिहासिक तथ्यों का क्रमानुसार वर्णन नहीं किया और भारतीय इतिहास की रचना करने में असमर्थ रहे। भारत में यूनानी इतिहासकार हिरोडोटस, रोमन इतिहासकार लिबी, तुर्की इतिहासकार अलबरूनी आदि जैसे इतिहास-लेखक नहीं हुए। प्रो० ए० बी० कीथ ने प्राचीन भारतीय इतिहास की रचना में त्रुटि के तीन कारण बताये हैं—प्रथम कोई भी विदेशी आक्रमण इतना गम्भीर न था जिससे भारत में राष्ट्रीय भावना की जागृति सम्भव हो पाती और कोई विद्वान अपने राष्ट्रीय इतिहास को लिखने की प्रेरणा प्राप्त कर पाता; द्वितीय, भारतीयों का भाग्यवादिता का दृष्टिकोण जिसने उन्हें सभी भौतिक घटनाओं के प्रभाव से विमुख रखा; और तृतीय भारतीयों ने ऐतिहासिक घटनाओं और किंवदन्तियों में कोई अन्तर नहीं किया। प्रो. कीथ के विचारों में पर्याप्त सत्य है। परन्तु एक अन्य कारण भी इनसे कहीं अधिक प्रभावपूर्ण रहा। भारतीयों ने ऐतिहासिक ज्ञान को विस्तृत ज्ञान का एक अंग माना और धर्म, नैतिकता, राजनीति, अर्थव्यवस्था, साहित्य आदि के साथ सम्मिलित कर दिया। इस कारण यह भी माना जाता है कि भारत में ज्ञान की एक पृथक शाखा के रूप में इतिहास की रचना मुसलमानों के आने के समय से आरम्भ हुई। इस कारण पर्याप्त सामग्री उपलब्ध होते हुए भी प्राचीन भारत के इतिहास को जानने में बहुत कठिनाई और देरी हुई।

एक अन्य दृष्टि से भी भारतीयों ने गलती की। भारत के प्राचीन इतिहास और उसकी सभ्यता के गौरव को जानने का कार्य स्वयं भारतीयों ने नहीं बल्कि अंग्रेज विद्वानों ने आरम्भ किया जिसके कारण भारतीय इतिहास के बारे में विभिन्न भ्रान्तिपूर्ण धारणाओं का निर्माण हुआ। निस्सन्देह, अब भारतीय विद्वानों ने अपने प्रयत्नों के कारण इन भ्रान्तिपूर्ण धारणाओं को दूर करके प्राचीन भारत के इतिहास को उसका उचित स्थान

प्रदान कराने में सफलता प्राप्त की है और इस दिशा में निरन्तर खोज और शोध का कार्य चल रहा है, परन्तु यह स्वीकार करना पड़ता है कि इस कार्य का प्रारम्भ अंग्रेज विद्वानों के द्वारा किया गया।

प्राचीन भारतीय इतिहास को जानने का कार्य 18वीं सदी के उत्तरार्द्ध से प्रारम्भ हुआ जबकि मैक्समूलर जैसे विद्वानों ने वेदों का अंग्रेजी में अनुवाद करके भारतीय सभ्यता के गौरव की स्थापना की और सर विलियम जोन्स जैसे विद्वानों ने भारत के अतीत को खोजने का प्रयास किया। सर विलियम जोन्स ने बंगाल में उच्चतम न्यायालय के एक न्यायाधीश के पद पर कार्य किया। उन्हें भारतीय सभ्यता और इतिहास में रूचि हुई। उन्होंने कोलब्रुक और विल्सन जैसे विद्वानों की सहायता से 'भगवद्गीता', 'हितोपदेश', 'शकुन्तला', 'गीतगोविन्द' जैसे ग्रंथों का अंग्रेजी में अनुवाद किया तथा 1784 ई० में बंगाल का एशिया-समाज' की स्थापना की और 'एशिया के शोध-कार्य' नामक पत्रिका को आरम्भ किया। उनके इन कार्यों से विभिन्न विद्वानों में भारतीय इतिहास और सभ्यता के प्रति जिज्ञासा उत्पन्न हुई परिणामस्वरूप सरकार ने 1862 ई० में अलेक्जेण्डर कनिंघम के नेतृत्व में 'भारतीय पुरातत्व विभाग' की स्थापना की। लॉर्ड कर्जन ने इस विभाग के कार्यों में पर्याप्त रुचि प्रदर्शित की और उसके समय में प्राचीन स्मारकों की खोज एवं उनकी सुरक्षा की व्यवस्था की गयी। उसके पश्चात् यह कार्य बढ़ता गया अनेक अंग्रेज व भारतीय विद्वानों ने प्राचीन भारत के इतिहास की खोज में अपना सहयोग दिया। सर जॉन मार्शल और श्री राखलदास बनर्जी ने 1922 ई० में सिन्धु घाटी की सभ्यता की खोज की। प्राथमिक भारतीय विद्वानों में से डॉ० भान दाजी, डॉ० भगवान लाल इन्द्रजी, राजेन्द्र लाल मित्र, सर आर० जी० भण्डारकर जैसे विद्वानों का काम सराहनीय रहा। तत्पश्चात् अनेक भारतीय और विदेशी विद्वान इस क्षेत्र में महत्वपूर्ण कार्य कर चुके हैं। उनके प्रयत्नों के कारण प्राचीन भारतीय इतिहास अब अपना उचित स्थान प्राप्त कर चुका है और इसमें जो कमी अथवा त्रुटियाँ हैं उन्हें दूर करने के प्रयत्न निरन्तर चल रहे हैं।

सुविधा की दृष्टि से हम प्राचीन भारतीय इतिहास को जानने की सामग्री का वर्गीकरण निम्न प्रकार कर सकते हैं:

1. साहित्यिक स्त्रोत

साहित्यिक स्त्रोत के अन्तर्गत हम उस समस्त सामग्री को सम्मिलित करते हैं जो हमें ग्रन्थों और लेखों के रूप में उपलब्ध है। यह सामग्री निम्नवत् है:

(अ) धार्मिक साहित्य

धार्मिक साहित्य में हिन्दू, बौद्ध और जैन धर्म-ग्रन्थ सम्मिलित हैं:

1. हिन्दू धर्म-ग्रंथ—हिन्दू धर्म-ग्रथों में प्रमुख स्थान संहिताओं का है जिनमें चारों वेद ऋगवेद, सामवेद, यजुर्वेद, अर्थर्ववेद-सम्मिलित हैं। इनके अतिरिक्त ब्राह्मण (एतरेय,

शतपथ, पंथविंश आदि।), उपनिषद्, आरण्यक, वेदांग या उपवेद (शिक्षा, कल्प, व्याकरण, आदि-- कुल संख्या छह), उपवेद (आयुर्वेद, धनुर्वेद आदि), सूत्र-ग्रन्थ (धर्मसूत्र, गृहसूत्र आदि), स्मृति-ग्रन्थ (मनु-स्मृति, नारद-स्मृति, बृहस्पति-स्मृति आदि), पुराण (विष्णु-पुराण, मत्स्य-पुराण, वायु-पुराण आदि–कुल संख्या 18) और गाथा-ग्रन्थ (रामायण और महाभारत) प्रमुख ग्रन्थ हैं। इनमें हमें वैदिक काल और उसके बाद के समय के राजनीतिक इतिहास और तत्कालीन सभ्यता का ज्ञान प्राप्त होता है।

ऋग्वेद से हमें पूर्व-वैदिक काल की सभ्यता के बारे में पता लगता है। जबकि अन्य तीनो वेदों से उत्तर-वैदिक काल की सभ्यता का पता लगता है। ब्राह्मण-ग्रन्थों से हमें उत्तर–वैदिक काल में हुए आर्यों के विस्तार, उनके धार्मिक विश्वासों तथा कर्मकाण्ड की पद्धतियों के बारे में ज्ञान प्राप्त होता है। उपनिषदों में हमें आर्यों के दार्शनिक विचारों जैसे आत्मा, ईश्वर, आत्मा के आवागमन का सिद्धान्त आदि का ज्ञान होता हैं। सूत्र-ग्रन्थों में यज्ञ सम्बन्धी नियमों, मनुष्यों के लौकिक एवं पारलौकिक तथा धार्मिक, सामाजिक एवं राजनीतिक कर्तव्यों का उल्लेख मिलता है। स्मृतियों से हमें 300 ई० से 600 ई० तक के समय की धार्मिक और सामाजिक परिस्थितियों का ज्ञान प्राप्त होता है। पुराण मुख्यतः महाभारत के युद्ध के पश्चात् जिन राजवंशों ने ईसा की छठी शताब्दी तक भारत के विभिन्न क्षेत्रों में राज्य किया, उनके बारे में ज्ञान उपलब्ध कराते है। इनसे प्राचीन भारत के सांस्कृतिक इतिहास को जानने में भी बहुत सहायता मिली है। रामायण और महाभारत से हमें उत्तर-वैदिक काल के आर्यों के जीवन के सम्बन्ध में महत्वपूर्ण सामग्री प्राप्त होती है।

2. बौद्ध धर्म-ग्रन्थ—आदिबौद्ध-ग्रन्थों को 'पिटक' पुकारा गया है। ये तीन हैं— (*i*) विनयपिटक, जिसमें बौद्ध–संघ के संगठन और उससे सम्बन्धित नियमों का उल्लेख है, (*ii*) सुत्तपटिक, जिसमें बौद्ध धर्म के उपदेशों का वर्णन है, और (*iii*) अभिधम्मपिटक, जिनमें बौद्ध दर्शन की विवेचन है। इन तीनों को सम्मिलित रूप से 'त्रिपिटक' पुकारा गया है। बाद में महात्मा बुद्ध के पूर्व-जीवन से सम्बन्धित जातक-कथाओं का निर्माण हुआ जिनकी संख्या 549 है। इनके अतिरिक्त, बौद्ध धर्म की महायान और तान्त्रिक (वज्रयान) शाखाओं ने भी विभिन्न धार्मिक ग्रंथों की रचना की। इन बौद्ध–ग्रंथों में 'अनुगुत्तर–निकाय' जिससे हमें ईसा पूर्व छठी शताब्दी की राजनीतिक, सामाजिक और धार्मिक स्थिति को जानने में सहायता मिलती है; बौद्ध-विद्वान नागार्जुन द्वारा रजित 'महायान-सूत्र', 'सत्सहारिका', आदि; प्रसंग द्वारा रचित 'महायान-सूत्र-लभकर', वसुबन्धु द्वारा रचित 'अभिधर्म-कोष', तथा अन्यों द्वारा रचित 'मिलिन्दपह्न', 'दिव्यावदान', 'आर्यमंजूश्रीमूलकल्प', 'ललितविस्तार' आदि ग्रन्थ मूल्यवान ऐतिहासिक सामग्री प्रदान करते हैं। प्राचीन बौद्ध-ग्रन्थों से हमें प्राचीन भारत के सामाजिक तथा सांस्कृतिक जीवन का ज्ञान होता है। इसके अतिरिक्त इनमें हमें ई०पू० छठी शताब्दी की राजनीतिक दशा का ज्ञान भी प्राप्त होता है। बौद्ध-साहित्य से हमें भारत के विदेशों से

हुए सांस्कृतिक सम्बन्धों के बारे में पर्याप्त ज्ञान प्राप्त होता है। श्रीलंका में रचित 'महावंश' और 'दीपवंश' ग्रन्थों ने भी प्राचीन भारतीय इतिहास को जानने में सहायता दी है।

3. जैन धर्म-ग्रन्थ—आदिजैन-ग्रन्थों को 'आगम' पुकारा गया। बाद में उनका संकलन 'पूर्व' नामक 14 ग्रन्थों में किया गया और उसके पश्चात् उनका संकलन 'अंग' नामक 12 ग्रन्थों में हुआ जिनमें से एक खो चुका है। परन्तु 11 'अंग' अब भी प्राप्त हैं। उनके पश्चात् भी विभिन्न जैन धर्म-ग्रन्थों का निर्माण हुआ। जिनसे भारतीय इतिहास को जानने में सफलता मिली है। 'भद्रबाहुचरित' से हमें चन्द्रगुप्त मौर्य के काल की कुछ घटनाओं को जानने का अवसर मिलता है। 'वसुदेवहिण्डी', 'वृहत्कल्पसूत्र भाष्य', 'कालिका पुराणकथा कोश' आदि जैन-ग्रन्थ भी हमें पर्याप्त ऐतिहासिक सामग्री प्रदान करते हैं। बाद के समय के ग्रन्थों में सबसे महत्वपूर्ण 'परिशिष्ट पर्व' है जिसकी रचना 12वीं सदी में की गयी।

(ब) धर्म-निरपेक्ष साहित्य

धर्म-निरपेक्ष साहित्य में (*i*) विदेशियों के वर्णन अथवा यात्रा-विवरण, (*ii*) जीवन-चरित्र और ऐतिहासिक ग्रन्थ, तथा (*iii*) जन-साहित्य सम्मिनिल हैं।

विदेशियों के विवरण और यात्रा–विवरणों में यूनानी (ग्रीक), चीनी और मुसलमान लेखक प्रमुख हैं। यूनानी लेखकों में स्काइलेक्स, जस्टिन, हिरोडोटस, कर्टियस, डायोडोरस, स्ट्रेबो, एरियन, प्लूटार्क और टाल्मी प्रमुख हैं। परन्तु सर्वाधिक महत्वपूर्ण यूनानी व्यक्ति मैगस्थनीज था जिसे सिकन्दर महान् के पूर्वी साम्राज्य के उत्ताधिकारी सैल्यूकस ने चन्द्रगुप्त मौर्य के दरबार में राजदूत बनाकर भेजा था और जिसने अपनी पुस्तक 'इण्डिका' में तत्कालीन भारत के बारे में बहुत कुछ लिखा। चीनी यात्रियों में से गुप्त-काल में आया हुआ यात्री फाहियान, सम्राट हर्ष के समय में आया हुआ युवान च्वांग और सातवीं शताब्दी ई० के अन्त में आने वाला यात्री इत्सिग प्रमुख हैं। इनके विवरणों से भारत की तत्कालीन परिस्थितियों—मुख्यतया धार्मिक सामाजिक और सांस्कृतिक—के बारे में ज्ञान उपलब्ध होता है। मुसलमान यात्रियों में सुलेमान, मसूदी और अलबरूनी (जिसने 'तहकीक-ए-हिन्द' लिखा) प्रमुख माने गये हैं। 11वीं सदी के भारत की परिस्थितियों को जानने में अलबरूनी का विवरण महत्वपूर्ण योगदान प्रदान करता है।

समकालीन 'जीवन-चरित' भी उस समय के इतिहास को जानने में अमूल्य सहायता प्रदान करते हैं। इनमें बाणभट्ट का 'हर्ष-चरित', विल्हण का 'विक्रमदेव-चरित', पद्मगुप्त का 'नवसाहसांक-चरित', बल्लाल का 'भोज-प्रबन्ध', सन्ध्याकार नन्दी का 'रामचरित', हेमचन्द्र का 'कुमारपाल-चरित', नयचन्द्र का 'हम्मीर-काव्य', चन्दबरदाई का 'पृथ्वीराज-विजय', सोमेश्वर का 'कीर्तिकौमुदी', आदि प्रमुख ग्रंथ माने गये हैं। ऐतिहासिक ग्रंथों में कल्हण-कृत 'राजतंरगिणी' प्रमुख ग्रन्थ हैं जिसमें कश्मीर इतिहास

का वर्णन है। उसके पश्चात् जोनराजा, श्रीवर, प्राज्यभट्ट और सूका ने भी कश्मीर के इतिहास को मुगल-बादशाह अकबर द्वारा कश्मीर की विजय से कुछ समय पहले तक पूर्ण किया। तमिल भाषा में लिखे गये विभिन्न ग्रन्थ मुख्यतया संगम–साहित्य दक्षिण–भारत के इतिहास पर प्रकाश डालते हैं।

जन-साहित्य जिसका निर्माण विभिन्न विद्वानों ने साहित्य, अर्थ-व्यवस्था, राज्य-व्यवस्था, नाटक, काव्य-संग्रह, व्याकरण और अन्य ज्ञान के विकास अथवा पूर्ति के लिए किया, इतिहास को जानने में सहायक हुआ। कौटिल्य का 'अर्थशास्त्र', पतंजलि का 'महाभाष्य', विशाखदत्त का 'मुद्राराक्षस', पाणिनि का 'व्याकरण-ग्रन्थ' और 'अष्टाध्यायी', वात्सायन का 'कामसूत्र', सम्राट हर्षवर्धन के द्वारा लिखे गये 'प्रियदर्शिका, 'रत्नावली' और 'नागानन्द' नामक नाटक तथा महाकवि और विद्वान भवभूति के विभिन्न ग्रन्थ आदि इनमें प्रमुख हैं।

कौटिल्य के 'अर्थशास्त्र', विशाखदत्त के 'मुद्राराक्षस', सोमदेव के 'कथासरित्सागर', और 'क्षेमेन्द्र की वृहत्कथामंजरी' से हमें मौर्य-काल के इतिहास को जानने में बहुत सहायता मिलती है, कामंदक के 'नीतिसार' से गुप्तकालीन राजतन्त्र पर कुछ प्रकाश पड़ता है, पंतजलि के 'महाभाष्य' और कालिदास के 'मालविकाग्निमित्र से शुंग-वंश के इतिहास को जानने में सहायता मिलती है तथा शूद्रक के 'मृच्छकटिक' तथा दण्डी के दशकुमार-चरित' से भी तत्कालीन समाज के बारे में ज्ञान प्राप्त होता है। इसी प्रकार, बाद के समय में रचित जयपाल के 'कुमारपाल-चरित' से गुजरात के शासक कुमारपाल के इतिहास के बारे में, पद्मगुप्त के 'नवसाहसांक-चरित' से परमार वंश के इतिहास को जानने में और जयानक के 'पृथ्वीराज-विजय' से पृथ्वीराज चौहान के इतिहास को जानने में सहायता मिलती है।

इसी प्रकार, तमिल भाषा के संगम-साहित्य से हमें दक्षिण-भारत के प्राचीन इतिहास को जानने में बहुत सहायता मिलती है।

इनके अतिरिक्त हिन्दू, बौद्ध और जैन धर्म के मानने वालों ने अनेक धार्मिक और धर्म-निरपेक्ष ग्रन्थों की रचना की। संस्कृत, पाली, प्राकृत, तमिल आदि भाषाओं में अनेक ग्रन्थ लिखे गये जो हमें किसी न किसी प्रकार समकालीन इतिहास का ज्ञान प्राप्त कराने में सहायक हैं। परन्तु एक सम्पूर्ण साहित्य में एक त्रुटि रही। इसे ऐतिहासिक साहित्य का रूप प्रदान करने और उसकी सुरक्षा करने का प्रबंध नहीं किया गया। कश्मीर, नेपाल, सिन्ध, गुजरात और असम में इतिहास के निर्माण की दिशा में कुछ कार्य किया गया था, ऐसा वहाँ के ग्रन्थों से प्रतीत होता है। परन्तु अन्य स्थानों पर ऐसा प्रयत्न किया ही नहीं गया अथवा वह प्रयत्न निष्फल हुआ। इस कारण इस समय का साहित्य अधिकांशतया ऐतिहासिक साहित्य नहीं है, अतएव विभिन्न प्रकार के धार्मिक साहित्य, जन–साहित्य आदि से ही हमें इतिहास को खोजना पड़ता है।

2. पुरातत्व सम्बन्धी स्रोत

पुरातत्व सम्बन्धी सामग्री ने प्राचीन भारतीय इतिहास की खोज में विशेष सहायता प्रदान की है। यद्यपि इस क्षेत्र में अभी कम कार्य हुआ है (यह कार्य अभी तक अविरल गति से चलाया जा रहा है) परन्तु जो भी कार्य हो चुका है उससे हमें भारतीय इतिहास की अनेक अप्राप्त एवं खोयी हुई कड़ियों को पाने और जौड़ने में सहायता मिली है। इस सामग्री को हम निम्नलिखित भागों नें बाँट लेते हैं:

1. अभिलेख;
2. कला-कृतियाँ;
3. स्मारक और भाग्नावशेष;
4. मिट्टी के बर्तन; और
5. सिक्के।

1. अभिलेख

प्रो० रपसन ने लिखा है: "अभिलेख, जिस समय और जिस देश के होते हैं, वे उस समय और उस देश की राजनीतिक, सामाजिक और अर्थिक परिस्थितियों का ज्ञान प्राप्त करने में अत्यधिक सहायता देते हैं।" इसी प्रकार, भारतीय अभिलेखों ने भी प्राचीन भारतीय इतिहास के ज्ञान को प्राप्त करने में विशेष सहायता प्रदान की है। ये अभिलेख मुख्यतया शिलाखण्ड़ों, कला-कृतियों, मूतियों और ताम्रपत्रों पर प्राप्त हुए हैं। इनमें से अनेक तो राजाओं ने लिखवाया था। उनमें से अनेक उनके आदेश, कीर्ति-विवरण, विजय-स्मारक और विभिन्न व्यक्तियों को दी गयी भूमि अथवा अधिकारों की व्याख्या करने हेतु लिखे गये थे। ये सभी इतिहास को जानने की लाभदायक सामग्री सिद्ध हुए हैं। इनमें सबसे प्रमुख स्थान सम्राट अशोक के स्तम्भों और शिलालेखों का है जो भारत के विभिन्न स्थानों पर पाये गये हैं। ब्राह्वी अथवा खरोष्टि लिपि (जो दायीं से बायीं ओर लिखी जाती है) में लिखे गये अशोक के ये अभिलेख न केवल उस महान् सम्राट के विचारों और व्यक्तित्व को जानने में सहायता देते हैं अपितु उस समय की भारतीय लिपि और भाषा का भी ज्ञान कराते है। सम्राट अशोक के पश्चात् के अभिलेखों को दो भागों में बाँटा गया है—शासकों के अभिलेख और अन्य सामान्य व्यक्तियों द्वारा लिखवाये गये अभिलेख। शासकों द्वारा लिखवाये गये अभिलेखों में राजकवियों द्वारा लिखी गयी प्रशस्तियाँ और भूमि-अनुदान-पत्र हैं। सम्राटों की प्रशस्तियों में सम्राट समुद्रगुप्त का प्रयाग में अशोक-स्तम्भ पर उत्कीर्ण अभिलेख, कलिंगराज खारवेल का हाथी-गुम्फ अभिलेख, गौतमी बलश्री का नासिक अभिलेख, राजा भोज का ग्वालियर अभिलेख, रूद्रदामा का गिरनार अभिलेख, चालुक्य-नरेश पुलकेशिन द्वितीय का एहोल़ अभिलेख, गुप्त-सम्राट स्कन्दगुप्त का भितरी स्तम्भ-लेख और नासिक अभिलेख, तथा

बंगाल-नरेश विजयसेन का देवपाड़ा अभिलेख प्रमुख स्थान रखते हैं। भूमि-अनुदान-पत्र अधिकतर ताम्रपत्रों पर उत्कीर्ण हैं। इन अनुदान-पत्रों में भूमि-खण्डों की सीमाओं के उल्लेख के अतिरिक्त वह समय भी दिया गया है जब वे भू-खण्ड दान में दिये गये थे। इनमें से विभिन्न अनुदान-पत्रों पर शासकों की उपलब्धियों का वर्णन मिलता है। इसके अतिरिक्त, विभिन्न सामान्य व्यक्तियों द्वारा लिखवाये गये अभिलेख भी प्राप्त हुए हैं जिन्होंने विभिन्न राजवंशों के इतिहास, उनके राज्य की सीमाओं और उनके नामों को जानने में सहायता की है।

सामान्य व्यक्तियों द्वारा लिखवाये गए अथवा निजी अभिलेख बहुधा मन्दिरों या मूर्तियों पर उत्कीर्ण हैं। इनसे मन्दिरों के निर्माण और मूर्तियों के प्रतिष्ठान के समय का तथा स्थापत्य-कला, मूर्ति-कला तथा विभिन्न भाषाओं के विकास का पता लगता है। इनमें से कुछ में तत्कालीन शासकों के शासन, उनके पदाधिकारियों के कार्यों और तत्कालीन कर-व्यवस्था का वर्णन का भी वर्णन है जिनसे हमें उस समय की राजनीतिक अवस्था के बारे में भी पता लगता है। कुछ अभिलेखों से उन तथ्यों की पुष्टि में भी सहायता मिलती है जिनका उल्लेख हमें साहित्य में मिलता है।

इस प्रकार विभिन्न अभिलेखों से हमें प्राचीन भारत के इतिहास को जानने में बहुत सहायता मिली है। सातवाहन-शासकों का सम्पूर्ण इतिहास मूलयता उनके अभिलेखों पर आधारित है। इसी प्रकार, दक्षिण-भारत के पल्लव, चालुक्य, राष्ट्रकूट, चोल और पाण्ड्य राजवंशों के इतिहास को जानने में इन वंशों के शासकों के अभिलेख बहुत उपयोगी सिद्ध हुए हैं। विदेशों में भी कुछ ऐसे प्राप्त हुए हैं, जिनसे भारतीय इतिहास को जानने में सहायता मिली है। ऐसा ही एक अभिलेख एशिया माइनर में बोगजकोई नामक स्थान का 1400 ई०पू० का अभिलेख है।

2. कला-कृतियाँ

भित्ति-चित्र, स्तम्भ, मूर्तियाँ, मन्दिर, खिलौने, आभूषण अदि विभिन्न वस्तुएँ कला के नमूनों के रूप में भारत के विभिन्न स्थानों से प्राप्त की गयी हैं जो प्राचीन भारतीय सभ्यता और संस्कृति का ज्ञान प्राप्त करने में सहायक सिद्ध हुई हैं। इनमें से बहुत खण्डित हैं। परन्तु तब भी उपयोगी है। सिन्धु-घाटी में प्राप्त हुए खिलौने और आभूषण, अशोक के स्तम्भ, विभिन्न बौद्ध प्रतिमाएँ, मन्दिरों के भग्नावशेश, पूर्ण अथवा खण्डित पत्थर, ताँबे अथवा काँसे की मूर्तियाँ, अजन्ता, सित्तानवसल, बादामी और बाघ गुफाओं के भित्ति-चित्र (दीवार पर बनाये गये चित्र) आदि सभी भारतीय इतिहास को जानने की अमूल्य सामग्री सिद्ध हुए हैं।

प्राचीन भारतीय इतिहास के स्रोत

- 1. साहित्यिक
  - धार्मिक साहित्य
    - **1. हिन्दू**
      - (*i*) संहिताएँ (वेद-ऋगवेद, सामवेद यजुर्वेद, अथर्ववेद)
      - (*ii*) ब्राह्मण (ऐतरेय, शतपथ आदि)
      - (*iii*) उपनिषद्-ग्रन्थ
      - (*iv*) अरण्यक-ग्रन्थ
      - (*v*) सूत्र-ग्रन्थ (गृहसूत्र, धर्मसूत्र आदि)
      - (*vi*) स्मृति-ग्रन्थ (मनु-स्मृति, नारद-स्मृति आदि)
      - (*vii*) पुराण (विष्णु-पुराण, वायु-पुराण आदि)
      - (*viii*) गाथा-ग्रन्थ (रामायण और महाभारत)
    - **2. बौद्ध**
      - (*i*) त्रिपिटक
        - (अ) विनयपिटक
        - (ब) सुत्तपिटक
        - (स) अभिधम्मपिटक
      - (*ii*) जातक कथाएँ
    - **3. जैन**
      - (आगम)
        - 14 पूर्व
        - 12 अंग (एक खो चुका है)
  - धर्म–निरपेक्ष साहित्य
    1. विदेशियों के विवरण (मैगस्थनीज, फाहियान, अलबरूनी आदि के विवरण)
    2. जीवन-चरित और ऐतिहासिक ग्रन्थ (हर्षचरित, पृथ्वीराज-विजय, राजतंरगिणी आदि)
    3. जन-साहित्य (अर्थशास्त्र, महाभाष्य, मुद्राराक्षस, कालिदास और भवभूति की रचनाएँ आदि)
- 2. पुरातत्व सम्बन्धी
  1. अभिलेख
  2. कला-कृतियाँ
  3. स्मारक तथा अन्य भग्नावशेष
  4. मिट्टी के बर्तन
  5. सिक्के और मुहरें।

3. स्मारक के भग्नावशेष

विभिन्न स्थानों पर खुदाई की जाने से जो विभिन्न अवशेष प्राप्त हुए हैं, उनसे प्रागैतिहासिक काल के बारे में भी ज्ञान प्राप्त हुआ है। इन अवशेषों से ही पता लगा है कि भारत में मानव का अस्तित्व पूर्व-पाषाण काल में भी था। हस्तिनापुर में हुई खुदाई के आधार पर डॉ० बी० बी० लाल ने यह मत व्यक्त किया है कि महाभारत का युद्ध प्राय: 1000 ई०पू० हुआ था। इसी आधार पर भारत में लौह-काल के आरम्भ का अनुमान किया गया है। भारत में लोहे के अवशेष बलूचिस्तान, उत्तर-पश्चिम भारत, गंगा-यमुना दोआब, मध्य-भारत तथा दक्षिण-भारत में प्राप्त हुए हैं। इस आधार पर दिलीपकुमार चक्रवर्ती ने यह मत व्यक्त किया है कि भारत में लोहे का प्रयोग 1100 ई०पू० आरम्भ हुआ था। इन अवशेषों से भारत के विभिन्न क्षेत्रों में विभिन्न समय पर हुई सामाजिक और आर्थिक विकास की प्रक्रिया को समझने में बहुत सहायता मिली है। बाद के समय के इतिहास को जानने में भी अवशेषों, इमारतों और समस्याओं का महत्त्वपूर्ण स्थान रहा है।

स्मारकों और अन्य भग्नावशेषों में प्रमुख स्थान बौद्ध स्तूपों एवं हिन्दू मन्दिरों का है जो प्राचीन भारतीय कला के नमूने हैं। परन्तु मोहनजोदड़ो और हड़प्पा में प्राप्त पूर्ण नगरों के भग्नावशेषों ने इस क्षेत्र में एक नवीन अध्याय सम्मिलित कर दिया है। इन अवशेषों ने भारतीय सभ्यता के इतिहास को ई०पू० 3000 वर्ष (3000 B.C.) तक पहुँचा दिया है और इस दिशा में जो कार्य हो रहा है उससे यह सम्भावना होती जा रही है कि भविष्य में सम्भवतया यह प्रमाणित हो सके कि उत्तर-भारत के मैदान में आर्य-सभ्यता से पहले एक प्रगतिशील सभ्यता का विकास हो चुका था। इस प्रकार प्राचीन भग्नावशेष भारतीय इतिहास को जानने की अमूल्य सामग्री हैं।

4. मिट्टी के बर्तन

भारत के विभिन्न स्थानों पर प्राप्त हुए मिट्टी के बर्तन भी इतिहास को जानने का मूल्यवान सामग्री रहे हैं। ये बर्तन न केवल कला की दृष्टि से उपयोगी है वरन् इनकी मिट्टी की जाँच करने से इनकी आयु का पता लगाकर इतिहास के समय को जानने में सहायता प्राप्त होती है। विभिन्न प्रकार और रंगों के ये बर्तन अत्यन्त उपयोगी सिद्ध हुए हैं।

5. सिक्के

विभिन्न स्थानों पर प्राप्त हुए सोने, चाँदी और ताँबे के सिक्कों ने भी प्राचीन इतिहास को जानने में सहायता प्रदान की है। इनमें से अनेक सिक्के सम्राटों के हैं परन्तु कुछ ऐसे भी हैं जो व्यक्तियों अथवा व्यापारिक संघों द्वारा मुद्रित किये गये थे। यूनानी (ग्रीक) सिथियन और पार्थियान शासकों ने बहुत अच्छे सिक्के चलाये। यूनानी सिक्कों

से भारतीयों को प्रेरणा प्राप्त हुई और उन्होंने अपने सिक्कों पर अपनी अथवा अपने किसी देवता की आकृति तथा समय (सम्वत्, वर्ष आदि) अंकित करना आरम्भ किया। इससे गुप्त-वंश के समय तक के इतिहास को जानने में सहायता मिली है। मालव, यौधेय आदि गणराज्यों के इतिहास का उनके सिक्कों से पता लगा है। सिक्कों से मुख्य सहायता सम्राटों की तिथि और उनकी वंशावली को जानने में मिली है। सिन्धु-घाटी से प्राप्त मुहरों ने उस घाटी की सभ्यता को जानने में पर्याप्त सहायता प्रदान की है। सिक्कों का विभिन्न धातुओं में प्राप्त होना, धातुओं की मात्रा का निर्धारण आदि प्राचीन भारत के आर्थिक इतिहास के लेखन में सहायता प्रदान करते हैं। विभिन्न सिक्कों से विभिन्न राजाओं के राज्यों की सीमाओं, उनकी धार्मिक मान्यताओं, राज्यों की आर्थिक स्थिति आदि को जानने में सहायता मिली है।

उपर्युक्त सभी साधनों ने प्राचीन भारतीय इतिहास के ज्ञान की वृद्धि में सहायता प्रदान की है और अब तक ई०पू० 3000 वर्ष (3000 सदी) की भारतीय सभ्यता का ज्ञान हमें हो चुका है। इसमें केवल एक कमी है: ई०पू० छठी शताब्दी (600 सदी) के आरम्भ से पहले के राजनीतिक इतिहास का ज्ञान हमें नहीं हो सका है और जो ज्ञान हमें हैं भी वह अधिकांशतया अनुमान पर आधारित है जिसे हम इतिहास की संज्ञा नहीं दे सकते। ई०पू० छठी शताब्दी के प्रारम्भ से हमें राजनीतिक इतिहास का क्रम प्राप्त होना आरम्भ हो जाता है और ऐसा बहुत कुछ प्राप्त हो जाता है जिसे हम इतिहास की संज्ञा दे सकते हैं। परन्तु तब भी इस क्षेत्र में अभी काफी संम्भावनाएँ हैं जिनके कारण हम यह कह सकते हैं कि प्राचीन भारत का इतिहास एक लम्बे समय तक राजनीतिक इतिहास कम तथा सभ्यता और संस्कृति का इतिहास अधिक है।

II

आद्य--इतिहास की कोई निश्चित व्याख्या नहीं की गयी है और विभिन्न देशों में इसका समय भी पृथक-पृथक माना गया है। परन्तु साधारणतया इसका अर्थ उस युग के इतिहास से लिया जाता है जिसके सम्बन्ध में कोई लिखित अभिलेख प्रमाण के रूप में प्राप्त नहीं होता। भारत के सम्बन्ध में हम युग का प्रारम्भ उस समय से मानते हैं जबकि मानव ने यहाँ खाद्य-उत्पादन आरम्भ किया जिसके प्रमाण हमें हड़प्पा-सभ्यता से पूर्व बलूचिस्तान, सिन्ध, पंजाब, हरियाणा, राजस्थान और इनके निकटस्थ क्षेत्रों में फैली हुई बस्तियों (सभ्यता) के प्राप्त अवशेषों से मिले हैं। इसके प्राचीनतम प्रमाण प्राय: 7000 ई०पू० के माने गये है। यह सभ्यताएँ भारत में आद्य-इतिहास का प्राचीनतम भाग मानी गयी हैं।

यह काल किस समय समाप्त हुआ, इसके बारे में विद्वानों में मतभेद है। वस्तुत: हमें भारत में लिखित अभिलेख ऐतिहासिक प्रमाण के रूप में 300 ई०पू० अथवा

मौर्य-काल से पहले प्राप्त नहीं होते परन्तु क्योंकि 600 ई०पू० से हमें इतिहास को जानने के साहित्यिक स्रोत प्राप्त हो गये हैं इस कारण कुछ विद्वान आद्य-इतिहास का समय 600 ई०पू० तक का मानते हैं। परन्तु अन्न कुछ विद्वान ऐसे भी है जिनका कहना है कि वैदिक-सभ्यता को जानने का साधन भी वैदिक ग्रन्थ हैं। इस कारण वैदिक-सभ्यता या इतिहास भी आद्य-इतिहास में सम्मिलित नहीं हैं। ऐसी स्थिति में वैदिक-सभ्यता से पहले के इतिहास को ही भारत के आद्य-इतिहास में सम्मिलित किया जाना चाहिए। यह विचार ही बहुमत द्वारा स्वीकृत माना गया है। ऐसी स्थिति में हड़प्पा-सभ्यता अथवा सिन्धु-घाटी की सभ्यता को भी आद्य-इतिहास में स्थान दिया गया है क्योंकि यद्यपि वहाँ पर पायी गयी मुहरों (सीलों) पर लिपि के प्रमाण हैं परन्तु उस लिपि का पढ़ना अभी तक प्रमाणित रूप से सम्भव नहीं हो पाया है। इसके अतिरिक्त नवीनतम खोजों के आधार पर यह माना गया है कि हड़प्पा-सभ्यता से पहले भी बलूचिस्तान, सिन्ध, पंजाब, हरियाणा, राजस्थान और इनके निकट के स्थानों पर 7000 ई.पू. ही एक ग्रामीण-सभ्यता विकसित हुई थी जहाँ के निवासियों ने खाद्य-उत्पादन आरम्भ कर दिया था और निवास-स्थानों का निर्माण भी कर लिया था। सम्भवतया, उसी का विकसित स्वरूप हड़प्पा-सभ्यता रही। इस कारण, उस सभ्यता को भी आद्य-इतिहास में सम्मिलित किया गया है। इसके अतिरिक्त भारत के आन्तरिक भागों में भी जैसे मालवा, दक्षिण-पूर्वी राजस्थान, पूर्वी-भारत और दक्षिण-भारत में ताम्र-पाषाणयुगीन तथा कुछ स्थानों पर लौहयुक्त सभ्यताएँ या मानव-बस्तियाँ विकसित थीं, ऐसे प्रमाण प्राप्त हुए हैं। ये बस्तियाँ (सभ्यताएँ) हड़प्पा-सभ्यता के पश्चात् की थीं। इनके सम्बन्ध में भी कोई लिखित प्रमाण प्राप्त नहीं हैं, इस कारण इन्हें भी आद्य-इतिहास में सम्मिलित किया गया है। इस प्रकार, प्रथम, हड़प्पा-सभ्यता से पहले की बलूचिस्तान, सिन्ध, पंजाब, हरियाणा आदि में प्राप्त सभ्यता के अवशेषों पर आधारित इतिहास; द्वितीय, हड़प्पा-सभ्यता; और तृतीय, उसके बाद की भारत के अन्दर के भागों में प्राप्त ताम्र-पाषाणयुगीन तथा लौहयुक्त विभिन्न बस्तियों (ग्रामीण-सभ्यताओं) या उसके अवशेषों से प्राप्त ज्ञान का हम भारत के आद्य-इतिहास में सम्मिलित करते हैं।

बलूचिस्तान, सिन्ध, पंजाब, हरियाणा, राजस्थान और उनके निकट के स्थानों में विकसित हड़प्पा-पूर्व की बस्तियाँ (सभ्यता)

हड़प्पा की खोज 1922 ई० से आरम्भ हुई और उससे यह प्रमाणित किया गया कि आर्यों के आगमन से पूर्व ही भारत के उत्तर-पश्चिम भाग में एक श्रेष्ठ सभ्यता का निर्माण हो चुका था। परन्तु उसके पश्चात् हुई अन्य खोजों ने एक अन्य बात प्रकट की कि हड़प्पा-सभ्यता की पृष्ठभूमि का निर्माण, सम्भवतया, उससे भी प्राचीन उन बस्तियों

(ग्रामीण-सभ्यता) ने किया जिन्हें हम बलूचिस्तान, हड़प्पा-पूर्व, आद्य-सिन्धु या आद्य-हड़प्पा बस्तियों (सभ्यता) के नाम से पुकारते हैं। भारत के उत्तर-पश्चिम भाग बलूचिस्तान (आधुनिक पाकिस्तान में) में प्राय: 7000 ई०पू० कृषि पर आधारित इन बस्तियों का विकास आरम्भ हुआ। धीरे-धीरे इनका विस्तार क्षेत्र बढ़ता गया और 3000 ई०पू० तक ये बस्तियाँ सिन्धु-घाटी, गोमल-घाटी, पंजाब, राजस्थान, हरियाणा और पूर्व में तत्कालीन सरस्वती (अथवा सुरसती) नदी की घाटी तक फैल गयीं। इन क्षेत्रों में विभिन्न स्थानों पर हुई खुदाई से कच्चे घर पत्थर के कटोरे, पालतू जानवरों की हड्डियाँ, मिट्टी के बर्तन, पत्थर की कुल्हाड़ियाँ, पकी हुई मिट्टी के खिलौने, कहीं-कहीं पकी ईंटों से बने हुए मकान, खाना बनाने के तन्दूर, आदि के अवशेष प्राप्त हुए हैं। बाद के समय में यहाँ के निवासियों ने ताँबे का प्रयोग आरम्भ कर दिया था। वे कृषि के लिए हल का प्रयोग भी करते थे, यह प्रमाणित हो गया है। इस प्रकार, इन बस्तियों की उपस्थिति से यह स्वीकार कर लिया गया है कि हड़प्पा-सभ्यता से पूर्व ही भारत में कृषि का स्वरूप व्यावसायिक बन गया था जो गाँव अथवा नगर-जीवन के आरम्भ होने का आधार होता है। यह विचार भी प्रकट किया गया है कि, सम्भवतया, इन्हीं ग्रामीण-बस्तियों (इनकी सभ्यता) ने हड़प्पा की विकसित नगर-सभ्यता की पृष्ठभूमि का निर्माण किया यद्यपि इन बस्तियों और हड़प्पा-सभ्यता के पारस्परिक सम्बन्धों के विषय में कोई निश्चित विचार प्रस्तुत नहीं किया गया है। परन्तु यदि यह स्वीकार कर लिया जाता है कि इन्हीं बस्तियों ने हड़प्पा-सभ्यता की पृष्ठभूमि का निर्माण किया तो हमें यह भी स्वीकार करना पड़ेगा कि भारत की सभ्यता अपने विकास के लिए किसी भी प्रकार किसी विदेशी सभ्यता पर आश्रित नहीं रही बल्कि उसका विकास क्रमश: भारत की भूमि पर ही हुआ।

इस हड़प्पा-सभ्यता से पूर्व की बस्तियों की सभ्यता के अवशेष अनेक स्थानों पर प्राप्त हो चुके हैं। इनमें से प्राचीनतम अवशेष 7000 ई० पू० के हैं तथा इनमें से अनेक स्थानों पर प्राय: 4000 ई० पू० विकासशील ग्राम-अर्थव्यवस्था स्थापित हो गयी थी।

इन बस्तियों में सबसे प्राचीन बस्ती **बलूचिस्तान** में 'मेहरगढ़' में थी जिसके अवशेष प्राय: 7000 ई०पू० के माने गये हैं। 'मेहरगढ़' के अतिरिक्त इन बस्तियों के अवशेष बलूचिस्तान में 'किली गुल-मुहम्मद', 'दंब-सादात', 'अंजीरा', 'स्याह-दंब', 'राना-धुंदाई', 'कुल्ली', 'नाल' और 'बालाकोट' में प्राप्त हुए हैं। 'मेहरगढ़' के आरम्भ के काल में मिट्टी से बने हुए बर्तन नहीं थे यद्यपि उस समय में बने हुए कच्चे घर, पत्थर के कटोरे और पालतू जानवरों की हड्डियाँ तथा कुछ अन्य वस्तुओं के अवशेष अवश्य प्राप्त हुए हैं। परन्तु यहाँ बाद में, मिट्टी के बर्तन बनने आरम्भ हो गये, ताँबे का ज्ञान यहाँ के निवासियों को हो गया और अफगानिस्तान, ईरान तथा, सम्भवतया, मध्य-भारत के निवासियों से उनका सम्पर्क हो गया था, ऐसा बाद के समय में प्राप्त

अवशेषों से पता लगता है। इसी प्रकार, 'किली गुल-मुहम्मद' और 'दंब-सादात' स्थानों पर भी पहले के काल में मिट्टी से बनाये गये बर्तन नहीं थे यद्यपि बाद के समय में वहाँ पर भी मिट्टी के बर्तन बनाये गये थे, ताँबे का ज्ञान वहाँ के निवासियों को हो गया था, वे कच्चे घर बनाकर रहते थे, अफगानिस्तान और ईरान से उनका सम्पर्क हो गया था और प्राय: 4000 ई० पू० वहाँ ग्रामीण-अर्थव्यवस्था विकसित हो गयी थी। 'अंजीरा' और 'स्याद-दंब' का बस्तियों की निर्माण बाद के काल में हुआ जबकि वहाँ के निवासियों को मिट्टी के बर्तन बनाना आ गया था। इसी प्रकार, 'राना-धुंदाई' की बस्ती भी बाद के समय की है क्योंकि यहाँ से प्राप्त मिट्टी के बर्तनों पर चित्रकारी भी की गयी थी, ऐसे अवशेष प्राप्त हुए हैं। 'कुल्ली', 'नाल' और 'बालाकोट' की बस्तियाँ भी बाद के काल की हैं। वहाँ पर प्राप्त अवशेषों से पता लगता है कि वहाँ के निवासी मिट्टी के बर्तन बनाते थे और उन पर चित्रकारी करते थे, उन्हें ताँबे का ज्ञान था तथा पश्चिम में फारस की खाड़ी तक वे व्यापार करते थे। परन्तु प्रत्येक स्थिति में यहाँ पाये गये अवशेष हड़प्पा–सभ्यता के अवशेषों से प्राचीन हैं।

गोमल-घाटी की खुदाई में प्राप्त हुए स्थानों में प्रमुख 'गुमला' और 'रहमान ढेरी' हैं। 'गुमला' में प्राप्त हुए पहले के काल के अवशेषों में मिट्टी से लिपे-पुते गड्ढे, जानवरों की हड्डियाँ आदि ही प्राप्त हुए हैं परन्तु वहीं पर बाद के काल के अवशेषों में चित्रित मिट्टी के बर्तन, ताँबे का प्रयोग, मिट्टी से बनी विभिन्न आकृतियाँ और कच्चे मकानों के अवशेष प्राप्त हुए हैं। 'रहमान ढेरी' के अवशेषों से पता चलता है कि वहाँ दीवार से घिरी एक सुनियोजित बस्ती रही होगी।

पश्चिम पंजाब में 'सरायखोला' और 'जलीलपुर' नामक स्थान पर खुदाई किये गये स्थानों में प्रमुख हैं। यहाँ पर भी प्रगति के दो काल रहे थे, यह प्रमाणित होता है। पहले के समय की 'सरायखोला' में प्राप्त वस्तुओं में पालिशदार कुल्हाड़ियाँ और मिट्टी के बर्तन प्रमुख हैं जबकि 'जलीलपुर' में प्राप्त वस्तुओं में मिट्टी के बर्तन, पत्थर के फलक तथा पकी मिट्टी के मनके प्रमुख है। बाद के काल की वस्तुओं में 'सरायखोला' में प्राप्त सुन्दर मिट्टी के बर्तन और 'जलीलपुर' में प्राप्त मिट्टी के बर्तन तथा ताँबे के प्रयोग की उपस्थिति प्रमुख हैं।

सिन्ध में की गयी खुदाई में प्राप्त स्थलों में 'अमरी' और 'कोटदीजी' प्रमुख हैं। 'अमरी' में प्राप्त अवशेषों से पता लगता है कि वहाँ पर भी प्रगति के कई चरण रहे। वहाँ के पहले चरण में किसी प्रकार के भी मकानों की उपस्थिति प्राप्त नहीं होती यद्यपि मिट्टी के बर्तनों, पत्थर की गेंदों और ताँबे व काँसे के टुकड़ों के अवशेष अवश्य प्राप्त हुए हैं। इसके दूसरे चरण में मिट्टी के बर्तनों पर चित्रकारी आरम्भ कर दी गयी थी और कच्ची ईंटों के मकान बनने आरम्भ हो गये थे, और इसके तीसरे चरण में मकान गारे और ईंटों के बनाये जाने लगे थे तथा मिट्टी के बर्तन चाक से बनाने आरम्भ कर दिये

गये थे। 'कोटदीजी' में गारे और ईंटों का प्रयोग मकान बनाने और दीवारें बनाने के लिए किया गया था तथा चाक से मिट्टी के बर्तन बनाये जाते थे। परन्तु यहाँ के बर्तनों पर अधिकांशतया चित्रकारी नहीं की गयी थी। बर्तनों को केवल भूरे, काले या लाल रंग की पट्टियों अथवा लहरदार रेखाओं द्वारा ही अलंकृत किया गया था, जैसा कि हमें हड़प्पा–सभ्यता के मिट्टी के बर्तनों में भी प्राप्त होता है।

बहावलपुर, राजस्थान, पंजाब और हरियाणा में भी विभिन्न स्थानों पर खुदाई करने से हड़प्पा-पूर्व की सभ्यता के अवशेष प्राप्त हुए हैं। इनमें सबसे प्रमुख स्थान राजस्थान में 'कालीबंगा' है। 'कालीबंगा' एक ऐसा स्थान है जहाँ हड़प्पा-सभ्यता के भी अवशेष प्राप्त हुए हैं। परन्तु उन अवशेषों से नीचे ऐसे भी अवशेष मिले हैं जिन्हें हड़प्पा-सभ्यता से पहले का माना गया है। अनुमानतया यह समय प्रायः 3000 ई०पू० का था। यहाँ की बस्ती की किलेबन्दी की गयी थी। बस्ती का सुरक्षा के लिए कच्ची ईंटों की दीवार बनायी गयी थी जो अपने बाद के चरण में 3-4 मीटर चौड़ी थी। सुरक्षा-दीवार की पश्चिमी भुजा 240 मीटर और पूर्वी भुजा 250 मीटर लम्बी थी। किलेबन्दी के उत्तरी भाग में बस्ती का प्रवेश-द्वार था। यहाँ पर प्राप्त एक गली की चौड़ाई 1.5 मीटर थी। यहाँ के निवासियों ने अपने मकान अधिकांशतया कच्ची ईंटों के बनाये थे यद्यपि उन्हें पकी ईंटे बनाने का ज्ञान था, यह प्रमाणित होता है। मकानों में आँगन होते थे जहाँ खाना पकाने के तन्दूर थे। आँगन के किनारों पर कमरे बनाये जाते थे। खाद्यानों का संग्रह करने के लिए यहाँ के निवासी चूने से पुते गड्ढे बनाते थे। पकी मिट्टी से बने खिलौने, पहिये और जानवरों की हड्डियाँ भी यहाँ के अवशेषों में मिले हैं। यहाँ के निवासी हल का प्रयोग करते थे और बैलगाड़ियों का अस्तित्व भी यहाँ था, ऐसे प्रमाण प्राप्त होते हैं। वे पत्थर और ताँबा दोनों से प्राप्त उपकरणों का प्रयोग करते थे यद्यपि पत्थर के उपकरणों की संख्या अधिक थी। कम से कम छह प्रकार के चित्रित और गैर–चित्रित मिट्टी के बर्तनों का प्रयोग किये जाने के प्रमाण भी प्राप्त हुए हैं। **हरियाणा और पंजाब** में अन्य कई स्थलों पर खुदाई की जाने से भी हड़प्पा-पूर्व की सभ्यता के अवशेष प्राप्त हुए हैं। इनमें एक प्रमुख स्थान हरियाणा के हिसार जिला में 'बनवाली' नामक स्थान है।

इस प्रकार, हड़प्पा-पूर्व ग्रामीण-सभ्यता भारत के उत्तर-पश्चिम में बहुत विस्तृत, क्षेत्र में फैली हुई थी। वस्तुतः पूर्व की ओर गंगा-यमुना-दोआब के क्षेत्र के अतिरिक्त हड़प्पा-सभ्यता का क्षेत्रीय विस्तार प्रायः वही रहा जो हड़प्पा-पूर्व की सभ्यता का था। इसी कारण, हमें ऐसे अनेक स्थान मिले हैं जहाँ हड़प्पा-पूर्व की सभ्यता विकसित थी और बाद में वहीं पर हड़प्पा-सभ्यता का भी विकास हुआ। अमरी, कालीबंगा और बनवाली ऐसे ही स्थानों में से कुछ हैं। इसी कारण अनेक विद्वानों का यह कहना है कि इस हड़प्पा-पूर्व, बलूचिस्तान, आद्य-सिन्धु या आद्य-हड़प्पा कही जाने वाली ग्रामीण-

सभ्यता ने हड़प्पा-सभ्यता की पृष्ठभूमि का निर्माण किया यद्यपि इन दोनों सभ्यताओं के पारस्परिक सम्बन्ध थे या नहीं और यदि थे भी तो किस प्रकार के और किस सीमा तक, यह निश्चित रूप से प्रमाणित नहीं किया जा सका है।

हड़प्पा-सभ्यता (सिन्धु-घाटी की सभ्यता)

1922-23 ई० में भारतीय पुरातत्व-विभाग ने श्री राखलदास बनर्जी के नेतृत्व में सिन्ध के लरकाना जिले में खुदाई करायी जहाँ मोहनजोदड़ो के नाम से पुकारे जाने वाले एक भव्य नगर के अवशेष प्राप्त हुए। कुछ समय पश्चात् पंजाब के मॉण्टगोमरी जिले (वर्तमान पाकिस्तान) में हड़प्पा नामक स्थान पर आर० बी० दयाराम साहनी ने इसी प्रकार के अवशेष प्राप्त किये। तब पुरातत्व-विभाग के डायरेक्टर जनरल सर जॉन मार्शल के नेतृत्व में वहाँ विस्तृत रूप से खुदाई करके उसी प्रकार की सभ्यता के अवशेष प्राप्त किये गये तथा यह विश्वास किया गया कि मोहनजोदड़ो और हड़प्पा के अवशेष समकालीन एवं एक ही सभ्यता के अवशेष हैं। इन अवशेषों के आधार पर जानी गयी सभ्यता को सिन्धु-घाटी की सभ्यता के नाम से पुकारा गया है। बाद में हुई खोजों से जब यह पता लगा कि इस सभ्यता का क्षेत्र सिन्धु नदी की घाटी से अधिक विस्तृत था तब उसके लिए गैर-भौगोलिक शब्द का प्रयोग किया जाना अधिक उपयुक्त समझा गया और, इस कारण उसे हड़प्पा-सभ्यता कहा गया।

1. सभ्यता का विस्तार-क्षेत्र

मोहनजोदड़ो और हड़प्पा एक-दूसरे से प्राय: 650 किमी० दूर हैं यद्यपि दोनों एक ही सभ्यता के अंग हैं। केवल यही बात यह सिद्ध करने के लिए पर्याप्त है कि हड़प्पा-सभ्यता का विस्तार एक क्षेत्र में सीमित न था। नवीनतम खोजों ने इसे सिद्ध भी कर दिया है। इस सभ्यता के अवशेष उत्तर में अम्बाला जिले के रोपड़ नामक स्थान के निकट से लेकर दक्षिण में काठियावाड़ में रंगपुर जिले और महाराष्ट्र में अहमदनगर जिले तक तथा पूर्व में गाजीपुर, वाराणसी, बक्सर और पटना तक प्राप्त हुए हैं। इससे यह विश्वास किया जाता है कि हड़प्पा-सभ्यता सम्पूर्ण पंजाब एवं सिन्ध, उत्तर-पश्चिम सीमाप्रान्त की घाटियों, अधिकांश काठियावाड़, राजस्थान और गंगा-यमुना के दोआब तथा दक्षिण–पथ के प्रारम्भ-स्थान तक के कुछ भाग में फैली हुई थी और उसका सम्पर्क प्राय: उत्तरी भारत, पश्चिम यूरोप, एशिया तथा अफ्रीका की समकालीन सभ्यताओं से था।

जिन स्थानों पर खुदाई की जा चुकी है, उनमें से कुछ प्रमुख इस प्रकार हैं-- बलूचिस्तान में सुतकांगेडोर, सोतका कोह और बालाकोट, उत्तर-पश्चिम सीमाप्रान्त में गोमल घाटी में गुमला, सिन्ध में मोहनजोदड़ो के अतिरिक्त चान्हूदड़ो, जुडेरजोदड़ों, कोटदीजी और अमरी, पंजाब में रोपड़, संघोल और चण्डीगढ़, हरियाणा में बनवाली

और मीत्ताथल, बहावलपुर में कुडवाला घेर, राजस्थान में कालीबंगा, उत्तर प्रदेश में जिला मेरठ में आलमगीरपुर और जिला सहारनपुर में हुलास तथा गुजरात में रंगपुर, लोथल, सुरकोतदा, भगतराव और नवीनतम स्थान डोलवीरा, जम्मू में अखनूर के निकट माँदा आदि विभिन्न स्थानों पर खुदाई किये जाने के पश्चात् हड़प्पा-सभ्यता के अवशेष प्राप्त किये जा चुके हैं। कुल मिलाकर प्राय: 1,000 स्थानों पर खुदाई की जा चुकी है जहाँ इस सभ्यता के अवशेष प्राप्त हुए हैं।

यद्यपि विभिन्न स्थानों पर खुदाई किये जाने से जो अवशेष प्राप्त हुए हैं उनसे यह सिद्ध होता है कि वे अवशेष एक ही सभ्यता के हैं परन्तु ऐसा भी है कि विभिन्न स्थानों की एक दूसरे से बहुत दूरी होने के कारण उनमें कुछ पारस्परिक असमानताएँ भी थीं। विभिन्न स्थानों पर प्राप्त अवशेषों में जो भिन्नता है इसका कारण यह बताया गया है कि विभिन्न स्थानों पर प्रगति का समय समान नहीं था तथा एक ही स्थान पर भी प्रगति विभिन्न चरणों से होकर गुजरी। भवन-निर्माण तथा खिलौनों और मिट्टी के बर्तनों के निर्माण आदि में हमें ये अन्तर स्पष्ट होते हैं।

2. सभ्यता का काल

डॉ० आर० के० मुखर्जी ने इस सभ्यता के काल को 3250-2750 ई०पू० (B.C.) निश्चित किया। डॉ० फ्रेंकफर्ट ने इस सभ्यता का काल 2800 ई०पू० बताया और डॉ० फब्ररी ने इसका समय 2800-2500 ई०पू० बताया। नवीनतम खोजों के आधार पर डॉ० मैके इसके समय को 2800-2200 ई०पू० (B.C.) निर्धारित करते हैं। इससे यह सिद्ध होता है कि यह सभ्यता प्राय: 600 वर्ष तक अपनी श्रेष्ठ स्थिति में रही थी। परन्तु अमरी (सिन्ध) नामक स्थान पर प्राप्त हुए अवशेष प्राय: 3000 ई०पू० के माने गये हैं। इससे यह अनुमान लगाया जाता है कि सभ्यता 3000 ई०पू० अथवा इससे भी अधिक प्राचीन रही होगी परन्तु उसके विकास में समय लगा होगा और 2800 ई०पू० तक अपनी श्रेष्ठ स्थिति को प्राप्त कर चुकी होगी। इस प्रकार, इस सभ्यता का स्थान विश्व की प्राचीन सभ्यताओं में स्वीकार किया गया। हड़प्पा-निवासियों को ताँबा और काँसा दोनों का ज्ञान था और दोनों ही धातुओं का प्रयोग उन्होंने अपने अस्त्र-शस्त्र बनाने के लिए किया था। परन्तु ताँबे के पत्थर से बनाये गये कुछ शस्त्रों का प्रयोग भी वे करते थे। इस कारण विभिन्न विद्वानों ने इस सभ्यता को ताम्रपाषाण-काल की सभ्यताओं में स्थान दिया। परन्तु डी० डी० कौशाम्बी का कथन है कि हड़प्पा-निवासियों ने ताँबे का प्रयोग बहुत कम और काँसे का प्रयोग अधिक किया था। इस कारण, इस सभ्यता का स्थान पूर्णतया कांस्य-काल की सभ्यताओं में है।

3. सभ्यता के निर्माता

इस सभ्यता के निर्माता कौन थे, इस विषय में इतिहासकारों में मतभेद है। सिन्धु-घाटी की सभ्यता एक नगर-सभ्यता थी। इस कारण विभिन्न विद्वानों का कहना है कि

इसके विकास में उन विभिन्न नस्लों के व्यक्तियों ने भाग लिया जो नगरों में एकत्रित हो गये थे। उन नस्लों में मुख्य नस्लें आदिम आग्नेय, मंगोलियन, अल्पाइन और भूमध्यसागरीय (जिन्हें भाषा के आधार पर द्रविड़ पुकारा गया है) थीं। मोहनजोदड़ों की अधिकांश जनता द्रविड़ थी। इस कारण अधिकांश विद्वान द्रविड़ों को ही इस सभ्यता का निर्माता स्वीकार करते हैं। सर जॉन मार्शल ने सिन्धु-घाटी की सभ्यता और आर्य-सभ्यता के अन्तरों पर बल देते हुए और इन दोनों सभ्यताओं के समय को पूर्णयता एक-दूसरे से पृथक बताते हुए यह मत व्यक्त किया है कि इस सभ्यता के निर्माता द्रविड़ थे। अधिकांश विद्वान इसी मत से सहमत हैं।

परन्तु आधुनिक समय में कुछ विद्वान ऐसे भी हैं जो आर्य-सभ्यता को सिन्धु-सभ्यता के समकालीन मानने लगे हैं और उनका विश्वास है कि सिन्धु-घाटी की सभ्यता के समय आरम्भ हुआ भारतीय सभ्यता का क्रम टूटा नहीं बल्कि आर्य-सभ्यता ने इस क्रम को स्थापित रखा। उनके अनुसार आर्य सिन्धु-घाटी की सभ्यता के समय में ही भारत में प्रवेश कर गये थे और उन्होंने भी इस सभ्यता के निर्माण में सहयोग दिया। डॉ० ए० डी० पुसालकर ने लिखा है: "यह आर्य और अनार्य सभ्यताओं के मिश्रण का प्रतिनिधित्व करती है। अधिक से अधिक हम यही कह सकते है कि सम्भवतया उस समय में ऋग्वैदिक आर्य वहाँ की जनता का एक महत्वपूर्ण भाग थे और उन्होंने भी सिन्धु-घाटी की सभ्यता के विकास में अपना योग दिया।"[1] यह विचार बहुसंख्यक विद्वानों को स्वीकृत नहीं है और यदि इसे आंशिक रूप से स्वीकार भी कर लिया जाय तो यह मानना होगा कि आर्यों का आगमन यहाँ उस समय में हुआ जबकि यह सभ्यता पतनोन्मुख थी। ऐसी स्थिति में उसके निर्माण में आर्यों का भाग अधिक नहीं रहा।

4. सभ्यता

पुरातत्व खोजों में प्राप्त हुए नगरों के भाग्नावशेषों, जेवरों, बर्तनों, मुहरों, खिलौनों, मूर्तियों तथा अन्य विभिन्न वस्तुओं से हमें इस सभ्यता का ज्ञान हुआ है। मुहरों पर लिपि के जो चिन्ह प्राप्त हुए हैं, उन्हें पढ़ने का प्रयत्न किया गया है और दिशा में निरन्तर प्रयत्न किये जा रहे हैं। परन्तु अभी तक किसी निश्चय पर नहीं पहुँचा गया है। प्राप्त साधनों के आधार पर इस सभ्यता के बारे में हमें निम्नलिखित बातों का ज्ञान हो चुका है:

1. राजनीतिक व्यवस्था—1946 ई० में हुई नवीनतम खोजों के आधार पर यह विश्वास किया जाता है कि वहाँ पर व्यापारिक कुलीनतन्त्र न होकर एक शक्तिशाली

---

1. "It represent the synthesis of the Aryan and Non-Aryan cultures. The utmost that we can say is that the Rigvedic Aryans probably formed an important part of the populace in those days, and contributed their share to the evolution of the Indus valley civilization."—Dr. A.D. Pusalker : "The Vedic Age". *The History and Culture of the Indian People*, Vol. I.

केन्द्रीय सरकार थी। योजनाबद्ध नगर-निर्माण, नापने और तोलने के समान साधन, योजनाबद्ध सड़कों का निर्माण आदि इस कथन के प्रमाण हैं। विद्वान पिगट के अनुसार, ''शासन की अपरिवर्तनशीलता एक धर्म-निरपेक्ष शासन के स्थान पर एक धर्म-शासन का संकेत करती है।'' डॉ० ए० एल० बाशम ने लिखा है, ''वास्तव में ऐसा प्रतीत होता है कि मिस्र और मैसोपोटामिया की सभ्यताओं की भाँति हड़प्पा की सभ्यता एक धर्म-राज्य पर आधारित थी।''[2] परन्तु कुछ विद्वानों का यह भी कहना है कि, सम्भवतया, वहाँ व्यापारी वर्ग का शासन था। इस कारण यहाँ की शासन-व्यवस्था के बारे में कोई निश्चित धारणा नहीं है। परन्तु अधिकांशतया यह तो माना गया है कि यहाँ राजतन्त्रीय व्यवस्था नहीं थी।

2. नगर और भवन-निर्माण—सिन्धु-सभ्यता की नगर-योजना के बारे में हमें हड़प्पा, मोहनजोदड़ों, कालीबंगा, लोथल, सुरकोतदा आदि स्थानों की नगर–योजनाओं से पता लगता है। हड़प्पा और मोहनजोदड़ों का नगर-निर्माण एक समान योजना पर किया गया था। दोनों नगरों की पश्चिम दिशा में 9 से 15 मीटर तक ऊँचा और 360 × 180 वर्ग मीटर क्षेत्रफल का एक सुरक्षा-स्थान अथवा गढ़ था जो एक दीवार से रक्षित था और जिसमें सार्वजनिक भवन बनाये गये थे। उससे नीचे पूर्व की ओर नगर बनाये गये थे जिनमें से प्रत्येक का क्षेत्रफल कम से कम एक वर्ग मील था। दोनों नगर नगर-निर्माण कला दृष्टि से अद्वितीय थे। नगर की स्वच्छता के लिए विशेष प्रबन्ध था। डॉ० ए० डी० पुसालकर ने लिखा है, ''मोहनजोदड़ो के अवशेषों को देखने वाला दर्शक उन प्राचीन नगरों की स्वच्छता एवं नगर-निर्माण की अद्वितीय कला को देखकर आश्चर्यचकित रह जाता है।''[3] दोनों नगरों का मुख्य सड़कें, जो 2.70 से 10.20 मीटर तक चौड़ी थीं और कहीं-कहीं आधे मील तक सीधी गयी हुई थीं, एक-दूसरे को समकोण बनाती हुई काटती थीं जिससे नगर विभिन्न भागों (वार्डों) में बँट गये थे। इन भागों में छोटी-छोटी गलियाँ थीं जिनके दोनों ओर मकान बने हुए थे। प्रत्येक गली में एक सार्वजनिक कुआँ था, कोई भी मकान मुख्य सड़क को नहीं ढक सकता था, प्रत्येक मकान की नाली सड़क की नाली में आकर मिलती थी और सड़क की नालियाँ ईंटों से ढकी हुई थीं। नालियाँ साफ की जा सकें और नालियों की पानी नगर से बाहर जा सके, इसका प्रबन्ध था। कुछ स्थानों पर कूड़ा डालने के स्थान बने हुए थे। सड़कों पर रोशनी का प्रबन्ध किया जाता था, यह विभिन्न दीप-स्तम्भों के पाये जाने से ज्ञात होता है।

---

2. "It seems in fact that the civilization of Harappa, like those of Egypt and Mesopotamia,was theocratic in character."—Dr. A.L. Basham : *The Wonder that was India.*

3. "A visitor the ruins at Mohenjo-daro is struck by the remarkable skill in town-planning and sanitation displayed by the ancients."—Dr. A.D. Pusalker : "The Vedic Age", *The History and Culture of the Indian People,* Vol. I.

सिन्धु-घाटी के निवासियों की भवन-निर्माण कला सादा और उपयोगी था, न कि सुन्दर और विशाल। यहाँ बहुत बड़े-बड़े मन्दिर अथवा समाधियाँ नहीं बनायी गयी थीं। मोहनजोदड़ो और हड़प्पा में मकान बनाने के लिए केवल ईंटों का प्रयोग किया गया था। ये ईंटें 51 × 26 × 9 सेंटीमीटर के आकार की और पकी हुई होती थीं। मकान दो मंजिल अथवा उससे अधिक भी होते थे। प्रत्येक मकान में चार या छह कमरों के अतिरिक्त एक रसोईघर भी होता था। ऐसा प्रतीत होता है कि बड़े मकानों में सम्भवतया तीस कमरे तक होते थे, जो साधारणतया आँगन के चारों ओर होते थे। प्रत्येक मकान में स्नानगृह था जहाँ व्यक्ति खड़े होकर स्नान कर सकते थे। मकानों की छतें लकड़ी की होती थीं। मकानों में खिड़कियाँ थीं और ऊपर की मंजिल पर जाने के लिए जीना अथवा सीढ़ियाँ होती थीं। दरवाजे दीवारों के बीच में न होकर कोने में बनाये जाते थे। मकानों के प्रवेश-द्वार सड़क अथवा गली की तरफ होते थे। दरवाजे लकड़ी के बने होते थे जो तीन फीट से सात फीट तक चौड़े थे। प्राय: सभी मकानों में कुएँ थे। मकान छोटे और बड़े सभी प्रकार के बनते थे। मोहनजोदड़ो में पायी गयी सबसे बड़ी इमारत का क्षेत्रफल 69 × 24 वर्ग मीटर है जो सम्भवतया एक महल होगा। वहाँ एक ऐसी इमारत के अवशेष भी प्राप्त हुए हैं जो सम्भवतया एक सभा-गृह होगा। उसकी खुदाई पूर्ण नहीं हुई है परन्तु, अनुमानत:, उसका क्षेत्रफल 750 वर्ग मीटर होगा। हड़प्पा में पायी गयी सबसे बड़ी इमारत एक अनाज का गोदामघर है जिसका क्षेत्रफल 51 × 41 वर्ग मीटर है जो छोटे-छोटे भागों में बँटा हुआ है। दोनों ही नगरों में कुछ ऐसे निवास-गृह भी प्राप्त हुए हैं जिनका क्षेत्रफल 6 × 3.6 वर्ग मीटर है जो सम्भवतया मजदूरों के निवास-गृह थे।

सिन्धु-घाटी में किरथर पहाड़ियों के निकट कुछ स्थानों पर पत्थर से बने हुए मकानों और छोटे दुर्गों के अवशेष भी प्राप्त हुए हैं।

मोहनजोदड़ो की सर्वप्रमुख विशेषता यहाँ पर प्राप्त हुआ विशाल स्नानगृह है। इस सम्पूर्ण इमारत का क्षेत्रफल 54 × 32 वर्ग मीटर है और तैरने के तालाब का क्षेत्रफल 11 × 7 वर्ग मीटर है। इसकी गहराई 2.40 मीटर है। तालाब के किनारे सीढ़ियाँ बनी हुई हैं और उसके चारों तरफ उठे हुए चबूतरे और बरामदे हैं। बरामदों के पीछे तीन तरफ गलियारे और कमरे बने हुए हैं। पानी को निकालने और तालाब को पुन: भरने का प्रबन्ध किया गया था। यहाँ पर अन्य विभिन्न स्नानगृह भी बने हुए हैं जहाँ गर्म पानी से नहाने की व्यवस्था थी। स्नानगृह के छह प्रवेश-द्वार हैं। डॉ० मैके के अनुसार स्नानगृहों का प्रयोग पुजारीगण करते थे और तालाब का प्रयोग सभी नागरिक करते थे। परन्तु यह स्पष्ट नहीं है कि तालाब का प्रयोग केवल स्नान के लिए किया जाता था अथवा उसका कोई धार्मिक महत्व भी था।

राजस्थान में कालीबंगा में प्राप्त हुए अवशेष भी उसी प्रकार के नगर-निर्माण को इंगित करते हैं जिस प्रकार के नगर मोहनजोदड़ो और हड़प्पा में थे। वहाँ पर भी पश्चिम

दिशा में ऊँचे स्थल पर एक सुरक्षा-स्थान या गढ़ था तथा पूर्व की ओर नीचे स्थल पर नगर का निर्माण किया गया था। गढ़ की सुरक्षा के लिए सात मीटर मोटी मिट्टी की ईंटों की दीवार बनायी गयी थी। गढ़-स्थल और सुरक्षा-दीवार दोनों दो भागों में बँटे हुए थे। गढ़-स्थल के दक्षिणी भाग में एक कुआँ, स्नानगृह और, सम्भवतया, पूजा-स्थल थे और उसके उत्तरी भाग में निवास-गृह थे जो, सम्भवतया वहाँ के निवासियों के शासक-वर्ग के थे। कालीबंगा के नगर की सुरक्षा के लिए भी कच्ची मिट्टी से बनी हुई ईंटों की दीवार बनायी गयी थी जिसमें दो प्रवेश-द्वार भी दिये गये थे। उनमें से एक प्रवेश-द्वार उत्तर में नदी की ओर था और दूसरा द्वार गढ़ में प्रवेश करने के लिए दिया गया था। वहाँ पर प्राप्त अन्य अवशेष यह प्रमाणित करते हैं कि नगर की सुरक्षा का प्रबन्ध था, सड़कें चौड़ी थीं, सफाई और रोशनी का अच्छा प्रबन्ध था, घरों में कुएँ थे, मकान बनाने के लिए पक्की ईंटों का प्रयोग किया जाता था और सार्वजनिक इमारतें भी वहाँ बनायी गयी थीं।

काम्बे की खाड़ी के निकट लोथल एक ऐसा स्थान था जहाँ से विदेशों से समान आयात किया जाता था और विदेशों को भी भेजा जाता था। वहाँ नगर के पूर्व की ओर **डॉकयार्ड** (जहाजों से सामान उतारने या उन पर सामान चढ़ाने का स्थान) बनाया गया था जो उत्तर से दक्षिण तक 216 मीटर लम्बा और 37 मीटर चौड़ा था। पकी हुई ईंटों की 1.2 मीटर ऊँची दीवार से इस स्थान को सुरक्षित किया गया था। डॉकयार्ड को एक जलमार्ग के द्वारा मोगावो नदी से मिलाया गया था जो उस काल में उसके बहुत निकट से बहती थी और जिसके माध्यम से जहाजों से सामान को नावों द्वारा डॉकयार्ड तक लाने और वहाँ से ले जाने में सुविधा होती थी। डॉकयार्ड के पश्चिम-दक्षिण की ओर एक ऐसा स्थान था जहाँ मिट्टी की ईंटों से बने कमरे बने हुए थे और उनके लकड़ी का बना हुआ एक बड़ा हाल (बड़ा कमरा था) जिसका प्रयोग, सम्भवतया, गोदामघर के लिए किया जाता था।

गुजरात में अहमदाबाद से 270 किलोमीटर उत्तर-पश्चिम में सुरकोतदा नामक स्थान पर भी इसी प्रकार के नगर के अवशेष प्राप्त हुए हैं। नगर और गढ़ के निर्माण की व्यवस्था कालीबंगा के समान ही थी और गढ़ और नगर दोनों की सुरक्षा के लिए दीवारें बनायी गयी थीं और उनमें प्रवेश-द्वार थे। परन्तु वहाँ पर सुरक्षा के लिए बनी हुई दीवारों में ईंटों के अलावा पत्थरों की भी प्रयोग किया गया था। यहाँ के नगर-निर्माण की एक अन्य विशेषता भी थी। मोहनजोदड़ो, हड़प्पा और कालीबंगा में दुर्ग और नगर एक दूसरे से पृथक थे। परन्तु यहाँ पर इनको मिला दिया गया था यद्यपि दुर्ग और नगर के प्रवेश-द्वार अलग-अलग थे। दुर्ग की सुरक्षा के लिए बनायी गयी दीवार अभी भी $4^1/_2$ मीटर ऊँची उठी हुई प्राप्त हुई है।

हड़प्पा और मोहनजोदड़ो की तथा अन्य नगरों की भी नगर-व्यवस्था यह अवश्य सिद्ध करती है कि वहाँ श्रेष्ठ नगरपालिका शासन की व्यवस्था होगी।

3. आर्थिक जीवन—यहाँ के निवासियों का मुख्य पेशा कृषि, पशु-पालन और व्यापार था यद्यपि वे अन्य विभिन्न व्यवसाय भी करते थे। वे गेहूँ, जौ, बाजरा, कपास और विभिन्न प्रकार के फलों का उत्पादन करते थे। डॉ० ए० एल० बाशम के अनुसार उन्हें चावल का ज्ञान नहीं था। परन्तु, अब लोथल, रंगपुर आदि स्थानों पर चावल के अवशेष प्राप्त होने से यह विचार बन गया है कि वे चावल की खेती भी करते थे। श्री बी० बी० लाल के अनुसार यहाँ के निवासियों की एक मुख्य विशेषता कपास का उत्पादन था जिसका उत्पादन मिस्र के निवासी भी उनसे कई सदियों के पश्चात् कर सके। वे कृषि और सिंचाई के किन साधनों का प्रयोग करते थे, यह स्पष्ट नहीं है। वे नदी के पानी का प्रयोग सिंचाई के लिए करते थे; यह तो नदियों के निकट ही नगरों के निर्माण से प्रमाणित होता है, परन्तु किस प्रकार करते थे, यह स्पष्ट नहीं है। डॉ० डी० डी० कौसाम्बी के अनुसार उन्होंने नहरों का निर्माण नहीं किया था यद्यपि पानी के प्रवाह को रोकने के लिए के लिए बाँध अवश्य बनाये थे।

भैंस, गाय, भेड़, सूअर, कुत्ता, बैल, नन्दी, गधा, तोता और बाज उनके पालतू जानवर थे। हड़प्पा में पालतू बिल्ली के पाये जाने के प्रमाण प्राप्त हुए हैं। इससे स्पष्ट है कि यहाँ के निवासी पशु-पालन जानते थे। दूध देने वाले जानवरों के अतिरिक्त वे शौक के लिए के लिए भी जानवर भी पालते थे। डॉ० ए० एल० बाशम के अनुसार संसार को प्रागैतिहासिक भारत की भेंटों में सबसे अधिक प्रशंसित पालतू मुर्गा है। पक्षी-विद्या-विशेषज्ञों के अनुसार विभिन्न जाति के घरेलू पक्षी भारतीय जंगली मुर्गे की संतान हैं। सिन्धु-घाटी के निवासी मुर्गा पालते थे, ऐसा कुछ अवशेषों से सिद्ध होता है। चीन और मिस्र में मुर्गा बाद में प्राप्त हुआ। यह भारत से बर्मा, बर्मा से चीन और बाद में मिस्र पहुँचा। वे हाथी और ऊँट से परिचित थे। घोड़ों के भी कुछ अवशेष प्राप्त हुए हैं, परन्तु या तो वे विदेशियों के द्वारा यहाँ लाये गये अथवा यहाँ के निवासियों को उनका ज्ञान बहुत बाद में हुआ तथा घोड़ा उनके लिए बहुत मूल्यावान रहा। जंगली पशुओं में वे भैंसा, बन्दर, भालू, चीता, गेंडा, खरगोश, घड़ियाल, कछुआ और मगरमच्छ से परिचित थे और उनका शिकार करते थे।

उनका व्यापार भारत के अन्य भागों और विदेशों से भी थी। स्थल-मार्ग के अतिरिक्त, सम्भवतया, विदेशों से उनका व्यापार जल-मार्ग से भी होता था। भारत में कश्मीर, मैसूर और निलगिरि पहाड़ी के प्रदेशों तथा विदेशों में मिस्र, क्रीट, सुमेर, मैसोपोटामिया आदि देशों से उनके व्यापारिक सम्बन्ध थे जो उनकी सम्पन्नता का मुख्य कारण था। वहाँ के निवासी भारत में मैसूर के अतिरिक्त अफगानिस्तान और ईरान से सोना-चाँदी, दक्षिण-भारत के अतिरिक्त बलूचिस्तान और अरब में ताँबा, बदख्शां से

नीलमणि तथा भारत के अन्य भागों एवं विदेशों से अन्य धातु और कीमती पत्थर प्राप्त करते थे।

बढ़ई, कुम्हार, जुलाहा, सुनार, जौहरी, शिल्पी, चिकित्सक, मकान बनाने वाले आदि विभिन्न ऐसे व्यक्ति थे जो उनके विभिन्न व्यवसायों के प्रतीक थे। इन्हें कुम्हार के चाक और बढ़ई के गोल पहिये का ज्ञान था। इस कारण वे बड़े अच्छे बर्तन, खिलौने और यातायात के लिए लकड़ी की गाड़ियाँ बनाते थे जिन्हें बैल खींचते थे। डॉ० ए० एल० बाशम के अनुसार हड़प्पा-निवासियों के काष्ठ-कला में विशेष योग्यता प्राप्त कर ली थी। उन्होंने उँचे-नीचे दाँतों वाले आरे का निर्माण कर लिया था जिससे लकड़ी को काटने में सरलता होती थी।

वे तोल के लिए विभिन्न बाँटों का प्रयोग करते थे जिनमें आपस में 1, 2, 4, 8, 16, 12 और 64 का अनुपात होता था, यद्यपि इनमें सबसे अधिक प्रयोग 16 इकाई के बाँट का होता था। बाँट हल्के से हल्के होते थे और कुछ इतने भारी भी थे जिन्हें रस्सी या धातु के बने छल्ले से उठाना पड़ता था। तराजू का प्रयोग स्पष्ट नहीं है यद्यपि पकाई हुई मिट्टी की एक तराजू के अवशेष अवश्य प्राप्त हुए हैं। नापने के लिए वे किस नाप का प्रयोग करते थे, यह स्पष्ट नहीं हैं। परन्तु 16.8 सेंटीमीटर और 9 स्पष्ट भागों में विभाजित नापने हेतु प्रयोग में आने वाली एक ऐसी वस्तु प्राप्त हुई है जो संकेत करती है कि सम्भवतया वे नापने के साधनों को जानते थे और दशमलव-प्रणाली के प्रयोग से परिचित थे।

इस प्रकार यहाँ के निवासियों ने आर्थिक सम्पन्नता के वे सभी साधन उपलब्ध कर लिये थे जिनके कारण वे धनवान होकर एक श्रेष्ठ नगर–जीवन का निर्माण कर सके। अपने व्यक्तिगत और सामाजिक जीवन में जिन सुख–सुविधाओं का उपभोग वे कर सके थे वही उनकी आर्थिक प्रगति और सम्पन्नता का यथेष्ट प्रमाण था।

4. सामाजिक जीवन—सिन्धु-घाटी के निवासियों का सामाजिक जीवन सुख-सुविधाओं से सम्पन्न था। नगर-निर्माण से, जिसमें मजदूरों को भी दो कमरों वाले मकान प्राप्त थे, उनके सामाजिक जीवन की श्रेष्ठता का पता लगता है। उन्हें जीवन की अन्य सुविधाएँ भी भलीभाँति प्राप्त थीं, यह भी स्पष्ट है।

सम्भवतया, उनका समाज विभिन्न वर्गों में विभाजित था। मुख्यतया उनमें चार श्रेणियाँ थीं। प्रथम, बुद्धिजीवी-वर्ग जिसमें पुरोहित, चिकित्सक, ज्योतिषी आदि सम्मिलित थे। द्वितीय, योद्धा-वर्ग जो सैनिक-वर्ग था। तृतीय, व्यापारियों, शिल्पियों, कलाकारों आदि का वर्ग; और चतुर्थ, श्रमिक-वर्ग जिसमें किसान, मजदूर, मछली पकड़ने वाले, गृह सेवक आदि सम्मिलित थे। इन्होंने किसी जाति-व्यवस्था का निर्माण किया हो, यह प्रतीत नहीं होता। समाज के वर्गीकरण का मुख्य आधार विभिन्न आर्थिक व्यवसाय थे।

स्त्री और पुरूषों की वेश-भूषा प्राय: समान थी। कमर से नीचे धोती और कमर से ऊपर बायें कन्धे से दायें कन्धे के नीचे दबने वाला शाल उनके मुख्य वस्त्र थे। स्त्रियाँ सिर पर पंखे के समान एक अन्य वस्त्र का भी प्रयोग करती थीं। वस्त्र ऊनी और सूती दोनों प्रकार के होते थे। यह सिले हुए होते थे या नहीं, यह स्पष्ट नहीं है। परन्तु सुइयों का प्राप्त होना यह संकेत देता है कि यहाँ के निवासी सिलाई करना जानते थे। स्त्री और पुरूष, दोनों ही लम्बे बाल रखते थे। बालों में सोने, चाँदी अथवा ताँबे के पिन लगाये जाते थे। सम्भवतया स्त्रियाँ चोटी का प्रयोग करती थीं। पुरूष दाढ़ी रखते थे परन्तु मूँछों को साफ करने का चलन था। पुरूष उस्तरे का प्रयोग जानते थे। स्त्रियाँ सौन्दर्य-प्रसाधनों से पूर्णयता अवगत थीं। चेहरे को सुन्दर बनाने के लिए उन्हें काजल, लिपिस्टिक, विभिन्न रंगों के पाउडर आदि का प्रयोग आता था। वे श्रृंगारदान और श्रृंगार की मेज का प्रयोग करती थीं। आभूषणों का प्रयोग स्त्री और पुरूष समान रूप से करते थे। आभूषण सोना, चाँदी, ताँबा और हाथीदाँत के बनाये जाते थे। वे कीमती पत्थरों और जवाहरातों का प्रयोग भी करते थे। पुरूष कण्ठहार, भुजबन्द और अँगूठी का प्रयोग अधिक करते थे जबकि स्त्रियाँ माथे का टीका, कण्ठहार, बुन्दे, कड़े, चूड़ियाँ, तगड़ी (कमरबन्द), पायजेब आदि सभी प्रकार के आभूषणों का प्रयोग करती थीं, परन्तु सम्भवतया नाक में पहनने के लिए किसी जेवर (नथनी) का प्रयोग नहीं किया जाता था।

यहाँ के निवासियों का मुख्य भोजन गेहूँ, जौ, दूध, फल और मछली का माँस था। गेहूँ और जौ पीसने के लिए चक्कियाँ नहीं थीं बल्कि उन्हें ओखलियों में कूटकर उनका आटा बनाया जाता था। वे मुर्गों, गाय, भैंस, सूअर, घड़ियाल, कछुओं आदि का माँस भी प्रयोग करते थे। वे सब्जियों का प्रयोग करते थे तथा खजूर भी खाते थे।

वे घरों में उपयोग आने वाली विभिन्न सामग्रियों का प्रयोग करते थे जो मिट्टी, पत्थर, हाथीदाँत, ताँबे और काँसे से बनायी जाती थीं। तश्तरियाँ, कटोरे, घड़े, सुराही, फूलदान, अन्य विभिन्न बर्तन, लकड़ी की कुर्सियाँ, मेज, चारपाई, हाथीदाँत की सुइयाँ और कंघे, कुल्हाड़ी, चाकू, मछली का काँटा, आरी, ताँबे और मिट्टी के दीपक आदि विभिन्न वस्तुओं की प्रयोग किया जाता था। मिट्टी की वस्तुओं को पकाया जाता था, उन पर पालिश की जाती थी और उन पर रेखाओं के द्वारा चित्रकारी की जाती थी।

उनके मनोरंजन के विभिन्न साधन थे। उनके प्रमुख खेल गेंद और चौपड़ थे। वे तीन प्रकार से पाँसों का प्रयोग करते थे। अधिकांश प्रयोग में आने वाले पाँसों के अंक 1 के विरूद्ध 2, 3 के विरूद्ध 4, और 5 के विरूद्ध 6 थे। कुछ पाँसो पर केवल 1, 2 और 3 के ही अंक प्राप्त हुए हैं और एक पाँसे में यूरोपियन पाँसे की भाँति ही अंक मिले हैं जिसमें विरोधी अंकों का योग सर्वदा 7 होता है। कुछ मुहरों पर मनुष्य को

तीर-कमान से शिकार करता हुआ दिखाया गया है जिसका अर्थ है शिकार भी उनका मनोरंजन था। मछली पकड़ना, साँड़ों के युद्ध व पालतू पशु-पक्षियों के युद्ध भी मनोरंजन के अन्य साधन थे। बच्चों के मनोरंजन के खिलौने बनाए जाते थे जो अधिकांशतया मिट्टी के होते थे। झुनझुने, सीटियाँ, पशु-पक्षी और स्त्री-पुरूषों की आकृतियाँ इनमें प्रमुख स्थान रखती थीं। परन्तु कुछ ऐसे भी खिलौने भी बनाए जाते थे जिनके अंग हिल सकते थे अथवा जिनमें धागे के सहारे गति उत्पन्न की जाती थी। यहाँ पाये हुए खिलौनों में गर्दन हिलाने वाला एक साँड़ और हाथों को हिलाने वाला एक बन्दर प्राप्त हुए हैं। एक मुख्य खिलौना दो पहियों वाली गाड़ी है जिससे स्पष्ट होता है कि वे खिलौने बनाने की कला में दक्ष थे।

वे यातायात के लिए मुख्यतया बैलगाड़ियों का प्रयोग किया करते थे जिनकी छतों को कभी–कभी लकड़ी से ढ़क दिया जाता था। हड़प्पा से ताँबे की एक ऐसी आकृति भी मिली है जो आधुनिक 'इक्के' की भाँति है और जिसकी छत ढकी हुई है। सम्भवतया, इसका प्रयोग धनवान व्यक्ति आने-जाने के लिए करते होंगे।

यहाँ के निवासी अपने मृतकों को भूमि में गाड़ते थे, यह अधिक विश्वसनीय माना गया है। कभी-कभी सम्पूर्ण मानव-शरीर को गाड़ दिया जाता था और कभी-कभी शरीर को पशु-पक्षियों के खाने के लिए छोड़ दिया जाता था। तत्पश्चात् उसके अवशेषों को घड़े में बन्द करके गाड़ा जाता था। व्यक्तियों की कुछ व्यक्तिगत वस्तुएँ भी उनके शरीर अथवा अवशेषों के साथ रख दी जाती थीं।

उन्हें मानवीय चिकित्सा का ज्ञान था। वे शिलाजीत का प्रयोग जानते थे और कुछ पशुओं की हड्डियों तथा वृक्ष के पत्तों अथवा छालों जैसे नीम को दवाई के रूप में प्रयोग करना भी उन्हें आता था। इससे आभास होता है कि भारतीयों का आयुर्वेद की चिकित्सा-ज्ञान सिन्धु-घाटी की सभ्यता के काल से ही आरम्भ हो गया था।

5. अस्त्र-शस्त्र और सुरक्षा साधन—खुदाई में विभिन्न प्रकार के अस्त्र-शस्त्र प्राप्त हुए हैं जिनका प्रयोग यहाँ के निवासी करते होंगे। उनके मुख्य हथियार कुल्हाड़ी, गदा, भाला, कटार, बिना धार वाली तलवारें और कुछ मात्रा में धनुष-बाण थे। सम्भवतया वे ताँबे के बने हुए साधारण कवच और ढाल का प्रयोग भी अपनी रक्षा के लिए करते थे। अधिकांश हथियार ताँबे और कांसे के थे परन्तु गदा पत्थर की बनी होती थी। विद्वानों का कथन है कि तीक्ष्ण और आक्रमणकारी हथियारों तथा हड़प्पा व मोहनजोदड़ो में किलेबन्दी का अभाव यह सिद्ध करता है कि यहाँ के व्यक्ति शान्तिप्रिय नगर-निवासी थे। परन्तु यह विचार पूर्णयता तर्कसंगत नहीं है। यह प्रमाण प्राप्त हो गये हैं कि सिन्धु-घाटी के निवासी किलेबन्दी करना जानते थे और युद्ध-कौशल से अनभिज्ञ न थे। श्री के० एम० पणिक्कर ने लिखा है, ''जिन व्यक्तियों ने सभ्यता का निर्माण किया वे

निस्सन्देह व्यापारी और नगर-निवासी थे परन्तु वे न तो शान्तिप्रिय थे और न ही युद्ध-कला से अनभिज्ञ। जिन नगरों और किलों को नष्ट करने हेतु वैदिक देवताओं का आह्वान किया जाता था वे सिन्धु-घाटी के निवासियों की सीमा-चौकियाँ और किलेबन्दियाँ ही थीं।''[4]

6. **धातु-ज्ञान**—यहाँ के निवासियों को सोना, चाँदी, ताँबा, टिन, काँसा और सीसा का ज्ञान था परन्तु उन्हें लोहे का ज्ञान न था। टिन और ताँबे को मिलाकर वे काँसा तैयार करते थे। काँसा का प्रयोग उन्होंने विस्तृत आधार पर किया था।

7. **कला**—सिन्धु-घाटी के निवासियों का दृष्टिकोण उपयोगितावादी था। इस कारण उन्होंने 'कला, कला के लिए' का सिद्धान्त नहीं अपनाया। उनकी भवन-निर्माण कला इस यथार्थ को सिद्ध करती है। उनकी चित्रकला के अवशेष मकानों पर प्राप्त नहीं होते। जो भी प्राप्त होते हैं वे मिट्टी के बर्तनों पर हैं। इसी प्रकार, उन्होंने श्रेष्ठ मूर्ति-कला का निर्माण नहीं किया था। डॉ० ए० एल० बाशम ने लिखा है, ''मूलतया वे कलात्मक व्यक्ति नहीं थे।''[5] इसी प्रकार, डॉ० ए० डी० पुसालकर ने लिखा है, ''सिन्धु-घाटी में 'कला, कला के लिए' के चिह्न बहुत कम हैं।''[6]

परन्तु तब भी सिन्धु-घाटी के निवासी कला के प्रति सर्वदा उदासीन न थे। उनकी कला का श्रेष्ठता उनकी मुहरों और कुछेक मूर्तियों से स्पष्ट होती है। उनके बर्तनों पर पशुओं के चित्र अंकित हैं और उनकी मुहरों पर मनुष्य-आकृतियाँ हैं। एक बर्तन पर एक बकरी अपने बच्चे को दूध पिलाती दिखायी गयी है और निकट ही मुर्गी दाना चुग रही है। एक अन्य बर्तन पर एक मछुआरे को दिखाया गया है और एक अन्य पर, जो लोथल में प्राप्त हुआ है, पेड़ पर एक मछली को चोंच में दबाये हुए एक चिड़िया दिखायी गयी है जबकि एक लोमड़ी नीचे बैठी है। अधिकांश आकृतियाँ स्त्रियों की हैं जिनकी कमर से ऊपर का भाग नग्न है। मुहरों पर नन्दी बैल और भैंस की आकृतियाँ सर्वश्रेष्ठ हैं। एक आकृति ध्यान-मुद्रा में एक योगी की है। पशुपति शिव की आकृति भी

---

4. "The people who created this civilization were, no doubt, urban and commercial, but they were not pacific or unaccustomed to warfare. The towns and forts which the Vedic-gods were asked to help in destroying, were the outposts and fortification of the Indus valley people."—K.M. Pannikar : *A Survey of Indian History.*

5. "They were not on the whole an artistic people."—Dr. A.L. Basham : *The Wonder that was India.*

6. "There is very little sign of art for art's sake in the Indus valley."—Dr. A.D. Pusalker : "The Vedic Age". *The History and Culture of the Indian People,* Vol. I.

बहुत सुन्दर है। मनुष्य-आकृतियों में दृढ़ ठोड़ी, छोटी-छोटी आँखें और किन्तु दृढ़ गर्दन का अंकित किया जाना यहाँ की कला की अपनी पृथक विशेषता है। एक बैठी हुई गिलहरी और एक-दूसरे की कमर पकडे हुए तीन बन्दरों की आकृति भी बहुत सजीव है। नृत्य-मुद्रा में अपने दाहिने पैर पर खड़ी हुई एक स्त्री की काँसे की मूर्ति भी अपना विशेष स्थान रखती है। उसके बायें हाथ में कन्धे तक चूड़ियाँ हैं। यद्यपि उसके हाथ-पैर अनुपात से अधिक बड़ें हैं तब भी बिना जोड़ के बनी हुई काँसे की यह मूर्ति भावपूर्ण है। मोहनजोदड़ो में प्राप्त एक 'पुजारी का सिर' भी एक कला का एक उत्कृष्ट नमूना माना गया है। पशुओं की काँसे की बनी मूर्तियों में मोहनजोदड़ो में प्राप्त एक भैंस की मूर्ति और हड़प्पा में प्राप्त एक हिरन पर आक्रमण करते हुए एक कुत्ते की आकृति श्रेष्ठ हैं। सबसे अधिक खिलौने चान्हूदड़ो में प्राप्त अवशेषों में प्राप्त हुए हैं जिससे यह प्रतीत होता है कि वह खिलौने बनाने की एक मुख्य स्थान था। इस प्रकार यह कहा जा सकता है कि बहुत श्रेष्ठता प्राप्त न करते हुए भी सिन्धु-घाटी की कला समकालीन कलाओं में एक विशिष्ट स्थान रखती है।

8. धर्म—सिन्धु-घाटी में पाये गये अवशेषों में से किसी के बारे में यह विश्वासपूर्वक नहीं कहा जा सकता कि इनमें से कोई देव-मन्दिर भी था। परन्तु कुछ मूर्तियों और मुख्यतया विभिन्न मुहरों पर अंकित आकृतियों से हमें यहाँ के निवासियों के धर्म का अनुमान होता है।

मातृ-देवी अथवा प्रकृति-देवी, पशुपति अथवा महायोगी शिव, लिंग के रूप में शिव, वृक्ष मुख्यतया पीपल, स्वास्तिक अथवा चक्र के रूप में सूर्य, पशु, मुख्यतया नन्दी बैल, अग्नि और जल यहाँ के निवासियों के प्रमुख देवी या देवता प्रतीत होते हैं। सम्भवतया कबूतर भी पूजनीय था और योनि-पूजा भी प्रचलित थी यद्यपि इसे पूर्णतया प्रमाणित नहीं किया जा सकता। यहाँ नाग (सर्प) की पूजा प्रचलित थी, ऐसा एक मुहर से प्रतीत होता है जिसमे एक देवता, उसके पीछे एक फणदार सर्प और दोनों तरफ दो उपासक अंकित किये गये हैं। एक अर्ध-नग्न स्त्री की मूर्ति, मुहर पर अंकित एक नग्न स्त्री जो सिर के बल खड़ी है और जिसके गर्भ से पौधा निकल रहा है तथा जिसके विपक्ष-भाग में हँसिया लिये हुए एक मनुष्य के सम्मुख एक स्त्री हाथ जोड़कर बैठी है, मातृ-देवी अथवा प्रकृति देवी की पूजा का आभास कराती है। इससे यह अनुमान होता है कि सम्भवतया यहाँ के निवासी मनुष्य-बलि में विश्वास करते थे। कुछ अन्य मुहरों से यहाँ पशु-बलि का प्रचलन भी प्रतीत होता है। एक मुहर पर त्रिमुखी ध्यानस्थ एक योगी अंकित है जिसे हाथी, चीता, गेंडा और भैंसा घेरे हुए हैं और जिसके निचले भाग में हिरण है। इसके सिर पर दो सींग हैं। यह पशुपति और महायोगी शिव का प्रतीक माना गया हैं। लिंग के समान विभिन्न पत्थरों की प्राप्ति शिवलिंग की पूजा का प्रतीक

है। मुहरों पर अंकित विभिन्न पशु-पक्षियों की आकृतियाँ यह आभास कराती हैं कि वे पशु-पक्षी या तो स्वयं अथवा देवताओं के वाहन के रूप में पूजनीय थे। परन्तु नन्दी बैल का समकालीन शिव से कोई सम्बन्ध था, यह सिद्ध नहीं होता। इसी प्रकार, गाय पूजनीय पशु था, इसका कोई चिन्ह प्रतीत नहीं होता। इस प्रकार, सिन्धु-निवासी प्रकृति अथवा विभिन्न रूपों में प्रकृति–प्रदत्त पदार्थों की पूजा करते थे, यह स्वीकार किया जाता है।

सिन्धु-निवासी नदी को पूज्य मानते थे अथवा नहीं, यह स्पष्ट नहीं है। सम्भवतया महान् स्नानगृह नदी-मन्दिर का प्रतीक और 'मगरमच्छ' सिन्धु नदी का प्रतीक था। परन्तु यह धारणा स्पष्ट रूप से प्रमाणित नहीं है। यह अवश्य स्वीकार किया जाता है कि यहाँ के निवासी जल के द्वारा स्वच्छता बनाये रखना आवश्यक मानते थे जो बाद में हिन्दू धर्म में भी एक आवश्यक धार्मिक क्रिया स्वीकार की गयी।

9. **मुहरें**—सिन्धु–घाटी की सभ्यता के बारे में ज्ञान प्राप्त करने का मुख्य साधन पकी हुई मिट्टी अथवा पत्थर की प्राय: 2,000 मुहरे हैं। इन मुहरों का उपयोग किस कार्य के लिए होता था, यह स्पष्ट नहीं है। परन्तु इनका प्रयोग मुद्रा (सिक्के) की भाँति नहीं होता था, यह माना जाता है। इसके अतिरिक्त धनवान और निर्धन सभी व्यक्तियों के घरों से इनका प्राप्त होना इनकी उपयोगिता को (चाहे वह किसी भी प्रकार की रही हो) स्पष्ट करता है। सम्भवतया यह पैतृक धरोहर के रूप में प्रायेग में आती थीं। इन मुहरों पर विभिन्न आकृतियों तथा लिपि के चिह्न हैं और उनका आकार भी भिन्न-भिन्न है।

10. **लिपि**—विभिन्न मुहरों पर एक लिपि के प्राय: 400 चिह्न प्राप्त हुए हैं। नवीनतम खोजों के आधार पर भी जिनमें डॉ० वाडेल, प्रो० हण्टर, डॉ० डिरिञ्जर, डॉ० लौगंडम और श्री एस० आर० राय तथा नवीनतम विद्वानों में जर्मन विद्वान ईगबर्ट रिचर्टर उशान जिन्होंने ऋगवेद के श्लोकों के आधार पर इसे पढ़ने का प्रयत्न किया है और श्री रामसिंह सेवरा की खोजें सम्मिलित हैं, ऐसा कोई प्रमाण नहीं है जिससे इस लिपि को किसी एक विशेष लिपि के साथ सम्बन्धित किया जा सके। डॉ० राय के मतानुसार इनकी भाषा और लिपि का सम्बन्ध आर्यों की भाषा और लिपि से है। वस्तुत: अभी तक इस लिपि का पढ़ना सम्भव नहीं हो सका है यद्यपि कुछ विद्वान इसका दावा करते हैं, किन्तु सर्वसम्मति से इस विषय में कुछ भी नहीं कहा जा सकता है। कुछ के अलावा यह लिपि दायीं से बायीं ओर लिखी हुई प्राप्त हुई है।

गुजरात में डोलवीरा नामक स्थान पर इसी वर्ष (1994 ई०पू०) में एक साइनबोर्ड प्राप्त हुआ है जो संसार के प्राचीनतम साइनबोर्डों में से एक है। इस पर हड़प्पा-लिपि के

दस चिह्न अंकित थे जो 37 सेंटीमीटर ऊँचे और 25-27 सेंटीमीटर चौड़े हैं। इतने बड़े लिपि-चिह्न हड़प्पा में प्राप्त किसी भी मुहर या अन्य पदार्थ पर प्राप्त नहीं हुए हैं।

लिपि की उपस्थिति, दशमलव-प्रणाली का ज्ञान होना, विभिन्न बाँटों का होना और नापने का ज्ञान होना, आदि इस बात का प्रमाण हैं कि हड़प्पा-निवासी शिक्षित थे यद्यपि शिक्षा की क्या व्यवस्था थी, इसका कोई प्रमाण नहीं है। इसी प्रकार, यह सम्भव है कि उन्होंने किसी प्रकार के साहित्य का निर्माण भी किया हो यद्यपि इसका कोई प्रमाण प्राप्त नहीं हुआ हैं।

5. समकालीन सभ्यताओं से सम्बन्ध

सिन्धु–घाटी और सुमेरिया की समकालीन सभ्यताओं में पर्याप्त समानता प्राप्त हुई है। इससे इतिहासकारों में यह विवाद उत्पन्न हुआ कि सभ्यता का विकास पहले कहाँ हुआ ? पश्चिमी विद्वानों की धारणा है कि सभ्यता का विकास पहले सुमेरिया में हुआ और तब सभ्यता पश्चिम से पूर्व अथवा सिन्धु-घाटी में पहुँची। इसके विपरित, भारतीय विद्वानों ने यह धारणा व्यक्त की है कि पहले सभ्यता का विकास पूर्व में हुआ और तब सभ्यता पश्चिम (सुमेरिया) में पहुँची। परन्तु अब इन दोनों धारणाओं में से किसी को भी स्वीकार नहीं किया जाता। यह प्रमाणित हो गया है कि सुमेरिया और सिन्धु-घाटी की सभ्यता की समानताओं पर आवश्यकता से अधिक बल दिया गया है, जबकि उनमें पर्याप्त असमानताएँ हैं। इस कारण यह विश्वास किया जाता है कि इन दोनों सभ्यताओं का विकास पृथक-पृथक हुआ परन्तु इन दोनों में व्यापारिक सम्बन्ध थे जिनके द्वारा दोनों को एक-दूसरे से बहुत कुछ सीखने का अवसर प्राप्त हुआ जिनके कारण दोनों सभ्यताओं में कुछ समानता आ गयी।

6. सभ्यता का विनाश

विभिन्न स्थानों पर की गयी खुदाई में सात सतहें प्राप्त हुई हैं जिनसे यह प्रमाणित होता है कि यहाँ की सभ्यता का विनाश कई बार हुआ और यहाँ के निवासियों ने कई बार उसका निर्माण किया। बार-बार ध्वस्त होने के पश्चात् भी पुन: उन्हीं स्थानों पर नगरों का निर्माण करना प्रथम तो यह सिद्ध करता है कि यहाँ के निवासी रूढ़िवादी थे और दूसरे इसके विनाश में सिन्धु नदी की बाढ़ें और उसके प्रवाह-मार्ग में बारम्बार परिवर्तन होना मूल कारण थे। भौगोलिक परिवर्तन जैसे वर्षा की कमी हो जाना, नदी के प्रवाह का रूख बदल जांना या उसका सूख जाना जिससे वहाँ की भूमि की सिंचाई की सुविधा समाप्त हो गयी या भूकम्प का आ जाना भी इसके विनाश के लिए उत्तरदायी माने जाते हैं। परन्तु विभिन्न विद्वान ऐसे भी हैं जो इस सभ्यता के विनाश का एक कारण विदेशी आक्रमण को भी स्वीकार करते हैं। उनके अनुसार उन आक्रमणकारियों में आर्यों

का स्थान प्रमुख था, यह आर्यों की धर्म-पुस्तकों से स्पष्ट हो जाता है। घोड़ों और रथों का प्रयोग करने वाले आर्य-आक्रमणकारियों का सफल विरोध यहाँ के निवासी न कर सके और आर्यों ने इस सभ्यता को नष्ट कर दिया अथवा यहाँ के निवासियों को अपने में आत्मसात करके उनके पृथक अस्तित्व को समाप्त करने में सफलता प्राप्त की।

7. सभ्यता का महत्व

सिन्धु-घाटी की सभ्यता ने भारतीय सभ्यता को संसार की प्राचीनतम सभ्यताओं में स्थान प्रदान किया है। विश्व की प्राचीनतम सभ्यताएँ 3000 ई०पू० की स्वीकार की गयी है। सिन्धु-घाटी की सभ्यता भी उन्हीं में एक स्थान रखती है। इससे भारत को भी एक प्राचीनतम सभ्यता का देश माना गया है। यह भी सिद्ध हो चुका है कि सिन्धु-घाटी की सभ्यता और उसके पश्चात् की वैदिक-सभ्यता के बीच में समय की कोई दूरी नहीं थीं बल्कि 3000 ई०पू० उत्पन्न हुई भारतीय सभ्यता का प्रवाह अविरल गति से बहता रहा। डॉ० आर० के० मुखर्जी ने इसके समय को ऋगवैदिक सभ्यता के साथ सम्मिलित किया है।

III

हड़प्पा-सभ्यता के पश्चात् की भारत के भीतरी भागों में पायी गयी ताम्रपाषाणकालीन तथा लौहयुक्त बस्तियाँ या ग्राम-सभ्यताएँ

हड़प्पा-सभ्यता नगर-सभ्यता थी। उसके नष्ट हो जाने के पश्चात् भी भारत के विभिन्न भागों में मानव का अस्तित्व रहा और विभिन्न स्थानों पर गाँव-संस्कृति पनपी। इनमें से अधिकांशतया उत्तर-ताम्रपाषाणकालीन सभ्यताओं में स्थान रखती हैं क्योंकि वहाँ पर पत्थर के साथ-साथ ताँबे का प्रयोग किया जाता था और उनमें से कुछ ऐसी भी थीं जहाँ के निवासियों को बाद के समय में लोहे का ज्ञान हो गया। हड़प्पा-सभ्यता के स्थलों से भी कुछ ऐसे अवशेष प्राप्त हुए हैं जहाँ ये ग्राम-सभ्यताएँ पनपीं। जैसे सिन्ध, पंजाब, राजस्थान, हरियाणा, पश्चिमी उत्तर पदेश और गुजरात में भी विभिन्न स्थलों पर ग्राम-सभ्यताओं के अवशेष प्राप्त हुए हैं। उनकी पहचान का मुख्य साधन वहाँ प्राप्त हुए विभिन्न प्रकार के मिट्टी के बर्तन हैं। परन्तु यह पता नहीं लगता कि हड़प्पा-सभ्यता से इनका सम्पर्क था या नहीं, और यदि था तो किस प्रकार का ? परन्तु यहाँ से कहीं बड़ी मात्रा में दक्षिण-पूर्वी राजस्थान, मध्य-भारत, दक्षिण-भारत, पूर्वी भारत, गंगा-घाटी और गंगा-यमुना-दोआब के विभिन्न क्षेत्रों में ग्राम-सभ्यताएँ पनपीं, इसके प्रमाण प्राप्त हुए हैं।

राजस्थान में विभिन्न स्थलों पर ताम्रपाषाणयुगीन सभ्यताओं के अवशेष प्राप्त हुए हैं। उनमें से आधुनिक उदयपुर के निकट अहाड़ तथा गुलुंद नामक स्थलों पर अधिकतम खुदाई की गयी है और वहाँ विभिन्न अवशेष प्राप्त हुए हैं। यहाँ की संस्कृति प्राय:

2000 ई०पू० की मानी गयी है। यहाँ ताँबे का प्रयोग प्रचुर मात्रा में किया जाता था। ताँबे की अंगूठियाँ, चूड़ियाँ, चाकू और कुल्हाड़ियाँ यहाँ प्राप्त हुई हैं। यहाँ के निवासी चावल और, सम्भवतया, बाजरे की खेती करते थे। पशु-पालन भी उनका एक मुख्य व्यवसाय था। मछली, कछुआ, मुर्गा, गाय, भैंस, बकरी, भेड़, हिरण और सूअर की अस्थियाँ यहाँ से प्राप्त हुई हैं। अहाड़ में मकानों की नीवों में पत्थर का प्रयोग किया गया था और गारा तथा बाँस के डण्डों का प्रयोग भी वहाँ के निवासी मकान बनाने के लिए करते थे। फर्श काली मिट्टी और पीली गाद के बनाये जाते थे। गुलुंद में मकान बनाने के लिए पकी ईटों का प्रयोग किया गया था। वहाँ के निवासी कई मुँह वाले तन्दूर भी बनाते थे। कुछ उपकरण पत्थर के भी बनाये जाते थे। मिट्टी के बर्तन विभिन्न प्रकार के बनाये जाते थे। अधिंकाश मिट्टी के बर्तन काले और लाल रंगों के थे जिन पर सफेद रंग की बिन्दियाँ भी डाल दी जाती थीं। अहाड़ में प्राप्त हुए अवशेषों के आधार पर उस स्थान को अहाड़-सभ्यता के नाम से पुकारा गया है। मध्य-भारत में भी ताम्रपाषाणयुगीन सभ्यता के अवशेष अनेक स्थलों से प्राप्त हुए हैं जिनमें से कायथ और नवदातोली को अधिक महत्वपूर्ण माना गया है। यहाँ प्राप्त सभ्यता के पहले चरण का प्रारम्भ प्राय: 2200 से 2000 ई०पू० के मध्य का माना गया है। पहले चरण की सभ्यता को कायथ-सभ्यता के नाम से पुकारा गया। इस काल के मुख्य नमूने चाक से बने हुए मिट्टी के तीन बर्तन, ताँबे की चूड़ियाँ और कुल्हाड़ियाँ, गोमेद पत्थर और सेलखड़ी के मनके हैं। इसके दूसरे चरण के अवशेष अहाड़-सभ्यता (राजस्थान की) से मिलते-जुलते हैं और इसके तीसरे चरण की स्थिति को 'मालवा-ताम्रपाषाण-सभ्यता' के नाम से पुकारा गया है। इसके तीसरे चरण का समय 1600 ई०पू० से 1300 ई०पू० के मध्य का माना गया है। इस चरण में यहाँ के निवासियों ने पर्याप्त प्रगति कर ली थी। उसके अवशेष मुख्यतया नवदातोली नामक स्थल से प्राप्त हुए हैं। यहाँ से ताँबे की चपटी कुल्हाड़ियाँ, चूड़ियाँ, अंगूठियाँ, छैनियाँ, मछली पकड़ने के काँटे आदि प्राप्त हुए हैं। यहाँ के मकान मिट्टी, बाँस और फूँस से बनाये जाते थे। घर पास-पास बनाये जाते थे परन्तु उनके बीच में रास्ता छोड़ जाता था। मिट्टी के बर्तन लाल और काले रंग के थे तथा छोटे और बड़े सभी आकारों के बनाये जाते थे। यहाँ के निवासी गेहूँ, मसूर, चना, अलसी और मटर की खेती करते थे। चावल का प्रयोग बाद के समय में आरम्भ हुआ और वह भी सीमित मात्रा में। नवदातोली को भारत में प्राप्त ताम्रपाषाणयुगीन ग्राम-सभ्यता का सबसे विस्तृत क्षेत्र माना गया है। **महाराष्ट्र** में ताम्रपाषाणयुगीन-सभ्यता के अवशेष मुख्यतया नासिक, नेवासा, दायमाबाद, सोनेगाँव, इनामगाँव, चंदोली और जोरवे नामक स्थानों से प्राप्त हुए हैं। यहाँ पर भी इस सभ्यता की प्रगति के विभिन्न चरण रहे। प्रारम्भिक चरण में सम्भवतया इस सभ्यता पर हड़प्पा-सभ्यता का प्रभाव रहा; इसके दूसरे चरण की सभ्यता राजस्थान की अहाड़-सभ्यता से मिलती-जुलती थी; इसके तीसरे चरण की

सभ्यता मध्य-भारत की 'मालवा-सभ्यता' कहीं जाने वाली सभ्यता से मिलती-जुलती थी; और इसके चौथे चरण की सभ्यता को 'जोरवे-सभ्यता' पुकारा गया तथा उसे पूर्णयता महांराष्ट्रीय माना गया। इसका समय साधारणतया 1400 से 1000 ई०पू० माना गया यद्यपि कुछ स्थलों जैसे इनामगाँव में यह 700 ई०पू० तक भी विद्यमान रही। यहाँ घर मिट्टी, गारा और लकड़ी के डण्डों से बनाये जाते थे और छतों को फूँस से ढककर गारे से लेप दिया जाता था। मिट्टी के बर्तन बनाने के लिए चाक का प्रयोग होता था और वे लाल और काले रंग के बनाये जाते थे। यहाँ के बर्तनों में प्राप्त एक विशेष बर्तन टोंटीदार बर्तन है। यहाँ के निवासी गेहूँ, जौ, मसूर, मटर और कहीं-कहीं चावल का खेती करते थे। नेवासा नामक स्थान पर पटसन भी प्राप्त हुआ है। वे गाय, बैल, भैंस, बकरी, भेड़ और सूअर पालते थे। मातृ-देवी की पूजा किये जाने के भी कुछ प्रमाण यहाँ प्राप्त हुए हैं। यहाँ के उपकरण पत्थर और ताँबे से बनाये जाते थे। ताँबे से बनी चूड़ियाँ, छैनियाँ, सलाइयाँ, कुल्हाड़िया, छुरे और छोटे-छोटे बर्तन यहाँ से प्राप्त हुए हैं। दायमाबाद में ताँबे की चार ठोस वस्तुएँ प्राप्त हुई हैं जिनका वजन भी कई किलो का है। रथ चलाते हुए एक मनुष्य की आकृति, दूसरी साँड़ की, तीसरी गेंडे की और चौथी हाथी की आकृति है। परन्तु इनको खुदाई में प्राप्त वस्तुएँ नहीं माना जा रहा है और न उनके निर्माण के समय के बारे में एकमत हुआ गया है। दक्षिण-भारत में **कर्नाटक, तमिलनाडु** और **रायचूर-दोआब** के विभिन्न स्थलों पर खुदाई किये जाने पर वहाँ पर ताम्रपाषाणयुगीन सभ्यता के अवशेष प्राप्त हुए हैं। यहाँ प्राप्त सभ्यता के समय को 2300 से 900 ई०पू० का माना गया है। यहाँ की सभ्यता की प्रगति का भी विभिन्न चरण रहे। आरम्भ के समय में यहाँ के निवासियों को ताँबे का ज्ञान नहीं था और मिट्टी के बर्तन भी हाथ से बनाये गये थे। परन्तु इस सभ्यता की प्रगति के दूसरे चरण में ही यहाँ के निवासियों को ताँबे और कुम्हार के चाक का ज्ञान हो गया था। यहाँ मकान लकड़ी के डण्डों, बाँस के पर्दों और उनके मिट्टी से बनाये जाते थे, छतें फूँस से बनायी गयी थीं और फर्शों पर चूने का लेप किया जाता था। यहाँ के निवासी बाजरा और चना की खेती करते थे तथा भेड़-बकरी तथा कुछ अन्य पशुओं को पालते थे। **उड़ीसा** में कुछ स्थानों पर नवपाषाणयुगीन और ताम्रपाषाणयुगीन सभ्यताओं के अवशेष प्राप्त हुए हैं परन्तु उनकी संख्या कम है और उनके समय का निर्धारण नहीं किया जा सका है। परन्तु यह निश्चित है कि भारत के इस क्षेत्र में ताम्रपाषाणयुगीन बस्तियाँ थीं। **बंगाल** में विभिन्न स्थलों, जैसे वीरभूम, बर्दवान, मिदनापुर, बाँकरा, पाण्डु, राजरठीबी आदि से ताम्रपाषाणयुगीन अवशेष प्राप्त हुए हैं और यह विश्वास किया जाता है कि वहाँ एक विस्तृत भू-प्रदेश में चावल की कृषि पर आधारित ग्राम-सभ्यता प्रायः 1500 ई०पू० विद्यमान थी। **बिहार** में विभिन्न स्थलों, से ताम्रपाषाणयुगीन सभ्यता की उपस्थिति के

प्रमाण प्राप्त हुए हैं। उनमें से प्रमुख स्थल चिंरद और सोनपुर हैं। यहाँ के निवासी चावल, मूंग आदि की खेती करते थे, लाल और काले रंग के मिट्टी के बर्तन बनाते थे और सरकडों व गारे से अपने घर बनाते थे। **गंगा-घाटी** और **गंगा-यमुना-दोआब** में सभ्यता की उपस्थिति के चिह्न 3000 ई०पू० तक के प्राप्त हुए हैं। अपनी प्राचीनतम स्थिति में यहाँ की सभ्यता हड़प्पा-सभ्यता की समकालीन थी। उसे 'गेरूवर्णी-मृद-भाँड़-सभ्यता' के नाम से पुकारा गया है। इसकी उपस्थिति के मुख्य प्रमाण हस्तिनापुर और अतरंजीखेड़ा में प्राप्त हुए हैं। यहाँ चावल की खेती की जाती थी और व्यक्तियों को ताँबे का ज्ञान था, ऐसे प्रमाण प्राप्त हुए हैं। बाद के समय के लाल और काले रंग के मिट्टी के बर्तन भी अतरंजीखेड़ा से प्राप्त हुए हैं।

उपरोक्त विभिन्न स्थानों पर प्राप्त हुए प्रमाणों से यह सिद्ध होता है कि ताम्रपाषाण-युग के समाप्त होने तक भारत के प्राय: सभी भागों में भारतीयों ने ग्राम-सभ्यता का निर्माण कर लिया था। इसके अतिरिक्त भारतीयों ने लोहे का ज्ञान भी स्वयं प्राप्त किया, यह भी कुछ स्थानों पर लौहयुक्त सभ्यताओं की उपस्थिति से प्रमाणित होता है। **ऊपरी गंगा-घाटी** के विभिन्न स्थलों जैसे आलमगीरपुर, अल्लाहपुर, हस्तिनापुर, अतरंजीखेड़ी, मथुरा, रोपड़, श्रावस्ती, जरवेड़ा आदि स्थलों से ऐसे अवशेष प्राप्त हुए हैं जो यह प्रमाणित करते हैं कि यहाँ के निवासियों को लोहे का ज्ञान हो गया था। उदाहरणार्थ, जरवेड़ा से लोहे की वस्तुओं में भाले, तीर, काँटें, कुल्हाड़ियाँ और कुदाल प्राप्त हुए हैं, तथा अतरंजीखेड़ा से दरातियाँ, चाकू, सरिया और चिमटे प्राप्त हुए हैं। यहाँ के निवासी काले और लाल रंग के मिट्टी के बर्तन चाक से बनाते थे, गेहूँ, जौ और थोड़ी मात्रा में चावल की खेती करते थे तथा भेंड़, भैंस और सुअर पालते थे। हस्तिनापुर में घोड़े की अस्थियाँ भी मिली हैं। **मध्य-भारत** में नागदा और एरण नामक स्थानों से लोहे की वस्तुएँ प्राप्त हुई हैं। नागदा में छुरी, चम्मच, कुल्हाड़ी, अंगूठी, कील, चाकू, भाले का सिरा और दराँती प्राप्त हुए हैं। **राजस्थान** में अहाड़-सभ्यता के निवासियों को भी बाद में लोहे का ज्ञान हो गया था, ऐसे प्रमाण प्राप्त हुए हैं। **गंगा-घाटी के निचले भाग** (पूर्वी भारत) में भी कुछ स्थलों से लोहे के उपकरण प्राप्त हुए हैं। **दक्षिण-भारत** में हल्लूर नामक स्थान पर तथा कुछ अन्य स्थलों पर भी लोहे के प्रयोग के प्रमाण प्राप्त हुए हैं।

इस प्रकार, यह सिद्ध हो गया है कि ताम्रपाषाण-सभ्यता के बाद के समय में भारत के विभिन्न भागों में यहाँ के निवासियों को लोहे का ज्ञान हो गया था तथा उन्होंने ताँबे के साथ-साथ लोहे का प्रयोग आरम्भ कर दिया था। जहाँ तक लोहे के ज्ञान के समय का प्रश्न है उसके विषय में विद्वानों में मतभेद है। विभिन्न स्थानों पर विभिन्न विद्वानों ने लोहे के ज्ञान का समय अलग-अलग दिया है। साधारणतया, उसका समय 1100 से 800 ई०पू० तक का बताया गया है। इस कारण, यह सम्भव है कि कुछेक

स्थानों पर इसका ज्ञान कुछ समय पहले हो गया हो और अन्य स्थानों पर कुछ समय पश्चात्। इसी कारण विद्वानों ने यह विचार भी प्रकट किया है कि भारत में लौहे का ज्ञान आर्यों के भारत के आन्तरिक भागों में प्रवेश करने से पहले ही हो गया था।

उपर्युक्त मतभेदों के होते हुए भी यह तथ्य तो स्वीकार करना ही पड़ता है कि हड़प्पा-सभ्यता के नष्ट हो जाने से भारतीय सभ्यता नष्ट नहीं हो गयी थी अपितु आर्यों के भारत में प्रवेश करने से पहले भारत के विभिन्न क्षेत्रों में ग्रामीण-सभ्यताएँ विद्यमान थीं।

2 वैदिक-सभ्यता

वैदिक-सभ्यता का भारतीय इतिहास में बहुत श्रेष्ठ स्थान है। आधुनिक भारतीय सभ्यता पर उसका गम्भीर प्रभाव है। हिन्दू धर्म, दर्शन, आध्यात्मिक विचारधारा तथा सामाजिक व्यवस्था एवं मान्यताओं पर उसका गम्भीर प्रभाव है। यही नहीं बल्कि भारतीय वैदिक-सभ्यता सम्पूर्ण विश्व के लिए एक गौरवपूर्ण योगदान है। सिन्धु-घाटी की सभ्यता की खोज के पश्चात् कुछ विद्वानों ने वैदिक-सभ्यता की श्रेष्ठता के विषय में कुछेक शंकाएँ प्रकट कीं। उनके अनुसार सिन्धु-घाटी की नगर-सभ्यता ग्रामों की वैदिक-सभ्यता से श्रेष्ठ थी और घुमक्कड़ प्रवृति वाले आर्यों ने अपने से श्रेष्ठ सभ्यता को नष्ट कर दिया था परन्तु उन विद्वानों के विचार तर्कपूर्ण और सर्वस्वीकृत नहीं हैं। यह प्रमाणित हो गया है कि आर्य घुमक्कड़ प्रवृति वाली नस्ल न थी बल्कि उसे कृषि और पशुपालन करना भलीभाँति आता था। इसके अतिरिक्त एक सभ्यता की श्रेष्ठता नगर और गाँव की सभ्यता के आधार पर नहीं आँकी जा सकती बल्कि उसे मानव-जीवन की प्रगति में उसके द्वारा प्रदान किये गये योगदान से आँकी जाती है। इस आधार पर आर्यों की वैदिककालीन धर्म, दर्शन, संस्कृति, भाषा और जीवन की मान्यताओं की दृष्टि से भारतीय और विश्व सभ्यता में दिया गया योगदान सिन्धु-घाटी की सभ्यता को वैदिक-सभ्यता से श्रेष्ठ सिद्ध करने का प्रयत्न एकपक्षीय है जिसे स्वीकार नहीं किया जा सकता। निस्सन्देह, भारतीय वैदिक-सभ्यता भारत तथा विश्व के लिए गौरवपूर्ण है।

1. आर्यों के मूल निवास-स्थान

वैदिक-सभ्यता का निर्माण भारतीय आर्यों ने किया। इन आर्यों के मूल निवास-स्थान का प्रश्न विवादास्पद है। अभी तक इस विषय में कोई सर्वस्वीकृत धारणा नहीं है। इतिहास, भाषा-विज्ञान, नस्ल, पुरातत्व सम्बन्धी खोजों आदि के आधार पर विभिन्न विद्वानों ने भारत, मध्य-एशिया, उत्तरी ध्रुव, तिब्बत पामीर का पठार, जर्मनी, मुख्यतया स्केण्डिनेविया, दक्षिणी रूस आदि स्थानों को इन आर्यों का मूल निवास-स्थान बताया है।

बाल गंगाधर तिलक ने वैदिक संहिताओं के आधार पर उत्तरी ध्रुव को इन आर्यों का मूल निवास-स्थान बताया; परन्तु इस बात के प्रमाण अधिक नहीं हैं और अधिकांश व्यक्ति इस विचार से असहमत हैं।

स्वामी दयानन्द सरस्वती ने आर्यों के मूल निवास-स्थान तिब्बत को बताया; परन्तु इसके समर्थन के लिए भी प्रमाण उपलब्ध नहीं हैं।

विभिन्न भारतीय विद्वानों ने यह मत प्रकट किया है कि इन आर्यों का मूल निवास-स्थान भारत है। श्री गंगानाथ झा ने इसे 'ब्रह्मर्षि-देश' (भारत) बताया, श्री डी० एस० त्रिवेदी ने मुल्तान के निकट की देविका नदी के निकट के क्षेत्र को उनका मूल निवास-स्थान बताया, श्री एल०डी० काला ने कश्मीर और हिमालय के पर्वतीय प्रदेश को उनका मूल निवास-स्थान बताया, श्री अविनाशचन्द्र दास ने उसे सप्तसिन्धु-प्रदेश अर्थात् पंजाब और गंगा-यमुना के तट का मैदानी भाग बताया और डॉ० राजबली पाण्डे नें उसे मध्य-प्रदेश अर्थात् उत्तर प्रदेश बताया। अपने पक्ष के समर्थन में इन विभिन्न विद्वानों ने विभिन्न तर्क प्रस्तुत किये हैं। उनके अनुसार वैदिक-साहित्य में किसी विदेशी देश का वर्णन नहीं किया गया है, भाषा के आधार पर संस्कृत भाषा के शब्दों की यूरोपीय भाषाओं के कुछ या अधिक शब्दों से समता होना यह प्रमाणित नहीं कर सकता कि ये आर्य भारत में यूरोप से आये। आर्यों में बलि-प्रथा प्रचलित थी और बलि-प्रथा का आरम्भ उत्तरी पंजाब में हुआ था वैदिक ग्रन्थों में भारत की नदियों और पहाड़ों का ही वर्णन मिलता है। आर्यों ने स्वयं का निवास-स्थान सप्तसिन्धव प्रदेश को बताया जो पंजाब की छह नदियों और सरस्वती (सुरसती) के मध्य और निकट का प्रदेश था। ऋग्वेद में निरन्तर इसी प्रकार का विवरण प्राप्त होता है। उत्तर में कश्मीर से लेकर दक्षिण में राजस्थान तक और पश्चिम में गान्धार से पूर्व में गंगा-तट का प्रदेश इसमें सम्मिलित था। परन्तु भारत को इन आर्यों का मूल निवास-स्थान स्वीकार करना कठिन है। यदि भारत इन आर्यों का मूल निवास-स्थान होता तो सर्वप्रथम वे सम्पूर्ण भारत में आर्य-सभ्यता का विकास करते। परन्तु ऐसा नहीं है। आधुनिक समय तक भी सम्पूर्ण दक्षिण-भारत और उत्तर-भारत के भी कुछ क्षेत्रों जैसे बलूचिस्तान में द्रविड़ अथवा अनार्य सभ्यता की प्रमुखता है। सम्भवतया भारत को आर्यों की मूल निवास-स्थान मानना भारतीय विद्वानों की उस प्रक्रिया का परिणाम है जो यूरोपीय विद्वानों के इस कथन के कारण आरम्भ हुई कि इन आर्यों का मूल निवास-स्थान यूरोप है।

यूरोप को इन आर्यों का मूल निवास-स्थान बताने वालों में प्रथम व्यक्ति फ्लोरेंस निवासी फिलिप्पो सेसेटी था जो पाँच वर्षों (1583–1588 A.D.) तक गोआ में रहा तथा जिसने संस्कृत और यूरोपीय भाषाओं के विभिन्न शब्दों में समता स्थापित की। 1786 ई० में सर विलियम जोन्स ने 'बंगाल के एशिया समाज' की एक बैठक में एक लेख पढ़कर विभिन्न भाषाओं की शाब्दिक समानता पर बल दिया। उन्होंने ग्रीक, लेटिन, गोथिक, केल्टिक, संस्कृत, फ़ारसी आदि भाषाओं की उत्पत्ति का स्रोत एक ही बताया, यथा-संस्कृत में पिता को पितृ, लेटिन में पेटर, ग्रीक में पेटर, अंग्रेजी में फादर और जर्मन में वटर कहते हैं तथा संस्कृत में माँ को माता, अंग्रेजी में मदर, लेटिन और

ग्रीक में माटर और जर्मन में मुटर कहते हैं। इस भाषा सम्बन्धी समानता के आधार पर विभिन्न विद्वानों ने यूरोप को भारतीय आर्यों का मूल निवास-स्थान बताया। इसके पश्चात् वनस्पति, भौगोलिक परिस्थितियों और नस्ल के आधार पर भी इस पक्ष का समर्थन किया गया। डॉ० पी० गाइल्स ने पशु-पक्षियों तथा वनस्पतियों का आधार लेकर और यह बताकर कि वैदिक ग्रन्थों में वर्णित सभी वनस्पतियाँ और पशु-पक्षी भारत में प्राप्त नहीं होते, यूरोप मे स्थित हंगरी, आस्ट्रिया, बोहेमिया अथवा डैन्यूब नदी की घाटी को आर्यों का मूल निवास-स्थान बताया। परन्तु डॉ० गाइल्स का विचार सभी के द्वारा स्वीकार नहीं किया जाता क्योंकि जिस वनस्पति का वर्णन वैदिक ग्रन्थों में है वह डॉ० गाइल्स द्वारा वर्णित यूरोपीय प्रदेशों में हो अथवा उस समय रही हो, इसका कोई प्रमाण नहीं है। पेन्का नामक एक अन्य विद्वान ने नस्ल एवं शारीरिक गठन की समानता के आधार पर जर्मनी और मुख्यतया स्केण्डिनेविया को इन आर्यों का मूल निवास-स्थान बताया। परन्तु अब उसके समर्थक भी उसके तर्क को दुर्बल मानकर नस्ल की विशेषताओं की समता पर बल न देकर पुरातत्व सम्बन्धी खोजों के आधार पर उनके पक्ष का समर्थन करते हैं। परन्तु उनका यह प्रयत्न भी असफल हो गया है क्योंकि यह सिद्ध हो चुका है कि वे सभी वस्तुएँ जो जर्मन और भारतीय आर्यों में समता स्थापित करने हेतु बतायी गयी हैं, जर्मनी में ही नहीं बल्कि दक्षिणी रूस, पोलैण्ड और यूक्रेन में भी प्राप्त हुई हैं। नेहरिंग नामक विद्वान ने वनस्पति की समानता के आधार पर दक्षिणी रूस को आर्यों का मूल निवास-स्थान बताया है। विद्वान ब्रेण्डेंस्टीन के अनुसार भारतीय आर्यों का मूल निवास-स्थान यूराल पर्वत के दक्षिण में उत्तर-पश्चिमी खिरगीज का घास का मैदान था। पुरातत्व सम्बन्धी खोजों के आधार पर गॉर्डन चाइल्ड ने यह स्थान दक्षिणी रूस अथवा स्केण्डिनेविया बताया।

कुछ अन्य विद्वानों ने मध्य-एशिया को भारतीय आर्यों का मूल निवास-स्थान बताया है। प्रो० मैक्समूलर का नाम उनमें प्रमुख है। उनके अनुसार मध्य-एशिया से चलकर आर्यों का एक शाखा ईरान में बस गयी और दूसरी शाखा भारत में चली आयी। वेदों और पारसी धार्मिक ग्रन्थ 'अवस्ता' के अध्ययन से स्पष्ट होता है कि आर्य एक लम्बे समय तक ईरान में रहे होंगे क्योंकि उनके देवताओं जैसे इन्द्र, वरूण, नासत्य आदि के नाम मिलते-जुलते हैं। उन्हीं ग्रन्थों के अध्ययन से यह भी ज्ञात होता है कि आर्यों का मूल निवास-स्थान ऐसा होना चाहिए जहाँ घोड़े और गाय रह सकते हों क्योंकि ये पशु आर्यों के प्रमुख पशु थे। उनके अनुसार ऐसा स्थान मध्य-एशिया ही था। के० एम० पणिक्कर ने भी प्रो० मैक्समूलर के विचार का समर्थन किया है।

मि० एडवर्ड मेयर ने यह विचार व्यक्त किया है कि आर्यों की मूल निवास-स्थान पामीर का पठार था। मिस्टर ओल्डनबर्ग और प्रो० कीथ भी इसी मत के समर्थक हैं।

इस प्रकार विभिन्न विद्वानों ने भारतीय आर्यों के मूल निवास-स्थान के विषय में भिन्न-भिन्न मत प्रकट किये हैं। परन्तु इनमें से किसी भी मत को अभी तक पूर्णयता सर्वमान्य नहीं माना गया है। आधुनिक समय में नवीनतम खोजों, मुख्यतया विद्वान श्चिरेदर की खोजों ने यह सिद्ध करने का प्रयत्न किया कि आर्यों का मूल निवास-स्थान दक्षिणी रूस था। डॉ० बी० के० घोष ने भी इस समस्या के विषय में निर्णय करते हुए लिखा है कि "श्चिरेदर के बाद के समय से ज्ञान में अत्यधिक वृद्धि हो जाने का बाद भी उसके इस निर्णय को स्वीकार करना ही अधिक उचित होगा कि अन्य प्रदेशों की तुलना में दक्षिणी रूस को ही आर्यों का मूल निवास-स्थान स्वीकार किये जाने के दावे को अधिक मान्यता दी जाये।"[1]

उपर्युक्त विभिन्न विरोधी मतों की उपस्थिति में यह निर्णय करना असम्भव है कि भारतीय आर्यों का मूल निवास-स्थान कौन-सा था। परन्तु अनुमान से यह कहा जा सकता है कि सम्भवतया आर्य मध्य-एशिया से लेकर दक्षिणी रूस तथा पोलैण्ड तक के विस्तृत प्रदेश में बसे हुए थे। विभिन्न कारणों से मुख्यतया जनसंख्या में वृद्धि और चरागाहों की खोज के कारण, इन्होंने पूर्व, पश्चिम और दक्षिण की ओर बढ़ना आरम्भ किया। इनकी कुछ शाखाओं ने पश्चिमी यूरोप पर आक्रमण किया जो ग्रीक, लेटिन, केल्ट और ट्यूटन ज़ातियों की पूर्वज बन गयीं। इन्हीं में से कुछ अन्टोलिया में पहुँच गये जिन्होंने स्थानीय निवासियों से मिल जाने के उपरान्त महान् हिट्टी-साम्राज्य का निर्माण किया। इनमें से कुछ अन्य काकेशस पर्वत और ईरान के पठारी प्रदेश की ओर बढ़ गये जिन्होंने मध्य-पूर्व की स्थानीय सभ्यताओं का विनाश करके अथवा उन्हें अपने में सम्मिलित करके उनके प्रदेशों को अपने आधिपत्य में कर लिया और बाकी बचे हुए आर्य अपने प्रदेश में रहे जो बाल्टिक तथा स्लाव नस्लों के पूर्वज बने। मध्य-एशिया और ईरान की ओर बढ़ती हुई इनकी एक शाखा 'कस्सी' ने बेबीलोन को विजय किया। बाद में मध्य-एशिया और ईरान में आये हुए आर्यों ने पूर्व की ओर बढ़ना आरम्भ किया और उन्होंने अफगानिस्तान होते हुए भारत में प्रवेश किया। आर्यों की इस शाखा ने सिन्धु-घाटी और भारत के अन्य स्थानीय निवासियों को परास्त करके भारत को अपना निवास-स्थान बनाया तथा भारतीय आर्य कहलाये। भारत में आकर उन्होंने अपने धार्मिक ग्रथों की रचना की, वैदिक-सभ्यता का निर्माण किया तथा भारतीय सभ्यता की आधारशिला रखी।

---

1. "In spite of the enormous increase in knowledge since the days of Schrader it would be best, therefore, to adhere to his conclusion that South Russia, more than any other region, can claim to be regarded as the cradle-land of the Aryans (Indo-Europeans)." — Dr. B.K. Ghosh : "The Vedic Age", *The History and Culture of the Indian People*, Vol. I.

2. ई०पू० छठी शताब्दी से पूर्व का हिन्दू धर्म-ग्रन्थों पर आधारित पौराणिक इतिहास

ई०पू० छठी शताब्दी (600 B.C.) से पूर्व के इतिहास को जानने का मुख्य साधन विभिन्न पुराण हैं। इस कारण इस समय के इतिहास को पौराणिक इतिहास की संज्ञा देना अनुचित नहीं है। निस्सन्देह हमें थोड़ी सहायता रामायण तथा महाभारत से प्राप्त होती है और वेदों से भी हमें कुछ तथ्यों की पुष्टि करने के साधन उपलब्ध हो जाते हैं, परन्तु इस समय के इतिहास को जानने के मूल स्रोत पुराण ही हैं। जिस स्थिति में पुराण हमें प्राप्त हुए हैं उनसे यह अनुमान लगाया गया है कि उनकी रचना गुप्त-काल से पहले नहीं हुई। ऐसी स्थिति में जिस इतिहास को हम पुराणों से जानने का प्रयत्न करते हैं, उसमें से अधिकांश उसकी रचना से कम से कम 3000 वर्ष पूर्व का है। समय-समय पर पुराणों का स्वरूप बदलता रहा है। उनका सर्वमान्य स्वरूप कौन-सा है, यह आज भी स्पष्ट नहीं हैं। इसके अतिरिक्त, पुराणों में बहुत कुछ ऐसा है जो केवल धार्मिक दृष्टिकोण से लिखा गया है। ऐसी स्थिति में उनके आधार पर प्राचीन इतिहास को समझना बहुत कठिन है और उसे उसे पूर्णतया विश्वसनीय स्वीकार करना असम्भव है। परन्तु तब भी पुराणों पर आधारित इतिहास नितान्त कल्पित नहीं है; उसमें बहुत कुछ सत्य है। सम्भवतया विभिन्न शासकों के द्वारा अपनी वंशावली और अपने इतिहास को सुरक्षित रखने का प्रयास किया गया था। सूत नामक अधिकारी को राजाओं, देवताओं और ऋषियों की वंशावली को सुरक्षित रखने का उत्तरदायित्व सौंपा गया था। उन्हीं अधिकारियों और कुछ व्यक्तिगत प्रयत्नों के द्वारा उस समय का इतिहास सुरक्षित रखा गया यद्यपि उस इतिहास का संकलन और ग्रन्थ के रूप में उसकी बहुत समय पश्चात् पुराणों के रूप में की गयी।

पौराणिक इतिहास पर सर्वप्रथम पर्गिटर ने कार्य किया। डॉ० ए० डी० पुसालकर ने विभिन्न विद्वानों के विचारों तथा धर्म-ग्रन्थों का आधार लेकर पौराणिक इतिहास को निम्नवत् बताया है:[2]

1. प्रलय से पूर्व का इतिहास—वायु-पुराण के अनुसार 'आनन्द' ब्रहा–पिता और संसार का शासक था। आनन्द ने वर्ण-व्यवस्था स्थापित की, प्रत्येक वर्ण के कर्तव्य निश्चित किये और विवाह की रीति को आरम्भ किया। उसके ये नियम शीघ्र नष्ट हो गये। परन्तु उसके उत्तराधिकारी 'मनु स्वयंभुव' ने इन्हें पुनः स्थापित किया। मनु स्वयंभुव एक महान् शासक था। उसके अपने समस्त शत्रुओं को नष्ट किया और सम्पूर्ण संसार का स्वामी बन बैठा। उसकी राजधानी सरस्वती नदी के निकट थी। स्वयंभुव के

2. "The Vedic Age", *History and Culture of the Indian People*, Vol. I.

दूसरे पुत्र उत्तानपाद का पुत्र ध्रुव था जिसने विष्णु को प्रसन्न करके वरदान प्राप्त किया। इसी वंश में छठा मनु चिक्षासु था। चिक्षाशु का पुत्र वेन बहुत अत्याचारी शासक सिद्ध हुआ। उसे विद्रोद करके मार दिया गया। उसके पुत्र पृथु ने राजा की भाँति राज्याभिषेक किया और उसके नाम पर इस भूमि को पृथ्वी पुकारा गया। पृथु का पाँचवाँ वंशज दक्ष था जिसकी पुत्री का प्रपौत्र मनु वैवस्वत हुआ जिसने प्रलय के अवसर पर मनुष्य-जाति की रक्षा की।

2. प्रलय-काल [3100 ई०पू० (B.C.)]—'शतपथ ब्राह्मण' के अनुसार मनु वैवस्वत को हाथ धोते हुए एक मछली प्राप्त हुई जिसने उससे रक्षा की माँग की। परन्तु धीरे-धीरे वह मछली इतनी बड़ी हो गयी कि उसे समुद्र में डाल दिया गया। उसी मछली ने वैवस्वत को प्रलय की सूचना दी और अपनी रक्षा करने के लिए उसे एक समुद्री जहाज बनाने की सलाद दी। प्रलय के समय जब सम्पूर्ण पृथ्वी पानी में डूबने लगी तो मनु ने जहाज में आश्रय लेकर अपनी प्राण-रक्षा की और वह मछली उस जहाज को उत्तर के पहाड़ों पर ले गयी। मनु उस पहाड़ पर चढ़ गया और पानी उतर जाने के पश्चात् पृथ्वी पर उतरा। इसी मनु वैवस्वत को मनुष्य-जाति का प्रारम्भकर्त्ता माना गया। पौराणिक युग के सभी राजवंशों की स्थापना मनु वैवस्वत के दस (10) पुत्रों अथवा उनके वंशजों द्वारा की गयी।

3. ययाति-काल [3000-2750 ई०पू० (B.C.)—वैवस्वत के सबसे बड़े पुत्र इला (जो स्त्री-पुरूष दोनों ही था) के पुत्र पुरूरवा ने चन्द्रवंशी क्षत्रिय-राज्य की स्थापना की और वैवस्वत के पुत्र इक्ष्वाकु ने सूर्यवंशी क्षत्रिय-राज्य की स्थापना की। पुरूरवा ने गंगा-यमुना के दोआब, मालवा और पूर्वी राजस्थान में अपने राज्य का विस्तार किया तथा इक्ष्वाकु ने अयोध्या के साम्राज्य की स्थापना की। पुरूरवा और उर्वशी की प्रेम-कहानी बहुत प्रसिद्ध है। पुरूरवा ने अपने बाद के समय में ब्राह्मणों को तंग किया और उन्हीं के द्वारा वह मारा गया। उसके आयु नामक पुत्र हुआ। आयु का पुत्र नहुष्क हुआ जो एक महान् विजेता था। नहुष्क का पुत्र ययाति था जो उस वंश का सर्वाधिक यशस्वी शासक सिद्ध हुआ। देवयानी और शर्मिष्ठा उसकी पत्नियाँ थीं। ययाति के पाँच पुत्र थे। उन्हीं में से एक यदु था जिसने गुजरात में यादव-वंश की नींव डाली और जिसके वंशज श्रीकृष्ण हुए। सूर्यवंशी इक्ष्वाकु के 100 पुत्र थे जिनमें विकुकशि, निमि और दण्ड विख्यात हुए।

4. मान्धात्रि-काल [2750-2550 ई०पू० (B.C.)]—इस काल में मान्धात्रि ने सूर्यवंश के गौरव को श्रेष्ठ बना दिया। उसके बारे में कहा गया कि उसने सम्पूर्ण पृथ्वी को ही नहीं अपितु देवराज इन्द्र से भी उसका आधा राज्य छीन लिया और 100 राजसूय अथवा अश्वमेघ यज्ञ किये जिनके कारण उसे विष्णु का पाँचवाँ अवतार माना गया।

उसके पुत्र पुरकुन्स ने अपने पिता की विजयों को नर्मदा नदी के तट तक पहुँचा दिया। परन्तु उसके पश्चात् उसका राज्य दुर्बल हो गया।

5. परशुराम-काल [2550-2350 ई०पू० (B.C.)]—इस युग की विशेषता क्षत्रिय हैहय-वंश और ब्राह्मण भृगु-वंश का संघर्ष है। पश्चिम भारत में हैहय-वंश (यादव-कुल का) श्रेष्ठ बन गया था। उनके राजा कृतवीर्य का भृगु ब्राह्मण-वंश से झगड़ा हो गया और भृगु (भार्गव)-वंश मध्य-देश चला गया। परन्तु दोनों वंशों की शत्रुता बनी रही। भृगु-वंश के ऋषि ऊर्व के पुत्र रिचिका ने कान्यकुब्ज के क्षत्री राजा गांधी को एक हजार काले कानों वाले घोड़े देकर उसकी पुत्री सत्यवती से विवाह करने में सफलता पायी थी। उनका पुत्र जमदग्नि बाद में एक प्रख्यात भृगु-ऋषि हुआ। उसकी माँ सत्यवती के भाई प्रख्यात क्षत्री-ऋषि विश्वामित्र थे। जमदग्नि के पाँच पुत्र थे। उनमें सबसे छोटे परशुराम थे। एक बार हैहय-राजा कृतवीर्य जमदग्नि के आश्रम पर गया जहाँ उसकी पूर्ण आवभगत की गयी परन्तु कृतवीर्य ने जमदग्नि से उसकी कामधेनु गाय छीन ली और उसके आश्रम को नष्ट-भ्रष्ट कर दिया। उस समय से हैहय-राजाओं और परशुराम का संघर्ष आरम्भ हुआ। परशुराम ने कृतवीर्य (उसे सहस्त्रार्जुन भी पुकारा गया है) का वध कर दिया। परन्तु जमदग्नि ने अपने पुत्र परशुराम के कार्य की भर्त्सना की और उसे उसके पाप का प्रायश्चित करने के लिए तीर्थयात्रा पर भेज दिया। उसके पीछे से कृतवीर्य के पुत्रों ने जमदग्नि को पूजा करते हुए ध्यानमग्नावस्था में कत्ल कर दिया। इस घटना से कुपित होकर परशुराम ने सम्पूर्ण क्षत्री-जाति को अपना शत्रु मान लिया और उसे समूल नष्ट करने का निश्चय किया। उनके बारे में कहा गया है कि उन्होंने इक्कीस बार पृथ्वी को क्षत्रियों से विहीन कर दिया। उनका मुख्य शस्त्र 'परशु' था जिसके कारण वह परशुराम के नाम से विख्यात हुए। सम्भवतया उन्होंने हैहयों से इक्कीस बार युद्ध किये और उनकी शक्ति को प्राय: नष्ट कर दिया। परशुराम के जंगलों में चले जाने के पश्चात् हैहय-वंश ने एक बार फिर अपनी शक्ति का विस्तार किया। परन्तु वे उसे स्थिर न रख सके।

इसी समय में अयोध्या का राजा हरिश्चन्द्र हुआ जिसके तप और दान की परीक्षा विश्वामित्र ने ली। उसी वंश की छठी पीढ़ी में बाहु हुआ जिसे हैहय-आक्रमणों के कारण जंगलों में शरण लेनी पड़ी और वहीं उसके प्रख्यात पुत्र सगर का जन्म हुआ। सगर सूर्यवंशी राजाओं में प्रख्यात हुआ जिसने पैतृक राज्य को ही पुन: प्राप्त नहीं किया अपितु उत्तर-भारत में अपने समय का सबसे बड़ा साम्राज्य भी स्थापित किया।

6. श्रीरामचन्द्र-काल [2350-1950 ई०पू० (B.C.)]—राजा सगर के पश्चात् अयोध्या का राज्य दुर्बल हो गया। परन्तु राया भगीरथ के समय में उनका पुन: उत्थान हुआ। राजा भगीरथ के बारे में यह विवरण प्राप्त होता है कि वह गंगा को पृथ्वी पर

लाया था। सम्भवत: वह शिव और गंगा का पुजारी था। इस वंश में राजा दिलीप द्वितीय हुआ जिसका महान् पुत्र रघु हुआ जिसके नाम पर इस वंश के सूर्यवंशी शासक 'रघुवंशी' कहलाने लगे। रघु का पुत्र अज हुआ और अज का पुत्र दशरथ हुआ जो एक महान् सम्राट था। इसी दशरथ के पुत्र श्रीरामचन्द्र हुए जिनकी गौरव-गाथा को लेकर रामायण की रचना हुई। श्रीरामचन्द्र विष्णु के अवतार माने गये। श्रीरामचन्द्र के पश्चात् उनका पुत्र कुश अयोध्या का राजा बना और उनके दूसरे पुत्र लव को कोसल का राज्य मिला। परन्तु उनके राज्य शीघ्र समाप्त हो गये।

इसी युग में चन्द्रवंशी शासकों में दुष्यन्त एक महान् शासक हुआ। दुष्यन्त ने विश्वामित्र की पुत्री शकुन्तला से विवाह किया जिससे भरत उत्पन्न हुआ। भरत एक महान् सम्राट हुआ और उसके नाम से इस देश का नाम 'भारत' पड़ा।

7. श्रीकृष्ण-युग [1950–1400 ई०पू० (B.C.)]—श्रीकृष्ण के राज्यभिषेक के समय से द्वापर-युग का प्रारम्भ माना गया जो महाभारत के युद्ध से समाप्त हुआ। इस युग में पांचाल, कौरव और यादव-वंश प्रमुख थे।

पांचालों में सुदास एक महान् सम्राट हुआ। उसके उत्तराधिकारी अत्यन्त दुर्बल हुए, और अन्त में भीष्म की सहायता से द्रुपद पांचाल का सम्राट बन सका। उसका झगड़ा द्रोणाचार्य से हुआ जिसने अपने शिष्य कुरू और पाण्डु-पुत्रों की सहायता से उस पर आक्रमण करके उससे उत्तर-पांचाल को छीन लिया। द्रुपद ने द्रोणाचार्य से बदला लेने हेतु एक यज्ञ का आयोजन किया जिसके फलस्वरूप धृष्टद्युम्न उत्पन्न हुआ। द्रुपद की पुत्री द्रौपदी को पाण्डु-पुत्र अर्जुन ने स्वयंवर में वरण किया और वह पाँचों पाण्डव भाइयों की पत्नी बनी।

कौरवों का उत्थान कुरू से समय में हुआ जो अपने वंश का महान् सम्राट हुआ। उसी के नाम पर उसके वंशज बाद में कौरव अथवा कुरूवंशीय कहलाये। परन्तु कुरू के पश्चात् यह वंश दुर्बल हो गया। अन्त में प्रदीप उसका शासक हुआ। प्रदीप के तीन पुत्र थे-देवापी, बाह्लीक और शान्तनु। देवापी कोढ़ी था तथा बाह्लीक ने शान्तनु के पक्ष में सिंहासन छोड़ दिया जिसके कारण प्रदीप के पश्चात् शान्तनु सिंहासन पर बैठा। शान्तनु ने गंगा से विवाह किया जिससे भीष्म का जन्म हुआ। परन्तु जब शान्तनु ने एक मछेरे की कन्या सत्यवती से विवाह किया तो भीष्म ने स्वेचछा से पिता के सिंहासन से अपने अधिकार को त्याग दिया। सत्यवती से शान्तनु के चित्रांगद और विचित्रवीर्य नामक दो पुत्र हुए। चित्रागंद गन्धर्वों से युद्ध करता हुआ पिता के समय में ही मारा गया। इस कारण शान्तनु का उत्तराधिकारी विचित्रवीर्य हुआ। परन्तु विचित्रवीर्य की शीघ्र मृत्यु हो गयी। उसके कोई सन्तान न थी अतएव व्याम ऋषि के द्वारा उसकी रानियों से नियोग किये जाने पर धृतराष्ट्र और पाण्डु का जन्म हुआ। धृतराष्ट्र जन्मान्ध था। परिणामस्वरूप

पाण्डु सिंहासन पर बैठा। धृतराष्ट्र का विवाह गान्धारी से हुआ जिससे उसके 100 पुत्र हुए जिनमें दुर्योधन सबसे बड़ा था। पाण्डु एक ऋषि के श्राप से त्रस्त होने के कारण जंगल में चला गया जहाँ उसकी पत्नी कुन्ती ने यम, वायु और इन्द्र से नियोग करके क्रमशः युधिष्ठिर, भीम और अर्जुन को जन्म दिया तथा उसकी दूसरी पत्नी माद्री ने अश्विनी कुमारों से नियोग करके नकुल और सहदेव को जन्म दिया। कुन्ती ने अपने विवाह से पूर्व सूर्य से नियोग करके कर्ण को जन्म दिया था परन्तु समाज के भय से उसे नदी में बहा दिया था और उसका लालन-पालन एक 'सूत' (रथवान) के यहाँ हुआ। धृतराष्ट्र के पुत्र कौरव और पाण्डु के पाँच पुत्र पाण्डव कहलाये। पाण्डु की मृत्यु जंगल में ही हो गयी और माद्री उसके साथ सती हो गयी। उसके पश्चात् कुन्ती कौरवों की राजधानी हस्तिनापुर गयी और उसने अपने बच्चों का सिंहासन पर दावा किया। बाद में कौरवों और पाण्डवों के जवान होने पर राज्य के अधिकार और पारस्परिक शत्रुता को लेकर महाभारत का युद्ध हुआ।

इस काल में जरासन्ध के अधीन मगध का राज्य बहुत शक्तिशाली बना। मथुरा का राजा कंस जरासन्ध का दामाद था। कंस का वध श्रीकृष्ण ने किया जिसके कारण जरासन्ध ने निरन्तर मथुरा पर आक्रमण करने प्रारम्भ किये। इसी कारण श्रीकृष्ण के नेतृत्व में यादवों ने पश्चिमी समुद्र-तट पर जाकर द्वारिकापुरी को बसाया। जरासन्ध द्वन्द्व-युद्ध में पाण्डव-पुत्र भीम के हाथों मारा गया। उसके पुत्र सहदेव ने महाभारत के युद्ध में पाण्डवों का साथ दिया।

पश्चिम में यादवों का अत्यन्त विशाल साम्राज्य था। परन्तु बाद में वह छोटे–छोटे राज्यों में विभाजित हो गया। महाभारत-काल का एक प्रमुख यादव राजा कृतवर्मा था जिसने कौरवों का साथ दिया। कुन्ती यादव-वंश की थी जिसका विवाह पाण्डु से हुआ था। यादवों में ही मथुरा का राजा उग्रसेन था जिसका सबसे बड़ा पुत्र कंस था। कंस ने अपने पिता को कैद करके सिंहासन पर अधिकार कर लिया और अपने बहनोई तथा मन्त्री वसुदेव को भी कैद कर दिया। इसी वसुदेव की पत्नी देवकी से श्रीकृष्ण का जन्म हुआ। श्रीकृष्ण ने कंस का वध किया, द्वारिकापुरी बसायी, महाभारत के युद्ध में पाण्डवों का साथ दिया और विष्णु के अवतार माने गये। महाभारत के युद्ध के पश्चात् पारस्परिक संघर्ष में यादवों के नष्ट हो जाने के कारण श्रीकृष्ण जंगल में चले गये और वहीं ध्यानमग्नावस्था में एक शिकारी ने मृग के धोखे में तीर से उनकी वध कर दिया।

1400 ई०पू० (B.C.) के आसपास महाभारत का युद्ध हुआ जिसमें सभी कौरव मारे गये हस्तिनापुर का सिंहासन पाण्डवों को प्राप्त हुआ।

8. महाभारत के पश्चात्—युधिष्ठर और उसके भाईयों ने शीघ्र ही राज्य को त्याग दिया। वे हिमालय पर्वत पर चले गये तथा वहीं समाप्त हुए। उन्होंने अर्जुन के

प्रपौत्र परीक्षित (अर्जुन के पुत्र अभिमन्यु का पुत्र) को सिंहासन सौंपा था। परीक्षित के समय में कलियुग आरम्भ हुआ। परीक्षित एक योग्य शासक था। परन्तु एक ऋषि के श्राप के कारण सर्प द्वारा काटे जाने से उसकी मृत्यु हुई (सम्भवतः गान्धार प्रदेश के नाग-शासक तक्षक के आक्रमण में परीक्षित मारा गया)। परीक्षित का पुत्र जनमेजय हुआ जिसने नागों को बहुत हानि पहुँचाई (पुराणों में कहा गया है कि उसने सभी सर्पों को मारने के लिए यज्ञ किया था)। तरन्तु उसके पिता का हत्यारा तक्षक (नाग-राजा) जीवित बच गया। तब भी जनमेजय ने उत्तर-पश्चिम तक्षशिला तक अपना अधिकार कर लिया। जनमेजय के पश्चात् इस वंश के अनेक शासक हुए। निक्षासु के समय में अकाल, बाढ़ अथवा उत्तर-पश्चिम की ओर से होने वाले आक्रमणों के कारण इस वंश को इलाहाबाद के निकट कौशाम्बी को अपनी राजधानी बनाना पड़ा। हस्तिनापुर इस अवसर तक नष्ट हो चुका था। इसी वंश का शासक उदयन था, जो महात्मा बुद्ध, अवन्ती के प्रद्योत और मगध के अजातशत्रु का समकालीन था। उस समय में उसका वंश वत्स-वंश कहलाया।

कोसल के इक्ष्वाकु-शासकों की पहली राजधानी अयोध्या और उसके पश्चात् साकेत रही। अन्त में, उन्होंने श्रीवस्ती को अपनी राजधानी बनाया। पुराणों के अनुसार महाभारत-काल से लेकर बाद के समय तक इस वंश के 31 शासक हुए। इसी वंश का शासक महाकौशल था जिसका पुत्र प्रसेनजित महात्मा बुद्ध का समकालीन था और जिसकी पुत्री का विवाह मगध के शासक बिम्बसार से हुआ।

महाभारत के समय मगध का शासक जरासन्ध का पुत्र सहदेव था जो युद्ध में मारा गया। पुराणों के अनुसार, इसके पश्चात् इस वंश के इक्कीस शासक, उसके पश्चात् प्रद्योत-वंश के पाँच शासक और अन्त में शिशुनाग-वंश के शासक हुए जिनमें से एक बिम्बसार था। परन्तु बौद्ध-ग्रन्थों के आधार पर सहदेव के वंशज ही मगध में उस समय तक शासन करते रहे जब तक कि बिम्बसार ने उनसे उनका राज्य छीन नहीं लिया। बिम्बसार और अजातशत्रु महात्मा बुद्ध के समकालीन थे जिन्होंने ई०पू० छठी शताब्दी में मगध राज्य की श्रेष्ठता को स्थापित किया।

डॉ० पुसालकर का पौराणिक इतिहास का उपयुक्त वर्णन कहीं-कहीं पर वेदों से प्राप्त घटनाओं से भिन्न हो जाता है और इसे स्वीकार भी करते हैं। इसी प्रकार का कार्य डॉ० एस० एन० प्रधान ने भी किया है। उन्होंने राजा दिवोदास के समय से लेकर महाभारत-काल तक के राजा और उनके वंशों की वंशावली को अपने ग्रन्थ '*प्राचीन भारत का कालक्रम*' में निर्धारित किया है। पुराणों के अतिरिक्त बौद्ध और जैन-ग्रन्थों के आधार पर उन्होंने 547 (B.C.) को बिम्बसार के राज्याभिषेक की तिथि बताया है। डॉ० हेमचन्द्र रायचौधरी ने भी अपने ग्रन्थ 'प्राचीन भारत का *राजनीतिक इतिहास*' में इस कार्य को किया है। वह पौराणिक तिथियों और वंशावलियों के सम्बन्ध में गम्भीर सन्देह प्रकट करते हैं। प्रथम भाग में उन्होंने राजा परीक्षित के समय में बिम्बसार तक

की तिथियों का उल्लेख किया और बिम्बसार के राज्याभिषेक की तिथि 545–544 (B.C.) निश्चित की है। अपनी पुस्तक के दूसरे भाग में वह अपनी तिथियों को बिम्बसार के समय से लेकर गुप्त-वंश के पतन तक पूर्ण करते हैं। डॉ० गिरिन्द्र शेखर बोस ने बंगला-भाषा में रचित अपने ग्रन्थ '*पुराणों की भूमिका*' में विभिन्न राजवंशों और राजाओं की तिथियों तथा वंशावलियों को पूर्णतया क्रमानुसार निश्चित कर दिया है। उनके अनुसार विभिन्न तिथियों में किसी भ्रम की गुंजाइश नहीं है। वह महाभारत के युद्ध की तिथि 1416 ई०पू० (B.C.) निश्चित करते हैं। डॉ० पी० एल० भार्गव ने अपने ग्रन्थ '*वैदिककालीन भारत*' में आर्यों के भारत में प्रवेश करने के समय से लेकर नन्द-वंश के समय तक की तिथियों को क्रमानुसार निश्चित किया है। उनके अनुसार राजा परीक्षित 1380 ई०पू० (B.C.) में, महापद्मनन्द 1000 ई०पू० (B.C.) में और चन्द्रगुप्त मौर्य 320 ई०पू० (B.C.) में सिंहासन पर बैठा। डॉ. भार्गव ने पुराणों और वेदों में प्राप्त साधनों के पारस्परिक विरोधों को समाप्त करने में सफलता प्राप्त की है।

इस प्रकार, विभिन्न भारतीय विद्वानों ने पौराणिक इतिहास का विवरण प्रस्तुत किया है और आदि-काल अथवा वैदिक-काल से लेकर ई०पू० छठी शताब्दी तथा उसके आगे के भारतीय इतिहास की तिथियों और वंशावलियों को निश्चित करने का प्रयत्न किया है। यह माना जाता है कि पुराणों पर आधारित ये सभी तथ्य पूर्णतया विश्वसनीय नहीं हैं तथा उनकी तिथियाँ और वंशावलियाँ भी पूर्णयता स्वीकृत नहीं मानी जा सकतीं। परन्तु तब भी इस विभिन्न विद्वानों के प्रयत्नों से बहुत-सी भ्रमपूर्ण धारणाओं को समाप्त करने में सफलता प्राप्त हुई है। इन्होंने यह भी सिद्ध कर दिया है कि पौराणिक गाथाएँ कल्पना मात्र नहीं हैं वरन् उन सभी का बहुत कुछ ऐतिहासिक महत्व है। इन विद्वानों ने कम या अधिक मात्रा में प्राचीन भारतीय इतिहास को क्रमबद्ध करने में भी सफलता प्राप्त की है।

3. वैदिक-साहित्य

आर्यों का ज्ञान वैदिक-साहित्य में निहित है जो बहुत विस्तृत और मूल्यावान माना गया है। इस सम्पूर्ण साहित्य को विद्वानों ने दो भागों में बाँटा है। एक श्रुति-साहित्य है जिसके विषय में उनका कहना है कि इसे ईश्वर ने कुछ ऋषियों को ज्ञान के रूप में स्वंय प्रदान किया है और उसके पश्चात् इसे एक ऋषि ने दूसरे ऋषि को मौखिक रूप से प्रदान किया तथा यह ईश्वरीय ज्ञान मौखिक रूप से ही सदियों तक एक दूसरे को दिया जाता रहा। श्रुति-साहित्य में चार वेद, ब्राह्मण-ग्रन्थ, उपनिषद्-ग्रन्थ और अरण्यक-ग्रन्थों को सम्मिलित किया गया है। साहित्य के दूसरे भाग को स्मृति-साहित्य पुकारा गया है। इसके विषय में कहा गया है कि वह मनुष्य द्वारा रचित है। इस साहित्य में वेदांग, धर्मशास्त्र और सूत्र-ग्रन्थों को सम्मिलित किया गया है। निस्सन्देह, श्रुति-साहित्य को स्मृति-साहित्य की तुलना में अधिक पवित्र और श्रेष्ठ माना गया है।

श्रुति-साहित्य में चार वेद हैं जिन्हें संहिताएँ भी पुकारा गया है। इनकी रचना का काल 1000 से 600 ई०पू० का माना गया है। इनमें सबसे प्राचीन ग्रन्थ ऋग्वेद है जिसकी रचना प्राय: 1000 ई०पू० या उससे भी पहले हुई। ऋग्वेद 10 मण्डलों में विभाजित है और उसमें विभिन्न देवताओं के लिए की गयी 1017 स्तुतियाँ हैं। इसी में प्रसिद्ध गायत्री मन्त्र भी दिया गया है। सामवेद में भी इसी प्रकार विभिन्न मन्त्र या स्तुतियाँ हैं। इसमें अधिकांश मन्त्र ऋग्वेद से ही लिये गये हैं और उनकी उच्चारण विशेष प्रकार के यज्ञ के अवसर पर ही किया जाता है। यजुर्वेद में वे मन्त्र हैं जो यज्ञ में बलि दिये जाने के अवसर पर बोले जाते हैं। इसमें यह भी बताया गया है कि यज्ञ और बलि के अवसर पर ब्राह्मण या यज्ञ करने वाले को क्या क्रियाएँ करनी होती हैं। अथर्ववेद में अधिकांशतया वे मन्त्र हैं जो तन्त्र या जादू-टोना से सम्बन्धित हैं। उसके मन्त्रों को भारतीय विज्ञान का भी आधार माना जाता है।

ब्राहाण–ग्रन्थों में वेदों की टीकाएँ हैं। इनमें वेदों के विभिन्न मन्त्रों की उपयोगिता और उनके अर्थ को समझाया गया है, जैसे—शतपथ-ब्राह्मण यजुर्वेद की टीका है और गोपथ-ब्राह्मण में अथर्ववेद के मन्त्रों को समझाया गया है। वेदों की टीकाओं के अतिरिक्त ब्राह्मण-ग्रन्थों में कुछ अन्य विषयों का वर्णन किया गया है, जैसे—ऐतरेय–ब्राह्मण में एक आर्य राजा के राज्यभिषेक की विधि का भी वर्णन किया गया है।

अरण्यक-ग्रन्थों को 'जंगल के ग्रन्थ' अर्थात् वे ग्रन्थ जिनका अध्ययन जंगलों में रहकर ही किया जाना चाहिए, पुकारा गया है। ये दर्शन के ग्रन्थ हैं और एक प्रकार से ब्राहाण-ग्रन्थों के दर्शन की पूर्ति करते हैं।

उपनिषद्-ग्रन्थों को 'वेदान्त' भी पुकारा गया है। ये ग्रन्थ भी दर्शन के ग्रन्थ हैं। ये भी एक प्रकार से ब्राहाण-ग्रन्थों की पूर्ति करते हैं। इनमें प्रकृति, आत्मा, परमात्मा, कर्म, माया, मुक्ति आदि आर्यों के विभिन्न दार्शनिक विचारों का वर्णन किया गया है।

उपर्युक्त वैदिक-साहित्य के अतिरिक्त कुछ विभिन्न प्राचीन ग्रन्थों को भी वैदिक-साहित्य में स्थान प्रदान किया गया है। उसमें वेदांग सम्मिलित हैं जिनकी संख्या छह है। वे हैं—शिक्षा, कल्प, व्याकरण, निरूक्त, छन्द और ज्योतिष। सूत्र-ग्रन्थ और स्मृति-ग्रन्थ भी ऐसे ही ग्रन्थ हैं। सूत्र-ग्रन्थों में धर्म-सूत्र, गृह-सूत्र आदि मुख्य हैं तथा स्मृति-ग्रन्थों में मनु-स्मृति, नारद-स्मृति, याज्ञवल्क्य-स्मृति, बृहस्पति-स्मृति आदि हैं। इनके अतिरिक्त वैदिक-साहित्य का अध्ययन हिन्दुओं के दर्शन-शास्त्रों के अध्ययन के बिना पूर्ण नहीं माना जा सकता। हिन्दू दर्शन-शास्त्रों को छह भागों में बाँटा गया है—कपिल का सांख्य-दर्शन, पतंजलि का योग-दर्शन, गौतम का न्याय-दर्शन, कनद का वैशेषिक-दर्शन, जैमिनी का पूर्व-मीमांसा तथा व्यास का उत्तर-मीमांसा।

उपर्युक्त वैदिक या उससे सम्बन्धित साहित्य, जो आधुनिक समय में हिन्दू धर्म-ग्रन्थों में स्थान रखता है, बहुत प्राचीन तथा उपयोगी है। जीवन के प्राय: सभी क्षेत्रों का

अध्ययन इन ग्रन्थों में किया गया है। सम्भवतया इसी कारण हिन्दू यह दावा करते हैं कि उनके धार्मिक ग्रन्थों में सभी प्रकार का ज्ञान उपलब्ध है। ज्ञान के अतिरिक्त भारतीय इतिहास को जानने में भी इन ग्रन्थों से कुछ सहायता मिलती है।

4. पूर्व-वैदिक अथवा ऋग्वैदिक सभ्यता (1500-1000 ई०पू०)

पूर्व-वैदिक सभ्यता का ज्ञान मूलतया हमें आर्यों के प्राचीनतम ग्रन्थ ऋग्वेद से होता है यद्यपि पुरातात्विक ज्ञान भी बहुत सीमित मात्रा में इसमें सहायक हुआ है। इसी कारण इसे ऋग्वैदिक सभ्यता कहकर पुकारा गया है। ऋग्वेद 10 मण्डल अथवा 4 पुस्तकों में विभाजित है और इसमें 1017 स्तुतियाँ हैं जो विभिन्न देवताओं से की गयी हैं। प्रो० मैक्समूलर ने ऋग्वेद की रचना 1200-1000 ई०पू० के समय में बतायी, ज्योतिष-गणना के आधार पर बाल गंगाधर तिलक ने इसका 6000 ई०पू० और जर्मन विद्वान जैकोबी ने इसका समय 2500 ई०पू० निश्चित किया। विद्वान विन्टरनिस ने इसका समय 2500-800 ई०पू० निश्चित किया। इस कारण इसकी रचना का समय निश्चित नहीं हैं। परन्तु अधिकांश विद्वान इसके समय को कम से कम 1000 ई०पू० का स्वीकार करते हैं। ऋग्वेद से हमें आर्यों के तत्कालीन भौगोलिक विस्तार विभिन्न जनों और उनकी राजनीतिक, सामाजिक, आर्थिक एवं धार्मिक व्यवस्था आदि के बारे में ज्ञान प्राप्त होता है।

1. भौगोलिक विस्तार

ऋग्वेद में 'सप्तसिन्धुव' शब्द के प्रयोग को निश्चित भू-क्षेत्र के लिए प्रयोग किया हुआ माना गया है। यद्यपि ऋग्वेद में 25 नदियों के नाम हैं परन्तु यह सात नदियों—सिन्धु, वितत्सा (झेलम), अस्कनी (चेनाब), परूष्णी (रावी), विपाशा (व्यास), शुतुद्रि (सतलुज) और सरस्वती (जो लुप्त हो चुकी है)—के बीच का प्रदेश था। यमुना नदी का उल्लेख बहुत कम है और गंगा का उल्लेख केवल एक स्थान पर है। कुभां (काबुल), सुवास्तु (स्वात), क्रुम (कुर्रम) और गोमती (गोमल) आदि नामों का उल्लेख भी इसमें है। इस प्रकार के उल्लेखों से स्पष्ट होता है कि इस काल में आर्य अफगानिस्तान, उत्तर-पश्चिम सीमाप्रान्त,कश्मीर, पंजाब, सिन्ध और राजपूताना के कुछ भाग और पूर्व में सरयू नदी तक के भागों में फैल गये थे।

2. विभिन्न आर्य जनों और अनार्यों में युद्ध

इस समय में आर्य विभिन्न कबीलों अथवा जनों में विभाजित थे। ये विभिन्न 'जन आपस में लड़ते-झगड़ते थे और अनार्यों से भी उनके युद्ध होते थे। ऋग्वेद में 'दस राजाओं के युद्ध' का वर्णन है यद्यपि वस्तुत: इस युद्ध में तीस राजाओं ने भाग लिया था। भरत-वंश के शासक सुदास ने विश्वामित्र के स्थान पर वशिष्ठ को अपना पुरोहित बनाया और यही इस युद्ध का कारण बना। डॉ० डी०डी० कौसाम्बी के अनुसार युद्ध का कारण दस राजाओं के समूह के द्वारा पुरुष्णी (वर्तमान रावी नदी) नदी के जल प्रवाह को बदलने का प्रयत्न था। विश्वामित्र ने पुरू वंश के नेतृत्व में दस राजाओं का एक संघ

बनाया। आर्यों में से अनुस, द्रुद, यदु और तुर्वसु वंशों ने पुरू-वंश का साथ दिया। उनके साथ अन्य अनार्य शासक भी थे। अलिन, पक्थ, भलान, शिव और विशाणित्र वंशों ने भरत-वंश का साथ दिया। रावी-तट पर हुए इन दो विरोधी दलों के युद्ध में सुदास की विजय हुई। सुदास का एक महत्वपूर्ण युद्ध पूर्व के अनार्यों से भी हुआ जिसमें उसने राजा भेद के नेतृत्व में संगठित अजस, शिग्रु और यक्ष जातियों को यमुना-तट पर पराजित किया। यह युद्ध सिद्ध करते है कि इस काल में आर्यों के विभिन्न वर्गों में आपस में तथा आर्यों एवं अनार्यों में युद्ध चलते रहे थे।

आर्यों के मुख्य शत्रु भारत के प्राचीन निवासी अनार्य थे। उनमें मुख्यतया द्रविड़ थे परन्तु आग्नेय तथा अन्य जातियाँ भी उसमें सम्मिलित थीं। आर्य उन्हें दस्यु, दास, असुर, राक्षस आदि नामों से पुकारते थे। ऋग्वेद में उन सभी को विभिन्न अन्य नामों के भी पुकारा गया है। वे सभी आर्यों तथा उनके देवताओं के शत्रु माने जाते थे। उन अनार्यों से आर्यों का भीषण संघर्ष हुआ। ऋग्वेद में उनके दुर्गों और पुरों को नष्ट करने के लिए निरन्तर देवताओं की स्तुतियाँ की गयी हैं। इन्द्र को पुख्यतया उनके पुरों और दुर्गों को नष्ट करने वाला पुकारा गया है। अन्त नें, इस संघर्ष में आर्यों की विजय हुई। रथ और उनमें घोड़ों की प्रयोग तथा तीक्ष्ण धार वाले हथियार आर्यों की विजय के मुख्य कारण थे। बहुत से अनार्य दास बना लिये गये, बहुत से दक्षिण-भारत चले गये और बहुत से पहाड़ों अथवा जंगलों में चले गये।

3. राजनीतिक संगठन

उस समय तक राज्य को राष्ट्र पुकारा जाता था जिसका प्रधान राजा होता था। जिस राजा के अधीन कई राज्य होते थे उसे सम्राट कहा जाता था। राष्ट्र जनों में विभाजित होता था। प्रत्येक जन का प्रधान रक्षक अथवा गोप कहलाता था। जन विशों में विभाजित होता था जो जिलों की भाँति थे। विश का प्रधान विशपति कहलाता था। विश ग्रामों (गाँवों) में बँटा होता था और गाँव के प्रधान को ग्रामणी कहते थे। गाँवों में विभिन्न कुल (परिवार) रहते थे और कुल के प्रधान को कुलप, कुलपति अथवा गृहपति कहते थे।

(*i*) **राजा अथवा सम्राट**—राजा के पद की उत्पत्ति किस प्रकार हुई, इस विषय में निश्चित रूप से नहीं कहा जा सकता। डॉ० नारायणचन्द्र बन्दोपाध्याय के अनुसार इसका कारण युद्ध की आवश्यकताएँ थीं, डॉ० बेनीप्रसाद के अनुसार ईश्वर द्वारा राजा की उत्पत्ति किये जाने के पश्चात् युद्ध की आवश्यकतों ने उसे दृढ़ कर दिया, डॉ० के० पी० जायसवाल के अनुसार आर्यों ने इसे द्रविड़ों से ग्रहण किया और डॉ० वी० एम० आप्टे के अनुसार यह आर्यों की पैतृक प्रणाली का परिणाम था। परन्तु युद्ध में सफल नेतृत्व और सैनिक संगठन की एकता को स्थापित रखने की आवश्यकता के कारण

राजा का पद बहुत पहले ही बन गया था, यह विचार अधिक मान्य है।[3] विभिन्न विवरणों से प्रतीत होता है कि राजा की उत्पत्ति युद्ध में सफलता प्राप्त करने की आवश्यकता से हुई। देवताओं और राक्षसों के युद्ध में जब देवताओं की पराजय होने लगी तब उन्होंने एकत्रित होकर एक राजा चुना जिसने युद्ध का नेतृत्व किया और सफलता प्राप्त की।

राजा अपने राज्य और कबीले का प्रधान होता था और जिस राजा के अधीन कई राज्य होते थे उसे सम्राट कहा जाता था। यद्यपि उस काल में किसी के द्वारा भी सम्राट-पद प्राप्त किया गया हो यह असम्भव है क्योंकि उस काल में राजा भी कबीले के प्रधान से श्रेष्ठ स्तर के नहीं थे। राजा का अधिकार पैतृक होता था, परन्तु कहीं-कहीं राजा के चुनाव अथवा अत्याचारी राजा को हटाये जाने के उदाहरण भी प्राप्त होते हैं। राजा के अधिकारों पर कोई कानूनी अंकुश न था परन्तु व्यावहारिकता में उसके अधिकार उसके स्वयं के कर्तव्यों (राज्यधर्म), उसके बड़े अधिकारियों और जन-समितियों के प्रभाव के कारण सीमित होते थे। राजा के प्रमुख कर्तव्य अपनी प्रजा के जीवन, सम्मान और सम्पत्ति की सुरक्षा करना, उसके लिए युद्ध करना, राज्य-विस्तार करना, न्याय करना, अपराधियों को दण्ड देना आदि थे। प्रजा राजा की आज्ञाओं का पालन करती थी और उसे कर (बलि) देती थी। परन्तु राजा भूमि का स्वामी न था। भूमि सम्पूर्ण कबीले की संयुक्त सम्पत्ति थी। उस समय अधिकांश राज्य छोटे थे, परन्तु तब भी राजा बहुत शान और सुख से रहते थे। उनका राज्यभिषेक किया जाता था, उनके बड़े-बड़े निवास-स्थान अथवा महल होते थे तथा वे सुन्दर और कीमती वस्त्र एवं आभूषण धारण करते थे।

(ii) **गणतन्त्र और कुलीनतन्त्र**—कहीं-कहीं ऐसे राज्य भी थे जिन्हें गणराज्य पुकारा जा सकता है। ऐसे राज्यों में जनता शासन करने वालों को स्वयं चुनती थी। ये शासक 'गणपति' अथवा 'ज्येष्ठ' कहलाते थे। कुछेक राज्य ऐसे भी थे जहाँ कुछ व्यक्ति मिलकर शासन करते थे जिन्हें कुलीनतन्त्र पुकारा जा सकता है। परन्तु गणतन्त्रों एवं कुलीनतंत्रों की संख्या बहुत कम थी।

(iii) **प्रमुख शासन-अधिकारी**—पुरोहित, सेनानी और ग्रामणी राजा के अधिकारी थे। पुरोहित राजा का परामर्शदाता, धार्मिक कार्य करने वाला तथा अन्य सभी कार्यों में मुख्य सहायक था। उसका बहुत सम्मान था। वशिष्ठ और विश्वामित्र सदृश पुरोहितों के उदाहरण इस पद के सम्मान और प्रभाव को प्रकट करते हैं। सेनानी सेना का प्रधान होता था। उसका कार्य सैनिक-संगठन की देखभाल करना और राजा की अनुपस्थिति में सेना का सेनापतित्व करना था। ग्रामणी गाँव में राजा का प्रमुख सैनिक व असैनिक अधिकारी था। राजा दूत और गुप्तचर रखते थे।

---

3. U.N. Ghoshal : *Studies in Indian History and Culture.*

(*iv*) **न्याय और दण्ड-व्यवस्था**—कानूनों में कोई विधिवत् व्यवस्था न थी। परम्परागत रिवाजों को ही कानून का संज्ञा दी जाती थी और उन्हीं के आधार पर न्याय किया जाता था। न्याय करना राजा का प्रमुख कर्तव्य माना जाता था। पंचों के द्वारा भी निर्णय किये जाते थे। चोरी, डकैती, पशु चुराना आदि अपराध माने जाते थे। कहीं-कहीं बन्दीगृहों का भी उल्लेख मिलता है अन्यथा अपराधियों को सूली से बांध दिया जाता था, अपमानित किया जाता था अथवा जुर्माना देने के लिए बाध्य किया जाता था। हत्या करने वाले को उसका मूल्य चुकाना होता था अथवा मरना होता था।

(*v*) **सैन्य-संगठन**—साधारण सैनिक पैदल होते थे परन्तु अधिकारी रथों में बैठकर युद्ध करते थे। रथों में दो, तीन या चार घोड़े जोते जाते थे। तीर-कमान, तलवार और भाला उनके मुख्य शस्त्र थे। वे कवच और ताँबे की टोपी भी पहनते थे। वे किलों को नष्ट करने हेतु एक गतिशील मशीन का प्रयोग करते थे।

(*vi*) **सभा और समिति**—इस काल की शासन व्यवस्था में 'सभा' और 'समिति' का एक महत्वपूण स्थान था। ये संस्थाएँ शासन का लोकतन्त्रीय भाग थीं। परन्तु उनकी उत्पत्ति, संगठन और कार्यों के बारे में विद्वानों में मतभेद है। डॉ० एन० सी० बन्दोपाध्याय ने समिति को सम्पूर्ण 'जन' की सभा और 'सभा' को कुछ विशिष्ट सम्मानित व्यक्तियों की परिषद् बताया है। डॉ० के०पी० जायसवाल ने 'समिति' को गाँव की प्रतिनिधि सभा और 'सभा' को समिति की देखरेख में कार्य करने वाली कुछ चुने हुए व्यक्तियों की केन्द्रीय परिषद् बताया है। डॉ० अल्तेकर ने 'समिति' को केन्द्रीय सरकार की राजनीतिक परिषद् और 'सभा' को गाँव की सभा माना है। डॉ० वी०एम० आप्टे ने 'समिति' को एक बड़े आकार की जन-सभा पुकारा है तथा 'सभा' को एक छोटी और कम महत्व की परिषद् माना है।

परन्तु विद्वानों का बहुमत इस पक्ष में है कि 'समिति' आर्यों की जन-सभा और एक विशाल आकार की सभा थी जबकि 'सभा' राजा की सहायता के लिए एक छोटी परिषद् थी।[4] इसी प्रकार, यह कहना उपयुक्त नहीं है कि राजा प्रत्येक अवसर पर उनकी सलाह लेता था और राज्य से सम्बन्धित सभी महत्वपूर्ण निर्णय उसके द्वारा लिये जाते थे। यह कहना अधिक उपयुक्त है कि समय-समय पर उनकी सलाह ली जाती थी और राजा उनकी बैठकों में उपस्थित होता था। इस प्रकार साधारण स्थिति में ये राज्य के कार्यों में अधिक हस्तक्षेप नहीं करती थीं परन्तु महत्वपूर्ण अवसरों पर उनका हस्तक्षेप अवश्य प्रभावपूर्ण होता था, इसमें सन्देह नहीं किया जा सकता।

---

4. Dr. U.N. Ghoshal : "Vedic Political Institutions", *Studies in Indian History and Culture*.

4. सामाजिक जीवन

ऋग्वेद से स्पष्ट होता है कि आर्यों का जीवन बहुत व्यवस्थित था। डॉ० स्मिथ ने लिखा है: ''ऋग्वेद अस्थायी रूप से निवास करने वाले एक जन-समूह, व्यवस्थित समाज और पूर्ण विकसित संस्कृति की ओर संकेत करता है।''[5]

(*i*) **परिवार**—आर्यों के सामाजिक जीवन की सबसे महत्वपूर्ण इकाई परिवार था। माता-पिता, भाई-बहन, पुत्र-पुत्री सभी सम्मिलित रूप से रहते थे। परिवार में पिता की प्रधानता थी और पिता के पश्चात् सबसे बड़ा पुत्र परिवार का प्रधान होता था। इस प्रकार, आर्यों में प्रारम्भ से ही संयुक्त परिवार-व्यवस्था और पितृ-प्रधान प्रणाली प्रचलित थी। परिवार में पिता के पश्चात् माता का स्थान था जो पति के जीवित रहते परिवार में पूर्ण प्रभावशाली होती थी। पुत्र का जन्म शुभ माना जाता था। गोद लेने की प्रथा थी, परन्तु उसे बहुत अच्छा नहीं माना जाता था।

(*ii*) **विवाह-रीति और स्त्रियों की स्थिति**—विवाह का मुख्य उद्देश्य सन्तानोत्पत्ति माना जाता था। इस कारण विवाह एक पवित्र बन्धन था। साधारणतया एकपत्नी-प्रथा प्रचलित थी, परन्तु बहुपत्नी-प्रथा पर कोई रोक न थी। राजवंश के एक व्यक्ति एक से अधिक विवाह कर लेते थे। परिवार में पत्नी का सम्मान था। वह पति की अर्धांगिनी कहलाती थी और सभी सामाजिक एवं धार्मिक कार्यों में हिस्सा लेती थी। बाल-विवाह नहीं होते थे और स्त्रियाँ स्वेच्छा से विवाह करती थीं। सम्भवतया दस्यु अथवा अनार्यों से विवाह वर्जित था। उसी प्रकार, भाई-बहन और पिता-पुत्री का विवाह निषिद्ध था। इसके अतिरिक्त विवाह-सम्बन्धों पर कोई अन्य रुकावट न थी। विधवा-विवाह हो सकता था या नहीं, इस विषय में स्पष्ट नहीं किया गया है परन्तु पुत्रहीन को अपने पति के भाई से पुत्र उत्पन्न करने अथवा नियोग (अस्थायी विवाह) के द्वारा पुत्र उत्पन्न करने का अधिकार था। सती-प्रथा के उदाहरण बहुत कम और केवल राजवंशों में प्राप्त होते हैं। यह प्रथा सार्वजनिक रूप से मान्य न थी। स्त्री अथवा पुरुष में शारीरिक दृष्टि से कोई दोष होने पर ही दहेज दिया जाता था अन्यथा यह प्रथा प्रचलित न थी। पर्दा-प्रथा न थी। स्त्रियाँ सार्वजनिक उत्सवों में भाग लेती थीं और धार्मिक एवं सामाजिक कार्य करती थीं। ऋग्वैदिक-समाज में सती-प्रथा नहीं थी। स्त्रियाँ शिक्षा प्राप्त करती थीं। विश्वतारा, अपाला और घोषा नामक स्त्रियाँ इस युग की महान् विदुषी स्त्रियाँ थीं जिन्होंने ऋषि का पद प्राप्त किया था। स्त्रियों और पुरुषों के मिलने-जुलने पर कोई बन्धन न था। स्त्रियाँ युद्ध-क्षेत्र तक में जाती थीं। आर०सी० दत्त ने लिखा है: ''प्राचीन

---

5. "Rigveda points to the settled people, an organized society and full grown civilization."—*Smith.*

इतिहास के निष्पक्ष विद्यार्थी यह मानेंगे कि प्राचीन हिन्दुओं में स्त्री का स्थान प्राचीन यूनानियों और रोमनों की तुलना में श्रेष्ठ था।''[6]

परन्तु स्त्रियों को पुरुषों के बराबर अधिकार न थे। वे कानून के सम्मुख समान न थीं। वे पति अथवा पिता की सम्पत्ति की अधिकारी न थीं। अविवाहित जीवन में उन्हें पिता अथवा भाई के संरक्षण में रहना पड़ता था और विवाह के पश्चात् पति की संरक्षता में। स्त्री के अधिकार एक पुत्री, एक बहन अथवा एक पत्नी के रूप में ही सम्मानित थे।

(iii) **वर्ण-व्यवस्था**—ऋग्वेद के दसवें मण्डल 'पुरुष-सूक्त' में प्रथम बार यह उल्लेख किया गया कि ईश्वर ने आदि-पुरुष के मुख से ब्राह्मण, भुजाओं से राजन्य (क्षत्री), जाँघों से विश् (वैश्य) और चरणों से शूद्र को जन्म दिया। इससे स्पष्ट है कि वर्ण अथवा जाति-व्यवस्था का स्वरूप ऋग्वेद के निर्माण के अन्तिम समय में बनना आरम्भ हुआ था। आरम्भ में समाज के दो भाग थे—द्विज (आर्य) और अद्विज (अनार्य)। परन्तु धीरे-धीरे वर्ण-व्यवस्था आरम्भ हुई। ब्राह्मणों और राजन्यों ने इसमें श्रेष्ठ स्थान प्राप्त कर लिया। जनसाधारण आर्य जो कृषि, पशुपालन अथवा अन्य व्यवसायों में लगे हुए थे, 'विश्' कहलाने लगे और अनार्यों को शूद्रों की श्रेणी में रखा गया। परन्तु इस काल में वर्ण-व्यवस्था कठोर न थी। व्यवसायों के आधार पर आर्यों में वर्ण-परिवर्तन सम्भव था। विवाह-सम्बन्धों और खान-पान में आर्यों में कोई बन्धन न था। केवल दस्यु, दास अथवा शूद्रों से, जो आर्य न थे, अन्तर किया जाता था। ऋग्वेद में दान के लिए पुरुष-दान का उल्लेख बहुत कम मिलता है जबकि नारी दास-दान में स्वीकार की जाती थी, इसके विवरण बहुत हैं। इससे यह अनुमान होता है कि धनी वर्ग में घरेलू दास-प्रथा ऐश्वर्य के प्रतीक के रूप में वर्तमान थी। परन्तु आर्थिक उत्पादन में दास-प्रथा उस समय प्रचलित न थी अर्थात् कृषि-उत्पान या किसी भी अन्य वस्तु के उत्पादन के लिए मनुष्यों को दासों के रूप में नहीं रखा जाता था।

(iv) **भोजन, वस्त्र, मकान, आभूषण आदि**—आर्यों का मुख्य भोजन अन्न (जिसे वे 'यव' पुकारते थे और जो सम्भवतया जौ और गेहूँ को पीसकर बनाया जाता था), दूध और दूध से बनी हुई वस्तुएँ, जैसे घी, मट्ठा, मक्खन, दही आदि था। अन्न को पीसकर आटा बनाते थे और उसकी रोटियाँ, पुए आदि बनाते थे। सब्जियों और फलों का भी प्रयोग होता था। आर्य भेड़, बकरी आदि का माँस खाते थे। घोड़े का माँस केवल अश्व-बलि के अवसर पर खाया जाता था। एक-दो उदाहरण ऐसे भी प्राप्त होते

---

6. "Impartial students of ancient history will admit that woman held a more honoured place among the ancient Hindus than among the ancient Greeks and Romans."—*R.C. Dutt.*

है जहाँ गाय की बलि दिया जाना और उसका माँस खाना भी बताया गया है। परन्तु गाय की बलि अत्यन्त महत्त्वपूर्ण अवसरों पर दी जाती थी और वह भी उस गाय की जो बच्चा और दूध देना बन्द कर देती थी। अन्यथा गाय का वध करना और गाय का माँस खाना वर्जित था। डॉ० आर०एस० शर्मा के अनुसार ऋग्वैदिक आर्यों को चावल का ज्ञान नहीं था क्योंकि ऋग्वेद के मन्त्रों में चावल का उल्लेख नहीं है। सम्भवतया, ऋग्वेद की रचना के अन्तिम काल में ही आर्यों को चावल का ज्ञान हुआ था। पेय-पदार्थों में सुरा और सोम मुख्य थे। सुरा शराब थी परन्तु सोम किसी विशेष पौधे का रस था और उसका प्रयोग केवल उत्सवों अथवा यज्ञों के अवसर पर ही किया जाता था। कुछ विद्वान उसे भाँग मानने लगे हैं। सुरा नशा दिलाती थी, इस कारण सदाचारी व्यक्तियों के लिए उसका प्रयोग वर्जित था।

स्त्री और पुरुष प्राय: समान भाँति के वस्त्र पहनते थे। उनके मुख्य वस्त्र 'वास' और 'अधिवास' थे। 'वास' कमर से नीचे पहना जाता था और 'अधिवास' कमर से ऊपर कन्धे पर डालने वाला वस्त्र था। 'नीवी' नामक एक अन्य वस्त्र का भी बाद में उल्लेख मिलता है जो सम्भवतया स्त्रियों द्वारा अन्दर पहना जाता था। विवाह के अवसर पर वधु एक विशेष प्रकार का वस्त्र पहनती थी जिसे 'वधूय' पुकारते थे। नाचने वाली स्त्रियाँ 'पैसा' नामक एक अन्य वस्त्र का प्रयोग करती थीं। शाल या चादर को 'द्रापी' पुकारते थे। मृग-चर्म को 'मरुत' कहते थे जिसका प्रयोग ऋषि-मुनि करते थे। डॉ० आर०एस० शर्मा के अनुसार ऋग्वैदिक आर्यों को रुई का ज्ञान नहीं था। ऐसी स्थिति में ऋग्वैदिक आर्य, सम्भवतया, सूती कपड़ों का प्रयोग नहीं करते थे और उनके वस्त्र अधिकांशतया ऊन के होते थे। परन्तु अन्य इतिहासकार ऐसे भी हैं जिनका कहना है कि आर्य, उस काल में भी, सूती और ऊनी दोनों प्रकार के वस्त्रों का प्रयोग करते थे। सम्भवतया, ऋग्वेद के बाद के समय में आर्यों को सूती कपड़े का भी ज्ञान हो गया था।

आर्यों के मकान साधारण होते थे और उनके निर्माण में मिट्टी तथा बाँसों का प्रयोग किया जाता था। नगरों का निर्माण उस समय में नहीं हुआ था।

स्त्री और पुरुष, दोनों ही सोने और बहुमूल्य पत्थरों के आभूषणों का प्रयोग करते थे। कुण्डल, अँगूठी, गले के हार, बाजूबन्द आदि उनके विभिन्न आभूषण थे। वे फूलों के गजरों का भी प्रयोग करते थे। कुरीरा स्त्रियों के सिर का आभूषण था।

स्त्री-पुरुष दोनों ही अपने बालों में तेल डालते थे और कंघी करके उन्हें सँवार कर रखते थे। स्त्रियाँ लम्बे बाल रखती थीं जबकि पुरुष अधिकांशतया छोटे बाल ही रखते थे। पुरुष दाढ़ी रखते थे तथा दाढ़ी-मूँछ साफ भी करा देते थे।

आर्यों के मनोरंजन के साधन नाचना, गाना, रथों की दौड़, जुआ खेलना और ड्रामा करना था। वे बाँसुरी, वीणा और नगाड़े का प्रयोग जानते थे। स्त्री और पुरुष, दोनों ही नाचते और गाते थे। शिकार खेलना राज-वर्ग का एक प्रमुख मनोरंजन था।

(*v*) **नैतिकता**—आर्यों का नैतिक जीवन बहुत श्रेष्ठ था। वे सदाचार, अतिथि-सत्कार, सत्य बोलना, दान करना, दुर्बलों की सहायता करना, सद्विचार रखना आदि को बहुत महत्त्व देते थे। चोरी झूठ, व्यभिचार, धोखेबाजी और जादू-टोना करना दण्डनीय थे। वे अग्नि-देवता से सद्विचारों की माँग करते थे और वरुण-देवता से अपने पापों की क्षमा माँगते थे।

(*vi*) **शिक्षा और ज्ञान**—इस समय तक आर्यों में 'उपनयन' प्रथा (शिक्षा के प्रारम्भ में दीक्षा लेना) आरम्भ नहीं हुई थी यद्यपि यह माना जाता है कि यह प्रथा किसी न किसी रूप में प्रचलित रही होगी। पिता बच्चों को घर में शिक्षा देता था। उसके पश्चात् विद्यार्थी गुरु के पास रहकर शिक्षा प्राप्त करते थे। सम्भवतया शिक्षा मौखिक ही प्रदान की जाती थी क्योंकि उस समय की लिपि का कोई प्रमाण प्राप्त नहीं हुआ है। ऐसी शिक्षा में स्मरणशक्ति का बहुत महत्व रहा होगा, यह स्पष्ट है। शिक्षा का मुख्य लक्ष्य बुद्धि का विकास और चरित्र-निर्माण था।

5. आर्थिक जीवन

आर्यों का मुख्य व्यवसाय पशु-पालन और कृषि था। ऋग्वैदिक-काल के प्रारम्भ में पशु-पालन सबसे अधिक महत्वपूर्ण व्यवसाय रहा तथा पशुओं, मुख्यतया गायों को प्रमुख धन अथवा सम्पत्ति के रूप में माना जाता था। बाद के समय में कृषि भी उनका मुख्य व्यवसाय बना। इसी कारण, ऋग्वैदिक आर्यों की प्रारम्भिक सामाजिक और राजनीतिक व्यवस्था पर कबाइली व्यवस्था का प्रभाव स्पष्ट रूप से दृष्टिगोचर होता है यहाँ तक कि इस समय में भूमि और गृह अचल सम्पत्ति के रूप में स्थान प्राप्त नहीं कर सके थे। पशुओं में प्रमुख स्थान गाय का था जो मूल्यांकन और विनिमय दोनों का साधन थी। इसके अतिरिक्त बैल, भेड़, बकरी, घोड़ा, कुत्ता और गधा भी पालतू पशु थे। आर्य हल से खेती करना जानते थे और कई बैलों की सहायता से हल चलाते थे। कृषि में हल (जो लकड़ी का बना होता था) का प्रयोग आर्यों की एक मुख्य विशेषता थी। वे सिंचाई के साधनों का प्रयोग करना जानते थे और उसके लिए गहरे कुएँ खोदते थे।

ऋग्वैदिक-काल में आर्यों को लोहे का ज्ञान नहीं था।

आर्यों का एक अन्य व्यवसाय शिकार करना था। वे पक्षियों को पकड़ने के लिए जाल का प्रयोग करते थे और हिरन, सिंह आदि पशुओं को पकड़ने हेतु गड्ढा खोदते थे। बढ़ई कार्य अथवा धातुओं (ताँबा) की वस्तु बनाने का कार्य, चमड़े का कार्य,

कपड़ा बुनने और रंगने का कार्य, बाल काटने का कार्य, कसाई का कार्य, नाचने-गाने का कार्य, सुनारी का कार्य और चिकित्सा का कार्य, आदि आर्यों के अन्य प्रमुख व्यवसाय थे।

डॉ० आर०एस० शर्मा[7] का विचार है कि आर्यों ने समुद्री-यात्राएँ आरम्भ नहीं की थीं और निरन्तर युद्धों में लगे रहने के कारण वे विदेशी व्यापार के हेतु पर्याप्त उत्पादन नहीं कर पाते थे। परन्तु डॉ० आर०सी० मजूमदार[8] और वी०एम० आप्टे[9] जैसे विद्वानों का कथन है कि आर्य समुद्री-यात्राएँ करते थे और उनका व्यापार बेबीलोन तथा पश्चिमी एशिया के देशों से होता था। ऐसे विवरण प्राप्त हुए हैं जिनमें 100 डाँड़ों से चलने वाले पानी के जहाजों का उल्लेख है। आन्तरिक व्यापार नदियों और स्थल-मार्गों से होता था, इस बारे में सभी विद्वान सहमत है।

विनिमय का मुख्य साधन गाय थी परन्तु सोने के एक टुकड़े अथवा जेवर का भी उल्लेख मिलता है जिसे 'निष्क' पुकारा जाता था। सम्भवतया, यह एक निश्चित वजन का सोने का टुकड़ा था जिसका प्रयोग विनिमय के लिए किया जाता था। परन्तु आर्यों ने किसी प्रकार के सिक्के का निर्माण नहीं किया था।

इस समय का आर्थिक जीवन सम्पन्न था। भारत में कृषि और पशु-पालन के विकास की पूर्ण सुविधा थी जो आर्यों के प्रमुख व्यवसाय थे।

6. धर्म

ऋग्वेद में पुरुष देवताओं की प्रधानता थी। उसमें 33 देवताओं का उल्लेख है। इस प्रकार आर्यों का धर्म बहुदेववाद पर आधारित था। आर्यों के सभी देवता प्रकृति के विभिन्न तत्वों के प्रतीक थे। इस कारण यह माना जाता है कि आर्यों के धर्म का आधार प्रकृति-पूजा था। आर्यों के देवताओं को तीन श्रेणियों में विभाजित किया जा सकता है :

1. वे देवता जो भूमि (पृथ्वी) के प्रतीक थे। इनमें पृथ्वी, अग्नि, सोम और बृहस्पति आदि थे।
2. वे देवता जो वायुमण्डल के प्रतीक थे। इनमें इन्द्र, वायु, मारुत, प्रजन्य, रुद्र, आपह आदि थे।

---

7. Dr. R.S. Sharma : *Studies in the Cultural History of India,* Chap. III—Economic Life and Organization in Ancient India.
8. Dr. R.C. Mazumdar : *Ancient India.*
9. V.M. Apte : "The Vedic Age", *The History and Culture of the Indian People,* Vol. I.

3. वे देवता जो आकाश के प्रतीक थे। इनमें वरुण, मित्र, सूर्य, ऊषा, सावित्री, पूशान, आदित्य, विष्णु, अश्विनीकुमार आदि थे।

इन देवताओं में इन्द्र, वरुण, अग्नि, सोम और सूर्य प्रमुख माने गये थे। ऋग्वेद में इन्द्र की स्तुति सबसे अधिक की गयी। वह एक शक्तिशाली देवता था जिसका मुख्य शस्त्र वज्र था। पहले इन्द्र को वर्षा और तूफान का देवता माना जाता था परन्तु अब विद्वान यह विश्वास करते हैं कि इन्द्र मूलतया प्रकाश का देवता था। अब प्रजन्य को वर्षा के देवता और मारुत को तूफान का देवता माना गया है। वरुण को शक्ति और नैतिकता का देवता माना गया था जो सभी देवताओं को शक्ति प्रदान करता था और सभी के अच्छे और बुरे कार्यों को देखता था। मित्र वरुण का सहयोगी देवता था। अग्नि आहार (भोजन) का देवता था जिसके द्वारा सभी देवताओं को भोजन प्राप्त होता था। इस प्रकार यज्ञों में सभी पदार्थों की आहुति अग्नि को दी जाती थी। सूर्य प्रकाश का देवता था और सावित्री, विष्णु, ऊषा आदि उसके सहायक देवता माने गये थे। सोम आर्यों का प्रिय पेय-पदार्थ था. इस कारण उसे भी देवताओं में स्थान दिया गया था।

आर्यों में यज्ञ, आहुति और पशु-बलि को प्रधानता दी गयी थी जिनके द्वारा वे देवताओं को प्रसन्न करके शक्ति, सम्पत्ति और विभिन्न पदार्थों एवं सुविधाओं को प्राप्त करने की आशा करते थे। विभिन्न देवताओं में विश्वास करते हुए भी आर्यों ने एक सर्वोपरि शक्ति की कल्पना की थी, यह ऋग्वेद के बाद के अंशों से स्पष्ट होता है। इस प्रकार ज्ञान के आधार पर वे 'एकेश्वरवाद' में विश्वास करने लगे थे।

आर्यों ने मृत्यु के पश्चात् के जीवन तथा स्वर्ग एवं नर्क की कल्पना की थी परन्तु वह जीवन उनके लिए अधिक महत्वपूर्ण न था। वे इस जीवन से प्रेम करते थे और उसकी वृद्धि एवं सम्पन्नता के लिए देवताओं को प्रसन्न करते थे। यह जीवन माया है अथवा कष्टपूर्ण है, ऐसी उनका कल्पना न थी। इस प्रकार ऋग्वैदिक धर्म की कुछ विशेषताएँ थीं:

1. धर्म उपयोगितावादी था क्योंकि आर्य निरन्तर देवताओं को प्रसन्न करके अपने लिए सुख, सुविधा, शक्ति, आयु, सम्पत्ति आदि की इच्छा करते थे।
2. आर्यों के देवता उदार थे और यदि उन्हें प्रसन्न कर लिया जाता था तो वे मनुष्य को सभी कुछ दे देते थे।
3. देवताओं में पुरुष देवता की प्रधानता थी।
4. मूर्ति-पूजा का सर्वथा अभाव था।
5. धर्म का आधार जीवन के प्रति निराशा का न था बल्कि आशा और उत्साह का था।

6. धर्म में पुरोहित-वर्ग का प्रभाव महत्वपूर्ण न था अपितु गृहपति ही समस्त धार्मिक कार्यों की पूर्ति कर लेता था। विशेष अवसरों पर ही पुरोहितों की आवश्यकता होती थी।
7. 'कर्म सिद्धान्त' और 'जीव के आवागमन का सिद्धान्त' अभी तक पूर्ण रूप से मान्य नहीं थे।

इस प्रकार, ऋग्वैदिक-सभ्यता की अपनी कुछ पृथक विशेषताएँ थीं जिनके कारण उसे उत्तर-वैदिक सभ्यता से पृथक कर दिया जाता है। डॉ० आर०सी० मजूमदार ने ऋग्वेद के महत्व के बारे में लिखा है: "हिन्दू-सभ्यता के क्रमिक विकास का अध्ययन करने और समझने में स्त्रोत-ग्रन्थ के रूप में ऋग्वेद की श्रेष्ठता को स्वीकार करना न्यायपूर्ण है। अतएव इसमें कोई आश्चर्य की बात नहीं है कि आज 30 करोड़ हिन्दू इसे पवित्रों में पवित्रतम मानकर सम्मान प्रदान करते हैं।"[10]

5. उत्तरवैदिक-काल की सभ्यता (1000-600 ई० पू०)

ऋग्वेद के पश्चात् के हिन्दू-धर्मग्रन्थों से हमें जिस सभ्यता का ज्ञान होता है, उसे उत्तरवैदिक-काल की सभ्यता कहा गया है। साधारणतया इसका समय 1000-600 ई०पू० माना गया है। इस समय की सभ्यता के बारे में जानने के मुख्य साधन यजुर्वेद, सामवेद, अथर्ववेद, ब्राह्मण-ग्रन्थ, अरण्यक और उपनिषद् हैं। गाथा-काल अर्थात् रामायण और महाभारत का काल भी अधिकांश विद्वानों के द्वारा यही समय स्वीकार किया गया है। इनमें ऐतिहासिक दृष्टि से प्रमुख स्थान अथर्ववेद का है। वेदों में विभिन्न मन्त्र और सूक्त हैं, ब्राह्मण-ग्रन्थों में यज्ञों की विधियाँ दी गयी हैं तथा अरण्यकों एवं उपनिषदों में आध्यात्मिक तत्वों और धर्म के दर्शन का विवेचन किया गया है। वर्तमान समय में इस सभ्यता के बारे में जानने में कुछ सहायता पुरातत्वीय खोजों से भी प्राप्त हुई है।

पंजाब, हरियाणा, राजस्थान और पश्चिमी उत्तर प्रदेश में प्राप्त हुए चित्रित धूसर मिट्टी के बर्तनों के अवशेष और पूर्वी उत्तर प्रदेश तथा बिहार एवं अन्य पश्चिमी भागों में प्राप्त हुए काली पालिश वाले मिट्टी के बर्तनों के अवशेष सम्भवतया उत्तर-वैदिककालीन युग के हैं, ऐसा विद्वान सोचते हैं। इसके अतिरिक्त, हस्तिनापुर, आलमगीरपुर, अतरंजीखेड़ा, बटेसर आदि से लोहे के विभिन्न अस्त्र-शस्त्र तथा घरेलू वस्तुओं के अवशेष भी उत्तरवैदिक-काल के स्वीकार कर लिये गये हैं। अतरंजीखेड़ा से एक दराँती और नोह

10. "The Rigveda is, therefore, justly regarded as a source-book of first rate importance for the study and appreciation of the gradual development of Hindu culture, and no wonder it is revered by three hundred million Hindus today as the holics tof the holy."—R.C. Mazumdar : *Study in the Cultural History of India,* Chap. I.

नामक-स्थान से एक कुल्हाड़ी प्राप्त हुई है। इनके अतिरिक्त, विभिन्न स्थानों से चाकू और चिमटे जैसी घर में प्रयोग आने वाली वस्तुएँ तथा पिनें और कीलें जैसी इमारती वस्तुएँ भी प्राप्त हुई हैं। इस प्रकार, उत्तरवैदिक-काल की सभ्यता के बारे में जानने के लिए पुरातत्वीय खोजों का सहारा लिया जाने का प्रयत्न अवश्य किया गया है यद्यपि यह प्रयत्न अभी तक बहुत सीमित स्थिति में है। यह भी विचार व्यक्त किया गया है कि इन विभिन्न स्थानों पर प्राप्त अवशेष आर्य-सभ्यता के अवशेष नहीं हैं अपितु उनसे पहले की भारत की ताम्रपाषाणकालीन ग्रामीण-सभ्यताओं के हैं जिनमें से कुछ स्थानों के निवासियों को लोहे का ज्ञान भी हो गया था। इस कारण, उत्तरवैदिक-काल की सभ्यता के बारे में जानने के मूल स्रोत साहित्यिक ही हैं।

1. भौगोलिक विस्तार

इस काल में आर्यों ने पूर्व और दक्षिण की ओर विस्तार कर लिया तथा गंगा-यमुना के दोआब का भू-क्षेत्र उनकी सभ्यता केन्द्र-स्थान बन गया। इस समय में पंजाब और उत्तर-पश्चिम के भागों का महत्व कम हो गया, यहाँ तक कि 'शतपथ' और 'ऐतरेय' ब्राह्मण-ग्रन्थों में इन पश्चिमी प्रदेशों में निवास करने वाली जातियों को निम्न बताया गया है। दक्षिण-भारत में भी आर्यों का प्रवेश हो गया। अगस्त्य और परशुराम से सम्बन्धित इतिहास आर्यों के दक्षिण-भारत में प्रवेश का इतिहास है। इस कार्य को आर्यों ने एक लम्बे समय में पूरा किया। 1000 से 400 ई०पू० तक का समय आर्यों के दक्षिण-भारत में प्रवेश का समय माना गया है।[11] परन्तु सम्भवतया दक्षिण-भारत में आन्ध्र, शवर, पुलिन्द आदि जातियों की सत्ता बनी रही जो वैदिक-सभ्यता के प्रभाव से मुक्त रही। इस कारण, मूलतया उत्तर-वैदिककालीन सभ्यता उत्तर-भारत में ही समिति रही।

2. राजनीतिक संगठन

आर्यों के विस्तार के साथ-साथ राज्यों और राजवंशों में परिवर्तन हुए। ऋग्वेद के समय के भरत, पुरु आदि वंशों का स्थान कुरु और पांचाल जैसे राजवंशों ने ले लिया। महाभारत के युद्ध के पश्चात् पाण्डव (कुरु) भी अपने सम्मान और शक्ति को अधिक समय तक सुरक्षित न रख सके और कोसल, काशी, विदेह, पांचाल, हैहय, कलिंग, सूरसेन, आदि राजवंश प्रमुख बन गये। इसी प्रकार एक गम्भीर परिवर्तन यह भी था कि राज्यों का निर्माण 'कुल' के आधार पर न होकर भौगोलिक आधार पर होने लगा।[12] इस प्रकार, पूर्ववैदिक-काल का कबाइली राजनीतिक संगठन क्रमश: समाप्त हो गया

---

11. Nilkantha Sastri : *A History of South India.*
12. A.L. Basham : *The Wonder that was India.*

तथा क्षेत्रीय आधार पर बड़े-बड़े राज्यों का निर्माण हुआ। निस्सन्देह, इस प्रक्रिया में लोहे की ज्ञान-प्राप्ति ने सहयोग दिया। हस्तिनापुर, आलमगीरपुर, अतरंजीखेड़ा, बटेसर आदि में जो कुरु-पांचाल प्रदेश में पड़ते हैं, लोहे के अधिकतम शस्त्र प्राप्त हुए हैं और यहीं के राजाओं ने अधिकतम अश्वमेध यज्ञ किये।

(*i*) **राजा**—कहीं-कहीं पर गणराज्यों के अतिरिक्त, समय समय की शासन-व्यवस्था मुख्यतया राजतन्त्रीय थी। कुछ उदाहरण ऐसे भी हैं जहाँ राजाओं का चुनाव हुआ था अन्यथा राजा का अधिकार पैतृक था। बड़े-बड़े राज्यों के निर्माण के कारण राजा की प्रतिष्ठा, सम्पत्ति और अधिकारों में वृद्धि हो गयी थी। अथर्ववेद में कहा गया है कि राष्ट्र राजा के हाथों में हो तथा राजा, वरुण, बृहस्पतिदेव, इन्द्र एवं अग्नि उसे दृढ़ बनायें। 'तैत्तिरीय संहिता' तथा 'शतपथ-ब्राह्मण' में भी उल्लेख मिलता है कि कर्मकाण्ड को पूर्णरूपेण सम्पन्न करके राजा राष्ट्र को प्राप्त करता है तथा वह साम्राज्य का पोषक है। राजा के दैवी उत्पत्ति के सिद्धान्त की चर्चा भी इस समय के साहित्य में प्राप्त हो जाती है जिसने, निस्सन्देह, राजा के अधिकारों और उसकी प्रतिष्ठा की वृद्धि में सहायता दी। विभिन्न राजसूय और अश्वमेघ यज्ञ यह सिद्ध करते हैं कि बड़े-बड़े राज्यों का निर्माण हो गया था। साधारणतया राजा को कोई दण्ड नहीं दिया जा सकता था परन्तु राजा राजधर्म के अनुसार शासन करता था। उसके अधिकारों में वृद्धि होने से उसके कर्तव्यों में कमी नहीं हुई थी। राजा का कर्तव्य शासन करना, न्याय करना, दुर्बलों की रक्षा करना, युद्ध करना, राज्य-विस्तार करना, प्रजा की भलाई के लिए निरन्तर प्रयत्नशील रहना और प्रजा की सभी दु:खों से रक्षा करना था। राजा का भूमि पर अधिकार इस समय में भी न था यद्यपि वह किसी भी व्यक्ति को उसकी भूमि से वंचित कर सकता था। प्रजा राजा को कर देती थी। उन करों में 'बलि', 'शुल्क' और 'भाग' प्रमुख थे। ये व्यक्ति की आय का 1/6 भाग होते थे।

(*ii*) **प्रमुख शासन-अधिकारी**—पुरोहित, सेनानी और ग्रामीण इस काल में भी महत्वपूर्ण अधिकारी थे। इनके अतिरिक्त सूत (रथवान), संग्रहिणी (कोषाध्यक्ष), अक्षावाप (जुए की क्रीड़ा का प्रधान), तक्षत (बढ़ई), रक्षकार (रथों को बनाने वाला), क्षत्री (राजमहल की देखभाल करने वाला) आदि विभिन्न अधिकारी थे। महत्वपूर्ण अधिकारियों को 'रत्निन' अथवा 'वीर' कहकर पुकारते थे। इन विभिन्न अधिकारियों की उपस्थिति यह सिद्ध करती है कि राजाओं ने अपने विशाल साम्राज्य के लिए एक सुचारु शासन-व्यवस्था का प्रबन्ध कर लिया था।

(*iii*) **कानून और दण्ड-व्यवस्था**—यह प्राय: ऋग्वैकि-काल के समान थी। परन्तु इस काल में व्यक्तिगत सम्पत्ति और भूमि पर व्यक्ति के स्वामित्व को स्वीकार कर लिया गया था। स्त्रियों को सम्पत्ति पर अधिकार न था। अपराधियों को देश से

बाहर निकाल दिये जाने की दण्ड-व्यवस्था थी। अपराधियों पर जुर्माना करने और उन्हें शारीरिक यातनाएँ दिये जाने की व्यवस्था थी।

(*iv*) **सैन्य-संगठन**—इस समय में आर्यों ने सैनिक-साधनों में वृद्धि कर ली थी। रथवान, घुड़सवार और पैदल-सैनिकों के अलावा हाथियों का प्रयोग भी युद्ध में आरम्भ हो चुका था। अस्त्र-शस्त्रों में भी पहले से प्रगति हुई थी। तीर-कमान, तलवार, ढाल, कटार, गदा, शिरस्त्राण, कवच आदि सभी का प्रयोग उस समय में होता था। सम्भवतया, आर्यों ने अग्नि-बाण और अन्य आयुधों का निर्माण भी इस समय में कर लिया था।

(*v*) **सभा और समिति**—ऋग्वैदिक-काल की 'सभा' और 'समिति' इस समय में भी थीं तथा उनका संगठन और कार्य पहले के समान ही था। परन्तु राजाओं के अधिकारों में वृद्धि हो जाने के कारण 'सभा' और 'समिति' का प्रभाव, निस्सन्देह, ऋग्वैदिक-काल की तुलना में कम हो गया था। डॉ० ए०एल० बाशम ने लिखा है: ''समय-समय पर प्राचीन कुलगत सभाओं का विवरण प्राप्त होता है, परन्तु उनकी शक्ति तीव्रता से कम हो रही थी और इस काल के समाप्त होने तक राजा की निरंकुशता केवल ब्राह्मणों की शक्ति, परम्पराओं के प्रभाव और जनमत की शक्ति द्वारा ही सीमित थी जिनका थोड़ा-बहुत प्रभाव प्राचीन भारत में सर्वदा रहा था।''[13] परन्तु इसका अर्थ यह कदापि न था कि राजा निरंकुश हो गये थे। 'शतपथ-ब्राह्मण' में 'सभा' और 'समिति' को प्रजापति की पुत्रियाँ पुकारा गया है और इसके प्रमाण हैं कि राजा शासन में उनका सहयोग प्राप्त करने का प्रयत्न करता था। बाद के समय में ब्राह्मणों की परिषद् का भी शासन में प्रमुख प्रभाव हो गया था, यह स्पष्ट है। पाणिनी के सूत्र में 10 ब्राह्मणों की परिषद् का उल्लेख है जो राजा को शासन, न्याय, धर्म और राजनीति में सहायता देती थी। उसमें राजा को 'परिषद्-बल' भी पुकारा गया है।''[14]

3. सामाजिक जीवन

ऋग्वैदिक-काल की तुलना में इस काल के सामाजिक जीवन में कुछ महत्वपूर्ण परिवर्तन हो गये थे:

(*i*) **वर्ण-व्यवस्था**—समाज में ब्राह्मणों और क्षत्रियों का स्थान श्रेष्ठ हो गया। ब्राह्मणों ने अपनी श्रेष्ठता का दावा किया परन्तु क्षत्री इसमें उनके प्रतिद्वन्द्वी बने रहे। बाद

13. "The old tribal assemblies are still from time to time referred to but their power was waning rapidly, and by the end of this period the king's autocracy was in most cases only limited by the power of the *Brahmans*, the weight of tradition, and the force of public opinion which was always of some influence in ancient india."—A.L. Basham : *The Wonder that was India.*

14. V.M. Apte : "The Vedic Age". *The History and Culture of the Indian People*, Vol. I.

में इन दो वर्णों में व्यावहारिक समझौता हो गया। ब्राह्मण और क्षत्री, दोनों ही समाज के ऐसे वर्ग थे जो उत्पादन में कोई भाग नहीं लेते थे, परन्तु उत्पादन से अधिक लाभ स्वयं प्राप्त करना चाहते थे। दोनों की प्रतिद्वन्द्विता का मूल कारण भी, सम्भवतया, यही आर्थिक कारण था। बाद में व्यावहारिकता के कारण दोनों वर्गों ने पारस्परिक समझौता कर लिया जिसके द्वारा ब्राह्मणों को सम्मान की दृष्टि से श्रेष्ठ स्थान प्रदान कर दिया गया और क्षत्रियों ने धीरे-धीरे भूमि पर स्वामित्व के अधिकार को प्राप्त कर लिया। इसी कारण, यद्यपि इस काल में राजा को भूमि का स्वामी स्वीकार नहीं किया गया तब भी उसे किसी व्यक्ति को भूमि से पृथक करने का अधिकार प्रात हो गया। वैश्यों का स्तर उन दोनों की अपेक्षा कुछ निम्न समझा गया और शूद्रों की स्थिति गिरने लगी। साधारणतया श्रेष्ठ जाति वाले पुरुष निम्न जातियों की कन्याओं से विवाह कर सकते थे, परन्तु निम्न जाति वाले पुरुष अपनी जाति से श्रेष्ठ जाति की कन्या से विवाह नहीं कर सकते थे। परन्तु तब भी अन्तर्जातीय-विवाह होते थे। केवल शूद्रों से विवाह-सम्बन्ध करना अच्छा नहीं समझा जाता था। इस प्रकार उत्तरवैदिक-काल में समाज स्पष्टतया चार वर्णों अथवा जातियों में विभाजित हो गया। परन्तु अभी यह जाति-व्यवस्था कठोर न थी। अन्तर्जातीय-विवाह और खानपान पर कोई बाधा न थी और एक व्यक्ति की जाति उसके कार्यों से निश्चित होती थी। केवल शूद्र इसमें एक अपवाद बनते जा रहे थे। वर्ण-व्यवस्था की यह स्थिति उपनिषद्-काल तक रही। धर्म-सूत्रों, महागाथा-काल और उसके पश्चात् स्मृति-काल तक धीरे-धीरे यह कठोर और गतिहीन होती गयी, यहाँ तक कि स्मृति-काल में हमें अस्पृश्य जाति के भी प्रमाण प्राप्त हो जाते हैं।

(*ii*) **आश्रम-व्यवस्था**—उत्तरवैदिक-काल में (मुख्यतया स्मृति-काल में) मनुष्य के जीवन को 25-25 वर्ष के चार भागों में बाँटा गया। 25 वर्ष की आयु तक व्यक्ति को विद्यार्थी और ब्रह्मचर्य-जीवन का पालन करना पड़ता था। 25 से 50 वर्ष की आयु तक व्यक्ति गृहस्थ-जीवन व्यतीत करता था जिसमें पत्नी और बच्चों के साथ रहना, धन कमाना और अतिथि का स्वागत-सम्मान करना उसके सम्मुख कर्तव्य माने जाते थे। 50 से 75 वर्ष की आयु तक व्यक्ति को वानप्रस्थ-आश्रम में रहना पड़ता था जिसमें वह केवल अपनी पत्नी के साथ जंगल में निवास करता था और आध्यात्मिक प्रगति का प्रयत्न करता था। अन्त में, 75 से 100 वर्ष की आयु में व्यक्ति अपनी पत्नी को भी छोड़कर संन्यासी का जीवन व्यतीत करता था तथा मोक्ष-प्राप्ति का प्रयत्न करता था। इस प्रकार इस काल में आर्यों ने जीवन को ब्रह्मचर्य, गृहस्थ, वानप्रस्थ और संन्यास–इन चार भागों में बाँटकर तथा विभिन्न आयु में व्यक्ति के विभिन्न कर्तव्य निश्चित करके व्यक्ति की भौतिक एवं आध्यात्मिक दोनों ही प्रकार की प्रगति करने का मार्ग बताया था। साधारणतया एक व्यक्ति अपने जीवन में इन चारों आश्रमों का पालन करता था, परन्तु एक व्यक्ति स्वेच्छा से ब्रह्मचर्य आश्रम के बाद किसी भी आश्रम में जा सकता था।

(*iii*) **स्त्रियों की स्थिति**—इस काल में भी स्त्री सम्बन्धी कुप्रथाएँ आरम्भ नहीं हुई थीं। विवाह अब भी एक पवित्र बन्धन माना जाता था जिसका मुख्य उद्देश्य सन्तान उत्पन्न करना था। इस काल में आठ प्रकार के विवाह प्रचलित थे–1. ब्रह्म-विवाह, जिसमें पिता अपनी इच्छा से अपनी पुत्री का विवाह उपयुक्त व्यक्ति से करता था, 2. दैव-विवाह, जिसमें पिता अपनी पुत्री का विवाह उपयुक्त व्यक्ति से पुरोहित की सहायता से करता था, 3. अर्श-विवाह, जिसमें पिता वर-पक्ष की आर्थिक स्थिति को जानने के लिए वर-पक्ष से गाय या बैल उपहार के रूप में स्वीकार करके अपनी पुत्री का विवाह उपयुक्त व्यक्ति से करता था, 4. प्रजापति-विवाह, जिसमें पिता पुत्री द्वारा स्वेच्छा से किये गये विवाह को सम्मति प्रदान कर देता था, 5. गन्धर्व-विवाह जिसमें लड़का और लड़की स्वेच्छा से विवाह कर लिया करते थे, 6. असुर-विवाह, जिसमें पुरुष धन लेकर स्त्री से विवाह करता था, 7. राक्षस-विवाह, जिसमें पुरुष स्त्री को जबरदस्ती उठाकर ले जाता था और उससे विवाह करता था, और 8. पिशाच-विवाह, जिसमें पुरुष स्त्री को धोखा देकर अथवा उसकी नाजानकारी में उसे उठाकर ले जाता था और उससे विवाह करता था। परन्तु ऐसा विवाह समाज से स्वीकृत न था। साधारणतया एकपत्नी-प्रथा प्रचलित थी परन्तु बहुपत्नी-प्रथा भी थी। परन्तु एक स्त्री के कई पति हों, यह नाममात्र को ही था और वह भी सम्भवतया कुछ विशेष वर्गों अथवा स्थानों तक ही सीमित था। बाल-विवाह नहीं होते थे और स्त्रियाँ स्वेच्छा से विवाह करती थीं। विधवा-विवाह पर कोई बन्धन नहीं था, यद्यपि यह साधारण नियम न था। सती-प्रथा भी प्रचलित नियम न था, यद्यपि राजवंशों में कभी-कभी ऐसे उदाहरण मिल जाते थे। पर्दा-प्रथा नहीं थी और स्त्रियाँ नृत्य एवं संगीत जैसी ललितकलाओं के अतिरिक्त धार्मिक शिक्षा भी प्राप्त करती थीं। पत्नी की दृष्टि से घर में स्त्री का बहुत सम्मान था। 'शतपथ-ब्राह्मण' में स्त्री को पुरुष की अर्धांगिनी कहा गया है। गार्गी और मैत्रेयी जैसी विदुषी स्त्रियाँ इसी काल में हुईं। स्त्रियों को कुछ विशेष सुविधाएँ भी प्राप्त थीं। धर्म-सूत्रों ने स्मृतियों की तुलना में स्त्रियों के प्रति अधिक उदार दृष्टिकोण अपनाया था, जैसे कि 'वशिष्ठ-धर्मसूत्र' में पत्नी को किसी भी स्थिति में त्याज्य नहीं माना गया है। उसमें लिखा है कि "एक पत्नी को त्यागा नहीं जायेगा चाहे वह झगड़ालू हो, चाहे दोषी हो, चाहे घर छोड़कर चली गयी हो, चाहे उसके साथ बलात्कार हुआ हो अथवा चाहे वह चोरों के हाथों पकड़ी जा चुकी हो।"[15] इसी प्रकार उसमें एक व्यभिचारिणी पत्नी को प्रायश्चित करने के उपरान्त पति के द्वारा स्वीकार करने योग्य बताया है, पत्नी को त्यागने वाले पति के

---

15. "A wife shall not be abandoned even though she be quarrelsome or tainted by sin, or have left house, or have suffered criminal force, or have fallen into the hands of thieves."—*Vasistha Dharam-Sutra* ("The Vedic Age", *The History and Culture of the Indian People,* Vol. I).

लिए कठोर दण्ड की व्यवस्था की है जबकि पति को त्यागने वाली पत्नी के लिए सिर्फ प्रायश्चित बताया है, जाति से बहिष्कृत पिता का एक पुत्र के द्वारा त्याग (परन्तु माँ का त्याग नहीं) उचित ठहराया गया है, जबकि एक जाति से बहिष्कृत पिता की पुरुष-सन्तान को जाति से बहिष्कृत करना और उसकी पुत्री को इस दोष से मुक्त करना उचित माना गया है।

परन्तु तब भी इस काल में, मुख्यतया बाद के समय में (स्मृति-काल में) स्त्रियों की स्थिति में गिरावट आ गयी थी। पुत्री का जन्म बुरा माना जाने लगा था, कन्याओं को बेचने तथा दहेज देने के उदाहरण भी प्राप्त हो जाते हैं। स्त्रियाँ राजनीतिक सभाओं में भाग नहीं ले सकती थीं और परिवार के अनेक धार्मिक कार्य अब उनके स्थान पर पुरोहित करने लगा था। व्यावहारिक दृष्टि से स्त्रियों की स्थिति में गिरावट आ गयी थी, यह अन्य धर्म-ग्रन्थों में उनके बारे में दिये गये विवरणों से भी ज्ञात होता है। 'ऐतरेय-ब्राह्मण' में उल्लेख है कि ''एक अच्छी स्त्री वह है जो उत्तर नहीं देती।'' 'ऐतरेय ब्राह्मण' में पुन: उल्लेख है कि ''पुत्री दु:ख का कारण है जबकि पुत्र परिवार का रक्षक होता है।'' स्त्री की सर्वाधिक गिरी हुई स्थिति 'मैत्रेयनी-संहिता' में प्राप्त होती है जिसमें जुआ और शराब की भाँति स्त्री को पुरुष का तीसरा मुख्य दोष बताया गया है। 'गौतम-धर्मसूत्र' के अनुसार, कन्या का विवाह मासिक-धर्म के प्रारम्भ होने से पहले कर देना चाहिए। एक वाद-विवाद के दौरान ऋषि याज्ञवल्क्य ने गार्गी से कहा था कि अधिक विवाद न करो अन्यथा तुम्हारा सिर तोड़ दिया जायेगा। कहीं-कहीं पर क्षत्रियों में सती-प्रथा और स्त्रियों को पुरुषों के सम्मुख खुले मुँह न जाने (पर्दा-प्रथा का आरम्भ) की प्रथा भी आरम्भ हुई।

***(iv)* भोजन, वस्त्र, आभूषण, मनोरंजन आदि**—इस काल में आर्यों का मुख्य भोजन अन्न, दूध तथा दूध से बने हुए अन्य पदार्थ एवं माँस था। जौ और चावल उनके मुख्य अन्न थे। चावल की कृषि होने लगी थी। गेहूँ का प्रयोग कम था। सुरा और सोम अब भी उनके पेय-पदार्थ थे।

वस्त्रों में निश्चय ही प्रगति हो गयी थी। सूती और ऊनी वस्त्रों के अतिरिक्त रेशमी वस्त्रों का प्रयोग भी आरम्भ हो गया था। ये विभिन्न रंगों के तथा सिले हुए होते थे। मृग-चर्म अब भी प्रयोग में आता था। वास, अधिवास और नीवी के अतिरिक्त तार्प्य, पगड़ी, उत्तरीय, कम्बल, शाल, आदि अन्य वस्त्र प्रयोग में आते थे। जूते का प्रयोग भी होता था।

स्त्री और पुरुष, दोनों ही विभिन्न आभूषण पहनते थे। सोने और कीमती पत्थरों के अतिरिक्त अब आर्य चाँदी का प्रयोग भी करने लगे थे जिसका ज्ञान ऋग्वैदिक आर्यों को न था।

इस काल में आर्यों ने नगरों का निर्माण कर लिया था और बड़े-बड़े विशाल भवन और महल बनने लगे थे। कौशाम्बी और हस्तिनापुर में इस समय के नगरों के अवशेष प्राप्त हुए हैं।[16]

मनोरंजन के साधनों में नृत्य, संगीत, जुआ, रथ-दौड़ के अतिरिक्त घुड़दौड़ भी सम्मिलित हो गयी थी।

आर्यों का नैतिक जीवन अब भी श्रेष्ठ था। सदाचार और सत्कर्म उनके जीवन के आधार थे।

(*v*) **शिक्षा**—शिक्षा का प्रारम्भ उपनयन-संस्कार से होता था। राज्य की ओर से शिक्षा का प्रबन्ध न था अपितु गुरु अपने घरों अथवा आश्रमों में नि:शुल्क शिक्षा प्रदान करते थे। विद्यार्थियों को गुरु के पास ही रहना पड़ता था। वे प्रत्येक प्रकार से गुरु की आज्ञा का पालन करते थे, उसकी सेवा करते थे, भिक्षा माँगकर लाते थे और शिक्षा समाप्त होने पर गुरु को स्वेच्छा से गुरु-दक्षिणा देते थे। स्त्री-पुरुष दोनों ही शिक्षा प्राप्त करते थे और विद्वान स्त्रियाँ शिक्षा प्रदान भी करती थीं। धार्मिक और नैतिक शिक्षा प्रधान थी। स्वाध्याय, प्राणायाम और शारीरिक परिश्रम पर बल दिया जाता था। साधारणतया शिक्षा-काल 12 वर्ष का था। इस काल में आर्यों को लेखन और लिपि का ज्ञान हो गया था परन्तु शिक्षा अब भी मौखिक ही दी जाती थी। इस कारण स्मरण-शक्ति शिक्षा के लिए परम आवश्यक थी। सम्भवतया आर्यों की लिपि का ज्ञान 7000 ई० पू० में हुआ क्योंकि 500 ई०पू० से लिपि का प्रयोग पूर्णरूपेण आरम्भ हो चुका था। शिक्षा में विवाद-प्रणाली का भी महत्वपूर्ण स्थान था।

धर्म के अतिरिक्त, शिक्षा के मुख्य विषय इतिहास, व्याकरण, गणित, तर्क, ज्योतिष, नीतिशास्त्र, आयुर्वेद, शस्त्र-शिक्षा आदि थे। संस्कृत आर्यों की मुख्य भाषा थी परन्तु यह जनसाधारण की भाषा न थी।

4. आर्थिक जीवन

इस काल में आर्यों के जीवन में पर्याप्त प्रगति हो गयी जिसके कारण बड़े-बड़े नगरों का निर्माण सम्भव हो सका। इस काल में मुख्य व्यवसाय कृषि हो गया। इसमें पर्याप्त प्रगति भी हुई। 24 बैलों तक को हल में जोतने के उदाहरण प्राप्त होते हैं। निस्सन्देह, ऐसे हल लोहे के बनते थे क्योंकि आर्यों को लोहे का ज्ञान 800 ई०पू० में हो गया था। जौ, चावल, गेहूँ, उड़द, मूँग, तिल, मसूर आदि खाद्यान्न पैदा किये जाते थे और वर्ष में दो फसलें उत्पन्न की जाती थीं। हस्तिनापुर से जंगली किस्म के गन्ने के

---

16. Dr.R.S. Sharma : *Studies in the Cultural History of India*, Chap. III (UNESCO Publication).

अवशेष भी प्राप्त हुए हैं। इस समय में खाद का प्रयोग और ऋतुओं का ज्ञान कृषि-प्रणाली में उन्नति हो जाने का प्रमाण थे।

कृषि-भूमि किसान की व्यक्तिगत सम्पत्ति थी जबकि चरागाह की सम्पत्ति गाँव की सम्मिलित सम्पत्ति थी। लगान के रूप में किसान राज्य को पैदावार का 1/10 से 1/6 भाग दिया करते थे।

दूसरा मुख्य पेशा पशु-पालन था। गाय, बैल, भेड़, बकरी, कुत्ता, गधा आदि के अतिरिक्त हाथी भी पाला जाने लगा था। इसके अतिरिक्त शिकारी, मछुए, सारथी, कुम्हार, सुनार, लुहार, रस्सी बनाने वाले, टोकरी बुनने वाले, धोबी, नाई, जुलाहा, रंगरेज, नर्तक, ज्योतिषी, चिकित्सक, गायक, जौहरी आदि का उल्लेख मिलता है जो उस काल के विभिन्न व्यवसायों के प्रतीक हैं। उत्तरवैदिक-काल की एक मुख्य विशेषता व्यवसायों की संख्या में वृद्धि होना भी था। इन विभिन्न व्यवसायों के अनेक विवरण हमें 'पुरुषमेध' के विवेचन में प्राप्त होते हैं।

व्यापार प्रगति पर था और उस काल में विदेशी व्यापार तथा समुद्री-यात्राएँ होती थीं, इसमें सन्देह नहीं किया जाता है। 'श्रेष्ठिन' शब्द के बारम्बार प्रयोग से यह भी अनुमान किया जाता है कि धनाढ्य व्यापारी और, सम्भवतया, उनके व्यापारिक संघ थे। कर्ज देना एक लाभदायक व्यवसाय था। यद्यपि आर्यों ने अभी तक सिक्के बनाना प्रारम्भ नहीं किया था परन्तु विनिमय के लिए 'सतमान' और 'निष्क' नामक सोने के टुकड़ों का प्रयोग होता था जो एक निश्चित वजन के होते थे।

यातायात के लिए मुख्यत: बैलगाड़ी का प्रयोग होता था। कभी-कभी घोड़ों और हाथियों का प्रयोग भी इस कार्य के लिए किया जाता था। नावों और समुद्री जहाजों का प्रयोग नदियों व समुद्रों पर यातायात एवं यात्राओं के लिए होता था।

आर्यों का धातु-ज्ञान भी पहले से अधिक हो गया था। ऋग्वैदिक आर्य मुख्यतया सोना, काँसा और ताँबे का प्रयोग करते थे। परन्तु अब आर्य चाँदी, लोहा, पीतल और सीसा का प्रयोग भी करने लगे थे।

5. धर्म तथा दर्शन

उत्तरवैदिक-काल में धर्म और दर्शन में महत्वपूर्ण प्रगति हुई। यह कहा गया है कि ''उत्तरवैदिक-काल का महान् कार्य हिन्दू धर्म का संगठन है।''[17] इस कथन की सत्यता इस काल में हुए सामाजिक संगठन से अधिक धर्म और दर्शन के क्षेत्र में हुए परिवर्तनों से परिलक्षित होती है।

---

17. "The organization of Hindustan is the main achievement of the later Vedic Age."

इस काल में आर्यों के देवता वही रहे परन्तु उनके महत्व और आधार में परिवर्तन हो गया। इस काल में इन्द्र, वरुण, अग्नि और सूर्य जैसे ऋग्वैदिक देवताओं का स्थान गौण हो गया। उनके स्थान पर शिव, जो रुद्र का परिवर्तित स्वरूप था, विष्णु अथवा नारायण और ब्रह्मा अर्थात् प्रजापति का स्थान प्रमुख हो गया। देवताओं की संख्या में वृद्धि हो गयी और उनमें से अनेक दिग्पाल, गन्दर्भ, यक्ष, नाग आदि माने जाने लगे। यक्षणियों और विभिन्न अप्सराओं का भी प्रादुर्भाव हुआ। इसके अतिरिक्त, विभिन्न देवताओं की प्रकृति से, जो उनकी उत्पत्ति का आधार था, सम्पर्क समाप्त हो गया। अब देवताओं को मूलतया राक्षसों को नष्ट करने वालों के रूप में माना जाने लगा।

इस काल में कर्मकाण्ड और विभिन्न संस्कारों पर बल दिया गया। कर्मकाण्ड के कारण यज्ञ और बलि प्रमुख धार्मिक कार्य बन गये। पहले जिन कार्यों की पूर्ति 'गृहपति' कर लिया करता था अब उसे ब्राह्मण पुरोहित-वर्ग करने लगा। मन्त्रों और स्तुतियों की भावना पर बल न देकर क्रिया-विधि और उनके शुद्ध उच्चारण पर बल दिया जाने लगा। यह विश्वास किया जाने लगा कि उचित क्रिया-विधि से देवताओं को प्रसन्न तो क्या उन्हें अपने वश में भी किया जा सकता है। विभिन्न कार्यों में सफलता प्राप्त करने के लिए विभिन्न प्रकार के यज्ञ किये जाने लगे और उनमें विभिन्न प्रकार की बलि दी जाने लगीं। उनमें से एक 'व्रात्य स्तोम' यज्ञ था जिसके कारण अनार्यों को आर्य समाज में स्थान दिया जाता था। एक अन्य 'राजसूय-यज्ञ' था जो राजा के राज्याभिषेक के अवसर पर किया जाता था और राजा उस समय युद्धों के द्वारा राज्य-विस्तार करता था। एक अन्य 'अश्वमेघ-यज्ञ' था जिसमें राजा एक वर्ष के लिए यज्ञ के घोड़े को विभिन्न स्थानों पर जाने के लिए स्वतन्त्र छोड़ देता था और जहाँ-जहाँ वह घोड़ा जाता था वहाँ-वहाँ वह विजय करता था। उस अश्व की बलि से यज्ञ समाप्त होता था। एक अन्य 'पुरुषमेघ-यज्ञ' था जिसमें एक पुरुष की बलि दी जाती थी। कर्मकाण्ड में वृद्धि का एक प्रमुख कारण समाज में ब्राह्मणों और क्षत्रियों की श्रेष्ठता को बनाये रखना था। कर्मकाण्ड केवल ब्राह्मण ही करा सकता था जिससे समाज में उसे एक विशिष्ट स्थान प्राप्त हो गया। क्षत्रियों ने भी उसका समर्थन किया क्योंकि कर्मकाण्ड का धार्मिक स्वरूप उन्हें अन्य वर्णों पर अपने प्रभाव और आधिपत्य को बनाये रखने में सहायता प्रदान करता था।

एक आर्य से अपने जीवन में 40 संस्कारों को पूर्ण करने की अपेक्षा की जाती थी और प्रत्येक संस्कार एक यज्ञ और समारोह का अवसर था। ब्राह्मण-ग्रन्थों में मुख्यतया यज्ञ, बलि, संस्कार और उनकी क्रिया-विधि का वर्णन है। डॉ० राजबली पाण्डे ने इन संस्कारों को पाँच भागों में बाँटा है—1. जन्म से पूर्व के संस्कार; 2. शिशु के संस्कार; 3. शिक्षा-सम्बन्धी संस्कार; 4. विवाह; और 5. अन्त्येष्टि (मृत्यु) संस्कार।

कर्मकाण्ड, यज्ञ और बलि से विरक्त होकर तप का विचार भी इसी काल में उत्पन्न हुआ। मूलतया अरण्यकों ने तप के विचार का प्रतिपादन किया। अरण्यकों ने

ध्यान पर बल दिया और शरीर को विभिन्न प्रकार के कष्ट देकर परम-ब्रह्म (अथवा मोक्ष) की प्राप्ति का मार्ग बताया। तप का अर्थ था जंगल में जाकर धूप, सर्दी, वर्षा, समय आदि की परवाह न करते हुए ईश्वर का ध्यान करना। अरण्यकों ने तप-मार्ग पर बल देकर ज्ञान-मार्ग के लिए आधार तैयार किया।

ज्ञान-मार्ग का प्रतिपादन उपनिषदों ने किया। सत्य-ज्ञान के द्वारा ही ब्रह्म अथवा मोक्ष की प्राप्ति सम्भव है, यह उपनिषदों ने बताया। यदि उपनिषदों के दर्शन की एक वाक्य में कहा जाय तो 'संसार अर्थात् ब्रह्म है परन्तु ब्रह्म आत्मा है।'[18] उपनिषदों के अनुसार सत्कर्म, यज्ञ, बलि आदि भविष्य में श्रेष्ठ जीवन प्रदान कर सकते हैं परन्तु ये मोक्ष-प्राप्ति में सहायक नहीं हैं। मोक्ष-प्राप्ति अर्थात् ब्रह्म या परमात्मा में लीन होना केवल ज्ञान के द्वारा सम्भव है। उपनिषदों के अनुसार, "जो ईश्वर को जानता है वह ईश्वर को प्राप्त करता है; यही नहीं अपितु वह स्वयं ईश्वर है।"[19] भारतीय दर्शन में उपनिषदों का विशेष महत्व है। भारत में सभी धर्मों और धर्म-दर्शनों का मूल स्रोत उपनिषद माने जाते हैं।

नर्क और स्वर्ग की कल्पना तथा ब्रह्म, मोक्ष, पुनर्जन्म और कर्म-सिद्धान्त के विचारों की उत्पत्ति भी इसी काल में हुई। ब्रह्म अथवा परमात्मा एक है और उसे प्राप्त करना अथवा मोक्ष प्राप्त करना जीवन का सबसे प्रमुख आदर्श है, यह विचार इसी काल में परिपक्व हुए। पुनर्जन्म अथवा 'जीव के आवागमन के सिद्धान्त' का अर्थ है कि आत्मा कभी नहीं मरती, वह बार-बार भिन्न रूपों में जन्म लेती है जब तक कि वह मोक्ष प्राप्त करने में सफल नहीं हो जाती। 'कर्म-सिद्धान्त' का अर्थ है कि मनुष्य को अपने इस जीवन में किये कार्यों के अनुसार ही अगले जीवन में फल अथवा परिणाम प्राप्त होते हैं। इस प्रकार यह स्पष्ट है कि हिन्दू धर्म, दर्शन और विचारों का निर्माण मुख्यतया उत्तरवैदिक-काल में हुआ।

इस प्रकार उत्तरवैदिक-काल की सभ्यता आर्यों के राजनीतिक, सामाजिक, आर्थिक एवं धार्मिक जीवन की प्रगति का प्रमाण थी।

6. हिन्दू धर्म उत्तरवैदिक-काल में हुए आर्यों तथा अनार्यों के मिश्रण का परिणाम है

यह स्वीकार किया जाता है कि आर्यों के धार्मिक आदर्शों पर अनार्यों की धार्मिक परम्पराओं का प्रभाव पड़ा। भारत में आर्य जिन अनार्य जातियों के सम्पर्क में आये उनको परास्त अवश्य किया परन्तु उन्हें पूर्णतया नष्ट नहीं किया जा सका। उन्होंने उनसे विभिन्न प्रकार के समझौते किये और आर्य तथा अनार्यों में विवाह-सम्बन्ध हुए। आर्य जिन्हें दास या दस्यु कहकर पुकारते थे वे अनार्य ही थे और आर्यों ने उन्हें अपने समाज

---

18. 'The universe is Brahman, but the Brahman is the Atman.'—*Upanishads.*
19. 'He who knows God, attains God, nay, He is God.'—*Upanishads.*

का एक भाग बना लिया चाहे उनके स्तर को अपने से निम्न रखा। उत्तरवैदिक-काल में भी आर्य अनार्य अथवा शूद्र वर्ण की कन्याओं से विवाह करने के लिए स्वतन्त्र थे। इस कारण उत्तरवैदिक-काल में आर्यों तथा अनार्यों का मिश्रण हुआ और इससे स्वत: ही आर्यों के विचारों को कुछ सीमा तक प्रभावित करने में सफलता पायी।

आर्यों तथा अनार्यों के मिश्रण का स्पष्ट प्रभाव हमें सबसे अधिक धर्म पर दिखायी देता है। कुछ विद्वानों का कहना है कि अथर्ववेद का धर्म आर्यों तथा अनार्यों के मिश्रण का परिणाम था जिसमें जादू-टोने का महत्व बढ़ गया था। इस प्रकार इस मिश्रण से जबकि अनार्यों की धार्मिक आदर्शों में श्रेष्ठता आयी, आर्यों के धार्मिक आदर्शों में गिरावट आयी। परन्तु यह विचार सर्वमान्य नहीं है। धर्म में जादू-टोने का प्रभाव स्वाभाविक रहा है और सभी प्राचीन धर्मों में यह प्रभाव दिखायी देता है। इस कारण अथर्ववेद में भी उसका सम्मिलित हो जाना अस्वाभाविक न था। इसके अतिरिक्त, अथर्ववेद और उसके पश्चात् अरण्यकों एवं उपनिषदों का दर्शन यह सिद्ध करने के लिए पर्याप्त है कि आर्यों के धर्म में अनार्यों के मिश्रण से कोई गिरावट नहीं आयी थी अपितु आर्य सफलतापूर्वक धर्म और दर्शन के क्षेत्र में प्रगति कर सके थे।

परन्तु एक अन्य दृष्टि से आर्यों और अनार्यों के मिश्रण ने आर्यों के धर्म को प्रभावित किया। आर्यों ने अनार्यों को अपने में सम्मिलित करते हुए एक ऐसी धार्मिक उदारता की भावना को जन्म दिया जो हिन्दू धर्म की एक महान् विशेषता मानी गयी है। अनार्यों के मिश्रण से आर्यों ने अपने देवताओं में अनार्य देवताओं को स्थान दिया। शिव-पूजा, लिंग-पूजा, नाग-पूजा आदि इसके उदाहरण हैं। इसके अतिरिक्त, ऋग्वैदिक देवताओं के महत्व में परिवर्तन भी इसका प्रमाण है। वरुण और इन्द्र जैसे ऋग्वैदिक देवता उत्तरवैदिक-काल में गौण बन जाते हैं। वरुण का स्थान एक दिग्पाल की भाँति रह जाता है और इन्द्र देवताओं में प्रमुख होते हुए भी शक्तिहीन हो जाता है तथा वह बार-बार विष्णु अथवा शिव की शरण में जाता है। उत्तरवैदिक-काल में विष्णु और शिव प्रमुख देवता बन जाते हैं। इनमें से शिव निश्चय ही ऋग्वैदिक देवता रुद्र का परिवर्तित स्वरूप है। शिव अथवा महादेव निश्चय ही आर्यों में अनार्यों के मिश्रण के कारण प्रमुख देवता बना। इसी प्रकार, मातृ-पूजा अनार्यों में प्रधान थी। विभिन्न देवियों की उत्पत्ति, विभिन्न देवताओं की पत्नियों के रूप में उनका स्वीकार किया जाना तथा अनेक उत्तरकालीन वैदिक ऋषियों के नाम माता के नाम पर होना, निस्सन्देह, अनार्यों के मिश्रण का ही परिणाम था अन्यथा पितृ-प्रधान आर्यों में देवियों अथवा माता का स्थान इतना श्रेष्ठ नहीं बन सकता था।

आधुनिक हिन्दू धर्म में ब्रह्मा, विष्णु और महेश (शिव, महादेव) और लिंग के रूप में शिव-पूजा आदि श्रेष्ठ स्थान रखते हैं। शक्ति-पूजा अर्थात् मातृ-देवी की विभिन्न रूपों में पूजा भी भारत के विभिन्न स्थानों में श्रेष्ठतम मानी जाती है। इन देवताओं का निर्माण उत्तरवैदिक-काल में आर्यों और अनार्यों के मिश्रण से हुआ। इस कारण यह

कहना पर्याप्त उचित है कि आधुनिक हिन्दू धर्म बहुत कुछ ऐसा है जो उत्तरवैदिक-काल में हुए आर्यों और अनार्यों के मिश्रण का परिणाम है। इस काल में आर्यों और अनार्यों के मिश्रण से एक ऐसे धर्म का निर्माण हुआ जिसमें आर्यों की भावना और आदर्श प्रधान रहे परन्तु इसमें भारत में पहले से निवास करने वाले अनार्यों की धार्मिक परम्पराओं को सम्मानित स्थान प्रदान किया गया। कालान्तर में आर्य धर्म में अन्य विभिन्न परिवर्तन हुए जिनके कारण हिन्दू धर्म के आधुनिक स्वरूप का निर्माण हुआ।

7. जाति-प्रथा

प्रत्येक समाज व्यक्तियों के व्यवसाय अथवा आर्थिक स्तर के आधार पर विभाजित होता है परन्तु पैतृक आधार पर सामाजिक विभाजन हिन्दू समाज की अपनी पृथक विशेषता है। इस आधार पर हिन्दू समाज चार वर्गों अथवा श्रेणियों में विभक्त किया गया था-ब्राह्मण, क्षत्रिय, वैश्य और शूद्र।

प्रारम्भ में आर्यों में कोई सामाजिक विभाजन न था परन्तु जब वे भारत में अनार्यों के सम्पर्क में आये तो उन्होंने समाज को दो भागों में बाँट दिया-(1) द्विज अर्थात् आर्य जो वेदों के ज्ञाता थे, (2) अद्विज अर्थात् अनार्य जो वेदों को नहीं जानते थे। बाद में कार्यों के आधार पर समाज को निम्नलिखित चार भागों में विभाजित किया गया :

1. **ब्राह्मण**—जो पढ़ते, पढ़ाते और धार्मिक कार्य करते थे।

2. **क्षत्री**—जो युद्ध और शासन करते थे।

3. **वैश्य**—जो व्यापार और कृषि करते थे।

4. **शूद्र**—जो अनार्य थे और अन्य तीनों वर्गों की सेवा करते थे।

प्रारम्भ में इस व्यवस्था को वर्ण-व्यवस्था पुकारते थे और वैदिक-काल तक यह चतुर्वर्ण-व्यवस्था कठोर न थी। शूद्रों के अतिरिक्त अन्य सभी वर्णों में परस्पर सामाजिक व्यवहार था तथा व्यक्तिगत कार्य के आधार पर अपने वर्ण में परिवर्तन कर पाते थे। बाद में इस स्थिति में परिवर्तन हुआ। वर्ण-व्यवस्था का समर्थन और धर्म और तर्क के आधार पर किया गया। पुरुष-सूक्त में उल्लेख है कि ईश्वर ने अपने मस्तक से ब्राह्मण को, भुजाओं से क्षत्री को, कमर से वैश्य को और पैरों से शूद्र को जन्म दिया। कपिल ने इस वर्ण-व्यवस्था का समर्थन मनुष्य की प्रकृति की विभिन्नता के आधार पर किया। अनेक सात्विक गुणों से युक्त व्यक्तियों को ब्राह्मण, राजस गुणों से सम्पन्न व्यक्तियों को क्षत्री और वैश्य तथा तामस गुणों के व्यक्तियों को शूद्र बताया। तर्क के आधार पर भी इस व्यवस्था का समर्थन किया गया। 'जीव के आवागमन के सिद्धान्त' के आधार पर कहा गया कि आत्मा बार-बार जन्म लेती है। इस कारण प्रत्येक व्यक्ति का वर्ण अपने पिछले जन्म के कर्मों के अनुसार निश्चित होता है और प्रत्येक व्यक्ति को अपने वर्ण-धर्म का पालन करना चाहिए।

आर्यों की चतुर्वर्ण-व्यवस्था उदारता और व्यावहारिक उपयोगिता पर आधारित थी। तत्कालीन युग में विजेता विजित व्यक्तियों को पूर्णतया नष्ट कर देते थे अथवा उन्हें दास बना लेते थे। भारतीय आर्यों ने इस सन्दर्भ में एक भिन्न उदाहरण प्रस्तुत किया। उन्होंने विजितों को अपने समाज में स्थान प्रदान किया और उन्हें अद्विज कहकर पुकारा। जब आर्यों ने चतुर्वर्ण-व्यवस्था का निर्माण किया तब भारतीय अनार्य भी उसमें सम्मिलित कर लिये गये और प्रारम्भ में वर्ण का निश्चय कार्य के आधार पर किया गया। इस प्रकार, चतुर्वर्ण-व्यवस्था का निर्माण उदारतापूर्वक हुआ। इसके अतिरिक्त, अनार्यों को आर्य-समाज में सम्मिलित किये जाने का व्यावहारिक उपयोग भी था। इससे एक समाज का निर्माण हुआ और आर्यों एवं अनार्यों के अन्तर को नष्ट करने में सहायता मिली तथा उस हिन्दू समाज का निर्माण हुआ जिसमें आर्य और अनार्य सभी ने भाग लिया जिसके कारण उसकी प्रगति सम्भव हुई। इस प्रकार, चतुर्वर्ण-व्यवस्था का निर्माण उदारता और सामाजिक वर्गों द्वारा लेन-देन की भावना के आधार पर हुआ। एक तरफ उसने व्यक्ति को उसकी योग्यता के अनुसार समाज में स्थान प्राप्त करने का अवसर प्रदान किया और दूसरी तरफ उसने समाज के सदस्यों की उच्छृंखल प्रवृत्तियों की सीमाओं में बाँधकर समाज की एकता को बनाये रखने की अभूतपूर्व शक्ति प्रदर्शित की। इस कारण जब तक चतुर्वर्ण-व्यवस्था विकृत होकर आधुनिक जाति-व्यवस्था में परिवर्तित नहीं हुई तब तक वह भारतीय समाज की एकता और उसके संगठन को सुरक्षित रखने में सफल रही।

कालान्तर से चतुर्वर्ण-व्यवस्था में परिवर्तन हुए। सूत्र-काल में भी धर्म और तर्क का समर्थन पाकर यह व्यवस्था कठोर हो गयी। धीरे-धीरे वर्ण में परिवर्तन होना सम्भव न रहा और विभिन्न वर्णों में विवाह, खान-पान आदि समाप्त हो गये। विभिन्न वर्ण छोटे-छोटे वर्णों में विभाजित होते चले गये और वर्ण-व्यवस्था आधुनिक जाति-व्यवस्था में परिवर्तित हुई। जिसमें चार मुख्य-मुख्य जातियों के अतिरिक्त हजारों उपजातियाँ सम्मिलित हैं। जाति-व्यवस्था के इस निर्माण में भारतीय क्षेत्र की विशालता, विभिन्न व्यवसायों के आधार पर नवीन जातियों का निर्माण, अन्तर्जातीय विवाहों को समाज से मान्यता न मिलना जिससे ऐसा करने वालों ने एक अन्य जाति बना ली, विदेशियों को हिन्दू समाज में सम्मिलित करना, विभिन्न जातियों की पारस्परिक प्रतिस्पर्धा, संकीर्ण मनोवृत्तियाँ, सामाजिक नियमों का निर्माण करने वाली किसी एक कानूनी शक्ति का अभाव, मुसलमानों के आक्रमण आदि विभिन्न कारण रहे। इनके फलस्वरूप आधुनिक हिन्दू समाज 3,000 से भी अधिक जातियों और उप-जातियों में विभक्त है जिनमें साधारणतया कोई सामाजिक सम्पर्क सम्भव नहीं है और जिनमें से प्रत्येक अपने को दूसरे से श्रेष्ठ मानती है। इसी के फलस्वरूप हिन्दू समाज को अस्पृश्यता (अछूत) प्राप्त हुई है जिसका आर्यों के समाज में कोई स्थान नहीं था।

इस जाति-व्यवस्था की मुख्य विशेषताएँ निम्नलिखित हैं:

(1) समाज में विभिन्न व्यक्तियों का स्तर जन्म के आधार पर निश्चित होता है।

(2) उनके कार्यों का विभाजन उनकी जातियों के आधार पर होता है।

(3) विभिन्न जातियों में परस्पर विवाह-सम्बन्ध और खान-पान सम्भव नहीं है।

जाति-व्यवस्था के वर्तमान स्वरूप ने हिन्दू समाज को हजारों टुकड़ों में बाँट रखा है जिसके कारण सामाजिक एकता सम्भव नहीं है। इसने भारत को सैनिक दृष्टि से दुर्बल बनाया क्योंकि युद्ध करना एक ही जाति-क्षत्रियों-का उत्तरदायित्व माना गया। इसने अस्पृश्यता को जन्म दिया है। इसने उच्च जातियों द्वारा निम्न जातियों के शोषण को सम्भव बनाया है। यह व्यवस्था राष्ट्रीय एकता के विरोध में है, व्यक्ति की स्वतन्त्रता के विरोध में है, बौद्धिक एवं आर्थिक प्रगति में बाधक है, पारस्परिक द्वेष और घृणा के लिए उत्तरदायी है तथा हिन्दू समाज की प्रगति में एक बड़ी बाधा है।

आधुनिक समाज में यह व्यवस्था दुर्बल हो गयी है और इसका पूर्णतया समाप्त हो जाना हिन्दू समाज और राष्ट्र के हित में है। इसका समर्थन धर्म, तर्क, इतिहास, सामाजिक-न्याय आदि किसी भी आधार पर नहीं किया जा सकता। स्वयं श्रीकृष्ण ने जब गीता में यह कहा था कि "योग्यता और कर्म के आधार पर मैंने विभिन्न वर्णों का निर्माण किया है"[20] तब उनका आशय जन्म के आधार पर समाज को बाँटने का कदापि न था। के०एम० पणिक्कर ने इसका मूल आधार संयुक्त परिवार व्यवस्था को बताया हैं। उनके अनुसार इसका समर्थन धर्म और तर्क के आधार पर नहीं किया जा सकता। प्रो० ए०आर० वाडिया ने अपनी पुस्तक '*तत्कालीन भारतीय दर्शन*' में जाति-व्यवस्था की कटु आलोचना की है।

आधुनिक समय में इस व्यवस्था के दुर्बल होने के विभिन्न कारण हैं। पश्चिमी विचारधारा, नवीन आर्थिक व्यवस्था, राजनीतिक आन्दोलन और विभिन्न सामाजिक एवं राजनीतिक विचारधाराओं ने इसकी जड़ पर प्रहार किया है। औद्योगिक विकास और नगर-जीवन इसको व्यावहारिक दृष्टि से समाप्त कर रहा है। विज्ञान तथा आर्थिक और राजनीतिक विचाराधाराओं की प्रगति सामाजिक न्याय के पक्ष में है जिसमें इस व्यवस्था का कोई स्थान नहीं है। 19वीं शताब्दी के सभी हिन्दू धर्मावलम्बियों और समाज-सुधारकों ने इस व्यवस्था का विरोध किया। स्वामी विवेकानन्द ने कहा था: "बुद्ध से लेकर राजा राममोहन राय के समय तक सभी वक्तियों ने जाति-प्रथा को धार्मिक संस्था मानने की भूल की।"[21] 20वीं शताब्दी में जाति-प्रथा और अस्पृश्यता को समाप्त करने हेतु महात्मा गांधी ने निरन्तर प्रयत्न किये। परन्तु जाति-प्रथा को सबसे गम्भीर चुनौती साम्यवाद ने दी है। गांधीवाद, समाजवाद, राष्ट्रवाद आदि सभी राजनीतिक विचारधाराएँ

20. K.M. Pannikar : *Hindu Society at Cross Roads.*
21. "Beginning from Buddha to Ram Mohan Roy, everyone made the mistake of holding caste to be a religious institution."—*Swami Vivekananda.*

किसी सीमा तक हिन्दू धर्म और सामाजिक परम्पराओं के साथ समझौता कर लेती हैं और अन्त में उसके सुधारक के रूप में रह जाती हैं; परन्तु साम्यवाद एक ऐसी विचारधारा है जो हिन्दू धर्म और सामाजिक परम्पराओं से किसी भी प्रकार के समझौते के लिए तत्पर नहीं है अपितु वह हिन्दू धर्म और समाज के प्रत्येक आधार पर खुले तौर पर आक्रमण करती है। इस प्रकार साम्यवादी विचारधारा भी जाति-प्रथा को दुर्बल बनाने में सहयोग देती है।

भारतीय संविधान ने भी इस प्रथा को दुर्बल बनाया है। संविधान में उल्लिखित 'मूल अधिकारों' और 'राज्य के नीति-निर्देशक तत्वों' के अन्तर्गत नागरिकों को जो सुविधाएँ प्रदान की गयी हैं, वे सभी जाति-प्रथा के ढाँचे पर आक्रमण करती हैं। संविधान ने अस्पृश्यता को गैर-कानूनी घोषित किया है और राज्य से अपेक्षा की है कि वह सामाजिक, आर्थिक तथा राजनीतिक समानता और न्याय के आधार पर समाज का निर्माण करेगा। संविधान की धारा 25 के अन्तर्गत राज्य को यह उत्तरदायित्व सौंपा गया कि वह सामाजिक समानता के लिए कानूनों का निर्माण करेगा।

परन्तु भारत से जाति-प्रथा को ही नहीं अपितु अन्य सभी सामाजिक कुरीतियों को नष्ट करने के लिए शिक्षा का प्रसार आवश्यक है। जब अन्धविश्वास का आधार तर्क ले लेगा तभी समाज उदार बनेगा और तभी व्यक्तियों में विश्वास के साथ बुराई के प्रति संघर्ष करने का साहस आयेगा। उस समय हिन्दुओं के लिए जाति-प्रथा को नष्ट किया जाना एक आवश्यक नहीं अपितु एक विश्वास का प्रश्न होगा और तभी वे एक विकासशील समाज का निर्माण करने में सफलता प्राप्त करेंगे।

8. हड़प्पा-सभ्यता
अथवा
सिन्धु-घाटी की सभ्यता और वैदिक-सभ्यता में असमानताएँ

डॉ० ए०डी० पुसालकर ने यह विचार व्यक्त किया है कि सिन्धु-घाटी की सभ्यता के निर्माण में ऋग्वैदिक आर्यों ने भी भाग लिया था और यह विचार सभी विद्वानों को स्वीकृत है कि सिन्धु-घाटी की सभ्यता का निर्माण करने वाले द्रविणों ने वैदिक-सभ्यता और मुख्यतया उत्तरकालीन वैदिक-सभ्यता के निर्माण में महत्वपूर्ण भाग लिया। परन्तु तब भी सिन्धु-घाटी की सभ्यता और वैदिक-सभ्यता में गम्भीर असमानताएँ थीं। निस्सन्देह, दोनों सभ्यताओं की प्रगति का मूल आधार समृद्धिशाली कृषि आर्थिक व्यवस्था था और दोनों सभ्यताओं के निवासी मुख्यतया प्रकृति-पूजक थे, परन्तु दोनों सभ्यताओं में अन्तर इतने अधिक हैं कि सभी इतिहासकार इनको दो पृथक सभ्यताएँ स्वीकार करते हैं। वैदिक-सभ्यता तथा सिन्धु-घाटी की सभ्यता में मूलतया निम्नलिखित अन्तर थे:

1. सिन्धु-घाटी की सभ्यता एक नगर-सभ्यता थी जबकि आर्य-सभ्यता मूलतया ग्राम-सभ्यता थी।

2. यद्यपि दोनों सभ्यताओं का मूल आधार उनकी कृषि-प्रधान आर्थिक व्यवस्था थी परन्तु तब भी सिन्धु-घाटी के निवासी आर्यों की तुलना में अधिक औद्योगिक और व्यावसायिक थे। वे भारत के अन्य भागों से और विदेशों से मुख्यतया पश्चिम के विदेशी राज्यों से व्यापार करते थे जो इनकी समृद्धि का एक मुख्य आधार था और जिसके कारण वे नगर-सभ्यता का निर्माण कर सके थे।
3. सिन्धु-घाटी की सभ्यता के निवासियों को लोहे का ज्ञान नहीं हुआ था जबकि आर्यों ने लोहे का प्रयोग आरम्भ कर दिया था।
4. सिन्धु-घाटी के निवासी घोड़े से अपरिचित थे तथा आर्यों ने आगमन के पश्चात् उन्हें उसका ज्ञान हुआ जबकि घोड़ा आर्यों का पालतू पशु था और वे उसका उपयोग अपने रथों में करते थे।
5. आर्य गाय-पूजक थे जबकि सिन्धु-घाटी की सभ्यता में गाय का कोई सम्मानित स्थान न था। वहाँ के निवासी सम्भवतया नन्दी बैल को पूजनीय मानते थे।
6. आर्यों के सभी प्रमुख देवता पुरुष थे। देवियों को पुरुष-देवताओं की पत्नियों के रूप में ही पूजनीय स्वीकार किया गया था। इस प्रकार आर्यों में देवियों का स्थान गौण था। परन्तु सिन्धु-घाटी के निवासी निश्चय रूप से मातृपूजक थे और माता-देवी को श्रेष्ठ स्थान प्रदान करते थे।
7. आर्य अपने मृतकों को जलाते थे जबकि सिन्धु-घाटी के निवासी अपने मृतकों को भूमि में गाड़ते थे।
8. सिन्धु-निवासी मछली खाते थे जबकि आर्यों में उनका भक्षण वर्जित था।
9. आर्यों में हवन और यज्ञ करना धार्मिक क्रिया का एक प्रमुख भाग था जबकि सिन्धु-घाटी के निवासियों में इन क्रियाओं के लिए कोई स्थान न था।
10. सम्भवतया सिन्धु-घाटी के निवासी किसी न किसी प्रकार मूर्ति-पूजा करते थे जबकि आर्यों के धर्म में मूर्ति-पूजा के लिए कोई स्थान न था।
11. सिन्धु-धाटी के निवासियों की सामाजिक व्यवस्था में वर्णाश्रम-व्यवस्था का कोई स्थान न था। समाज में व्यक्तियों का स्तर और अन्तर मुख्यतया उनके व्यवसाय के आधार पर ही मान्य था जबकि आर्यों ने उत्तरवैदिक-काल में व्यवस्थित वर्णाश्रम-व्यवस्था को अपने सामाजिक संगठन का एक प्रमुख आधार बना लिया था।
12. कई विद्वानों ने यह विचार प्रस्तुत किया है कि सिन्धु-घाटी के निवासियों की राज्य-व्यवस्था धर्म पर आधारित थी। आर्यों की राज्य-व्यवस्था में धर्म का स्थान न था। उनकी व्यवस्था मूलतया धर्म-निरपेक्ष थी यद्यपि राजा राजधर्म का पालन करते थे।

13. सिन्धु-घाटी के निवासियों को कलात्मक प्रवृत्ति का स्वीकार नहीं किया गया है। तब भी उन्होंने मिट्टी के कलात्मक बर्तन, खिलौने और कुछ मूर्तियाँ बनाने में सफलता पायी थी। आर्यों ने इस प्रकार की किसी कलाकृति का निर्माण किया था, इसके प्रमाण प्राप्त नहीं होते।

इस प्रकार सिन्धु-घाटी की सभ्यता और वैदिक-सभ्यता में पर्याप्त गम्भीर असमानताएँ थीं जिनके कारण विद्वानों ने इन्हें दो भिन्न सभ्यताएँ स्वीकार किया है।

[आधुनिक समय में डॉ० वी०एस० वाकनकर ने वेदों और महाभारत में वर्णित तथा आर्यों द्वारा पूजनीय प्राचीन सरस्वती नदी के प्रवाह-मार्ग की खोज करने में सफलता प्राप्त की हैं। सरस्वती नदी वैदिक-सभ्यता के विकास का एक मुख्य आधार थी और 3000 ई० पू० तक तथा उससे पहले के समय में उसका विवरण इस प्रकार दिया गया है कि हिमालय पर्वत से निकलकर वह पंजाब, आधुनिक हरियाणा तथा राजस्थान से गुजरती हुई कच्छ के रान के निकट अरब सागर में जाकर गिरती थी और उसका पाट (चौड़ाई) छह से आठ किलोमीटर तथा कहीं-कहीं चौदह किलोमीटर तक था। उस समय राजस्थान में रेगिस्तान नहीं था अपितु एक उपजाऊ प्रदेश था। बाद में भौगोलिक परिवर्तनों के कारण सरस्वती नदी सूखनी शुरू हो गयी और राजस्थान रेगिस्तान में परिवर्तित होने लगा। प्राय: 3000 ई० पू० में यह नदी सूखकर लुप्त हो गयी। 'पंचवविमसा-ब्राह्मण' ग्रन्थ में, जो ऋग्वेद के बाद के काल का है, यह उल्लेख है कि सरस्वती नदी रेगस्तिान के बढ़ जाने के कारण सूखती जा रही है। महाभारत के 'शल्य-पूर्व' में भी यह दिया गया है कि सरस्वती नदी रेगिस्तान में जाकर लुप्त हो गयी। डॉ० वाकनकर ने इस सरस्वती नदी के प्रवाह-मार्ग को हिमालय पर्वत से लेकर अरब सागर तक साहित्यिक तथा पुरातत्व-सम्बन्धी खोजों में ताल-मेल बैठकार खोजा है जिससे प्राचीन भारतीय इतिहास पर गम्भीर प्रभाव पड़ने की सम्भावना है।

भारतीय पुरातत्व-विभाग के अन्तर्गत हरियाणा और राजस्थान में करनाल, जींद, सोमजट, रोहतक, भिवानी, महेन्द्रगढ़, गुड़गाँव, हिसार, कपूरथला, हनुमानगढ़, आदि विभिन्न स्थानों पर खुदाई की गयी है। खुदाई में बहुत से निवास-स्थल प्राप्त हुए हैं। इनमें से बहुत से स्थान ऐसे हैं जो सरस्वती नदी के सूखे हुए धरातल पर बसे थे। ऐसे स्थानों पर 3000 ई० पू० में प्रारम्भिक हड़प्पा-सभ्यता के अवशेष प्राप्त हुए हैं। परन्तु इन स्थानों में से बहुत से स्थान ऐसे भी हैं जो सरस्वती नदी के प्रवाह-मार्ग के तटीय स्थलों पर बसे हुए थे और जहाँ हड़प्पा-सभ्यता के पूर्व की सभ्यता के अवशेष प्राप्त हुए हैं। यह अनुमान किया गया है कि ये अवशेष ऋग्वैदिक सभ्यता के हैं और यह सभ्यता कृषि पर आधारित थी। ऐसा ही एक स्थान हरियाणा में कुनाल (कुणाल) है जो खुदाई किये जाने वाला नवीनतम स्थल है और जहाँ से हड़प्पा-सभ्यता से पूर्व प्राय: 3500 ई० पू० अथवा उससे भी प्राचीन काल के अवशेष प्राप्त हुए हैं। इस स्थान पर प्राप्त अवशेषों में मुख्य पदार्थ चाँदी के जेवर हैं। चाँदी का ज्ञान ऋग्वैदिक-काल के

व्यक्तियों को नहीं था। इसका अर्थ है कि ये अवशेष ऋग्वैदिक-काल के पश्चात् के परन्तु हड़प्पा-सभ्यता से पूर्व के काल के हैं। हड़प्पा-पूर्व सभ्यता का एक नमूना 1958 ई० में एक अमेरिकन कलक्टर द्वारा दिल्ली के निकट से प्राप्त मनुष्य का काँसे का एक सिर है जिसे वैज्ञानिक साधनों द्वारा जाँचने के पश्चात् प्रायः 3800 से 3700 ई० पू० के मध्य-काल का माना गया है। उस सिर में काँसे के साथ चाँदी के तत्व मिश्रित हैं जिसका अर्थ है कि यह उस काल का है जब व्यक्तियों को चाँदी को अन्य धातुओं से पृथक करने का ज्ञान नहीं हुआ था। इससे अनुमान किया गया है कि यह ऋग्वेद के काल का है। इन नवीन खोजों के आधार पर अनुमान किया गया है कि—

1. वैदिक-सभ्यता हड़प्पा की सभ्यता से प्राचीन थी, और
2. यह भ्रम है कि आर्य एक घुमक्कड़ जाति थी तथा आर्य आक्रमणकारी के रूप में भारत में आये।

परन्तु इन तथ्यों को प्रमाणित करने के लिए प्राचीन सरस्वती नदी के प्रभाव-मार्ग के तटीय स्थलों में खुदाई करके अन्य पुरातत्व प्रमाणों को प्राप्त करके उनका ताल-मेल प्राचीन साहित्यिक स्रोतों से मिलाना होगा, जैसा डॉ० वाकनकर ने प्राचीन इतिहास को खोजने के लिए किया था।

3 भारतीय-आर्य सभ्यता

कांस्ययुगीन सिन्धु घाटी की सभ्यता के पश्चात् लौहयुगीन सभ्यताओं का विकास हुआ। ई० पू० 2000 के आस-पास मनुष्य ने लोहे नामक धातु की खोज कर ली थी। लोहे के हथियार बड़े उपयोगी सिद्ध हुए जिससे आर्य सभ्यता का पर्याप्त विकास हुआ। सम्भवत: सैन्धव सभ्यता को नष्ट करने में आर्यों को इससे पर्याप्त सहायता मिली। आर्य कौन थे? यह प्रश्न आज भी विवादास्पद है। कुछ विद्वानों का विचार है कि ये लोग योरोप से आक्रमणकारी के रूप में आये और विजय प्राप्त करके भारत में छा गये। अन्य विद्वानों का विश्वास है इनका मूल स्थान मध्य एशिया में ही था। इसी प्रकार कुछ विद्वान आर्कटिक प्रदेश को इनका घर मानते हैं जबकि कुछ दूसरे तिब्बत को इनका उत्पत्ति स्थान स्वीकार करते हैं। ऐसे भी कुछ विद्वान हैं जिनका कथन है कि ये बाहर से नहीं आये वरन् भारत ही इनका मूल स्थान है।

प्राचीन आर्यों के सम्बन्ध में जानकारी प्राप्त करने का मुख्य स्रोत ऋग्वेद है। ऋग्वेद विश्व का सर्वाधिक प्राचीन ग्रन्थ माना जाता है। यद्यपि यह एक ऐतिहासिक ग्रन्थ नहीं है तथापि इसमें दिये गये विवरण से उस समय की अवस्था के विषय में पर्याप्त जानकारी मिलती है। इस काल में आर्यों की सभ्यता केवल सप्त सिन्धु अथवा आधुनिक पंजाब तक ही सीमित थी। आर्य लोग कबीलों और प्राय: गाँवों में रहते थे। नगरों का विकास और नगरीय जीवन का विकास देर से हुआ।

आर्यों की उत्पत्ति एवं उनका मूल निवास स्थान

सैन्धव सभ्यता के पतन के पश्चात् भारतीय इतिहास के रंगमंच पर आर्यों का आगमन हुआ और उनकी सभ्यता का विकास हुआ। विद्वानों एवं इतिहासकारों का विचार है कि **भारत की मूल सभ्यता वस्तुत: आर्यों की सभ्यता है। जिसका ज्ञान** तत्कालीन वैदिक साहित्य से होता है तथापि आर्यों की उत्पत्ति एवं उनके मूल निवास का प्रश्न अब भी विवादास्पद है।

आर्यों की उत्पत्ति—वेदों में आर्य शब्द का उल्लेख है। आर्य शब्द का अर्थ है—श्रेष्ठ अथवा उत्तम। प्रारम्भ में 'आर्य' शब्द को प्रजाति का द्योतक माना जाता था परन्तु अब इसे भाषाई धारणा स्वीकार किया जाता है। वेदों में आर्य शब्द का उल्लेख जाति विशेष के लिए हुआ है। कुछ विद्वानों का मानना है कि भारत के मूल निवासियों से

अपनी श्रेष्ठता और उत्तमता प्रदर्शित करने के लिए भारत में आने वाली आक्रामक जातियों ने अपने आपको 'आर्य' घोषित किया तथा यहाँ के मूल निवासियों को 'अनार्य', 'दस्यु' और 'दास' आदि नामों से अभिहित किया गया। ऋग्वेद के अनुसार आर्य शारीरिक रूप से हृष्ट-पुष्ट, गोरे, ऊँची नासिका एवं उच्च माथा वाले होते थे। इसके विपरीत दास या दस्यु काले वर्ण के छोटे कद वाले होते थे।

कुछ विद्वानों का विचार है कि आर्य उस प्राचीन जाति से सम्बन्ध रखते थे जिनके पूर्वज ग्रीक, रोमन, जर्मन, अंग्रेज, डच, स्पेन, फ्रांसीसी, रूसी, बल्गारिया के पूर्वजों के साथ रहते थे। इसका प्रमाण इन भाषाओं के कुछ मिलते-जुलते शब्दों से मिलता है। आज भी सभ्य समाज में इन शब्दों का प्रयोग होता है। संस्कृत भाषा के पितृ और मातृ शब्द दूसरी भाषाओं में मिलते हैं। भाषा की एकता के आधार पर ही विद्वानों का विचार है कि आर्य आधुनिक जातियों के पूर्वजों के ही वंश से सम्बन्ध रखते थे। परन्तु यह तथ्य उचित प्रतीत नहीं होता है। भाषा की एकता के आधार पर वंश से सम्बन्ध नहीं जोड़ा जा सकता।

आर्यों का मूल निवास स्थान—विद्वानों, विचारकों और इतिहासकारों में आर्यों के मूल निवास स्थान के विषय में मतैक्य नहीं है। विभिन्न देशों के विद्वानों ने विभिन्न साक्ष्यों के द्वारा अपने-अपने देश को आर्यों का मूल निवास स्थान प्रमाणित करने का प्रयास किया है। कलकत्ता के सर्वोच्च न्यायालय के न्यायाधीश सर विलियम जोन्स ने सबसे पहले इस प्रश्न को उठाया था। जोन्स अनेक भाषाओं के ज्ञाता थे। उन्होंने संस्कृत, ग्रीक, लैटिन, फारसी आदि विभिन्न भाषाओं का अध्ययन करके यह निष्कर्ष निकाला कि इन भाषाओं में पर्याप्त समानता पायी जाती है। अतः इनका प्रयोग करने वाले किसी समय अवश्य ही एक स्थान पर रहे होंगे। बहुत से इतिहासकारों ने सर विलियम जोन्स के इस निष्कर्ष की छानबीन की और इस विषय में अनेक सिद्धांत स्थापित किए हैं—

1. योरोपीय सिद्धांत—भाषा तथा संस्कृति की समानता के आधार पर कुछ विद्वानों ने यह सिद्ध करने का प्रयास किया है कि आर्यों का मूल निवास स्थान यूरोप था। इस सिद्धांत के समर्थकों का विश्वास है कि भारत में आने वाले आर्य यूरोपीय आर्यों की एक शाखा थे। इंग्लैंड, फ्रांस, जर्मनी, इटली, यूनान और फारस के लोग इन्हीं की शाखायें तथा उपशाखायें हैं। अपने इस विचार को प्रमाणित करने के लिए इसके समर्थकों ने भाषा और संस्कृति की समानता को अपना आधार बनाया है। इस सम्बन्ध में सबसे पहले फ्लोरेंस के एक सौदागर फिलिप्पो सैसेटी ने संस्कृत और योरोप की अन्य भाषाओं की समानता का उल्लेख किया था। परन्तु इसे एक निश्चित सिद्धान्त का रूप देने वाले पहले व्यक्ति सर विलियम जोन्स थे जिन्होंने 1686 में अपने एक लेख

में इसकी पूर्ण व्याख्या की थी। उदाहरण के लिए संस्कृत भाषा का 'पितृ' शब्द फारसी के 'पिदर', लैटिन के 'पेटर' अंग्रेजी के 'फादर' शब्दों से समानता रखता है। इसी प्रकार संस्कृत का 'मातृ' शब्द क्रमश: 'मादर', 'मेटर' और 'मदर' आदि शब्दों से समानता रखता है। इनके उच्चारण में भी समानता है। भाषा की इस समानता के आधार पर विद्वानों का विचार है कि प्राचीन काल में किसी समय इन सब भाषाओं के बोलने वाले एक स्थान पर निवास करते रहे होंगे और बाद में अपनी आवश्यकताओं अथवा परिस्थितियों से विवश होकर विभिन्न देशों में चले गये होंगे। ऐसा माना जाता है कि उनके मातृभूमि छोड़ने के कुछ प्रमुख कारण थे यथा—जनसंख्या में वृद्धि, भौतिक आवश्यकताओं का पूरा न होना और अन्य भौगोलिक परिवर्तन आदि।

यद्यपि भाषाओं की समानता से यह स्पष्ट हो जाता है कि उपरोक्त भाषाओं को बोलने वाले लोग किसी समय एक ही स्थान पर रहते है, तथापि यह निश्चित करना अत्यन्त कठिन है कि वह एक स्थान कौन-सा था? योरोप को आर्यों का आदि देश मनाने वाले विद्वानों ने यूरोप के विभिन्न देशों को उनका मूल निवास स्थान बताया है जो निम्नलिखित हैं—

(i) **हंगरी**—भाषा की समानता को अपना आधार मानकर डा० पी० गाइल्ज और प्रो० मेकडोनेल ने यह प्रमाणित करने की चेष्टा की है कि आर्यों का मूल निवास स्थान वर्तमान हंगरी, आस्ट्रिया और बोहीमिया के प्रदेश थे। इनका कहना है कि जिन वृक्षों, अनाजों और जानवरों से आर्य लोग परिचित थे वे केवल शीतोष्ण कटिबन्ध में ही उपलब्ध हो सकते हैं। आर्यों के खेती-बाड़ी, पशुपालन जैसे व्यवसायों से यह भी ज्ञात होता है कि उनका निवास स्थान उपजाऊ और घास वाले मैदानों का प्रदेश रहा होगा और यूरोप में केवल हंगरी के मैदान ही ऐसे हैं जहाँ ये सब बातें पाई जाती हैं। अत: इन विद्वानों के अनुसार आर्यों का आदि देश हंगरी का प्रदेश था जहाँ से वे लोग अपनी आवश्यकताओं और परिस्थितियों से बाध्य होकर विदेशों में चले गए। इन्हीं की एक शाखा एशिया माइनर में से होती हुई भारत में आ बसी। बोगजकाई की खुदाईयों में से कई ऐसे लेख प्राप्त हुए हैं कि जिनमें वरुण, इन्द्र आदि देवताओं का वर्णन मिलता है। बेबीलोनिया, मैसोपोटामिया आदि स्थानों के तत्कालीन राजाओं के नाम भी भारतीय आर्यों के साथ मिलते हैं जो इस बात की पुष्टि करते हैं कि भारत में आर्य ईरान से होते हुए यहाँ पहुँचे परन्तु पी० गाइल्ज के इस सिद्धान्त को अधिक महत्त्व नहीं दिया जाता।

(ii) **जर्मनी**—कुछ विद्वानों ने जातीयता के सिद्धान्त को अपना आधार मानकर जर्मनी को आर्यों का मूल स्थान बताया है। इस सिद्धान्त के सबसे बड़े समर्थक पेन्का हैं जिनके अनुसार जर्मनी का आन्तरिक प्रदेश, विशेषकर स्कैन्डेनेविया आर्यों का आदि देश है। इनका कहना है कि स्कैन्डेनेविया में कभी किसी विदेशी जाति का आगमन

नहीं हुआ और वहाँ के निवासियों ने सदा इन्डो-यूरोपीयन भाषा का प्रयोग किया है। अतः यह प्रदेश ही आर्यों का आदि देश है। परन्तु यह सिद्धान्त भी अधिक महत्त्वपूर्ण नहीं है।

(iii) **दक्षिणी रूस**—कुछ विद्वानों के अनुसार रूस का दक्षिणी भाग अर्थात् स्टीप्स के मैदान आर्यों का मूल निवास स्थान है लेकिन आलोचकों ने इसका खंडन किया है। अतः यह निश्चयपूर्वक नहीं कहा जा सकता कि इनमें से कौन-सा स्थान आर्यों का आदि देश था। इन विचारों के समर्थकों ने इस सिद्धान्त की पुष्टि के लिए निम्नलिखित विचार प्रकट किए हैं—

(*a*) अधिकतर भाषाएँ योरोप में ही पाई जाती हैं। सम्भव है कि उनमें से एक भाषा भारत में फैल गई हो।

(*b*) इण्डो-आर्य भाषाओं के शब्द वास्तव में एक सम-शीतोष्ण जलवायु वाले क्षेत्र में होना ही बताते हैं।

(*c*) आर्य योरोप से कैसपियन सागर के दक्षिण से होते हुए मैसोपोटेमिया पहुँचे। परन्तु यह सारी विचार धाराएँ आर्यों का योरोप में होना प्रमाणित नहीं करतीं।

आलोचना—(*a*) पहला विचार तर्कसंगत नहीं है। क्या यह सम्भव नहीं हो सकता कि योरोप की भाषाओं में बाद में भिन्नता आई हो। यह भाषाएँ बाद में आपसी मतभेद के कारण बनी हों।

(*b*) दूसरे विचार की आलोचना करते हुए विद्वानों का विचार है कि क्या यह संभव नहीं कि मैसोपोटेमिया से वह योरोप गए हों और मैसोपोटेमिया से वह मध्य ऐशिया में पहुँच हो।

2. मध्य एशिया का सिद्धान्त—जर्मनी के प्रसिद्ध विद्वान प्रो० मैक्समूलर ने मध्य एशिया को आर्यों का आदि देश बताया है। उनका कहना है कि प्राचीन आर्यों का ज्ञान प्राप्त करने के लिए हमारे पास केवल दो प्रमुख साधन हैं—एक भारतीय धर्म ग्रंथ वेद और दूसरा ईरान का प्राचीन धर्मग्रंथ जेंदाअवेस्ता। भारत और ईरान के निवासी किसी समय इकट्ठे रहे होंगे, क्योंकि दोनों की सभ्यता और संस्कृति में काफी समानता पाई जाती है। दोनों प्रदेशों के लोग प्रकृति की उपासना करते थे। खेती बाड़ी और पशुपालन उनका मुख्य व्यवसाय था और वे घोड़े आदि जानवरों से परिचित थे। वे अपने वर्ष की गणना हिम से करते थे जिससे स्पष्ट है कि वे अवश्य ही शीत प्रधान देश में रहते थे। अतः इन बातों से यह सिद्ध हो जाता है कि इन लोगों का आदि देश ईरान तथा भारत के बहुत नजदीक ही कहीं रहा होगा। आर्यों के निवास स्थान की भौगोलिक

स्थिति को देखकर बहुत से विद्वान इस निष्कर्ष पर पहुँचे हैं कि मध्य एशिया ही उनका आदि देश था जहाँ से वे बाद में यूरोप, ईरान और भारत में फैल गए।

प्रो० मैक्स मूलर ने इस विचार की पुष्टि करने के लिए निम्नलिखित मन्तव्य प्रकट किए हैं—

(*i*) यदि हम एशियायी भाषाओं का अध्ययन भली-भाँति करें तो हमें इन भाषाओं में कम परिवर्तन मिलेंगे और योरोपीय भाषाओं में अधिक। इसलिए इनका निवास स्थान कहीं एशिया के समीप ही होना चाहिए।

(*ii*) मध्य एशिया एक अधिक केन्द्रीय स्थान है जहाँ से यह जातियाँ भिन्न-भिन्न स्थानों में गई होंगी।

(*iii*) मध्य एशिया वास्तविक रूप से सारे घूमने फिरने वाले कबीलों का जन्म स्थान रहा। उदाहरणतया हूण। सम्भव है आर्य भी वहाँ से दूसरे स्थानों में चले गए हों।

(*iv*) भूगर्भशास्त्रियों और भाषाशास्त्रियों ने बताया है कि वह सारी वस्तुएं जिन्हें आर्य जानते थे, मध्य एशिया में मिलती हैं जैसे ताड़, भोज आदि। इसलिए वह मध्य एशिया के रहने वाले थे।

आलोचना—कुछ विद्वानों के अनुसार यह बहुत छोटा क्षेत्र है। इसमें भारी जनसंख्या वाले आर्य नहीं रह सकते थे। इसके अलावा यह स्थान उपजाऊ भी नहीं है। परन्तु इसका उत्तर देते हुए स्ट्रैबो ने कहा है कि पहली शताब्दी ई० में यह क्षेत्र काफी उपजाऊ था। उसने एक विशेष स्थान कारमान का वर्णन करते हुए कहा है कि यह स्थान बहुत उपजाऊ था परन्तु अब उर्वर नहीं रहा। इसके अतिरिक्त इतिहास में ऐसे साक्ष्य हैं जिनसे पता चलता है कि जलवायु में परिवर्तन होता रहा है। सम्भवत: छोटा क्षेत्र होने के कारण आर्य इस स्थान को छोड़कर चले गये।

3. आर्कटिक प्रदेश का सिद्धान्त—इस सिद्धान्त का उल्लेख महाराष्ट्र के प्रसिद्ध विद्वान बाल गंगाधर तिलक ने अपनी पुस्तक 'आर्कटिक होम इन द वेदाज' में किया है। इसके अनुसार आर्यों का मूल निवास आर्कटिक प्रदेश अर्थात् उत्तर ध्रुव प्रदेश में था। उनका आधार यह है कि ऋग्वेद में आर्यों के मूल निवास स्थान से सम्बन्धित जिन प्राकृतिक दृश्यों का वर्णन किया गया है वह उस समय के उत्तरी ध्रुव के पास वाले भाग से मिलते-जुलते हैं। इसके अतिरिक्त ऋग्वेद में यह भी बताया गया है कि आर्यों के आदि देश में अत्यधिक सर्दी पड़ती थी, लम्बी शामें थीं और छ: मास के दिन और छ: मास के रात थे। अत: इससे यह पुष्टि होती है कि आर्य लोग उत्तरी ध्रुव के रहने वाले थे और वहाँ से ही ये यूरोप, मध्य एशिया तथा भारत की ओर आ गये थे। परन्तु तिलक के इस सिद्धान्त को इतिहासकारों ने स्वीकार नहीं किया है। उनका कहना है कि यह मत नक्षत्र विद्या पर आधारित है।

4. तिब्बत का सिद्धान्त—आर्य समाज के संस्थापक स्वामी दयानंद ने अपनी प्रसिद्ध पुस्तक 'सत्यार्थ प्रकाश' में इस सिद्धान्त को प्रतिपादित किया है। इसके अनुसार आर्य तिब्बत के रहने वाले थे। एफ०ई० पारजीटर ने भी अपनी पुस्तक 'ऐशेंट इण्डियन हिस्टारिकल ट्रैडिशन्स' में स्वामी जी के इस सिद्धान्त का समर्थन किया है और तिब्बत को आर्यों का मूल निवास स्थान बताया है। ये लोग वेदों का अध्ययन करने के पश्चात् इस निष्कर्ष पर पहुँचे हैं कि आर्य लोग किसी दूर देश में नहीं, बल्कि भारत के पड़ोसी देश तिब्बत में रहते थे और जनसंख्या बढ़ने के कारण भारत की ओर बढ़ गये। अन्य सिद्धान्तों की भांति स्वामी जी के इस मत को भी बहुत महत्त्व नहीं दिया जाता।

5. भारतीय सिद्धान्त—अनेक विद्वानों का विचार है कि आर्य भारत के रहने वाले थे, वे बाहर से नहीं आये। डॉ० अविनाश चन्द्र दास ने अपनी पुस्तक 'ऋग्वैदिक इण्डिया' में यह प्रमाणित करने की चेष्टा की है कि आर्य लोग भारत में बाहर से नहीं आये थे बल्कि वे यहाँ के रहने वाले थे। उनका कहना है कि आर्यों की सभ्यता और संस्कृति का विवरण देने वाला ग्रन्थ ऋग्वेद में कहीं भी इस बात का उल्लेख नहीं है कि आर्य बाहर से आये थे। ऋग्वेद के अनुसार आर्य लोग सप्त सिन्धु प्रदेश में रहते थे। इतिहासकारों के अनुसार इसमें आधुनिक पंजाब, काश्मीर, काबुल और गांधार के प्रदेश शामिल थे। यह प्रदेश सिन्धु नदी से लेकर सरस्वती नदी तक विस्तृत था। आगे चलकर ये लोग भारत के विभिन्न भागों में फैल गये।

पुराणों में देवासुर संग्राम का वर्णन है जिसके अनुसार देवताओं ने असुरों को हराकर विजयश्री प्राप्त किया था। ईरानी धर्मग्रन्थ अवेस्ता में भी इसी प्रकार के एक संग्राम का वर्णन है। इन साक्ष्यों से स्पष्ट है कि यह युद्ध भारतीयों और ईरानियों के मध्य हुआ था जिसमें भारतीयों ने ईरानियों को हराकर उन्हें खदेड़ दिया था। ऋग्वेद में सप्त सिन्धु प्रदेश का विस्तृत विवरण देखकर अनेक विद्वानों यथा स्व० गंगानाथ झा, श्री डी० त्रिवेदी और डा० एन० राय आदि ने भारत को ही आर्यों का मूल निवास स्थान माना है।

आलोचना—अनेक इतिहासकार और विद्वान इस मत से सहमत नहीं हैं और निम्नलिखित आधारों पर इसे स्वीकार नहीं करते।

(*i*) भारत या पंजाब कोई केन्द्रीय स्थान नहीं है, जहाँ आर्य दूसरे स्थानों से आ गये हों। निश्चित रूप से कोई और केन्द्रीय स्थान होगा। जहाँ से आर्य भिन्न-भिन्न दिशाओं में गये होंगे।

(*ii*) यदि आर्यों का निवास स्थान पंजाब में होता तो उन्हें पूर्वी अथवा दक्षिण भारत के विषय में अवश्य कोई जानकारी होती परन्तु ऋग्वेद में इन स्थानों का कोई वर्णन नहीं है।

(*iii*) यदि आर्य पंजाब से अन्य स्थानों पर गये होते तो योरोप के लोगों से उनकी सभ्यता अवश्य साम्य रखती परन्तु दोनों सभ्यताओं में पर्याप्त अन्तर है। आर्यों की रुचि आध्यात्म में थी जबकि योरोपियनों की रुचि भौतोकिता में थी।

(*iv*) इस मत के समर्थक विद्वानों को यह भी बताना चाहिए कि आर्यों को पंजाब जैसे उपजाऊ प्रदेश को छोड़कर दूसरे स्थानों पर क्यों जाना पड़ा।

(*v*) ऋग्वेद में आर्यों द्वारा वर्णित कुछ वनस्पतियों और जानवरों का वर्णन है यथा ओक, हाथी आदि। परन्तु ये दोनों पंजाब में नहीं पाये जाते।

(*vi*) आर्यों को बर्फ के विषय में जानकारी थी परन्तु ग्रीष्म के बारे में उन्हें जानकारी नहीं थी, जबकि पंजाब में गर्मी भी पड़ती थी।

(*vii*) विश्व की अधिकांश भाषाओं का प्रचलन योरोप में है। निश्चित रूप से इनका उदय योरोप में हुआ। आर्यों की भाषा संस्कृत सम्भवत: इनकी एक शाखा हो।

निष्कर्ष—उपरोक्त सभी सिद्धान्तों से स्पष्ट है कि सबमें कोई दोष अवश्य है। इसलिए दावे के साथ सर्वसम्मत निर्णय नहीं किया जा सकता और कोई निर्णय निर्विवाद भी नहीं कहा जा सकता। आज भी यह प्रश्न विवाद का है और इसका कोई हल नहीं निकाला जा सका है। तथापि विद्वानों और इतिहासकारों का एक बड़ा वर्ग मानता है कि ईरानी तथा भारतीय आर्य प्रारम्भ में एक साथ एक ही स्थान पर निवास करते थे। उनके रीति-रिवाज, आचार तथा देवता भी एक थे। आगे चलकर दोनों में संघर्ष हुआ और एक शाखा ईरान में तथा दूसरी सप्त सिन्धु प्रदेश में निवास करने लगी। प्राय: यह स्वीकार किया जाता है कि आर्य मध्य एशिया से आकर लगभग 1500 ई० पू० में भारत में बस गये। अत: स्वीकार्य सिद्धान्त मध्य एशिया का सिद्धान्त ही है।

ऋग्वैदिक जीवन

आर्यों का आरम्भिक जीवन—आर्यों के बारे में जानकारी का मुख्य स्रोत वैदिक ग्रंथ है। ऋग्वेद में प्रारम्भिक आर्यों के राजनीतिक जीवन एवं उनकी प्रमुख राजनैतिक संस्थाओं का उल्लेख हुआ है। ऐसा माना जाता है भारत में आर्यों ने कई समूहों एवं दलों में प्रवेश किया। इसमें आर्यों के पारस्परिक संघर्ष का भी वर्णन है। उनका आरम्भिक संघर्ष 'दसराजों के युद्ध' के नाम से प्रसिद्ध है। पुरोहित विश्वामित्र ने दस राजाओं के विशाल संघ का निर्माण करके सुदास के विरुद्ध युद्ध किया परन्तु सुदास इसमें विजयी रहा। इसके अलावा भी अनेक संघर्ष हुए। आर्यों का उत्तरी भारत के मूल निवासियों से भी संघर्ष हुआ जिन्हें अनार्य कहा गया है। यद्यपि अनार्य शक्तिशाली थे तथापि आर्यों को विजय प्राप्त हुई और उन्होंने अनार्यों के अनेक क्षेत्रों पर अधिकार कर लिया।

1. ऋग्वैदिक राजनैतिक जीवन

1. राजनीतिक संगठन—ऋग्वैदिक कालीन राजनीतिक संगठन का मूलाधार परिवार या कुटुम्ब था। कुटुम्ब का प्रधान एक बुजुर्ग व्यक्ति होता था जो परिवार के प्रत्येक सदस्यों की आवश्यकता की पूर्ति करता था। कई कुटुम्ब मिलकर ग्राम बनाते थे जिसका नेता ग्रामीण होता था। ग्रामों के समूह से 'विश्' बनता था जिसका अध्यक्ष बिशपति होता था। कई विश् को मिलाकर 'जन' बनता था जिसके रक्षक 'गोप' होता था। राजा ही प्राय: जन का प्रधान अथवा गोप होता था।

2. राजा—जन का अधिपति राजा शांति और युद्धकाल दोनों ही में लोगों का नेता माना जाता था। राजा सुन्दर महल में अनेक सेवकों के साथ निवास करता था। उसका चुनाव तथा उसके उत्तराधिकारी का चुनाव सभा समिति करती थी। राजा का प्रमुख उद्देश्य जन-कल्याण था। राजा को तीन प्रकार के कार्यों का सम्पादन करना पड़ता था—

(*i*) युद्ध के अवसर पर सेनापति का कार्य करता था।

(*ii*) समस्त प्रशासकीय कार्यों के लिए पूर्णतया उत्तरदायी था।

(*iii*) न्याय सम्बन्धी समस्त कार्यों को स्वयं करता था।

3. राज्य कर्मचारी—राजा के प्रमुख कर्मचारियों में सेनापति, पुरोहित और ग्रामीण होते थे। सेनापति का कार्य युद्ध का प्रबन्ध करना था। पुरोहित समस्त धार्मिक अनुष्ठानों को करता था। ग्रामीण गाँव का मुखिया होता था।

4. सभा एवं समिति—शासन प्रबन्ध में जन के राजा की सहायता के लिए प्रजा द्वारा निर्वाचित दो परिषदें थीं। परिषद् राजा के अधिकारों पर अंकुश रखती थी। एक परिषद् को सभा और दूसरी को समिति कहते थे। सभा एक छोटी संस्था थी जिसमें गाँव और जाति की समस्याओं का समाधान किया जाता था। इसके सदस्यों को 'सभासद' कहते थे और अध्यक्ष को ''सभापति'' कहते थे। सभा में स्वतंत्र रूप से विचार-विमर्श होते थे। इसके फैसले सभी पर लागू होते थे।

दूसरी परिषद् समिति सारे जन और कबीलों की परिषद् थी। यह आधुनिक युग की संसद के समान थी जिसमें राष्ट्रीय समस्याओं का समाधान किया जाता था। इसमें जनता को अपने विचार प्रकट करने की पूर्ण स्वतंत्रता थी। यहाँ पर सभा के फैसले बहुमत से होते थे। समिति राजा पर कई प्रकार के नियंत्रण रखती थी। अपनी स्थिति को स्थिर रखने के लिए राजा को समिति का सहयोग प्राप्त करना होता था। दुष्ट शासक को हटाने का प्रस्ताव भी समिति में ही पास किया जाता था।

5. युद्ध प्रणाली—वैदिक आर्य सामान्य रूप से शांति प्रिय थे, परन्तु अवसर आने पर ये युद्ध के लिए तैयार हो जाते थे और समस्त युवक युद्ध में भाग लेते थे। सेना में

पैदल और रथी होते थे। रथों में घोड़े जोते जाते थे और यह चमड़े की खाल से बंधे होते थे! युद्ध में घुड़सवार अथवा हाथियों की सेना के प्रयोग का वर्णन नहीं मिलता है। सैनिक धनुष-बाण, फरसे, बर्छे, भाले, तलवार और गोफनों का प्रयोग करते थे। शरीर-रक्षा हेतु धातु से निर्मित वर्म, अल्क, हस्तघ्न, शिरस्त्राण आदि पहनते थे। इनका युद्ध धर्म पर आधारित रहता था और शरण में आये हुए, निहत्थे, भारते हुए शत्रु, स्त्री और बच्चों आदि पर आक्रमण नहीं किया जाता था।

II. सामाजिक जीवन

वैदिक आर्यों का सामाजिक जीवन बहुत ही सादा था। इस समय समाज में ब्राह्मण, क्षत्रिय, वैश्य और शूद्र चार वर्ण थे। इनमें शादी-विवाह और खान-पान का प्रचलन था लेकिन आगे चलकर इस पद्धति में जटिलता आ गई। आर्यों के सामाजिक जीवन को निम्न धाराओं में विभाजित किया जा सकता है–

(अ) **कुटुम्ब**—कुटुम्ब पैतृक सिद्धान्तों पर आधारित था जिसमें गृहपति की आज्ञा का पालन करना सबके लिए अनिवार्य था। कुटुम्ब में सभी व्यक्तियों के लिए कार्य विभाजित थे। लेकिन प्रत्येक सदस्य को अपना कार्य पूर्ण करना आवश्यक था अन्यथा वह दंड का भागी होता था। कुटुम्ब में पत्नी का विशेष सम्मान होता था। पिता-पुत्र के सम्बन्ध भी अच्छे थे। पिता की मृत्यु के बाद उसकी सम्पत्ति का अधिकारी पुत्र होता था न कि पुत्री। परन्तु पुत्र न होने पर सम्पत्ति का अधिकार पुत्री को मिलता था। जितना आनन्द पुत्र-जन्म में होता था उतना पुत्री के जन्म पर नहीं होता था। इस प्रकार की संयुक्त परिवार-प्रणाली में प्रेम और आदर परिवार का आधार था।

(ब) **स्त्रियों की दशा**—वैदिक काल में स्त्रियों का बड़ा आदर और सम्मान था। स्त्रियों गृहस्वामिनी होती थीं। विवाह के पूर्व कन्याएँ अपने पिता के संरक्षण में रहती थीं। स्त्रियों को धार्मिक समारोहों में भाग लेने का पूर्ण अधिकार था, कुछ स्त्रियाँ जैसे घोषा, लोपामुद्रा और विश्ववारा ऋषियों की श्रेणी में आती थीं क्योंकि इन्होंने ऋचाओं की रचना की थी। स्त्रियों में पर्दा-प्रथा नहीं थी। वैदिक काल में सती-प्रथा प्रचलित नहीं थी। धार्मिक कार्यों में पत्नी पति की सहकारी होती थी।

(स) **विवाह-पद्धति**—यद्यपि राजाओं में बहुविवाह होते थे लेकिन एक स्त्री से विवाह ही आदर्श विवाह की श्रेणी में आता था। भाई-बहनों और पिता-पुत्री में विवाह पूर्णतया वर्जित था। विवाह के पश्चात् कन्याएं अपने पति के घर चली जाती थीं। विवाह में दहेज-प्रथा प्रचलित थी। विवाह का प्रमुख उद्देश्य संतान उत्पन्न करना था। संतान के रहते विधवा स्त्री अपना पुनर्विवाह नहीं कर सकती थी। यदि संतान न हो तो विधवा स्त्री अपने देवर से ब्याह कर सकती थीं। उसी समय विवाह आठ प्रकार के

प्रचलित थे जिनमें 'राक्षस' और 'पैशाच' विवाह अग्रहणीय माने जाते थे। 'गन्धर्व' और 'ब्राह्म' विवाहों में ब्राह्म विवाह अधिक प्रचलित था।

(द) **आहार**—आर्य लोग दूध, दही, घी और पनीर का सेवन करते थे। जो लोग माँस-प्रेमी थे वे बकरी और भेड़ का माँस खाते थे। गाय को मारना 'जघन्य' समझा जाता था। ब्याह-शादी के अवसरों पर अतिथि-सत्कार के लिए बैल के माँस का प्रयोग होता था। मूजवन्त पर्वत में उगने वाली सोमलता से एक विशेष प्रकार का रस तैयार करते थे जिसे वे बड़े चाव से पीते थे। कुछ लोग 'सुरा' नाम की नशीली शराब का सेवन करते थे जिसके कारण उनकी सभाओं में मारपीट तक की नौबत आ जाती थी। आर्यों के भोजन में नमक का उल्लेख नहीं मिलता।

(य) **पोशाक और आभूषण**—आर्यों को सादगी पसन्द थी। वे दो वस्त्रों का प्रयोग करते थे—एक नीवी (कमर) पर और दूसरा अधिवास या ऊपरी भाग के लिए। उनके वस्त्र प्राय: भेड़ की ऊन के होते थे। उनके वस्त्रों पर बेल-बूटे कढ़े होते थे। ब्रह्मचारी लोग चमाम्बर (अजिन) का परिधान बनाते थे। सम्भवत: सिले हुए कपड़ों का रिवाज नहीं था। ये लोग सिर पर पगड़ी बांधते थे। सादगी पसन्द आर्य वस्त्रों में आकर्षण लाने के लिए आभूषण पहनते थे। स्त्री-पुरुष दोनों कर्णफूल मालाएँ, कंठे, अँगूठियां, हाथों और पैरों में कड़े और रत्नों का प्रयोग करते थे। लम्बे बाल रखने के कारण पुरुष बालों को जूड़े के रूप में और स्त्रियाँ गूँथ कर बाँधती थी। बालों में सुगन्धित तेल डालकर कंघी करते थे। बाल बनवाने की प्रथा न थी। यद्यपि कुछ लोग बाल मुड़वाते थे किन्तु दाढ़ी रखने की प्रथा थी। स्त्रियाँ बालों में पुष्प-मालाओं का प्रयोग करती थीं।

(र) **आमोद-प्रमोद**—आर्य लोग मनचले और मनोविनोद के प्रेमी थे। धार्मिक और सामाजिक समारोहों में युवकों और युवतियों में मैत्री और प्रेम हो जाता था। युवक युवतियों को प्रसन्न करने के लिए तन, मन, धन और सुमधुर वचनों से अनेक प्रयास करते थे। आर्यों को जुआ खेलने का व्यसन था। वे कुछ न रहने पर अपने शरीर तक को दाँव में लगा देते थे किन्तु लड़कों को जुआ खेलने की आज्ञा न थी। इसके अतिरिक्त विभिन्न अवसरों पर रथ की दौड़ और घुड़दौड़ का आयोजन होता था। नाचने गाने और बजाने का स्त्री-पुरुष दोनों को शौक था। हाथ से तथा फूंककर बजाने के उनके कई प्रकार के बाजे थे। इनमें वीणा, तूर्य, नावि, भृंग, शंख और दुन्दुभी आदि प्रमुख थे विजया बाजा दुन्दुभी (ढोल) था।

(ल) **विद्या और साहित्य**—वैदिक आर्यों का जीवन आदर्शमय था। विद्यार्थी गुरुओं के घर पर वेदों का अध्ययन करते थे। धारणा-शक्ति के बिना विद्यार्थियों का काम नहीं चल सकता था। क्योंकि उन्हें वेद-वेदांग सस्वर याद करने पड़ते थे। उच्चारण

और स्वर में जरा-सी भूल अक्षम्य थी। ध्वनि, स्वर और शब्द-विद्या काफी उन्नत दशा में थी। वैदिक शब्दों, स्वरों और वाक्यों की शुद्धता के लिए 'प्रतिशाख्य' और 'अनुक्रमणी' की रचना की गई थी।

III. आर्थिक दशा

(*i*) **कृषि**—आर्यों की आर्थिक व्यवस्था का मूलाधार कृषि तथा पशुपालन था। ये हलों में बैलों को जोतते थे। उर्वरा भूमि की जुताई में छः, आठ और बारह बैलों तक का प्रयोग करते थे। खेतों की कुओं, झीलों, नहरों और नालियों आदि से सिंचाई करते थे। वे 'शकन' और 'करीरा' नामक खाद खेतों को उपजाऊ बनाने के लिए प्रयोग करते थे। वे चावल, जौ, सरसों, तिल, मसूर, गेहूँ आदि की पैदावार करते थे। अतिवृष्टि, टिड्डी, कीड़ों और पक्षियों से खेती को भय रहता था।

(*ii*) **पशु-पालन**—जोतने और बोझा ढोने के लिए बैल रखते थे। सवारी, घुड़दौड़ तथा युद्ध के लिए घोड़े रखते थे। उनके अतिरिक्त गाय, बकरी, भेड़, गधे और कुत्ते भी पालते थे। भैंस के विषय में कुछ निश्चित नहीं कहा जा सकता है। पशुओं के कान पर उसके स्वामी का चिन्ह अंकित कर दिया जाता था। 'गोपाल' पशुओं को 'गोष्ठ' में चराने ले जाते थे।

(*iii*) **उद्योग-धन्धे**—बढ़ई (तक्षण) रथ और गाड़ियाँ बनाते थे तथा लकड़ी पर नवकाशी का काम भी करते थे। लोहार (कर्मार) धातु के बर्तन बनाते थे। सोने के आभूषण बनाते थे। चमड़े का काम करने वाले गोफन, धनुष की डोरी, कोड़े, थैले और ढोल बनाते थे। कपड़े बुनने वाले करघों पर कपड़ा बुनते थे। स्त्रियां बेल-बूटे का काम, कताई, चटाई की बुनाई और पिसाई का काम करती थीं।

(*iv*) **व्यापार**—व्यापार विनिमय द्वारा होता था। विनिमय का मानक गाय होती थी किन्तु 'निष्क' नामक सोने के सिक्के भी प्रचलित थे। व्यापारी वर्ग 'पणि' कहलाता था। व्यापार पर स्वामी का अधिकार माना जाता था। कर्ज की भी प्रथा थी। मूल का आठवाँ अथवा सोलहवाँ अंश शायद सूद में लिया जाता था। स्थल के अतिरिक्त जल-मार्ग से भी नावों पर व्यापार होता था।

IV. धार्मिक जीवन

1. **प्राकृतिक दशा**—आर्य लोगों का धर्म बहुत सरल था। कृषि-प्रधान तथा पशुपालन सभ्यता के प्रभाव में प्रकृति की उपासना करना स्वभाविक था। प्रकृति के रूप में आर्य अनेक देवताओं की पूजा करते थे। पृथ्वी, सोम, अग्नि, इन्द्र, वायु, मरुत्, सूर्य आदि की ये लोग उपासना करते थे।

2. **एकेश्वरवाद**—इन विभिन्न देवताओं की स्तुति के कारण मैक्समूलर तथा मैकडोनाल्ड सरीखे पाश्चात्य विद्वानों में आर्यों के धर्म को बहुदेववादी माना है। वास्तव

में ये विभिन्न प्राकृतिक शक्तियां और देवतागण एक परम परमात्मा के अंश हैं। उनकी कोई स्वतंत्र सत्ता नहीं है। आर्य एकेश्वरवादी थे जैसा कि श्री अरविन्द व दयानन्द सरस्वती ने माना है।

3. प्रवृत्तिमार्गी धर्म—आर्यों को जीवन से बहुत प्रेम था। उनका धर्म प्रवृत्तिमार्गी था। गृहस्थी में रहकर ही वे देवोपासना के द्वारा कल्याण प्राप्त करने की चेष्टा करते थे। उनके जीवन में संन्यास या गृहत्याग-जैसी पलायनवादी भावनाएँ नहीं थीं। ऋग्वेद में परमशक्ति से अनेक बार शतवर्षीय आयु, धन-धान्य और विजय की कामना की गई है। इस प्रकार उनका जीवन उल्लासपूर्ण तथा अनुरागमय था।

4. यज्ञ—वैदिक धर्म में मूर्ति-पूजा व देवालयों का स्थान न था। आर्यों ने एक निराकार ईश्वर की पूजा की थी। स्तुति और यज्ञ उनकी पूजा के साधन थे। अग्निकुण्ड में अग्नि प्रज्वलित कर घी, दूध, धान्य की आहुति देकर उसके चारों ओर बैठकर लोग मंत्रों का उच्चारण करते थे उनका विश्वास था कि यज्ञों में समर्पित आहुति सीधी देवताओं तक पहुँचती है।

5. नैतिक आदर्श—आर्यों के धर्म की आधारशिला कोरे दर्शन पर नहीं, अपितु शुद्ध आचरण तथा नैतिक आदर्शों पर आधारित थी। चरित्र की शुद्धता, अतिथि-सत्कार, सदाचार, दान शीलता तथा पड़ोसी के प्रति उदारता पर वैदिक आर्यों ने पर्याप्त बल दिया है। ऋग्वेद में एक स्थान पर प्रार्थना की गई है–"हे देव! यदि हमने किसी के प्रति पाप किया हो, किसी का अहित किया हो अथवा पड़ोसी या किसी को क्रूर कष्ट दिया हो तो हमें इस पाप से मुक्त कर दो।"

इस प्रकार स्पष्ट है कि आर्यों का धर्म मानव-कल्याण के लिए था।

वर्ण-व्यवस्था

ऋग्वैदिक सभ्यता में वर्ण-व्यवस्था पर प्रकाश पड़ता है। वर्ण का प्रयोग रंग के आकार में होता था और प्रतीत होता है कि आर्य लोग गौर वर्ण के थे और मूलवासी लोग काले रंग के। यह सम्भव है कि वर्ग-विन्यास में रंग को आधार माना गया हो परन्तु रंगभेद नीति के समर्थक ने इसे खूब बढ़ा-चढ़ाकर लिखा है। वस्तुत: वर्ग विभाजन का कारण आर्यों की मूलवासियों पर विजय थी। आर्यों द्वारा जीते गये दास और दस्यु जनों के लोग दास और शूद्र बन गये। धीरे-धीरे कबाइली समाज तीन वर्गों में विभाजित हो गया–योद्धा, पुरोहित और सामान्य लोग। इस प्रकार का विभाजन ईरान में भी हुआ था। ऋग्वैदिक काल के अन्त में चौथे वर्ग-शूद्र का आविर्भाव हुआ।

ऋग्वैदिक युग में व्यवसाय के आधार पर समाज का वर्गीकरण किया गया। ऋग्वेद के दस मण्डल में सर्वप्रथम यह उल्लेख किया गया है। ईश्वर ने आदि पुरुष के मुख से

ब्राह्मण, भुजाओं से क्षत्रिय, जांघों से वैश्य और चरणों से शूद्र को जन्म दिया। स्पष्ट है कि ऋग्वैदिक के अन्तिम समय में वर्ण-व्यवस्था आरम्भ हुई। इस वर्ण-व्यवस्था में ब्राह्मण और क्षत्रियों को उच्च स्थान प्राप्त था। सामान्य लोग जो कृषि, पशुपालन अथवा अन्य कार्यों में लगे हुए थे वे विश या वैश्य कहलाने लगे। शूद्रों को अनार्यों की श्रेणी में रखा गया। तथापि यह वर्ण-व्यवस्था कठोर नहीं थी। ऋग्वेद में किसी परिवार का एक सदस्य कहता है-"मैं कवि हूँ, मेरे पिता वैद्य हैं और मेरी माता चक्र चलाने वाली है, भिन्न-भिन्न व्यवसायों से जीविकोपार्जन करते हुए हम एक साथ रहते हैं।" विवाह सम्बन्धों और खान-पान में आर्यों का कोई बन्धन नहीं था। केवल अनार्यों, दासों और शूद्रों से किया जाता था। ऋग्वेद में दासियों के दान का उल्लेख बार-बार आता है। पुरुष के दान का उल्लेख कहीं भी नहीं मिलता है। स्पष्ट है कि धनी वर्ग में घरेलू दास प्रथा ऐश्वर्य के प्रतीक के रूप में विद्यमान थी। आर्थिक उत्पादन में दासों का कोई अधिकार नहीं प्राप्त था। उन्हें कृषि उत्पादन या किसी भी अन्य वस्तु के उत्पादन के लिए प्रयोग नहीं किया जाता था।

ऋग्वैदिक सभ्यता एवं सैन्धव सभ्यता में अन्तर

प्रारम्भ में अनेक इतिहासकारों की अवधारणा थी कि ऋग्वैदिक सभ्यता और सैन्धव सभ्यता में कोई अन्तर नहीं है और दोनों एक हैं। परन्तु अब पूर्णरूप से स्पष्ट हो गया है कि इन दोनों में पर्याप्त मूलभूत अन्तर है। दोनों सभ्यताओं में निम्नलिखित प्रमुख अन्तर हैं—

(1) ऋग्वैदिक सभ्यता एक ग्रामीण सभ्यता थी और इस सभ्यता के लोग गाँवों में निवास करते थे। वे लोग प्राय: लकड़ी और बांस के मकानों में रहते थे। उनका जीवन सरल था। वे अपने मकानों की लीप-पोत कर साफ रखते थे। इसके विपरीत सैन्धव सभ्यता एक नगरीय सभ्यता थी और लोग बड़े-बड़े नगरों में निवास करते थे। उनका जीवन तड़क-भड़क से परिपूर्ण था। वे पक्की ईंटों एवं पत्थरों से बने हुए मकानों में रहते थे जिसमें सभी प्रकार की सुविधायें यथा रसोईघर, स्नानघर एवं शयनघर होते थे। उनके मकान बड़े हवादार तथा प्रकाश वाले होते थे। इन मकानों में कुओं और नालियों की भी अच्छी व्यवस्था थी।

(2) आर्य जाति के लोग युद्धों से परिचित थे। युद्ध करना उनके जीवन का एक अंग बन चुका था। उनका एक निश्चित युद्ध विधान था और उनके शस्त्र भी सिन्धु घाटी के लोगों की अपेक्षा कहीं अधिक मजबूत होते थे। इसके विपरीत सिन्धु घाटी के निवासी शान्ति प्रिय थे। खुदाई में तलवार, कवच, शिरस्त्राण आदि के अवशेष नहीं मिले हैं।

(3) आर्यों का मुख्य व्यवसाय कृषि और पशुपालन था। वे व्यापार और वाणिज्य से परिचित थे परन्तु यह उनके आर्थिक जीवन में अधिक गहराई तक प्रवेश नहीं पा

सका था। गाँव में रहने के कारण उनका जीवन ग्रामीण बन गया था और वे नगरीय जीवन से परिचित नहीं थे। इसके विपरीत हड़प्पा संस्कृति में व्यापार बहुत उन्नत अवस्था में था। अफगानिस्तान, मिस्र, मेसोपोटामिया आदि दूर-दूर देशों के साथ उनके व्यापारिक सम्बन्ध स्थापित थे। हड़प्पावासी विभिन्न प्रकार के उद्योग धन्धों में कुशल थे जिससे कला-कौशल को बहुत प्रोत्साहन मिलता था।

(4) हड़प्पा संस्कृति के निवासी पत्थर और लोहे को छोड़कर शेष विभिन्न प्रकार के धातुओं की वस्तुएँ बनाते थे। सोना, चाँदी, ताँबा और काँसे आदि का बहुत प्रयोग किया जाता था। पत्थर की भी अनेक वस्तुएँ बनती थीं परन्तु वे लोहे से बिल्कुल अनभिज्ञ थे। आर्य लोग लोहे के विभिन्न हथियारों और वस्तुओं का प्रयोग करते थे। वे लोग पत्थर की अपेक्षा धातुओं का अधिक प्रयोग करते थे।

(5) सैन्धव सभ्यता में वृषभ (बैल) का विशेष महत्व था जबकि ऋग्वैदिक सभ्यता में गाय को बहुत अधिक पवित्र माना जाता था और उसकी पूजा की जाती थी। आर्यों के जीवन में घोड़े को भी बहुत महत्वपूर्ण स्थान प्राप्त था लेकिन सिन्धु घाटी के लोग इससे बिल्कुल अपरिचित थे।

(6) सैन्धव सभ्यता में विभिन्न कलाओं-लेखन कला, मृद्भाण्ड कला, मूर्ति कला, संगीत कला और वास्तुकला आदि की बहुत उन्नति हुई। इसके विपरीत पूर्व-वैदिक काल में इसका कम विकास हुआ।

(7) हड़प्पा संस्कृति तथा वैदिक काल के धर्म में बहुत अन्तर था। सिन्धु प्रदेश के लोग मूर्ति पूजक थे। वे शक्ति और शिव के उपासक थे। इसके विपरीत आर्य लोग प्रकृति की पूजा करते थे। वे मूर्ति पूजक नहीं थे वरन् उनके देवता प्रकृति के प्रतीक थे। उनके धार्मिक, जीवन में हवन और मंत्रों के उच्चारण को बहुत महत्त्व दिया जाता था।

(8) दोनों सभ्यताओं में मुर्दों के अन्त्येष्टि क्रिया में भी पर्याप्त अन्तर था। सिन्धु घाटी सभ्यता के लोग अपने शवों को जमीन में दफनाते थे जबकि आर्य उसे जला दिया करते थे।

(9) दोनों सभ्यताओं के मनोरंजन के साधनों में विभिन्नता थी। सिन्धु घाटी के निवासी बाहरी खेलों की अपेक्षा घरेलू खेल अधिक पसन्द करते थे। उनके मनोरंजन के प्रमुख साधन संगीत, नृत्य जुआ आदि थे। लेकिन वैदिक काल के लोग बाहरी खेलों में अधिक रुचि रखते थे। आर्य लोग के सर्वप्रिय मनोरंजन रथ-दौड़, घुड़दौड़ तथा शिकार थे।

(10) सैन्धव सभ्यता में लिखित मुद्रायें प्राप्त हुई हैं परन्तु उनके लेख अभी पढ़े नहीं जा सके हैं। वैदिक सभ्यता में इस प्रकार की मुद्रायें नहीं मिलती हैं। इस सभ्यता के लोग अपनी आवश्यकताओं की पूर्ति वस्तु-विनिमय के द्वारा पूरा करते थे।

उपरोक्त विवरण के आधार पर कहा जा सकता है कि दोनों सभ्यताओं में पर्याप्त अन्तर था। तथापि सिन्धु घाटी की सभ्यता ऋग्वैदिक सभ्यता से कहीं अधिक विकसित थी।

भारतीय इतिहास में आर्यों की देन

भारतीय इतिहास में आर्यों का आगमन एक महत्त्वपूर्ण घटना समझी जाती है। उनका भारत विजय तथा उनके स्थायी रूप से यहाँ बस जाने के कारण हमारे इतिहास पर इस घटना का बहुत गहरा प्रभाव पड़ा है। सिन्धु घाटी की खुदाईयों से पूर्व हमारे देश का इतिहास, आर्यों के आगमन से ही आरम्भ होता था। इसमें सन्देह नहीं कि आर्यों के बाद भी भारत में शक, हूण, कुषाण आदि अनेक जातियां आईं लेकिन उनमें से किसी ने भी भारतीय इतिहास पर इतना गहरा व चिर-स्थायी प्रभाव न डाला जितना आर्यों ने। भारत के प्राचीन इतिहास में आर्यों के राजनैतिक, आर्थिक, सामाजिक और धार्मिक जीवन में एक विशेष आकर्षण उत्पन्न कर दिया है। आर्यों का महत्त्व इसी बात से जाना जा सकता है कि वर्तमान समय के लोग भी अपने आपको आर्यों की सन्तान मानकर गौरव अनुभव करते हैं। हमारे देश की सभ्यता और संस्कृति पर आर्यों ने अपनी इतनी गहरी और चिरस्थायी छाप लगाई है कि इस कथन की सत्यता में कोई सन्देह नहीं रह जाता कि ''हिन्दुत्व की जड़ें ऋग्वैदिक काल तक जाती हैं।'' निम्नलिखित तथ्यों के आधार पर हम निस्संकोच कह सकते हैं कि भारतीय इतिहास में आर्यों की देन अमर हैं।

1. आर्यों की राजनैतिक देन अथवा प्रभाव—राजनैतिक क्षेत्र में आर्यों की देन महान है। आर्यों से पहले भारत में जो जातियां रहती थी वे अधिक सभ्य व प्रगतिशील नहीं थीं। वे लोग शासन करने की कला में प्रवीण नहीं थे। परन्तु आर्य लोग इस दिशा में बहुत उन्नतिशील थे। उनके समय में राजतंत्र, सीमित राजतंत्र और प्रजातंत्र के सिद्धान्त प्रचलित थे। हमें इस बात का गौरव है कि आधुनिक समय की भांति उस युग में भी लोग सीमित राजतंत्र और गणतंत्रों के नियमों से पूर्णतया परिचित थे। आर्य लोग अपने शासक का चुनाव स्वयं किया करते थे और कर्त्तव्य-च्युत होने पर उसे सिंहासन से उतार भी सकते थे। राजपद पैतृक होता हुआ भी निरंकुश नहीं था। उस पर प्रथाओं तथा परम्पराओं की कई सीमाएं अथवा प्रतिबन्ध लगे हुए थे। सभा और समिति उस समय की दो लोकप्रिय परिषदें थीं जो इस बात को प्रमाणित करती हैं कि उस समय भी शासन का आधार सार्वजनिक मत हुआ करता था। यह बहुत गौरव की बात है कि प्रजातंत्र, मंत्री-मण्डल, संसद आदि संस्थाएँ जो आधुनिक युग में नवीन बातें प्रतीत होती हैं, वे आज से सहस्रों वर्ष पूर्व भी विद्यमान थीं—चाहे उनका रूप अधिक विकसित नहीं था।

2. स्थानीय स्वशासन—प्राचीन काल के आर्य स्थानीय स्वशासन के महत्त्व से पूर्णतया परिचित थे। गाँवों में आधुनिक पंचायतों के कार्य उस समय के ग्रामीण किया करते थे। स्थानीय शासन प्रबन्ध का समस्त उत्तरदायित्व उन्हीं लोगों पर था।

3. युद्ध-कला—आर्यों की युद्ध-कला भी भारतवासियों के लिए एक आदर्श और अभिमान की बात है। उनका युद्ध-विधान उच्च कोटि के नैतिक सिद्धान्तों पर आधारित था। वे लोग निशस्त्र, शरणागत, स्त्री, बच्चे, बूढ़े तथा सोए हुए पर वार नहीं करते थे। उसका युद्ध नैतिक युद्ध होता था जिनमें छल-कपट को कोई स्थान नहीं था। उनकी इस देन का सभी आदर करते हैं और स्वयं को उनके प्रति ऋणी समझते हैं।

4. सामाजिक देन—सामाजिक क्षेत्र में भी आर्यों की देन अत्यन्त महत्वपूर्ण है। उनके सामाजिक जीवन में परिवार एक मुख्य इकाई समझा जाता था। वर्तमान समाज में भी परिवार को बहुत महत्त्वपूर्ण स्थान प्राप्त है। उस समय का परिवार पितृ-प्रधान था। संयुक्त परिवार की प्रथा प्रचलित थी। घर का सबसे बड़ा पुरुष परिवार का मुखिया होता था। शेष सभी सदस्य उनके नियंत्रण में होते थे और उसकी सभी आज्ञाओं का पालन करते थे। महिलाओं को बड़े आदर की दृष्टि से देखा जाता था और समाज में उन्हें बड़ा महत्त्वपूर्ण स्थान प्राप्त था। कोई भी कार्य उनकी अनुपस्थिति में पूर्ण नहीं समझा जाता था। वर्तमान हिन्दू समाज में भी आर्यकालीन परिवार की भांति पिता घर का मुखिया होता है। सब सदस्य उनके नेतृत्व में काम करते हैं। संयुक्त परिवार की प्रथा काफी प्रचलित है और स्त्री को गृह-लक्ष्मी समझा जाता है।

वर्तमान समाज का आधार जाति प्रथा की उत्पत्ति भी वैदिक युग में हुई। वर्णों से जातियों का विकास हुआ जिसकी जड़ें ऋग्वैदिक काल तक जाती थीं। सामाजिक नियम जो आधुनिक समाज की थाती है, वह पूर्व वैदिक काल में ही विकसित हो गयी थी।

5. सांस्कृतिक देन—यद्यपि आर्य सभ्यता ने हमारे राजनैतिक, आर्थिक तथा सामाजिक जीवन पर अपनी अमिट छाप लगाई है तथापि सांस्कृतिक क्षेत्र में उनकी देन अमर है। वेद, उपनिषद, दर्शन, गीता, रामायण, महाभारत आदि वैदिक ग्रन्थ समस्त हिन्दू जाति के लिए पूज्यनीय है। न केवल वर्तमान भारत के लोग बल्कि सारे संसार के लोग इन ग्रन्थों से प्रेरणा प्राप्त करते हैं। गीता जैसी उच्च कोटि के धार्मिक ग्रन्थों का कई भाषाओं में अनुवाद हो चुका है और सभी लोग इससे ज्ञान प्राप्त कर अपने जीवन को सफल बनाने का प्रयत्न करते हैं।

इस प्रकार हमारे सांस्कृतिक जीवन में आर्यों की इस अमर देन के प्रति भारतीय कृतज्ञ हैं।

6. भारतीय देशी भाषाओं का विकास—आर्यों की उच्च सभ्यता और संस्कृति के कारण न केवल हमारे साहित्य की उन्नति हुई बल्कि भाषा के क्षेत्र में भी इसका बहुत अच्छा प्रभाव पड़ा। आर्यों की भाषा संस्कृत थी। इसके सर्वत्र प्रयोग से बहुत-सी नयी भाषाओं का जन्म और विकास हुआ जो आधुनिक समय की प्रमुख भाषाएँ समझी जाती हैं। उदाहरण के लिए हिन्दी, मराठी, बंगाली, गुजराती आदि।

7. धार्मिक देन—अन्य दिशाओं की भांति धार्मिक दिशा में भी आर्यों का महत्त्वपूर्ण प्रभाव पड़ा है। उनका धर्म बहुत श्रेष्ठ और ऊंचे स्तर का था। उनके विचार बहुत पवित्र और सादा थे। वे लोग एक ईश्वर के अस्तित्व में विश्वास रखते थे और प्रकृति के विभिन्न अंगों की उपासना करते थे। प्रमुख देवता अग्नि, सूर्य, वरुण, इन्द्र, रुद्र, पृथ्वी आदि थे। आज भी हिन्दू इन देवताओं की पूजा करते हैं और आर्यों की भांति अपने देवताओं को प्रसन्न करने के लिए मंत्रों का गायन तथा यज्ञ करते हैं। कर्म, मोक्ष, तथा पुनर्जन्म सिद्धान्त, जो कि हिन्दू धर्म का आधार है, आर्यों की ही देन है। उनके धार्मिक ग्रन्थ हमारे अध्यात्मिक जीवन में प्रकाश-स्तम्भ का कार्य करते हैं।

इस प्रकार उपरोक्त विवरण से यह स्पष्ट है कि आर्यों की भारत विजय का हमारे देश पर बहुत गहरा प्रभाव पड़ा है। वास्तव में यह विजय हमारे लिए एक गुप्त आशीष प्रमाणित हुई है। हमारे जीवन के प्रत्येक पहलू पर आर्य सभ्यता की जो अमिट छाप पड़ी है वह बहुत हितकर और श्रेष्ठ साबित हुई। राजनीति, धर्म, साहित्य, विज्ञान आदि विभिन्न क्षेत्रों में आर्य सभ्यता का प्रभाव अनन्त और चिर स्थायी है और सभी भारतीय इसके लिए गौरव अनुभव करते हैं।

वैदिक साहित्य

वैदिक साहित्य वे साहित्य हैं जिनकी रचना आर्यों द्वारा ई० पू० 2500 से ई० पू० 500 के मध्य की गई। वैदिक साहित्य का न केवल भारतीय साहित्य में अपितु विश्व साहित्य में अत्यधिक महत्त्व है। एक लम्बे अन्तराल के पश्चात् भी इस प्रकार के साहित्य में रचना विश्व में नहीं हुई है। वैदिक साहित्य तत्कालीन समय का दर्पण है। वैदिक युग में चार वेद, चार उपवेद, छ: वेदाग, छ: दर्शन आदि की रचना की गयी।

रचना के आधार पर वैदिक साहित्य को दो भागों में विभाजित किया जा सकता है–

(क) पूर्व वैदिक काल का साहित्य अर्थात् श्रुति साहित्य।

(ख) उत्तर वैदिक काल का साहित्य अर्थात् स्मृति साहित्य।

(क) पूर्व वैदिक काल का साहित्य अर्थात् श्रुति साहित्य—श्रुति साहित्य वह साहित्य है जो धार्मिक परम्पराओं के अनुसार लोगों द्वारा लिखा नहीं गया बल्कि

जिसका दिव्य ज्ञान ऋषि मुनियों ने मौखिक रूप से अपनी सन्तान को दिया। कहा जाता है कि ऋषियों को यह ज्ञान स्वयं परमात्मा ने दिया था। यही कारण है कि इसे सबसे अधिक पवित्र और श्रेष्ठ माना जाता है। इस साहित्य में वेद शामिल हैं।

(ख) उत्तर वैदिक काल का साहित्य अर्थात् स्मृति साहित्य—स्मृति साहित्य वह साहित्य है जिसे ऋषियों ने अपनी स्मृति तथा विचार शक्ति के आधार पर लिखा। इस साहित्य में वेदांग, उपवेद आदि धार्मिक ग्रन्थ हैं। श्रुति की भांति वैदिक साहित्य के इस भाग को उतना पवित्र नहीं माना जाता।

(क) पूर्व वैदिक काल का साहित्य—इसमें वेद, उपनिषद्, ब्राह्मण ग्रंथ, आरण्यक आदि आते हैं।

1. वेद—आर्यों के सर्वोत्तम ग्रन्थ वेद हैं। वेद शब्द विद् धातु से निकला है जिसका अर्थ है—जानना। प्रायः इसका अर्थ ज्ञान होता है। वेद मनुष्य कृत नहीं माने जाते, बल्कि वे ब्रह्म ज्ञान कहे जाते हैं। इन्हीं कारणों से इन्हें 'श्रुति' वाणी कहा गया है। वेद संख्या में चार हैं—ऋग्वेद, यजुर्वेद, सामवेद और अथर्ववेद।

(*i*) ऋग्वेद—ऋग्वेद आर्यों का प्राचीनतम् और सबसे पवित्र ग्रन्थ माना जाता है। यह 1028 सूत्रों का एक संकलन है। सूत्र का अर्थ सुन्दर उक्ति होता है। प्रत्येक सूत्र में 3-4 से लेकर 100 तक मन्त्र हैं। ऋग्वेद दस मण्डलों में विभक्त है। ये सभी सूत्र एक ही काल के नहीं हैं। इनकी रचना भिन्न-भिन्न कालों में हुई है। प्रथम और दशम् मण्डल बाद में जोड़े गये मालूम होते हैं। दसवें में पुरुष सूत्र है। उनके रचयिता भी भिन्न-भिन्न थे। कुछ को छोड़कर अधिकतर सूत्र देवताओं की स्तुति में रचे गये हैं। इन स्तुतियों से तत्कालीन समाज के विषय में जानकारी प्राप्त होती है। कुछ सूत्रों से तत्कालीन युद्धों और मानव आचार-विचारों के विषय में जानकारी मिलती है। तत्कालीन इतिहास के स्रोत बहुत कम उपलब्ध हैं। ऐसे में इन सूत्रों की उपयोगिता बढ़ जाती है। इनसे आर्यों की धार्मिक भावनाओं और उनके देवताओं आदि का विवरण प्राप्त होता है। ऋग्वेद के दस मण्डलों या अध्यायों में सम्पूर्ण आर्य जाति का इतिहास दिया हुआ है। इसके विभिन्न मण्डलों में प्रमुख आर्य वंशों तथा प्रसिद्ध ऋषि घरानों का इतिहास ज्ञात होता है। ऋग्वेद में आर्यों के विस्तार का भी वर्णन है। इससे यह भी प्रमाणित होता है कि आर्यों का अनार्यों के साथ युद्ध हुआ जिसमें आर्यों को विजय प्राप्त हुई। उन्होंने आपस में श्रेष्ठता स्थापित करने के लिए भी एक दूसरे से युद्ध किया। इसमें विभिन्न आर्य वंशों और ऋषि घरानों की वंशावलियां दी हुई हैं। इससे आर्यों के सामाजिक रीति-रिवाजों, प्रथाओं और धार्मिक अनुष्ठानों का भी विवरण प्राप्त होता है। इस प्रकार ऋग्वेद आर्यों के सामाजिक राजनीतिक, आर्थिक और सांस्कृतिक विवरण का ऐतिहासिक लेखा-जोखा है।

(*ii*) **सामवेद**—पुराणों में सामवेद के हजार शाखाओं का उल्लेख है किन्तु इनमें से केवल एक ही आज उपलब्ध है। इसकी तीन वाचनायें हैं—गुजरात की कौथुम, कर्नाटक की जैमिनीय और महाराष्ट्र की काणायनीय। इनमें उन ऋचाओं का संग्रह है जिन्हें सोमयज्ञ के समय गाया जाता था। इन ऋचाओं की संख्या 1810 है। इनमें 75 को छोड़कर शेष सभी ऋचाएँ ऋग्वेद की संहिता की हैं। ऋग्वेद में न मिलने वाली 75 ऋचाओं में से कुछ तो अन्य संहिताओं में और कुछ विभिन्न ब्राह्मणों अथवा कल्प साहित्य में पायी जाती है। ऋचायें केवल स्वर माधुर्य के लिए होते थे। इस प्रकार सामवेद भारतीय संगीत के इतिहास की दृष्टि से महत्त्वपूर्ण है। यह यज्ञ विधानों के विकास का रोचक विवरण देता है।

(*iii*) **यजुर्वेद**—यजुर्वेद कर्मकाण्ड प्रधान वेद है। इसके अध्ययन से ज्ञात होता है कि उस समय के आर्यों तथा ऋग्वैदिक आर्यों के धार्मिक और सामाजिक जीवन में महान अन्तर आ चुका था। उस समय के आर्य प्राचीन आर्यों की भांति प्रकृति पूजा के स्थान पर कर्मकाण्डों में अधिक विश्वास करने लगे थे और समाज में बलि और जाति प्रथा का विकास हो गया था। इसके 40 अध्याय हैं। यजुर्वेद के दो भाग हैं—कृष्ण तथा शुक्ल। शुक्ल यजुर्वेद में मंत्र पाये जाते हैं और कृष्ण यजुर्वेद में टीकायें हैं। यह वेद भी धार्मिक और ऐतिहासिक दोनों दृष्टिकोणों से काफी महत्त्वपूर्ण है।

(*iv*) **अथर्ववेद**—यह वेद सबसे अन्तिम वेद है। इसे ब्रह्मवेद भी कहा जाता है। इसका सम्बन्ध मुख्य रूप से आर्यों के घरेलू जीवन से है। इसमें 6000 मंत्र है और 40 अध्याय हैं। इसके बहुत से मंत्र ऋग्वेद में भी पाये जाते हैं। इस ग्रंथ में अनेक भूतों और पिशाचों का उल्लेख है जिनको वश में करने के लिए कई प्रकार के जादू टोनों का वर्णन किया गया है। यद्यपि साहित्यिक दृष्टि से यह ग्रन्थ अधिक महत्त्वपूर्ण नहीं है तथापि भारतीय विज्ञान का इतिहास जानने के लिये इससे बहुत सहायता मिलती है।

2. **संहिता**—आरम्भ में लिखने की कठिनाई के कारण वेदमंत्रों को रट लिया जाता था। बाद में इन वेद मंत्रों का संकलन किया गया। इन संकलनों को ही संहिता के नाम से पुकारा गया है। ये संहितायें हैं-(1) चरक् संहिता, (2) यजु संहिता, (3) साम संहिता, (4) अथर्व संहिता।

3. **उपनिषद्**—उपनिषद् शब्द का अर्थ रहस्य या उपासना है। ये ज्ञान प्रधान हैं। इनमें आर्यों के धार्मिक और आध्यात्मिक सिद्धांतों का वर्णन है। सम्पूर्ण संसार में उपनिषदों से बढ़कर आध्यात्मिक ज्ञान का कोई दूसरा ग्रन्थ नहीं है। ये वेदों के अन्तिम भाग हैं इन्हें वेदान्त भी कहते हैं। इनकी संख्या 300 के करीब हैं। सभी उपनिषदों को एक ही समय में लिखा गया था। प्रसिद्ध ईश, केन, प्रश्न, मुण्डक, मांडूक्य, ऐतरेय और तैत्तरीय हैं। उपनिषदों में आत्मा, परमात्मा, पुनर्जन्म, कर्मवाद, मोक्ष के साधनों जैसे

गंभीर विषयों पर विचार प्रकट किये गये हैं। इनके अनुसार केवल एक ही ईश्वर है जो सत्य, ज्ञान तथा अनन्त हैं। वह सर्व अन्तर्यामी और सर्वव्यापी है। उपनिषद् सम्पूर्ण वैदिक साहित्य की शान हैं। जर्मनी के प्रसिद्ध विद्वान् मैक्समूलर ने उपनिषदों की मुक्त कंठ से प्रशंसा की है और उन्हें मनुष्य की एक आश्चर्यजनक कृति बताया है। जर्मन विद्वान शेपेनहावर ने भी इनकी बहुत सराहना की है और इन्हें संसार की सर्वश्रेष्ठ तथा आध्यात्मिक उन्नति की विद्या बताया है। ऐतिहासिक दृष्टि से भी उपनिषदों का बहुत अधिक महत्त्व है, क्योंकि इनसे आर्यों के सामाजिक, धार्मिक तथा आध्यात्मिक जीवन के विषय में काफी जानकारी प्राप्त होती है।

4. ब्राह्मण—वेद-मंत्रों की व्याख्या करने के लिए जो टीकायें लिखी गयी हैं उन्हें ब्राह्मण कहा जाता है। वेद-मंत्रों को संहिता कहा जाता है। सामान्य जनता और ब्राह्मण पंडितों को ये संहितायें समझाने के लिए इन ग्रंथों को लिखा जाता है। इनकी भाषा गद्यमयी है लेकिन कहीं-कहीं पद्यों का भी समावेश है। ब्राह्मण ग्रन्थ कर्मकाण्ड प्रधान हैं। वेद मंत्रों की व्याख्या के साथ-साथ इनमें कुछ मौलिकता भी पायी जाती है। संहिताओं में वर्णित प्रमुख व्यक्तियों की कथायें इन ग्रन्थों में लिखी गई हैं। इनमें वैदिक यज्ञों के स्वरूप तथा विधियों का विस्तृत उल्लेख मिलता है। यद्यपि ब्राह्मण ग्रन्थों की रचना का उद्देश्य केवल पंडितों आदि का पथ-प्रदर्शन करना था तथापि इनसे प्राचीन काल की सामाजिक दशा का भी आभास मिलता है।

याज्ञिक विधियों की पृथक-पृथक व्याख्या करने के कारण ब्राह्मण अनेक हैं। इस प्रकार प्रत्येक वेद के अपने-अपने ब्राह्मण हैं। ऋग्वेद का प्रधान ब्राह्मण ग्रंथ ऐतरेय है। इसमें कुल मिलाकर 40 अध्याय और 7 पंचिकाएं हैं। इसके रचने वाले सम्भवत: महीदास ऐतरेय थे। इसमें अग्निष्टोम, गवामयन, द्वादशाह आदि सोमयागों, अग्निहोम तथा राज्याभिषेक का विस्तृत वर्णन है। ऋग्वेद का दूसरा प्रसिद्ध ब्राह्मण ग्रन्थ शंखायन (कौशीतकी) है। इसमें 20 अध्याय हैं परन्तु विषय ऐतरेय ब्राह्मण जैसा ही है। इससे पता लगता है कि उत्तर भारत में भाषा के सम्यक् अध्ययन पर बहुत बल दिया जाता है। कृष्ण यजुर्वेद का ब्राह्मण तैत्तरीय है तथा शुक्ल यजुर्वेद का ब्राहाण शतपथ है। तैत्तरीय ब्राह्मण में मंत्र तथा उनके विधि विधान का उल्लेख किया गया है। शतपथ ब्राह्मण बड़ा ही विशाल ग्रंथ है। इसमें कुल सौ अध्याय है, जिन्हें चौदह काण्डों में विभक्त किया है। इसमें न केवल विधियों का ही उल्लेख है, अपितु उनके प्रयोजन के बारे में भी बताया गया है। प्राय: इसका रचनाकार याज्ञवल्क्य को ही माना जाता है। परन्तु इतना विशाल ग्रन्थ किसी एक ऋषि की रचना न होकर अनेक ऋषियों की कृति होगी। सामवेद के तीन प्रसिद्ध ब्राह्मण-ताण्डय, षडविंश और जैमिनीय हैं। विद्वानों के अनुसार यह ब्राह्मण अन्य ब्राह्मण ग्रन्थों की अपेक्षा अधिक प्राचीन हैं। अथर्ववेद का ब्राह्मण गोपथ है। विद्वानों के अनुसार यह अधिक प्राचीन नहीं है।

5. आरण्यक—आरण्यक शब्द 'अरण्य' से बना है। जिसका अर्थ है—ऐसे ग्रंथ जो वन में पढ़े जा सकते हैं। इनके आधार पर यह कहा जा सकता है कि प्राचीन आर्य यज्ञों को प्रधानता देने, उनके विधि-विधानों के अतिरिक्त आध्यात्मिक, दार्शनिक तथा पारलौकिक विषयों का भी चिन्तन किया करते थे। उसमें यह विचार किया गया है कि आत्मा क्या है? सृष्टि की उत्पत्ति किस प्रकार हुई? सृष्टि किन तत्त्वों से बनी है? आदि। अनेक आरण्यक ब्राह्मण ग्रंथों का ही भाग हैं। इनसे पता चलता है कि अनेक ऋषि यज्ञ को ही अपना उद्देश्य नहीं मानते थे बल्कि आध्यात्मिक चिन्तन भी करते थे। उपलब्ध प्रसिद्ध आरण्यक निम्नलिखित हैं—

(*i*) ऐतरेय आरण्यक,

(*ii*) शांखायन आरण्यक,

(*iii*) तैत्तरीय आरण्यक,

(*iv*) मैत्रायणी आरण्यक,

(*v*) माध्यन्दिन वृहदारण्यक,

(*vi*) वलवकार आरण्यक।

(ख) उत्तर वैदिक साहित्य या स्मृति साहित्य—स्मृति साहित्य को ऋषियों ने अपनी स्मृति तथा विचार शक्ति के आधार पर लिखा। इसमें वेदांग, सूत्र, उपवेद, षडदर्शन, महाकाव्य तथा धर्मशास्त्र आदि आते हैं।

1. उपवेद—प्रत्येक वेद का एक उपवेद है। अत: इनकी संख्या भी चार है जो निम्नलिखित हैं—

(अ) आयुर्वेद—ऋग्वेद का उपवेद आयुर्वेद है। इसमें रसायन शास्त्र, वनस्पति विद्या, आयु-विज्ञान, प्राण विद्या आदि का ज्ञान है। धनवन्तरि, अश्विनी कुमार, चरक आदि इसके प्रधान आचार्य थे।

(ब) धनुर्वेद—धनुर्वेद, यजुर्वेद का उपवेद है। इसमें युद्ध कला तथा शस्त्रों के प्रयोग की विद्या पाई जाती है।

(स) गन्धर्व वेद–यह सामवेद का उपवेद है। इसके मुख्य अंग नृत्य, वादन तथा गायन विद्या है।

(ह) अर्थवेद अथवा शिल्पवेद–यह अथर्ववेद का उपवेद है।

2. वेदांग (Vedangas)—वेदांग छ: भागों में हैं जिनके नाम ये हैं—

(*i*) शिक्षा,

(*ii*) छन्द,

(*iii*) व्याकरण,

(*iv*) निरुक्त,

(*v*) ज्योतिष,

(*vi*) कल्प।

इन सभी भागों में से कल्प सबसे अधिक महत्त्वपूर्ण है। वेदों का अध्ययन करने के लिए वेदांग प्रथम सीढ़ी के समान है।

3. सूत्र—प्राचीन काल के लोग अधिक पुस्तकें नहीं लिखते थे बल्कि प्रत्येक महत्त्वपूर्ण बात को याद रखते थे। बाद में इन्हीं याद किए गए महत्त्वपूर्ण रीति-रिवाजों को संगृहीत कर दिया गया जो सूत्रों के नाम से प्रसिद्ध हैं। ये सूत्र तीन हैं-

(*i*) **धर्मसूत्र**—इस सूत्र में आर्य लोगों के धार्मिक रीति-रिवाज तथा परम्पराएं संगृहीत हैं। अनुमान किया जाता है कि धर्म-सूत्रों की रचना 600 ई० पू० से 200 ई० पू० तक के समय में की गई होगी।

(*ii*) **श्रोतसूत्र**—इन सूत्रों में आर्यों की बलि प्रथा यज्ञों की विधियों का वर्णन मिलता है।

(*iii*) **गृहसूत्र**—गृहसूत्रों में पारिवारिक जीवन से सम्बन्धित रीति-रिवाजों का वर्णन है।

4. दर्शन—आध्यात्मिक विज्ञान को संस्कृत भाषा में दर्शनशास्त्र कहते हैं। प्राचीन काल के आध्यात्मिक विचारों का ज्ञान प्राप्त करने के लिए दर्शनशास्त्र का अध्ययन करना बहुत आवश्यक है। इनकी रचना सूत्रों के आधार पर की गई है। वैदिक साहित्य में इन्हें बहुत महत्त्वपूर्ण स्थान प्राप्त है। इनके बिना वैदिक साहित्य अधूरा ही रह जाता है। वैदिक काल का दर्शनशास्त्र दो भागों में बांटा जा सकता है—एक नास्तिक तथा दूसरा आस्तिक। नास्तिक दर्शन के तीन भाग हैं और आस्तिक दर्शन के छ: भाग हैं जो अधोलिखित हैं-

(*i*) **गौतम का न्याय शास्त्र**—इस शास्त्र में महर्षि गौतम ने परमात्मा को प्राप्त करने के लिए न्याय का मार्ग बताया है। उन्होंने इसमें न्याय के पांच अंगों-प्रतिज्ञा, उदाहरण, हेतु, उपनय, तथा निगमन का विवरण दिया है।

(*ii*) **कपिल का सांख्य दर्शन**—इस दर्शन के आचार्य महर्षि कपिल हैं। उन्होंने इस दर्शन में प्रकृति और आत्मा की विवेचना करते हुए इन दोनों को अमर तथा अनादि सिद्ध करने का प्रयत्न किया है। उन्होंने इसमें सब प्रकार के दुखों की निवृत्ति का एक

मात्र उपाय तत्त्व-ज्ञान बताया है। उनके अनुसार ईश्वर कोई नहीं है। प्रकृति और आत्मा से ही इस बह्माण्ड की रचना हुई है। यह दर्शन सब दर्शनों से अधिक प्राचीन और महत्त्वपूर्ण है।

(*iii*) **पंतजलि का योग शास्त्र**—इस शास्त्र में ऋषि पंतजलि ने मोक्ष प्राप्ति का सर्वोत्तम साधन योग बताया है। इसमें समाधि, तप, योग, नियम, संयम आदि विभूतियों का वर्णन है और प्रकृति, आत्मा तथा परमात्मा का महत्त्व बताया गया है।

(*iv*) **कणाद का वैशेषिक शास्त्र**—इस शास्त्र में महर्षि कणाद ने पदार्थ विज्ञान का निरूपण किया है। और यह सिद्ध किया है कि ईश्वर कोई नहीं है, संसार की रचना अदृष्ट अणु शक्तियों द्वारा हुई है। इसमें द्रव्य, गुण, कर्म, विशेष सामान्य, समवाय तथा प्रभाव इन सात पदार्थों का विवरण पाया जाता है।

(*v*) **जैमिनी का पूर्वमीमांसा शास्त्र**—यह शास्त्र कर्म प्रधान है। इसमें आचार्य जैमिनी ने बहुत विशद तथा गंभीर दर्शन हमारे सम्मुख प्रस्तुत किया है और बताया है कि मोक्षप्राप्ति का सर्वोत्तम साधन कर्ममार्ग है।

(*vi*) **व्यास का उत्तरमीमांसा शास्त्र**—उत्तरमीमांसा शास्त्र में महर्षि व्यास ने सभी उपनिषदों की सूत्रात्मक रूप से व्याख्या की है। इसमें ब्रह्म-तत्त्व का निरूपण किया गया है और परमात्मा को सर्वव्यापक तथा सर्वशक्तिमान माना गया है।

5. **पुराण**—पुराण शब्द का अर्थ है पुरानी कहानी। यह रामायण और महाभारत की तरह से प्राचीन काल से चली आती घटनाओं का संग्रह है। यज्ञों और राज्याभिषेकों के समय भाट लोग इनका पाठ करके पुराने इतिहास को सुनाया करते थे। ऐसा कहा जाता है कि पुराणों के लिखने वाले महर्षि वेद व्यास थे।

इसका यह तात्पर्य प्रतीत होता है कि इन्होंने महाभारत युद्ध तक के पुराने राजवंशों के सम्बन्ध में चली आने वाली परम्पराओं का विभिन्न पुराणों में संग्रह किया। किन्तु पुराणों का विकास यहीं समाप्त नहीं हो गया। महाभारत युद्ध तक होने वाली घटनाओं की इनमें भविष्यवाणी की गयी है। पुराणों में महाभारत युद्ध तक की घटनाएँ भूतकाल के रूप में, इस युद्ध में जनमेजय के समय तक की घटनाएँ वर्तमान काण्ड के रूप में और इससे बाद की भविष्यकाल के रूप में वर्णित हैं—

पुराणों में निम्न पांच बातों का वर्णन है—

(*i*) सर्ग-सृष्टि की उत्पत्ति।

(*ii*) प्रतिसर्ग-सृष्टि का विस्तार, प्रलय तथा पुनः उत्पत्ति।

(*iii*) वंश-भिन्न-भिन्न राजाओं तथा ऋषियों के वंशजों का वर्णन।

(*iv*) मन्वन्तर-संसार का काल विभाग और प्रत्येक काल की प्रधान घटनाओं का उल्लेख।

(*v*) वंशानुचरित-भिन्न-भिन्न वंशों के प्रतापी तथा यशस्वी राजाओं के कार्यों का वर्णन।

एक श्लोक में उपयुक्त पांचों बातों को पुराण का लक्षण बताया गया है—

''सर्गश्च प्रतिसर्गश्च वंशों मन्वन्तराणि च।
वंशानुचरितं चैव पुराणां पंचलक्षणम्।''

पुराणों की कुल संख्या 36 है जिनमें 18 बड़े पुराण तथा 18 छोटे पुराण हैं। 18 बड़े पुराणों में 6 विष्णु से, 6 ब्रह्मा से तथा 6 शिव से सम्बन्ध रखते हैं।

(*i*) **शैव पुराण**—शिव, लिंग, स्कन्द, अग्नि, मत्स्य, कर्म।

(*ii*) **वैष्णव पुराण**—विष्णु, भागवत, नारदीय, गरुड़, पद्म, वराह।

(*iii*) **ब्रह्म पुराण**—ब्रह्मा, ब्रह्माण्ड, ब्रह्मवैवर्त, मार्कण्डेय, भविष्य और वामन।

यद्यपि पुराणों में कुछ त्रुटियां भी हैं फिर भी ऐतिहासिक तथा सांस्कृतिक दृष्टि के पुराण अत्यधिक महत्ता रखते हैं। भारत के प्राचीन इतिहास को जानने का एकमात्र स्रोत पुराण है। पहले विदेशी इतिहासकार पुराणों को केवल कल्पित तथा मिथ्या समझते थे किन्तु इनका गहरा अनुशीलन करने पर विद्वान इसी नतीजे पर पहुँचे हैं कि यह केवल इतिहास पर प्रकाश ही नहीं डालते बल्कि प्राचीन राजाओं की वंशालियाँ बनाने में भी सहायक सिद्ध हुए हैं।

सांस्कृतिक दृष्टि से पुराण वर्तमान हिन्दू धर्म की आधारशिला हैं। आधुनिक धर्म वैदिक नहीं किन्तु पौराणिक है। पुराणों में जो धार्मिक विधियां, विश्वास और सम्प्रदाय बनाए गए हैं, वही आज हमारे समाज में चल रहे हैं। इसमें जिन देवताओं की उपासना बताई गई है उनकी उपासना भी होती है। पुराण, रामायण और महाभारत ही ऐसे ग्रंथ थे जिनको सुनने का अधिकार स्त्रियों और शूद्रों को भी है। वेद, उपनिषद् के ज्ञान के अधिकारी केवल ब्राह्मण और क्षत्रिय थे। अत: पुराण साधारण जनता के धर्म का ज्ञान प्राप्त करने के लिए बहुत उपयोगी है।

6. महाकाव्य—उत्तरवैदिक साहित्य में रामायण और महाभारत जैसे महाकाव्यों का विशेष महत्त्व है। आदि कवि बाल्मीकि द्वारा रचित रामायण में राम और तत्कालीन इतिहास के विषय में जानकारी मिलती है। महाभारत की रचना व्यास ने की जिसमें कौरव-पांडवों से सम्बद्ध युद्ध की कथा है। ये दोनों ऐतिहासिक ग्रन्थ हैं और वीरगाथा काल के राजनैतिक, सामाजिक, आर्थिक और धार्मिक इतिहास का ज्ञान प्रदान करते हैं। दोनों महाकाव्य हिन्दू संस्कृति के मूलाधार हैं।

7. धर्मशास्त्र—भारत में अनेक धर्मशास्त्र यथा मनु स्मृति, विष्णु स्मृति, याज्ञवल्क्य स्मृति और नारद स्मृति आदि लिखे गये। मनु स्मृति में मनु ने जीवन को ब्रह्मचर्य, गृहस्थ, वानप्रस्थ तथा संन्यास चार भागों में बांटा है। वर्णाश्रम धर्म पर विस्तृत विचार किया गया है। मनु ने स्त्रियों को समाज में आदरणीय स्थान देने का प्रयास नहीं किया। याज्ञवल्क्य स्मृति में चिकित्सा और शरीर सम्बन्धी सामग्री दी गयी है। इसमें याज्ञवल्क्य ने स्त्री के अधिकारों को स्पष्ट किया है। उसने दण्डनीति, स्मृतियों, सूत्रों और भाष्यों का वर्णन किया है। विष्णु स्मृति में वेदों की संहिता, ऐतरेय ब्राह्मण पुराणों, धर्मशास्त्रों, व्याकरण और वेदांगों का वर्णन किया है। उसमें विभिन्न सिक्कों यथा यव, कृष्णाल और माशा आदि का भी उल्लेख है। नारद स्मृति में नियोग और स्त्रियों के पुनर्विवाह को उचित बताया गया है। नारद ने 15 प्रकार के दासों का उल्लेख किया है। नारद स्मृति में भी दिनार और कार्षापण जैसे सिक्कों का उल्लेख है।

वैदिक साहित्य का महत्त्व—वैदिक साहित्य अनेक दृष्टियों से महत्त्वपूर्ण है—

(1) वैदिक ग्रन्थों का और विशेष रूप से ऋग्वेद का विश्व के इतिहास में सर्वोच्च स्थान है।

(2) वैदिक साहित्य में आर्यों की एक उच्च जाति की झांकी प्राप्त होती है।

(3) आर्यों के मूल स्थान तथा उनके प्रारम्भिक जीवन का परिचय प्राप्त करने का एक मात्र साधन वैदिक ग्रन्थ हैं।

(4) वैदिक ग्रंथों के अध्ययन से पूर्वजों के राजनीतिक, सामाजिक, आर्थिक तथा धार्मिक जीवन का पूर्ण विवरण प्राप्त होता है।

(5) वैदिक ग्रन्थ में वर्णित आदर्श तथा सिद्धान्त भारतीयों के जीवन के पथ-प्रदर्शक हैं।

(6) हिन्दू धर्म के मूल सिद्धान्तों का दर्शन वैदिक ग्रन्थों में ही प्राप्त होता है।

(7) वैदिक ग्रन्थ आध्यात्मिक विवेचन के विशाल कोष हैं।

(8) वैदिक ग्रन्थों की भाषा संस्कृत भारत के अधिकांश भाषाओं की जननी है।

4 जैनधर्म एवं बौद्धधर्म

छठी शताब्दी ई० पू० में जैनधर्म और बौद्धधर्म के उदय के कारण भारत में धार्मिक क्रांति आई। वस्तुत: यह युग सम्पूर्ण विश्व में क्रान्ति का युग था। भारत के राजनैतिक एवं धार्मिक क्रान्ति के साथ ही ईरान, चीन तथा यूनान में भी राजनैतिक, सामाजिक, आर्थिक तथा धार्मिक सुधार के आन्दोलन चल रहे थे जिनका उन देशों के इतिहास पर बहुत अधिक प्रभाव पड़ा। छठी शताब्दी ई० पू० की क्रान्ति अत्यन्त व्यापक थी। इसका प्रभाव भारत के राजनैतिक, सामाजिक, धार्मिक तथा सांस्कृतिक सभी क्षेत्रों पर स्पष्ट रूप से दिखाई देता है। राजनैतिक क्षेत्र में मगध के साम्राज्यवाद का युग था। सामाजिक क्षेत्र में जाति प्रथा के बन्धन का ढीला होना प्रमुख है। इस काल में सामाजिक कुरीतियों के विरुद्ध भी आन्दोलन प्रारम्भ हुआ। सांस्कृतिक क्षेत्र में भी क्रान्तिकारी परिवर्तन हुआ। साहित्य एवं कला के क्षेत्र में महत्वपूर्ण क्रान्ति हुई। प्राकृत और पाली जैसी स्थानीय भाषाओं की उन्नति हुई।

इस काल में सबसे बड़ा क्रान्तिकारी परिवर्तन धार्मिक क्षेत्र में हुआ। वैदिक धर्म अत्यन्त जटिल हो गया था जिसका पालन केवल ब्राह्मण ही कर पाते थे। मोक्ष का मार्ग माने जाने वाले यज्ञ अत्यधिक खर्चीले और लम्बे समय तक चलने वाले हो गये थे। फलस्वरूप सामान्य जनता इसे सम्पन्न करने में असमर्थ हो गयी थी। फलस्वरूप सरल मार्ग ढूंढ़ने के लिए एक प्रबल धार्मिक क्रान्ति क्षत्रियों के नेतृत्व में आरम्भ हुई जो प्रधान धाराओं में प्रवाहित हुई। एक धारा वैष्णव और शैव धर्म की आस्तिक धारा थी जबकि दूसरी बौद्ध और जैनधर्म के नास्तिक धारा थी। जैन धर्म और बौद्ध धर्म के मार्ग सर्वसाधारण के लिए अनुकरणीय थे। फलस्वरूप ये शीघ्र लोकप्रिय हो गये। धार्मिक क्रान्ति ने भारतीय दर्शन में पर्याप्त वृद्धि की।

जैनधर्म और बौद्धधर्म के उदय के कारण

"छठी शताब्दी ई० पू० आध्यात्मिक अशान्ति तथा बौद्धिक जागरण का एक विलक्षण युग था। इस युग में सम्पूर्ण विश्व में महान युग प्रवर्तकों का जन्म हुआ, जिन्होंने धार्मिक एवं आध्यात्मिक विचारों पर गहन अध्ययन एवं चिन्तन किया, जिसके परिणामस्वरूप क्रान्तिकारी परिवर्तन हुए। भारत में भी उस समय ब्राह्मणों ने धर्म को

जटिल बना दिया था। यज्ञ तथा धार्मिक कर्मकाण्ड बड़े खर्चीले और समय साध्य थे और धर्म का स्वरूप विकृत हो गया था। ठीक इसी समय वर्द्धमान महावीर तथा महात्मा बुद्ध ने धर्म के सच्चे तथा सरल स्वरूप को जनता के सामने रखा। बौद्ध और जैनधर्म के उदय के प्रमुख कारण निम्नलिखित थे—

(1) **संस्कृत भाषा की कठिनता**—वैदिक संस्कृत अत्यन्त कठिन थी और इसी कठिन संस्कृत में धार्मिक ग्रन्थों की रचना हुई थी। इसके अलावा संस्कृत साहित्य बहुत अधिक विस्तृत था। इसलिए सर्वसाधारण लोग इसे पढ़ने और समझने में असमर्थ थे। फलस्वरूप जनता वैदिक धर्म को समझने में असमर्थ हो गयी थी और इसकी जानकारी प्राप्त करने के लिए ब्राह्मणों से सहायता लेनी पड़ती थी जो वैदिक संस्कृत तथा धर्म को समझते थे। फलतः जनता को ऐसे धर्म की आवश्यकता हुई जो जन-साधारण की भाषा में ही हो जिससे वह उसे पढ़ तथा समझ सके। ब्राह्मणों के शुद्ध तथा सरल वैदिक धर्म में इतना आडम्बर तथा पाखण्ड आ गया था कि सामान्य लोग इससे घृणा करने लगे।

(2) **यज्ञों की जटिलता**—उत्तर वैदिक काल में ऋग्वैदिक काल की ऋचाओं अर्थात् मंत्रों का स्थान यज्ञों ने ले लिया था। इन यज्ञों को करने में इतना अधिक समय तथा धन लगाना पड़ता था कि सामान्य जनता उनको सम्पन्न करने में बिल्कुल असमर्थ हो गयी। अब इन यज्ञों को केवल राजा-महाराजा तथा धनी लोग करवा सकते थे। यही नहीं, इन यज्ञों की विधि भी अत्यन्त जटिल थी और उस विधि को केवल ब्राह्मण लोग ही जानते थे। अतएव बिना ब्राह्मणों की सहायता के इन यज्ञों को नहीं किया जा सकता था। परिणाम यह हुआ कि जनता इन यज्ञों की ओर से उदासीन होने लगी और मोक्ष की प्राप्ति का कोई अन्य सरल मार्ग ढूंढ़ने लगी।

(3) **ब्राह्मणों का महत्व**—वैदिक धर्म में ब्राह्मणों का बहुत अधिक महत्व था। आगे चलकर यह महत्व सीमा को पार कर गया और जनसाधारण के लिए असह्य हो गया था। ब्राह्मणों को विद्याध्ययन करने का एकाधिकार था। वही धार्मिक ग्रन्थों की व्याख्या कर सकते थे और उन्हीं की सहायता से यज्ञ किये जा सकते थे। वस्तुतः जन्म से मृत्यु तक जितनी धार्मिक क्रियायें की जाती थीं वे सब ब्राह्मणों के ही माध्यम से की जा सकती थीं। राजनीति में उनका बोलबाला था। राज्य के लोग उनके सामने नतमस्तक हो जाते थे और राजनीतिक मामलों में भी उनका परामर्श लिया करते थे। समाज में उनका स्थान सर्वोपरि था। वे सबसे श्रेष्ठ तथा कुलीन समझे जाते थे और उन्हें अनेक प्रकार के विशेषाधिकार प्राप्त थे। आगे चलकर ब्राह्मणों के प्रति एक भयंकर प्रतिक्रिया आरम्भ हुई जिसका नेतृत्व क्षत्रियों ने किया।

(4) **बलि प्रथा**—वैदिक काल में यज्ञों के अवसर पर बलि देने की प्रथा थी। ऋग्वैदिक काल में केवल फल तथा दूध के चढ़ावे से काम चल जाता था परन्तु उत्तर

वैदिक काल में पशुओं की बलि की प्रधानता हो गयी। कभी-कभी मनुष्य की भी बलि दे दी जाती थी। इस प्रकार निरपराध की हत्या कर उसके माँस से हवन किया जाने लगा। धीरे-धीरे इन अमानुषिक कार्यों को घृणा की दृष्टि से देखा जाने लगा और वैदिक धर्म से लोगों का विश्वास हटने लगा। अब जनता ऐसे धर्म को खोजने लगी जो अहिंसात्मक हो और जिसमें सभी प्राणियों के प्रति दया हो।

(5) **मंत्र-तंत्र की प्रमुखता**—समय व्यतीत होने के साथ वैदिक धर्म में आडम्बर तथा अन्धविश्वास बढ़ता ही गया और भूत-प्रेत तथा मंत्र-तंत्र में लोगों का विश्वास हो गया। अथर्ववेद में विभिन्न प्रकार के भूत-प्रेत तथा उनसे रक्षा के लिए मन्त्रों का उल्लेख मिलता है। मंत्रों का महत्व धीरे-धीरे इतना बढ़ गया कि मंत्रों द्वारा देवी देवताओं को भी वश में करने का दावा किया जाने लगा। इस प्रकार के अंधविश्वासों से वैदिक धर्म को बड़ी क्षति पहुँची और इस पर से लोगों का विश्वास हटता गया।

(6) **भौतिकवाद की प्रधानता**—ऋग्वैदिक धर्म अध्यात्मवाद पर आधारित था। छठी शताब्दी ई० पू० तक इस धर्म में अध्यात्मवाद का स्थान भौतिकवाद ने ले लिया। अत: लोग भौतिक सुख को ही जीवन का बड़ा सुख समझने लगे। किन्तु मनुष्य की आत्मा ने इसके विरुद्ध विद्रोह कर दिया और लोग वैदिक धर्म से घृणा करने लगे।

(7) **जातिप्रथा की जटिलता**—छठी शताब्दी ई० पू० में धार्मिक अशान्ति का प्रमुख कारण जातिप्रथा की जटिलता है। ऋग्वैदिक काल में व्यवसाय के आधार पर आर्यों ने वर्ण-व्यवस्था की स्थापना की थी जिससे समाज का संचालन सुचारु रूप से हो सके। परन्तु उत्तर वैदिक काल में वर्ण-व्यवस्था जाति-व्यवस्था में बदल गयी जिसका निश्चय व्यवसाय से नहीं वरन् जन्म से होने लगा। धीरे-धीरे जाति प्रथा जटिल होती गयी और उनके बन्धन बड़े कड़े हो गये। उसमें ऊँच-नीच तथा छुआछूत की भावना बढ़ने लगी। ऊँची जाति वाले नीची जाति वालों के साथ अनेक प्रकार से अत्याचार करने लगे जिससे शूद्रों की स्थिति शोचनीय हो गयी। जब भारतीय समाज में बड़े-बड़े चिन्तक तथा सुधारक उत्पन्न हुए तब शूद्रों की दयनीय दशा को देखकर उनका हृदय पिघल उठा और उन्होंने इस सामाजिक कुव्यवस्था के विरुद्ध क्रान्ति कर दी।

(8) **सरल मार्ग की आवश्यकता**—वैदिक काल में ब्राह्मण समाज हिंसा, बलि तथा यज्ञ के कठिन मार्ग का अनुसरण कर रहा था, जो सामान्य जनता के वश के बाहर था। इसलिए जनता किसी सरल मार्ग की आवश्यकता महसूस कर रही थी। सरल मार्ग के खोज का कार्य उपनिषद् काल में ही शुरू हो गया था। फलस्वरूप तप और ज्ञान मार्ग की खोज हुई, परन्तु ये दोनों ही मार्ग सर्वसाधारण के लिए कठिन थे। सामान्य लोग न तो वन में जाकर तप कर सकते थे और न चिन्तन द्वारा ज्ञान प्राप्त कर सकते

थे। अतएव उसके लिए इससे भी अधिक सरल मार्ग की आवश्यकता थी। फलस्वरूप छठी शताब्दी ई० पू० में दार्शनिकों तथा विचारकों ने दो अत्यन्त सरल मार्गों की खोज की। इनमें एक मार्ग भक्ति और उपासना का था जिसको अपनाने वाले वैष्णव तथा शैव कहलाये। दूसरा मार्ग सदाचार और सत्कर्म का था, जिस पर चलने वाले लोग जैन तथा बौद्ध कहलाये। जैन धर्म और बौद्ध धर्म लोगों के लिए अत्यन्त सरल प्रतीत हुआ।

(9) क्षत्रियों की प्रतिक्रिया—उत्तर वैदिक काल में वर्ण जन्ममूलक बन गया था। इसमें ब्राह्मणों को बहुत अधिक अधिकार प्राप्त थे। वैश्यों और शूद्रों में इसकी क्या प्रतिक्रिया थी, इस सम्बन्ध में कोई साक्ष्य उपलब्ध नहीं है। परन्तु क्षत्रिय लोग जो शासक के रूप में कार्य करते थे। ब्राह्मणों के धर्म विषयक प्रभुत्व पर प्रबल आपत्ति करते थे। उन्होंने वर्णव्यवस्था को जन्ममूलक मानने के विरुद्ध आन्दोलन शुरू कर दिया। इस प्रकार विभिन्न विशेषाधिकारों का दावा करने वाले पुरोहितों या ब्राह्मणों की श्रेष्ठता के विरुद्ध क्षत्रियों का सिर उठाना नये धर्मों के उदय का कारण बना। जैनधर्म के संस्थापक महावीर और बौद्धधर्म के संस्थापक गौतम बुद्ध दोनों क्षत्रिय वंश के थे और दोनों ने ब्राह्मणों के अधिकारों को गलत ठहराया।

(10) कृषिमूलक अर्थव्यवस्था—पूर्वोत्तर भारत में कृषिमूलक अर्थव्यवस्था थी। कृषि में लोहे के फाल वाले हलों का प्रयोग होता था। जिसमें बैल अति आवश्यक था। बैल के लिए पशुपालन जरूरी था। वैदिक यज्ञों में पशुओं की अन्धाधुन्ध बलि दी जाने लगी थी। फलस्वरूप इसके कारण खेती में बाधा उत्पन्न होने लगी। असंख्य यज्ञों में बछड़ों और साड़ों के लगातार मारे जाने से पशुधन क्षीण हो गया था। मगध के दक्षिणी और पूर्वी छोरों पर बसे कबाइली लोग भी पशुओं को मारकर रखा जाते थे। कृषि को कायम रखने के लिए इस हिंसा पर रोक लगाना आवश्यक था। फलस्वरूप अहिंसात्मक धर्म-सुधार आन्दोलनों की आवश्यकता थी जो पशुवध को बचा सके।

(11) देववाद और मानववाद में संघर्ष—प्रारम्भ में आर्यों ने प्राकृतिक वस्तुओं एवं उनकी नियंत्रित करने वाली शक्ति को देवता के रूप में स्वीकार किया था। मनुष्य देवताओं को अपना मित्र और कल्याणकारी मानता था और उससे सहयोग की आशा करता था। आगे चलकर दोनों के इस संबंध में अन्तर आने लगा। आगे चलकर लोग ईश्वर से डरने लगे और ईश्वर को स्वेच्छाचारी, निरंकुश और अनियंत्रित शक्ति के रूप में देखने लगे। ऐसी स्थिति में देवता और मनुष्य का आपसी सम्बन्ध समाप्त हो गया और मनुष्य देवताओं की कृपा का पात्र बन गया। मनुष्य एक दीन-हीन प्राणी बन गया। इस काल के कुछ दार्शनिकों और विचारकों ने इसका विरोध किया और मानव की स्थिति को ऊँचा उठाने का प्रयास किया। इस विचारधारा ने धार्मिक क्रान्ति को जन्म दिया।

(12) उपनिषदों की रचना—जैनधर्म और बौद्धधर्म के उदय का एक प्रमुख कारण उपनिषदों की रचना है। आत्मा को सांसारिक बन्धन से मुक्त करने के लिए विभिन्न मार्गों की खोज हो रही थी। उपनिषदों में इन मार्गों का विवेचन किया गया। इसमें वैदिक धर्म की बुराईयों पर प्रकाश डाला गया और उनका विरोध किया गया। उपनिषदों में यज्ञ करने की परम्परा को त्यागने पर जोर दिया गया। मोक्ष प्राप्त करने के लिए ज्ञान मार्ग पर जोर दिया गया। अहिंसा और शुद्ध आचरण पर विशेष बल दिया गया। इस प्रकार धर्म के क्षेत्र में भारी परिवर्तन की माँग उठ रही थी।

(13) महापुरुषों का जन्म—छठी शताब्दी ई० पू० में वैदिक धर्म की प्रतिक्रिया स्वरूप अनेक सुधारवादी आन्दोलन शुरू हो गये थे। महावीर स्वामी तथा महात्मा बुद्ध ने हिन्दू धर्म में सुधार करके उसे नये तथा सरल रूप में जनता के सामने रखा। जनता ने उनके उपदेशों को सहर्ष अपना लिया। इस प्रकार दो नये धर्मों का जन्म हुआ, जो जैनमत और बौद्धमत कहलाये।

(14) राज्यों का संरक्षण—नये धार्मिक, आन्दोलनों (जैनधर्म और बौद्धधर्म) को अनेक राज्यों का संरक्षण प्राप्त हुआ। अनेक राजाओं ने बौद्धधर्म तथा जैनधर्म को अपना राज्य धर्म घोषित कर दिया। इस प्रकार राजाश्रय पाकर इन आन्दोलनों में और तेजी आ गयी।

महावीर और जैनधर्म के सिद्धान्त

जैन धर्म अत्यन्त प्राचीन धर्म है। जैनियों के अनुसार जैनों के पहले तीर्थंकर वृषभदेव अथवा आदिनाथ थे तथा 24वें और अन्तिम तीर्थंकर महावीर थे। महावीर स्वामी के पूर्व तेईस तीर्थंकर और हो चुके थे। महावीर स्वामी के अतिरिक्त केवल तेईसवें तीर्थंकर पार्श्वनाथ ऐतिहासिक व्यक्ति मालूम पड़ते हैं। ये काशी के राजा अश्वसेन के पुत्र थे। इन्होंने गृह त्याग करके घोर तपस्या की इनके प्रमुख उपदेश चार थे—

(1) अहिंसा, (2) सत्य, (3) अस्तेय, (4) अपरिग्रह। इस धर्म के प्रचार का वास्तविक श्रेय चौबीसवें तीर्थंकर महावीर को है। इन्हीं के प्रचार से यह धर्म भारत का एक स्थायी धर्म बन गया। जैन ग्रंथों के आधार पर महावीर के जीवन का पूर्ण परिचय इस प्रकार है—

महावीर का जन्म एवं वंश—महावीर स्वामी का जन्म ईसा के लगभग 618 वर्ष पूर्व वैशाली के समीप कुण्डग्राम के एक क्षत्रिय परिवार में हुआ था। इनके पिता का नाम सिद्धार्थ था जो कश्यप गोत्र के थे। इनकी माता विदेह की दत्ता का नाम की स्त्री थीं जिसके अन्य नाम त्रिशला और प्रियकारिणी भी थे। यह लिच्छवि राजा की बहिन थीं और वशिष्ट गोत्र की थीं।

बचपन—कल्पसूत्र में इस बात का उल्लेख है कि सिद्धार्थ ने अपने पुत्र का जन्मोत्सव बड़ी धूम-धाम से मनाया। कैदियों को मुक्त कर दिया गया। भूमि, अन्न, धन आदि का दान दिया गया। तीन दिन पश्चात् सूर्य-चन्द्र दिखाये गए। छटें दिन छठी संस्कार हुआ। बारहवें दिन प्रीति-भोज दिया गया और बालक का नाम वर्द्धमान रखा गया। लेकिन देवताओं ने महावीर नाम रखा। इसी नाम से वे लोगों में प्रचलित हुए। इन्होंने बाल्यकाल में अनेक चमत्कारपूर्ण कार्य किए। आठ वर्ष की अवस्था में विद्याध्ययन के लिए पाठशाला भेजा गया। कहा जाता है कि इन्हें पाठशाला की शिक्षा की आवश्यकता नहीं हुई, बल्कि पूर्व संस्कारों के कारण स्वत: ही सर्वविद्या सम्पन्न हो गए।

विवाह—दिगम्बरों के अनुसार महावीर जीवनपर्यन्त ब्रह्मचारी ही रहे, किन्तु श्वेताम्बर सम्प्रदाय के अनुसार महावीर का विवाह कौण्डिन्य गोत्र की यशोदा नामक राजकुमारी के साथ हुआ, जिससे अणोज्जा (अनुजा) नाम की पुत्री हुई।

वैराग्य और कैवल्य-ज्ञान की प्राप्ति—महावीर का यौवन काल सुखद बीता। अट्ठाइस वर्ष की अवस्था में उनके माता-पिता की मृत्यु हो गई। माता-पिता की मृत्यु के उपरान्त तीस वर्ष की अवस्था में अपने बड़े भाई नन्दिवर्धन और राज्य के प्रमुख व्यक्तियों की आज्ञा से संसार का त्यागकर साधु जीवन अपना लिया। कुण्डग्राम के प्रासादों के बीच से होते हुए पंडवन नाम के उद्यान में पहुँचकर अशोक वृक्ष के नीचे रुक कर अपने शरीर के समस्त अलंकार उतार कर ढाई दिन तक उपवास किया और अपने दोनों हाथों से केश नोच करके भिक्षुक हो गए।

जैन ग्रन्थ 'आचारांग' के अनुसार महावीर कुम्भार नामक गाँव में आए जहाँ तप करने लगे। आरम्भ में तेरह महीने तक ये वस्त्र पहनते रहे। तत्पश्चात्, वस्त्रों को सुवर्ण बालुका नदी में विसर्जित कर हाथ में भिक्षापात्र लेकर इधर-उधर घूमने लगे। इस प्रकार उन्होंने बारह वर्ष तक कठिन तपस्या की। यहाँ तक कि जीवित कीट, सर्प आदि उनके शरीर पर रेंगने लगे। तेरहवें वर्ष पार्श्वनाथ के समीप बहने वाली ऋजपालिका नदी के तट पर शाल वृक्ष के नीचे 'कैवल्य' (निर्मल) ज्ञान प्राप्त हुआ। तभी से वे अर्हत् (पूज्य), जिन (विजयी), निर्ग्रन्थ (बन्धन रहित), तीर्थंकर और महावीर कहलाए। 'जिन' शब्द से ही उनके अनुयायियों का नाम जैन पड़ा। कैवल्य ज्ञान की प्राप्ति के तीस वर्षों तक महावीर मगध, अंग, मिथिला और कोशल में अपने सिद्धान्तों का प्रचार करते रहे।

मृत्यु—अन्त में 72 वर्ष की आयु में राजगृह के निकट एक स्थान पर उन्होंने 546 ई० पू० निर्वाण पद प्राप्त किया।

जैन धर्म के सिद्धान्त—महावीर जी के अनुसार मोक्ष-प्राप्ति का साधन तप द्वारा कर्म का क्षय करना और अशुभ कर्मों का आस्रव रोकना है। इस कार्य की प्रमुख बातें निम्नलिखित हैं—

(1) ईश्वर में अविश्वास—जैन धर्मानुयायी संसार के निर्माणकर्ता, पालनकर्ता तथा हर्ता ईश्वर में विश्वास नहीं करते। इनका विश्वास है कि यह सृष्टि अनादि और अनन्त है। ये लोग ईश्वर के स्थान पर तीर्थंकरों की पूजा करते हैं जिनकी आत्माएँ सांसारिक बन्धनों से मुक्ति पा गई हैं।

(2) आत्मा के अस्तित्व एवं अमरत्व में विश्वास—जैन धर्मावलम्बी आत्मा के अस्तित्व एवं उसके अमरत्व में विश्वास करते हैं। इनकी दृष्टि में आत्मा सर्वद्रष्टा है और उसमें ज्ञान तथा क्रियाशीलता विद्यमान रहती है। शरीर से अलग रहकर भी यह सुख और दुख का अनुभव करता है। यह प्रकाशमान है तथा स्वभाव से परिपूर्ण और निर्विकार है। केवल कर्म के बन्धन ही उसकी शक्ति को क्षीण कर देते हैं।

(3) पंच महाव्रत—आत्मा को सांसारिक कर्म के बन्धनों से मुक्त करने के लिए जैन मतानुयायियों ने एक महत्त्वपूर्ण साधन 'पंचमहाव्रत' भी बतलाया है जिसकी प्रमुख बातें निम्न हैं—

(1) अहिंसा (हिंसा न करना), (2) सत्य (असत्य न बोलना), (3) अस्तेय (चोरी न करना), (4) अपरिग्रह (सम्पत्ति न रखना), (5) ब्रह्मचर्य (सच्चरित्र बनाना) और (6) रात्रि के समय भोजन न करना। यह छठा व्रत बाद में और जोड़ दिया गया।

(4) त्रिरत्न—जैनधर्म में मोक्ष प्राप्ति के लिए त्रिरत्न की व्यवस्था है।

(1) सम्यक् ज्ञान—सम्यक् ज्ञान का अर्थ है सच्चा और पूर्ण ज्ञान।

(2) सम्यक् दर्शन—सम्यक् दर्शन का तात्पर्य है तीर्थंकरों में पूर्ण विश्वास।

(3) सम्यक् चरित्र—सम्यक् चरित्र का अर्थ है कि दैनिक जीवन में नैतिक चरित्र रखना।

(5) कर्म की प्रधानता—जैनधर्म में कर्म की प्रधानता को प्रमुख स्थान दिया गया है। जैनियों का विश्वास है कि मनुष्य के पूर्वजन्म के कर्म ही उसके वंश, शरीर, रूप, रंग, आकार, आयु आदि का निर्णय करते हैं। जब मनुष्य सांसारिक विषय-वासनाओं से आकण्ठ होकर कोई कार्य करता है तब उसकी आत्मा उन्हीं कर्मों के बन्धन में फंस जाती है। अतएव सांसारिक विषय-वासनाओं से दूर ही रहना कर्म-बन्धन से मुक्त होने का साधन है।

(6) तप की प्रधानता—जैन सिद्धान्तों के अनुसार भौतिक तत्व का दमन करने के लिए तप आवश्यक है। स्वयं भगवान महावीर ने 12 वर्ष तक भीषण तप किया था। तप के दो भेद है—बाह्य तप तथा आभ्यंतर तप।

(क) बाह्य तप इस प्रकार है—(1) उपवास, (2) भोजन से क्रमशः निवृत्ति, (3) भिक्षुचर्या, (4) रस-परित्याग, (5) कठिन आसनों द्वारा शरीर को कष्ट देना, (6) इन्द्रियों को नियंत्रण में रखना।

(ख) आभ्यन्तर तप ये हैं—(1) प्रायश्चित, पापों को स्वीकार करना, (2) विनय, (3) सेवा, (4) स्वाध्याय करना, (5) ध्यान, (6) शरीर से ध्यान हटाकर आसन में निश्चल रहना।

(7) जैन-धर्म के दो सम्प्रदाय—कालान्तर में जैनधर्म दो वर्गों में विभक्त हो गया। इनमें से एक श्वेताम्बर और दूसरा दिगम्बर कहलाता है। श्वेताम्बर लोग सफेद वस्त्र धारण करते हैं और अपनी मूर्तियों को भी श्वेत वस्त्र पहनाते हैं। दिगम्बर लोग नग्न तीर्थंकरों की पूजा करते हैं। दोनों सम्प्रदायों में कोई भौतिक विभेद नहीं है। श्वेताम्बर लोग जैनधर्म के कठोर नियमों के पालन करने के पक्ष में नहीं हैं जब कि दिगम्बर लोग कठोर नियमों के पालन के पक्षपाती हैं। दिगम्बर संप्रदाय के लोगों का विश्वास है कि कोई स्त्री तब तक कर्म के बन्धन से मुक्त नहीं हो सकती जब तक वह पुरुष की योनि में फिर से जन्म न धारण करे। परन्तु श्वेताम्बर सम्प्रदाय वाले दिगम्बरों के इस विचार से सहमत नहीं हैं।

(8) अहिंसा—जैनधर्म पूर्ण अहिंसा में विश्वास रखता है। जैनधर्म के अनुसार छः प्रकार के प्राणियों (पृथ्वीकाय, जलकाय, वायुकाय, अग्निकाय, वनस्पतिकाय तथा गतिशील जीव) के साथ प्रेम, सहानुभूति तथा संयमपूर्ण व्यवहार ही अहिंसा है। इस प्रकार जैनधर्म में अहिंसा की परिभाषा अत्यन्त विस्तृत और उच्च कोटि की है। किसी भी प्राणी के प्रति तन, मन, वचन तथा कर्म से कोई अनुचित व्यवहार हिंसा है। तथापि पूर्ण अहिंसा का पालन असम्भव है। क्योंकि अनजाने में ही प्रतिदिन अनेक प्राणियों की हत्या हो जाती है। कुछ लोगों ने इसे पूर्णता तक ले जाने का प्रयत्न किया। जैसे प्राण-वायु से मरने वाले जीवों के सुरक्षा के लिए मुँह पर पट्टी बांधना, पाँव तले दबकर मरने से बचाने के लिए झाड़ू देते चलना तथा छानकर पानी पीना आदि। इसी आधार पर हाप्किसन ने कहा कि जैनधर्म वह धर्म है जो अन्य कामों के साथ-साथ कीटाणुओं का भी पोषण करता है। बौद्धधर्म ने अहिंसा को इस अव्यवहारिक रूप तक कभी नहीं पहुँचाया।

(9) स्याद्वाद—जैनधर्म के अनुसार भिन्न दृष्टिकोण से देखे जाने के कारण ज्ञान भिन्न हो जाता है। ज्ञान की यह भिन्नता सात प्रकार की हो सकती हैं—

(1) है, (2) नहीं है, (3) है, और नहीं है, (4) कहा नहीं जा सका, (5) है, किन्तु कहा नहीं जा सकता, (6) नहीं है, और कहा नहीं जा सकता है, (7) है, नहीं है और कहा जा सकता है।

जैनधर्म में इसे स्याद्वाद, अनेकान्तवाद् अथवा सप्तभंगी का सिद्धान्त कहा गया है। आगे चलकर शंकराचार्य एवं रामानुज ने इसका घोर विरोध किया था। इनके

अनुसार भाव, अभाव यह दो परस्पर विरोधी बातें एक साथ नहीं हो सकतीं। यह सम्भव ही नहीं कि एक ही समय कोई वस्तु हो और न हो परन्तु जैनधर्म इसमें विश्वास करता है। उनका कथन है कि यह परस्पर विरोध और जटिलता अथवा भिन्न दृष्टिकोण सम्भव हो सकता है। उदाहरण के लिए यह कहा जा सकता है, वृक्ष हिलता भी है और नहीं भी। यथा वृक्ष की शाखायें और पत्तियां हिलती हैं। अत: वह हिलता है किन्तु वह एक स्थान पर जड़ है अत: वह हिलता नहीं है।

(10) **अनेकात्मवाद्**—जैनधर्म के अनुसार जीवों की भिन्नता के समान आत्मायें भिन्न हैं। महावीर इस बात को नहीं मानते थे कि आत्मा एक है। उनके अनुसार यदि जीव मात्र एक आत्मा होती तो उनके पृथक रूप की पहचान नहीं की जा सकती थी। यदि ऐसा होता तो सभी जीव देवता होते। तथापि अनेक विद्वानों ने इसका विरोध किया है।

(11) **स्त्रियों की स्वतंत्रता**—महावीर स्वामी नारी की स्वतंत्रता के पक्षपाती थे। उन्होंने महात्मा बुद्ध की तरह ही स्त्रियों के लिए संघ के द्वार खोल दिये थे। इस क्षेत्र में उन्होंने अपने पूर्ववर्ती तीर्थंकर पार्श्वनाथ का ही अनुसरण किया था। महावीर ने नारी को भी निर्वाण प्राप्ति का अधिकारिणी माना है। जैन धर्म में अनेक नारियों ने भी दीक्षा ली। जैनधर्म में श्रमणी और श्राविकाओं के दो वर्ग नारियों के वर्ग थे।

(12) **निर्वाण**—महावीर स्वामी जीवन का अन्तिम लक्ष्य निर्वाण या मोक्ष मानते थे। जैनधर्म के अनुसार भौतिक अंश का नाम ही निर्वाण है। कर्मफल से मुक्त होकर मनुष्य भौतिक अंश का नाश कर डालता है। इसके लिए पुनर्जन्म के फल से विमुक्त तथा इस जन्म में कर्म से दूर रहना, निर्वाण के लिए जरूरी है। पूर्ण बन्धन मुक्त होना ही निर्वाण है। इस स्थिति में मनुष्य का असीम तथा अनंत ज्ञान विशुद्ध हो जाता है। निर्वाण से कभी आत्मा तत्व का विनाश नहीं होता। ऐसी अवस्था में जीव पूरी तरह कामना रहित हो जाता है। निर्वाण शून्यता या अकर्मण्यता अथवा निष्क्रियता नहीं है। निवृत्त भी विशुद्ध रूप से देख सुन सकता है।

जैनधर्म की उन्नति और अवनति के कारण

जैनधर्म की उन्नति के कारण—भारत में जैनधर्म की पर्याप्त उन्नति हुई और आज भी यह जीवित है। इसकी उन्नति के प्रमुख कारण निम्नलिखित थे—

(1) जैन अनुयायी शांति चाहते हैं। इस कारण अधिकतर भारत के लोगों ने जैनधर्म को स्वीकार किया। जैन धर्म ने हिन्दुओं के धर्म का विरोध नहीं किया किन्तु हिन्दू समाज पर जैन धर्म का अधिक प्रभाव पड़ा। इसी कारण इस धर्म की पर्याप्त उन्नति हुई।

(2) जैनी लोग संसार का परित्याग नहीं करना चाहते। वे संसार में रहकर अच्छे कर्म करने पर विशेष महत्व देते हैं।

(3) जांति-पांति पर इस धर्म ने कुछ ध्यान नहीं दिया जिससे लोगों ने इस धर्म को स्वीकार किया।

(4) इन्होंने अहिंसा पर अधिक जोर दिया। पशु-वध तक के लिए इस धर्म के अनुसार अनुमति प्रदान नहीं की गयी।

(5) महावीर स्वामी के उपदेश बहुत सरल और सीधे थे जिन्हें साधारण जनता ने अच्छे ढंग से समझा।

(6) महावीर स्वामी राजपुत्र थे, इसलिए इस धर्म की उन्नति हुई।

(7) महावीर स्वामी तथा जैनधर्म के अनुयायियों ने इस धर्म की उन्नति के लिए बहुत कोशिश की जिनसे जनता का यह एक प्रिय धर्म बन गया। जैन भिक्षुओं ने भी इस धर्म के प्रचार में तन-मन से कार्य किया।

(8) इसको राजाओं का आश्रय भी प्राप्त हुआ। उनके विशेष तथा अकथनीय प्रयासों में यह धर्म जन-साधारण में फैल गया।

(9) महावीर स्वामी का महान व्यक्तित्व और प्रकृति भी इस धर्म के उत्थान में सहायक हुए।

जैनधर्म के तीव्रता से प्रचार न होने के कारण—महावीर स्वामी द्वारा प्रतिपादित जैनधर्म का प्रचार प्रारम्भ में भारत में तीव्रता से हुआ। उसको अपने प्रचार कार्य में तत्कालीन राजाओं से विशेष सहायता प्राप्त हुई। इसके अनुयायियों और सहायकों में मगध के प्रतापी सम्राट राजा बिम्बसार, अजातशत्रु आदि जैसे शक्तिशाली और सम्पन्न सम्राट थे। साधारण जनता पर भी उनके सिद्धान्त का प्रभाव पड़ा। उनके सिद्धान्तों के प्रचार का मुख्य केन्द्र वैशाली राज्य था। इस धर्म का प्रचार इतना अधिक नहीं हो पाया जितना कि महावीर के समकालीन महात्मा बुद्ध के उपदेशों और सिद्धान्तों का प्रचार हुआ। इसके मुख्य कारण निम्नलिखित थे—

1. वैदिक दर्शन का पूर्ण त्याग न करना—महावीर स्वामी ने वैदिक-दर्शन का पूर्ण रूप से त्याग न करके उसके कुछ दार्शनिक विचारों पर आधारित किया। इससे जनता को उनके सिद्धान्त में कुछ नवीन व क्रान्तिकारी विचारों का अभाव खलता रहा जिससे वह उसकी ओर विशेष रूप से आकृष्ट नहीं हो पाई।

2. तपस्या, तप और आचार-विचार का कठिन होना—जैनधर्म में तपस्या तप और आचार-विचार का मार्ग बहुत कठिन था। अहिंसा और तप पर उसका विशेष बल

था जिसका साधारण व्यक्तियों के लिए पालन करना असम्भव नहीं तो विशेष कष्टप्रद अवश्य था।

3. अहिंसा का पालन कठोर होना—क्षत्रिय, ब्राह्मण और शूद्रों के लिए अहिंसा का पालन करना असम्भव था, इसी कारण इस धर्म का विशेष प्रभाव वैश्यों पर पड़ा और इस वर्ण के व्यक्तियों ने ही जैनधर्म को विशेष रूप से स्वीकार किया। इस कारण इसका विस्तार समस्त भारत में नहीं हो सका और यह धर्म बहुत सीमित तथा संकुचित रहा। आज भी इसके अनुयायियों की संख्या भारत में बहुत कम है।

4. जाति तत्व का विद्यमान होना—यद्यपि सैद्धान्तिक रूप से जैनधर्म ने जातिप्रथा का विरोध किया था और सबको धर्म में प्रवेश की अनुमति प्रदान की थी परन्तु व्यावहारिक रूप से ऐसा नहीं था। इसमें जातीयता की भावना बनी रही। इस धर्म में प्रवेश के लिए केवल उच्चवर्ग वालों के लिए द्वार खुला था। निम्नवर्ग वालों को मुश्किल से प्रवेश मिलता था। इसीलिए निम्न वर्ग के लोग अधिक संख्या में अनुयायी नहीं बन सके।

5. बौद्धधर्म की प्रतिद्वन्द्विता—जैनधर्म और बौद्धधर्म दोनों का समानान्तर विकास हो रहा था। इसलिए दोनों के बीच पर्याप्त प्रतियोगिता थी। जैनधर्म कठोर तपस्या और अत्यधिक अहिंसा पर बल देता था जो सामान्य व्यक्ति के लिए सम्भव नहीं था इसके विपरीत बौद्धधर्म मध्यममान पर जोर देता था जो सामान्य जनता के लिए व्यावहारिक था। इसलिए लोगों ने जैनधर्म को अधिक पसंद नहीं किया।

6. जैनधर्म में प्रजातंत्र का अभाव—बौद्धधर्म और बौद्ध संघों में प्रजातंत्रात्मक भावना थी परन्तु जैन संगठनों में इसका अभाव था। जैनधर्म में प्रारम्भ से ही धर्माचार्यों को बहुत अधिक अधिकार प्राप्त थे। इसलिए सदस्यों के बीच अच्छा तालमेल नहीं था और फलस्वरूप जैनधर्म को अधिक लोकप्रियता नहीं मिली।

7. जैनधर्म में विद्वानों एवं राजाओं के समर्थन का अभाव—जैनधर्म को प्रतिभाशाली विद्वानों और राजाओं का आश्रय प्राप्त नहीं हुआ। बौद्धधर्म को अशोक, कनिष्क और हर्ष जैसा प्रसिद्ध शासकों का राजाश्रय प्राप्त था परन्तु जैनधर्म को किसी भी प्रसिद्ध शासक ने राज्यधर्म नहीं बनाया। फलस्वरूप इस धर्म को अधिक लोकप्रियता नहीं मिल सकी। इस प्रकार नागार्जुन, अश्वघोष, धर्मपाल जैसे बौद्ध विद्वानों की तरह जैन धर्म में विद्वानों को आश्रय नहीं प्राप्त था।

विदेशों में जैनधर्म के न फैलने के कारण—बौद्धधर्म के समान जैनधर्म कभी भी विदेशों में नहीं फैला। इसका मुख्य कारण यह था कि यह धर्म बौद्धधर्म की भांति प्रचारक धर्म नहीं था। महावीर और उनके अनुयायी अपने धर्म का लोगों में प्रचार करने

के पक्ष में नहीं थे। वे प्रचार की अपेक्षा शान्ति और चुप्पी को पसंद करते थे। भारत में भी जैनधर्म अधिक लोकप्रिय नहीं बन पाया। यद्यपि यह धर्म अब भी भारत में पाया जाता है। इसके लोकप्रिय न होने का कारण इसके कठोर तपस्या तथा अहिंसा के सिद्धान्त हैं। आत्म-यातना द्वारा घोर तपस्या करना, नंगे पाव चलना, मुँह पर पट्टी बांधना, औषधियों का प्रयोग न करना आदि बातें वास्तविक जीवन में नहीं लायी जा सकतीं। यही कारण है कि बौद्ध धर्म की भांति जैनधर्म अधिक लोकप्रिय तथा उन्नतिशील न बन सका।

जैन संघ एवं इसका विभाजन

जैन संघ

जाम्भिय ग्राम में ज्ञान प्राप्त करने के पश्चात् महावीर स्वामी पावा गये। उस समय इस महानगरी में ब्राह्मणों का एक महायज्ञ हो रहा था। महावीर स्वामी के आगमन पर रुद्रभूति आदि 11 यज्ञ करने वाले ब्राह्मण उनसे मिलने तथा शास्त्रार्थ करने आये। महावीर स्वामी से वाद-विवाद में पराजित होकर अपने साथियों सहित स्वामी जी के शिष्य बन गये। यही 11 ब्राह्मण जिनमें स्त्री पुरुष थे, स्वामी जी के शिष्य थे। अब महावीर स्वामी ने सभी साधुओं को एकत्र करके 11 भागों में विभाजित कर दिया। ये 11 गण कहलाये। इनका एक-एक अध्यक्ष नियुक्त हुआ। ये 11 गणधर नियुक्त हुए। इस प्रकार जैनधर्म के प्राथमिक संगठन तथा धर्म प्रचार में ब्राह्मणों ने महत्त्वपूर्ण योगदान दिया। जैन भिक्षुओं का कार्य प्रथम जैन भिक्षुणी चन्दन (चम्पा नरेश दधिवाहन की पुत्री) को सौंपा गया। महावीर स्वामी सर्वोच्च धर्माध्यक्ष थे। सभी गणधर उन्हीं के निरीक्षण तथा निर्देशन में कार्य करते थे। महावीर स्वामी की प्रसिद्धि के साथ ही अनेक गृहस्थी उनके शिष्य बन गये। इन्हें श्रावण-श्राविका कहा गया। इस प्रकार महावीर स्वामी ने पावा में चतुर्विध संघ की स्थापना की।

संघ के सभी सदस्य चार भागों में विभक्त थे–

(1) भिक्षु, (2) भिक्षुणी, (3) श्रावक, (4) श्राविका।

प्रथम दोनों वीतराग त्यागी थे। अन्तिम दोनों गृहस्थी थे। महावीर स्वामी के मतानुसार संसार में विविध मनुष्य हैं—

1. **अव्रती**—वे मनुष्य जो हिंसा, परपीड़ा आदि कुकृत्यों में ही फंसे रहते हैं। उनके जीवन में आध्यात्मिक जीवन का विचार मात्र ही उत्पन्न नहीं होता, इनकी जीवन प्रणाली पूरी तरह अनाप असाधु तथा असंयत होती है। इन लोगों को अधर्मी या तृष्णपक्षी कहा गया है।

2. **अणुव्रती**—वे मनुष्य जो अल्पारम्भ होता है और आंशिक रूप से हिंसा आदि दूपित कर्म से अलग हो जाते हैं। इन्हें भिक्षुपक्षी कहा जाता है।

3. सर्वेव्रती—वे मनुष्य जो पूर्ण अनासक्त होते हैं। इनका जीवन पूर्ण रूप से आर्य, साधु, शुद्ध तथा संयमित होता है। इन्हें धर्मपक्षी कहा जाता है।

संघ प्रवेश के लिए पहली श्रेणी के लोग सर्वथा अनुपयुक्त थे। इन्हें छोड़कर दोनों कोटि के मनुष्य संघ में रह सकते थे।

दूसरी श्रेणी के व्यक्ति प्राय: गृहस्थी श्रावक, श्राविकायें होती थीं और तीसरी श्रेणी गृहत्याग वीतराग भिक्षु, भिक्षुणियां होते थे। इन गृहस्थी श्रावक, श्राविकाओं के लिए पांच अणुव्रतों तथा भिक्षु भिक्षुणियों के पांच महाव्रतों का विधान था।

निष्क्रमण संस्कार—जिस दिन मनुष्य संसार को छोड़ता था, उस दिन उसका निष्क्रमण होता था। वह संस्कार किसी शुभदिन ही होता था। प्राय: चतुर्थी तथा अष्टमी इसके लिए अशुभ समझे जाते थे। निष्क्रमण के पूर्व प्राय: अपने संरक्षकों से अनुमति लेनी होती थी।

स्वयं महावीर स्वामी ने बड़े भाई की आज्ञा से गृहत्याग किया था। उपर्युक्त गणाध्यक्ष ग्यारह ब्राह्मणों ने भी गृहत्याग से पूर्व अपने घरवालों की अनुमति ली थी। उत्तराध्ययन ने एक युवक को गृहत्याग के लिए माता-पिता को बहुत समझाना पड़ता था। मायाधम्मकहा में राजा मेघकुमार को भी संसार त्याग से पूर्व अपनी दोनों माताओं से अनुमति लेनी पड़ी थी। संरक्षणों की अनुमति के बाद जिज्ञासु को अपना सिर मुड़वाना पड़ता था। महावीर स्वामी ने तो स्वयं अपने हाथों से अपने बाल नोच डाले थे। प्रारम्भ के 11 ब्राह्मणों तथा मेघकुमार ने नाई से अपने सिर मुड़वाये। इसके बाद भिक्षापात्र ग्रहण करके किसी जैन धर्माचार्य के पास जाकर धर्म में दीक्षित होता था। इसे पुनीत अवसर समझा जाता था तथा इस अवसर पर शिक्षा लेने वाले के माता-पिता बन्धु-बान्धव सभी उपस्थित होते थे।

श्वेताम्बर और दिगम्बर सम्प्रदाय

तीसरी शताब्दी ई० पू० में मौर्यकाल में जैन धर्म दो सम्प्रदायों में विभाजित हो गया—(1) दिगम्बर सम्प्रदाय, (2) श्वेताम्बर सम्प्रदाय। इस विभाजन का कारण मगध में भयंकर अकाल बताया जाता है। जैन साहित्य के अनुसार चन्द्रगुप्त मौर्य के काल में मगध में भयंकर अकाल पड़ा। लोग पानी के लिए तरसने लगे थे। फलस्वरूप आधे से अधिक जैनियों ने मगध को छोड़ दिया और दक्षिण भारत में चले गये। 12 वर्ष के पश्चात ये जैनी फिर मगध आये। उन्होंने मगध में निवास कर रहे जैनियों की कटु आलोचना की। दक्षिण जाने में साथ न देने के कारण उन्हें पथ भ्रष्ट कहा। फलस्वरूप दोनों दलों में तनाव उत्पन्न हो गया और कई दृष्टियों से अन्तर दिखाई देने लगा।

इन दलों के मतभेदों को दूर करने के लिए पाटलिपुत्र में एक जैन सभा का आयोजन किया गया। दक्षिण से वापस आने वाले जैनियों ने इस सभा में भाग नहीं

लिया। पाटलिपुत्र की जैन सभा ने जैन सिद्धान्तों के एक भाग को स्वीकार किया और कुछ नये नियम भी बनाये। इसी से श्वेताम्बर सिद्धान्त की उत्पत्ति हुई। दक्षिण से लौटे जैनियों ने जैन धर्म के मौलिक नियमों का पालन जारी रखा। ये लोग दिगम्बर सम्प्रदाय से सम्बद्ध हो गये।

दिगम्बर और श्वेताम्बर सम्प्रदाय में अन्तर—वस्तुत: दिगम्बर और श्वेताम्बर सम्प्रदायों के सिद्धान्तों में कोई मौलिक अन्तर नहीं है। दोनों ही जैनधर्म के मौलिक सिद्धान्तों को ही मानते हैं। परन्तु दिगम्बर सम्प्रदाय के अनुयायी कट्टरपंथी थे और वे जैनधर्म के मौलिक सिद्धान्तों में किसी प्रकार का परिवर्तन करना नहीं चाहते थे और उन नियमों का पालन कठोरता से करते हैं। इन लोगों का मानना था कि जैन अनुयायियों को सब कुछ परित्याग कर देना चाहिए। इसीलिए वे वस्त्र धारण नहीं करते थे और नग्न रहते थे। ये लोग नग्न मूर्तियों की पूजा करते थे। उनका यह भी विश्वास था कि सम्यक् ज्ञान प्राप्त करने के पश्चात् जैनी साधु या सन्यासी को भोजन की आवश्यकता नहीं रह जाती। उनकी भूख, प्यास आदि सभी आवश्यकताओं की पूर्ति स्वयं हो जाती है। दिगम्बर सिद्धान्तों के अनुसार स्त्रियों को कर्मबन्धन से मुक्ति पुरुषयोनि में जन्म लेने के बाद ही होती है। श्वेताम्बर सम्प्रदाय इन सिद्धान्तों को नहीं मानता। इस सम्प्रदाय में नियमों की कठोरता में भारी ढील दी गयी और मानव दुर्बलता के कुछ नियमों का भी पालन किया। ये लोग श्वेत वस्त्र धारण करते हैं और अपनी मूर्तियों को भी सफेद वस्त्र पहनाते हैं। ये लोग उदारवादी और सुधारवादी होते हैं।

जैनधर्म की देन

जैनधर्म भारतीय सभ्यता एवं संस्कृति को प्रभावित करने में बहुत सफल हुआ। इसका भारत के कुछ भागों में पर्याप्त प्रभाव पड़ा। उसकी मुख्य देन इस प्रकार हैं—

1. साहित्य का विकास—जैनधर्म का भारतीय साहित्य पर बड़ा प्रभाव पड़ा है। जैन साहित्य मगमाज (अंगाज) के नाम से पुकारा जाता है जो कि मागधी भाषा में लिखा हुआ है। इसके अतिरिक्त प्राकृतिक भाषा में भी जैन ग्रंथों की रचना हुई। 10वीं शताब्दी के पश्चात् जैनियों ने अपने साहित्य का अनुवाद संस्कृत तथा अन्य भाषाओं में किया। इसका प्रभाव तमिल तथा गुजराती साहित्य के स्वरूप पर पड़ा। 12वीं शताब्दी के आरम्भ में जैन साहित्य की अधिक उन्नति हुई। कविता, नाटक, कहानियां, व्याकरण, दर्शन तथा तर्कशास्त्र पर ग्रंथ लिखे गए। श्री हेमचन्द ने द्रुपाश्रय महाकाव्य, देशनीय माला तथा व्याकरण ग्रन्थों की रचना की, जिसमें हेमचन्द्र कृत व्याकरण आज तक बड़ी अच्छी दृष्टि से देखी जाती है। अन्य अनेक प्रकार की पुस्तकों ने भी भारतीय साहित्य में योगदान दिया जिसके कारण भारतीय साहित्य अपना विशेष स्थान रखता है।

2. जैन धर्म की धार्मिक पुस्तकें--जैनधर्म के साहित्य को हम छः निम्नलिखित भागों में विभाजित कर सकते हैं—(1) द्वादश अंग, (2) द्वादश उपांग, (3) दस प्रकीर्ण, (4) षट् छंद सूत्र, (5) चार मूलक सूत्र और (6) विविध।

जैनियों की 'चौदह पूर्वज' नामक पुस्तक, जिसकी शिक्षा महावीर स्वामी ने अपने शिष्यों को दी थी, एक महान रचना मानी जाती है। चौथी शताब्दी ई० में एक भयानक अकाल पड़ा जो 72 वर्ष तक रहा। फिर एक सभा पाटलिपुत्र में हुई जिसका उद्देश्य जैनधर्म का ज्ञान प्राप्त करना था। इस सभा ने अंगाज का संग्रह किया जो कि जैन साहित्य का एक प्रसिद्ध तथा महत्त्वपूर्ण अंग कहा जाता है।

3. जैन मठ—महावीर स्वामी ने जैन मठों की भी स्थापना की। उनके सरल और आकर्षक सिद्धान्तों के कारण उनके बहुत अनुयायी हो गए। महावीर स्वामी के देहान्त के पश्चात् जैन धर्म की दो सभाएँ हुई थीं। प्रो० वी०एन० लूनिया का कथन है कि स्वामी महावीर के पश्चात् भी जैन मठ जीवित रहा। उनके ग्यारह घनिष्ठ और प्रिय शिष्य थे। उनमें से एक, जिसका नाम आर्य सुधर्मन था, महावीर के पश्चात् भी जीवित रहा और उनकी मृत्यु के पश्चात् जैन मठ का प्रमुख हो गया और 22 वर्ष तक इस पद पर रहा। जैनियों के कल्पसूत्र में महावीर को छोड़कर 22 तीर्थंकरों की जीवनियां हैं। इसमें जैन संघ के प्रमुख मतों का विवरण है और तपस्वियों के हेतु नियम हैं।

प्रो० त्यागी तथा मेहरा के अनुसार—''यह स्वामी महावीर के द्वारा स्थापित हुआ। इन संघों के सदस्य, सरल, सादा व संयमपूर्ण जीवन व्यतीत करते थे। उनका काम अध्ययन करना तथा धर्म प्रचार करना था। इस प्रकार संघ में रहने वाले जैन साधु तथा सन्त जैनधर्म का बराबर प्रचार करते थे और अपने पवित्र तथा संयमपूर्ण जीवन के उदाहरण से जनता को प्रभावित करते रहते थे। यह उच्च विचारक थे और इनके अकथनीय परिश्रम के कारण जैनधर्म की बराबर उन्नति होती रही। एक विशेष कारण, जिसके फलस्वरूप जैनधर्म ने उन्नति की, यह भी था कि आवश्यकतानुसार इनके साधु-सन्त एकत्रित होकर अपने खोए तथा बिखरे हुए ग्रन्थों तथा सिद्धांतों को नवीन रूप देने का निरन्तर प्रयास करते थे। इनकी इस प्रकार की परिषदें ठोस कार्य करती थीं और इनके इस प्रकार के अधिवेशन प्रचार के साधन थे।'' जैनधर्म की इस देन के कारण भारतीय संस्कृति की बहुत उन्नति हुई।

4. जैनधर्म और मूर्ति कला—जैनियों की स्थापत्य कला अद्वितीय तथा अनुपमेय है। उसकी विशाल मूर्तियाँ भी बहुत ही सुन्दर हैं और वे देव के समान विशाल हैं। मैसूर में अब तक 70 फीट की एक मूर्ति विद्यमान है। जैनियों ने अपने तीर्थंकरों के उपलक्ष्य में विशाल तथा सुन्दर मन्दिरों का निर्माण करवाया जिससे मूर्तिकला का विकास उच्च कोटि का हुआ। जैनियों की अन्य देन यह है कि उन्होंने गृह निर्माण कला

या स्थापत्य कला को जन्म दिया। जैनियों की यह देन मूर्तिकला के लिए बहुत लाभप्रद सिद्ध हुई। जैनियों ने विशाल भवन गुजरात तथा गिरनार में बनवाए जिनसे इस धर्म की विशेषता प्रकट होती है। जैनियों ने जगह-जगह अपने मन्दिर नहीं बनवाए बल्कि एक स्थान पर अनेक मन्दिरों का निर्माण करवाया। दिलबाड़ा के मन्दिर आज भी जैन मन्दिरों के सुन्दर नमूने कहे जाते हैं।

5. जैनधर्म और चित्रकला—11वीं तथा 12वीं शताब्दियों में जैन धर्म के मन्दिरों पर चित्र बने जिससे चित्रकला के इतिहास में एक नवीनता उत्पन्न हो गई। इनमें पच्चीकारी का काम बहुत अच्छा था। चित्रकला का दर्शन हमें जैनियों की हस्तलिखित पुस्तकों में भी होता है, जिसमें चमकीले रंगों में चित्रों का बहुत महत्त्व है। पच्चीकारी का काम जो कि इनके मन्दिरों तथा गुफाओं में हुआ है, दर्शनीय है। जैनियों के तीर्थंकरों के चित्र सुन्दर रंगों में सुशोभित हैं। जैन चित्रों की मुख्य विशेषता सरलता है, क्योंकि जैनी लोग सरलता के प्रेमी थे और हैं। चित्रकला पर हिन्दू शैली की छाप स्पष्ट दिखाई देती है। जैन धर्म ने भारतीय चित्रकला को जो योगदान किया वह आज भी उच्च कोटि का माना जाता है।

6. जैनधर्म की शाखाएँ—जैनियों में शीघ्र मतभेद होने लगा और वे दो दलों में विभक्त हो गए। एक श्वेताम्बर तथा दूसरा दिगम्बर। इनके मौलिक सिद्धान्तों में किसी प्रकार का विशेष अन्तर नहीं है। दोनों ही सम्प्रदाय महावीर के उपदेशों को मानते हैं। दिगम्बर बड़े कट्टर हैं और कठोर नियमों का पालन करते हैं। कमजोर मनुष्य तथा स्त्रियां और बच्चे उनका पालन नहीं कर सकते। दिगम्बरों का मत है कि संन्यासी को सब कुछ त्याग देना चाहिए, इसी कारण वे लोग नग्न रहते हैं। लेकिन श्वेताम्बर संन्यासी होकर केवल श्वेत वस्त्र धारण करते हैं। दिगम्बर लोगों का कहना है कि संन्यासी को भोजन की आवश्यकता नहीं है। कोई स्त्री तब तक धर्म के बन्धनों से मुक्त नहीं हो सकती जब तक वह पुरुष की योनि में फिर जन्म न ले, परन्तु श्वेताम्बर इन विचारों से सहमत नहीं हैं।

7. जैनधर्म का भारतीय समाज पर प्रभाव—इसका भारतीय समाज पर गहरा प्रभाव पड़ा। जाति प्रथा को आघात लगा तथा जांति-पांति के कड़े बन्धनों को ढीला कर दिया। ब्राह्मणों का आदर कम होने लगा था। साधारण जनता को अन्ध-विश्वासों से हटाकर ठीक मार्ग पर खड़ा किया। यह धर्म प्रचार की एक महान देन कही जाती है।

8. जैनधर्म की राजनीति को देन—भारत की राजनीतिक दशा पर भी जैन धर्म की छाप दिखाई देती है। इसी के कारण राजाओं के विचार बदल गए और अत्याचार करने वाली नीति समाप्त हो गई और उसके स्थान पर दया की नीति स्थापित करके राजाओं ने अपनी प्रजा से अपनी संतान की तरह व्यवहार किया। गणतंत्र राज्यों की स्थापना हुई।

इस प्रकार जैनधर्म ने भारतीय संस्कृति को बहुत कुछ दिया। डा० माथुरलाल शर्मा के अनुसार–कर्म सिद्धान्त भी भारत का लोक विचार बन गया है। यह सिद्धान्त महावीर से पहले भी ज्ञान का अंग था, परन्तु जैनधर्म में इसका अति सुन्दर विवेचन किया गया है। इसको इतना वैज्ञानिक, सुबोध और सर्व-सम्मत जैनधर्म ने ही बनाया है। मनुष्य जैसा कर्म करेगा वैसा फल उसे मिलेगा। इसको इस समय आबाल-वृद्ध अशिक्षित लोग भी समस्त देश में जानते हैं। यह विचार अब न जैन मत है न वेद मत। यह भारत का लोकमत बन गया है और इसको इतना स्वत: सिद्ध माना जाता है कि इसकी कोई शास्त्रीय व्याख्या आवश्यक नहीं समझी जाती है।

दर्शन साहित्य और कला के क्षेत्र में जैन मतावलम्बियों ने भारत को बहुत कुछ दिया है। जैन तर्क शास्त्र बड़ा उन्नत और परिमार्जित है। इससे भारतीय तर्क पुष्ट और सम्पन्न हुआ है। जैन शास्त्रों में कर्म सिद्धान्त का अद्‌भुत विवेचन है। कर्म के भेद-प्रभेद और उसके नाना विधियों को बड़ी सूक्ष्मता से समझाया गया है। जैनधर्म का अनेकान्तवाद भारतीय दर्शन का जगमगाता हुआ रत्न है। इस वाद में बतलाया गया है कि प्रत्येक विषय या पदार्थ को सात प्रकार (सप्त ढंग) से देखा जा सकता है। एक ही विधि या पक्ष का आग्रह करने से समस्त सत्य की प्राप्ति नहीं हो सकती। इसमें अनेकान्तवाद विचारोदार्य की पराकाष्ठा है। जैन साहित्य विपुल और विशुद्ध है। इसमें कथा वार्ता, काव्य, इतिहास, पुराण, व्याकरण आदि सब विषय हैं। जैन लेखकों की यह विशेषता है कि श्रृंगारिकता में नहीं घुसते और स्त्रियों के विविध अंगों का तथा काम भावनाओं और चेष्टाओं तक का वर्णन नहीं करते जो विकार उत्पन्न करने वाला हो। यही बात जैन कला के विषय में कही जा सकती है। सारे देश में दिगम्बर और श्वेताम्बर सम्प्रदाय की अगणित प्रतिमाएं हैं। जैन ग्रन्थों में अनेक विषयों के कितने ही हस्तलिखित सुन्दर ग्रन्थ हैं। कला के इन विविध अंगों में सात्त्विकता, सरलता, विशालता और सूक्ष्मता जैन मत की विशेष देन है।

बुद्ध का जन्म एवं वंश—महात्मा बुद्ध का जन्म ईसा से 563 वर्ष पूर्व लुम्बिनी वन (आधुनिक रुम्मिनदेई) नामक ग्राम में हुआ था। बुद्ध के पिता का नाम शुद्धोधन था जो नेपाल की तराई के एक राजा थे। इनकी राजधानी कपिलवस्तु थी। माता का नाम महामाया था जो प्रजापति की बहिन थी—बुद्ध गौतम गोत्र के होने के कारण गौतम कहलाए। पाली ग्रन्थ 'मज्झिम निकाय' में इस बात का उल्लेख है कि जब महामाया अपने मायके जा रही थी तब मार्ग में ही लुम्बिनी नामक वन में शाल वृक्ष के नीचे बुद्ध का जन्म हुआ। किन्तु सात दिन बाद इनकी माता का परलोकवास हो गया। उनका पालन-पोषण उनकी विमाता और मौसी प्रजापति ने किया।

विवाह—बाल्यकाल से ही सिद्धार्थ (ज्ञान-प्राप्ति से पूर्व का नाम) एकान्तप्रिय तथा चिन्तनशील थे। अत: उनके पिता शुद्धोधन ने 18 वर्ष की आयु में ही सिद्धार्थ का

विवाह अत्यन्त सुन्दरी राजकुमारी यशोधरा से सम्पन्न कर दिया। यशोधरा ने एक पुत्ररत्न को जन्म दिया। लेकिन सिद्धार्थ ने इसे 'एक बन्धन का जन्म दिया' की संज्ञा दी।

गृह त्याग—गौतम बाल्यावस्था से ही चिन्तनशील थे। पुत्र जन्म के उपरान्त उन्हें दिन-प्रतिदिन यह अनुभव होने लगा कि वे मायाजाल में फँसते जा रहे हैं। संयोग से इसी बीच उन्होंने क्रमश: एक वृद्ध, एक रोगी और एक शव का दर्शन किया। इन घटनाओं से उनके अन्त:करण में ये विचार स्फुटित हुए—क्या मैं भी इसी प्रकार वृद्ध होऊँगा? क्या मैं भी इसी प्रकार बीमार पड़ सकता हूँ। क्या मेरी भी इसी प्रकार मृत्यु होगी? इसी बीच एक संन्यासी से भेंट हुई जिसने मोक्ष पाने के लिए प्रवज्या ग्रहण कर ली थी। अत: एक रात्रि को अपनी पत्नी यशोधरा और पुत्र राहुल को सोयी हुई अवस्था में अन्तिम बार देखा और महल का त्याग करके अपने घोड़े कंथक पर सवार होकर सारथी छन्दक के साथ नगर के बाहर चले गए। अपने बहुमूल्य वस्त्र एवं अश्व को छन्दक को सौंप दिया और केश काटकर गेरुआ वेश धारण कर लिया। छन्दक से विदा लेकर इधर-उधर भ्रमण करना आरम्भ कर दिया। गौतम का गृह-परित्याग 'महाभिष्क्रमण' के नाम से इतिहास में प्रसिद्ध है।

ज्ञान-प्राप्ति—सत्य और ज्ञान की खोज में सर्वप्रथम आलार और उद्दक नाम के दो ऋषियों से भेंट की किन्तु उनसे शान्ति की प्राप्ति नहीं हुई। तत्पश्चात् उन्होंने उरुवेला नामक स्थान पर निरंजना नदी के तट पर अपने पाँच अन्य साथियों के साथ कठोर तप किया जिसके कारण उनका शरीर अस्थि-पंजर मात्र रह गया, लेकिन ज्ञान की प्राप्ति नहीं हुई। अत: उन्होंने तपस्या के मार्ग का त्याग कर दिया और उरुवेला के एक श्रेष्ठि की पुत्री सुजाता की दी हुई खीर का भोजन किया जिससे उनके पांच साथियों ने यह सोचकर कि गौतम तप के मार्ग से विरत होकर भोग का मार्ग ग्रहण करना चाहते हैं; घृणा से उनका साथ छोड़ दिया। कुछ समय उपरान्त उन्हें ज्ञान प्राप्त हुआ और वे 'बुद्ध' कहलाने लगे। बुद्ध का अर्थ होता है 'ज्ञानी'। इस प्रकार अपनी आयु के 35 वर्ष में गौतम ने बुद्धत्व (ज्ञान) प्राप्त किया। जिस वृक्ष के नीचे उन्हें ज्ञान प्राप्त हुआ वह 'बोधि-वृक्ष' कहलाया।

धर्म-प्रचार—ज्ञान प्राप्ति के पश्चात् बुद्ध ने सर्वप्रथम सारनाथ में अपने पाँचों भिक्षु साथियों को, जिन्होंने उन्हें त्याग दिया था, अपना पहला उपदेश दिया और वे उनके शिष्य बन गए। वे पाँचों शिष्य 'पंचवर्गीय' कहलाते हैं। यह घटना 'धर्म-चक्र-प्रवर्तन' के नाम से प्रसिद्ध है। जब उनके शिष्यों की संख्या 30 तक पहुँच गई तो उन्होंने एक संघ का निर्माण किया। धीरे-धीरे संघ की प्रतिष्ठा इतनी अधिक बढ़ गई की बौद्ध-धर्म ग्रहण करने वाला प्रत्येक व्यक्ति संघ में प्रवेश करते समय कहता था—

बुद्धं शरणं गच्छामि।

धर्म्मं शरणं गच्छामि।

संघ शरणं गच्छामि।

अर्थात्—मैं बुद्ध, धर्म और संघ की शरण में जाता हूँ।

धर्म का प्रचार करते हुए बुद्ध कपिलवस्तु भी गए। वहाँ उन्होंने पुत्र राहुल और भाई नन्द को संघ की शरण में ले लिया। अपने शिष्य आनन्द के विशेष आग्रह पर उन्होंने अपनी विमाता प्रजापति को भी संघ में शामिल कर लिया। बुद्ध ने बिहार, उत्तर प्रदेश के कुछ भागों तथा नेपाल में घूम-घूमकर अपने धर्म का प्रचार किया। इस प्रकार बुद्ध ने अपने जीवन के शेष 45 वर्षों में बौद्ध-धर्म के सिद्धान्तों का प्रसार किया।

मृत्यु—80 वर्ष की अवस्था में 483 ई० पू० कुशीनर में उदरशूल के कारण बुद्ध की मृत्यु हो गई। यह घटना 'महापरि निर्वाण' के नाम से प्रसिद्ध है। मृत्यु के समय उन्होंने अपने शिष्यों से कहा था कि "भिक्षुओ! मुझे तुमसे अब कुछ नहीं कहना, बस सिवा इसके कि जो कुछ बना है वह बिगड़ेगा भी, अत: निर्वाण के लिए सम्पूर्ण शक्ति से यत्न करो।"

बुद्ध के उपदेश एवं शिक्षाएँ—महात्मा बुद्ध ने अपने जीवनपर्यन्त जिन उपदेशों एवं शिक्षाओं का प्रचार किया वे निम्नलिखित हैं—

1. चार आर्य सत्य—बुद्ध की दृष्टि में इस संसार में चार प्रमुख सत्य हैं जो 'चत्वारि आर्य सत्यानि' के नाम से सम्बोधित किए जाते हैं। वे सत्य हैं—दु:ख, दु:ख समुदाय, दु:ख-निरोध तथा दु:ख-निरोध के उपाय।

(क) दु:ख—बुद्ध के मतानुसार यह संसार दु:खमय है जो जन्म, जरा, रोग मृत्यु, शोक, विलाप, चिन्ता, निराशा आदि के रूप में प्रकट होता है। प्रत्येक मनुष्य दु:खों से ग्रसित है।

(ख) दु:ख-समुदाय—बुद्ध ने बतलाया कि दु:ख का कारण जन्म है। यदि जन्म न हो तो मृत्यु का प्रश्न ही न उठे। लोभ, लालच और सुख-भोग की कामना से ही पुनर्जन्म होता है।

(ग) दु:ख-निरोध—बुद्ध ने बतलाया कि प्रत्येक दु:ख का निवारण भी हो सकता है। जब त्याग के भाव में आने से तृष्णा का अन्त हो जाता है तब मनुष्य को निर्वाण पद प्राप्त हो जाता है।

(घ) दु:ख निरोध के उपाय—उन्होंने तृष्णा और सांसारिक दु:खों का अन्त करने के लिए एक मार्ग का प्रतिपादन किया जो 'अष्टांगिक मार्ग' कहलाता है।

2. अष्टांगिक मार्ग—मोक्ष को प्राप्तकर आवागमन के चक्कर से छुटकारा पाने के लिए बुद्ध ने आठ मार्ग बताये हैं जो निम्नलिखित है–

(i) **सम्यक् दृष्टि**—मनुष्य में सत्य-असत्य को पहचानने की क्षमता होनी चाहिए। उसमें पाप-पुण्य, सदाचार-दुराचार आदि में भेद करने की क्षमता भी होनी चाहिए। चार आर्य सत्यों को जानना भी सम्यक् दृष्टि के माध्यम से ही सम्भव है।

(ii) **सम्यक् संकल्प**—इच्छा, तृष्णा और हिंसा से मुक्त संकल्प ही सम्यक् संकल्प कहलाता है। अर्थात् मनुष्य को सभी विकारों से दूर रहना चाहिए।

(iii) **सम्यक् वाणी**—सत्य, विनम्रता और मृदुता से युक्त वाणी ही सम्यक् वाणी है। किसी को अपशब्द न बोलना, किसी की निन्दा न करना एवं कठोर वचन न बोलना आदि सम्यक् वाणी हैं।

(iv) **सम्यक् कर्म**—अच्छे या सत्कर्म करना सम्यक् कर्म है। मनुष्य को बुरे कर्म से बचना चाहिए।

(v) **सम्यक् आजीव**—इसका अर्थ है कि मनुष्य को अपने जीवनयापन हेतु सदैव उचित साधनों का ही आश्रय लेना चाहिए। दूसरों को हानि पहुँचाने वाले आजीविका के साधनों का प्रयोग नहीं करना चाहिए।

(vi) **सम्यक् व्यायाम**—यहाँ पर व्यायाम से तात्पर्य प्रयत्न या उद्योग से है। मनुष्य को सदैव नैतिक, मानसिक तथा आध्यात्मिक उत्थान के लिए प्रयास करना चाहिए।

(vii) **सम्यक् स्मृति**—यद्यपि साधारण अर्थों में इसका तात्पर्य भलीभांति याद रखने से है अर्थात् मनुष्य को सभी कार्य सावधानीपूर्वक एवं विवेक के साथ करना चाहिए।

(viii) **सम्यक् समाधि**—इसके अनुसार मनुष्य को अपने चित्त की एकाग्रता पर ध्यान केन्द्रित करना चाहिए क्योंकि उसी से उसको बौद्धिक तथा आध्यात्मिक ज्ञान की प्राप्ति हो सकती है।

3. दस शील—अष्टांगिक मार्ग के अलावा बुद्ध ने नैतिक आचरण के लिए 'दस शील' बताये हैं जो निर्वाण प्राप्ति के लिए आवश्यक थे। उनके 'दस शील' निम्नलिखित हैं–

(i) अहिंसा,

(ii) सत्य,

(iii) अस्तेय (चोरी न करना),

(iv) उपरिग्रह (सम्पत्ति त्याग),

(*v*) ब्रह्मचर्य व्रत,

(*vi*) संगीत और नृत्य का त्याग,

(*vii*) अंजन, फूल सुगन्धित द्रव्यों का त्याग,

(*viii*) असामाजिक भोजन का त्याग,

(*ix*) कोमल शैय्या का त्याग,

(*x*) कामिनी और कंचन का त्याग।

उक्त शीलों में प्रथम पांच गृहस्थों के लिए थे परन्तु भिक्षुओं के लिए समस्त शीलों का पालन करना अनिवार्य था। बुद्ध के ये संदेश सबके लिए हैं। नर और नारी, युवा और वृद्ध, अमीर और गरीब सभी समान रूप से आचरण कर सकते थे।

4. कर्मवाद और पुनर्जन्मवाद—महात्मा बुद्ध का विश्वास था कि मनुष्य इस संसार में रहकर जो कर्म करता है उन कर्मों का फल उसे अवश्य ही भोगना पड़ता है। आत्मा प्रत्येक बार अनेक शरीर धारण करती है और कर्मों के अनुसार दण्डित अथवा पुरस्कृत होती है। ईश्वर तथा आत्मा के अस्तित्व को अस्वीकार करते हुए बुद्ध पुनर्जन्मवाद में विश्वास करते थे। उनका कहना था कि पुनर्जन्म भी कर्म के नियम से संचालित होता है। बोधिसत्वों के रूप में बुद्ध के सहस्रों जन्मों का वर्णन मिलता है।

5. अनीश्वरवाद—गौतमबुद्ध अनीश्वरवादी थे। वे इस झंझट में नहीं फंसे कि ईश्वर है या नहीं। ईश्वर के अस्तित्व के सम्बन्ध में पूछे जाने पर वे मौन रहे। न उन्होंने यह कहा कि वह है और न यही कहा कि वह नहीं है। एक बार उन्होंने ईश्वर के सम्बन्ध में कहा था—"ईश्वर यदि कहीं है, तो वह भी कर्म के बन्धनों से बँधा हुआ है तथा वह किसी को दण्ड देने अथवा पुरस्कृत करने में स्वतंत्र नहीं है।"

6. जाति प्रथा का खण्डन—महात्मा बुद्ध ने जाति प्रथा का कड़ा विरोध किया और कहा कि न कोई जन्म से नीच होता है और न उच्च। नीचता और उच्चता मनुष्य के कर्मों से आती है। संसार में सभी व्यक्ति समान हैं। अत: सबके साथ प्रेम पूर्वक रहना चाहिए। इनके इस सन्देश का लोगों पर गहरा प्रभाव पड़ा और उसके कारण उनका धर्म शीघ्र ही बहुत लोकप्रिय हो गया। सभी जातियों के लोग भारी संख्या में उनके अनुयायी हो गये।

7. प्रयोजनवाद—महात्मा बुद्ध प्रयोजनवादी थे। अत: उन्होंने उन्हीं विषयों पर उपदेश दिया जिनमें मनुष्य मात्र का कल्याण हो सकता था। लोक, जीव और परमात्मा सम्बन्धी अनेक विवादों को उन्होंने व्यर्थ समझा। बुद्ध ने अपने अनुयायियों को इन विषयों पर चुप रहने के लिए कहा—

(*i*) क्या लोक नित्य है?

(*ii*) क्या लोक अनित्य है?

(*iii*) क्या लोक शान्त है?

(*iv*) क्या लोक अनन्त है?

(*v*) क्या जीव और शरीर एक है?

(*vi*) क्या जीव और शरीर भिन्न-भिन्न हैं?

(*vii*) क्या मृत्यु के बाद तथागत होते हैं?

(*viii*) क्या मृत्यु के बाद तथागत नहीं होते हैं?

(*ix*) क्या मृत्यु के बाद तथागत होते भी हैं और नहीं भी?

(*x*) क्या मृत्यु के बाद न तथागत होते ही हैं, न ही नहीं होते हैं?

8. **वेदों और संस्कृत भाषा की पवित्रता में अविश्वास**—बुद्ध ने ज्ञान की खोज के लिए वेदों को महत्त्व नहीं दिया। उन्होंने अपने अनुभव और तर्क का सहारा लिया। उनका वैदिक यज्ञों और कर्मकाण्ड में विश्वास नहीं था। उन्होंने संस्कृत भाषा का तिरस्कार करते हुए अपने उपदेशों का प्रचार सर्वसाधारण की भाषा पाली में किया।

9. **निर्वाण**—निर्वाण को बौद्धधर्म का परम लक्ष्य माना गया है। इस धर्म द्वारा निर्धारित निर्वाण अन्य धर्मों के निर्वाण से भिन्न है। अन्य धर्मों के अनुसार निर्वाण या मोक्ष मृत्यु के पश्चात् ही मिल सकता था। परन्तु बौद्ध धर्म के अनुसार यह इसी जीवन में संभव है। महात्मा बुद्ध निर्वाण प्राप्ति के पश्चात् भी काफी समय तक जीवित रहे। इसलिए बौद्ध धर्म में इसका तात्पर्य ज्ञान से है। इसकी प्राप्ति के पश्चात् मनुष्य जन्म-मरण के चक्कर से मुक्त हो जाता है और व्यक्ति परमानन्द एवं शान्ति को प्राप्त कर लेता है। इसको प्राप्त कर लेने के पश्चात् मनुष्य रोग द्वेष एवं उससे उत्पन्न दु:ख से मुक्त हो जाता है।

इस प्रकार महात्मा बुद्ध की शिक्षा या बौद्ध धर्म के सिद्धान्त विश्व के कल्याण तथा पीड़ित मानवता की दु:ख निवृत्ति का श्रेष्ठ मार्ग है।' पं० जवाहरलाल नेहरू ने लिखा है–"Buddhism influenced life a hundred ways even in long years of its decline in India, and when lates it remained as a part of the Hindu faith and it national ways of life and thought."

बौद्ध संघ प्रणाली

बौद्धधर्म एक प्रचारक धर्म था। महात्मा बुद्ध के जीवन काल में तथा उनके बाद उनके अनुयायी देश देशान्तर में घूम-घूमकर अपने धर्म का प्रचार करते रहे। धर्म प्रचारक न केवल भारत में अपितु विदेशों में भी जाते थे। अतएव इन लोगों की सुविधा के लिए स्थान-स्थान पर कई मठ या विहार बना दिये गये थे जिन्हें संघ कहा जाता था।

संघों की व्यवस्था महात्मा बुद्ध के जीवन काल में ही आरम्भ हो गयी थी। संघों में रहने वाले लोग अपने को भिक्षु कहते थे। उनका जीवन अत्यन्त सरल तथा सादा होता था। वे साधुओं जैसा जीवन व्यतीत करते थे। भिक्षा में मिली वस्तुओं से अपना जीवन यापन करते थे। आरम्भ में केवल पुरुष ही इसके सदस्य बन सकते थे परन्तु बाद में जब बुद्ध की पत्नी यशोधरा ने भिक्षुणी बनने की इच्छा प्रकट की तो उन्होंने बहुत सोच-विचार के पश्चात् स्त्रियों को सदस्य बनने की अनुमति दी। पुरुषों के संघ स्त्री संघ से अलग होते थे। महात्मा बुद्ध ने उनके दैनिक जीवन के लिए निश्चित और कठोर नियम बनाये थे जिनका पालन करना बहुत आवश्यक था। इस संघ की विशेषतायें निम्नलिखित हैं—

1. संघ प्रवेश—आरम्भ में महात्मा बुद्ध स्वयं लोगों को संघ में प्रवेश करवाते थे, किन्तु आगे चलकर यह कार्य अपने शिष्यों को सौंप दिया था। संघ में प्रवेश करने से पहले निम्नलिखित वाक्यों का उच्चारण करना पड़ता था।

बुद्धम् शरणम् गच्छामि।

धर्मम् शरणम् गच्छामि

संघम् शरणम् गच्छामि।

संघ के सदस्यों के कुछ वर्ग बने हुए थे। सबसे निम्न वर्ग प्रव्रज्या कहलाता था। इसमें प्रवेश करने वाले सदस्य की आयु कम से कम 15 वर्ष होनी चाहिए थी। उसे अपने माता-पिता की अनुमति लेनी आवश्यक होती थी। भिक्षु बनने के लिए उसे अपने बाल मुड़वाकर गेरुए वस्त्र पहनने पड़ते थे। तत्पश्चात् वह एक गुरु का चुनाव करता था जो उसे दस भिक्षुओं की एक समिति के सम्मुख प्रस्तुत करता था। यदि कोई भी भिक्षु आपत्ति न करे तो उसे प्रव्रज्या में स्थान दे दिया जाता था। फिर वह श्रमण बन जाता था और उसे सदाचार के नियमों का पालन करना पड़ता था। 20 वर्ष की आयु के पश्चात् यदि वह योग्य हो तो उसे उच्च वर्ग अर्थात् उपसम्पदा में स्थान दे दिया जाता था।

2. मठ का निर्माण—भिक्षुओं को रहने के लिए मठ बनाया जाता था। 'पातिमोक्ष' में मठ का निर्माण करने के विषय में कुछ आदेश दिये गये थे। मठ को संघ की सामूहिक सम्पत्ति समझा जाता था।

3. वस्त्र एवं भोजन—भिक्षुओं को बाल मुड़वाकर गेरुए रंग के वस्त्र पहनने पड़ते थे। श्रृंगार की सामग्री को स्पर्श करने की मनाही थी। वे कोमल अथवा आरामदायक बिस्तर पर नहीं सो सकते थे। संघ के भिक्षु दिन में एक बार भोजन करते थे। निश्चित समय पर भोजन न करने पर उन्हें कुसमय भोजन नहीं दिया जाता था। उपलब्ध भोजन पर ही भिक्षुओं को संतोष करना पड़ता था। वे किसी के भी भोजन के निमंत्रण को

स्वीकार कर सकते थे। इन नियमों के द्वारा बुद्ध ने भिक्षुओं के जीवन को शुद्ध एवं पवित्र बनाने का प्रयास किया।

4. वर्षा ऋतु में विश्राम—संघों में रहने वाले भिक्षुओं का उद्देश्य सादा जीवन व्यतीत करते हुए अपने धर्म का प्रचार करना था। वे लोग आपस में अपने-अपने प्रचार का क्षेत्र निश्चित कर लेते थे और टोलियाँ बनाकर वहाँ प्रचार करने के लिए जाते थे। लेकिन वर्षा ऋतु के तीन महीनों में वे एक निश्चित स्थान पर ही निवास करते थे। वर्षा ऋतु के समाप्त होने पर इस अवधि में की गयी भूलों को स्वीकार करने के लिए फिर वे एकत्रित हुआ करते थे।

5. प्रतिप्रदा की बैठक—संघ के सदस्य प्रतिपक्ष अर्थात् 15वें दिन एक सभा के रूप में एकत्रित होते थे। इस सभा में प्रत्येक भिक्षु की उपस्थिति अनिवार्य होती थी। यदि कोई भिक्षु बीमार होता था तो वह अपना प्रतिनिधि भेज देता था। सर्वप्रथम एक सभापति चुना जाता था। बाद में दो वक्ता विनय और धर्म पर भाषण देते। प्रत्येक सभा में पातिमोक्ष के नियमों को पढ़ा जाता था। जो भिक्षु उनका उल्लंघन करता था उसे दण्ड दिया जाता था। दण्ड शारीरिक रूप से न होकर प्रायश्चित के रूप में होते थे। गंभीर अपराध होने पर भिक्षु को संघ से बाहर निकाल दिया जाता था।

6. भिक्षुणी पातिमोक्ष—संघ में स्त्रियों के लिए विशेष नियम बनाये गये थे, इन्हें भिक्षुणी पातिमोक्ष कहते हैं। संघ में भ्रष्टाचार रोकने के लिए ऐसा किया गया था। स्त्रियों के संघ अलग थे जिन पर अनेक प्रकार के प्रतिबन्ध लगाये गये थे।

7. संघ का संगठन—बौद्ध संघों का संगठन लोकतंत्रात्मक प्रणाली पर आधारित था। लोकतंत्र व्यवस्था के तीन मूल सिद्धान्त–स्वतंत्रता, समानता और बन्धुत्व की भावना थी। संघ के सभी सदस्यों को स्वतंत्रतापूर्वक अपने विचार प्रकट करने की आज्ञा थी। प्रत्येक बात का निर्णय इनकी सभाओं में बहुमत द्वारा होता था। इनके सभापति तथा प्रतिनिधि सदस्यों द्वारा चुने जाते थे। सबकी प्रतिपत्र सभा और सामान्य सभा हुआ करती थी। संघ में सभी विषयों पर बातचीत हुआ करती थी। संघ में प्रत्येक कार्य एक प्रस्ताव के रूप में प्रस्तुत किया जाता था। संघ में अनुशासन पर विशेष ध्यान दिया जाता था। संघ के कार्यों को चलाने के लिए संघ के नियंत्रक भी होते थे। संघ में सबको समान अधिकार प्राप्त थे। संघ के सदस्यों में सहयोग और प्रेम की भावना होती थी। इस प्रकार देश में फैले अनेक संघों में प्रजातंत्रात्मक भावना थी।

8. मतभेद का हल—संघ का स्वरूप लोकतांत्रिक होने के कारण मतभेद भी हुआ करते थे। बौद्ध संघों में कई अवसरों पर सदस्यों में मतभेद हो जाता था। इन मतभेदों को शान्तिपूर्वक हल करने का प्रयास किया जाता था। प्रत्येक विवादाग्रस्त विषय को विभिन्न दलों के नेता पहले आपस में तय करते थे और बाद में उनकी चर्चा

आम सभा में की जाती थी। आवश्यकता पड़ने पर वे ऐसे विषयों को दूसरे स्थानों के संघों में भी भेज देते थे। ऐसे में निर्णय निष्पक्ष रूप से होता था।

9. **मतदान**—संघों का स्वरूप लोकतंत्रात्मक होने के कारण मतदान का भी विशेष महत्व था। बौद्ध भिक्षु मतदान को द्वन्द्व कहते थे। बौद्ध भिक्षु मतदान के लिए लकड़ी के छोटे-छोटे टुकड़ों का प्रयोग करते थे। विभिन्न मतों के लिए विभिन्न रंग निर्धारित थे। प्राय: मतदान की आवश्यकता नहीं पड़ती थी और प्रत्येक बात का निर्णय मौन स्वीकृति से ही हो जाता था, परन्तु विवादाग्रस्त महत्वपूर्ण विषयों पर मतदान कराया जाता था। लगभग सभी निर्णय बहुमत द्वारा होता था।

बौद्ध संघों का महत्त्व—बौद्ध संघों का महत्त्व इस दृष्टि से बहुत अधिक है कि बौद्ध संघों का संगठन प्रजातांत्रिक नियमों पर आधारित था। भारत में इस प्रथा की नींव सैकड़ों वर्ष पहले पड़ चुकी थी। इसलिए भारतीय इतिहास में इन संघों का विशेष महत्त्व है। ये संघ न केवल धार्मिक दृष्टि से अपितु राजनैतिक दृष्टि से भी बहुत अधिक उपयोगी थे। आरम्भ में इन संघों का उद्देश्य केवल बौद्धधर्म का प्रचार करना था परन्तु आगे चलकर ये शिक्षा तथा भारतीय संस्कृति के केन्द्र बन गये। तत्कालीन राजनीति पर इनके लोकतंत्रात्मक सिद्धान्तों का गहरा प्रभाव पड़ा था। लोगों को इन संघों से काफी प्रेरणा प्राप्त हुई।

बौद्धधर्म की देन और प्रभाव

महात्मा बुद्ध द्वारा स्थापित बौद्ध धर्म ने भारतीय इतिहास को अनेक प्रकार से प्रभावित किया है जिससे भारतीय सभ्यता को बहुत कुछ प्राप्त हुआ है। यह सही है कि भारत में जन्मे बौद्ध धर्म के अनुयायियों की संख्या, आधुनिक युग में कम है, तथापि आज विश्व के अनेक देशों का यह मूल धर्म है। सदियों से चला आ रहा यह धर्म, अपनी विश्व प्रसिद्धि के कारण भारत के लिए गौरव की बात है। प्राचीन काल में यह भारत का प्रमुख धर्म था और सारे देश में इसका प्रसार था। फलस्वरूप इसने भारतीय सभ्यता राजनैतिक, सामाजिक, आर्थिक और सांस्कृतिक सभी पक्षों को प्रभावित किया।

I. राजनैतिक प्रभाव

(*i*) **राष्ट्रीय एकता में वृद्धि**—बौद्धधर्म ने विभिन्न साधनों के द्वारा देश में राजनीतिक एकता और राष्ट्रीयता की भावना उत्पन्न की। प्रसिद्ध विद्वान हैवेल ने लिखा है—"सामाजिक और राजनीतिक रूप से बौद्ध धर्म का भारत को एक राष्ट्र बनाने में वही प्रभाव था जो सातवीं शताब्दी में सेक्सन हेप्टारकी को छोटे-छोटे राज्यों को भंग करके ब्राह्मणों के कर्मकाण्डों द्वारा उत्पन्न किये गये अन्धविश्वासों को दूर करके तत्कालीन राजनैतिक क्षेत्र में सहानुभूति की भावना उत्पन्न की और इसी राजनैतिक एकता और

सहानुभूति के आधार पर मौर्यवंश को अपना सुदृढ़ राज्य स्थापित करने में सहायता मिली।''

(ii) **युद्ध भावना को ठेस**—बौद्धधर्म के अहिंसा के सिद्धान्त ने युद्ध की मनोवृत्ति को गहरा धक्का पहुँचाया। बौद्धधर्म के सिद्धान्तों के तेजी से प्रचार के कारण लोगों के मन में अहिंसा के प्रति दृढ़ विश्वास उत्पन्न हो गया। वे हिंसा को घृणा की दृष्टि से देखने लगे। फलस्वरूप लोगों के मन से युद्ध की भावना तेजी से समाप्त होने लगी। अशोक का शासन काल इसका सर्वोत्तम उदाहरण है। बौद्धधर्म को अपनाने से पूर्व अशोक अन्य शासकों के समान शिकार, युद्ध आदि हिंसात्मक कार्यों में रुचि लेता था। अपने पितामाह चन्द्रगुप्त मौर्य के समान साम्राज्यवादी था। परन्तु कलिंग युद्ध के पश्चात् बौद्धधर्म ग्रहण करने के पश्चात् इन सब कार्यो का परित्याग कर दिया और धर्मविजय के मार्ग को अपनाया। इसी प्रकार अन्य शासक भी प्रभावित हुए! यहाँ तक कि अहिंसा के सिद्धान्त ने जनता को भी प्रभावित किया। समाज में शान्ति और प्रेम का वातावरण फैलने लगा और लोग मिलजुल कर रहने लगे। परन्तु इस सिद्धान्त ने सैनिकों को पंगु बना दिया जिससे वे आगे चलकर विदेशी आक्रमणकारियों का सामना न कर सके।

(iii) **विश्व शान्ति की शिक्षा**—बौद्धधर्म की एक महत्वपूर्ण उपलब्धि विश्व में शान्ति के मार्ग को प्रशस्त करना है। अहिंसा और नैतिक आचरण को अपनाकर विश्व में शान्ति स्थापित की जा सकती है। सम्राट अशोक ने बौद्धधर्म का अनुसरण करते हुए लोगों के सामने उदाहरण दिया कि धर्म-विजय दिग्विजय से कहीं अधिक श्रेष्ठ है। वस्तुत: आज 20वीं शताब्दी में जब विश्व युद्धों से तंग आ चुका है तो संयुक्त राष्ट्र संघ की सहायता से विश्व में शान्ति स्थापित करने का निष्फल प्रयास किया जा रहा है। परन्तु अशोक ने बौद्ध धर्म को अपनाकर आज से हजारों वर्ष पहले विश्व को अहिंसा और विश्वप्रेम के मार्ग पर चलकर शान्ति स्थापित करने का मार्ग दिखाया था।

(iv) **विदेशों से सम्बन्ध**—बौद्धधर्म एक प्रचारक धर्म था। सम्राट अशोक तथा कनिष्क ने इसे विश्व धर्म बनाने का अनथक प्रयास किया। उन्होंने राज्य की ओर से अनेक प्रचारक विश्व के विभिन्न भागों में भेजे और वहाँ इस धर्म का प्रचार किया। उनके प्रयासों के फलस्वरूप वे एशिया, अफ्रीका, लंका और यूरोप के अनेक देशों में फैला। फलस्वरूप इन देशों के साथ भारत के घनिष्ठ सम्बन्ध स्थापित हो गये। इन प्रचारकों ने इन देशों में भारतीय संस्कृति की गहरी छाप छोड़ी। इस सम्बन्ध के कारण अन्तर्राष्ट्रीय व्यापार का विकास हुआ।

(v) **ऐतिहासिक सामग्री में वृद्धि**—बौद्धधर्म से सम्बन्धित अनेक ग्रन्थों की रचना की गयी। अन्य धार्मिक ग्रन्थों की भांति बौद्ध साहित्य भी ऐतिहासिक दृष्टि से बहुत महत्त्वपूर्ण है। धार्मिक विवरण के साथ-साथ यह ग्रन्थ उस समय की अनेक ऐतिहासिक घटनाओं पर भी प्रभाव डालते है।

II. सामाजिक प्रभाव

(i) **जाति प्रथा पर आघात**—बौद्धधर्म का उदय तत्कालीन धार्मिक और सामाजिक कुरीतियों के विरोध के रूप में हुआ था। यह केवल धार्मिक ही नहीं था अपितु एक सामाजिक आन्दोलन भी था। इसके सिद्धान्तों ने उस समय की सामाजिक व्यवस्था की नींव हिलाकर जाति प्रथा को गहरा धक्का पहुँचाया। महात्मा बुद्ध जाति प्रथा के घोर विरोधी थे। उनकी दृष्टि में ऊँच नीच का भेदभाव नहीं था। वह सबको समान समझते थे। उनके उपदेशों के प्रभाव से जाति प्रथा के बन्धन ढीले पड़ गये और लोग उस प्रथा से घृणा करने लगे।

(ii) **अनेक उपजातियों का जन्म**—बौद्धधर्म के प्रचार और उसकी अवनति के कारण कई नई जातियों का विकास हुआ। बौद्धधर्म के पतन के पश्चात् अनेक लोग हिन्दू धर्म में फिर वापस आ गये परन्तु उन्हें मूलजाति में शामिल नहीं किया। फलस्वरूप उनकी नई उपजातियाँ बन गयीं।

(iii) **समाज में शान्ति और प्रेम का वातावरण**—महात्मा बुद्ध के उपदेशों ने समाज में शान्ति और प्रेम के वातावरण का प्रवाह किया। लोग अहिंसा के पुजारी बन गये और आपस में मिलजुल कर रहने लगे। उनमें एकता और राष्ट्रीयता की भावना का उदय हुआ और जाति-प्रथा के भेदभाव कम हो गये।

(iv) **नैतिक स्तर में उत्थान**—बौद्धधर्म में आचरण की ओर विशेष ध्यान दिया जाता था। बौद्धधर्म के सिद्धान्त नैतिकता पर आधारित थे। अत: उसकी लोकप्रियता के कारण यह स्वाभाविक था कि लोगों का नैतिक स्तर ऊँचा होता और उनका जीवन अधिक शुद्ध पवित्र बनता।

III. धार्मिक प्रभाव

(i) **सरल एवं लोकप्रिय धर्म का प्रचार**—महात्मा बुद्ध की एक बहुत बड़ी देन यह थी कि उन्होंने विश्व को ऐसा धर्म दिया जो अत्यन्त सरल और सीधा-सादा था। इसमें न तो कोई गम्भीर दर्शन था और न ही कोई अनुष्ठान। अपितु यह एक ऐसा धर्म था जिसे साधारण से साधारण व्यक्ति समझ सकता था और इसका पालन कर सकता था। इस धर्म का उद्देश्य दु:ख का निवारण कर मोक्ष दिलाना था जो सत्कर्म तथा सदाचार से प्राप्त हो सकता था।

(ii) **ब्राह्मण धर्म पर प्रभाव**—बौद्ध धर्म के अहिंसा के उपदेश का प्रभाव ब्राह्मण धर्म पर पड़े बिना न रहा। ब्राह्मणों ने भी जीवों पर दया करने का उपदेश देना आरम्भ किया और तथा बलि प्रथा में बहुत कुछ छील दी। आगे चलकर भागवत धर्म ने

'अहिंसा परमो धर्म:' के सिद्धान्त को स्वीकार कर लिया। भागवत धर्म में शान्ति मार्ग का प्रचार बौद्ध धर्म के प्रचार के कारण हुआ था।

(*iii*) **धार्मिक उदारता तथा सहनशीलता की शुरुआत**—महात्मा बुद्ध अपने विचारों तथा अपनी शिक्षाओं के प्रचार में अत्यन्त उदार थे। उनका कहना था कि यदि मेरी बातें तथा शिक्षायें अच्छी तथा तर्कसंगत प्रतीत होती हैं तो उनको ग्रहण करो अन्यथा छोड़ दो। महात्मा बुद्ध ने अपनी शिक्षाओं का प्रचार किया परन्तु किसी की निन्दा नहीं की। यह धार्मिक उदारता तथा सहनशीलता का बहुत बड़ा प्रमाण है।

(*iv*) **मूर्ति पूजा का आरम्भ**—विद्वानों का विचार है कि मूर्तिपूजा का प्रारम्भ बौद्धधर्म से आरम्भ हुआ। महायानी बुद्ध तथा उनको बोधिसत्त्वों की मूर्तियां बनाकर उनकी पूजा करते थे। बिहार, चैत्य आदि का निर्माण भी इन्हीं लोगों ने आरम्भ किया था। बौद्धधर्म से प्रभावित होकर ब्राह्मण धर्म के अनुयायी भी अपने देवी-देवताओं की मूर्तियाँ बनवाकर उनकी पूजा करने लगे और मन्दिर का निर्माण होने लगा। इस प्रकार मूर्तिपूजा का व्यापक प्रचार बौद्धधर्म के कारण हुआ।

IV. सांस्कृतिक प्रभाव

यद्यपि बौद्धधर्म ने इतिहास के प्रत्येक पक्ष को प्रभावित किया तथापि इसका सांस्कृतिक क्षेत्र में महत्त्वपूर्ण योगदान है—

(*i*) **साहित्य का विकास**—बौद्धधर्म ने प्राचीन भारतीय साहित्य में पर्याप्त बृद्धि की। उनके त्रिपिटक तथा जातक कथायें भारतीय साहित्य में महत्वपूर्ण स्थान रखते हैं। कई विदेशी भाषाओं में इन ग्रन्थों का अनुवाद भी हो चुका है जिससे उनका महत्त्व और भी अधिक बढ़ जाता है। यह साहित्य पाली भाषा में लिखा गया जिसे सामान्य जनता बड़ी आसानी से समझ सकती थी। बौद्ध लोगों की दृष्टि में ये ग्रंथ उतने ही पवित्र हैं जितने ब्राह्मणों के लिए वेद। ऐतिहासिक दृष्टि से भी बौद्ध साहित्य बहुत महत्त्वपूर्ण माना जाता है क्योंकि इससे उस समय की पर्याप्त जानकारी हो जाती है।

(*ii*) **कला में उन्नति**—प्राचीन भारत की कला को प्रगतिशील बनाने में बौद्ध धर्म का बड़ा हाथ है। मूर्ति निर्माण कला, भवन निर्माण कला, शिल्प कला तथा चित्रकारी को तो बौद्धधर्म की ओर से विशेष प्रोत्साहन मिला। प्राचीन काल के मन्दिर, स्तूप, गुफायें तथा उन पर की गयी चित्रकारी इस बात का प्रमाण हैं। बौद्धधर्म की महत्वपूर्ण देन गांधार शैली की कला है। इस कला में इसके भाव तो भारतीय हैं और प्रदर्शन करने का ढंग यूनानी है।

(iii) **शिक्षा का विकास**—बौद्धधर्म ने शिक्षा के विकास में भी महत्त्वपूर्ण योगदान दिया है। समय के साथ बौद्धों के संघ तथा बिहार शिक्षा के केन्द्र बन गये और देश-विदेश से विद्यार्थी आकर उनमें शिक्षा ग्रहण करने लगे। नालन्दा, तक्षशिला, विक्रमशिला आदि विश्वविद्यालय आरम्भ में बौद्ध बिहार ही थे जो बाद में विकसित होकर विश्वविद्यालय बन गये। ये विश्वविद्यालय न केवल भारत के शिक्षा के केन्द्र थे अपितु चीन, तिब्बत आदि देशों से भी विद्यार्थी शिक्षा ग्रहण करने आते थे। प्रसिद्धि के कारण नालन्दा विश्वविद्यालय को आक्सफोर्ड विश्वविद्यालय कहा जाता है। इन विश्वविद्यालयों में सभी विषयों की शिक्षा दी जाती थी।

(iv) **विदेशों में भारतीय सभ्यता का प्रसार**—विदेशों में बौद्धधर्म का प्रचार होने के कारण वहाँ भारत की सभ्यता और संस्कृति का भी प्रचार हुआ। चीन, तिब्बत, लंका, मलाया, बर्मा, स्याम, चम्पा, बाली, बोर्निया आदि देशों में बौद्धधर्म के साथ-साथ भारतीय संस्कृति का भी गहरा प्रभाव पड़ा और भारत के इन देशों के साथ घनिष्ठ संम्बन्ध स्थापित हो गये। विदेशों में भारत को सम्मान मिला और हमारी प्रतिष्ठा में वृद्धि हुई। बौद्ध धर्म तथा भारतीय संस्कृति के प्रसार के कारण भारत की गणना विश्व के बड़े-बड़े देशों में की जाने लगी।

बौद्धधर्म का उत्थान/पतन

बौद्ध धर्म प्राचीन भारत का एक लोकप्रिय धर्म रहा है और भारत में इसका शीघ्र प्रसार हुआ। यह भी सही है कि आधुनिक युग में भारत में इस धर्म का प्रचार कम है परन्तु अनेक देशों में आज भी यह प्रमुख धर्म है। एशिया के अधिकांश पूर्वी देशों एवं उत्तर-दक्षिण क्षेत्र का यह एक अत्यन्त ही लोकप्रिय धर्म है। उसके शीघ्र प्रसार और लोकप्रियता के निम्नलिखित प्रमुख कारण थे—

(1) बुद्ध का आदर्श जीवन—बौद्ध धर्म की लोकप्रियता का सबसे बड़ा कारण इसके संस्थापक महात्मा बुद्ध का आदर्श जीवन था। उनका जीवन बहुत सादा और पवित्र था। सत्य और अहिंसा की प्रतिमा महात्मा बुद्ध सबसे प्रेम और दया का व्यवहार करते थे। उनके व्यक्तित्व तथा मधुर वाणी में जादू की तरह आकर्षण था जो शीघ्र ही दूसरों को प्रभावित कर देता था। वह न उपदेश देते थे। वह बहुत ही सरल और प्रभावशाली होता था। अत: यह स्वाभाविक था कि एक महान पुरुष द्वारा चलाया हुआ धर्म बहुत लोकप्रिय होता।

(2) तर्क पर आधारित—बौद्ध धर्म तर्क पर आधारित था और यह बात इसकी सफलता का एक मुख्य कारण था। महात्मा बुद्ध ने तत्कालीन अन्धविश्वासों तथा आडम्बर पूर्ण कर्म-काण्ड को त्यार कर तर्क का अवलम्बन लिया। उनके द्वारा धर्म की यह तर्कपूर्ण विवेचना इसे लोकप्रिय बनाने में काफी सहायक सिद्ध हुई।

(3) अनुकूल समय—बौद्ध धर्म का उदय ब्राह्मण धर्म के विरुद्ध विद्रोह के रूप में हुआ था। उस समय ब्राह्मण धर्म में बहुत-सी त्रुटियाँ आ चुकी थीं। जिनके कारण लोगों को उसमें अब बिल्कुल विश्वास नहीं रह गया था। लोग ऐसे पाखंडों तथा खर्चीले धर्म से छुटकारा पाना चाहते थे। इस समय बुद्धधर्म की लोकप्रियता के लिए अनुकूल साबित हुआ।

(4) सरल उपदेश—महात्मा बुद्ध के उपदेश बहुत सरल थे जो आसानी से साधारण जनता की समझ में आ सकते थे। बुद्ध ने मोक्ष प्राप्त करने के लिए जो अष्ट मार्ग अपनाया था जो प्रत्येक व्यक्ति अपने जीवन में अपना सकता था। उन्होंने जैन धर्म की भांति कठोर तपस्या तथा आत्म यातना के सिद्धान्तों का प्रचार नहीं किया था और न ही ब्राह्मणों जैसा भोग-विलास का जीवन व्यतीत किया था। उनका मार्ग मध्यम मार्ग था जो बहुत आसान था। यही कारण था कि शीघ्र ही उनके शिष्यों की संख्या में भारी वृद्धि हो गयी।

(5) सरल भाषा—महात्मा बुद्ध की भाषा सरल थी। वे अपने उपदेश जनता की भाषा पाली में देते थे जो सर्वसाधारण की समझ में आसानी से आ सकती थी। ब्राह्मण धर्म की भाषा संस्कृत थी अत: लोग उसमें कोई रुचि नहीं लेते थे।

(6) आचरण की प्रधानता—बौद्धधर्म में दर्शन के स्थान पर आचरण को अधिक प्रधानता दी गई थी। इसके सिद्धान्त नैतिकता पर आधारित थे जो मानवता से सम्बन्ध रखते थे। इसके शीघ्र फैलने में नैतिकता के सिद्धान्तों का बहुत बड़ा हाथ था।

(7) राज्य आश्रय—देश-विदेश में बौद्धधर्म के प्रचार का एक मुख्य कारण राज्य-आश्रय था। गौतम बुद्ध स्वयं एक राजकुमार थे और उनके पिता ने भी इस धर्म को अपना लिया था। बुद्ध के जीवन काल में ही उस समय के बहुत से शासकों जैसे बिम्बसार, प्रसेनजित, प्रद्योत्, उदयन आदि ने इसे स्वीकार करके इसे राज्यधर्म घोषित कर दिया था। बाद में सम्राट अशोक, कनिष्क तथा हर्षवर्धन ने इस धर्म को अपनाकर इसके प्रचार के लिए हर सम्भव प्रयत्न किया। वास्तव में बौद्ध धर्म को विश्व धर्म का रूप देने का श्रेय अशोक और कनिष्क को ही प्राप्त था। इन दोनों सम्राटों ने राज्य की ओर से विदेशों में अपने प्रचारकों को भेजा और बौद्ध धर्म का सन्देश संसार के विभिन्न भागों में पहुंचाया। अशोक ने स्थान-स्थान पर स्तूपों, शिलाओं तथा गुफाओं की दीवारों पर इसके सिद्धान्तों को खुदवाया और धर्म महामात्रों को नियुक्त कर जनता द्वारा इसके पालन पर नियन्त्रण रखा। इसी प्रकार कनिष्क और हर्षवर्धन ने इसके प्रचार में बहुत सहायता दी। जिसके कारण इस धर्म की गणना शीघ्र ही महान धर्मों में की जाने लगी।

(8) संघों का संगठन—महात्मा बुद्ध ने अपना धर्म फैलाने के लिए संघ तथा विहारों का निर्माण किया था। उन्होंने संघ जीवन के लिए बहुत से नियम बनाए थे और इनका संगठन प्रजातन्त्र के सिद्धान्तों पर किया था। संघों में रहने वाले भिक्षु सारा वर्ष एक स्थान से दूसरे स्थान जा-जाकर अपने धर्म का प्रचार करते थे और उसे लोकप्रिय बनाने की कोशिश करते थे।

(9) समानता का सिद्धान्त—बौद्धधर्म का आधार समानता का सिद्धान्त था। महात्मा बुद्ध जाति प्रथा के घोर विरोधी थे। उनकी दृष्टि में सभी लोग समान थे और किसी प्रकार का भेद-भाव नहीं था। इसके विपरीत ब्राह्मण धर्म के जाति प्रथा के कठोर नियमों से छोटी-छोटी जातियाँ बहुत तंग आ चुकी थीं। अत: जब उन्हें बौद्धधर्म में समानता का अधिकार मिला तो लोगों ने सहर्ष इसे स्वीकार कर लिया।

(10) लोकमत से समन्वय—बौद्धधर्म के शीघ्र फैलने का एक कारण यह भी था कि इस धर्म के लोग सदैव लोकमत तथा अपने धर्म में समन्वय स्थापित करने के लिए तैयार रहते थे।

(11) बलि प्रथा का विरोध—बौद्धधर्म का एक मुख्य सिद्धान्त अहिंसा था। महात्मा बुद्ध मन, वचन, अथवा कर्म किसी भी प्रकार की हिंसा नहीं करने देते थे। वे बलि प्रथा के सख्त खिलाफ थे इस बात ने भी इसे सफल बनाने में बहुत सहयोग दिया।

(12) बौद्ध परषिदों का प्रभाव—बौद्धधर्म को समय के अनुकूल बनाने तथा इसमें आवश्यक आधार लाने के लिए विभिन्न समयों में चार परिषदें हुई थीं जिनसे इसके प्रचार में बहुत सहायता मिली।

(13) विहारों में निशुल्क शिक्षा—समय की प्रगति के साथ बौद्ध विहार शिक्षा का केन्द्र बन गए थे। इन केन्द्रों में निशुल्क शिक्षा दी जाती थी जहाँ सहस्रों की संख्या में विद्यार्थी न केवल भारत से बल्कि दूसरे देशों से भी शिक्षा प्राप्त करने के लिए आते थे। नालन्दा, तक्षशिला आदि विश्वविद्यालय ऐसे ही बौद्ध विहार थे। यहाँ से शिक्षा प्राप्त करने के बाद विद्यार्थी देश के विभिन्न भागों में बौद्ध धर्म का सन्देश पहुँचाते थे।

(14) बौद्ध साहित्य का प्रभाव—बौद्ध साहित्य ने भी बौद्धधर्म को लोकप्रिय बनाने में सहायता दी है। बौद्धों के धार्मिक ग्रन्थ त्रिपटक तथा जातक पाली भाषा में लिखे होने के कारण जनता में बड़े लोकप्रिय रहे हैं। कई विदेशी भाषाओं में इनका अनुवाद भी हो चुका है।

(15) प्रतिद्वन्द्वियों का अभाव—जिस समय बौद्धधर्म का उदय और प्रचार हुआ था। उस समय भारत में अन्य कोई भी ऐसा प्रबल धर्म नहीं था जो विरोध कर सकता।

ब्राह्मण धर्म और आडम्बर और जाति प्रथा के कारण जनता में लोकप्रिय नहीं था और जैन धर्म भी एक प्रचारक धर्म नहीं था। अत: बौद्धधर्म के लोगों को अपने धर्म का प्रचार करने में किसी कठिनाई का सामना नहीं करना पड़ा।

(16) परिवर्तनशीलता—बी० स्मिथ के अनुसार, बौद्ध धर्म का संसार के विभिन्न भागों में अधिक फैलने का मुख्य कारण इसकी परिवर्तनशीलता है। समय की प्रगति के साथ आवश्यकतानुसार इस धर्म में सदैव परिवर्तन होते रहे जिसके कारण वह लोकप्रिय बना रहा।

बौद्ध धर्म के पतन के कारण

यह बड़ी विचित्र बात है कि जितनी शीघ्रता से बौद्धधर्म का अपनी जन्मभूमि भारत में प्रचार हुआ उतनी शीघ्रता से ही इसका पतन हो गया। इसके पतन के कारण निम्नलिखित हैं—

(1) हिन्दू धर्म का पुनरुत्थान—बौद्धधर्म का उदय व प्रसार इसलिए हुआ था कि उस समय हिन्दू धर्म में बहुत से दोष आ गए थे जिससे जनता बड़ी असन्तुष्ट थी। परन्तु कनिष्क बाद शुङग वंश तथा गुप्त वंश ने हिन्दू धर्म को पुनर्जीवित करने के लिए बहुत प्रयत्न किए। ब्राह्मण धर्म ने भी अपने को सुधार लिया और एक बार फिर लोगों में 'इस धर्म का प्रभुत्व' स्थापित हो गया। हिन्दू धर्म के पुनरुत्थान ने बौद्ध धर्म को गहरा धक्का पहुंचाया और उसके पतन का मुख्य कारण बना।

(2) राज्य आश्रय का अभाव—बौद्धधर्म की उन्नति का एक मुख्य कारण राज्य था। सम्राट अशोक तथा कनिष्क ने न केवल बौद्धधर्म को ग्रहण कर लिया था बल्कि उन्होंने इसे राज्य धर्म घोषित करके इसके प्रचार के लिए अनथक परिश्रम किया था। अत: यह स्वाभाविक था कि कनिष्क के बाद शुङग शासकों तथा गुप्त सम्राटों ने जब ब्राह्मण धर्म को स्वीकार कर लिया तो बौद्धधर्म को राजकीय सहायता बन्द हो जाने के कारण इसका पतन होता।

(3) भिक्षुओं के आचरण का पतन—आरम्भ में बौद्धधर्म को लोकप्रिय बनाने का काम भिक्षुओं को ही प्राप्त था। संघों तथा विहारों में रहने वाले भिक्षु महात्मा बुद्ध के बताए मार्ग पर दृढ़ता से चलते थे और लोगों को भी इसी मार्ग पर चलने के लिए प्रेरित करते थे। किन्तु कालान्तर में बौद्ध संघ तथा विहार भ्रष्टाचार के अड्डे बन गए। राज्य की ओर से प्राप्त धन के कारण बहुत-सा धन इकट्ठा हो गया और भिक्षुओं ने भोग-विलास का जीवन आरम्भ कर दिया। इनके पास जीवन से लोगों को घृणा हो गई। इस प्रकार बौद्ध धर्म की लोकप्रियता को इससे गहरा धक्का पहुँचा।

(4) संघ में स्त्रियों का होना—महात्मा बुद्ध संघ में स्त्रियों को आने की आज्ञा नहीं देना चाहते थे। लेकिन जब उनकी पत्नी यशोधरा ने उसमें प्रवेश करने के लिए हठ किया तो उसे स्त्रियों के लिए अलग संघों की आज्ञा दे दी। यही नहीं, बल्कि उन्होंने उनके लिए आचरण के लिए नियम बना डाले। परन्तु कुछ समय बाद भिक्षु तथा भिक्षुणियों ने इन नियमों को तोड़ डाला जिससे संघों में बहुत ज्यादा भ्रष्टाचार होने लगा।

(5) मूर्ति-पूजा—महात्मा बुद्ध ने जिस धर्म का प्रचार किया था वह बहुत सरल व सादा था। उन्हें किसी भी प्रकार के रीति-रिवाजों तथा कर्मकाण्डों में रुचि नहीं थी। किन्तु कनिष्क के समय में बौद्ध धर्म की एक नई शाखा महायान का उदय हो गया जिसने बुद्ध को अवतार मान कर उनकी मूर्ति पूजा आरम्भ कर दी तथा और भी कई प्रकार के आडम्बरों को ग्रहण कर लिया। महात्मा बुद्ध जिन बातों का विरोध करते थे अब वही बातें इस धर्म में आ गईं। परिणामस्वरूप लोगों को अब इसमें विश्वास नहीं रहा और इसका पतन होने लगा।

(6) बौद्धधर्म का विभाजन—कनिष्क के शासन काल में बौद्ध धर्म हीनयान तथा महायान की दो शाखाओं में विभाजित हो गया। हीनयानी महात्मा बुद्ध की बताई हुई शिक्षाओं पर चलते थे जबकि महायानी लोगों ने उसमें समय के अनुकूल कुछ सुधार व परिवर्तन कर लिए थे। बौद्ध धर्म के इस विभाजन का जनता पर बुरा प्रभाव पड़ा और उनका इस पर से विश्वास उठ गया। इस प्रकार आपसी फूट के कारण इसकी अवनति होने लगी।

(7) प्रतिद्वन्द्वी सम्प्रदायों की उन्नति—आरम्भ में बौद्ध धर्म की प्रतिद्वन्द्विता करने वाला कोई भी नहीं था। लेकिन बाद में शैव, वैष्णव आदि नए सम्प्रदायों के उदय तथा उनकी लोकप्रियता ने बौद्धधर्म की उन्नति में भारी रुकावट डाली। ऐसे नये-नये सम्प्रदायों के उत्थान से बौद्धधर्म का ह्रास होने लगा।

(8) विदेशी आक्रमण—विदेशी आक्रमण ने भी बौद्ध धर्म को पतन के मार्ग पर ढकेला। बौद्ध लोग अहिंसा के पुजारी थे। विदेशियों ने उनकी इस नीति का लाभ उठा कर घोर अत्याचार किए और उनके मन्दिर, विहार आदि को बुरी तरह से लूटा।

(9) राजपूतों का विरोध—राजपूत लोग प्रकृति से ही एक सैनिक जाति थे। वे हिंसा और युद्ध की नीति में विश्वास रखते थे और बौद्ध धर्म को उसकी अहिंसा तथा शान्ति की नीति के कारण पसन्द नहीं करते थे। अत: राजपूत काल में राजपूतों की उन्नति ने बौद्ध धर्म पर गहरा प्रहार किया और उसका पतन हो गया।

(10) महान व्यक्तित्व का अभाव—गौतम बुद्ध के पश्चात् उनके जैसा और कोई महान व्यक्ति नहीं हुआ जो बौद्धधर्म के लिए प्रेरक शक्ति का कार्य करता।

(11) हिन्दू प्रचारक—आठवीं और नवीं शताब्दी में शंकराचार्य, कुमारिल भट्ट आदि हिन्दू प्रचारकों ने बौद्धधर्म का खंडन करके हिन्दू धर्म को अधिक लोकप्रिय बनाने की कोशिश की।

(12) बौद्ध धर्म में संस्कृत प्रयोग—आरम्भ में बौद्ध धर्म की भाषा पाली थी लेकिन बाद में बौद्धों ने संस्कृत को अपना लिया। इसलिए यह ब्राह्मण धर्म की भांति जटिल बन गया।

बौद्ध संगीतियाँ एवं बौद्धधर्म के सम्प्रदाय

बौद्ध संगीतियाँ या सभायें

संगीति का तात्पर्य है—सम्मेलन अथवा धर्म सभा। बौद्धधर्म की चार बौद्ध संगीतियां सम्पत्ति हुईं जो निम्नलिखित हैं।

(1) प्रथम बौद्ध संगीति—महात्मा बुद्ध की मृत्यु के थोड़े दिनों पश्चात् 487 ई० पू० में राजाओं के निकट सत्तपन्नी में बौद्ध अनुयायियों की प्रथम बौद्ध संगीति हुई। वस्तुतः बौद्ध धर्म के ग्रन्थों का संकलन करने अथवा संघ की व्यवस्था करने के लिए समय-समय पर बौद्ध सभाओं का आयोजन होता रहा। समय के साथ बौद्धधर्म के नियमों में कई तरह के परिवर्तन आने लगे। इन समस्याओं पर विचार करने के लिए प्रथम बौद्ध सभा बुलाई गयी। इसमें लगभग 500 भिक्षुओं ने भाग लिया। यहाँ पर बुद्ध के भाषणों, वार्तालापों और प्रवचनों को एकत्रित किया गया और उन्हें कई श्रेणियाँ में बांटा गया। बुद्ध की शिक्षाओं को दो भागों में बांटा गया और ये दोनों भाग विनय पिटक तथा धम्मपिटक के नाम से जाने गये।

(2) द्वितीय बौद्ध संगीति—महात्मा बुद्ध के महापरिनिर्वाण के सौ वर्ष के पश्चात् वैश्यों में दूसरी बौद्ध महासभा का आयोजन किया गया। यह सभा कुछ भिक्षुओं के धर्माचरण सम्बन्ध विवाद का निर्णय करने के लिए बुलायी गयी जिनका आचरण विनयपिटक के नियमों के विरुद्ध था। इस संगीति में बौद्ध धर्म दो भागों में विभाजित हो गया। एक ओर परम्परावादी एवं परिवार विरोधी भिक्षु थे जिन्होंने विनय में आस्था प्रकट की, वे स्थिविरवादी कहलाये और दूसरी ओर परिवर्तन के पक्षपाती थे जो महासांघिक कहलाये।

(3) तृतीय बौद्ध संगीति—गौतम बुद्ध के महापरिनिर्वाण के 236 वर्ष पश्चात मौर्य साम्राज्य अशोक के समय में पाटलिपुत्र (पटना) में तृतीय बौद्ध महासभा का आयोजन हुआ। इसकी अध्यक्षता मोग्गलिपुत्त तिस्स ने की। विभिन्न पन्थों के उदय के कारण बौद्ध ग्रन्थों की शुद्धता एवं प्रामाणिकता को जो खतरा उत्पन्न हो गया था उसे दूर करना ही इस संगीति के आयोजन का प्रमुख उपाय था। इस सभी में दो महत्त्वपूर्ण

कार्य हुए। सर्वप्रथम बौद्ध ग्रन्थों का नवीन वर्गीकरण करके पिटक अभिधम्म पिटक की रचना की गयी। इस प्रकार गौतम बुद्ध के सम्पूर्ण उपदेश एवं त्रिपिटक नाम से प्रसिद्ध हुए। इसके अलावा इस सभा में बुद्ध के प्रमाणिक ग्रन्थों को इस से निश्चित किया गया जिसमें भविष्य में इन्हें भंग न किया जा सके एवं संघ में फूट डालने को कठोर दण्ड दिया जा सके। इस सभा में बौद्ध धर्म के प्रचार के लिए विदेशों में भिक्षु एवं भिक्षुओं को भेजने का निर्णय भी लिया गया।

(4) **चतुर्थ बौद्ध संगीति**—चतुर्थ बौद्ध सभा का आयोजन कनिष्क के शासन काल में हुआ जिसकी अध्यक्षता वसुमित्र ने की। इस सभा तक बौद्ध अनुयायियों में मतभेद काफी गहरा चुके थे। इसी कारण इस सभा में काफी वाद-विवाद हुआ और कुछ महत्त्वपूर्ण विषयों पर विचार किया गया। इस सभा में तीनों पिटकों पर तीन महाभाष्यों की रचना की गयी। जिन्हें ताम्रपाष उत्कीर्ण कराकर एक स्तूप में सुरक्षित कर दिया। इसी सभा में बौद्ध धर्म दो सम्प्रदायों में विभक्त हो गया—महायान एवं हीनयान। इस संगीति में संस्कृत को बौद्ध धर्म ग्रन्थों की भाषा बनाने का भी निर्णय लिया गया।

बौद्धधर्म के सम्प्रदाय

महात्मा बुद्ध की मृत्यु के पश्चात धर्म के सिद्धान्तों एवं भिक्षुओं के आचरण को लेकर विवाद होता रहता था। अन्त में इन विवादों के कारण कनिष्क के काल में बौद्ध धर्म दो सम्प्रदायों में विभाजित हो गया—

(*i*) हीनयान, (*ii*) महायान

(*i*) **हीनयान**—हीन का अर्थ है–निम्न या निकृष्ट जबकि यान का अर्थ मार्ग है। अतएव हीनयान का शाब्दिक अर्थ निम्नमार्गी है जिसका प्रयोग महायानियों ने अपने विरोधियों के लिए किया था। हीनयान सम्प्रदाय बौद्ध धर्म के कट्टरपंथियों का सम्प्रदाय है जिनके अनुसार महात्मा बुद्ध एवं बौद्ध संगीतियों के द्वारा प्रतिपादित धर्म में कोई परिवर्तन करना धर्म विरुद्ध कृत्य है। यह सम्प्रदाय केवल महात्मा बुद्ध के उपदेशों के अक्षरश: पालन में विश्वास रखता है और यह मानता है कि उन्हीं का पालन करने से व्यक्ति जीवन-मरण के चक्कर से मुक्त होकर निर्वाण प्राप्त कर सकता है। यह सम्प्रदाय पवित्रता, शुद्धता, नियम पालन तथा सदाचार पर बहुत जोर देता है।

(*ii*) **महायान**—महायान का शाब्दिक अर्थ–उत्तम मार्ग है। महायान सम्प्रदाय ने अपने सिद्धान्तों को उत्तम कहा। वस्तुत: महायान सम्प्रदाय बौद्ध धर्म के उदारवादियों का सम्प्रदाय है। यह महात्मा बुद्ध द्वारा बनाये गये नियमों में संशोधन के पक्ष में था। वस्तुत: प्रारम्भ में बौद्ध अनुयायी महात्मा बुद्ध को एकमात्र महापुरुष मानते थे। उन्हें ईश्वर का अवतार स्वीकार नहीं करते थे। उनकी मूर्तिपूजा नहीं होती थी परन्तु महात्मा

बुद्ध की मृत्यु के पश्चात धीरे-धीरे बौद्ध धर्म के मूल रूप में परिवर्तन दृष्टिगोचर होने लगे। महात्मा बुद्ध के मानवीय रूप को भुलाकर उनको अवतार माना जाने लगा एवं उनके जीवन की महत्त्वपूर्ण घटनाओं से सम्बन्धित विभिन्न स्थानों को तीर्थ के रूप में स्वीकार किया जाने लगा। बौद्ध धर्म का यही परिवर्तित रूप महायान के नाम से प्रसिद्ध हुआ। महायान सम्प्रदाय के लोग कठोर मार्ग के अनुसरण के विरोधी थे। इसलिए हीनयानियों का जमकर विरोध किया।

हीनयान एवं महायान सम्प्रदाय में अन्तर—यद्यपि दोनों सम्प्रदाय के विचारों में कोई नहीं अन्तर है। उनका मतभेद केवल दृष्टिकोण को लेकर है। दोनों में अनेक बातों में समता दिखाई देती है। दोनों सम्प्रदायों के लोग महात्मा बुद्ध के सिद्धान्तों को अपने धर्म का आधार मानते हैं। परन्तु पालन एवं सिद्धान्तों के आधार पर दोनों सम्प्रदायों में अनेक भिन्नतायें हैं जो निम्नलिखित हैं—

(1) हीनयान सम्प्रदाय बौद्धधर्म के प्राचीन स्वरूप को मानता है परन्तु महायान सम्प्रदाय के संशोधित तथा परिवर्तित रूप को मानता है।

(2) हीनयान सम्प्रदाय वाले कट्टरपन्थी होते हैं और बौद्ध धर्म के कठोर नियमों का पालन करने पर बल देते हैं परन्तु महायान सम्प्रदाय वाले सुधारवादी होते हैं और बौद्ध धर्म के कठोर नियमों को सरल बनाने के पक्षपाती होते हैं जिससे बौद्ध धर्म अधिक लोकप्रिय तथा जन-साधारण धर्म बन जाय।

(3) हीनयान सम्प्रदाय वाले केवल अपने ही उद्धार के लिए प्रयत्नशील रहते हैं परन्तु महायान सम्प्रदाय वाले अपने साथ अन्य लोगों के कल्याण के लिए भी प्रयत्नशील रहते हैं।

(4) हीनयान सम्प्रदाय वाले ईश्वर के अस्तित्व तथा पूजा पाठ में विश्वास नहीं करते परन्तु महायान सम्प्रदाय वाले महात्मा बुद्ध को परमात्मा मानते हैं और बुद्ध तथा बोधिसत्वों की पूजा करते है।

(5) हीनयानी लोग महात्मा बुद्ध को केवल एक महापुरुष मानते हैं। अतएव वे उनकी पूजा के पक्षधर नहीं हैं। परन्तु महायान सम्प्रदाय वाले उन्हें सर्वशक्तिमान देवता के रूप में देखते हैं अत: वे उनकी पूजा का समर्थन करते हैं।

(6) हीनयान सम्प्रदाय वाले मूर्तिपूजक नहीं हैं परन्तु महायान सम्प्रदाय के अनुयायी मूर्तिपूजक होते हैं और बुद्ध तथा बोधिसत्वों की मूर्तियों की पूजा करते हैं।

(7) हीनयान सम्प्रदाय में जीवन का अन्तिम लक्ष्य अर्हत पद की प्राप्ति था। अर्हत उस भिक्षु को कहते हैं जिसे निर्वाण प्राप्त हो जाता है। महायान सम्प्रदाय में जीवन का अन्तिम लक्ष्य बुद्धता की प्राप्ति था।

(8) हीनयान सम्प्रदाय के ग्रन्थ पाली में लिखे गये हैं, परन्तु महायान सम्प्रदाय वालों ने संस्कृत में ग्रन्थों की रचना की।

जैनधर्म और बौद्धधर्म की तुलना

इन दोनों धर्मों का प्रादुर्भाव एक ही समय में अर्थात् ई०पू० छठी शताब्दी में समान परिस्थितियों में हुआ। इन दोनों धर्मों का उदय ब्राह्मण धर्म के दोषों को दूर करने के लिए हुआ था। इन्हीं आवश्यकताओं की पूर्ति के लिए जैनधर्म और बौद्धधर्म का प्रचार किया गया। समकालीन और समान उद्देश्यों के कारण इनमें पर्याप्त समानतायें पायी जाती हैं तथा दो अलग धर्म होने के कारण पर्याप्त भिन्नतायें भी हैं।

समानतायें

(1) वैदिक धर्म के विरुद्ध उत्पत्ति—इन दोनों धर्मों की उत्पत्ति वैदिक धर्म के दोषों के कारण हुई और उसके दोषों को दूर करके उसे लोकप्रिय बनाना चाहते थे। दोनों ने ही वैदिक धर्म के कर्म तथा पूर्वजन्म के सिद्धान्त पर अपने धर्मों को आधारित किया था।

(2) प्रचारकों में समानता—इन दोनों ही धर्मों के प्रचारक क्षत्रिय राजकुमार थे। दोनों ने प्रारम्भ में घोर तपस्या की थी और ज्ञान प्राप्त हो जाने पर दोनों ने ही अपने धर्म का प्रचार मगध में ही आरम्भ किया था। क्षत्रिय राजकुमारों के प्रचारक होने के कारण दोनों को ही क्षत्रिय राजाओं का आश्रय प्राप्त हुआ जिससे उनकी बड़ी उन्नति हुई परन्तु राजाश्रय समाप्त होने के पश्चात दोनों का पतन होने लगा था।

(3) कर्म तथा सदाचार दोनों के उपदेशों का आधार—दोनों ही धर्मों में सत्कर्म तथा सदाचार पर जोर दिया गया था। इन दोनों धर्मों का विश्वास था कि मनुष्य के कर्मों के अनुसार उसका आगामी जीवन निश्चित होता है। और इन कर्मों के बन्धनों से मुक्त होने के लिए सदाचार नितान्त आवश्यक है। अतः इन दोनों ने ही आचरण सम्बन्धी नियम बनाये और उनके पालन पर जोर दिया।

(4) देवी-देवताओं में अविश्वास—ये दोनों ही धर्म देवी-देवताओं में विश्वास नहीं करते थे। उनका विश्वास था कि देवी-देवताओं की पूजा करके कोई अपने कर्मों का फल भोगने से बच नहीं सकता। पूजा-पाठ से व्यक्ति सांसारिक बन्धनों से मुक्त नहीं हो सकता। सत्कर्म तथा सदाचार अर्थात् नैतिक आचरण ही इनसे मुक्ति पाने के एकमात्र साधन हैं।

(5) वैदिक कर्मकाण्डों में अविश्वास—बौद्धधर्म और जैनधर्म दोनों ने वेदों को महत्व नहीं दिया है। दोनों का आधार तर्क एवं बुद्धि थी। उन्होंने वैदिक यज्ञों और बलि

प्रथा का विरोध किया और इनके स्थान पर नैतिक आचरण एवं पवित्र जीवन पर जोर दिया।

(6) **सामाजिक समानता पर बल**—इन दोनों ही धर्मों ने जातिगत भेदभाव, ऊँच-नीच एवं छुआछूत के सिद्धान्त को स्वीकार नहीं किया और मनुष्य मात्र की समानता को स्वीकार किया।

(7) **प्रचार की भाषा**—जैनधर्म और बौद्धधर्म दोनों ने वैदिक धर्म के प्रचार की भाषा संस्कृत को छोड़ दिया और जन-साधारण की भाषा प्राकृत और पाली में प्रचार किया। इन्हीं भाषाओं में इन दोनों धर्मों ने अपने ग्रन्थों की रचना की। इसीलिए इन दोनों को पर्याप्त लोकप्रियता प्राप्त हुई।

(8) **संघों की स्थापना**—इन दोनों धर्मों ने संघों का निर्माण किया और उसमें शामिल होने वाले भिक्षुओं के लिए नियम बनाये। इन भिक्षुओं के रहने के लिए विहारों का निर्माण किया गया। दोनों ने ही भिक्षुओं तथा गृहस्थों के लिए अलग-अलग नियम बनाये।

(9) **त्रिरत्न और तीन धार्मिक ग्रन्थ**—इन दोनों धर्मों के तीन रत्न हैं। जैन धर्म के तीन रत्न-सम्यक् दर्शन, सम्यक् ज्ञान तथा सम्यक् चरित्र है और बौद्ध धर्म के तीन रत्न—बुद्ध, धर्म तथा संघ है। इसी प्रकार इन दोनों ही के तीन-तीन ग्रन्थ हैं। जैनियों के तीन धार्मिक ग्रन्थ—अंग, उपांग तथा मूल हैं और बौद्धों के सूत्र पिटक, विनय पिटक तथा अभिधम्म-पिटक हैं। यही त्रिपटक के नाम से प्रसिद्ध हैं।

(10) **सम्प्रदायों में विभाजन**—ये दोनों ही धर्म आगे चलकर दो सम्प्रदायों में विभाजित हो गये। जैन लोग श्वेताम्बर तथा दिगम्बर में और बौद्ध लोग हीनयान तथा महायान में विभक्त हैं।

असमानतायें—दो अलग-अलग धर्म होने के कारण इनमें अनेक सैद्धान्तिक असमानतायें है जो निम्नलिखित हैं—

(1) **मोक्ष की धारणा**—दोनों धर्मों में मोक्ष की धारणा में भिन्नता है। जैनधर्म में मोक्ष आत्मा की वह दशा है जब कष्टों से मुक्ति हो जाती है परन्तु बौद्धों के विचार में निर्वाण का तात्पर्य अपने व्यक्तित्व को पूर्ण रूप से समाप्त कर देना है। जैनियों के विचार में मोक्ष की प्राति मृत्यु के पश्चात होती है परन्तु बौद्धों के विचार में निर्वाण की प्राप्ति इस जीवन में ही हो सकती है।

(2) **मोक्ष प्राप्ति**—जैनधर्म के लोग तपस्या, व्रत, उपवास आदि को मोक्ष की प्राप्ति का साधन मानते हैं परन्तु बौद्ध लोग इनमें बिल्कुल विश्वास नहीं रखते। उनके

विचार में शरीर को कष्ट देने से कोई लाभ नहीं है और स्वस्थ शरीर से ही मोक्ष की प्राप्ति की जा सकती है। इसीलिए लोग मध्यम मार्ग का अनुसरण करते हैं।

(3) आत्मा का अस्तित्व—महात्मा बुद्ध आत्मा के अस्तित्व के विषय में कोई वार्ता नहीं करते थे। परन्तु जैन धर्म के अनुयायी आत्मा के अस्तित्व को मानते थे और उसके विकास पर बल देते थे जो उन्नति करके अन्त में परमात्मन् के पद को प्राप्त कर सकती थी।

(4) अहिंसा की अवधारणा—जैनधर्म में अहिंसा की अवधारणा बौद्ध धर्म से अधिक उत्तम कोटि की है। जैनी लोग सूक्ष्म कीटाणुओं की हत्या करना भी पाप समझते थे। बौद्ध धर्म इस सुन्दर मध्यम मार्ग अपनाता है परन्तु कुछ परिस्थितियों में बौद्ध लोग मांस भक्षण की आज्ञा देते हैं। चीन, जापान और बर्मा आदि देशों में बौद्ध धर्म के अनुयायी मांस भक्षण भी करते हैं।

(5) धर्म के प्रचार की व्यापकता—जैनधर्म का प्रचार सीमित था। इसके विपरीत बौद्धधर्म का प्रचार व्यापक था। जैनधर्म का प्रचार मुख्य रूप से वैश्य जाति में हुआ परन्तु बौद्धधर्म जनसाधारण का धर्म बन गया था। जैनधर्म केवल भारत की सीमा के अन्दर रह गया परतु बौद्धधर्म का प्रचार भारत की सीमा के बाहर मध्य एशिया, चीन, जापान, तिब्बत, बर्मा और श्रीलंका आदि देशों में हुआ। बौद्धधर्म का प्रचार बड़ी तेजी से हुआ परन्तु जैनधर्म का प्रचार धीरे-धीरे स्थायी हो गया और इस धर्म के अनुयायी अब भी भारत में काफी संख्या में मिलते हैं। बौद्धों की संख्या भारत में कम है।

(6) हिन्दू धर्म से सम्बन्ध की दृष्टि से—बौद्धधर्म जैनधर्म से कहीं अधिक क्रांतिकारी था। बौद्धधर्म ने हिन्दूधर्म से सर्वथा अपने को अलग कर लिया था परन्तु जैन धर्म का सम्बन्ध हिन्दू धर्म से अब भी है।

(7) राजकीय आश्रय—जैनधर्म की अपेक्षा बौद्धधर्म को राजाओं का अधिक प्रश्रय प्राप्त हुआ। अशोक, कनिष्क और हर्ष आदि जैसे महान सम्राटों ने बौद्धधर्म को संरक्षण प्रदान किया था। इन राजाओं में अशोक उल्लेखनीय है जिसने बौद्धधर्म को एशिया के अनेक देशों में फैला दिया।

(8) भाषा का प्रयोग—महावीर स्वामी ने अपने धर्म का प्रचार प्राकृत भाषा में किया था और अधिकांश जैनधर्म का ग्रन्थ प्राकृत भाषा में लिखे गये हैं परन्तु बुद्ध ने अपने धर्म का प्रचार पाली भाषा में किया था और अधिकांश बौद्ध ग्रन्थ पाली भाषा में लिखे गये हैं।

5 मगध राज्य का विकास

प्राचीन भारतीय इतिहास में मगध राज्य की भूमिका महत्त्वपूर्ण रही है। मगध में आधुनिक बिहार के पटना और गया जिले शामिल थे। आरम्भ में यह एक छोटा राज्य था परन्तु अनेक प्राकृतिक सुविधाओं के कारण यह तेजी से उन्नति करने लगा। यह राज्य सुरक्षित पहाड़ियों के मध्य स्थित था तथा कोयले एवं लोहे की खानें निकट थीं। इनके कारण सामाजिक, आर्थिक, धार्मिक और राजनैतिक दृष्टि से यह एक महत्त्वपूर्ण राज्य बन गया। कौटिल्य, पाणिनी और पतंजलि आदि विद्वान इसी क्षेत्र में पैदा हुए थे। इस क्षेत्र के निवासियों के प्रयास से नालन्दा और विक्रमशिला जैसे विश्वप्रसिद्ध विश्वविद्यालय स्थापित हुए जिसके कारण मगध शिक्षा का केन्द्र बन गया था। मगध में भी भारत के प्रसिद्ध राजवंशों—मौर्य, शुंग, कुषाण और गुप्त वंश के शासकों ने शासन किया।

छठी शताब्दी ई० पू० में षोड्स महाजनपदों में मगध एक शक्तिशाली महाजनपद था। इन राज्यों में आपस में एक दूसरे को हड़पने के लिए संघर्ष होता रहता था। चार शक्तिशाली राज्यों—कोशल, अवन्ति, मगध और वत्स में मगध सर्वाधिक शक्तिशाली राज्य था। इनमें अपनी प्रभुता स्थापित करने के लिए संघर्ष होता रहा। अन्त में मगध को विजय प्राप्त हुई और उसने सम्पूर्ण उत्तरी भारत को अपने अधीन कर लिया। वह सम्पूर्ण भारत का केन्द्र बिन्दु बन गया। इस राज्य के विकास में अनेक वंशों—बार्हद्रथ बंश, हर्यंक वंश, शिशुनाग वंश, नन्द वंश और मौर्य वंश का योगदान था।

बार्हद्रथ वंश एवं हर्यंक वंश

बार्हद्रथ वंश

मगध के राजनीतिक उत्थान में बार्हद्रथ का महत्त्वपूर्ण योगदान था। इस राजवंश का संस्थापक बार्हद्रथ था जो एक बहादुर और प्रतापी राजा था। वह महाभारतकालीन कृष्ण का शत्रु और जरासंध का पिता था। पौराणिक कथाओं में अनेक स्थानों पर जरासंध का वर्णन किया गया है। वह अपने काल का शक्तिशाली और अजेय शासक माना जाता था। महाभारत में उसके ऐश्वर्य और शक्ति का विस्तृत वर्णन किया गया है। महाभारत के विभिन्न पर्वों के अध्ययन से ज्ञात होता है कि उसने अनेक राजाओं को

पराजित करके एक विशाल साम्राज्य की स्थापना की। वह एक महत्त्वाकांक्षी व्यक्ति था और सम्पूर्ण उत्तरी भारत पर अधिकार करना चाहता था। श्रीकृष्ण और पाण्डव उसके मार्ग में बाधक थे। उन्होंने उनके अनेक युद्धों को असफल कर दिया और अन्त में भीम से मल्लयुद्ध करते मारा गया। उसकी मृत्यु के पश्चात उसका पुत्र मगध की गद्दी पर बैठा। बार्हद्रथ वंश का अन्तिम शासक रिपुञ्जय था। पुलिक नामक मंत्री के द्वारा उसकी हत्या कर दी गयी। पुलिक भी एक महत्वाकांक्षी सामन्त भट्टिय के द्वारा मृत्यु का शिकार हुआ। भट्टिय ने अपने पुत्र बिम्बिसार को गद्दी पर बैठाया जिसने मगध में हर्यंक वंश की नींव डाली।

हर्यंक वंश

महात्मा बुद्ध के काल में बिम्बिसार मगध का शासक था। डॉ० हेमचन्द्र रायचौधरी, डॉ० रमेशचन्द्र मजूमदार और डॉ० आर०के० मुकर्जी जैसे विद्वानों का विचार है कि बिम्बिसार ने हर्यंक वंश की स्थापना की।

बिम्बिसार (544 ई० पू०—491 ई० पू०)

महावंश के अनुसार बिम्बिसार की आयु केवल 15 वर्ष की थी तब उसके पिता ने उसे अपना उत्तराधिकारी नियुक्त किया। बिम्बिसार के विषय में इतिहासकारों में मतभेद है—

(1) पुराणों के अनुसार बिम्बिसार शिशुनाग वंश से सम्बन्धित था। उसके अनुसार शिशुनाग ने एक नवीन वंश की स्थापना की और बिम्बिसार उसके पश्चात् गद्दी पर बैठा।

(2) बौद्ध साहित्य के अनुसार बिम्बिसार का शिशुनाग से कोई सम्बन्ध नहीं था। बिम्बिसार सम्यक कुल का था और उस कुल के पतन के पश्चात ही शिशुनाग नामक एक व्यक्ति ने अपने प्राचीन कुल की स्थापना की। अधिकांश विद्वान यथा रायचौधरी, मजूमदार और मुकर्जी आदि द्वितीय को ही स्वीकार करते हैं। डॉ० भण्डारकर का विचार है कि आरम्भ में बिम्बिसार एक सेनापति था, परन्तु उसने वज्जियों को पराजित करके अपना एक स्वतंत्र राज्य स्थापित किया। परन्तु यह आधार न्यायसंगत प्रतीत नहीं होता क्योंकि महावंश के अनुसार बिम्बिसार के पिता ने उसे नियुक्त किया था। उस समय बिम्बिसार की आयु 15 वर्ष की थी। बिम्बिसार के पिता के नाम के विषय में मतभेद है। पुराण उसका नाम हेमजित, क्षेमजित, क्षेत्रीजा अथवा क्षत्रजा आदि बताते हैं।

वैवाहिक सम्बन्ध—बिम्बिसार एक कुशल राजनीतिज्ञ और कूटनीतिज्ञ था। वह मगध के विस्तार के लिए शक्ति का संगठन आवश्यक समझता था। अवन्ति और वत्स

राज्य का सामना करने के लिए उसने वैवाहिक सम्बन्धों की नीति अपनायी। महावग्ग के अनुसार उसकी 500 रानियाँ थीं। उसके महत्त्वपूर्ण वैवाहिक सम्बन्ध निम्नलिखित हैं—

(1) उसने कौशल के राजा महाकौशल की पुत्री कौशल देवी से विवाह कर लिया। कौशल देवी प्रसेनजित की बहन थी। इस विवाह से न केवल कौशल राज्य की मित्रता प्राप्त हुई । मगध को एक लाख की वार्षिक आय का काशीग्राम भी प्राप्त हुआ। काशी को कौशल नरेश ने अपनी पुत्री को दहेज में दिया था।

(2) उसने वैशाली के लिच्छवी राजा चेटक की पुत्री छलना से विवाह किया और इस प्रकार प्रसिद्ध लिच्छवियों की मित्रता प्राप्त की।

(3) उसका तीसरा विवाह मद्रदेश (मध्य पंजाब) की राजकुमारी क्षेमा के साथ हुआ था।

(4) उसकी चौथी पत्नी का नाम वास्वी था। इसने अपने पति की जान बचाई जब आज्ञातशत्रु ने उसे बन्दीगृह में डाल दिया था। वास्वी अपने पति के लिए प्रतिदिन भोजन ले जाती थी।

विजयें—सर्वप्रथम बिम्बिसार ने अंग राज्य पर आक्रमण किया। उसने राजा ब्रह्मदत्त को मारकर अंग को मगध में मिला लिया। इसके अतिरिक्त काशी राज्य वैवाहिक सम्बन्ध द्वारा प्राप्त हुआ। इन दोनों प्रदेशों को प्राप्त करने में मगध की शक्ति और समृद्धि दोनों बढ़ गयी। महाबग्ग के अनुसार बिम्बिसार की अधीनता में 80009 ग्राम थे।

कुछ इतिहासकारों के अनुसार अंग को जीतने का विशेष कारण था। ऐसा विश्वास किया जाता है कि अंग के राजा ने बिम्बिसार के पिता को हराया था। इसलिए अपने पिता की हार का बदला लेने के लिए अंग पर आक्रमण किया था। इसको जीतने के पश्चात् अपने पुत्र को अंग देश की राजधानी चम्पा का गवर्नर बना दिया।

बिम्बिसार का दूसरे देशों के साथ अच्छा सम्बन्ध था। गांधार और मद्रदेश के साथ घनिष्ठ सम्बन्ध स्थापित किये थे। गांधार देश के शासक ने अपना एक दूत उसके दरबार में भेजा था। जबकि मद्र देश के राजा ने अपनी पुत्री का विवाह बिम्बिसार से किया था।

प्रशासन—बिम्बिसार ने न केवल एक सुदृढ़ साम्राज्य की स्थापना की बल्कि उसका संचालन भी किया। उसने अपनी सहायता के लिए अनेक छोटे बड़े अधिकारियों

की नियुक्ति की। इनमें उपराजा, माण्डलिक, सेनापति, सेनानायक, व्यावहारिक महामात्र और ग्रामभोजक उल्लेखनीय हैं।

(1) **उपराजा**—बिम्बिसार अपने बड़े पुत्र दर्शक की सहायता से शासन करता था अर्थात् वह उपराजा का कार्य करता था।

(2) **माण्डलिक राजा**—ये प्राय: सामन्तवंशीय थे। ये मण्डलों के शासन की देखरेख राजा के आदेश से करते थे। इन्हें राजा की ओर से भूमि प्राप्त होती थी।

(3) **सेनापति**—यह सेना का संगठन और संचालन करता था। यह पद अनुभवी और साहसी व्यक्ति को दिया जाता था।

(4) **सेनानायक महामात्र**—ये सेनापति के अधीन अन्य अधिकारी थे।

(5) **व्यवहारिक महामात्र**—वस्तुत: ये न्यायाधीश होते थे।

(6) **ग्राम भोजक**—ये गाँव के मुखिया होते थे जो गाँवों से राजस्व वसूल करने में सहायता करते थे।

न्याय व्यवस्था—राज्य की न्याय-व्यवस्था कठोर थी और लोगों को सख्त दण्ड दिये जाते थे। अपराधों के लिए अंग-भंग या मृत्यु दण्ड भी दिया जाता था। गलत सलाह देने पर उच्च अधिकारियों को भी दण्डित किया जाता था। अच्छे कार्य करने पर उन्हें पुरस्कृत भी किया जाता था।

धर्म—जैन और बौद्ध साहित्य दोनों ही बिम्बिसार को अपने धर्म का अनुयायी बताते हैं। रामचन्द्र के अनुसार जब देश में अन्धकार था तो राजा अपनी पत्नी के साथ महावीर की पूजा करने गया था। बौद्ध साहित्य के अनुसार बिम्बिसार गौतम बुद्ध से दो बार मिला। दूसरी बार राजगृह से बुद्ध से मिलते समय बुद्ध के 1000 अनुयायी थे। बिम्बिसार ने उन सबका आदर किया और बौद्धधर्म का अनुयायी बन गया। कहा जाता है उसकी पत्नी क्षेमा ने उसे बौद्धधर्म में दीक्षित किया था।

मृत्यु—बिम्बिसार की मृत्यु के विषय में भी विवाद है। बौद्ध साहित्य के अनुसार बिम्बिसार को उसके पुत्र अजातशत्रु ने मार डाला था। अजातशत्रु को इस कार्य में प्रोत्साहित करने वाला देवदत्त था। कहा जाता है कि एक बार तो अजातशत्रु ने अपने पिता को तलवार से ही मारने का प्रयास किया था परन्तु सफल नहीं रहा। राजा के मंत्री ने उसे षड्यंत्र रचने वालों को मृत्यु दण्ड देने को कहा परन्तु बिम्बिसार ने उन्हें क्षमा कर दिया। देवदत्त ने अजातशत्रु को भड़काना जारी रखा और अन्त में अजातशत्रु ने बिम्बिसार की हत्या कर दी। बौद्ध साहित्य के अनुसार अजातशत्रु ने बुद्ध के सामने अपने पाप को स्वीकार किया था। परन्तु जैन साहित्य अजातशत्रु को अपने पिता का

हत्यारा नहीं मानता। उनके अनुसार अजातशत्रु ने राज्य प्राप्त करने के लिए अपने पिता को बन्दीगृह में डाल दिया जहाँ उसकी रानी छलना ने उसकी सेवा की। जेल में अपने पिता की दशा देख अजातशत्रु द्रवित हो गया था और अपने पिता के बन्धन एक लोहे की गदा से तोड़ने के लिए आगे बढ़ा। बिम्बिसार भ्रम में पड़ गया। उसने सोचा शायद उसका पुत्र उसे मारने आ रहा है, इसलिए उसने विष खाकर आत्म हत्या कर ली।

अजातशत्रु

बिम्बिसार के पश्चात 411 ई० पू० में उसका पुत्र अजातशत्रु गद्दी पर बैठा। उसका दूसरा नाम कुणिक था। अजातशत्रु अपने पिता से भी अधिक योग्य शासक था।

विजयें—अजातशत्रु ने गद्दी तो प्राप्त कर ली परन्तु उसके सामने अनेक समस्यायें थीं। जिन्हें उसने अपनी बुद्धि, अनुभव और विशाल सैन्य शक्ति से शीघ्र ही हल कर लिया। इसमें उसकी विजयों का विशेष महत्त्व हैं। ये विजयें निम्नलिखित हैं—

1. **कौशल से युद्ध**—कौशल से युद्ध का मुख्य कारण काशी था। बिम्बिसार की मृत्यु के शोक से उसकी पत्नी कौशल देवी की भी मृत्यु हो गयी। प्रसेनजित ने काशी की वार्षिक आय को रोक लिया इसके कारण अजातशत्रु उसका शत्रु हो गया। इन दोनों में पर्याप्त समय तक युद्ध चलता रहा। अन्त में प्रसेनजित ने अजातशत्रु के साथ सन्धि कर ली और अपनी पुत्री वजिरा का विवाह उससे कर दिया और काशी फिर उसे दहेज के रूप में दे दिया।

2. **वैशाली के लिच्छवियों से युद्ध**—अजातशत्रु का दूसरा युद्ध वैशाली के लिच्छवियों से हुआ। वैशाली वज्जिसंघ का एक शक्तिशाली गणराज्य था। प्रारम्भ में मगध इससे भयभीत रहता था। बिम्बिसार ने इसके साथ भी वैवाहिक सम्बन्ध स्थापित किया था।

युद्ध के कारण—(*i*) जैन साहित्य के अनुसार अजातशत्रु के सौतेले भाई हल और वेहल्ल कुछ बहुमूल्य वस्तुएँ लेकर वैशाली चले गये। जब अजातशत्रु ने उनको लौटाने के लिए कहा तो वहाँ के शासक चेटक ने इन्कार कर दिया।

(*ii*) बौद्ध साहित्य में इसका अलग कारण बताया गया है। उसके अनुसार मगध राज्य तथा वज्जि के बीच गंगा नदी बहती थी। इस नदी पर एक बन्दरगाह के समीप एक कान थी। समझौते के अनुसार बन्दरगाह और कान के आधे-आधे भाग पर दोनों राज्यों का अधिकार था। परन्तु बहुत दिनों से वज्जि संघ मगध को इनका उपयोग नहीं करने दे रहा था। अत: इसके लिए अजातशत्रु का युद्ध करना आवश्यक था। वस्तुत: उसकी साम्राज्य विस्तार की नीति में यह बाध्य थे। इसलिए इस बाधा को वह दूर करना चाहता था।

घटनायें—अजातशत्रु ने यह अनुभव किया कि वज्जि संघ को आसानी से पराजित नहीं किया जा सकता। इसलिए उसने अपने दो विश्वासपात्र मन्त्रियों—सुनीध्य और वस्साकार को लिच्छवियों में फूट डालने के लिए भेजा। उन्होंने यह कार्य बड़े नियोजित ढंग से किया। अजातशत्रु ने अपनी विशाल सेना और खतरनाक हथियार जुटाये। उसने युद्ध में 'महाशिलाकंटक तथा रथ मूसल' शस्त्रों का प्रयोग किया। दोनों में संघर्ष लम्बे समय तक चला परन्तु अन्त में अजातशत्रु को विजय प्राप्त हुई और लिच्छवियों का सम्मान धूल में मिल गया।

डॉ० हेमचन्द्र राय चौधरी दोनों युद्धों को एक ही मानते हैं–"The Kosalan war and Vaishali war were properly not isolated events but parts of a common movement direct against the establishment of the hegemony of Magadha."

3. अवन्ती की विजय—वैशाली विजय के पश्चात् अजातशत्रु ने अवन्ती की ओर ध्यान दिया। अवन्ती पर शक्तिशाली प्रद्योत शासन करता था। इसके आक्रमण के भय से अजातशत्रु राजगृह का दुर्गीकरण भी कराया। परन्तु यह युद्ध न हो सका, क्योंकि अजातशत्रु की मृत्यु हो गयी।

इस प्रकार अजातशत्रु का साम्राज्य बहुत विस्तृत हो गया था जिसमें मगध, अंग, काशी और वैशाली के प्रदेश शामिल थे।

धर्म—अजातशत्रु के धर्म के सम्बन्ध में जैन साहित्य और बौद्ध साहित्य के दावे अलग-अलग हैं और दोनों उसे अपने धर्म का अनुयायी मानते हैं। जैन साहित्य से ज्ञात होता है कि अजातशत्रु अपनी पत्नी वैशाली के साथ महावीर के दर्शन के लिए गया और खुलेआम जैन धर्म की प्रशंसा की परन्तु बौद्ध साहित्य से ज्ञात होता है कि उसका झुकाव बौद्ध धर्म की ओर था जो निम्नलिखित साक्ष्यों से स्पष्ट है—

(*i*) महापरिनिर्वाण सूत्र के अनुसार महात्मा बुद्ध के दाह संस्कार के पश्चात् अजातशत्रु ने उनके कुछ अवशेषों को लेकर राजगृह में उन पर एक स्तूप का निर्माण कराया।

(*ii*) बुद्ध संगति के लिए बैमार की पहाड़ी की एक गुफा में सभाभवन का निर्माण करवाया था।

(*iii*) भरहुत अभिलेख में एक दान के उल्लेख में महात्मा बुद्ध और अजातशत्रु दोनों का नाम आता है।

ऐसा प्रतीत होता है कि अजातशत्रु प्रारम्भ में जैनधर्म का अनुयायी था और बाद में बौद्ध धर्म का अनुयायी बन गया।

अजातशत्रु के उत्तराधिकारी—अजातशत्रु के उत्तराधिकारी के विषय में विवाद है। पुराणों के अनुसार उसका उत्तराधिकारी दर्शक था और उसने मगध में 25 वर्ष तक शासन किया। बौद्ध साहित्य के अनुसार उसका उत्तराधिकारी उदायिन या उदयभद्र था। अपने पिता के शासन में वह चम्पा में राज्यपाल था। उसके काल में मगध और अवन्ती में शत्रुता चलती रही। उदयन ने अवन्ति के शासक प्रद्योत के पुत्र पालक को कई बार पराजित किया। परन्तु पालक ने एक बार धोखे से उदयभद्र की हत्या कर दी। उदयभद्र जैनधर्म का अनुयायी था। उसने कुसुमपुर नामक नगर की स्थापना की और वहाँ एक चैत्य गृह बनवाया।

उदभद्र के कई उत्तराधिकारी–अनुरुद्ध, मुण्ड और नागदाशक आदि थे। ये नाममात्र के शासक थे। नागदासक को मार करके शिशुनाग मगध का राजा बन गया।

शिशुनाग वंश

(1) शिशुनाग—हर्यंक वंशीय अन्तिम शासक नागदासक की हत्या करके मगध में शिशुनाग वंश के शासन की नींव रखी। लंकाई इतिहास के अनुसार शिशुनाग एक अमात्य था और बनारस में गवर्नर था। मगध का शासक बनने में उसे जनता से सहायता प्राप्त हुई। आगे चलकर उसने वैशाली को अपनी राजधानी बनायी। उसकी सर्वाधिक महत्त्वपूर्ण उपलब्धि अवन्ति की विजय है। वस्तुत: अवन्ति उस समय का शक्तिशाली राज्य था और उसने वत्स को भी अपने साम्राज्य में समेट लिया था जिससे मगध की सीमायें उससे स्पर्श करने लगी थीं। इसलिए उसने आक्रमण करके अवन्ति को जीत लिया और अपने साम्राज्य में शामिल कर लिया। उसने कौशल पर भी विजय प्राप्त की। पंजाब के अतिरिक्त सम्पूर्ण उत्तरी भारत उसके अधीन हो गया था।

(2) काकवर्ण या काशालोक—पुराणों के अनुसार शिशुनाग के बाद उसका पुत्र काकवर्ण उसका उत्तराधिकारी हुआ। लंकाई क्रानिकल के अनुसार शिशुनाग का उत्तराधिकारी उसका लड़का कालाशोक था। जैकोबी और भण्डारकर के अनुसार कालाशोक तथा काकवर्ण एक ही व्यक्ति थे। कालाशोक ने बनारस और गया में रहकर शासन संचालन की शिक्षा पायी थी। इसके काल में वैशाली में बौद्धों का द्वितीय सम्मेलन हुआ। राजधानी के रूप में पाटलीपुत्र की स्थापना इसी के काल में हुई। हर्षचरित के अनुसार राजधानी के समीप ही किसी ने काकवर्ण के गले में खंजर घुसेड़कर उसे मार डाला। राजा के दु:खद अन्त की इस कहानी की पुष्टि तत्सम्बन्धी यूनानी सामग्री से भी हो जाती है।

काशालोक के उत्तराधिकारी—कालाशोक के पश्चात् उसके दस पुत्र सिंहासन के उत्तराधिकारी हुए। सभी पुत्रों ने एक साथ शासन किया। महाबोधिवंश के अनुसार इन पुत्रों के नाम भद्रसेन, कोरण्डवर्ण, भंगुर, सर्वज्जह, जालिक, उभक, सञ्जय, कोरव्य,

नन्दिवर्धन तथा पञ्चमक थे। दिव्यावदान के अनुसार प्रसेनजित के पश्चात् सिंहासन नन्दवंश के शासकों के हाथ चला गया।

नन्द वंश

पुराणों के अनुसार महापद्म या महापद्मपति नन्द वंश प्रथम नन्द था। महाबोधि-वंश के अनुसार प्रथम नन्द का नाम उग्रसेन था। पुराणों में महापद्म को क्षात्रबन्धु का पुत्र कहा गया है। कहा जाता है कि इस वंश का प्रथम राजा शूद्र कन्या का पुत्र था। जैन ग्रन्थ 'परिशिष्टपक' के अनुसार नन्द वेश्या माँ तथा नाई पिता का पुत्र था। उक्त कथन की पुष्टि सिकन्दर के समकालीन मगध के शासकों की वंशावली से भी होती है। यही लोग चन्द्रगुप्त मौर्य के पूर्वज थे। इस राजकुमार की चर्चा करते हुए कर्टियस ने लिखा है—"इसका पिता नाई था। बेचारा अपनी रोजाना की कमाई से किसी तरह जीवनयापन करता था। लेकिन वह देखने एवं व्यवहार में काफी खूबसूरत था, इसलिए महारानी बहुत मानती थी। रानी के प्रोत्साहन के फलस्वरूप ही यह राजा के समीप भी पहुँच गया और राजा का विश्वासपात्र बन गया। एक दिन उसने छल से राजा की हत्या कर दी। अपने को राजा का अभिभावक घोषित करते हुए उसने राजा के सभी अधिकार अपने कब्जे में कर लिये, कई राजकुमारों की हत्या भी की और नया राजकुमार पैदा किया।" इस प्रकार शास्त्र में विभिन्न मत दिये गये हैं परन्तु यह सभी स्वीकार करते हैं कि नन्द वंश का संस्थापक शूद्र-कुल का था।

महापद्मनन्द

पुराणों ने नन्द वंश के संस्थापक महापद्मनन्द को सर्वक्षात्रान्तक (सभी क्षत्रियों का नाश करने वाला) कहा है, उसे एकराट् की उपाधि भी प्रदान की गयी। इससे स्पष्ट हो जाता है कि उसने शिशुनाग राजाओं के समकालीन इक्ष्वाकु, पांचाल, काशी, हैहय, कलिंग अश्मक, कुरु, मैथिली, सूरसेन आदि सभी राजाओं को पराजित कर दिया था। जैन ग्रन्थों में भी नन्दों के विशाल साम्राज्य होने के प्रमाण मिलते हैं। 'कथासरित्सागर तथा हाथीगुम्फा अभिलेख से नन्दों द्वारा कलिंग विजय का बोध होता है। 'नवनन्द देहरा' नामक नगर (गोदावरी तट पर नान्देर) से दक्षिण में नन्दों द्वारा सत्ता स्थापन का भी बोध होता है।

मैसूर के प्राचीन अभिलेखों में कुन्तल (बम्बई का दक्षिणी भाग तथा मैसूर का उत्तर पश्चिमी भाग) पर नन्दों के आधिपत्य के प्रमाण उपलब्ध होते हैं। इनमें से अधिकांश स्रोत पौराणिक कथनों को प्रमाणित करते हैं। इससे पता चलता है कि नन्दों ने निश्चित रूप से एक बहुत बड़े भू-भाग पर अपना साम्राज्य स्थापित कर लिया था। इस आधार पर कहा जा सकता है कि महापद्मनन्द ही भारत का प्रथम और महान ऐतिहासिक सम्राट था।

पुराणों के अनुसार नन्द का शासन 88 (अष्टाशीति) है परन्तु यह सही नहीं प्रतीत होता है। वायुपुराण में यह समय 28 है। तिब्बती इतिहासकार तारानाथ ने महापद्म का शासन काल 29 वर्ष बताया है। सिंहली विवरण के अनुसार यह अवधि 22 वर्ष है।

पुराणों के अनुसार महापद्म उग्रसेन के बाद उसके आठ पुत्रों ने 12 वर्ष शासन किया। महाबोधि वंश में नन्दों की तालिका निम्नलिखित है—(1) उग्रसेन, (2) पण्डुक, (3) पण्डुमति, (4) भूतपाल, (5) राष्ट्रपाल, (6) गोविशीक, (7) दाससिद्धक, (8) कैर्वत, (9) धन। इस अन्तिम धन को ही यूनानियों के अग्रमीज कहा है।

कर्टियस के अनुसार प्रथम नन्द ने अपने उत्तराधिकारियों के लिए विशाल साम्राज्य ही नहीं छोड़ा, अपितु एक विशाल सेना भी छोड़ी जिसमें 20,000 अश्वारोही, 20,000 पैदल, 20,000 रथ तथा 3,000 हाथी थे।

प्लूटार्क, रियोडरिस ने भी इसका समर्थन किया है। वे हाथियों की संख्या 4,000 तथा 6,000 बताते हैं। मिलिन्दपन्हों में सेनापति मद्रपाल का नाम आता है। नन्दों के पास अनन्त धनराशि थी। देशी और विदेशी साहित्य सभी इसका समर्थन करते हैं।

धनानन्द नामक सम्भवत: अधिक धनाढ्य होने के कारण पड़ा था। कथासरित्सागर के अनुसार धनानन्द के पास 990 करोड़ स्वर्ण मुद्रायें थीं। चीनी यात्री ह्वेनसांग ने भी इसकी अनन्त धनराशि का उल्लेख किया है। उसने पाटलीपुत्र के पांच स्तूपों का सम्राट नन्द के पांच प्रकार के अमूल्य रत्नों के पांच 'धनकोषों' प्रतीक बताया है।

जैनग्रन्थ आवस्यक से भी नन्दों के विषय में जानकारी प्राप्त होती है। प्रथम नन्द का मंत्री कल्पक था। इसी ने प्रथम नन्द को क्षत्रिय राजवंशों के विनाश के लिए प्रोत्साहित किया था। नन्दों के शासन काल में मंत्री का पद वंशानुगत होता था। नवें नन्द के मंत्री का नाम सकताल था। जिसके दो पुत्र स्थूलभद्र तथा श्रीयक थे। पिता की मृत्यु के पश्चात स्थूलभद्र को यह पद दिया गया किन्तु वह इसका त्याग करके जैन भिक्षु बन गया। तब यह पद श्रीयक को दिया गया। नन्दवंश का अन्तिम शासक धनानंद सिकन्दर के भारत पर आक्रमण के समय मगध पर राज्य करता था। तत्पश्चात् चन्द्रगुप्त ने उसका वध कर दिया तथा नवीन राजवंश की स्थापना की।

राजनैतिक दृष्टि से नन्दों का बहुत अधिक महत्त्व है। सर्वप्रथम इन्होंने ने ही छोटे-छोटे टुकड़ों में विभाजित भारत को एकता के सूत्र में बांधने का प्रयास किया था जिससे आगे आने वाले सम्राटों को एक विशाल साम्राज्य स्थापित करने में पर्याप्त सुविधा मिली। नन्दों के सामाजिक महत्त्व को भी तिरस्कृत नहीं किया जा सकता तथापि उनकी आर्थिक नीति शोषण की थी। सम्भवत: इस शोषण नीति और चाणक्य से दुराचरण के कारण इस वंश का नाश हो गया।

मगध राज्य के उत्थान के कारण

प्रारम्भ में मगध एक साधारण राज्य था। षोडस महाजनपद के विकास के पश्चात् यह चार राज्यों में एक प्रमुख राज्य था। आगे चलकर यह सर्वाधिक शक्तिशाली राज्य बन गया और सम्पूर्ण उत्तरी भारत को अपने में समेट लिया। मगध के शक्तिशाली होने के प्रमुख कारण निम्नलिखित थे—

1. **लोहे का समृद्ध भण्डार**—मगध की भौगोलिक स्थिति बड़ी उपयुक्त थी। उसके आस-पास लोहे के अनेक भण्डार थे। समृद्ध लौह खनिज के भंडार समीप होने के कारण मगध के शासक अपने लिए प्रभावशाली हथियार तैयार करा सके। उनके विरोधी ऐसे हथियार आसानी से नहीं प्राप्त कर सकते थे। लोहे की खानें पूर्वी मध्य प्रदेश में भी मिलती हैं जो अवन्ति की राजधानी उज्जैन के समीप थीं। वहाँ के लोहार इस्पात से सम्भवत: बहुत अच्छी किस्म के हथियार तैयार करते थे। यही कारण है कि उत्तर भारत की प्रभुता के लिए अवन्ति और मगध के मध्य कड़ा संघर्ष हुआ और अन्त में मगध को सफलता मिली।

2. **राजधानियों की सुरक्षित स्थिति**—मगध की दो राजधानियां–पहली राजगीर और दूसरी पाटलीपुत्र–सामरिक दृष्टि से बहुत महत्त्वपूर्ण स्थानों पर थीं। राजगीर पांच पहाड़ियों की एक शृंखला से घिरा था, इसलिए यह दुर्भेद्य था। उल्लेखनीय है कि तोपों का आविष्कार बहुत बाद में हुआ। इसलिए उन दिनों राजगृह जैसे दुर्गों को तोड़ना आसान काम नहीं था।

ई० पू० पाँचवीं शताब्दी में मगध के शासक अपनी राजधानी पाटलीपुत्र ले गये। पाटलीपुत्र चारों ओर से नदियों द्वारा घिरे होने के कारण यहाँ की स्थिति अभेद्य हो गयी थी। सोन और गंगा इसे पश्चिम और उत्तर की ओर से घेरे हुए थीं। पुन: दक्षिण और पूर्व की ओर से घेरे हुए थी। इस प्रकार पाटलीपुत्र-जलदुर्ग के रूप में परिणत हो गया था। ऐसी स्थिति में इस पर आक्रमण करना बहुत कठिन था।

3. **यातायात के साधन**—गंगा और उसके उत्तर में गण्डक तथा दक्षिण में सोन नदी ने मगध को सुरक्षा, यातायात तथा प्रगति के साधन प्रदान किये। औद्योगिक विकास से पूर्व यातायात में बड़ी कठिनाईयां थीं। नदी मार्गों को पकड़ करके ही सेना उत्तर, पश्चिम, दक्षिण और पूर्व की ओर आगे बढ़ती थी।

4. **घना जंगल**—दक्षिणी बिहार में उस समय बहुत घना जंगल था। उस समय जंगल में हाथी उपलब्ध थे जिनका प्रयोग सेना में किया गया। जंगल में उपलब्ध लकड़ी, मकान, शस्त्र और विभिन्न हथियार बनाने में सहायक सिद्ध हुए।

5. **उर्वरा भूमि**—मगध राज्य मध्य गंगा मैदान में पड़ता था। इस परम उर्वर प्रदेश के जंगलों को लोहे के हथियारों से साफ कर दिया गया था। भारी वर्षा होती थी,

इसलिए सिंचाई के बिना भी इलाके को उत्पादक बनाया जा सकता था। बौद्ध ग्रन्थों से ज्ञात होता है कि इस प्रदेश में अनेक प्रकार के चावल पैदा होते थे। इलाहाबाद के पश्चिम के क्षेत्र की अपेक्षा यह प्रदेश कहीं अधिक उपजाऊ था। फलस्वरूप यहाँ के किसान पर्याप्त अनाज उत्पन्न करते थे जिससे शासकों को कर के रूप में अतिरिक्त अनाज मिल जाता था। प्रारम्भ में बलि और भाग नामक कर कृषक स्वेच्छा से दिया करते थे परन्तु अब वे कर आवश्यक बन चुके थे। इसके अलावा राज्य ने कृषकों और मजदूरों पर अन्य कर भी लगाये।

6. **मगध के शक्तिशाली शासक**—मगध को शक्तिशाली बनाने में मगध के शासकों का भी हाथ था। बिम्बिसार और अजातशत्रु ने इसकी नींव रखी। डा० बाशम के अनुसार, ''बिम्बिसार और अजातशत्रु ने एक बड़े साम्राज्य के निर्माण की प्रेरणा ईरान के साम्राज्य से प्राप्त की। ईरान के शासक साइरस ने पर्शिया को विश्व का महान साम्राज्य स्थापित करने में सफलता प्राप्त की थी।'' डॉ० बाशम ने कहा है–''यह नहीं माना जा सकता है कि मगध के शासक उन घटनाओं से अनभिज्ञ थे जो उनकी उत्तर पश्चिमी सीमा पर हो रही थी। हम विश्वास करते हैं कि उनकी साम्राज्यवादी नीति ने पर्शियनों के उदाहरण से कुछ न कुछ प्रेरणा अवश्य प्राप्त की थी।'' अजातशत्रु के पश्चात् शिशुनाग ने भी मगध साम्राज्य में वृद्धि की और उसे सुदृढ़ बनाये रखा। नन्द शासकों ने प्रथम बार भारत में साम्राज्य की स्थापना की। उन्होंने जनता का शोषण अवश्य किया परन्तु भारत में एकता स्थापित करने में उनका महत्त्वपूर्ण योगदान है। उनके इस प्रयास के कारण मौर्य शासकों को सुविधा प्राप्त हुई। इस आर्थिक और सैनिक सुविधा के कारण मौर्य शासकों ने विदेशी आक्रमण पर नियंत्रण स्थापित किया।

7. **सैनिग संगठन की सुविधा**—मगध राज्य के विकास में सैनिक संगठन की सुविधा का हाथ है। वैदिक काल से ही भारतीय राज्यों में घोड़े और रथ का प्रयोग होता था? मगध प्रथम राज्य था जिसने अपने शत्रुओं के विरुद्ध हाथियों को बड़े पैमाने पर उपयोग किया। देश के पूर्वांचल में पर्याप्त जंगल थे जिसमें हाथी रहते थे। यहाँ से मगध शासकों को आसानी से हाथी मिल जाते थे। यूनानी साहित्य से ज्ञात होता है कि नन्दों की सेना में 6000 हाथी थे। किलों को तोड़ने में इनसे पर्याप्त सुविधा मिलती थी। वैसे भी इस क्षेत्र में सड़कों और अन्य यातायात के साधनों का अभाव था। ऐसे में हाथी बहुत उपयोगी थे।

8. **राजा के अधिकार में वृद्धि**—उत्तरवैदिक काल में राजा के अधिकारों में पर्याप्त वृद्धि हुई। इससे राजतंत्रीय व्यवस्था को बढ़ावा मिला परन्तु मगध को शक्तिशाली बनाने में इससे पर्याप्त सहायता मिली। प्रारम्भ में कबाइली व्यवस्था में राजा और उनके

अधिकारियों का युद्ध में लूटे हुए धन में कुछ हिस्सा होता था। आगे चलकर राजा का इस पर पूर्ण अधिकार हो गया। उसने विभिन्न कर वसूल करना शुरू कर दिया। कृषि, उद्योग और व्यापार में प्रगति के साथ उसे पर्याप्त कर मिलने लगा और उसकी आर्थिक स्थिति मजबूत हो गयी। फलस्वरूप वह सैनिक शक्ति बढ़ाने में सफल हुआ। बिम्बिसार और अजातशत्रु को मगध को विस्तृत करने में काफी सफलता मिली।

9. नगरों का उत्थान—मगध के शासकों ने नगरों के उत्थान और मुद्रा प्रचलन से भी लाभ उठाया। पूर्वोत्तर भारत में व्यापार वाणिज्य की वृद्धि के कारण शासक अब वाणिज्य वस्तुओं पर चुंगी लगा सकते थे और इस प्रकार अपनी सेना के खर्च के लिए धन एकत्र कर सकते थे। वस्तुत: राज्यों के विस्तार से नगर निर्माण को बढ़ावा मिला। कुछ नगरों का निर्माण राज्यों की राजधानी के रूप में हुआ। कुछ अन्य नगरों का निर्माण व्यापारिक केन्द्रों के रूप में हुआ। इन नगरों के निर्माण से आर्थिक सम्पन्नता को बढ़ावा मिला जिससे मगध के शासकों की शक्ति बढ़ गयी। यह भी स्वीकार किया जा सकता है आर्थिक सम्पन्नता में भी तेजी से वृद्धि हो रही थी जिससे नगरों के निर्माण में तेजी आयी।

10. सामाजिक परिवर्तन—मगध का समाज रूढ़िविरोधी था। यहाँ के ब्राह्मण किसान आदि अन्य जातियों को निम्न समझते थे। आर्यों के आगमन से जातियों में सम्मिश्रण आरम्भ हुआ। उल्लेखनीय है कि मगध का आर्यीकरण नवीन था। इसलिए पूर्वकाल से ही वैदिक प्रभाव में आये राज्यों की अपेक्षा मगध में विस्तार के लिए उत्साह अधिक था और वह शक्तिशाली बन गया। जैन और बौद्ध धर्म के उदय से इसको और बढ़ावा मिला। इस सम्बन्ध में हेमचन्द्र राय चौधरी का कथन उल्लेखनीय है—''उसने सर्वमान्य धर्म के क्रमिक निर्माण में वैसे ही भाग लिया जैसे कि उसने एक अखिल भारतीय साम्राज्य के निर्माण में भाग लिया।''

6 मौर्यकाल (321—185 ई० पू०)

प्राचीन भारतीय इतिहास में मौर्यकालीन इतिहास का विशेष महत्त्व है। इसी काल से भारत का क्रमबद्ध इतिहास प्रारम्भ होता है। मौर्यों के उदय से पूर्व तिथिक्रम का निर्धारण कठिन है। मौर्य शासकों के प्रयास से ही भारत में राजनैतिक एकता का सूत्रपात होता है। इन्होंने एक विस्तृत साम्राज्य की स्थापना की और उस साम्राज्य की सुव्यवस्था की ओर ध्यान दिया। इनके काल में कला, साहित्य और धर्म आदि की बहुत अधिक उन्नति हुई।

इतना महत्त्वपूर्ण राजवंश होते हुए भी इसकी उत्पत्ति के विषय में विवाद है। ब्राह्मण ग्रन्थों के अनुसार मौर्य लोग शूद्र तथा अकुलीन थे परन्तु बौद्ध और जैन ग्रन्थों के अनुसार वे कुलीन तथा विशुद्ध सूर्यवंशी क्षत्रिय थे। इस मतभेद का कारण यह प्रतीत होता है कि चूंकि मौर्य शासक वर्णाश्रम व्यवस्था को नहीं मानते थे और ब्राह्मणों के विरोधी थे। अतएव ब्राह्मणों ने उन्हें शूद्र वंश तथा अकुलीन बताया है और चूंकि वे जैन तथा बौद्ध धर्मों के आश्रयदाता था, क्योंकि चन्द्रगुप्त जैन धर्म को और अशोक ने बौद्ध धर्म को अपना आश्रय प्रदान किया था। इसलिए बौद्ध तथा जैनियों ने उन्हें शुद्ध रक्त का कुलीन क्षत्रिय बताया है। आधुनिक इतिहासकार यह स्वीकार करते हैं कि चन्द्रगुप्त क्षत्रिय राजकुमार था और 'मोरिय' क्षत्रियों का वंशज था जो किसी कारण परिस्थितियों वश मयूर पालक बन गये थे, यह मौर्य कहलाया। जिस राजवंश की उसने स्थापना की वह भी मौर्य वंश कहलाया। इस वंश द्वारा स्थापित साम्राज्य को मौर्य साम्राज्य और इस युग को मौर्य युग कहते हैं। मौर्य वंश में चन्द्रगुप्त मौर्य और अशोक जैसे महान सम्राट हुए। चन्द्रगुप्त मौर्य ने जहाँ विशाल साम्राज्य और सुदृढ़ शासन की स्थापना की वहीं अशोक अपने 'धम्म' के माध्यम से विश्व में प्रसिद्ध हो गया।

मौर्य वंश का महत्त्व

प्राचीन भारतीय इतिहास में मौर्य वंश की उपलब्धियां अत्यधिक महत्त्वपूर्ण हैं। वस्तुत: मौर्य साम्राज्य की स्थापना से भारतीय इतिहास में एक युग का अन्त और दूसरे का आरम्भ होता है। अन्त होने वाला युग अनैतिहासिक युग और आरम्भ होने वाला युग ऐतिहासिक युग है। प्रसिद्ध इतिहासकार स्मिथ ने इस राजवंश की प्रशंसा करते हुए

लिखा है—''मौर्य राजवंश का प्रादुर्भाव इतिहासकार के लिए अंधकार से प्रकाश के मार्ग का निर्देश करता है। तिथि-क्रम, सहसा निश्चित, लगभग सुनिश्चित हो जाता है, एक विशाल साम्राज्य का प्रादुर्भाव होता है जो भारत के विच्छिन्न असंख्य टुकड़ों को संयुक्त कर देता है। राजा लोग, जिन्हें वास्तव में सम्राट कहा जा सकता है, महान व्यक्तित्व के तथा लब्ध प्रतिष्ठित व्यक्ति थे। जिनके गुणों के दर्शन यद्यपि समय के कुहाये में मन्द रूप में किये जा सकते हैं।'' इसी प्रकार बी०एन० लुनिया ने भी कहा हैं–"The rise of the Maurya Dynasty ushers in a new era in the political and cultural History of India. The advent of Mauryas marks the passage from darkness to high historian". प्राचीन भारतीय इतिहास में मौर्य वंश का निम्नलिखित महत्त्व है—

(1) क्रमबद्ध इतिहास का आरम्भ—मौर्य वंश इस दृष्टि से अति महत्त्वपूर्ण है कि इसके काल में क्रमबद्ध इतिहास का शुभारम्भ होता है। मौर्यों के आगमन से पूर्व इतिहास के तिथिक्रमों की जटिलता थी। फलस्वरूप भारतीय इतिहास अस्पष्ट रहा। प्रसिद्ध इतिहासकार स्मिथ के अनुसार मौर्य वंश के प्रारम्भ से प्राचीन भारत का इतिहास 'अंधकार से प्रकाश' में आता है। विभिन्न देशी एवं विदेशी प्रमाणों के आधार पर विद्वानों ने मौर्यवंश के संस्थापक चन्द्रगुप्त के सिंहासनारोहण की तिथि जिन-जिन विभिन्न तिथियों का प्रतिपादन किया है वे सत्य के काफी निकट कही जा सकती हैं। इसके अलावा मौर्य काल के इतिहास को जानने के साधन अत्यन्त विश्वसनीय तथा विस्तृत हैं। इस काल का इतिहास जानने के लिए धार्मिक ग्रन्थों के अतिरिक्त अन्य साधन यथा ऐतिहासिक ग्रन्थ, विदेशी विवरण और अभिलेख आदि प्राप्त होते हैं। मौर्यकाल के पूर्व हमें कोई उचित ऐतिहासिक ग्रन्थ प्राप्त नहीं होता जिसके द्वारा प्राचीन भारत के क्रमबद्ध प्रमाणिक इतिहास का ज्ञान प्राप्त किया जा सके परन्तु मौर्यकाल में और उसके बाद अनेक ऐसे ऐतिहासिक ग्रन्थ लिखे गये जिनके आधार पर भारत का क्रमबद्ध प्रमाणिक इतिहास तैयार किया जा सकता है।

(2) साम्राज्यवादी प्रवृत्ति का आरम्भ—मौर्यकाल की दूसरी महत्त्वपूर्ण विशेषता भारत की साम्राज्यवादी प्रवृत्ति का जन्म होना है और यह प्रवृत्ति आगे आने वाली शताब्दियों में भी चलती रही। भारत के राजनैतिक इतिहास में यहीं से एक नये युग का आरम्भ होता है जिसे साम्राज्यवाद या राजनीतिक एकता का युग कहा जा सकता है। मौर्यकाल से पूर्व भारत में राजनैतिक एकता का सर्वथा अभाव था और सम्पूर्ण देश छोटे-छोटे राज्यों में विभाजित था। यद्यपि साम्राज्यवाद तथा राजनीतिक एकता की आकांक्षा भारतीय राजाओं ने मौर्यकाल से पूर्व ही आरम्भ कर दी थी परन्तु इस आकांक्षा को सर्वप्रथम मौर्य साम्राज्य के संस्थापक चंद्रगुप्त मौर्य ने पूरा किया। उसने पंजाब तथा सिन्धु से विदेशी यूनानियों को और उत्तरी भारत के अन्य छोटे-छोटे देशी

राज्यों को समाप्त कर सम्पूर्ण उत्तरी भारत को एक राजनीतिक सूत्र में बांधा और इस प्रकार प्रथम बार भारत में राजनीतिक एकता की स्थापना हुई। राजनीतिक एकता का यह आदर्श भारत के भावी महत्त्वाकांक्षी सम्राटों को सदैव प्रेरित करता रहा और इसका क्रम निरन्तर आज तक चलता रहा।

(3) **केन्द्रीकृत शासन की स्थापना**—मौर्य सम्राटों ने प्रथम बार भारत में केन्द्रीभूत शासन व्यवस्था की स्थापना की। यह शासन व्यवस्था समयानुकूल परिवर्तनों के साथ वर्तमान समय में भी पायी जाती है। वस्तुत: राजनीतिक एकता को बनाये रखने के लिए प्रशासनिक एकता अति आवश्यक थी। चन्द्रगुप्त मौर्य ने जिस शासन व्यवस्था की नींव रखी वहीं भावी शासकों के लिए आदर्श व्यवस्था बन गयी। मौर्यकालीन शासन व्यवस्था शान्ति बनाये रखने तथा सम्पन्नता प्रदान करने में इतनी सफल रही कि इसे शान्ति तथा सम्पन्नता का युग कहा जा सकता है।

(4) **कला और साहित्य की उन्नति**—मौर्य काल में कला और साहित्य को आश्चर्यजनक रूप से प्रोत्साहन मिला। आशोक काल में शिल्प कला, भवन निर्माण कला, चित्र कला, लेखन कला आदि की विशेष उन्नति हुई। उनके बनवाये हुए स्तूप और भवनों की सजावट को देखकर विदेशी यात्री भी चकित रह जाते थे। उसके समय के दस स्तूप उपलब्ध हुए हैं। उसके द्वारा निर्मित स्तम्भों की चमक शताब्दियों के बाद भी उसी प्रकार की है। आधुनिक कलाकार भी कला के ऐसे उत्कृष्ट नमूने को देखकर हैरान हैं।

(5) **सांस्कृतिक एकता**—राजनीतिक एकता सांस्कृतिक एकता की जननी मानी जाती है। चन्द्रगुप्त मौर्य ने विदेशियों को अपने देश से निष्कासित कर एक विशुद्ध भारतीय संस्कृति के विकास के लिए अनुकूल परिस्थितियां उत्पन्न कीं। उसने सम्पूर्ण उत्तरी भारत में अपना एक छत्र सुदृढ़ तथा सुव्यवस्थित शासन स्थापित कर सांस्कृतिक विकास के लिए अनुकूल वातावरण उत्पन्न किया। सम्राट अशोक ने बौद्धधर्म को राजधर्म बनाकर, उसके प्रचार की समुचित व्यवस्था कर तथा सम्पूर्ण भारत में उसका प्रचार कर और लोकसाहित्य को प्रोत्साहन देकर और शिलाखण्डों पर अभिलेख उत्कीर्ण करवाकर सांस्कृतिक एकता स्थापित की। उसने अपने सम्पूर्ण राज्य में एक ही प्रकार की शिक्षा की व्यवस्था करके एक ऐसी संस्कृति को जन्म दिया जिसमें एकरूपता थी।

(6) **बौद्धधर्म का प्रचार**—मौर्यकाल में बौद्धधर्म का अत्याधिक प्रचार हुआ। इस वंश के महान सम्राट अशोक ने बौद्ध धर्म का प्रचार करने के लिए स्थान-स्थान पर स्तूपों तथा शिलाओं पर इसके नियम खुदवाये और विदेशों में राज्य की ओर से प्रचारक

भेजे। उसने शान्ति का सन्देश भेजकर न केवल भारत के इतिहास में बल्कि विश्व के इतिहास में अपना नाम अमर कर लिया। अशोक के इस महान कार्य के कारण मौर्यवंश को भारतीय इतिहास में श्रेष्ठ स्थान प्राप्त हुआ।

(7) अन्तर्राष्ट्रीय सम्बन्ध को बढ़ावा एवं भारत की प्रसिद्धि—मौर्य काल में भारत की ख्याति दूर-दूर के देशों में हो गयी और विदेशों में इसका सम्मान बढ़ गया। इसका कारण अशोक द्वारा विदेशों में बौद्धधर्म का प्रचार करना था। वस्तुत: इस युग को अशोक की धर्म विजय का युग कहा जा सकता है। अशोक ने बौद्ध धर्म को विश्व धर्म बनाने के लिए लंका, स्याम, बर्मा, चीन और जापान आदि देशों में इसका प्रचार किया। उसके इस धर्म-प्रचार का भारत तथा विश्व के इतिहास पर गहरा प्रभाव पड़ा। विदेशों में न केवल भारतीय धर्म का प्रचार हुआ बल्कि भारतीय सभ्यता और संस्कृति का भी वहाँ गहरा प्रभाव पड़ा। ये देश भारत को एक उच्च कोटि का सभ्य और शक्तिशाली देश समझने लगे और इस प्रकार भारत की ख्याति दूर तक फैल गयी।

धार्मिक सम्बन्ध ने राजनीतिक और व्यापारिक सम्बन्ध का मार्ग भी खोल दिया और भारत के विभिन्न देशों के साथ सांस्कृतिक, राजनैतिक और आर्थिक सम्बन्ध स्थापित हो गये। न केवल भारतीय सभ्यता ने विदेशों को प्रभावित किया बल्कि भारतीयों ने भी कला आदि के क्षेत्र में उनसे बहुत कुछ सीखा। इस प्रकार विदेशों में भारत की ख्याति बढ़ने के कारण भी मौर्य वंश का महत्व बढ़ जाता है।

(8) शक्तिशाली साम्राज्यों का उदय—मौर्य काल के स्थापित होने के पश्चात् भारत के इतिहास में अनेक शक्तिशाली साम्राज्यों का उदय हुआ जिनसे भारत के गौरव, समृद्धि तथा संस्कृति में वृद्धि हुई।

(9) शान्ति का युग—मौर्य युग शान्ति का युग था। कलिंग युद्ध के पश्चात् मौर्य सम्राट अशोक ने फिर और कोई युद्ध नहीं किया और ना ही कोई विद्रोह आदि हुआ। अशोक ने दिग्विजय के स्थान पर धर्म-विजय की ओर ध्यान आकृष्ट किया तथा शान्ति और प्रेम का सन्देश दिया। शान्ति के इस युग में राज्य के प्रत्येक क्षेत्र में बहुत उन्नति हुई और गौरव बढ़ा।

इस प्रकार भारतीय इतिहास में मौर्य राजवंश का विशेष महत्व है। स्मिथ ने लिखा है—''वस्तुत: चन्द्रगुप्त मौर्य ही प्रथम ऐतिहासिक व्यक्ति है जिसे हम भारत का वास्तविक सम्राट कह सकते हैं और एक इतिहासकार के लिए मौर्य राजवंश का ''प्रादुर्भाव अन्धकार से प्रकाश के मार्ग की ओर निर्देश करता है।'' आस्टिन ने भी इस ओर संकेत करते हुए लिखा है ''सिकन्दर की मृत्यु के उपरान्त चन्द्रगुप्त भारत की स्वतन्त्रता का निर्माता थे?''

मौर्यकालीन इतिहास के स्त्रोत

प्राचीन भारत के इतिहास में मौर्य वंश प्रथम ऐतिहासिक वंश है। इतिहास में इस वंश को बहुत महत्त्वपूर्ण स्थान प्राप्त है। वी०ए० स्मिथ के शब्दों में ''मौर्य वंश के आरम्भ से प्राचीन भारत का इतिहास अन्धकार से प्रकाश में आ जाता है। क्योंकि यहीं से भारत का क्रमबद्ध इतिहास आरम्भ होता है।'' इस वंश का इतिहास जानने के लिए हमारे पास कई ऐतिहासिक स्त्रोत हैं जो निम्नलिखित हैं-

(1) यूनानी वृत्तान्त—मौर्यकालीन भारत तथा उसके पूर्व का इतिहास जानने के लिए यूनानी वृत्तान्त एक महत्त्वपूर्ण साधन है। सिकन्दर के आक्रमण के समय तथा उसके बाद कई यूनानी विद्वान भारत में आए जिन्होंने तत्कालीन उत्तरी भारत का वृत्तान्त लिखा। यद्यपि उनके मौलिक लेख प्राप्त नहीं हैं तथापि अन्य ग्रन्थों में दिए गए उनके उदाहरणों से काफी जानकारी हो जाती है। इनमें से मैगस्थनीज का वृत्तान्त अत्यन्त महत्त्वपूर्ण है। वह एक यूनानी विद्वान था जिसे सैल्यूकस ने चन्द्रगुप्त की राज्य सभा में अपना राजदूत बनाकर भेजा था। मैगस्थनीज भारत में 308 से 294 ई० पू० तक रहा। इस काल में उसने जो कुछ भारत में देखा व सुना उसे अपनी पुस्तक इण्डिका में लिखा। उसका यह भारतीय वृतान्त अत्यन्त रोचक और उपयोगी सिद्ध हुआ है। यद्यपि इण्डिका, अब प्राप्त नहीं है परन्तु उसके कुछ अंश तथा उद्धरण अन्य यूनानी पुस्तकों में पाए जाते हैं। मैगस्थनीज ने अपनी पुस्तक में पाटलीपुत्र शासक, उसकी राज्य सभा, शासन प्रबन्ध, सैनिक-संगठन आदि विषयों का विस्तृत वर्णन किया है। स्टैबो, प्लिनी आदि यूनानी इतिहासकारों ने अपने ग्रन्थों में मैगस्थनीज के इस वृतान्त को काफी विस्तार से लिखा है। मैगस्थनीज के इस वृतान्त में कहीं-कहीं ऐसी कहानियां पढ़ने को मिलती हैं जिन पर आसानी से विश्वास नहीं किया जा सकता। हो सकता है कि ऐसी बातें मैगस्थनीज ने जनुश्रुतियों के आधार पर लिखी हों परन्तु ऐसा होने पर भी यह वृतान्त ऐतिहासिक दृष्टि से बड़ा महत्त्वपूर्ण है और चन्द्रगुप्त का इतिहास जानने के लिए एक अनिवार्य सूत्र है।

(2) कौटिल्य का अर्थशास्त्र—मौर्य कालीन इतिहास जानने का एक और महत्त्वपूर्ण साधन कौटिल्य का अर्थशास्त्र है। कौटिल्य चन्द्रगुप्त मौर्य का सच्चा हितैषी और प्रधान मंत्री था। उसे विष्णुगुप्त और चाणक्य भी कहते हैं। चन्द्रगुप्त को शासक बनाने में उसका महत्त्वपूर्ण हाथ था। उसका लिखा हुआ 'अर्थशास्त्र' ऐतिहासिक तथा राजनैतिक दृष्टि से प्राचीन साहित्य का एक अत्यन्त महत्त्वपूर्ण ग्रन्थ है। इसमें कौटिल्य ने चन्द्रगुप्त के समय की राजनैतिक, सामाजिक व आर्थिक अवस्था का वर्णन किया है। सम्पूर्ण संस्कृत साहित्य में यह ग्रन्थ अपने नमूने का एक अद्वितीय ग्रन्थ है। वास्तव में कौटिल्य एक महान दार्शनिक व सफल कूटनीतिज्ञ था। उसने इस पुस्तक में एक आदर्श शासक

व सफल विजेता के कर्त्तव्यों की विस्तृत विवेचना की है। उसने राजनीति व धर्म को अलग करके सोलहवीं शताब्दी के मैक्यावेली की भांति अपने उद्देश्य पूर्ति के लिए अच्छे व बुरे सभी साधनों के संयोग का पाठ पढ़ाया है। न केवल प्राचीन काल के शासकों के लिए बल्कि आधुनिक समय में भी यह ग्रन्थ सरकार की नीति का पथ-प्रदर्शन करने में सहायक सिद्ध होता है। इस पुस्तक के 15 भाग हैं जो राज्य-प्रबन्ध व नीति के विशेष अंगों पर प्रकाश डालते हैं। प्रसिद्ध इतिहासकार विन्टरनिट्ज के अनुसार "प्राचीन भारत के राज्य-प्रबन्ध, व्यापार, युद्ध और शान्ति आदि विषयों पर प्रकाश डालने वाली यह एक अद्वितीय पुस्तक है।" एक अन्य विद्वान के विचार में कौटिल्य का अर्थशास्त्र एक अमृत है जो राजनैतिक बुद्धि रूपी समुद्र को मथ कर निकाला गया है। यह ग्रंथ सामाजिक वैभव का विज्ञान है। इस प्रकार यह ऐतिहासिक व राजनैतिक दोनों दृष्टिकोणों से बहुत महत्त्वपूर्ण है। यह न केवल मैगस्थनीज के वृत्तान्त की पुष्टि करता है बल्कि उसका पूरक भी है।

(3) **अभिलेख**–मौर्यकालीन इतिहास जानने के लिए हमारे पास सबसे अधिक विश्वस्त सूत्र अशोक के अखण्ड अभिलेख हैं। अशोक ने अपने राज्य के विभिन्न भागों में कई शिलालेख, स्तम्भ लेख तथा अन्य स्मारक-चिन्हों का निर्माण कराया था। इन लेखों द्वारा उसने सारी मानव जाति को बौद्ध धर्म के सिद्धान्त और पवित्रता के नियमों पर चलने का आदर्श पथ बतलाया था। अत: इन लेखों से उसके धर्म व नैतिकता के सिद्धान्तों के विषय में पूर्ण जानकारी प्राप्त हो जाती है। इसके अतिरिक्त उसका राज्य विस्तार, उसके जनहितकारी कार्य, प्रजा के साथ उसका व्यवहार, उसका निजी जीवन व राजस्व के सिद्धान्त आदि अन्य बातों का भी इन अभिलेखों से पूरा-पूरा पता चल जाता है। यही कारण है कि ऐतिहासिक दृष्टि से अशोक के ये अभिलेख अत्यन्त महत्त्वपूर्ण हैं।

(4) **विशाखदत्त का मुद्राराक्षस**—मुद्राराक्षस एक ऐतिहासिक नाटक है जिसे विशाखदत्त ने पाँचवीं शताब्दी में लिखा था। नाटक में नन्द वंश के नाश तथा मौर्यवंश की स्थापना की कहानी प्रस्तुत की गई है। मौर्य काल के आरम्भिक इतिहास की इससे पर्याप्त जानकारी हो जाती है। चन्द्रगुप्त ने किस प्रकार कौटिल्य की सहायता से मगध का राज्य प्राप्त किया, यही इस नाटक का विषय है। परन्तु कल्पना का मिश्रण होने के कारण इसकी प्रत्येक बात विश्वसनीय नहीं है।

(5) **पुराण**—पुराणों द्वारा भी मौर्य वंश तथा उससे पूर्व का इतिहास जानने में पर्याप्त सहायता मिल जाती है लेकिन इनमें भी कल्पना और अतिशयोक्ति का समावेश होने के कारण इन पर अधिक विश्वास नहीं किया जाता।

(6) बौद्ध परम्पराएं—बौद्ध परम्परा मौर्य वंश के इतिहास पर काफी प्रकाश डालती है। दिव्यावदान में अशोक और कुणाल के सम्बन्ध में कई ऐतिहासिक बातों का वर्णन है जो हमारी जानकारी के लिए काफी महत्त्वपूर्ण हैं।

(7) जैन परम्पराएं—जिस प्रकार बौद्ध परम्पराओं से हमें अशोक का हाल मालूम होता है उसी प्रकार जैन परम्पराओं द्वारा चन्द्रगुप्त के सम्बन्ध में कई बातें पता चलती हैं।

(8) मौर्यकालीन भग्नावशेष—मौर्यकाल की कला-कृतियां तथा भग्नावशेष भी उस समय की सभ्यता व संस्कृति का इतिहास जानने के बहुत महत्त्वपूर्ण साधन हैं। उस समय के स्तूपों, विहारों, मठों, गुफाओं आदि से अनुमान लगाया जा सकता है कि उस समय कला और संस्कृति कितनी उन्नत अवस्था में थीं और मौर्य शासकों ने उनकी उन्नति में कितना सहयोग दिया था। यही कारण है कि सांची के स्तूप तथा अन्य खंडहर ऐतिहासिक दृष्टि से बहुत महत्त्वपूर्ण हैं। अभिलेखों में सर्वाधिक विश्वसनीय अभिलेख अशोक के हैं। मौर्यकाल विशेष रूप से अशोक के शासन तथा उसकी नीतियों की जानकारी उसके अभिलेखों से होती है। अशोक ने राजाज्ञाओं को शिलाओं एवं स्तम्भों पर खुदवाया और जनता के समक्ष रखा था। ये अभिलेख भारत के विभिन्न स्थानों पर तो मिलते ही हैं बल्कि अफगानिस्तान और पाकिस्तान में भी पाये गये हैं। ये अभिलेख प्रमुख प्राचीन राजमार्गों पर स्थापित किये गये थे।

मौर्यवंश की जानकारी अशोक के अभिलेखों के अलावा अन्य अभिलेखों से भी होती है। इनपें सर्वाधिक महत्त्वपूर्ण शक शासक रुद्रदमन का जूनागढ़ अभिलेख (150 ई०) है। इससे ज्ञात होता है कि चन्द्रगुप्त मौर्य का साम्राज्य सौराष्ट्र तक विस्तृत था। यद्यपि मौर्ययुगीन सिक्के अलिखित हैं परन्तु बहुत बड़ी संख्या में प्राप्त हैं। आहत सिक्के मौर्यों की सुदृढ़ आर्थिक स्थिति की पुष्टि करते हैं। इसके अलावा मौर्यकालीन ओपदार काले मृद्भाण्ड, भवन, स्तम्भों आदि से मौर्यकालीन कला के विषय में जानकारी मिलती है।

चन्द्रगुप्त मौर्य की उपलब्धियां

आरम्भिक जीवन—चन्द्रगुप्त मौर्य का जन्म 345 ई० पू० में मोरिय वंश के क्षत्रिय कुल में हुआ था जो सूर्यवंशी शाक्यों की एक शाखा थी और जो नेपाल की तराई में पिप्पलिवन राज्य में शासन करते थे। चन्द्रगुप्त का पिता इन्हीं मोरियों का प्रधान था। दुर्भाग्यवश एक शक्तिशाली राजा के अत्याचार के कारण उसकी हत्या कर दी गयी और उसके राज्य को छीन लिया गया। चन्द्रगुप्त की माँ उन दिनों गर्भवती थी। इस संकट में वह सम्बन्धियों के साथ भाग गई और अज्ञात रूप से पाटलिपुत्र में निवास करने लगी।

यहाँ पर अपनी आजीविका चलाने तथा अपने राजवंश को गुप्त रखने के लिए यह लोग मोर का पालन करने लगे। इस प्रकार चन्द्रगुप्त का आरम्भिक जीवन मयूर-पालकों के मध्य व्यतीत हुआ था।

बड़ा होने पर चन्द्रगुप्त ने मगध के राजा के यहाँ नौकरी कर ली और उसकी सेना में भर्ती हो गया। चन्द्रगुप्त बचपन से योग्य और प्रतिभाशाली व्यक्ति था। वह अपनी योग्यता के बल पर मगध की सेना का सेनापति बन गया परन्तु कुछ कारणों से मगध का राजा उससे अप्रसन्न हो गया और उसे मृत्यु दण्ड की आज्ञा दे दी। इन दिनों मगध में नन्दवंश का शासन चल रहा था। अपने प्राणों की रक्षा करने के लिए चन्द्रगुप्त मगध से भाग गया और उसने नन्दवंश को नष्ट करने का निश्चय कर लिया।

अपने संकल्प को पूरा करने के लिए उसके पास साधनों का अभाव था। इसलिए साधनों की खोज में वह पंजाब की ओर चला गया और इधर उधर भटकता हुआ तक्षशिला पहुँचा, जहाँ विष्णुगुप्त नाम ब्राह्मण से उसकी भेंट हुई। विष्णुगुप्त को चाणक्य भी कहा जाता है, क्योंकि उसके पितामाह का नाम चणक था। उसे कौटिल्य भी कहते हैं क्योंकि उसके पिता का नाम कुटल था। चाणक्य एक विद्वान और कुशल राजनीतिज्ञ था। वह भारत के पश्चिमोत्तर भाग की राजनीतिक दुर्बलता से परिचित था और उसे यह सन्देह था कि यह प्रदेश कभी भी विदेशी आक्रमणकारियों का शिकार बन सकता है। इसलिए वह इस भूभाग के छोटे-छोटे राज्यों को समाप्त कर वहाँ एक प्रबल केन्द्रीय शासन स्थापित करना चाहता था जिससे विदेशी आक्रमणकारियों से देश की रक्षा की जा सके। अपने इस उद्देश्य की पूर्ति के लिए वह मगध नरेश की सहायता प्राप्त करने के लिए पाटलिपुत्र गया परन्तु सहायता प्राप्त करने के स्थान पर वह एक धार्मिक अनुष्ठान में नन्दराज द्वारा अपमानित किया गया चाणक्य बड़ा ही क्रोधी तथा उग्र प्रकृति का व्यक्ति था। उसने नन्द वंश को नष्ट करने का संकल्प कर लिया। साधनों की खोज में उससे चन्द्रगुप्त की भेंट हुई।

दोनों ने एक दूसरे से अपने उद्देश्यों की चर्चा की। दोनों का उद्देश्य नन्दवंश का विनाश करना था। इसलिए दोनों ने मिलकर प्रयास करना शुरू कर दिया। दोनों विन्ध्याचल के वनों की ओर गये। चाणक्य ने अपना सारा धन चन्द्रगुप्त को दे दिया। इस धन की सहायता से उसने एक सेना तैयार की और इस सेना की सहायता से मगध पर आक्रमण कर दिया परन्तु नन्दों की शक्तिशाली सेना ने उन्हें परास्त कर दिया। फलस्वरूप उन्हें मगध से भागना पड़ा। उन्हें प्राण बचाने के लिए पंजाब की ओर प्रस्थान करना पड़ा। वहाँ जाकर उन्हें अपनी भूल का अनुभव हुआ। उन्होंने मगध के केन्द्रीय भाग पर आक्रमण किया था। इन्हीं दिनों मकदूनियाई विजेता सिकन्दर महान पंजाब में था और वहाँ के छोटे-छोटे राज्यों को समाप्त कर रहा था। चन्द्रगुप्त ने नन्दों के विरुद्ध सिकन्दर

की सहायता लेने का विचार किया। परन्तु सिकन्दर उसके विचारों से नाराज हो गया और उसे मारने की धमकी दी। इस प्रकार चन्द्रगुप्त को नन्द शासक के साथ-साथ यूनानियों को भी हराना था।

चन्द्रगुप्त की विजयें

(1) पंजाब पर अधिकार—सिकन्दर के भारत से वापसी के पश्चात् भारतीयों ने यूनानियों के विरुद्ध आन्दोलन आरम्भ कर दिया। चन्द्रगुप्त के लिए यह सुनहरा मौका था और इस अवसर का उसने पूरा लाभ उठाने का प्रयास किया। उसने क्रान्तिकारियों का नेतृत्व किया और यूनानियों को पंजाब से भगाना आरम्भ किया। यूनानी सरदार यूडेमान अन्य यूनानियों के साथ भारत छोड़कर भाग गया। जो यूनानी सैनिक भारत में रह गये उन्हें मृत्यु के घाट उतार दिया गया। इस प्रकार चन्द्रगुप्त ने सम्पूर्ण पंजाब पर अपना प्रभुत्व स्थापित कर लिया।

(2) मगध पर आक्रमण—पंजाब को जीतने के पश्चात् चन्द्रगुप्त ने मगध राज्य पर आक्रमण करने के लिए पूर्व की ओर प्रस्थान कर दिया। उसने अपनी विशाल सेना के साथ मगध साम्राज्य की पश्चिमी सीमा पर आक्रमण कर दिया। मगध नरेश ने चन्द्रगुप्त की सेना को रोकने का खूब प्रयास किया परन्तु वह असफल रहा। चन्द्रगुप्त की सेना आगे बढ़ती गयी और मगध राज्य की राजधानी पाटलीपुत्र के निकट पहुँचकर उसका घेरा डाल दिया। अन्त में नन्दराजा धनानन्द की पराजय हुई और अपने परिवार के साथ युद्ध में मारा गया। इसके पश्चात् चन्द्रगुप्त मगध की गद्दी पर सिंहासनरूढ़ हुआ और कौटिल्य ने 322 ई० पू० में उसका राज्याभिषेक कर दिया।

(3) दक्षिण भारत की विजय—उत्तर भारत पर अपना प्रभुत्व स्थापित करने के पश्चात् चन्द्रगुप्त मौर्य ने दक्षिण भारत पर भी अधिकार करने का निश्चय किया। सर्वप्रथम सौराष्ट्र (गुजरात) को अपने अधीन कर लिया। उसके बाद 303 ई० पू० में मालवा पर अधिकार कर लिया और पुष्य वैश्य को वहाँ का प्रबन्ध करने के लिए नियुक्त कर दिया जिसने सुदर्शन झील का निर्माण करवाया। इस प्रकार काठियावाड तथा मालवा पर चन्द्रगुप्त का प्रभुत्व स्थापित हो गया। इतिहासकारों की धारणा है कि सम्भवतः मैसूर की सीमा तक चन्द्रगुप्त का साम्राज्य फैला था।

(4) सैल्यूकस से युद्ध—चन्द्रगुप्त का अन्तिम संघर्ष सिकन्दर के सेनापति सैल्यूकस के साथ हुआ। सिकन्दर की मृत्यु के पश्चात् सैल्यूकस उसके साम्राज्य के पूर्व भाग का अधिकारी बना था। उसने 305 ई० पू० में भारत पर आक्रमण कर दिया। चन्द्रगुप्त ने पश्चिमोत्तर प्रदेश की सुरक्षा की व्यवस्था पहले से ही कर ली थी। उसकी सेना ने सिन्धु नदी से उस पार ही सैल्यूकस की सेना का सामना किया। युद्ध में सैल्यूकस की पराजय हुई और विवश होकर उसे चन्द्रगुप्त के साथ सन्धि करनी पड़ी।

सन्धि के पश्चात् सैल्यूकस ने अपनी पुत्री हेलना का विवाह चन्द्रगुप्त के साथ कर दिया और वर्तमान अफगानिस्तान तथा बलूचिस्तान के सम्पूर्ण प्रदेश को चन्द्रगुप्त को दे दिया। उन दिनों मैगस्थनीज नामक एक राजदूत को भी चन्द्रगुप्त की राजधानी पाटलिपुत्र में भेजा। चन्द्रगुप्त ने 500 हाथी सैल्यूकस को भेंट किये। चन्द्रगुप्त मौर्य और सैल्यूकस के संघर्ष के विषय में डा० रायचौधरी ने लिखा है—"यह देखा जाता है कि प्राचीन लेखकों से हमें सैल्यूकस और चन्द्रगुप्त के वास्तविक संघर्ष का उल्लेख नहीं मिलता है। वे केवल परिणामों को बताते हैं। इसमें कोई संदेह नहीं है। आक्रमणकारी अधिक आगे न बढ़ सका और एक सन्धि कर ली जो वैवाहिक सम्बन्ध द्वारा सन्धि बना दी गयी।"

साम्राज्य विस्तार—उपर्युक्त विजयों के फलस्वरूप चन्द्रगुप्त का साम्राज्य पश्चिम में हिन्दू पर्वत से पूर्व में बंगाल तक और उत्तर में हिमालय पर्वत से दक्षिण में कृष्णा नदी तक फैल गया। परन्तु काश्मीर, कलिंग तथा दक्षिण का कुछ भाग उसके साम्राज्य के अन्तर्गत नहीं थे। इस प्रकार स्पष्ट है कि चन्द्रगुप्त मौर्य ने सर्वप्रथम इतने बड़े साम्राज्य की स्थापना की जो महत्त्वपूर्ण ऐतिहासिक उपलब्धि थी।

चन्द्रगुप्त की मृत्यु—जैनियों के अनुसार चन्द्रगुप्त मौर्य जैन धर्म का अनुयायी था। विधान के अनुसार अनशन करके उसने अपने प्राण त्याग दिये। इस प्रकार 24 वर्ष के शासन पश्चात् 298 ई० पू० में चन्द्रगुप्त की मृत्यु हो गयी।

चन्द्रगुप्त के चरित्र का मूल्यांकन

भारतीय सम्राटों में चन्द्रगुप्त मौर्य एक श्रेष्ठ सम्राट था। वह प्रथम शासक था जिसने संगठित, शक्तिशाली एवं विशाल साम्राज्य की स्थापना की। सामान्य परिवार में जन्म लेकर के अपनी योग्यता एवं पौरुष से वह भारत का सम्राट बना। उसकी इस अद्भुत सफलताओं के लिए जे०एस० नेगी ने लिखा है—"वह किसी भी व्यक्ति के लिए गर्व का कारण हो सकता है और मुख्यत: उस व्यक्ति के लिए जिसका जन्म राजकुल में न हुआ हो।" चन्द्रगुप्त मौर्य के चरित्र का मूल्यांकन संक्षेप में निम्नलिखित शीर्षकों में किया जा सकता है—

(1) महान विजेता—चन्द्रगुप्त मौर्य को एक सफल विजेता माना जाता है। उसने अपनी शक्ति के बल पर यूनानियों को सिन्ध और पंजाब दोनों से बाहर निकाल दिया। यही नहीं, उसने साम्राज्य नन्दों से प्राप्त किया था उसका पर्याप्त विस्तार भी किया। उसका साम्राज्य बंगाल की खाड़ी से लेकर पश्चिम में हिन्दूकुश पर्वत तक और उत्तर में हिमालय पर्वत से लेकर दक्षिण में कृष्णा नदी तक फैला हुआ था। पोरस की पराजय से भारतीय जनमानस जो कलंकित हो गया था, चन्द्रगुप्त ने सैल्यूकस को परास्त करके उस कलंक को धोया था। इस दृष्टि से चन्द्रगुप्त मौर्य को भारत के महान सम्राटों की पंक्ति में रखा जाता है।

(2) कुशल प्रशासक—चन्द्रगुप्त मौर्य एक कुशल प्रशासक था। उसने अपने साम्राज्य में सुदृढ़ शासन प्रणाली की स्थापना की थी। उसकी शासन प्रणाली इतनी सुदृढ़ थी कि उसकी मृत्यु के उपरान्त उसके वंशज कई पीढ़ियों तक शान्तिपूर्वक शासन करते रहे। उसकी शासन प्रणाली का प्रशंसा विदेशियों ने भी की है। डा० स्मिथ ने तो यहाँ तक कहा है-"अनेक बातों में उसकी शासन व्यवस्था आजकल की संस्थाओं का पूर्वाभास देती है।" इसी प्रकार इतिहासकार हैवेल ने भी उसकी शासन प्रणाली की प्रशंसा की है।

(3) सफल कूटनीतिज्ञ—चन्द्रगुप्त मौर्य को कौटिल्य जैसे कूटनीतिज्ञ का सहयोग प्राप्त था। उसके आधार पर नन्द वंश का विनाश हुआ था। इसी प्रकार कश्मीर के राजा पर्वतक को मारकर उसने कूटनीतिज्ञता के आधार पर भारत की अखण्डता की रक्षा की थी।

(4) महान कर्तव्य परायण—चन्द्रगुप्त मौर्य ने अपने शासन सम्बन्धी कार्यों में कभी भी शीथिलता नहीं दिखाई। कभी-कभी वह न्याय सम्बन्धी कार्यों में इतना अधिक व्यस्त रहता था कि सम्पूर्ण दिन उसी में व्यतीत हो जाता था। इसी प्रकार अस्पतालों, स्वास्थ्य रक्षा केन्द्रों, दुर्भिक्ष और दीन-दुखियों के कष्ट निवारण के लिए वह सदैव प्रयत्नशील रहता था।

(5) कला प्रेमी—चन्द्रगुप्त मौर्य में कला के प्रति असीम अनुराग था। उसका राजाप्रसाद, जो आज विद्यमान नहीं है, कला का सर्वोत्कृष्ट उदाहरण था। मैगस्थनीज ने इसकी भूरि-भूरि प्रशंसा की है।

(6) निरंकुश परन्तु उदार—साम्राज्यवादी होकर भी चन्द्रगुप्त निरंकुश शासक नहीं था। दण्डनीति कठोर होते हुए भी वह प्रजा के हितों की उपेक्षा नहीं करता था और मंत्री परिषद् तथा अमात्यों के नियंत्रण में रहकर शासन संचालन करता था।

(7) धर्म परायण—चन्द्रगुप्त एक उच्च कोटि का राजनीतिज्ञ होने के साथ-साथ बड़ा धर्म परायण और जिज्ञासु भी था। सम्भवत: उसमें यह प्रवृत्ति उसके दार्शनिकों के सम्पर्क में रहने से आ गयी थी। वह सदैव सत्य को जानने की जिज्ञासा रखता था और सभी धर्मों के प्रति सहिष्णु था। उसके धर्म के विषय में निश्चयपूर्वक नहीं कहा जा सकता। जैन परम्पराओं के अनुसार वह एक सच्चा जैन था जिसने उपवास द्वारा अपनी शरीर त्यागा था और कुछ विद्वानों के अनुसार वह ब्राह्मण धर्म का अनुयायी था।

मौर्यों का शासन प्रबन्ध

चन्द्रगुप्त मौर्य न केवल एक महान विजेता तथा वीर सैनिक ही था वरन् एक महान शासन-प्रबन्धक भी था। जिस शासन-व्यवस्था को उसने स्थापित किया वह सभी

मौर्य शासकों के लिए आदर्श बनी रही। केवल सम्राट अशोक ने उसमें कुछ परिवर्तन करके सम्राट एवं राज्य के उच्चाधिकारियों के दृष्टिकोण को उदार, सहनशील तथा विस्तृत बनाया किन्तु शासन के मूल में कोई परिवर्तन नहीं किया। संक्षेप में उसके शासन-प्रबन्ध का विवरण इस प्रकार है—

I. केन्द्रीय शासन

1. राजा अथवा सम्राट—राजा राज्य का मुखिया था। राज्य की सम्पूर्ण शक्तियाँ उसमें केन्द्रित थीं। उसका अधिकार वंशानुगत था और कानूनतः उसके अधिकारों पर कोई अंकुश न था। व्यावहारिक दृष्टि से मौर्य सम्राट स्वेच्छाधारी न थे। वे अपने अधिकारों का प्रयोग अपने मन्त्री के परामर्श से राज्य-धर्म का पालन करते हुए जन-हित के लिए करते थे। वह सेना का मुख्य सेनापति भी होता था और उसका संगठन एवं संचालन करता था।

2. मंत्रिपरिषद—सम्राट की सहायता तथा उसे परामर्श देने के लिए मंत्रिपरिषद की व्यवस्था की गई थी, किन्तु उसका निर्णय राजा के लिए मानना अनिवार्य न था। मंत्रियों को अलग-अलग विभाग सौंपे गए थे। उनके अलावा राज्याधिकारियों में अमात्य तथा अध्यक्ष के पद प्रमुख थे। कुछ प्रमुख मन्त्रियों तथा उनके कार्यों का विवरण इस प्रकार है—

(*i*) **प्रधानमंत्री**—सम्राट के पश्चात् दूसरा स्थान प्रधानमंत्री का था। वह राज्य प्रशासन प्रत्येक मामले में राजा को परामर्श देता था और सभी विभागों के कार्यों पर नियन्त्रण रखता था। चन्द्रगुप्त का प्रधानमंत्री कौटिल्य था।

(*ii*) **समाहर्ता**—इसका मुख्य कार्य कर इकट्ठा करना तथा राज्य की आय व्यय का हिसाब-किताब रखना था। इसकी सहायता के लिए कुछ अध्यक्ष होते थे–जैसे शुल्क (व्यापार-सम्बन्धी करों को इकट्ठा करने वाला) सीताध्यक्ष (कृषि विभाग का अध्यक्ष), सूत्री (राजकीय व्यवसायों के विभाग का अध्यक्ष), पीतवाध्यक्ष (माप-तौल की देख-रेख करने वाला अधिकारी), सुराध्यक्ष (शराब के निर्माण, क्रय-विक्रय, प्रयोग आदि पर नियंत्रण रखने वाला अध्यक्ष) आदि। अतिरिक्त गजाध्यक्ष, मुद्राध्यक्ष, नावाध्यक्ष, अश्वाध्यक्ष, देवताध्यक्ष आदि कुछ अन्य अधिकारी थे वे कर वसूल करने में सहायता करते थे।

(*iii*) **सन्निधाता**—यह राज्य के अर्थ-विभाग का अध्यक्ष था और राज्य की आय-व्यय का ब्यौरा रखता था। वह राज्य की आर्थिक नीति निर्धारित करता था। कोषाध्यक्ष शुल्काध्यक्ष पदाधिकारी इसके अधीन थे।

(*iv*) **सेनापति**—यह राज्य की सेना का मुखिया होता था और सेना का संगठन, युद्ध तथा संधि के मामलों में राजा को परामर्श देता था। चाणक्य के अनुसार सेनापति को युद्ध-विद्या तथा अस्त्र-शस्त्र विद्या में निपुण होना चाहिए।

(*v*) **प्रशास्ता**—'अक्षपटल' नामक राज्य का एक महत्त्वपूर्ण कार्यालय था जिसके द्वारा राज्य के सभी विभागों का रिकार्ड रखा जाता था। प्रशास्ता इस कार्यालय का अधिकारी था। यह राजकीय आज्ञाओं, संधि की शर्तों, जनपदों के ब्यौरे तथा राज्य की आय से संबंधित सभी रिकार्ड लेखाबद्ध रूप में रखता था।

(*vi*) **पुरोहित**—पुरोहित राज्य से संबंधित सभी धार्मिक अनुष्ठानों का मन्त्री था, राज्य में पुरोहित का भारी सम्मान होता था।

(*vii*) **युवराज**—सम्राट् का पद ग्रहण करने से पूर्व युवराज को किसी न किसी विभाग में अमात्य के पद पर कार्य करना पड़ता था, ताकि वह शासन-सम्बन्धी महत्त्वपूर्ण अनुभव प्राप्त कर ले। उस विभाग के सभी अधिकारी उसके अधीन होते थे।

(*viii*) **कार्मान्तिक**—यह कारखानों व खानों का मंत्री था जो राज्याधिकार में आने वाले कारखानों की देखभाल करता था, खानों से धातुओं को निकालता था, उन्हें कारखानों में भिजवाता था और उनमें विभिन्न वस्तुएँ तैयार करवाता था।

(*ix*) **अन्तपाल**—इसका कार्य सीमांत प्रदेशों में बने दुर्गों व सैनिक छावनियों-चौकियों की रक्षा तथा देखभाल करना था।

(*x*) **प्रदेष्ठा**—यह फौजदारी न्यायालयों का अमात्य था।

(*xi*) **व्यावहारिक**—यह दिवानी न्यायालयों का अमात्य था।

(*xii*) **दौवारिका**—यह राजप्रसाद के कार्यों का मन्त्री था।

(*xiii*) **दुर्गपाल**—इसका कार्य राज्य के आन्तरिक भागों के दुर्गों व राज-प्रसाद की रक्षा करना था।

(*xiv*) **दण्डपाल**—यह पुलिस-विभाग का सर्वोच्च अधिकारी था।

3. अमात्य तथा अध्यक्ष—मौर्य शासन-व्यवस्था में मंत्रियों के अतिरिक्त सर्वोच्च श्रेणी के कई अन्य अधिकारी भी थे। राज्य के विभिन्न विभाग इन्हीं के अधीन कार्य करते थे। राज्य कार्यकारिणी के सदस्य व न्याय विभाग के उच्चाधिकारी अमात्य कहलाते थे। एरियन के अनुसार, प्रांतों के गवर्नर, कोषाध्यक्ष, सेनापति, एडमिरल (नौसेनाध्यक्ष) तथा कृषि अध्यक्ष इन्हीं में से चुने जाते थे।

अध्यक्ष द्वितीय श्रेणी के अधिकारी थे, जो विभिन्न सरकारी विभागों का निरीक्षण करते थे। स्ट्राबो ने इन्हें मैजिस्ट्रेट कहा है। इनमें से कुछ के नियन्त्रण में नगर तथा बाजार थे और कुछ सार्वजनिक विभागों की सुरक्षा का ध्यान रखते थे। कर एकत्र करने, भूमि की पैमाइश, जलाशयों की देखभाल, शिकार की व्यवस्था, लकड़हारों तथा पीतल का काम करने वालों की देखभाल आदि करने का उत्तरदायित्व भी इन्हीं पर था।

कौटिल्य ने अपने अर्थशास्त्र में 28 प्रकार के अध्यक्षों तथा उनके कर्तव्यों का वर्णन किया है। अशोक के शासनकाल से हमें राजुक, प्रादेशिक तथा युक्त नामक कुछ नए कर्मचारियों का भी पता चला है।

II. प्रान्तीय शासन

1. **चार प्रान्त**—चन्द्रगुप्त मौर्य ने अपने साम्राज्य को निम्नलिखित चार प्रांतों में बांट रखा था—मगध प्रान्त, पश्चिमी प्रान्त, उत्तर पश्चिमी प्रान्त तथा दक्षिणी प्रान्त।

(1) **मगध प्रांत अथवा पूर्वी प्रांत**—मगध प्रांत का शासन-प्रबन्ध सम्राट के अधीन था। पाटलीपुत्र इसकी राजधानी थी, जो सम्पूर्ण साम्राज्य की भी राजधानी थी। इसमें आधुनिक उत्तर प्रदेश, बंगाल, बिहार तथा उड़ीसा के राज्य शामिल थे।

(2) **उत्तर-पश्चिमी प्रांत**—इसमें आधुनिक अफगानिस्तान, बिलोचिस्तान, पंजाब, सिन्धु नदी, कश्मीर के राज्य शामिल थे। तक्षशिला इसकी राजधानी थी।

(3) **पश्चिमी प्रांत**—इसमें आधुनिक मालवा, गुजरात, काठियावाड़ तथा राजस्थान के प्रदेश शामिल थे। उज्जयिनी (उज्जैन) इसकी राजधानी थी।

(4) **दक्षिणी प्रांत**—इसमें विन्ध्याचल पर्वत से लेकर मैसूर तक का भू-भाग शामिल था। स्वर्णगिरी इसकी राजधानी थी।

सम्राट अशोक के समय में 'कलिंग' भी मौर्य साम्राज्य का एक प्रांत बन गया था। कोशल इसकी राजधानी थी।

2. **कुमार**—प्रान्तीय शासन का मुखिया 'कुमार' कहलाता था, जो प्राय: राज घराने से सम्बन्ध्र रखता था। उसका मुख्य कार्य प्रान्त में शान्ति तथा व्यवस्था बनाए रखना था।

III. नगर-प्रबन्ध

1. **नगर अध्यक्ष**—नगर का सर्वोच्च अधिकारी 'अध्यक्ष' कहलाता था। उसका मुख्य कारण नगर में शान्ति एवं व्यवस्था बनाये रखना था। वह कर इकट्ठा करता था और शिक्षा का भी प्रसार करता था। नगर अध्यक्ष के लिए 'स्थानिक' तथा 'गीप' नामक दो कर्मचारी होते थे।

2. **बड़े नगरों का प्रबन्ध**—चन्द्रगुप्त की राजधानी पाटलीपुत्र तथा तक्षशिला व उज्जैन के बड़े-बड़े नगरों के प्रबन्ध के लिए 'समितियां' स्थापित की गई थीं। प्रत्येक समिति में 30 सदस्य होते थे, जो अगले पांच-पांच सदस्यों के 6 बोर्डों में विभाजित होती थीं।

IV. ग्राम का शासन प्रबन्ध

ग्राम का शासन प्रबन्ध ग्राम पंचायतें करती थीं। ग्राम का मुखिया 'ग्रामिक' तथा अन्य 'ग्रामिणी' कहलाता था। लगभग 10 ग्रामों के ऊपर 'गोप' नामक अधिकारी होता था। केन्द्रीय सरकार पंचायत के कार्यों में कोई हस्तक्षेप नहीं करती थी।

V. गुप्तचर व्यवस्था

मौर्य सम्राटों की गुप्तचर-व्यवस्था बड़ी संगठित तथा श्रेष्ठ थी। राज्य के सभी हिस्सों में सूचनाएँ सम्राट के पास पहुँच जाती थीं। स्त्रियां भी गुप्तचर थीं। गुप्तचर विदेशों में भी भेजे जाते थे। सम्राट के गुप्तचरों के अतिरिक्त राज्यों के मुखिया भी अपने गुप्तचर रखते थे। चन्द्रगुप्त और कौटिल्य ने गुप्तचर-व्यवस्था को बहुत अधिक महत्त्व दिया था।

VI. न्याय व्यवस्था

1. दण्ड-विधान—मौर्य शासकों का दण्ड-विधान कठोर था। साधारण अपराधों के लिए जुर्माना किया जाता था। व्यभिचार के अपराध में अंग-विच्छेद कर दिए जाते थे। गम्भीर अपराध के लिए जैसे बिक्री-कर न देने तथा शिल्पी को हानि पहुँचाने पर मृत्यु-दण्ड दिया जाता था। दण्ड-विधान कड़ा होने के कारण अपराध बहुत कम होते थे।

2. विभिन्न न्यायालय—न्यायालय दो प्रकार के होते थे—केन्द्रीय तथा स्थानीय। केन्द्रीय न्यायालयों में भी दो न्यायालय थे—एक स्वयं सम्राट का तथा दूसरा मुख्य न्यायाधीश का। स्थानीय न्यायालय तीन प्रकार के होते थे—(1) स्थानीय नागरिकों के न्याय के लिए, (2) व्यापारिक संघों के न्याय के लिए तथा (3) ग्राम-सभाएँ। इसके अतिरिक्त, फौजदारी तथा असैनिक न्याय के लिए अलग-अलग न्यायालय थे। फौजदारी के न्यायालयों को 'कण्टकशोधन' तथा असैनिक न्यायालयों को 'धर्मष्ठीय' न्यायालय कहते थे।

VII. सैनिक-प्रबंध

मौर्य शासकों के पास एक विशाल तथा शक्तिशाली सेना थी। चन्द्रगुप्त ने सेना की व्यवस्था की ओर गम्भीरतम ध्यान दिया था। अपनी शक्तिशाली सेना के बल पर चन्द्रगुप्त सैल्यूकस को हराने में सफल हुआ तथा एक विशाल साम्राज्य का निर्माण कर सका। मौर्य सेना के चार मुख्य अंग थे—पैदल, घुड़सवार, हाथी तथा रथ। चन्द्रगुप्त की सेना में 6 लाख पैदल, 30 हजार घुड़सवार, 9 हजार हाथी तथा 8 हजार रथ थे। सेना का प्रबंध 30 सदस्यों की एक परिषद् करती थी, जो पांच-पांच सदस्यों की छः समितियों में बंटी हुई थी।

VIII. वित्त तथा भूमि-कर प्रणाली

चन्द्रगुप्त मौर्य ने 'समाहर्ता' नामक एक राज्याधिकारी की नियुक्ति कर रखी थी, जिसका मुख्य कार्य राज्य की आय को बढ़ाना था। भूमि-कर (लगान) राज्य की आय का मुख्य साधन था, जो उपज का 1/6 भाग था। इसके अतिरिक्त, बिक्री-कर, खान-कर, जंगल-कर, मादक वस्तुओं पर कर, मच्छी-कर, सिंचाई-कर, व्यापारिक वस्तुओं पर चुंगी कर, लाइसेन्स-कर तथा जुर्माने की आय के मुख्य साधन थे।

राज्य के खर्च के साधनों में राजा के महल का व्यय, सेना, राज्याधिकारियों के वेतन, दान, सड़क वह नगरों के निर्माण तथा अन्य प्रजा हितकारी कार्यों के खर्च राज्य के व्यय के साधन थे।

XI. स्वास्थ्य, स्वच्छता तथा जनगणना

मौर्य शासकों ने नागरिकों के स्वास्थ्य और स्वच्छता के लिए उत्तम प्रबन्ध कर रखा था। स्वास्थ्य तथा स्वच्छता के नियमों का पालन कठोरता से किया जाता था। राज्य की ओर से अस्पतालों का भी प्रबन्ध किया गया था। पशुओं के लिए अलग अस्पतालों का प्रबन्ध था। राज्य की जनगणना के लिए एक पृथक विभाग था। प्रत्येक नगर व ग्राम में जन्म और मृत्यु की गणना की जाती थी।

X. लोक-हितकारी कार्य

चन्द्रगुप्त मौर्य एक जन-प्रिय शासक था और वह प्रजा के हितों का विशेष ध्यान रखता था। मौर्य शासकों ने कृषि की उन्नति के लिए सिंचाई की उचित व्यवस्था कर रखी थी। व्यापार की उन्नति तथा यात्रियों की सुविधा के लिए राज्य भर में सड़कों का जाल-सा बिछा दिया गया था। इसके अतिरिक्त, चन्द्रगुप्त ने सड़कों के दोनों ओर छायाकार वृक्ष लगवाए, धर्मशालाएँ बनवाई तथा कुएँ खुदवाए थे।

निसन्देह चन्द्रगुप्त मौर्य एक सफल एवं कुशल शासन-प्रबंधक था और उसकी शासन-व्यवस्था अत्यन्त श्रेष्ठ थी। वह एक प्रजापालक शासक था। डॉ० शाम शास्त्री के शब्दों में, ''उसका राजकीय आदर्श था, 'प्रजा की भलाई में उसकी अपनी भलाई है, प्रजा के सुख में उसका अपना सुख है।' जो कुछ उसे प्रिय हो उसे हितकर न समझे, परन्तु जो उसकी प्रजा को प्रिय हो उसे अच्छा समझे।''

बिन्दुसार

आरम्भिक जीवन एवं सिंहासनारोहण—चन्द्रगुप्त मौर्य के पश्चात् उसका पुत्र 300 ई० पू० में सिंहसनारूढ़ हुआ। विभिन्न साहित्यिक ग्रन्थों पें उसके अलग-अलग नाम मिलते हैं। जैन साहित्य में उसे सिंहसेन कहा गया है। कहा जाता है कि एक बार

जब चन्द्रगुप्त के राज्य में अकाल पड़ा तो वह अपने पुत्र सिंहसेन के लिए सिंहासन परित्यागकर स्वयं श्रवणवेलगोला (मैसूर) चला गया और वहीं उसकी मृत्यु हो गयी। वायुपुराण में उसका नाम भद्रसार मिलता है। कुछ अन्य पुराणों में उसे वारिसर कहा गया है। एक चीनी ग्रन्थ में उसका नाम बिन्दुपाल दिया है। यूनानी ग्रन्थों में उसे अमित्रोचेडूस, अमित्रचेट्स तथा अलित्रोचेड्स आदि कहा गया है। उसके अनेक नामों में बिन्दुसार सर्वाधिक लोकप्रिय है। उसके शासनकाल के विषय में विभिन्न मत दिये गये हैं। पुराणों के अनुसार उसने 25 वर्ष तक शासन किया। ब्रह्मदेश और सिंहलद्वीप की परम्पराओं के अनुसार उनका शासन क्रमशः 27 वर्ष तथा 28 वर्ष का है।

शासन की प्रमुख घटनायें—बिन्दुसार के शासन काल की घटनाओं की जानकारी के लिए बहुत कम स्रोत उपलब्ध हैं। प्राप्त स्रोतों से पता चलता उसने भी अपने पिता की भांति साम्राज्य विस्तार की नीति को अपनाया था और उसी की भांति शासन प्रबन्ध किया था।

तक्षशिला का विद्रोह—दिव्यावदान में दिए गए तथ्यों के अनुसार तक्षशिला में बिन्दुसार के काल में दो विद्रोह हुए। प्रथम विद्रोह का दमन करने के लिए अपने पुत्र अशोक को भेजा था। यह विद्रोह सम्भवतः मौर्य साम्राज्य के दूरवर्ती प्रदेशों के प्रान्तीय गवर्नरों के अत्याचारपूर्ण शासन के विरुद्ध जनता का असन्तोष था। दिव्यावदान में स्पष्ट रूप से लिखा गया है—

त वयं कुमारस्य विरुद्धः नापि राज्ञो बिन्दुसारस्य।
अपितु दुष्टामात्यः अस्माकं परिभवन् कुर्वन्ति॥

(अर्थात् न तो हम कुमार के विरुद्ध हैं और न राजा बिन्दुसार के, अपितु दुष्ट अमात्य हमारा परिभव करते हैं।)

दिव्यावदान में तक्षशिला के दूसरे विद्रोह का भी उल्लेख हैं जिसको रोकने के लिए बिन्दुसार ने अपने बड़े पुत्र सुसीम को भेजा।

दिग्विजय की नीति—तारानाथ तथा जैन विद्वान हेमचन्द्र के अनुसार कौटिल्य बिन्दुसार का भी प्रधानमंत्री रहा था और उसके नेतृत्व में बिन्दुसार ने साम्राज्य-विस्तार को नीति को जारी रखा। अनुश्रुतियों के अनुसार उसने 'सोलह राजाओं तथा मंत्रियों का दमन किया जिससे उसके राज्य की सीमा दक्षिण तक फैल गयी।' परन्तु कुछ विद्वानों का कहना है कि दक्षिण की विजय तो पहले ही चन्द्रगुप्त ने प्राप्त कर ली थी। हो सकता है कि बिन्दुसार के समय में वहाँ विद्रोह हो गये हों और उसने वहाँ फिर से विजय प्राप्त की हो। यद्यपि यह निश्चित रूप से नहीं कहा जा सकता कि बिन्दुसार ने

कोई नई विजय प्राप्त की थी अथवा नहीं, परन्तु इतना निश्चित है कि वह सम्पूर्ण भारत का सम्राट था। यूनानी उसे 'अमित्रघात' कहते थे जिसका अर्थ शत्रुओं का नाश करने वाला है।

विदेशी सम्बन्ध—बिन्दुसार एक सफल राजनीतिज्ञ भी था। उसने विदेशों के साथ मैत्रीपूर्ण राजनैतिक सम्बन्ध स्थापित किये हुए थे। सैल्यूकस के उत्तराधिकारी एन्टियोकस ने उसके दरबार में अपना राजदूत डाईमेकस भेजा था। मिश्र के शासक टालेमी ने भी डायोनियस को अपना राजदूत बनाकर बिन्दुसार के दरबार में भेजा था। एक बार उसने एन्टियोकस के एक दार्शनिक, अंजीर और शराब मंगाई। उसने अंजीर और शराब तो भेज दी लेकिन दार्शनिक के विषय में उत्तर दिया कि वह दार्शनिकों को बेचता नहीं है। इन साक्ष्यों से स्पष्ट है कि बिन्दुसार का दूसरे देशों के साथ व्यापारिक, एवं सांस्कृतिक सम्बन्ध थे। 273 ई०पू० में बिन्दुसार की मृत्यु हो गयी। उसने विरासत में प्राप्त विशाल साम्राज्य को कायम रखा और सुव्यवस्थित करके अपने पुत्र अशोक को विरासत में प्रदान किया। आर्यमंजुश्री कल्प में उसे साहसी, मृदुभाषी एवं कुशल प्रवक्ता बताया गया है।

अशोक के राज्यादेश

प्राचीन भारतीय इतिहास में अशोक के राज्यादेशों का विशिष्ट स्थान है। उसके राज्यादेश सम्पूर्ण विश्व के इतिहास में अपने किस्म के अद्वितीय अभिलेख हैं जिनका उद्देश्य राजनैतिक न होकर धार्मिक तथा लोक-कल्याण था। अशोक ने अपने आदेशों को अपने साम्राज्य के विभिन्न भागों में स्तम्भों, शिलाओं तथा गुफाओं की दीवारों पर खुदवा दिया था ताकि जनता उनका अनुसरण कर सके। ऐसा ईरानी शासक दारा ने भी किया था। उसने भी राज्यादेशों को शिलाओं, स्तम्भों, स्तूपों आदि पर खुदवाया था, परन्तु उसके राज्यादेशों के स्वरूप अशोक के अभिलेखों से भिन्न था। डेरियस के अभिलेख राजनैतिक उद्देश्य से लिखे गये थे। अशोक के अभिलेखों में धार्मिक, राजनैतिक तथा आध्यात्मिक विवरण होने के कारण विश्व में उसका श्रेष्ठ महत्त्व है।

अभिलेखों की भाषा तथा लिपि—अशोक के अभिलेखों को तीन भागों में विभाजित किया जा सकता है—

1. शिलालेख,
2. स्तम्भ लेख,
3. गुफा लेख।

इन लेखों में प्राकृत भाषा और ब्राह्मी लिपि का प्रयोग किया गया है जो देवनागरी की भाँति बायें से दाये लिखी जाती थी। केवल शाहबाजगढ़ी और मानसेहरा के दो

शिलालेख ऐसे हैं जिसमें खरोष्ठी लिपि का प्रयोग किया गया है। शिलालेख प्राय: सीमान्त प्रदेशों तथा दूर-दूर के क्षेत्रों में पाये जाते हैं और स्तम्भ लेख देश के आन्तरिक भागों में हैं। डा० स्मिथ ने तिथि क्रमानुसार अशोक के लेखों को निम्नलिखित आठ भागों में विभाजित किया है—

(1) **लघु शिलालेख**—लघु शिलालेख दो प्रकार के हैं। प्रथम प्रकार के लघु शिलालेख बिहार के शाहाबाद जिले में सहसराम, राजस्थान में बैरात तथा जबलपुर जिले में रूपनाथ के स्थान पर मिले हैं। द्वितीय प्रकार के लघु शिलालेख मैसूर के प्रदेश में ब्रह्मगिरी तथा रामेश्वरम् आदि स्थानों पर पाये गये हैं। प्रथम प्रकार के लघु शिलालेख अशोक के निजी जीवन पर प्रकाश डालते हैं और द्वितीय प्रकार के लघु शिलालेख में पवित्रता के नियम दिये गये हैं। सम्भवत: इन्हें 258 अथवा 257 ई० पू० में लिखा गया।

(2) **भब्रू शिलालेख**—डॉ० स्मिथ के अनुसार इस शिलालेख की तिथि भी 258-257 ई० पू० है। इस लेख द्वारा अशोक के बौद्ध धर्म के प्रति विश्वास और श्रद्धा के विषय में जानकारी प्राप्त होती है। अत: ऐतिसाहिक दृष्टि से बड़े महत्त्वपूर्ण हैं।

(3) **चौदह शिलालेख**—अशोक के चौदह शिलालेख शाहबाजगढ़ी (जिला पेशावर), मानसेहरा (हजारा), मास्की (मैसूर), गिरनार (काठियावाड़), सोपारा (बम्बई), कालसी (देहरादून), धौली और जौजड़ (कलिंग) आदि स्थानों पर मिले हैं। इनके लिखने की तिथि 257-256 ई० पू० है। इतिहास में इन शिलालेखों को बहुत महत्त्वपूर्ण स्थान प्राप्त है, क्योंकि इनमें अशोक ने अपने राजनीति के सिद्धान्तों की घोषणा की है। इन लेखों का विषय निम्नलिखित है–

(*i*) पहले शिलालेख में पशुवध बन्द करने की आज्ञा दी गयी है।

(*ii*) प्राणी मात्र की चिकित्सा के विषय में आदेश दिये गये हैं।

(*iii*) इस लेख में अशोक ने अधिकारियों को उनके पंचवर्षीय दौरे पर नियमित रूप से जाने की आज्ञा दी गयी है।

(*iv*) इसमें उसके धर्म के सिद्धान्त बताये गये हैं।

(*v*) इसमें धर्म महामात्रों के कर्त्तव्य आदि बताये गये हैं।

(*vi*) इसमें संयम का महत्त्व जनता के सम्मुख रखा गया है।

(*vii, viii*) इनमें अशोक की धर्म-यात्राओं का वर्णन है।

(*ix*) इसमें सत्यता पर जोर दिया गया है।

(*x*) इसमें लोक-कल्याण के कार्यों का विवरण है।

(*xi*) इसमें धर्मभेंट की महत्ता बतायी गयी है।

(*xii*) इसमें धार्मिक सहिष्णुता का महत्त्व बताया गया है।

(*xiii*) इसमें कलिंग युद्ध का वर्णन है और अशोक ने बताया है कि भविष्य में यदि इस युग का सहस्रांश भी नुकसान होगा तो वह उसे सहन न कर सकेगा।

(*xiv*) इसमें लोगों को राज्यादेश मानने के लिए कहा गया है।

(4) कलिंग के दो शिलालेख—ये शिलालेख 256 ई० पू० लिखे गये हैं। इससे कलिंग की शासन व्यवस्था की जानकारी मिलती है।

(5) तीन गुफा लेख—बारबर की पहाड़ियों (गया, बिहार) में तीन गुफा लेख मिले हैं जिनसे अशोक की धार्मिक सहिष्णुता और दान के बारे में पता चलता है।

(6) दो तराई स्तम्भ लेख—नेपाल की तराई से दो स्तम्भ लेख प्राप्त हुए हैं जिनमें अशोक की तीर्थयात्राओं का वर्णन है।

(7) सात स्तम्भ लेख—यह स्तम्भ लेख दिल्ली, प्रयाग, अम्बाला, मेरठ आदि स्थानों में मिले हैं। इन लेखों से अशोक का प्रजा के साथ व्यवहार, उसके धर्म प्रचार के उपाय आदि बातों का पता चलता है।

(8) लघु स्तम्भ लेख—इनमें से दो लाख सांची और सारनाथ के स्तम्भों पर खुदे हुए हैं और शेष दो प्रयाग में हैं।

उल्लेखनीय है कि इनमें अधिकांश अभिलेखों पर अशोक के स्थान पर उसे प्रियदर्शी के नाम से सम्बोधित किया गया है।

राज्यादेशों का ऐतिहासिक महत्त्व—यद्यपि अशोक के राज्यादेश राजनीतिक उद्देश्य से नहीं लिखे गये थे तथापि इसमें विभिन्न पक्षों के विषय में अच्छी जानकारी मिलती है, जिससे उनका ऐतिहासिक महत्त्व बहुत अधिक बढ़ जाता है। इन अभिलेखों से निम्नलिखित जानकारी मिलती है—

(1) अशोक का साम्राज्य विस्तार—अशोक के शिलालेखों से अशोक के साम्राज्य विस्तार के विषय में पर्याप्त जानकारी होती है, क्योंकि उसके अधिकांश शिलालेख सीमान्त प्रदेशों में ही पाये जाते हैं।

(2) अशोक का धर्म—उसके अभिलेखों से उसके धर्म, पवित्रता के नियम तथा उसकी सहिष्णुता की नीति पर पर्याप्त प्रभाव पड़ता है।

(3) **विदेश-नीति**—शिलालेखों से अशोक की विदेश नीति की भी जानकारी होती है। उसने अपने धर्मप्रचारक श्रीलंका, चीन, जापान आदि अनेक देशों में भेजे और उनके साथ मित्रतापूर्ण सम्बन्ध स्थापित किये।

(4) **शासन प्रबन्ध**—इन शिलालेखों का एक महत्त्वपूर्ण लाभ यह भी है कि इनसे अशोक के शासन प्रबन्ध, उसके राजस्व सिद्धान्त, प्रजा के साथ उसका व्यवहार तथा लोकहित के कार्यों के बारे में पर्याप्त ज्ञान प्राप्त होता है।

(5) **अशोक का चरित्र**—अभिलेखों से अशोक के निजी व्यक्तित्व और उसके चरित्र की जानकारी भी प्राप्त हो जाती है। मानवता के प्रति उसका प्रेम, अहिंसा व सहिष्णुता की नीति तथा कलिंग युद्ध द्वारा उत्पन्न हुआ उसके जीवन में परिवर्तन आदि सभी बातों पर ये लेख प्रकाश डालते हैं।

(6) **कला व शिक्षा का प्रचार**—अशोक के बने हुए स्तूप व स्तम्भ इतने कलात्मक ढंग से बने हुए हैं कि उन्हें देखकर आज का मानव भी आश्चर्यचकित रह जाता है। अतः हम अनुमान लगा सकते हैं कि अशोक के समय में कला ने कितनी उन्नति की होगी। इसके अतिरिक्त साम्राज्य भर में खुदे हुए ये लेख इस बात का प्रमाण हैं कि उस समय शिक्षा का भी काफी प्रसार था और लोग पढ़े-लिखे थे।

(7) **सामाजिक अवस्था**—अशोक के राज्यादेशों से हम उस समय के लोगों के नैतिक व आध्यात्मिक स्तर का भी अनुमान लगा सकते हैं जिससे हमें उस समय की सामाजिक अवस्था का अच्छा ज्ञान प्राप्त हो जाता है। इस प्रकार उपरोक्त बातों से यह स्पष्ट है कि अशोक के राज्यादेश ऐतिहासिक दृष्टि से बहुत महत्त्वपूर्ण हैं।

अशोक का आरम्भिक जीवन एवं कलिंग युद्ध

प्रारम्भिक जीवन—अशोक के आरम्भिक जीवन के सम्बन्ध में विशेष उल्लेख नहीं प्राप्त होता। बौद्ध ग्रन्थों से ज्ञात होता है कि अशोक ने अपने 99 भाइयों की हत्या करके गद्दी प्राप्त की। उसकी क्रूरता के कारण उसे 'चण्डाशोक' कहते थे। अनेक विद्वानों और इतिहासकारों ने बौद्धधर्म के इस कथन का खण्डन किया है। वस्तुतः बौद्धधर्म की महत्ता बढ़ाने के लिए बौद्ध ग्रन्थों में अशोक के चरित्र को दूषित दिखाया गया। अभिलेखों के वर्णन से ज्ञात होता है कि अशोक अपने भाईयों के साथ बहुत अधिक स्नेह रखता था और अपने भाई तिष्य को उपराजा नियुक्त किया था।

अशोक अपने पिता बिन्दुसार के प्रशासनिक कार्यों में बहुत अधिक सहायता करता था। वह उसके काल में अवन्ति का राज्यपाल रह चुका था। वहाँ उसका महादेवी नाम की शाक्यकुलीन विदिशा की राजकुमारी से विवाह हुआ था। उसकी संतान अशोक के

पुत्र महेन्द्र और पुत्री संघमित्रा थे। बिन्दुसार ने अशोक को तक्षशिला के विद्रोह का दमन करने के लिए भेजा था उसके पारिवारिक जीवन के सम्बन्ध में भी अधिक जानकारी नहीं मिलती। उसके इलाहाबाद स्तम्भ लेख से ज्ञात होता है कि उसके दो विवाह हुए थे। उसकी दूसरी पत्नी का नाम कारुपाकी था और उसके पुत्र का नाम सिवर था।

सिंहासनारोहण—बौद्ध परम्पराओं से पता चलता है कि उसने भाईयों को मारकर गद्दी प्राप्त की। इसे स्वीकार नहीं किया जाता। आर०एस० त्रिपाठी, डी०वी०ए० स्मिथ आदि इतिहासकारों का कहना है कि बौद्धधर्म वाले आरम्भ में उसे एक बुरा व्यक्ति सिद्ध करना चाहते थे। इसलिए उन्होंने उसे इतना बुरा व्यक्ति दिखाने का प्रयत्न किया परन्तु उसने पिता की मृत्यु के 4 वर्ष पश्चात् राजमुकुट धारण किया। इससे अनुमान लगाया जाता है कि राज्य प्राप्त करने के लिए उसे अपने भाईयों से युद्ध करना पड़ा होगा। अशोक के शिलालेखों से पता चलता है कि अशोक का अपने भाईयों के साथ अच्छा व्यवहार न होगा और 269 ई० पू० में सिंहासन प्राप्त किया। इन चार वर्षों के विघ्न का वास्तविक अर्थ है कि उन दिनों के कानून के अनुसार राजा की आयु 25 वर्ष की होनी आवश्यक है जबकि अशोक उस समय केवल 21 वर्ष का था। राय चौधरी ने इस मत का विरोध किया है। उन्होंने पुराणों का उल्लेख देते हुए यह सिद्ध कर दिया है कि सिंहासनारोहण के लिए 25 वर्ष की आयु का होना आवश्यक नहीं था। इस प्रकार अशोक के सिंहासनारोहण की समस्या विवादग्रस्त है।

कलिंग का युद्ध अशोक के जीवन की महान् घटना है। इसके भयंकर परिणामों ने अशोक के जीवन में नवीन मोड़ उत्पन्न कर दिया।

युद्ध के कारण और घटनाएँ—अशोक को अपने पूर्वजों से विशाल साम्राज्य प्राप्त हुआ था, परन्तु कलिंग का प्रदेश अशोक के साम्राज्य में शामिल नहीं था। यह प्रदेश बंगाल के तट पर महानदी और गोदावरी नदियों के मध्य स्थित था। अशोक ने गद्दी प्राप्त करने के पश्चात् इसे जीतने का निश्चय किया।

अशोक के तेरहवें शिलालेख से ज्ञात होता है कि अपने राज्याभिषेक के आठ वर्ष पश्चात् अर्थात् 261 ई० पू० में उसने कलिंग पर आक्रमण किया और उसकी यही एकमात्र विजय थी। कलिंग पर आक्रमण कर इसे विजय करने के कई कारण थे। नन्द वंश के शासकों के समय कलिंग मगध राज्य के अधीन था, परन्तु बाद में स्वतंत्र हो गया था। चन्द्रगुप्त और बिन्दुसार ने इसे अपने शासन काल में अपने राज्य में नहीं मिलाया। सम्भवत: अशोक इस पर अपना अधिकार समझकर इसे अपने साम्राज्य में मिलाना चाहता था। इसके अलावा अशोक चन्द्रगुप्त के समान वीर, योद्धा और महत्त्वाकांक्षी शासक था। उसमें राज्य विस्तार की तीव्र लालसा थी। अत: वह कलिंग को विजय करना चाहता था।

मैगस्थनीज के लेखों से पता चलता है कि कलिंग के नरेश की सेना में 60,000 पैदल, 1000 घुड़सवार और 700 हाथी थे। अशोक अपने राज्य की सीमा पर इतने शक्तिशाली शासक की सत्ता को स्वीकार करने के लिए तैयार नहीं था। उसने अपने साम्राज्य की दृढ़ता और एकता के लिए कलिंग को जीतना आवश्यक समझा। डा० भण्डारकर का विचार है–"ऐसा मालूम होता है कि कलिंग उसके साम्राज्यवादी शरीर में एक कांटा था। राज्य की सुरक्षा, दृढ़ता और एकीकरण के लिए कलिंग को जीतना बहुत जरूरी था और उसने ऐसा ही किया।"

यह भी माना जाता है कि अशोक दक्षिण भारत को जाने वाले जल और स्थल भागों पर अधिकार करना चाहता था।

तिब्बत के प्रसिद्ध इतिहासकार तारानाथ का कहना था कि कलिंग में रहने वाले 'नाग' नामक डाकू उसके राज्य पर आक्रमण कर लूटमार करते रहते थे। उनका दमन करने के लिए अशोक ने कलिंग पर आक्रमण किया।

उपर्युक्त अनेक कारणों से अशोक ने कलिंग पर 261 ई० पू० में आक्रमण किया। यह युद्ध किस प्रकार हुआ और कलिंग का शासक कौन था, इस विषय में जानकारी नहीं प्राप्त होती। अशोक के शिलालेखों से ज्ञात होता है कि इस युद्ध में 1,50,000 व्यक्ति बन्दी बनाए, 1,00,000 व्यक्ति मारे गए और इससे कई गुना घायल हुए। अन्त में कलिंग को अशोक ने अपने राज्य में मिला लिया।

कलिंग युद्ध के परिणाम—कलिंग युद्ध ने अशोक को बहुत अधिक प्रभावित किया। युद्ध में लाखों लोग मारे गए और इससे अधिक लोग घायल हुए। स्त्रियों और बच्चों की बिलखती आवाज ने आकाश गुंजित कर दिया। अनेक लोग भयंकर बीमारियों के कारण मर गए। कलिंग की गलियां रक्त और लाशों से भर गयीं। अशोक ने जब यह मार्मिक दृश्य देखा तो उसका मन तड़प उठा। फलस्वरूप अशोक का जीवन ही बदल गया। उसके जीवन में ऐसी क्रान्ति आयी कि वह एक कठोर राजा से एक दयालु सम्राट बन गया। इस युद्ध के कारण अशोक में निम्नलिखित प्रमुख परिवर्तन हुए—

1. **बौद्ध बनना**—कलिंग युद्ध में हुए रक्तपात ने अशोक को शान्तिप्रिय बना दिया। वह बौद्धधर्म का अनुयायी बन गया, क्योंकि इस धर्म का अहिंसा सम्बन्धित सिद्धान्त उसे युद्धों से दूर रख सकता था।

2. **अहिंसा का अनुयायी**—अशोक के हृदय में युद्ध का स्थान अहिंसा ने ले लिया। उसने माँस खाना और शिकार करना बन्द कर दिया।

3. **बौद्धधर्म का प्रचार**—अशोक ने अब बौद्धधर्म का प्रचार करना आरम्भ कर दिया। उसने इसे राजधर्म बनाया। बौद्ध भिक्षुओं के लिए मठ तथा विहार बनवाए और

बौद्धधर्म की शिक्षाओं को स्तम्भों पर खुदवाया। अशोक ने बौद्धधर्म के प्रचार के लिए विदेशों में प्रचारक भेजे। इस प्रकार बौद्ध धर्म एक विश्व धर्म बन गया।

4. प्रजाहित के कार्य—कलिंग युद्ध ने अशोक को प्रजापालक बना दिया। अब वह किसी प्रदेश को जीतने के बजाय लोगों के हृदय को जीतना चाहता था। इसलिए लोगों की भलाई के लिए अनेक कार्य किए। उसने सड़कें बनवाईं तथा उनके दोनों ओर वृक्ष लगवाए। उसने बहुत से कुएँ खुदवाए और अस्पताल तथा विश्राम गृह बनवाए।

5. धर्म महामात्रों की नियुक्ति—अशोक ने अपनी जनता के चरित्र को ऊँचा उठाने के लिए धर्म महामात्र नियुक्त किए। ये कर्मचारी गाँव-गाँव तथा नगर-नगर में घूमते थे और लोगों को नैतिक शिक्षा देते थे।

6. तीर्थ यात्राएँ—कलिंग युद्ध के पश्चात् अशोक ने अनेक तीर्थ यात्राएँ की। वह जहाँ भी जाता था जनता को अहिंसा और नैतिकता का उपदेश देता था।

इस प्रकार कलिंग युद्ध के कारण अशोक में काफी परिवर्तन आ गया। उसमें दया, धर्म और सच्चाई आ गयी। उसने जनता का कल्याण करना अपने जीवन का उद्देश्य बना लिया। इस प्रकार देश में एक नवीन युग का आरम्भ हुआ। डा० राय चौधरी के अनुसार–''ऐसे युग का आरम्भ हुआ जो शान्ति और उत्थान का युग था।''

अशोक का धम्म

'धम्म' का अर्थ—अशोक अपने 'धम्म' के कारण विश्व में ख्याति प्राप्त कर लिया था। वस्तुत: कलिंग युद्ध के पश्चात् अशोक ने अपने जीवन का उद्देश्य मनुष्य सहित जीव मात्र का कल्याण करना बना लिया था। उसका विश्वास था कि उच्च कोटि के नैतिक जीवन के बिना कोई व्यक्ति सुखी नहीं रह सकता। इसलिए उसने लोगों के जीवन की नैतिकता सुनिश्चित करने के लिए 'धम्म' का महान बीड़ा उठाया। कुछ इतिहासकारों का विश्वास है कि अशोक का धम्म बौद्धधर्म पर आधारित था, क्योंकि वह अहिंसा में विश्वास रखता था। डा० आर०जी० भण्डारकर के अनुसार, ''अशोक का धर्म धर्म-निरपेक्ष बौद्ध धर्म के अतिरिक्त कुछ नहीं था।'' डॉ० एन०के० शास्त्री ने भी ऐसा ही कुछ कहा है, ''अशोक ने बौद्धधर्म को एक शुष्क बौद्ध ज्ञान की खोज के स्थान पर एक आकर्षक, भावात्मक एवं लोकप्रिय धर्म में परिवर्तित कर दिया।'' परन्तु ये विचार सही नहीं प्रतीत होते। बौद्धधर्म में चार आर्य सत्यों एवं अष्टमार्ग का उल्लेख है परन्तु अशोक के धम्म में इसका कोई जिक्र नहीं है। कुछ इतिहासकारों के अनुसार अशोक का धर्म वैदिक धर्म पर आधारित था, क्योंकि अशोक स्वर्ग में विश्वास रखता था परन्तु इस विचार को नहीं माना जा सकता, क्योंकि अशोक का विश्वास रीति-रिवाजों तथा बलि आदि प्रथा में नहीं था।

अशोक के धम्म का उल्लेख उसके अभिलेखों में बार-बार आता है। उसके अध्ययन से ज्ञात होता है कि धम्म वस्तुत: नैतिक जीवन व्यतीत करने का संग्रह था जो प्रत्येक धर्म में मिलता है और प्रत्येक धर्म उस पर आधारित है। यह कोई नया धर्म नहीं था। डा० राधा कुमुद मुकर्जी ने लिखा है–

"His originality lay not in idea of Dhamma but in the practical measures for its adoption by the people."

डा० मुकर्जी ने अशोक के धर्म को दो भागों में विभाजित किया है—(I) व्यावहारिक (II) सैद्धान्तिक।

I. व्यावहारिक स्वरूप—अशोक ने अपने धर्म में व्यावहारिक या क्रियात्मक नियमों पर बहुत अधिक जोर दिया है जो निम्नलिखित हैं—

(1) **बड़ों का सम्मान**—अशोक यह चाहता था कि सभी अपने माता-पिता का सम्मान करें तथा उनकी आज्ञाओं का पालन करें। अशोक अपने दूसरे शिलालेख में लिखता है ''माता पिता का सम्मान करना चाहिए। विद्यार्थियों को गुरु का सम्मान करना चाहिये तथा उन लोगों का सम्मान करना चाहिए जो तुमसे बड़े हैं। चाहे वह पद में बड़े हों या आयु में, बुद्धि में बड़े हों या स्थान में, उनका सम्मान होना चाहिये।''

(2) **छोटों से प्रेम**—अशोक के धर्म का दूसरा नियम छोटों से प्रेम करना था। जहाँ वह यह चाहता था कि छोटे बड़ों का सम्मान करें वहाँ उसकी यह इच्छा भी थी कि बड़ों का छोटों के साथ ठीक व्यवहार होना चाहिए। चाहे कोई व्यक्ति आयु में छोटा हो या ज्ञान में, उसके साथ ठीक व्यवहार होना चाहिए। एक मालिक को अपने नौकरों से ठीक बर्ताव करना चाहिये, बड़े अफसरों को अपने नीचे कार्य करने वालों से प्रेम पूर्वक तथा नर्मी का बर्ताव करना चाहिये, गरीब रिश्तेदारों से बुरा सलूक नहीं करना चाहिये। अशोक यह चाहता था कि ब्राह्मणों, श्रमणों तथा साधुओं के साथ अच्छा व्यवहार करना चाहिए।

(3) **सत्यता**—अशोक चाहता था कि सभी लोग सत्य बोलें यहाँ तक हानि उठाकर भी सत्य से पीछे नहीं हटना चाहिए।

(4) **दान**—अशोक के धम्म का एक और विशेष नियम दान था। लोगों को ज्ञानियों, तपस्वियों और वृद्धों को दान देना चाहिए। ये लोग दान लेने के अधिकारी हैं और इनको दान मिलना ही चाहिए।

II. सैद्धान्तिक स्वरूप—अशोक के 'धम्म' के कुछ सैद्धान्तिक नियम भी हैं जो निम्नलिखित हैं—

(1) अहिंसा—अशोक यह चाहता था कि किसी का वध न किया जाय और न ही किसी मनुष्य की भावनाओं को चोट पहुँचाया जाय। अपने शिलालेखों में वह लिखता है कि जीवों को उस समय तक साँस लेने का अधिकार है जब तक प्रकृति उसे साँस लेने की आज्ञा दे। अहिंसा के नियम को व्यावहारिक रूप देने के लिए उसने अपने जीवन से लोगों के सामने उदाहरण रखा। उसने जानवरों के इलाज के लिए चिकित्सालय बनवाये। प्रारम्भ में शाही रसोईघर में स्वादिष्ट भोजन के लिए अनेक जीवों की हत्या की जाती थी लेकिन अशोक ने इनकी संख्या कम कर दी। 257 ई० पू० में अशोक ने शाही रसोईघर में माँस पकाने पर रोक लगा दी। 243 ई० पू० में अशोक ने एक नियम पास करके पशु-वध पर निषेधाज्ञा लागू कर दिया।

(2) सहिष्णुता—सहनशीलता अशोक के धम्म का एक विशेष अंग था। अशोक ने अपनी जनता को यह आदेश दिया कि वह दूसरे धर्मों का सम्मान करे तथा उनकी बुराई न करे। इसके अतिरिक्त उसका विश्वास था कि प्रत्येक धर्म वालों को अपना धर्म ही नहीं, बल्कि दूसरे धर्मों का भी अध्ययन करना चाहिए। इस अध्ययन से उनका हृदय संकीर्ण नहीं रहेगा और वह प्रत्येक समस्या का समाधान सहृदयता से कर सकेंगे।

(3) सत्य संस्कार—अशोक के धर्म में कोई रीति-रिवाज नहीं थे। उसके सच्चे रीति-रिवाज वही थे जो उसने अपने व्यावहारिक कार्यों में बताये हैं यथा बड़ों का समान और छोटों के प्रति स्नेह आदि।

(4) स्वर्ग में विश्वास—अशोक स्वर्ग में विश्वास रखता था। उसके अनुसार इस संसार के पश्चात् मनुष्य दूसरे संसार में जाता है और उसे वहाँ सुख तथा प्रसन्नता अच्छे कर्मों के आधार पर मिलती है। अर्थात् यह कहा जा सकता है कि अशोक कर्म के सिद्धान्त में विश्वास रखता था कि मनुष्य को उसके कर्म के अनुसार सुख या दुःख मिलता है।

बौद्ध धर्म से भिन्नता—अशोक की धार्मिक मान्यताओं के दो पक्ष हैं—व्यक्तिगत एवं सार्वजनिक विचार। व्यक्तिगत जीवन में वह बौद्ध धर्म का सच्चा अनुयायी था। परन्तु उसने जितना धम्म का प्रतिपादन किया वह कोरा बौद्ध धर्म नहीं था। स्वयं बौद्ध धर्म का अनुयायी होते हुए भी उसने जनता पर इसको थोपने का प्रयास नहीं किया। इस सम्बन्ध में रोमिला थापर का कथन सही प्रतीत होता है—"बौद्ध मत में अपनी व्यक्तिगत आस्था और उसके लिए अपने समर्थन को अलग रखकर अशोक ने एक सम्राट के रूप में किसी धर्म में अनासक्त रहने और पूर्वाग्रह न अपनाने के कर्त्तव्य का भली प्रकार निर्वाह किया।" बौद्ध धर्म के मूल सिद्धान्त यथा—चार महान सत्य एक अष्टांगिक मार्ग का अशोक के अभिलेखों में कहीं भी उल्लेख नहीं हुआ है। बौद्ध साक्ष्यों ने अशोक के समय में पाटलिपुत्र में हुई तृतीय बौद्ध संगीत के साथ भी अशोक का नाम

जोड़ने का प्रयास किया है। यहाँ सम्मेलन अशोक के शासन काल में अवश्य हुआ, परन्तु न तो यह संगीति अशोक द्वारा बुलाई गयी थी और न ही अशोक इसका अध्यक्ष था। अशोक ने अपने किसी भी अभिलेख में इसकी कोई चर्चा नहीं की है।

अशोक ने अपने 'धम्म हेतु संघ की व्याख्या भी नहीं की है' और न ही भिक्षु जीवन व्यतीत करने का समर्थन करता है। अपने अभिलेखों में वह इन सिद्धान्तों के बजाय आत्मचिन्तन, आंतरिक दिव्य दृष्टि, दया, करुणा, एवं सहिष्णुता पर अधिक बल देता है। जहाँ तक बुद्ध, धर्म एवं संघ के प्रति उसके द्वारा श्रद्धा प्रकट करने का सम्बन्ध है उसका उल्लेख केवल भाब्रू अभिलेख में मिलता है। अशोक के धम्म और बौद्धधर्म में अन्तर स्पष्ट करते हुए डा० रोमिला थापन ने लिखा है-"अशोक निःसंदेह बौद्धमत की ओर आकर्षित हुआ था और बौद्ध सिद्धान्तों पर आचरण भी करने लगा था परन्तु उसके समय का बौद्ध मत एक धार्मिक विश्वास नहीं था, बल्कि अनेक स्तरों पर वह एक सामाजिक और बौद्धिक आन्दोलन भी था जिसने समाज के अनेक पक्षों को प्रभावित किया था ऐसी स्थिति में अगर कोई व्यक्ति सचमुच राजमर्मज्ञ था तो उसे इस आन्दोलन के सम्पर्क में आना ही पड़ेगा।

अशोक के धम्म की विशेषतायें

अशोक के धम्म के उपर्युक्त सिद्धान्त का अध्ययन करने पर यह निष्कर्ष निकलता है कि इसकी कुछ खास विशेषतायें थीं जिसके कारण यह इतनी शीघ्रता में देश-विदेश में फैल गया और जनता में इतना लोकप्रिय हो गया। इस धम्म की मुख्य विशेषतायें निम्नलिखित थीं—

(1) नैतिकता—अशोक के धम्म की सबसे बड़ी विशेषता इसका नैतिकता पर आधारित होना है। इसीलिए इस धर्म को नैतिकता का नियम अथवा पवित्रता का नियम कहा जाता है। वस्तुतः अशोक का धम्म कोई विशेष धर्म न होकर नैतिकता के सिद्धान्तों का एक संग्रह था। अर्थात् उसका धर्म मानवता का धर्म था जिसे कोई भी मनुष्य प्रत्येक देश तथा प्रत्येक काल में अपने जीवन को कल्याणमय बनाने के लिए अपना सकता था। इस प्रकार की सभी नैतिक गुणों का समावेश होने के कारण ही उसका धर्म इतनी शीघ्रता से संसार में लोकप्रिय हो गया।

(2) सहनशीलता—अशोक के धम्म की दूसरी महान विशेषता इसकी सहिष्णुता थी। स्वयं बौद्ध धर्म का अटल भक्त होते हुए भी अशोक ने कभी भी अपने धम्म को दूसरों पर लादने की कोशिश नहीं की और न ही उसने कभी दूसरे धर्मों को हेय दृष्टि से देखा। अपने धर्म के साथ-साथ वह दूसरे धर्मों का सम्मान करता था। उसके इस गुण ने लोगों पर अत्यन्त गहरा प्रभाव डाला और लोगों ने बड़ी तत्परता से उसके पवित्रता के नियमों को अपना लिया।

(3) **सार्वभौमिकता**—अशोक के धम्म की एक अन्य बहुत बड़ी विशेषता इस बात में थी उसका धर्म सार्वभौमिक था। वह एक संकीर्ण सम्प्रदाय न होकर मानवता का धर्म था जिसे प्रत्येक व्यक्ति नि:संकोच अपना सकता था। डा० आर०के० मुकर्जी के अनुसार, अशोक ने अपने धर्म में उन सिद्धान्तों का समावेश किया जो सर्वमान्य हैं और जिन्हें सारी मानव जाति पर लागू किया जा सकता है। उसका धर्म न केवल बौद्ध धर्म का बल्कि सभी धर्मों का सार अथवा निचोड़ था जिसे कोई भी देश अथवा जाति किसी भी समय में अपना सकती थी।

इस प्रकार नैतिकता, सहिष्णुता और सार्वभौमिकता के कारण अशोक का धर्म न केवल भारत में बहुत अधिक लोकप्रिय हो गया, अपितु नेपाल, सीरिया और लंका आदि देशों में भी इसका बहुत तेजी से प्रचार हुआ।

अशोक के धर्म का उसकी साम्राज्य नीति पर प्रभाव

(1) अशोक ने किसी नवीन धर्म का प्रतिपादन नहीं किया। उसका धर्म उच्च नैतिक आदर्शों का संग्रह मात्र था। वह धार्मिक मतभेदों का अन्त करके सभी धर्मों में समन्वय तथा एकता लाना चाहता था।

(2) अशोक के उच्च धार्मिक आदर्शों एवं सिद्धान्तों ने उसे जन-कल्याण के कार्यों की ओर प्रेरित किया।

(3) अशोक ने दिग्विजय के स्थान पर धर्म-विजय को अपनी साम्राज्य नीति का आधार बनाया।

(4) अशोक की प्रबल धार्मिक भावना तथा धर्म-प्रचार के कारण उसके साम्राज्य में अपराधों की संख्या कम हो गयी।

(5) अशोक ने अपनी साम्राज्य नीति में अहिंसा, आपसी मेल-जोल को स्थान दिया जिसके फलस्वरूप देश में आंतरिक शांति को बढ़ावा मिला, विद्रोहों का अन्त हो गया तथा विश्व राष्ट्रों में आपसी मेल-जोल तथा सद्भाव बढ़ा।

(6) इससे प्रजा में राजभक्ति को प्रोत्साहन मिला।

अशोक द्वारा बौद्धधर्म का प्रचार

यद्यपि अशोक बौद्धधर्म का अनुयायी था, परन्तु इसे लोगों पर थोपने का प्रयास नहीं किया। वस्तुत: उसने अपने '**धम्म**' को फैलाने का प्रयास किया। यह सही है कि दोनों के सिद्धान्तों में पर्याप्त समता है, इसीलिए लोग इसे बौद्ध धर्म का प्रचार ही मानते हैं। उसने देश-विदेश में बौद्ध धर्म के प्रचार के लिए किसी भी भारतीय शासक से सर्वाधिक प्रयास किया। इसलिए गौतम बुद्ध के पश्चात् अशोक को बौद्ध धर्म का दूसरा

महत्त्वपूर्ण व्यक्ति माना जाता है। कलिंग युद्ध के पश्चात् अशोक ने रणविजय के स्थान पर धर्म-विजय को अपनाया। अपने सप्तम् स्तम्भ लेख में वह स्पष्ट रूप से कहता है—"मैं धर्म की घोषणा करूँगा। धार्मिक शिक्षाओं का प्रचार करूँगा। जो लोग उसे सुनेंगे उसके अनुसार आचरण करने के लिए प्रेरित होंगे, उनका आध्यात्मिक विकास होगा और धम्म की वृद्धि के साथ उनकी वृद्धि होगी।" इसी उद्देश्य को पूरा करने के लिए सम्राट अशोक ने धम्म के प्रचार के लिए अनेक उपाय अपनाये जो निम्नलिखित हैं—

1. **स्वयं को बौद्ध धर्म के अनुरूप बनाना**—कलिंग युद्ध की भीषणता का अशोक के ऊपर बहुत अधिक प्रभाव पड़ा। उसने बौद्धधर्म को स्वीकार करके उसके आदर्शों के अनुसार आचरण करना आरम्भ किया। उसने शिकार करना बन्द कर दिया और माँस भक्षण भी छोड़ दिया। इन कार्यों का प्रभाव जनता पर विशेष रूप से पड़ा और जनता ने अपने सम्राट के अनुसार पवित्र जीवन व्यतीत करना आरम्भ कर दिया और बहुत से व्यक्ति बौद्धधर्म में दीक्षित होकर उसके सिद्धान्तों तथा उपदेशों का पालन करने लगे।

2. **अपने धर्म को राजधर्म बनाना**—अशोक ने अपने धर्म को राजधर्म बना दिया। अशोक ने न केवल अपने व्यक्तिगत जीवन को धर्ममय बनाया वरन् उसने सम्पूर्ण शासन को धर्ममय बना दिया। राज्य उसके लिए साध्य न था वरन् धार्मिक आदर्शों को व्यवहार में लाने के लिए साधन बन गया। उसने अपने राज्य की सम्पूर्ण शक्ति तथा उसके प्रचुर साधनों को धर्म-प्रचार में लगा दिया। राजधर्म बन जाने के कारण अशोक के उत्तराधिकारियों ने भी इसको अपनाया तथा आश्रय दिया जिससे सम्राट की मृत्यु के उपरान्त भी यह जीता-जागता रहा।

3. **धर्म-विभाग की स्थापना**—अपने धर्म के प्रचार के लिए अशोक ने एक अलग धर्म-विभाग की स्थापना की। इस विभाग के प्रधान अधिकारी 'धर्म-महामात्र' कहलाते थे। इन धर्म-महामात्र को यह आदेश रहता था कि वे प्रजा की नैतिक तथा आध्यात्मिक उन्नति का अधिक-से-अधिक प्रयत्न करें। यह धर्म-महामात्र घूम-घूम कर अशोक के धर्म का प्रचार करते थे।

4. **धर्म-यात्रा**—अशोक ने अपनी विहार-यात्राओं को, जो मनोरंजन के लिए की जाती थी, बन्द करवा दिया और उनके स्थान पर धर्म-यात्राएं करने लगा। इन धर्म-यात्राओं में ब्राह्मणों तथा श्रमणों का दर्शन किया जाता था और उन्हें दान दिया जाता था, स्थविरों का दर्शन किया जाता था और उन्हें स्वर्ण-दान दिया जाता था। इन यात्राओं में लोगों से धर्म की चर्चा की जाती थी और उनके प्रश्नों का उत्तर दिया जाता था।

5. धर्म-श्रावण—अपने धर्म के प्रचार के लिए अशोक ने धर्म-श्रावण की व्यवस्था की थी। उसके सातवें स्तम्भ-लेख से प्रकट होता है कि समय-समय पर अशोक अपनी प्रजा को धर्म का संदेश देता था। यही संदेश धर्म-श्रावण कहलाते थे। ऐसे अवसरों पर धर्म के सम्बन्ध में भाषण आदि दिए जाते थे। राजुक, प्रादेशिक भुक्त आदि राज्य के कर्मचारियों को भी इस कार्य में सहायता देने का आदेश रहता था।

6. धार्मिक प्रदर्शन—इस ध्येय से कि लोगों के हृदय में स्वर्ग की प्राप्ति की कामना बढ़े और वे धर्मनिष्ठ होकर सदाचार करें, अशोक ने लोगों को दिव्य रूपों का दर्शन कराना आरम्भ किया। उसने स्वर्ग में जाते हुए विमानों आदि का प्रदर्शन कराया और उन्हें स्वर्ग-प्राप्ति का प्रलोभन दिया।

7. धर्म-मंगल—अशोक ने साधारण मंगल को, जिसके अनुसार विभिन्न प्रकार के धार्मिक कृत्य तथा अनुष्ठान किए जाते थे, अनुचित तथा निष्फल बतलाकर धर्म-मंगल करने का उपदेश दिया। धर्म-मंगल को अशोक ने सार्थक तथा फलदायक बतलाया। यह धर्म-मंगल सदाचार द्वारा किए जा सकते थे। अतएव सम्राट ने आचरण शुद्धता पर ही सबसे अधिक जोर दिया। यहाँ पर ध्यान देने की बात यह है कि बौद्ध-धर्म में आचरण की शुद्धता को प्रधानता दी गई थी।

8. दान-व्यवस्था—धर्म-प्रचार पर अशोक की दान-व्यवस्था का भी बहुत बड़ा प्रभाव पड़ा। राजधानी तथा अन्य स्थानों पर रोगियों, भूखे तथा दीन-दुखी मनुष्यों को राज्य की ओर से दान दिए जाने की व्यवस्था की गई। यह दान व्यक्तियों तक ही सीमित न थीं, वरन् भिन्न-भिन्न संस्थाओं का प्रमुख स्थान था। इससे धार्मिक संस्थाओं को धर्म के प्रचार में बड़ा प्रोत्साहन मिला।

9. लोक-हित के कार्य—लोक-हित के अनेक कार्यों को करके अशोक ने अहिंसा-धर्म को अत्यन्त प्रिय बना दिया। उसने मनुष्यों तथा पशुओं की चिकित्सा के लिए देश तथा विदेशों में भी औषधालय बनवाए और औषधियों के उद्यान लगवाए। इसी प्रकार के अन्य लोक-मंगलकारी कार्यों को करके अशोक ने प्राणिमात्र पर दया दिखाने का उपदेश दिया जो उसके धर्म का मूलमन्त्र था।

10. पशु-वध-निषेध—अशोक ने पशुओं के वध का निषेध करके तथा प्राणिमात्र पर दया दिखलाने का उपदेश देकर अहिंसा-धर्म के प्रचार में बड़ा योग दिया। अहिंसा-धर्म का प्रचार करने के लिए अशोक ने यज्ञों में पशु-वध का निषेध कर दिया। अन्य प्रकार से भी पशु-पक्षियों की जो हिंसा होती थी उसे अशोक ने बन्द करवा दिया। वास्तव में अहिंसा तथा प्राणिमात्र पर दया करना उसके शासन का मूलमंत्र बन गया था।

11. निज्झाति अथवा आत्म-चिन्तन—अशोक का विश्वास था कि मनुष्य सदैव अपने सत्कर्मों को देखता है, अपने कुकर्मों पर उसकी दृष्टि नहीं जा पाती। अत: इसका परिणाम यह होता है कि उसके पाप-कर्म बढ़ते जाते हैं और वह धर्म के मार्ग पर नहीं चल पाता। अतएव अशोक ने आत्म-परीक्षण, आत्म-निरीक्षण तथा आत्म-चिन्तन की व्यवस्था की, जिससे मनुष्य अपने पापों को देख सके और अपना सुधार कर सके। इसी को निज्झाति कहा गया।

12. धर्मानुशासन—अशोक ने अपने 'धम्म' के अनुशासन सम्बन्धी कुछ नियम बनाए और उन्हें प्रकाशित करवाया था। इन नियमों के प्रचार तथा उनका पालन करवाने के लिए उसने पदाधिकारी भी नियुक्त किए थे जो राज्य में दौरा किया करते थे और देखते थे कि लोग धर्म का अनुशासन का पालन कर रहे हैं अथवा नहीं।

13. बौद्ध-संगीति—अशोक ने अपने शासन-काल में अपनी राजधानी पाटलीपुत्र में तीसरा बौद्ध-संगीति बुलवाई थी। इस संगीति में बौद्धधर्म ग्रन्थों का संशोधन किया गया था और बौद्धधर्म में जो दोष आ गये थे उनको दूर करने का प्रयत्न किया गया था। इन संशोधनों तथा सुधारों में बौद्धधर्म में जो शिथिलता आ रही थी वह दूर हो गई और अग्रसर होने के लिए उनमें नया जीवन आ गया। हण्टर महोदय ने ठीक ही कहा है, "इसने लगभग आधी मानव-जाति के लिए एक साहित्य और धर्म का सृजन किया और शेष आधी के विश्वासों को प्रभावित किया है।"

14. मठों का निर्माण तथा उनकी सहायता—देश के विभिन्न भागों में अशोक ने अनेक मठों का निर्माण करवाया और उसकी पूरी सहायता की। इन मठों में बहुत बड़ी संख्या में भिक्षु-भिक्षुक तथा धर्मोपदेशक निवास करते थे जो सदैव धर्म के चिन्तन तथा प्रचार में संलग्न रहा करते थे। ऐसी सुव्यवस्था में धर्म के प्रचार का काम तेजी से चलता रहा।

15. धर्म लिपि की व्यवस्था—अशोक ने अपने धर्म के प्रचार के लिए अपने धर्म के सिद्धान्तों तथा आदर्शों को पर्वतों की चट्टानों, पत्थरों के स्तम्भों तथा पर्वतों की गुफाओं में लिखवाकर उन्हें सबके लिए तथा सदैव के लिए सुलभ तथा स्थाई बना दिया। यह अभिलेख, जन-साधारण की भाषा में लिखवाये गये थे जिससे सभी उनको समझ सकें और उनका पालन कर सकें। इस प्रकार अभिलेख से धर्म के प्रचार में बड़ी सहायता मिली।

16. पाली में ग्रन्थों की रचना—अशोक के आदेश से बौद्धग्रन्थों की रचना पाली भाषा में की गई जो जन-साधारण की तथा अत्यन्त लोकप्रिय भाषा थी। चूँकि इस भाषा को साधारण लोग भी सरलता से समझ लेते थे अतएव इससे बौद्ध-धर्म के प्रचार में बड़ा योग मिला।

17. धर्म विजय का आयोजन—अपने धर्म का दूर-दूर तक प्रचार करने के लिए अशोक ने धर्म विजय की आयोजना की। उसने भारत के भिन्न-भिन्न भागों के अतिरिक्त विदेशों में अपने धर्म के प्रचार का प्रयत्न किया। उसने दूर-दूर के विदेशी राज्यों के साथ मैत्री की और उस पर उसने मनुष्यों तथा पशुओं की चिकित्सा का प्रबन्ध किया। इन देशों में बौद्धधर्म का प्रचार करने तथा हिंसा को रोकने के लिए उसने उपदेशक भेजे थे। उसने अपने पुत्र महेन्द्र था पुत्री संघमित्रा को धर्म का प्रचार करने के लिए सिंहल-द्वीप अर्थात् श्रीलंका भेजा था। अशोक के प्रचारक बड़े ही उत्साही तथा निर्भीक थे। उन्होंने मार्ग की कठिनाईयों की चिन्ता न कर श्रीलंका, बर्मा, तिब्बत, जापान, कोरिया तथा पूर्वी द्वीप समूहों में धर्म का प्रचार किया। यद्यपि बौद्धधर्म अपने जन्म-भूमि में उन्मूलित-सा हो गया है परन्तु इन देशों में वह अब भी अपना अस्तित्व बनाए हुए है। अशोक द्वारा किए गए उपर्युक्त प्रयत्नों के फलस्वरूप उसके शासनकाल में बौद्धधर्म को सर्वश्रेष्ठ स्थान प्राप्त हो गया। इस तथ्य की ओर संकेत करते हुए भण्डारकर महोदय ने लिखा है, "इस काल में बौद्धधर्म को इतना महत्वपूर्ण स्थान प्राप्त हो गया कि वस्तुत: अन्य सभी धर्म 'पृष्ठभूमि' में चले गए ... परन्तु इसका सबसे अधिक श्रेय तीसरी शताब्दी ई० पू० के बौद्ध सम्राट, चक्रवर्ती धर्म अशोक को मिलना चाहिए।"

अशोक की प्रशासनिक व्यवस्था

अशोक को पैतृक सम्पत्ति के रूप में न केवल एक विस्तृत साम्राज्य प्राप्त हुआ बल्कि एक सुव्यवस्थित एवं सुदृढ़ प्रशासनिक व्यवस्था भी प्राप्त हुई थी। चन्द्रगुप्त मौर्य ने एक विस्तृत और सुसंगठित साम्राज्य स्थापित किया था। इससे अशोक को पर्याप्त सुविधा प्राप्त हुई और कलिंग युद्ध के पूर्व तक इसी प्रशासनिक व्यवस्था को जारी रखा। परन्तु इस युद्ध के पश्चात् उसके दृष्टिकोण में परिवर्तन आ गया जिसका प्रभाव उसके राजनीतिक विचार और प्रशासनिक व्यवस्था पर भी पड़ा। यद्यपि अशोक से पूर्व भी राजा को प्रजापालक माना जाता था, परन्तु व्यावहारिक रूप में राजा अपनी अपेक्षा प्रजा को कम महत्त्व देता था। अशोक ने प्रजा-पालक के व्यावहारिक रूप को प्रकट किया और अपने राजनीतिक विचारों तथा आदर्शों को प्रजा के लिए समर्पित कर दिया। पलस्वरूप उसे प्रशासनिक व्यवस्था में पर्याप्त परिवर्तन करने पड़े।

1. कल्याणकारी आदर्श—अशोक ने अपने राजनीतिक आदर्श को कल्याणकारी आदर्श के रूप में परिवर्तित कर दिया। उसने तो मनुष्यों में ही नहीं, देवताओं में भी प्रिय होने का संकल्प ले लिया था। इसलिए वह स्वयं को अभिलेखों में 'देवनांप्रिय' (देवताओं का प्रिय) कहता है। सम्राट अशोक ने अपने आदर्शों को अर्थशास्त्र में वर्णित राजा के आदर्शों से ऊँचा उठने का प्रयास किया। कौटिल्य के अनुसार, राजा को अपनी

प्रजा की पूर्ण सुरक्षा करनी चाहिए तथा उसकी उन्नति तथा सुख में अपनी उन्नति और सुख समझना चाहिए। राजा को सदैव प्रजा की भलाई का कार्य करना चाहिए।

2. राजत्व सिद्धान्त में परिवर्तन—अशोक स्वयं को केवल राजा ही नहीं अपितु प्रजा पालक भी मानता था। वह पितृवत् शासन का समर्थक था। वह सम्पूर्ण प्रजा को अपनी सन्तान कहता था तथा उनकी कुशलता तथा भलाई के लिए सदैव प्रयत्नशील रहता था। वह स्वयं कलिंग अभिलेख में कहता है—''जिस प्रकार एक पिता अपने बच्चों के सुख और सम्पन्नता की कामना करता है वैसे ही मैं भी अपनी प्रजा का इस संसार और परलोक में सुख और सम्पन्नता की कामना करता हूँ।'' ("All men are my children and just as I desire for my children that they may enjoy every kind of prosperity and happiness both in this world and the next also I desire the same for all men")

प्राचीन भारतीय इतिहास में अशोक ही एकमात्र सम्राट था जो अपनी प्रजा के प्रति इतना अधिक समर्पित था और यही उसकी महानता का आधार था। अशोक अविजित पड़ोसियों को भी अपनी प्रजा मानता था। चतुर्थ स्तम्भ लेख में अशोक अपनी तुलना पिता से, प्रजा की सन्तान एवं राजुकों की तुलना धाय से करता है। अशोक ने अपनी इस विचारधारा को व्यावहारिक सूचना को भी प्रदान किया। प्रत्येक स्थान पर सूचना प्राप्त करने के लिए उसने प्रतिवेदकों की नियुक्ति की थी। प्रजा की सूचना प्राप्त करने के लिए उसनें अपने अधिकारियों को आदेश दिया था कि किसी भी समय उससे मिल सकते हैं। प्रजा की भलाई के कार्य की आशा वह अपने उत्तराधिकारी से भी करता था। इस प्रकार उसका राजत्व सिद्धान्त अत्यन्त उच्च कोटि का था जिसकी मिशाल अन्यत्र नहीं मिलेगी।

3. प्रशासन का स्वरूप—पूर्व प्रशासनिक व्यवस्था के अनुसार ही वह राज्य का उच्चकाल का अधिकारी था। उसके पास असीमित शक्ति और अधिकार थे। वह सेना, न्यायपालिका तथा कार्यपालिका का प्रधान था। इतना होते हुए भी वह निरंकुश और स्वेच्छाचारी शासक नहीं था वह लोगों के कल्याण के लिए समर्पित था एवं नैतिक प्रतिबन्धों को मानता था। वह अपने कर्मचारियों और अधिकारियों की स्वयं नियुक्ति करता था और निगरानी करता था। विदेशी मामलों में भी रूचि थी और दूसरे देशों के साथ अच्छा सम्बन्ध था। विभिन्न देशों में अपने राजदूतों को भेजकर विदेश सम्बन्धों के साथ अपने आदर्शों का भी प्रचार करता था। वह दान और धर्म में रुचि लेता था।

4. मन्त्रि परिषद्—अशोक ने अपनी सहायता के लिए एक मन्त्रिपरिषद् की भी नियुक्ति की थी। उसके तीसरे और चौथे शिलालेख से इस परिषद् के कार्यों के विषय में जानकारी मिलती है। छठें शिलालेख में उसने आदेश दिया था कि जब कभी भी

महामात्रों की परिषद् में कोई मतभेद या कार्य स्थगन हो जाये तो उसे तुरन्त ही सूचना दी जाय। इस परिषद् का कार्य राजाज्ञा का पालन करना, वाद-विवाद तथा मतभेद सम्बन्धी मामलों को राजा के पास भेजना, राजाज्ञों एवं नीतियों को कार्यान्वित करना, कर्मचारियों एवं अधिकारियों को आवश्यक परामर्श देना। नियंत्रण स्थापित करना आदि था इस परिषद् से राजा भी कुछ सीमा तक प्रतिबन्धित था।

5. कर्मचारी एवं अधिकारी—अशोक के अभिलेखों से उसके कर्मचारियों एवं अधिकारी के विषय में जानकारी मिलती है। इनके लिए पुरुष, वर्ग, मुख और महामात्र आदि शब्दों का प्रश्न किया गया है। 'पुरुष' उच्च अधिकारी थे और सम्भवत: परिषद् के मन्त्री थे। ये लोग राजा के अधिक निकटवर्ती होते थे और राजुकों को सलाह देते थे। स्मिथ के अनुसार राजुक का पद छोटा होता था। राजुक मुख्य रूप से भूमि की माप करता था और न्यायाधीश का भी करता था। उसकी नियुक्ति प्रजा के हित के लिए की गयी थी। 'वर्ग' शब्द जनसाधारण और कर्म दोनों के लिए प्रयुक्त हुआ है। 'मुख' सम्भवत: विभागाध्यक्ष या राज्याधिकारी के रूप में कार्य करता था। उच्च श्रेणी के अधिकारियों को 'महामात्र' कहा गया है। इसकी कई श्रेणियां थीं। कुछ महत्ता महामात्र–धर्ममहामात्र, अध्यक्ष महामात्र, अन्त महामात्र, महामात्र नागरिक आदि थे।

अशोक के अभिलेखों में युक्त, युत्त, प्रादेशिक, राजुक, बज्रभूमि की चर्चा मिलती है। युत्त का उल्लेख तृतीय शिलालेख में हुआ है। इनका प्रमुख कार्य धर्म सम्बन्धी शिक्षा देना, परिषद् की आवश्यकतानुसार गणना, विभाग का काम देखना तथा पूर्व नियोजित काम करना था। प्रादेशिक भी युत्त के समान थे, किन्तु वे गणना विभाग से सम्बन्धित नहीं होते थे। इसी प्रकार से ब्रजभूमिक पशुओं तथा चरागाहों की देख-रेख करते थे। राजुक न्याय सम्बन्धी कार्य देखता था। अशोक के लेखों में पुलिस, लिपिकार (लेखक) तथा आयुक्त आदि का भी उल्लेख हुआ है। कौटिलीय अर्थशास्त्र में यद्यपि इन अधिकारियों का कोई जिक्र नहीं हुआ है, फिर भी इनके समान क्रियाशील अन्य पदाधिकारियों का उल्लेख अवश्य दृष्टिगत होता है।

6. सूबों का शासन—प्रशासनिक सुविधा के लिए अशोक ने अपने साम्राज्य को अनेक सूबों या प्रान्तों में विभाजित किया था। अशोक के अभिलेखों के अनुसार उसके राज्य में पांच प्रान्तों का उल्लेख मिलता है—

(*i*) उत्तरापथ (तक्षशिला)

(*ii*) अवन्तिराष्ट्र (उज्जयिनी)

(*iii*) दक्षिणापथ (सुवर्णगिरी)

(*iv*) कलिंग (तोपली)

(*v*) मध्य प्रदेश (पाटलिपुत्र)

इन प्रान्तों की तीन श्रेणियाँ थीं। कुमार शासित प्रदेशों में कुमार महामात्रों और अन्य पदाधिकारियों की सहायता से शासन चलाता था। कुमारेत्तर शासित प्रदेशों में शासन अन्य लोगों द्वारा होता था। यथा सौराष्ट्र में तुषाष्प प्रादेशिक के रूप में शासन करता था। तृतीय श्रेणी के प्रदेश केन्द्र शासित थे जिस पर राजा स्वयं प्रत्यक्ष निरीक्षण रखता था।

अशोक के काल में प्रदेश को आहार (जिला) एवं विषय (ताल्लुका) में विभाजित किया गया था। ग्राम प्रशासन की सबसे छोटी इकाई होती थी जिसका शासन स्थानीय लोगों द्वारा चलाया जाता था। नगरों की देख-रेख नगर व्यावहारिक करता था।

7. **न्याय व्यवस्था**—उसने न्याय व्यवस्था में भी आवश्यक सुधार किये। न्याय में सुविधा और शीघ्रता के उद्देश्य से उसने राजुकों को न्याय का अधिकार प्रदान किया। अपराधियों को मृत्यु दण्ड देने के लिए तीन दिन का समय दिया जाने लगा और अपने राज्याभिषेक के वार्षिक उत्सव के समय उसने अपराधियों को मुक्त करने की परम्परा आरम्भ की। उसने फौजदारी तथा दीवानी मुकदमों में सभी लोगों के साथ समान कानूनों के द्वारा न्याय किये जाने की व्यवस्था की। धर्ममहामात्र आवश्यकता पड़ने पर अपराधियों के दण्ड को कम कर सकते थे।

8. **प्रशासनिक परिवर्तन**—अशोक ने नैतिक तथा कल्याणकारी आदर्शों को कार्यान्वित करने के लिए अपने शासन प्रबन्ध में चन्द्रगुप्त मौर्य से भिन्न निम्नलिखित परिवर्तन या सुधार किये—

(*i*) प्रजा की सेवा का आदर्श—चन्द्रगुप्त और अशोक के शासन प्रबन्ध में सबसे बड़ा अन्तर यही था कि अशोक ने प्रजा की सेवा करना अपना उद्देश्य बना लिया था और इसके लिये प्रत्येक समय तैयार रहता था। उसने स्वयं भोग-विलास का जीवन त्याग दिया था और प्रजा को अपनी सन्तान समझकर हर समय उसकी भलाई के प्रयत्न में लगा रहता था।

(*ii*) कल्याणकारी कार्य—प्रजा की सेवा के आदर्श को कार्यान्वित करने के लिए उसने अनेक लोकहितकारी कार्य किये। उसने लोगों के नैतिक और आध्यात्मिक उत्थान के लिए अपने साम्राज्य के विभिन्न भागों में शिलाओं, स्तम्भ और गुफाओं आदि पर पवित्रता के नियम खुदवाये। सबके साथ उसने दया और प्रेम का व्यवहार किया, सड़कें बनवायीं और उनके दोनों ओर छायादार वृक्ष लगवाये, यात्रियों की सुविधाओं के लिए धर्मशालाओं का निर्माण किया, अस्पतालों और अनाथालयों का निर्माण किया। उसने मनुष्य के साथ-साथ पशु-कल्याण का भी ध्यान रखा।

(*iii*) धर्म महामात्र—अशोक ने सर्वप्रथम अपने शासन काल में धर्म महामात्रों की नियुक्ति की। ये लोग जनता के अध्यात्मिक जीवन को ऊँचा उठाने का प्रयास करते

थे। इसके साथ दीन दु:खियों की सहायता करना और नैतिकता तथा धर्म की वृद्धि करना भी मुख्य कार्य था।

(iv) **राजुक**—राजुक भी एक नवीन पदाधिकारी था जो कुमार से छोटा होता था। राजुक जनपदों की देखभाल करता था। यह प्रजा के हित और कल्याण के लिए उपाय करता था।

(v) **प्रादेशिक**—स्मिथ के अनुसार वह जिले का शासक था।

(vi) **युक्त**—युत या युक्त सम्भवत: महामात्रों के सहायक थे और सम्पत्ति की रक्षा करते थे।

(vii) **पुलिस**—ये राजुक पर नियंत्रण रखते थे।

(viii) **अहिंसा की नीति**—अशोक ने युद्ध विजय का परित्याग कर अहिंसा को अपना लिया था। उसकी हिंसा और सहिष्णुता की नीति ने उसे विश्व में अमर बना दिया।

अशोक की महानता के कारण

इतिहास में अशोक का स्थान निश्चित करते हुए प्रसिद्ध विद्वान एच०जी० वैल्ज ने लिखा हैं ''इतिहास के पृष्ठों में सहस्त्रों राजाओं और महाराजाओं के नाम भरे पड़े हैं। उनकी शान-शौकत, महानता तथा राजसी श्रेष्ठता का वर्णन भी वहाँ पाया जाता है, परन्तु इन सबमें केवल अशोक का नाम ही एक सितारे की भांति चमकता है।'' निस्संदेह एच०जी० वैल्ज का यह कथन बिल्कुल सत्य है। अशोक न केवल भारत के महान सम्राटों में से एक हैं बल्कि विश्व के इतिहास में भी उसकी गणना महान सम्राटों में की जाती है। यह ठीक है कि संसार के इतिहास में हमें सिकन्दर और नेपोलियन जैसे अन्य सम्राटों का चरित्र भी मिलता है परन्तु उनकी और अशोक की महानता में बहुत अन्तर है। सिकन्दर और नेपोलियन की महानता उनकी विजयों में है जबकि अशोक की महानता उसकी प्रेम और सहिष्णुता की नीति में है। उन सम्राटों की दिग्विजय के प्रतिकूल अशोक ने धर्म-विजय प्राप्त की और तलवार के आधार पर शासन न कर लोगों के हृदय पर शासन किया। इसमें कोई संदेह नहीं कि सिकन्दर और नेपोलियन महान थे परन्तु यह प्रश्न किया जाए कि उन्होंने मनुष्यता के लिए क्या किया तो इसका एकमात्र उत्तर होगा 'कुछ नहीं'। उन्होंने मनुष्यता की सेवा करने की बजाय मनुष्यों के खून से हाथ रंगे। इसके विपरीत अशोक ने मनुष्यों की सेवा की, उनके दर्द को अपना दर्द समझा, इसलिए अशोक इन सबसे महान था।

भारत के इतिहास में भी चन्द्रगुप्त मौर्य, समुद्रगुप्त, हर्ष आदि अनेक महान सम्राट हुए हैं, किन्तु अशोक की तुलना इनके साथ भी नहीं की जा सकती।

अशोक की तुलना अकबर से की जाती है। क्योंकि अकबर ने भी अशोक की भांति एक धर्म चलाया था जिसका नाम था 'दीने इलाही'। डा० वी०ए० स्मिथ ने अकबर के धर्म के बारे में लिखा है कि यह उसकी मूर्खता का एक स्मारक था। दूसरे, अकबर की मृत्यु के साथ ही दीने-इलाही की भी मृत्यु हो गई। यहाँ तक कि उसके पुत्र जहांगीर ने भी उसको नहीं माना। इसके विपरीत अशोक का धर्म उस समय भी जीवित था, आज भी जीवित है और जब तक सभ्यता जीवित रहेगी यह जीवित रहेगा। एक ओर अकबर की इतिहासकारों ने भर्त्सना की है दूसरी ओर एच०जी० वैल्ज ने अशोक की बड़े ही सुन्दर शब्दों में तारीफ की है–

"Ashok was the greatest of kings and that not because of the physical extent of his empire, extensive as it was but because of his character as a man, the ideals, for which he stood and the principles by which he governed."

सम्पूर्ण विश्व के इतिहास में अशोक के अतिरिक्त हमें अन्य कोई ऐसा शासक नहीं मिलता जो इतने विशाल साम्राज्य और सैनिक शक्ति का स्वामी होते हुए भी युद्ध से घृणा करता हो और शक्ति और अहिंसा की नीति चलकर तन, मन, धन से जनता की सेवा में लगा हो। यही कारण है कि इतिहास में अशोक को सर्वोच्च तथा अद्वितीय स्थान प्राप्त है। आधुनिक विश्व यू०एन०ओ० के नेतृत्व में शान्ति की जिस नीति पर चलने का असफल प्रयास कर रहा है अशोक ने उसे 'आज से सहस्त्रों वर्ष पूर्व सफलतापूर्वक अपनाकर इतिहास में एक आदर्श उदाहरण उपस्थित किया है।

अशोक की महानता निम्नलिखित विशेषताओं पर आधारित है—

1. अशोक का व्यक्तिगत जीवन—अशोक की प्रतिभा बहुमुखी थी अत: उसका चरित्र भी सर्वांगीण था। इसमें सन्देह नहीं कि आरम्भ में अशोक का चरित्र अधिक प्रभावशाली तथा उज्जवल नहीं था परन्तु कलिंग युद्ध के बाद बौद्धधर्म को स्वीकार कर लेने से उसके व्यक्तिगत जीवन में महान परिवर्तन आ गया। उसने भोग-विलास का जीवन सदैव के लिए त्याग दिया और अपने सभी शौक बन्द कर दिए। कलिंग युद्ध के भीषण ताण्डव को देख कर उसे हिंसा से घृणा हो गई और वह अहिंसा का अनन्य भक्त बन गया। आत्म-नियन्त्रण तथा आत्म-त्याग जीवन के मूल मंत्र बन गए और अत्यन्त शान्ति प्रिय, दयालु, सत्यनिष्ठ तथा सहिष्णु बन गया। अशोक के राज्यादेश उसके इस आदर्श जीवन का प्रमाण हैं। इन राज्यादेशों से ही हमें पता चलता है कि उसने किस प्रकार तन, मन, धन से जनता की सेवा की और अपना सब कुछ सभ्याचरण की वेदी पर न्यौछावर कर दिया।

2. अशोक का मानवता के प्रति प्रेम—अशोक की महानता इस बात में नहीं है कि वह सिकन्दर अथवा नेपोलियन की भांति एक महान विजेता था बल्कि उसकी

महानता इस बात में है कि असीमित सैनिक शक्ति रखते हुए भी उसने उसका प्रयोग नहीं किया और प्रेम के बल पर लोगों के हृदयों पर शासन किया। आज से दो सहस्त्र वर्ष पूर्व उसने संसार के सामने अहिंसा, शान्ति और सकल मानव जाति के प्रति प्रेम का एक ऐसा अद्वितीय आदर्श रखा जिसे आधुनिक संयुक्त राष्ट्र संघ भी अपनाने में असफल है। स्तूपों, शिलाओं व स्तम्भों पर खुदे हुए उसके धर्म लेख उसके मृत्यु के दो हजार वर्ष बाद भी संसार को मानवता के प्रति प्रेम करने का अनूठा पाठ पढ़ा रहे हैं। वास्तव में अशोक की इस महान देन के प्रति आज सम्पूर्ण विश्व अपने आपको उसका ऋणी अनुभव करता है।

3. एक महान राष्ट्र निर्माता—अशोक की महानता इस बात में भी निहित है कि वह एक सफल राष्ट्र निर्माता था। उसने राष्ट्र-निर्माण के अनेकों ऐसे कार्य किए जिनसे जनता में एकता और राष्ट्रीयता की भावना में बहुत वृद्धि हुई। उसके अभिलेखों से पता चलता है कि उसके समस्त साम्राज्य में पाली भाषा और ब्राह्मी लिपि का प्रयोग होता था। केवल उत्तर-पश्चिम के प्रदेशों में खरोष्ठी लिपि का प्रयोग होता था। अशोक के धर्म-प्रचार ने भी जनता में राजनैतिक एकता तथा समानता की भावना को जागृत करने में बहुत सहायता दी। इससे सारे देश में सांस्कृतिक एकता को प्रोत्साहन मिला। उसने अपनी राज्य-नीति को स्वतन्त्रता और बन्धुत्व की भावना पर आधारित किया और सम्पूर्ण राज्य में एक जैसी शासन-प्रणाली और न्याय-व्यवस्था को लागू किया। इस प्रकार उसके इन्हीं कार्यों द्वारा राष्ट्र-निर्माण में बहुत सहायता मिली।

4. एक कुशल प्रशासक—अशोक एक उच्चकोटि का कुशल प्रशासक था। उसका शासन अत्यन्त उदार था जिसमें उच्छृंखला के लिए कोई स्थान न था। उसके शासन की नीति लोक-कल्याण थी। सम्राट सदैव जनता की भलाई के लिए तत्पर रहता था और जनता की सेवा करना अपना प्रथम कर्तव्य समझता था। शिलालेख नं. 6 में उसने कहा था "अब से मैंने ऐसा प्रबन्ध किया है कि प्रत्येक समय और प्रत्येक स्थान पर चाहे मैं भोजन करता हूँ, शयनागार में हूँ, रानिवास में हूँ, गाड़ी में हूँ अथवा उद्यान में हूँ, सरकारी कर्मचारियों को चाहिए कि वे प्रत्येक समय मुझे जनता की अवस्था से सूचित रखें। मैं हर समय उनकी सहायता के लिए तैयार हूँ।"

इस प्रकार अशोक के आदर्श सिद्धान्तों के कारण उसका शासन प्रबन्ध अत्यन्त सुव्यस्थित तथा श्रेष्ठ था और उसकी प्रजा बड़ी सुखी और वैभव सम्पन्न थी।

5. अशोक के अन्य महान कार्य—बौद्धधर्म के प्रति अशोक की सेवायें, विदेशों में भारतीय धर्म और संस्कृति का प्रसार, लोक हितकारी कार्य, राज्यादेशों द्वारा जनता का नैतिक और आध्यात्मिक उत्थान आदि अनेकों ऐसे महान कार्य अशोक ने किए हैं जिनके कारण उसका नाम इतिहास में स्वर्णाक्षरों में लिखा गया है।

6. धार्मिक सहिष्णुता—अशोक के चरित्र की एक और महान विशेषता उसकी धार्मिक सहिष्णुता है। यद्यपि अशोक का निजी धर्म बौद्ध था तथापि उसका धार्मिक दृष्टिकोण बड़ा उदार और व्यापक था। उसका शासन काल धार्मिक स्वतंत्रता का युग था जिसमें सभी धर्मों और सम्प्रदायों को अपने-अपने धर्म का प्रचार करने की पूरी स्वतंत्रता प्राप्त थी। अशोक सभी धर्मों का समान रूप से आदर करता था। जिस धर्म का प्रचार उसने किया वह वास्तव में नैतिक सिद्धान्तों का एक ऐसा अनूठा मिश्रण था जो एकांगी न होकर सार्वभौम तथा सर्वांगीण था।

7. शिक्षा का प्रसार—अशोक का शासन काल शिक्षा प्रसार के लिए बहुत महत्त्वपूर्ण है। सारे देश में शिलालेखों का पाया जाना इस बात का प्रमाण है कि उसके राज्यकाल में साधारण जनता पढ़ी-लिखी थी। स्मिथ के विचार में अशोक के राज्य काल में जितनी शिक्षा संस्थाएँ थीं उतनी शायद भारत में ब्रिटिश काल में भी न थीं। पांचाल, तक्षशिला आदि उस समय के बहुत बड़े और प्रसिद्ध विश्वविद्यालय थे जहाँ दर्शन, विज्ञान, गणित, ज्योतिष, कला, साहित्य आदि विभिन्न विषयों को शिक्षा दी जाती थी।

8. शान्ति, समृद्धि और सुरक्षा का युग—इतिहास में अशोक की गणना उच्च कोटि के महान सम्राटों में की जाने का एक और मुख्य कारण यह था कि उसका शासन काल शान्ति, समृद्धि और सुरक्षा का काल था। शान्ति और सुरक्षा का काल होने के कारण इस काल में जनता धन-धान्य से पूर्ण थी। अशोक की अहिंसा और शान्ति-की नीति के फलस्वरूप प्रजा की न केवल नैतिक व आध्यात्मिक उन्नति हुई बल्कि भौतिक दृष्टि से भी उत्थान हुआ।

9. कला का विकास—अशोक एक महान भवन निर्माता था। उसके राज्य काल में मौर्य कला उन्नति की चरम सीमा पर पहुँच गई थी। उसके विभिन्न स्तूप और स्तम्भ निर्माण कला और शिल्पकला के अनुपम नमूने हैं। पत्थर के बने हुए विशाल स्तम्भ अपनी दृढ़ता और सौन्दर्य के प्रतीक हैं जिनकी पालिश को देखकर आधुनिक कलाकार भी आश्चर्यचकित रह जाते हैं। चीनी यात्री फाह्यान अशोक के राज्य की विशालता को और सौन्दर्य को देखकर भ्रम में पड़ गया था कि उसका निर्माण मनुष्यों ने किया था अथवा प्रेतात्माओं ने।

इस प्रकार हम देखते हैं कि अशोक की महानता के कई कारण हैं जिससे उसे इतिहास में सर्वश्रेष्ठ स्थान प्राप्त है। उसका राज्यकाल विभिन्न दशाओं में उन्नति के लिए प्रसिद्ध है। उसके समय में व्यापार, कला, साहित्य, सुरक्षा, शिक्षा, धर्म आदि सभी क्षेत्रों में उन्नति हुई। यही कारण है कि अशोक के युग को प्राचीन भारत का स्वर्ण युग कहा जाता है। उसके राजत्व के आदर्श सिद्धान्त, उसकी अहिंसा व प्रेम की नीति,

धार्मिक सहिष्णुता तथा लोक हितकारी कार्य आदि अनेकों ऐसी बातें हैं कि उसे विश्व के इतिहास में सर्वश्रेष्ठ तथा अद्वितीय स्थान देना न्याय संगत प्रतीत होता है।

मौर्य साम्राज्य के पतन के कारण

232 ई० पू० में अशोक की मृत्यु हो गयी। उसकी मृत्यु के 50 वर्षों के पश्चात् ही मौर्य साम्राज्य का पतन हो गया। अशोक के पश्चात् सात राजाओं–कुणाल, दशरथ, सम्प्रति, भालिशूक, देववर्मा, शतधन्वा और बृहद्रथ ने शासन किया। विभिन्न साक्ष्यों से इसके बारे में विस्तृत जानकारी नहीं प्राप्त होती। वस्तुत: मौर्य साम्राज्य का विघटन अशोक के निधन के एक दशक के भीतर ही आरम्भ हो गया। अशोक के काल में स्वतंत्र दक्षिण की शक्तिशाली आंध्र जाति ने विद्रोह कर दिया और विन्ध्य के दक्षिण के प्रदेश को मौर्यों की अधीनता से स्वतंत्र करा लिया। उत्तरी भारत में 185 ई० पू० तक मौर्यों का शासन चलता रहा और उसके अन्तिम शासक बृहद्रथ की उसके सेनापति पुष्यमित्र ने हत्या कर दी। यह आश्चर्य की बात है कि इतने बड़े साम्राज्य का इतना शीघ्र पतन कैसे हुआ? इस सम्बन्ध में विविध कारण बताये जाते हैं जो निम्नलिखित हैं—

1. अयोग्य उत्तराधिकारी—अशोक के पश्चात् उसके उत्तराधिकारी अयोग्य और शारीरिक दृष्टि से कमजोर थे। अशोक के विशाल साम्राज्य की दृढ़ता और एकरूपता स्थापित करने के लिए योग्य और सक्षम शासक की आवश्यकता थी। अशोक के पश्चात् अयोग्य उत्तराधिकारियों के काल में शासन, संरक्षण एवं निरीक्षण का अभाव हो गया। वस्तुत: अशोक के उत्तराधिकारियों के व्यक्तित्व में आकर्षण नहीं था जो अधिकारियों को प्रेरणा दे सकता और शासनतंत्र को शक्ति प्रदान कर पाता। अशोक के अयोग्य उत्तराधिकारियों के कारण केन्द्रीय शासन की दुर्बलता का लाभ उठाकर मौर्य साम्राज्य के दूरस्थ प्रदेशों ने अपनी स्वतंत्रता की घोषणा करना आरंभ कर दिया।

2. साम्राज्य का विभाजन—अनेक प्रमाणों से ज्ञात होता है कि अशोक के पश्चात् मौर्य साम्राज्य का विभाजन हो गया था और वह शक्तिशाली विरोधियों का सामना नहीं कर सका। राजतरंगिणी के अनुसार अशोक की मृत्यु के तुरन्त बाद उसका पुत्र अलीक स्वयं स्वतंत्र होकर कश्मीर पर राज्य करने लगा। उसने कन्नौज तक के क्षेत्रों पर अधिकार कर लिया। यदि तारानाथ पर विश्वास किया जाये तो एक अन्य राजा वीरसेन ने अशोक के पाटलिपुत्र में रहने वाले निर्बल उत्तराधिकारी से गांधार छीन लिया था। यूनानी लेखक भी पश्चिम भारत के स्थलों से निकल जाने की पुष्टि करते हैं। पोलियस के अनुसार, 206 ई० पू० वीरसेन का उत्तराधिकारी सोफीगेसेतस (सुभागसेन) राज्य करता था। 'मालविकाग्निमित्र' से ज्ञात होता है कि विदर्भ और बरार पर मौर्यों का अधिकार नहीं था। विदिशा पर किसी मंत्री के लड़के का शासन था। इस प्रकार मौर्य

साम्राज्य का विभाजन हो गया। इस परिस्थिति का लाभ उठाकर पुष्यमित्र ने बृहद्रथ को मारकर मौर्य साम्राज्य पर अधिकार कर लिया।

3. ब्राह्मणों की प्रतिक्रिया—महामहोपाध्याय हरप्रसाद शास्त्री के अनुसार मौर्य साम्राज्य के पतन का मुख्य कारण ब्राह्मणों की प्रतिक्रिया थी। वे अशोक की उन आज्ञाओं के विरुद्ध थे जो उसने यज्ञों में पशुओं की हिंसा के विरुद्ध प्रकाशित की थी। उनका यह विचार ठीक नहीं प्रतीत होता क्योंकि पशु हिंसा के विरुद्ध तो बहुत से हिन्दू ऋषियों ने अशोक से पहले ही अपना विचार व्यक्त किया था। कौटिल्य स्वयं ब्राह्मण धर्म का समर्थक था। उसने भी अहिंसा सभी व्यक्तियों का धर्म बताया है। धर्म महामात्रों की नियुक्ति भी ब्राह्मणों के विशेषाधिकारों पर कोई कुठाराघात नहीं था। दण्ड-समता और व्यवहार-समता बरतने का जो आदेश अशोक ने अपने राजुकों को दिया था, उसका अर्थ यह नहीं था कि ब्राह्मणों के प्रति कोई विशेष कठोरता का व्यवहार किया जाय। ऐसे प्रमाणों का सर्वथा अभाव है जिससे पता चल सके कि ब्राह्मणों ने संगठित होकर अशोक की नीति के विरुद्ध विद्रोह किया हो। इसलिए अशोक की नीति के विरुद्ध ब्राह्मणों की प्रतिक्रिया को मौर्य साम्राज्य के पतन का मुख्य कारण समझना युक्तिसंगत नहीं प्रतीत होता है।

4. प्रान्तीय शासकों का अत्याचार—मौर्यों के दूरस्थ प्रान्तों के शासक बड़े ही निर्दयी और अत्याचारी थे। उनके दुर्व्यवहार, दुष्टता, शोषण और भ्रष्टाचार आदि से सामान्य जनता का जीवन दुर्भर हो गया था। दिव्यावदान से ज्ञात होता है कि बिन्दुसार के काल में तक्षशिला के निवासियों ने स्थानीय अधिकारियों के अत्याचार से पीड़ित होकर विद्रोह कर दिया था और तब बिन्दुसार ने अशोक को वहाँ भेजा था। जब अशोक वहाँ पहुँचा तो लोगों ने कहा-"न तो हम राजा के विरोधी हैं और न ही राजकुमार के। किन्तु ये दुष्ट अमात्य हमारा अपमान करते हैं।" अशोक के काल में तक्षशिला में दुष्ट मंत्रियों के व्यवहार के कारण ही विद्रोह हुआ। अन्य स्थान पर भी ऐसा ही रहा होगा। यह सही है कि दिव्यावदान बाद का ग्रन्थ है परन्तु इसमें वर्णित मंत्रियों के अत्याचार के बात की पुष्टि कलिंग अभिलेख से भी होती है।

5. विदेशी आक्रमण—कुछ इतिहासकार यूनानी आक्रमणों को मौर्य साम्राज्य के पतन का मुख्य कारण समझते हैं। परन्तु इसे भी सही नहीं कहा जा सकता, क्योंकि सबसे पहले एण्टियोकस महान ने 206 ई० पू० में आक्रमण किया था। मौर्य साम्राज्य के पतन का प्रारम्भ कल्हण और पोलीवियस के अनुसार बहुत पहले शुरू हो गया था।

6. दरबार एवं अन्तःपुर के षडयन्त्र—अशोक के अनेक पुत्रों और रानियों में पारस्परिक ईर्ष्या थी जिनसे वे एक दूसरे विरुद्ध षडयन्त्र रचा करते थे। अशोक की मृत्यु के पश्चात् दरबार में दो दल हो गये थे। रानी शिष्यरक्षिता ने षडयंत्र रचकर युवराज

कुणाल को नेत्रविहीन करा दिया था। इसी प्रकार के षडयन्त्रों का परिणाम था कि अन्तिम मौर्य सम्राट बृहद्रथ की हत्या उसके सेनापति पुष्यमित्र शुंग ने की और स्वयं मगध का सम्राट बन बैठा।

7. विशाल साम्राज्य—अशोक के काल तक मौर्य साम्राज्य काफी विस्तृत हो गया था। इस साम्राज्य को चन्द्रगुप्त तथा अशोक जैसे शक्तिशाली सम्राट ही सँभाल सकते थे और शासन का संचालन कुशलतापूर्वक कर सकते थे। परन्तु अशोक के बाद उत्तराधिकारी कमजोर और अयोग्य था। फलस्वरूप मौर्य साम्राज्य छिन्न भिन्न हो गया।

8. जनता पर करों का बोझ—कुछ इतिहासकारों का विचार है कि मौर्य शासकों ने जनता के ऊपर अधिक कर लगा दिया था जिसको वहन करने में जनता असमर्थ थी जिससे उनमें असंतोष फैल गया। मौर्य शासकों ने एक विशाल सेना का निर्माण किया था। प्लिनी ने मौर्यों की एक विशाल सेना का उल्लेख किया है जिनमें रख-रखाव पर अपार धनराशि खर्च होती थी। इस सम्बन्ध में रोमिला थापर का कथन उल्लेखनीय है—''शांति के समय यह सेना राज्य पर आर्थिक भार बन कर रहती होगी।'' सम्भवत: जनता के ऊपर भारी कर लगाने का यही प्रमुख कारण रहा होगा जिसने जनता को विद्रोह करने के लिए विवश कर दिया।

9. खाली राजकोष—अनेक विद्वानों ने मौर्य साम्राज्य के पतन का एक महत्त्वपूर्ण कारण खाली राजकोष बताया है। राजकोष के खाली होने के कारण अशोक के धर्म प्रचार, लोकोपकारी कार्यों तथा विभिन्न निर्माण कार्यों को उत्तरदायी ठहराया गया है। मौर्य साम्राज्य से अनेक राज्यों का निकल जाना भी आय के कम होने का एक खास कारण था। अशोक के उत्तराधिकारियों के काल में राजनैतिक अस्थिरता के कारण व्यापार को भारी झटका लगा। इसके कारण मौर्य साम्राज्य की आर्थिक दशा खराब हो गयी। डा० कौशाम्बी ने मौर्यों की खराब आर्थिक दशा को भी मौर्य साम्राज्य के पतन का कारण बताया है। रोमिला थापर ने भी यह स्वीकार किया है कि आर्थिक ढांचे तथा राजस्व में पर्याप्त भिन्नता आ गयी थी जिससे मौर्यों की आर्थिक दशा चरमरा गयी थी।

10. अशोक की अहिंसा की नीति—डा० हेमचन्द्र रायचौधरी जैसे अनेक इतिहासकारों का कहना है कि अशोक की अहिंसा नीति से मौर्य साम्राज्य को भारी झटका लगा। इसके कारण राज्य की सैनिक शक्ति और सेना का मनोबल गिर गया था। फलस्वरूप मौर्य सेना यूनानियों के आक्रमण का सामना न कर सकी। स्थानीय शासकों के अत्याचार से जनता तंग आ गयी थी और उसने विद्रोह कर दिया जिसको सेना अहिंसा की नीति से प्रभावित होने के कारण दमन न कर सकी। लेकिन अशोक की अहिंसा नीति को मौर्य साम्राज्य के पतन के लिए पूर्ण उत्तरदायी नहीं ठहराया जा

सकता है। उसे सहायक कारण ही कहा जा सकता है। अशोक अहिंसा नीति का समर्थक जरूर था परन्तु उसने सेना में कोई कमी नहीं की और न ही सेना के भय को समाप्त किया।

11. सैनिक एवं गुप्तचर प्रणाली की कमजोरी—अनेक इतिहासकारों मौर्यों के **विघटन का कारण सैनिक एवं गुप्तचर प्रणाली की कमजोरी भी मानते हैं। कलिंग युद्ध** के पश्चात् अशोक ने युद्ध को सर्वदा के लिए छोड़ दिया था। फलस्वरूप उसकी सैनिक कार्यवाही रुक गयी और सैनिकों को युद्ध का अभ्यास नहीं रहा। फलस्वरूप अशोक के उत्तराधिकारियों के काल में विद्रोहों का दमन करना असम्भव हो गया। इसी प्रकार अशोक और उसके उत्तराधिकारियों के काल में गुप्तचर विभाग की सक्रियता समाप्त हो गयी थी। इसलिए षडयन्त्रकारियों द्वारा की जाने वाली कार्यवाही को रोका नहीं जा सका और मौर्य साम्राज्य अन्दर ही अन्दर खोखला होने लगा।

12. राष्ट्रीयता का अभाव—रोमिला थापर जैसे अनेक इतिहासकारों का विचार है कि मौर्य साम्राज्य में केन्द्रीय नौकरशाही और राष्ट्रीयता के अभाव के कारण भी मौर्य साम्राज्य का पतन हुआ। मौर्य साम्राज्य की समस्त शक्तियाँ शासक में ही केन्द्रित थीं और अधीनस्थ अधिकारियों को बहुत कम अधिकार प्राप्त थे। फलस्वरूप उनमें उत्तरदायित्व का अभाव था। मौर्य सम्राटों ने इस ओर बिल्कुल ध्यान नहीं दिया। जब तक मौर्य सम्राट योग्य और शक्तिशाली रहे, प्रशासन पर नियंत्रण बना रहा परन्तु कमजोर शासकों के गद्दी पर बैठते ही अधिकारी और कर्मचारी मनमानी ढंग से कार्य करने लगे और उनमें राजभक्ति का अभाव हो गया। रोमिला थापर ने सही कहा है-"The causes of decline of the Mauryas must in large part be attributed to a top heavy administration where authority was entirely in the hands of a few persons and an absence of any national consciousness."

7 मौर्यकालीन सभ्यता एवं संस्कृति

प्राचीन भारतीय इतिहास में मौर्यकालीन सभ्यता एवं संस्कृति का विशेष महत्त्व है। मौर्यों के काल में सर्वप्रथम भारत एकता के सूत्र में पिरो दिया गया था। इस वंश में चन्द्रगुप्त एवं अशोक जैसे महान सम्राट हुए। इस राजनैतिक एकता और सम्राटों की योग्यता का भारतीय सभ्यता और संस्कृति पर गहरा प्रभाव पड़ा। मौर्यकालीन भारतीय समाज में जहाँ अनेक परिवर्तन दिखाई देते हैं वहीं आर्थिक स्थिति में भी पर्याप्त सम्पन्नता आ गयी थी। कृषि, व्यापार और उद्योग में पर्याप्त वृद्धि हो गयी थी। इसी प्रकार सांस्कृतिक क्षेत्र में भी काफी उन्नति हुई। 'मौर्य सम्राटों ने संस्कृत, प्राकृत और पाली भाषा को विशेष बढ़ावा दिया। वास्तुकला के क्षेत्र में भी क्रान्तिकारी परिवर्तन हुआ। सर्वप्रथम अशोक काल में पत्थरों का प्रयोग आरम्भ हुआ। इस कला की अभिव्यक्ति मूर्तियों, मन्दिरों, विहारों, चैत्यों और स्तूपों के रूप में प्रकट हुई

मौर्यकालीन कला

मौर्य काल में और विशेषकर अशोक के समय में कला का आश्चर्यजनक रूप से विकास हुआ। यद्यपि अशोक से पूर्व भी मौर्य सम्राटों ने कला की ओर पर्याप्त ध्यान दिया था तथापि अशोक के समय में इस क्षेत्र में जितनी उन्नति हुई उतनी शायद पहले नहीं हुई थी। वास्तव में अशोक एक उच्च कोटि का भवन निर्माता था। डा० त्रिपाठी के शब्दों में, ''अशोक का नाम संसार में उसकी धर्म-विजयों के कारण ही प्रसिद्ध नहीं बल्कि कला के क्षेत्र में भी वह अपनी महान सफलताओं के कारण प्रसिद्ध है।

1. भवन निर्माण कला—मैगस्थनीज के वृत्तान्त से पता चलता है कि अशोक से पूर्व चन्द्रगुप्त के समय में अधिकांश भवन लकड़ी के बने होते थे और कुछ ईंटों व मिट्टी के। परन्तु अशोक के समय में इस क्षेत्र में बड़ी उन्नति हुई और भवन-निर्माण के लिए पत्थरों का प्रयोग होने लगा। अशोक के स्तूप, विहार और स्तम्भ उस समय की शिल्पकला तथा वास्तुकला के सर्वश्रेष्ठ प्रतीक हैं। मैगस्थनीज और फाह्यान जैसे विदेशी यात्रियों ने चन्द्रगुप्त और अशोक के राजभवनों की शोभा और सुन्दरता की बहुत प्रशंसा की है। अशोक के विशाल राजभवन को देखकर फाह्यान इतना आश्चर्यचकित

हुआ कि उसने उस भवन को प्रेतात्माओं द्वारा बनाया हुआ समझा क्योंकि उसके विचार में मानवीय शक्ति इतने विशाल भवन का निर्माण नहीं कर सकती थी।

महावंश में बताया गया है कि एक बार अशोक ने अपने गुरू उपगुप्त से प्रतिज्ञा की थी कि वह महात्मा बुद्ध के जीवन से सम्बन्धित प्रत्येक स्थान के दर्शन करेगा और वहाँ एक स्मारक बनवाएगा। इसके अनुसार अशोक ने 84,000 स्तूपों व विहारों का निर्माण किया। इस बात का कोई ऐतिहासिक प्रमाण हमारे पास नहीं है परन्तु इतना निश्चित है कि उसके बनाए हुए स्तूप और विहार उस समय की कला के सर्वोत्तम नमूने हैं। कहा जाता है कि अशोक ने काश्मीर में श्रीनगर और नेपाल में देवपाटन नाम के दो नगर भी बसाए थे। बौद्ध परम्पराओं के अनुसार उसके कुछ स्तूपों की ऊंचाई पहाड़ियों जितनी थी। दुर्भाग्य से अशोक के बहुत से भवन, स्तूप तथा विहार नष्ट हो चुके हैं लेकिन जो अभी तक काल के क्रूर थपेड़ों से बचे हैं, वे उसके समय की उत्कृष्ट वास्तुकला और शिल्पकला का प्रमाण हैं। उसका बनवाया हुआ सांची का स्तूप जो अभी तक उपलब्ध है, वह बहुत प्रसिद्ध है। यह भोपाल के समीप स्थित है। इसकी ऊंचाई 7711 फुट तथा व्यास 1211 फुट है। स्तूप के चारों ओर एक जंगला बना हुआ है और इर्द-गिर्द कई स्तम्भ तथा मन्दिर बने हुए हैं। इन पर खुदे हुए चित्रों आदि से उस समय की कई सामाजिक बातों का पता चल जाता है। स्तूप के चारों तरफ प्रदक्षिणा के लिए एक रास्ता भी बना हुआ है। इसकी चोटी पर पत्थर की एक छतरी बनी हुई है। इसी प्रकार भरहुत में भी एक स्तूप बना हुआ है जो काफी प्रसिद्ध है।

इन स्तूपों के अतिरिक्त अशोक ने और भी बहुत से भवनों का निर्माण किया। काश्मीर और नेपाल में उसने दो नगर बसाए और कई भवनों का निर्माण किया। सातवीं शताब्दी में जब फाह्यान भारत में आया था तो उसने अशोक द्वारा बनवाये हुए बहुत से स्तूप भारतवर्ष और अफगानिस्तान में देखे थे।

2. वास्तुकला—भवन निर्माण कला के साथ-साथ अशोक के शासन काल में वास्तुकला ने भी बहुत उन्नति की थी। अशोक के स्तूप, स्तम्भ और उन पर बनी हुई पत्थर की मूर्तियों को देखकर बड़ा आश्चर्य होता है कि उस समय के कलाकार कैसे इतनी सुन्दरता से पत्थर को काटकर उनमें सजीवता भर सकते थे। वास्तुकला के अतिरिक्त उस समय की पालिश कला भी अत्यन्त प्रशंसनीय है जिसकी चमक आज सहस्त्रों वर्ष बाद भी नष्ट नहीं हुई है। सारनाथ, सांची, लौरिया, नन्दन गढ़, रामपुरवा आदि स्थानों के स्तम्भ उस समय की उत्कृष्ट वास्तुकला के प्रतीक हैं। राधा कुमुद मुकर्जी ने अशोक के स्तम्भों के विषय में लिखा है, ''ललित कला के क्षेत्र में यह (स्तम्भ) मौर्य कालीन कला की महान सफता के सूचक है। इन स्तम्भों की ऊंचाई 40 से 60 फुट तक है और इनका भार 50 टन के लगभग है। साधारणतया प्रत्येक स्तम्भ

के तीन भाग हैं। इसका एक भाग भूमि में दबा हुआ होता है। दूसरा धड़ है और तीसरा मस्तक है। सबसे आश्चर्य की बात यह है कि ये स्तम्भ पत्थर के एक ही टुकड़े से काटकर बनाए गए हैं और इनकी कटाई अत्यन्त सुन्दरता व सफाई से की गई है। इतने बड़े-बड़े पत्थरों को एक स्थान से दूसरे स्थान तक ले जाना भी उस समय की एक कम आश्चर्यजनक बात नहीं है। फिरोजशाह तुगलक ने जब अम्बाला के निकट से (तोपारा) अशोक का बना हुआ एक स्तम्भ देहली मंगवाया था तो 8400 व्यक्तियों पर इसकी जिम्मेदारी सौंपी गई थी। इतनी कारीगरी से काम करना और उन्हें एक स्थान से दूसरे स्थान तक ले जाना वास्तव में मौर्य कला की अत्यन्त प्रशंसनीय सफलता थी।

प्रत्येक स्तम्भ के तीन भाग हैं। इसका तीसरा भाग मस्तक है जो एक अलग पत्थर का बना हुआ है। मस्तक के भी तीन भाग हैं। सबसे नीचे कमल के समान अथवा उल्टी घंटी जैसा भाग है। उस पर एक चौरस चौकी है और सबसे ऊपर किसी पशु की मूर्ति है, जैसे सिंह, बैल, हाथी इत्यादि। कुछ इतिहासकारों का कहना है कि इन स्तम्भों पर ईरानी प्रभाव पड़ा है। परन्तु स्मिथ और जॉन मार्शल का विचार है कि इन स्तम्भों पर ईरानी और यूनानी दोनों कलाओं का प्रभाव है। स्तम्भ के मस्तक पर घंटे जैसे आकार और उस पर किसी पशु की मूर्ति ईरानी कला के प्रभाव का प्रतीक है और यह बात कि सजावट तथा मूर्ति निर्माण केवल मस्तक पर ही किया गया है, यूनानी प्रभाव का द्योतक है। सारनाथ का स्तम्भ अशोक कालीन वास्तुकला का एक सर्वोत्तम नमूना है। प्रसिद्ध इतिहासकार हैवेल ने भारतीय और यूनानी कला में समानता का कारण भारतीयों द्वारा यूनानियों की नकल करना नहीं बताया है बल्कि आर्यों का मूल निवास स्थान का एक होना बताया है। चाहे भारतीयों पर यूनानियों का प्रभाव पड़ा हो या नहीं, इतना निश्चित है कि भारतीय कला अन्य देशों से कहीं अधिक उत्कृष्ठ है। जॉन मार्शल ने स्वयं मौर्य काल की प्रशंसा करते हुए लिखा है कि मौर्य काल अपनी अद्वितीय सुघड़ता व बारीकी में यूनानी कला से कहीं आगे बढ़ी हुई है। सारनाथ के स्तम्भ की प्रशंसा करते हुए स्मिथ ने लिखा है—

"If would be difficult to find in any country an example of sculpture superior or even equal to this beautiful work of art, which successfully combines realistic modelling with ideal dignity and finish in every detail with perfect accuracy."

(3) अन्य कलाएँ—अशोक के शासन काल में न केवल शिल्पकला तथा वास्तुकला ने उन्नति की बल्कि अन्य कलाओं जैसे मूर्ति निर्माण कला, आभूषण बनाने की कला, पालिश करने की कला, इंजीनियरिंग कला, चित्र कला, नाट्य कला आदि ने भी बहुत उन्नति की। मौर्यकाल की कुछ मूर्तियाँ पटना के पास प्राप्त हुई हैं जो भारतीय अजायब घर में रखी गई हैं। इनसे उस समय की मूर्ति कला की श्रेष्ठता का अनुमान लगाया जा

सकता है। तक्षशिला की एक खुदाई से अशोक के समय के कुछ आभूषण मिले हैं जिनके पता चलता है कि "मौर्य कला के आभूषण भी उच्चकोटि की कला शिल्पिक निपुणता और कुशलता के प्रतीक हैं।" अशोक के भवन और स्तम्भ उस समय की इंजीनियरिंग कला की श्रेष्ठता को बतलाते हैं। उसके स्तम्भों और गुफाओं पर किया गया पालिश आज सहस्रों वर्षों के बाद भी उसी तरह चमक रहा है। इस चमक को देखकर आधुनिक कलाकार हैरान रह गये हैं कि वह किस चीज का बना हुआ है जिससे शताब्दियों के बाद भी वह नष्ट नहीं हुई है। नागार्जुन और बराबार की गुफाएँ आज भी अन्दर से शीशे की भांति चमकती हुई दिखाई देती हैं।

इस प्रकार उपरोक्त विवरण से यह स्पष्ट है कि मौर्य काल में भारतीय कला ने अत्यधिक उत्तम कोटि की उन्नति कर ली थी।

मौर्य कालीन भारत की सामाजिक, धार्मिक, आर्थिक एवं सांस्कृतिक दशा

मौर्यकालीन भारत की स्थिति के ज्ञान प्राप्ति के तीन साधन हैं—(1) मैगस्थनीज का वर्णन, (2) चाणक्य का अर्थशास्त्र, (3) अशोक के अभिलेख। इन तीनों से प्राप्त साक्ष्यों के आधार पर उस समय की अवस्था इस प्रकार थी—

I. सामाजिक अवस्था

(*i*) **वर्ण-व्यवस्था**—अशोक के पंचम शिलालेख के अनुसार उस समय समाज में अनेक वर्ण विद्यमान थे। उस समय ब्राह्मणों, भिक्षुओं, इभ्यों (सद्गृहस्थ, वैश्य) गृहस्थों, अनाथों, धर्मगामियों, के सुख तथा सुरक्षा के लिए धर्म-महामात्र नियुक्त थे। अतः स्पष्ट है कि समाज उस समय अनेक वर्णों में विभाजित था। ब्राह्मण वर्ग का समाज में सम्मान अधिक था। तृतीय शिलालेख में अशोक ने ब्राह्मणों तथा श्रमणों की सेवा करना उत्तम काम बताया है। वैश्य तथा श्रमण भी उस समय विशेष सम्मानित थे। क्षत्रियों का कोई उल्लेख उपलब्ध नहीं है, पर निश्चय ही वे सैनिक तथा शासक थे। अतः उनका स्थान भी उच्च ही रहा होगा। स्वयं अशोक भी क्षत्रिय शासक था। शूद्र वर्ग की कोई विशेष स्थिति न थी। इस वर्ग में भृत्य तथा दास सम्मिलित थे। समाज में इनका स्थान हीन था इसलिए अशोक ने इनसे अच्छा व्यवहार करने का बार-बार आग्रह किया है। शूद्र के अछूत होने की भावना उस युग में भी थी, पर सामान्य। अर्थ-शास्त्र में वर्णों के कार्य का विभाजन है। मेगस्थनीज ने भूल से इन वर्णों को ही जातियां समझ लिया था। मैगस्थनीज के अनुसार अन्तर्जातीय विवाह तथा खान-पान वर्जित थे, किन्तु फिर भी समाज में प्रचलित थे। इसका समर्थन अर्थशास्त्र से होता है। अशोक के समय श्रमणों तथा ब्राह्मणों की समान प्रतिष्ठा थी।

(*ii*) **विवाह**—उस युग में कन्या का विवाह 12 तथा युवक का विवाह 16 वर्ष की अवस्था में उचित था। कौटिल्य ने भी 8 विवाहों का उल्लेख किया है। इनमें से

चार (गन्धर्व, असुर, राक्षस तथा पैशाच) अनुचित माने जाते थे। मैगस्थनीज ने आर्य विवाह का वर्णन किया है जिसमें पिता एक जोड़ी बैल लेकर कन्या का विवाह कर देता था। विवाह का उद्देश्य सन्तानोत्पत्ति होता था। सिकन्दर के पूर्व एरिस्टो बुलस ने असुर विवाह का भी उल्लेख किया जिसमें एक पिता अपनी कन्या को तक्षशिला में बेच रहा था। उस समय स्वयंबर रीति भी प्रचलित थी, जिसमें प्रतियोगिता में सफल व्यक्ति को ही कन्या दी जाती थी, किन्तु अशोक के शिलालेखों में इन विवाह प्रणालियों का कोई उल्लेख नहीं।

समाज में बहु विवाह प्रथा प्रचलित थी। स्वयं अशोक के अनेक रानियां थीं। मेगस्थनीज ने भी भारतीयों की अनेक पत्नियां होने का वर्णन किया है। उसके अनुसार विवाह के उद्देश्य तीन थे— (1) सहधर्मिणी की प्राप्ति, (2) भोग के लिए, (3) बहुत सी सन्तानें उत्पन्न करने के लिए। अर्थशास्त्र के अनुसार भी पुरुष कितनी ही स्त्रियों से विवाह कर सकता था। चाणक्य ने पुरुष के पुनर्विवाह के लिए तीन प्रमुख शर्त रखी थीं—(1) पत्नी आठ वर्ष के वैवाहिक जीवन में सन्तान उत्पन्न न कर सके। (2) बारह वर्ष तक पुत्र उत्पन्न न कर सके अथवा केवल पुत्रियां ही हो। (3) यदि पत्नी मर गयी हो। उस समय स्त्री का पुनर्विवाह भी सम्भव था। इसके लिए चाणक्य ने दो शर्तें रखी हैं—(1) पति के मर जाने पर। (2) पति के विदेश चले जाने तथा वहाँ दीर्घकाल तक रहने पर, किन्तु विदेश गए सैनिक की पत्नी को यह सुविधा उसी समय मिलती थी, जब उसके पति की मृत्यु निश्चित मान ली जाय, अन्यथा नहीं।

निम्न स्थितियों में पति पत्नी का सम्बन्ध विच्छेद हो सकता था— (1) यदि पति दुराचारी हो। (2) विदेश में रहता हो। (3) राजद्रोही हो। (4) हत्यारा हो। (5) अपवित्र हो आदि-आदि।

(iii) **स्त्री समाज**—समाज में स्त्रियों की स्थिति सन्तोषजनक न थी। उनमें अन्धविश्वास प्रचलित थे। वे बीमारी, पुत्रोत्पत्ति, विवाह आदि में मंगल मनाती थीं। वास्तव में उस समय स्त्रियां केवल सन्तानोत्पत्ति का साधन थीं। वे घरों में रहती थीं। कौटिल्य के अनुसार उन्हें घर में रहना होता था। यदि कभी स्त्री पतिगृह से बाहर जाती है तो उस पर 6 पण जुर्माना होना चाहिए, या पति की आज्ञा के विरुद्ध जाती है, तो उस पर 12 पण जुर्माना होना चाहिए। अशोक की पत्नि भी अवरोध में रहती थीं। डा० भाण्डारकर के मतानुसार, उस समय पर्दा प्रथा प्रचलित थी। कौटिल्य ने स्त्रियों के लिए उच्च शिक्षा का भी निषेध किया है। मैगस्थनीज कहता है, ब्राह्मण स्त्रियों को दार्शनिक ज्ञान नहीं बताते थे। उन्हें भय है कहीं वे चरित्रहीन न हो जायें, या रहस्य न खोल दें, अथवा उत्तम दार्शनिक हो जाने पर कहीं वे स्त्रियां उन्हें (पुरुषों) को छोड़ न दें।

साथ ही विधवा विवाह, सम्बन्ध विच्छेद, परिवार की सम्पत्ति में अधिकार, विवाह पर प्राप्त देहज तथा उपहारों में अधिकार होने से स्त्री की स्थिति अधिक नहीं बिगड़ने पाई थी। कौटिल्य ने व्यवस्था दी है कि यदि पति अत्याचार करे तो स्त्री न्यायालय की शरण ले सकती है। स्त्री हत्या का अपराध ब्रह्म हत्या के अपराध की भाँति ही भयानक माना जाता था। उस समय के भारत का नैतिक स्तर बहुत ऊँचा था। इसका अनुमान इसी से लगाया जा सकता है कि उस समय लोगों का दाम्पत्य जीवन निश्चय ही सुखी था। उस समय भी कुछ नारियाँ निश्चित रूप से उन्नत थीं। वे भी पुरुषों की भाँति सार्वजनिक कार्य के लिए दान आदि करती थीं। यहाँ तक कि कुछ स्त्रियाँ सैनिक शिक्षा भी प्राप्त करतीं थीं। अंगरक्षिका महिलाएं चन्द्रगुप्त की रक्षा करतीं थीं। जब कुछ स्त्रियाँ सभी शस्त्रास्त्रों से सुसज्जित होकर हाथी घोड़े तथा रथों पर चढ़ती थीं तो ऐसा प्रतीत होता था, जैसे आक्रमण के लिए जा रही हों, परन्तु उनमें से अधिकांश स्त्रियाँ विदेशी ही होती थीं। समाज में वेश्यावृत्ति भी प्रचलित थी। कुछ वेश्यायें बड़ी उच्चकोटि की कलाकार होतीं थीं। कौटिल्य ने इनके लिए अनेक नियम बनाए थे।

(iv) **दास प्रथा**—उस समय दासों, सेवकों तथा भृत्यों आदि अनेक प्रकार के श्रमजातियों का उल्लेख अशोक के शिलालेखों में किया है। ये लोग अपने स्वामियों की अनेक प्रकार से सेवा करते थे। अर्थशास्त्र में भी दास प्रथा का उल्लेख है। दास प्राय: अनार्य होते थे, जो बेचे और खरीदे जा सकते थे। अर्थ-संकट आने पर आर्य भी कुछ समय के लिए दास बन जाते थे परन्तु उनकी सन्तान आर्य ही होते थे। दासों के साथ अच्छा व्यवहार होता था। उन्हें मारना या गाली देना अवैधानिक था। उनका अपनी तथा अपने माता-पिता की सम्पत्ति में पूर्ण अधिकार होता था। उनके सम्बन्धी अथवा वे यदि मूल्य अदा कर दें तो वे स्वतंत्र हो सकते थे। वास्तव में वे दास नहीं अपितु आधुनिक वेतन भोगी नौकरों जैसे ही लगते थे। इसीलिए मैगस्थनीज ने भ्रान्तिवश उन्हें दास न समझकर भारत में दास-प्रथा के प्रचलित न होने का उल्लेख कर दिया।

(v) **भोजन पान**—अशोक के शिलालेखों से भोजन-पान के बारे में कुछ विशेष प्रकाश नहीं पड़ता। केवल इतना पता चलता है कि समाज में मांसाहार का प्रचलन था। स्वयं अशोक ने रसोई घर के लिए अनेक पशु-पक्षी मारे जाते थे, पर कालान्तर में उसने इसे बन्द कर दिया। कौटिल्य के अर्थशास्त्र से भी मांसाहार का समर्थन होता है। अर्थशास्त्र में माँसपण्या (मास बेचने वाले), माँसपक्वा (पका माँस) बेचने वालों का उल्लेख है। कौटिल्य ने माँस के अतिरिक्त भी भोजन सामग्री का उल्लेख किया है। अर्थशास्त्र में ओदनिका (पका चावल बेचने वाला), आपूपिका (रोटी बेचने वाला), पकवान पण्या: (पकवान बेचने वाला) का नाम भी है। मैगस्थनीज ने भी भारतीय भोजन के विषय में लिखा है कि जब भारतीय भोजन करने बैठते हैं तो प्रत्येक व्यक्ति

के सामने एक तिपाई के आकार की मेज होती है इस पर एक सोने का प्याला रखा जाता है। सर्वप्रथम चावल परोसे जाते हैं। वे उबले हुए ऐसे होते हैं जैसे जौ हो। इसके बाद अन्य पदार्थ परोसे जाते हैं। जो भारतीय विधि से तैयार किए जाते हैं। समाज में मदिरा का भी प्रयोग होता था। अर्थशास्त्र में अन्य प्रकार की मदिराओं तथा उनकी निर्माण प्रणाली का वर्णन है। किन्तु मदिरा का केवल मदिरालयों में ही वह भी सीमित प्रयोग हो सकता है। मदिरालय से बाहर केवल सद्चरित्र, सज्जन तथा विश्वसनीय व्यक्ति ही मदिरा ले जा सकते थे। उस समय मदिरालय पर्याप्त संगठित थे। उनमें बैठने तथा सोने के लिए अलग-अलग कमरे बने थे। मदिरालयों में वेश्यायें भी रहती थीं। मदिरा किसी व्यक्ति को सीमित मात्रा तक ही मिल सकती थी उससे अधिक नहीं। मैगस्थनीज के अनुसार विशेष पदाधिकारियों को छोड़कर भारतीय मदिरा पान नहीं करते थे। मदिरा का अधिकांश प्रयोग यज्ञ के अवसरों पर ही होता था।

(vi) **प्रमुख आमोद-प्रमोद**—अशोक के अभिलेखों में विहार यात्रा का वर्णन है। विहार यात्रा में मृगया (शिकार) प्रमुख थी। मृगया के समय राजा शस्त्रसज्जित महिलाओं से घिरा हुआ राजमहल से निकलता था। ये स्त्रियाँ बरछे वाले सैनिकों के घेरे में सुरक्षित होती थीं। राजा का मार्ग रस्सी से घिरा होता था। रस्सों को लाघने वाले को मृत्युदण्ड दिया जाता था। राजा चबूतरे पर से तीर चलाता था। उसकी सुरक्षा के लिए कुछ शस्त्रसज्जित स्त्रियाँ होतीं थीं। यदि राजा खुले मैदान में शिकार खेलता तो हाथी पर चढ़कर तीर चलाता था। विहार यात्रा के अतिरिक्त समाज में अन्य अनेक प्रकार के आमोद-प्रमोद प्रचलित थे, इनमें पशुओं तथा मनुष्यों के मल्लयुद्ध प्रमुख थे। हिंसात्मक होने से अशोक ने इन्हें बंद कर दिया था। उस समय रथों की दौड़ भी हुआ करती थीं। साधारण जनता में तमाशे बड़े लोकप्रिय थे। अर्थशास्त्र के अनुसार नट, नर्तक, गायक, वादक से सौम्भिक (मदारी), प्लवक (रस्सी पर नाचने वाले), वगजीवक (विभिन्न प्रकार की बोलियाँ बोलकर जनता का मनोरंजन करने वाले) आदि अपनी कला प्रदर्शन द्वारा जनता का मनोरंजन करते थे। इन्हें राज्य से 'आज्ञा-पत्रक' (लायसेंस) लेने पड़ते थे। गाँवों में विभिन्न खेलों की शिक्षाएँ देने के लिए संगठन बने थे।

(vii) **नैतिक स्तर**—अशोक के धर्म प्रचार में नैतिक पक्ष पर बड़ा बल दिया गया है। इसमें माता-पिता की आज्ञा मानना, गुरुजनों की सेवा करना, सम्बन्धियों, मित्रों और पड़ोसियों से उदार व्यवहार करना, सत्य, कोमलता, अहिंसा, दान, क्षमा, सहनशीलता आदि सद्गुणों का विकास करने वाली शिक्षाओं पर अधिक बल दिया गया। परन्तु इसका यह अभिप्राय कदापि नहीं समझना चाहिए कि इससे पूर्व लोगों का नैतिक जीवन स्तर निम्न था। मैगस्थनीज ने भारतीय चरित्र की प्रशंसा की है। उसने कहा है—भारतीय आचरण में सरल तथा मितव्ययी होने से काफी सुख से रहते हैं। यज्ञ के अवसरों पर

शराब का प्रयोग नहीं करते। चोरी प्राय: बहुत ही कम होती है। उनके कानून और समझौते सरल होते हैं, इसलिए वे न्यायालय में बहुत कम जाते हैं। भारतीयों की दृष्टि में योग्यता उम्र से अधिक महत्त्वपूर्ण अत: सम्मानीय थी। मैगस्थनीज आगे लिखता है—भारतीय सत्य और सद्‌गुणों का सम्मान करते हैं। वृद्धों को वे उस समय तक मान नहीं देते, जब तक कि उनमें विशेष गुण न हों।

(viii) **सौंदर्य प्रेम**—मैगस्थनीज के द्वारा वर्णित भारतीयों की चारित्रिक सरलता में यह समझना चाहिए कि भारतीयों में सौंदर्य प्रेम का अभाव था। मैगस्थनीज ने लिखा है—बावजूद चारित्रिक सरलता के भारतीय सुक्षमता व सौंदर्य के प्रेमी हैं। उनके वस्त्रों पर सुनहरी काम किया रहता है। उनके वस्त्र मूल्यवान रत्नों से विभूषित रहते हैं। भारतीय लोग मलमल के फूलदार वस्त्र पहनते थे। सेवक गण छाता लेकर पीछे-पीछे चलते थे। उस समय के भारतीय बड़े सौन्दर्य-प्रेमी थे।

II. धार्मिक-दशा

अशोक के समय में यद्यपि बौद्धधर्म का बहुत अधिक विकास हुआ पर फिर भी देश में धार्मिक सहनशीलता थी। अशोक सभी धर्मों का समान सम्मान करता था। सभी धर्म उन्नत व्यवस्था में थे। वैदिक काल में यज्ञ धर्म की प्रधानता थी। साधारण जनता यज्ञ आदि करती तथा इनसे सम्बद्धित मंगल मनाती थी। ऐसे अवसरों पर मद्य का भी प्रयोग किया जाता था। अशोक द्वारा बौद्धधर्म के प्रचार ने यज्ञादि वैदिक कर्मकाण्डों की महत्ता को बहुत कुछ कम कर दिया। एक शिलालेख के अनुसार उस समय तीन प्रमुख धर्म थे—(1) संघ, (2) ब्राह्मण, (3) आजीवक और निर्ग्रन्थ। इसी शिलालेख में अन्य समुदायों का भी उल्लेख है, पर उनके नामों का उल्लेख नहीं है। इसी समय बौद्ध धर्म में भी कुछ उपशाखाएँ बन गईं थीं। निगलिवा के स्तम्भ लेख में महात्मा बुद्ध से पूर्व बोधिसत्वों की पूजा का उल्लेख है। उस समय बौद्धों में अनेक सम्प्रदाय प्रचलित थे। परन्तु अशोक से पूर्व बुद्ध प्रतिमा के पूजन का कोई चिह्न नहीं मिलता। डा० भण्डारकर का मत है कि आजीवक ब्राह्मणों से भिन्न कोई सम्प्रदाय न था, किन्तु जैन साहित्य से ज्ञात होता है कि आजीवक ब्राह्मण धर्म से पृथक सम्प्रदाय था। गोसाल आजीवक सम्प्रदाय का मुखिया था।

आजीवक नग्न संन्यासी की भांति अपना जीवन बिताते थे। ये संयम को महत्त्वपूर्ण न मानते थे। गोसाल के मतानुसार प्रत्येक घटना नियति के अनुसार होती है। मनुष्य नियति का दास है। अशोक ने बराबार की गुफाएँ आजीवक को अर्पित करके आजीवक सम्प्रदाय के महत्त्व को स्वीकार किया था।

निर्ग्रन्थ (जैन) महावीर स्वामी के अनुयायी थे। अशोक के समय जैनधर्म एक प्रमुख धर्म था। अशोक का पौत्र 'संप्रति' जैनधर्म को मानता था। अशोक ने अपने

सातवें लेख में अभिलाषा प्रकट की है, कि सभी सम्प्रदाय एक साथ रहें, क्योंकि ये सभी संयम की शिक्षा देने वाले तथा आत्मा को शुद्ध करने वाले हैं। बारहवें शिलालेख में अशोक ने एक दूसरे के धर्म को सुनने का आदेश दिया है। इससे स्पष्ट था कि सभी सम्प्रदायों के मूल में संयम, सदाचार आत्मिक शुद्धि को ही धर्म समझा गया है। माता-पिता की आज्ञा का पालन, जीव मात्र का आदर, सत्य का भाषण तथा सदाचार को ही अशोक धर्म समझते थे, जिसके पालन का वह अपनी प्रजा को आदेश देता है। मैगस्थनीज ने उस समय प्रचलित वैदिक धर्म के यज्ञ, श्राद्ध आदि का उल्लेख किया है। श्राद्ध में कोई मुकुट आदि धारण नहीं करता था।

देवता को खण्डित वस्तु देने से बचने के लिए वे बलि के किसी प्राणी को छुरी आदि से न मारकर गला घोंट कर मारते थे ताकि देवता को पूरी वस्तु भेंट की जा सके। आगे मैगस्थनीज लिखता है, कि बलि प्रदान करने के लिए राजा अपने महल को छोड़ता है। परन्तु गृहस्थ लोग बलि देने या श्राद्ध करने के लिए ब्राह्मणों या दार्शनिकों को नियुक्त करते हैं। ब्राह्मण धर्म में बहुदेवोपासना प्रचलित थी। अर्थशास्त्र में अपराजित, अप्रतिहत, जयन्त, वैजयन्त, वैश्रावण, अश्विनश्री, दिनदेवता आदि का उल्लेख है। द्वारों के नाम इन्द्र, यम, ब्रह्म आदि देवताओं के नाम पर रखे जाते थे।

बलि, संवर, बैरोचन, नारद, गालव, नाग, आदि की गणना भी देवताओं तथा अर्धदेवताओं में होती थी। कृष्ण भक्ति का भी उस युग में प्रचलन पर्याप्त मात्रा में हो गया था। इससे प्रतीत होता है कि उस युग में भागवत धर्म का प्रचार हो गया था। वासुदेव पूजा का उल्लेख पाणिनी ने भी किया है। अर्थशास्त्र में मूर्तियों तथा मन्दिरों का भी उल्लेख है। देव प्रतिमाओं का निर्माण करने वाले 'देवताकारा' कहलाते थे। पातंजलि के उल्लेखों के अनुसार मौर्य काल में शिव, स्कन्ध तथा विशाल आदि देवताओं की मूर्तियाँ बेची जाती थीं। नदियां पवित्र मानी जाती थीं। मैगस्थनीज के अनुसार गंगा सबसे अधिक पवित्र मानी जाती थी। पुण्यपर्व के अवसर पर लोग तीर्थ यात्रा करते थे। राजा 'तीर्थ यात्रा कर' लेता था। इस बाह्य पक्ष के अतिरिक्त ब्राह्मण धर्म का अन्त: पक्ष भी था। वह उसका दार्शनिक पक्ष था। मैगस्थनीज कहता है—ब्राह्मण अपना अधिकांश समय जन्म, पुनर्जन्म आदि सिद्धान्तों के विवेचन में लगाते हैं। मैगस्थनीज के लेखों के अनुसार सिकन्दर ने 'मेण्डनिस' नामक एक ब्राह्मण को मृत्यु दण्ड का भय दिखाकर उसको (इच्छा के विरुद्ध) अपने राजसभा में बुलाने का असफल प्रयास किया था। उस ब्राह्मण ने कहला भेजा था–'सिकन्दर मेरा सिर काट सकता है पर मेरी आत्मा का नाश नहीं कर सकता। मेरा सिर मौन रह जाएगा। मेरी आत्मा शरीर को जीर्ण वस्त्र की भाँति छोड़कर अपने स्वामी के पास चली जाएगी।' इस उदाहरण से भारतीयों के आत्मा परमात्मा के विषय में विचारों पर पर्याप्त प्रकाश पड़ता है।

दार्शनिक पक्ष में मोक्ष तथा सांसारिक पक्ष में स्वर्ग प्राप्ति ही मनुष्य का चरम लक्ष्य था। अशोक के शिलालेखों में निर्वाण का नहीं, अपितु केवल स्वर्गप्राप्ति को लक्ष्य बताया गया है।

चाणक्य वर्णव्यवस्था का कट्टर समर्थक था। अत: उसे जैनों और बौद्धों का प्रत्येक आयु में संसार त्याग तथा प्रव्रज्या ग्रहण अरुचिकर था। क्षणिक भावना में युवा बालकों तथा स्त्रियों का अपने परिवार की चिन्ता के किए बिना प्रव्रज्या ग्रहण अनुचित था। इससे चोर, बदमाश, उचक्के तथा ऋषी भी कानून के पंजे से बचने के लिए संघ की शरण में चले जाते थे। इन्हीं बातों में क्षुब्ध होकर उसने (कौटिल्य ने) प्रव्रज्या ग्रहण पर कुछ प्रतिबन्ध लगा दिए थे। जैसे अपने परिवार की आजीविका की व्यवस्था किए बिना कोई भी व्यक्ति प्रव्रज्या ग्रहण नहीं कर सकता था। भिक्षुओं के क्रियाकलाप पर भी कुछ प्रतिबन्ध लगा दिए थे। अर्थशास्त्र के अनुसार उन्हें नगर से बाहर रखने की व्यवस्था की गई थी। ये नियम धार्मिक कट्टरता या धार्मिक असहिष्णुता के प्रतीक न होकर राजनैतिक दूरदर्शित तथा जागरूकता के द्योतक हैं।

III. आर्थिक अवस्था

(*i*) **कृषि**—मौर्य काल में भारत एक कृषि प्रधान देश था। मैगस्थनीज के अनुसार, संख्या में कृषक सबसे अधिक है। युद्ध तथा राजकीय कर्त्तव्यों से मुक्त है। वे पवित्र तथा अवध्य जाते हैं। युद्ध के समय दोनों पक्ष एक दूसरे का वध करते हैं, पर किसान को निर्विघ्न अपना करने देते हैं। भूमि उर्वरा है। सिंचाई के साधन सुलभ हैं, जिसके कारण भारत में कभी अकाल नहीं पड़ा, न कभी महंगाई ही बढ़ी। भारत में दो बार वर्षा होती है। भारत के किसान दो फसलें काटते हैं। इसके अतिरिक्त फल और मूल दलदल से उत्पन्न होते हैं, जो भिन्न-भिन्न मिठना के होने के साथ-साथ लोगों को प्रचुर खाद्य सामग्री देते हैं। कौटिल्य ने कुष्ट (जुती हुई), अकुशल (बिना जुती हुई), स्थल (ऊँची) आदि अनेक भूमियों का उल्लेख किया है। खेती हल बैल की सहायता से होती थी। सिंचाई की ओर राज्य का विशेष ध्यान था। अनेक अधिकारी थे जो नगरों का निरीक्षण करते थे। जूनागढ़ के अभिलेख के अनुसार चन्द्रगुप्त के क्षत्रप, पुष्यगुप्त ने सौराष्ट्र में सिंचाई के लिए सुदर्शन झील का निर्माण कराया था।

अर्थशास्त्र में सिंचाई के अनेक साधनों का उल्लेख है—

(1) नदी, सर, कूप, तड़ाग आदि से सिंचाई।

(2) डोल या चरस (चमड़े का विशाल डोल) से कुएँ से पानी निकाल कर सिंचाई।

(3) बैलों द्वारा खीचें जाने वाले रहट या चरस से कुएँ द्वारा सिंचाई।

(4) बांध बनाकर नदियों द्वारा सिंचाई।

(5) वायु संचालित चक्की द्वारा सिंचाई।

भूमि की उर्वरक शक्ति को बढ़ाने के लिए कौटिल्य ने, घी, शहद, चर्बी, मछलियों का चूरा, गोबर, राख आदि की खाद का उल्लेख किया है। उस समय में गेहूँ, जौ, चना, चावल, गन्ना, उड़द, मूंग, सरसों, मसूर, मटर, कपास, आलू, सहजन, तरबूज और खरबूजे प्रमुख उपजें थीं। फलों में आम, जामुन, अनार, अंगूर, किशमिस, फालता, नीबू आदि उल्लेखनीय हैं।

(ii) **उद्योग धन्धे**—मौर्य काल में वस्त्र चरमोत्कर्ष अवस्था में था। काशी, वत्स; अपरान्त, वंग, मदुरा इसके प्रमुख केन्द्र थे। सूत कातने में चरखों तथा वस्त्र निर्माण में करघों का प्रयोग होता था। अर्थशास्त्र तथा मैगस्थनीज दोनों के अनुसार उस समय कपास की उपज प्रचुर मात्रा में होती थी। सूती कपड़े बनाने वाले तन्तुवाद (जुलाहे) व्यस्त रहते थे। वस्त्र निर्माण में सन का भी प्रयोग होता था। अर्थशास्त्र के अनुसार मगध तथा काशी अपने सन के कपड़ों के लिए प्रसिद्ध क्षेत्र थे।

उस समय अनेक प्रकार के वृक्षों के पत्तों, छालों तथा रेशों से भी कपड़े बनाए जाते थे। अर्थशास्त्र में ऊनी कपड़ों में विविध प्रकार के कम्बलों का विस्तार से वर्णन है। इनका निर्माण कई तरह से होता था। खचित (बटे हुए सूत से), भिन्न-भिन्न रंग वाली ऊनों से, खण्ड संघाट्य (पट्टों का जोड़) तन्तुविच्छिन्न, उनसे ताना-बाना एक करने के बाद फिर बुनते थे। कम्बलों के व्यवसाय का प्रमुख केन्द्र नेपाल था। मैगस्थनीज ने भारतीयों के बहुमूल्य वस्त्रों का उल्लेख किया है। उसके अनुसार भारतीय विभिन्न प्रकार के कामदार मलमल के वस्त्र पहनते थे। बंगाल मलमल वस्त्र का व्यवसाय केन्द्र था। उस समय चीन से रेशमी वस्त्र आते थे। भारतीय जुलाहे रंग-बिरंगे वस्त्र बनाते थे।

(iii) **धातु-कर्म**—मैगस्थनीज के अनुसार भारत में सोना चाँदी प्रचुर मात्रा में होता था। जस्ता, तांबा तथा लोहा भी प्रचुर मात्रा में उपलब्ध था। इनका प्रयोग आभरण तथा अस्त्र-शस्त्र के निर्माण में होता था। साधारणतया खानों का काम राज्य स्वयं करता था। कभी-कभी अन्य व्यक्तियों को ठेका भी दिया जाता था। राज्य का प्रतिनिधि खान अधिकारी अकराध्यक्ष कहलाता था। मौर्यकाल में भारत में स्त्री-पुरुष दोनों ही आभूषणों का प्रयोग करते थे। एरियन के अनुसार धनी लोग अपने कानों में हाथी दाँत के उच्चकोटि के आभूषण पहनते थे। कौटिल्य ने हाथी दाँत तथा धातुओं के आभूषण बनाने वालों का उल्लेख किया है। बड़े-बड़े सुनारों की दुकानों पर व्यापक (भट्टी धौकने वाले), पाशुवालक (गर्द साफ करने वाले) रहते थे।

स्वन्यध्यक्ष के निरीक्षण में समुद्र से विविध मणि, रत्न, मुक्ता, शंख, सीर्प आदि निकालने का कार्य होता था। मैगस्थनीज ने भी भारतीयों के सोने के तारों के काम वाले वस्त्रों तथा उन पर सज्जित बहुमूल्य रत्नों का उल्लेख किया है। आयुधागाराध्यक्ष के निरीक्षण में धातुओं से शस्त्रों का निर्माण होता था। धातु द्वारा बर्तन निर्माण भी उन्नत अवस्था में था। धातुओं से निकालने, गलाने, मुलायम करने, पीटने तथा ढालने की क्रियाओं का सविस्तार वर्णन अर्थशास्त्र में है।

मौर्य साम्राज्य में वन राज्य की सम्पत्ति थे। लकड़ी के काटने, ढोने तथा उनके विविध प्रयोग करने की सुव्यवस्था थी। लकड़ी की छाल, रेशे, लता, बांस आदि के अनेक प्रयोग होते थे। जहाज निर्माण के लिए उत्तम कोटि की लकड़ी की आवश्यकता पड़ती थी।

(*iv*) **चर्म उद्योग**—अर्थशास्त्र में अनेक प्रकार के चमड़ों का वर्णन है। विभिन्न पशुओं के चर्म को किस प्रकार निकाला जाए तथा उसकी क्या-क्या वस्तुएँ बनाई जाएँ। इसका भी विस्तार से वर्णन है।

(*v*) **शराब का व्यवसाय**—यह व्यवसाय भी उन्नत अवस्था में था। अर्थशास्त्र में छः प्रकार की शराब का वर्णन है। मेदक, प्रयन्न, आसव, अरिष्ट, मैरेय और मधु का वर्णन है। शराब के निर्माण, व्यवसाय तथा प्रयोग पर सुराध्यक्ष का पूर्णाधिकार था, इसी प्रकार अर्थशास्त्र में अन्य अनेक प्रकार के व्यापारों का उल्लेख है।

राज्य प्रत्येक व्यवसाय की उन्नति के लिए उस पर दृष्टि रखता था। व्यवसायियों को राज्य की ओर से पूर्ण संरक्षण मिलता था। किसी शिल्पकार को हानि पहुँचाने पर कठोर दण्ड का विधान था। किसी शिल्पकार के हाथ तोड़ने या आँख फोड़ने वाले को मृत्युदण्ड दिया जाता था। व्यवसायिक को उचित लाभ की सुविधा प्राप्त थी। किन्तु अनुचित लाभ लेने वाले, बेईमानी करने वाले, कम तोलने या मिलावट करने वालों को मृत्युदण्ड दिया जाता था।

कौटिल्य ने व्यवसाय के क्षेत्र में निजी तथा राजकीय क्षेत्र के बीच का मार्ग अपनाया था।

IV. व्यापार एवं वाणिज्य

(*i*) **आंतरिक व्यापार**—मौर्य काल में आन्तरिक तथा विदेश व्यापार उन्नत अवस्था में था। आन्तरिक व्यापार के लिए सुरक्षित स्थल मार्ग थे। पाटलिपुत्र से पश्चिमोत्तर प्रदेश को जाने वाला मार्ग 1500 कोस लम्बा था। दूसरा मार्ग 'हेमवत पथ' हिमालय था जो हिमालय की ओर जाता था। दक्षिण भारत में भी अनेक प्रमुख मार्ग थे। कौटिल्य के कथनानुसार खानों से गुजरने वाला 'दक्षिणी पथ' सर्वाधिक महत्त्वपूर्ण था जिस पर

सर्वाधिक गमनागमन होता था तथा कम से कम परिश्रम पड़ता था। इसी प्रकार एक मार्ग पाटलिपुत्र से पूर्व की ओर भी जाता था। मुख्य मार्गों पर प्रति आधा कोस पर दूरी सूचक चिन्ह अंकित थे।

स्ट्रेबो का कथन है कि इन मार्गों में निरीक्षण के लिए निरीक्षक नियुक्त होते थे, जो उपमार्गों पर दूसरी सूचक चिन्ह लगवाते थे। इन्हें सुरक्षित तथा सुव्यवस्थित रखना राज्य का एक मुख्य कार्य था।

आन्तरिक व्यापार में नदियों का भी उपयोग किया जाता था। नदियों में छोटी-बड़ी नावों के अतिरिक्त डोगियों को भी काम में लाया जाता था।

साम्राज्य के विभिन्न प्रदेश अपनी विभिन्न वस्तुओं के लिए प्रख्यात थे, जैसे–काश्मीर, कौशल, कलिंग तथा बिदार्भ हीरे, हिमालय का इलाका चर्म उद्योग, मगध वृक्षों के रेशे तथा उनसे निर्मित वस्त्रों, काशी सभी प्रकार के वस्त्रों, बंगाल मलमल, नेपाल ऊनी वस्त्रों, ताम्रपणि, पाण्ड्य तथा केरल मोतियों के लिए प्रसिद्ध थे। व्यवसायियों के काफिले दूर तक अपने माल के साथ यात्रा करते थे। नगरों में विभिन्न वस्तुओं की दुकानें अलग-अलग थीं। व्यवसायी घूमकर भी अपना माल बेचते थे।

(*ii*) **विदेशी व्यापार**—उस समय विदेशी व्यापार भी विकसित था। विदेशी व्यापार कुछ लोगों का मुख्य व्यापार था। यह व्यापार स्थल और जल दोनों मार्गों से होता था। समुद्र में व्यापार (विशाल जहाज) के द्वारा किया जाता था। बन्दरगाहों पर जहाजों के आने-जाने की अच्छी व्यवस्था थी। इसकी देखरेख के लिए एक अध्यक्ष होता था। भारत में आने वाली वस्तुओं में चीन पट्ट तथा कार्दमिक या मोती का विशेष महत्त्व था। भारत और मिश्र के अच्छे व्यापारिक सम्बन्ध थे। इसको प्रोत्साहित करने के लिए मिश्र के सम्राट टालमी ने वरनिस नामक बन्दरगाह की स्थापना की। सम्राट विदेशी व्यापार को बढ़ावा देने के लिए ही विदेशी राजदूत नियुक्त किये थे।

V. सांस्कृतिक दशा

(*i*) **लिपि**—अशोककालीन शिलालेखों में ब्राह्मी तथा खरोष्ठी लिपि का प्रयोग किया गया है। अन्य स्थानों पर भी ब्राह्मी का अधिक प्रयोग मिलता है। खरोष्ठी लिपि दायें से बायें लिखी जाती थी। इसका प्रचलन पाँचवीं शताब्दी तक रहा। आधुनिक देवनागरी लिपि के समान ब्राह्मी लिपि बायें से दायें लिखी जाती थी। यह देशव्यापी जनता की भाषा थी।

(*ii*) **शिक्षा**—मौर्य युग में शिक्षा का पर्याप्त प्रचार था। अशोक के अभिलेख समाज की शिक्षा के लिए ही लिखे गये थे। इसी आधार पर डा० स्मिथ ने कहा है—"अशोक के समय भारत का प्रतिशत स्तर इंग्लैंड के अनेक प्रान्तों के प्रतिशत स्तर से

ऊँचा था।" तक्षशिला उस समय सबसे प्रसिद्ध विश्वविद्यालय था। जिसमें प्रसेनजित, बिम्बसार और चन्द्रगुप्त मौर्य आदि ने शिक्षा प्राप्त थी। जातक कथाओं में अनेक राजकुमारों के तक्षशिला में अध्ययन का वर्णन है। विश्वविद्यालयों के अतिरिक्त गुरुकुलों, मठों तथा विहारों में भी शिक्षा दी जाती थी। अनेक ब्राह्मण आचार्यों को इसके लिए भूमि मिली हुई थी। ये लोग भी जीविका की चिन्ता में मुक्त अध्ययन, अध्यापन करते थे। बौद्ध विहार, भिक्षु तथा भिक्षुणियां भी सहायता करती थीं।

(*iii*) **साहित्य**—मौर्य युग में साहित्य का भी पर्याप्त विकास हुआ। कौटिल्य का 'अर्थशास्त्र', पाणिनी की 'अष्टाध्यायी', और कात्यायन की 'वार्तिक' इसी काल में लिखे गये। नाटककार सुबन्धु और कामसूत्र के रचयिता वात्सायन भी इसी युग में पैदा हुए थे। इसी समय त्रिपिटिकों का संकलन तथा बौद्धों की तृतीय बौद्ध संगीति जैसी प्रमुख साहित्यिक गतिविधियां हुईं। जैन विद्वानों में भद्रबाहु, जम्मू स्वामी, प्रभव आदि प्रसिद्ध थे। कुछ विद्वानों के अनुसार आचारांग सूत्र, भगवती सूत्र, समवायांग सूत्र आदि रचनायें इसी युग में हुई।

(*iv*) **कला**—मौर्यकाल में कला की पर्याप्त उन्नति हुई। चन्द्रगुप्त मौर्य के काल के राजप्रासादों एवं अन्य भवनों में ईंट और लकड़ी की कलाकृतियों का प्रयोग हुआ। अशोक के काल से पत्थरों का प्रयोग आरम्भ हो गया था। अशोक ने अनेक नगरों तथा पाटलिपुत्र में अपने राजमहल का निर्माण करवाया। ये भवन अत्यन्त भव्य थे। इनको देखकर सात सौ वर्ष बाद आने वाला चीनी यात्री फाह्यान दंग रह गया था और कहा था—"इस लोक के लोग उसे नहीं बना सकते। यह तो आज भी नया सा है।" पर्वतों को काटकर गुफाओं का निर्माण कराया। अजन्ता और एलोरा की गुफायें इसके प्रसिद्ध उदाहरण हैं। नागार्जुनी पहाड़ियों पर बनाये गये गुफागृह भी कला के नमूने हैं। कहा जाता है कि अशोक ने 84 हजार स्तूपों का निर्माण करवाया। चीनी यात्री ह्वेनसांग के अनुसार ये स्तूप तक्षशिला, श्रावस्ती, कपिलवस्तु, कुशीनगर, बनारस, वैशाली और गया आदि नगरी में विद्यमान थे। अशोक के काल में बनाये गये प्रस्तर स्तम्भ अत्यन्त आकर्षक हैं। ये आज भी शीशे की तरह चमकते हैं। डा० स्मिथ के अनुसार ये प्राचीन विश्व में अद्वितीय हैं।

8 नवीन धार्मिक आन्दोलन

ई०पू० छठी शताब्दी (600 B.C.) धार्मिक आन्दोलनों की शताब्दी मानी गयी है। उस समय विश्व में विभिन्न स्थानों पर नवीन धार्मिक विचारों का सूत्रपात हुआ। ईओनिया में हेराक्लिटस ने, ईरान में जोरास्टर ने और चीन में कनफ्यूसियस ने नवीन धार्मिक विचारों का प्रचार किया। भारत भी इन युगान्तरकारी प्रभावों से मुक्त न रहा और यहां पर उन धार्मिक आन्दोलनों का सूत्रपात हुआ जिन्होंने भारत में उन प्रमुख धर्मों को जन्म दिया जो आगे आने वाली शताब्दियों में भारत में ही नहीं अपितु विदेशों में भी प्रभावपूर्ण हुए।

उस समय तक यज्ञ और बलि पर आधारित प्राचीन वैदिक धर्म अपने प्रभाव को खो चुका था। जनसाधारण न उसे समझ सकता था, न उसमें रूचि ले पाता था और न उसके व्यय के भार को उठा पाता था। ब्राह्मणों की श्रेष्ठता और शूद्रों की हीन स्थिति पर आधारित सामाजिक व्यवस्था भी क्षोभ और आक्रोश का कारण बन गयी तथा क्षत्रियों ने धर्म के क्षेत्र में ब्राह्मणों की श्रेष्ठता को चुनौती दी। क्षत्रीय ही शस्त्र-धारण के अधिकारी थे। वे ही राज्य में शान्ति-व्यवस्था, कृषि तथा व्यापार की रक्षा में संलग्न थे। कृषि और व्यापार की उन्नति ने उसके महत्व को समाज में स्पष्ट किया। इस कारण, ब्राह्मणों से सामाजिक श्रेष्ठता में प्रतिस्पर्धा करना उनके लिए स्वाभाविक हो गया। इस प्रकार, तत्कालीन धार्मिक और सामाजिक स्थिति के प्रति असन्तोष, जीवन के दुखों और उनके कारणों का गम्भीरता से मनन और इन दुखों से युक्ति प्राप्त करने वाले मार्ग तथा एक सत्य की खोज की तीव्र लालसा उस युग की एक विशेषता बन गयी। साथ ही, बदलती हुई आर्थिक, परिस्थितियों, लोहे के अधिकाधिक प्रयोग, कृषि और व्यापार में उन्नति, नगरीय जीवन में प्रगति, व्यवसायों, मजदूरों और कारीगरों की संख्या में वृद्धि आदि ने जिनसे सामाजिक जीवन गम्भीरता से प्रभावित हुआ, निस्सन्देह, धार्मिक और आध्यात्मिक चिन्तन को बढ़ावा दिया।

इन सभी कारणों से ई०पू० छठी शताब्दी (600 B.C.) के अन्तिम समय में तथा ई०पू० पाँचवी शताब्दी (500 B.C.) में विभिन्न धार्मिक आन्दोलनों का जन्म हुआ।

मानसिक चिन्तन के आधार पर विचारों की स्वतंत्रता और सत्य की खोज के प्रति आकर्षण उपनिषदों ने ही आरम्भ किया था। उपनिषदों ने ज्ञान-मार्ग का प्रतिपादन किया। आत्मा है अथवा नहीं, यदि है तो इसकी प्रकृति क्या है, मृत्यु के पश्चात् मनुष्य के लिए क्या है, मनुष्य के लिए श्रेष्ठ स्थिति क्या है, आदि प्रश्न उपनिषदों द्वारा उठाये गये और उनके उत्तर भी दिये गये। उपनिषदों ने मोक्ष-प्राप्ति अथवा जीवन-मरण की क्रियाओं से मुक्ति पाकर परम-ब्रह्म या परमात्मा में लीन हो जाना मनुष्य के लिए श्रेष्ठ स्थिति बताया और उसे प्राप्त करना ज्ञान के द्वारा सम्भव बताया। उपनिषदों के अनुसार सत्कर्म, यज्ञ, बलि, आदि मनुष्य को भविष्य में श्रेष्ठ जीवन तो प्रदान कर सकते हैं परन्तु मोक्ष-प्राप्ति में सहायक नहीं हैं। इस प्रकार, अप्रत्यक्षत: वैदिक-धर्म की मुख्य विशेषता यज्ञ और उसमें दी जाने वाली मनुष्य और पशु-बलि पर सर्वप्रथम आक्रमण उपनिषदों ने ही आरम्भ किया था। वैसे भी 'शतपथ-ब्राह्मण' के रचना-काल तक वैदिक-धर्म में मनुष्य-बलि बहुत कम मात्रा में प्रयोग की जाने लगी थी परन्तु पशु-बलि में कोई कमी नहीं थी। इस प्रकार, उपनिषदों में मूलतया पशु-बलि की उपयोगिता को ही नकारा था। इस प्रकार स्वयं उपनिषदों ने वैदिक-धर्म की मूल मान्यताओं को नकार कर विचारों की स्वतंत्रता पर बल दिया और धर्म में विभिन्न चिन्तनों के लिए मार्ग प्रशस्त किया।

परिवर्तित आर्थिक परिस्थितियों ने विभिन्न धार्मिक आन्दोलनों की उत्पत्ति में प्रमुख भाग लिया। उत्तरवैदिक-काल में आर्य उत्तर-पूर्व की ओर अग्रसर हो गये थे, उन्हें लोहे का ज्ञान हो गया था और उन्होंने उसका प्रयोग केवल अस्त्र-शस्त्र बनाने के अलावा कृषि-उपयोगी उपकरणों के निर्माण के लिए भी प्रारम्भ कर दिया। था। 'शतपथ-ब्राह्मण' में अग्नि द्वारा जंगल को जलाकर आर्यो द्वारा उत्तर-पूर्व की ओर बढ़ने का उल्लेख है। निश्चय ही यह क्रिया जंगलों को जलाकर भूमि को कृषि-उपयोगी बनाने की क्रिया थी। मगध (पूर्वी उत्तर प्रदेश और बिहार) तक पहुंचने से आर्यों को बहुत बड़ी मात्रा में अति श्रेष्ठ और कृषि-उपयोगी भूमि प्राप्त हो गयी। लोहे के उपकरणों की खेती में प्रयोग किये जाने से कृषि-उत्पादन में बहुत सहायता भी मिली। इससे आर्यों का आर्थिक और सामाजिक जीवन गम्भीरता से प्रभावित हुआ। कृषि में वृद्धि होने से पशुओं की आवश्यकता में वृद्धि हो गयी। वैदिक-धर्म में यज्ञों में पशु-बलि देना आवश्यक था और यज्ञ प्रत्येक शुभ-अवसर पर या शुभ कार्य की प्राप्ति के लिए किये जाते थे। इससे पशु-धन की बहुत हानि होती थी। इस कारण कृषि-उत्पादन में वृद्धि किये जाने के लिए इस पशु-हानि को रोकना आवश्यक हो गया। इसी कारण यज्ञों का विरोध किये जाने का विचार उत्पन्न हुआ और पशुओं की रक्षा और उनका उचित पालन करके उनकी संख्या में वृद्धि किया जाना आवश्यक समझा गया। महात्मा बुद्ध कृषि की उन्नति और उसी हेतु गाय और बैल की बलि को रोकना आवश्यक मानते थे।

एक बौद्ध-ग्रन्थ में कृषि-उपयोगी पशुओं की समता मनुष्य के सम्बन्धियों से की गयी है। 'दिग-निकाय' ग्रन्थ में महात्मा बुद्ध ने राजा महाविजित का उदाहरण एक योग्य शासक के रूप में प्रस्तुत किया है क्योंकि उसने उन किसानों को हल, पशु और बीज दान में दिये जो कृषि के राज्य की सेवा करने को तत्पर थे। इसी प्रकार, जैनधर्म ने भी कृषकों की भलाई पर ध्यान देने की सलाह दी और अहिंसा पर बल देकर पशु-बलि को अनुचित बताया। कृषि-उत्पादन में वृद्धि होने से अन्य कई गम्भीर परिणाम निकले। इससे व्यापार की उन्नति हुई क्योंकि किसान के पास अपनी आवश्यकता से अधिक ऊपज का जो हिस्सा बाकी रह जाता था उसका प्रयोग उसने विनिमय और व्यापार के लिए किया। व्यापार में प्रगति होने से नगरों का निर्माण सम्भव हुआ। पाली-ग्रन्थों में उस समय में गंगा की घाटी में विकसित अनेक नगरों का वर्णन प्राप्त होता है। इनमें चम्पा, राजगृह, वैशाली, वाराणसी, कौशाम्बी, कुशीनग्र, श्रावस्ती और पाटलिपुत्र जैसे महत्वपूर्ण नगर सम्मिलित थे। लोहे के उपकरणों के बढ़ते हुए उपयोग और नगरों के निर्माण ने विभिन्न अन्य व्यवसायों को जन्म दिया। उससे अन्तर्राज्यीय और विदेशी व्यापार की उन्नति हुई। उससे समाज में धनवान और निर्धन दोनों ही वर्गों का निर्माण हुआ। नगरों में 'श्रेष्ठिन' और गाँवों में 'गहपति' (गृहपति) शब्दों का प्रयोग क्रमशः धनवान व्यापारियों और कृषकों के लिए ही उस काल में किया गया था। व्यापारिक प्रगति का एक महत्वपूर्ण प्रमाण उस काल में प्रचलित हुए आहत-सिक्कों का प्राप्त होना है जिनके प्रचलन से व्यापार में सुविधा और प्रगति हुई। कृषि, व्यापार और विभिन्न व्यवसायों में प्रगति होने से आर्यों की कबाइली परम्पराएं टूटने लगीं। नगरों का निर्माण स्थायी जीवन का प्रमाण था और गांवों में भी चरवाह-कृषक-वर्ग का स्थान भूमि पर स्थायी रूप से खेती करने वाले किसानों ने ले लिया। ऐसे किसानों और नगरों में निवास करने वाले व्यावसायिक और व्यापारी वर्ग के लिए यह आवश्यक हो गया कि सम्पत्ति को क़बीले की न मानकर व्यक्ति की स्वीकार किया जाय और उसकी सुरक्षा समाज और राज्य का दायित्व हो। सम्पत्ति भी अब पशु-सम्पत्ति मात्र नहीं रह गयी अपितु सम्पत्ति का संचय भूमि, व्यापार और उद्योगों के रूप में अधिकाधिक होने लगा। इन आर्थिक परिवर्तनों ने समाज में विभिन्न नवीन वर्गों को जन्म दिया, शक्तिशाली शासक-वर्ग की उपस्थिति को आवश्यक बना दिया जो बढ़ते हुए व्यापार, उद्योग, कृषि और व्यक्तिगत सम्पत्ति को सुरक्षा प्रदान कर सके। इसी कारण छत्री-वर्ग के महत्व को बढ़ावा मिला, अनावश्यक युद्धों को रोकने और व्यापारिक मार्गों की सुरक्षा किये जाने की आवश्यकता पर बल दिया और तत्कालीन विभिन्न धार्मिक और सामाजिक मान्यताओं को तोड़ दिये जाने की आवश्यकता को बताया क्योंकि वे उस समय की सामाजिक और आर्थिक प्रगति में बाधक होने लगी थीं। उदाहरणार्थ, जब कि वैदिक-धर्म समुद्री-यात्राओं का निषेध करता था, व्यापार की प्रगति के लिए समुद्री-यात्राएँ और धर्म के

द्वारा स्वीकृत किया जाना आवश्यक हो गया था। बौद्ध धर्म ने इसी कारण समुद्री-यात्राओं को स्वीकृति प्रदान की। इसी प्रकार, विभिन्न यज्ञों की पूर्ति के लिए जो युद्ध होते थे, वे व्यापार को हानि पहुँचाते थे। व्यापार अन्तर्राज्यीय आधार पर किया जाता था। उसके लिए एक विस्तृत साम्राज्य का निर्माण आवश्यक था अथवा अनावश्यक जनजातीय या कबाइली समाजों का शान्तिपूर्ण सह-अस्तित्व उचित था। ऐसी स्थिति में धार्मिक दृष्टि से यज्ञों का किया जाना अनुचित समझा जाने लगा। इस प्रकार, तत्कालीन आर्थिक परिवर्तनों ने प्रचलित धार्मिक और सामाजिक मान्यताओं के विरोध का मार्ग प्रशस्त किया।

सामाजिक परिवर्तनों ने भी तत्कालीन विचारधाराओं को गम्भीरता से प्रभावित किया। प्रारम्भ में वर्ण-व्यवस्था उदार थी और कर्म के अनुसार वर्ण में परिवर्तन सम्भव था परन्तु उत्तरवैदिक-काल के बाद के समय में वर्ण-व्यवस्था कठोर हो गयी और वर्ण का आधार कर्म न होकर जन्म माना जाने लगा। ऐसी स्थिति में ब्राह्मणों और क्षत्रियों ने समाज में श्रेष्ठ स्थिति प्राप्त कर ली तथा उन्होंने परस्पर एक समझौता भी कर लिया जिसमें पुरोहिती और शिक्षा पर अधिकार ब्राह्मणों का और शासन पर अधिकार क्षत्रियों का स्वीकार कर लिया गया। परन्तु कालान्तर में यह स्थिति भी मान्य नहीं रही। जब कृषि, व्यापार और उद्योगों की प्रगति हुई तब वैश्यों और शूद्रों ने जिनकी स्थिति समाज में निम्न कर दी गयी थी, इस स्थिति का विरोध किया, मुख्यतया वैश्यों ने जिनके पास अब अधिक सम्पति हो गयी थी। उन्होंने समाज में उच्च स्तर प्राप्त करने के लिए क्षत्रीय-वर्ग का समर्थन किया जो उनकी कृषि, व्यापार और सम्पत्ति को सुरक्षा प्रदान कर सकता था। ऐसी स्थिति में क्षत्रियों ने भी उनका साथ दिया और ब्राह्मणवाद, मुख्यतया पुरोहित-वर्ग की सत्ता का विरोध किया। यज्ञों और बलि-प्रथा की वृद्धि का एक मुख्य कारण ब्राह्मण-पुरोहित-वर्ग का धन का लालची हो जाना था। प्रत्येक यज्ञ एक धार्मिक अनुष्ठान था जिसमें ब्राह्माणों-पुरोहित-वर्ग का दान के रूप में धन, पशु, भोजन आदि प्राप्त करता था। इस कारण, ब्राह्मणों का आचरण भी गिर गया था। उनमें एक तरफ एक वर्ग धन के लालच में आचरणहीन हो रहा था दो दूसरी तरफ एक ऐसा भी वर्ग था जो धन के अभाव में निम्न व्यवसायों को अपना रहा था। ऐसी स्थिति में जन्म के आधार पर वर्ण का निश्चित होना और ब्राह्मणों को श्रेष्ठता का दावा करना विरोध का कारण बन गया। धनवान वैश्य-वर्ग ने अपनी सामाजिक स्थिति के उन्नयन हेतु इस विरोध का समर्थन किया और क्षत्रिय-वर्ग से इस कार्य में सहायता ली। अन्य व्यवसायी-वर्गों ने भी अपनी सामाजिक स्थिति में सुधार करने के लिए इस विरोध को सहयोग प्रदान किया। नवीन धार्मिक विचारधाराओं में उस काल में जैन और बौद्धधर्म सबसे अधिक लोकप्रिय हुए और यह कोई आकस्मिक घटना न थी कि इन दोनों धर्मों के प्रवर्तक क्षत्रिय राजकुमार थे। ये दोनों धर्म तत्कालीन सामाजिक स्थिति में परिवर्तन

किये जाने वाले विचारों का प्रतिनिधित्व करने वाले सिद्ध हुए। दोनों धर्मों ने जन्म के आधार पर वर्ण को निश्चित किये जाने का विरोध किया। इन दोनों ने ही कर्म को वर्ण निश्चित किये जाने का आधार बताया। वैदिक-धर्म में ब्राह्मण निम्न कार्य करके भी ब्राह्मण कहलाने का अधिकारी था। परन्तु इन दोनों धर्मों ने कर्म के अनुसार उच्च वर्ण के व्यक्ति को निम्न वर्ण में माने जाने और निम्न वर्ण के व्यक्ति को उच्च वर्ण में माने जाने का समर्थन किया। महात्मा बुद्ध ने शुद्ध आचरण करने वाले ब्राह्मण-व्यक्ति को ब्राह्मण मानने और उसकी प्रशंसा करने में कोई संकोच नहीं किया था। परन्तु निम्न कर्म करने वाले ब्राह्मण को वह ब्राह्मण कहलाने का अधिकार प्रदान करना नहीं चाहते थे। महावीर स्वामी ने भी कहा था कि जो अग्नि में तपाकर शुद्ध किये और घिसे गये सोने की भाँति पाप-मल से रहित है और जो राग-द्वेष और भय से मुक्त है, उसे हम ब्राह्मण कहते है। इस प्रकार के जैन और बौद्ध दोनों धर्मों ने कर्म के अनुसार व्यक्ति के सामाजिक स्तर का निर्धारण किया जाना उचित बताया। इसी कारण, इन दोनों धर्मों का दृष्टिकोण निम्न जातियों के प्रति उदारता का रहा। बौद्ध भिक्षु और जैन साधु को किसी भी जाति के मनुष्य के यहाँ खाना खाने की स्वतंत्रता प्रदान की गयी थी जबकि वैदिक-धर्म में खान-पान के संबंध में विभिन्न प्रतिबन्ध थे। बदलते हुए इस सामाजिक दृष्टिकोण का एक स्पष्ट उदाहरण एक तरफ जैन और बौद्ध मतावलम्बियों तथा दूसरी तरफ वैदिक-धर्म के समर्थकों का वेश्याओं और नगर-वधुओं के प्रति विपरीत विचारों से मिलता है। जैन और बौद्धों ने वेश्याओं और नगर-वधुओं प्रति के भी उदारता का दृष्टिकोण अपनाया। महात्मा बुद्ध स्वयं वैशाली की नगर-वधु अम्बपाली के मेहमान के रूप में उसके निवास-स्थान पर रहे और उन्होंने वेश्याओं के भिक्षुणी बनने पर कोई प्रतिबन्ध नहीं लगाया। इसके विपरीत ब्राह्मण वेश्या और नगर-वधु के द्वारा दिये गये भोजन को स्वीकार करने के विरोध में थे। इस प्रकार, वैश्यों द्वारा अपनी सामाजिक स्थिति में सुधार किये जाने की लालसा, क्षत्रियों द्वारा ब्राह्मणों की श्रेष्ठता को चुनौती देने का अवसर और अन्य जातियों द्वारा उस अवसर का उपयोग अपने पक्ष में करने का प्रयत्न भी विभिन्न नवीन धार्मिक आन्दोलनों का कारण बने।

वैदिक-धर्म के दोष भी नवीन धार्मिक आन्दोलनों का मूल कारण थे। वैदिक-धर्म यज्ञ, बलि, आहुति और अन्य विभिन्न कर्मकाण्डों पर निर्भर हो गया था। जनसाधारण न उसे समझ सकता था और न उसका पालन कर सकता था। इस कारण, वह धर्म के पालन के लिए पूर्णतया पुरोहित-वर्ग पर आश्रित हो गया। पुरोहित-वर्ग ने अपने स्वार्थ के लिए धर्म को मूल्यवान भी बना दिया था। विभिन्न यज्ञों और कर्मकाण्डों की पूर्ति करना, जो स्वर्ग-प्राप्ति के मार्ग बताये जाते थे, साधारण व्यक्ति के लिए सम्भव नहीं था। केवल धनवान व्यक्ति ही ऐसे कर्मकाण्डों का व्यय उठा सकते थे। यही नहीं अपितु प्रत्येक जाति का व्यक्ति निर्वाण-प्राप्ति या स्वर्ग जाने का अधिकारी नहीं था। शूद्र स्त्री तो इस अधिकार से सर्वथा वंचित थे। ऐसे धर्म के प्रति जनसाधारण में अरुचि

होना स्वाभाविक था। इसके अतिरिक्त, वैदिक-धर्म द्वारा ब्राह्मणों की श्रेष्ठता पर बल, जन्म के आधार पर वर्ग-व्यवस्था का समर्थन तथा निम्न जातियों तथा स्त्रियों के प्रति अपेक्षा के प्रति उपेक्षा का व्यवहार भी उसके विरोध का कारण बने जिसे नवीन धार्मिक विचारों को पनपने में सहायता मिली।

उपरोक्त विभिन्न परिस्थितियों के कारण ई०पू० छठी शताब्दी के अन्त और ई०पू० पाँचवी सदी में उत्तर-भारत में विभिन्न धार्मिक विचारधाराओं का जन्म हुआ। उनमें से कुछ विचारधाराएँ अनिवादी, पूर्ण भौतिकवादी, सामाजिक नैतिकता से विहीन या नियतिवादी थी। अपने-अपने तरीके से उन्होंने वैदिक-धर्म की जातीय श्रेष्ठता, धर्म में पुरोहित-वर्ग की प्रधानता, यज्ञ और पशु-बलि आदि का विरोध किया और ऐसा करते हुए उन्होंने व्यक्ति को पाप-पुण्य और धर्म-अधर्म से मुक्त करके कर्म या नियति के अधीन कर दिया। परन्तु ऐसा करने में वे बहुत अधिक सफल नहीं हुए क्योंकि उनकी लोकप्रियता उनके समय में भी सीमित रही। ऐसी विचारधाराओं में से एक विचारधारा का प्रतिपादन पूरण काश्यप नामक एक ब्राह्मण ने किया। उसके अनुसार चोरी, डकैती, हत्या आदि में कोई पाप नहीं और दान, जप, तप आदि में कोई पुण्य नहीं। वह आत्मा और शरीर को पृथक मानता था। इस कारण उसका कहना था कि पाप-पुण्य का प्रभाव आत्मा पर नहीं पड़ता। कर्म का प्रभाव केवल शरीर तक सीमित है। इस कारण कोई भी कार्य पाप या पुण्य की श्रेणी में नहीं आता। एक अन्य सम्प्रदाय आजीवक था जिसकी स्थापना गोसाल ने की। वह नियतिवाद में विश्वास करता था। उसके अनुसार व्यक्ति का प्रत्येक कार्य और विचार नियति द्वारा पूर्व-निश्चत है। मनुष्य उसमें कोई परिवर्तन नहीं कर सकता। वह संन्यासी जीवन में विश्वास करता था परन्तु उसका कहना था कि यह भी नियति द्वारा निश्चित है। इस कारण, वह मनुष्य द्वारा किसी भी कार्य के किये जाने में विश्वास नहीं करता था। अजित केशकम्बिलन नामक आचार्य ने पूर्ण भौतिकवादी चिन्तन का समर्थन किया। सम्भवतया, यही विचारधारा विकसित होकर चार्वाक-दर्शन के नाम से विख्यात हुई । इस विचारधारा के अनुसार शरीर का निर्माण पृथ्वी (मिट्टी), जल, अग्नि और वायु से होता है, मृत्यु होने पर ये सभी नष्ट हो जाते हैं तथा पाप-पुण्य तथा सत्य-असत्य झूठी कल्पनाएँ हैं। इस कारण, इस शरीर के रहते हुए जो भी अपने शारीरिक सुख के लिए किये जाने की इच्छा हो, वह व्यक्ति को करना चाहिए। एक अन्य व्यक्ति पयुध कात्यायन ने भी भौतिकवादी विचारधारा का प्रचार किया तथा कर्म और पुनर्जन्म को अस्वीकार किया। उसने सात तत्वों का वर्णन किया—पृथ्वी, जल, वायु, प्रकाश, सुख, दुःख और जीवन। मनुष्य न इनमें से किसी का निर्माण कर सकता है और न किसी को नष्ट कर सकता है। ऐसी स्थिति में जो है उसे स्वीकार करना ही व्यक्ति के लिए उचित है। ये विचारधाराएँ तत्कालीन समाज का मार्ग-निर्देशन करने में असमर्थ रहीं। इनका तत्कालीन समाज पर अधिक प्रभाव नहीं पड़ा। परन्तु एक अन्य

तरीके से उन्होंने तत्कालीन सामाजिक और धार्मिक चिन्तन को प्रभावित किया। इन अतिवादी विचारधाराओं ने प्रतिक्रिया को जन्म दिया। उनका विरोध हुआ। महावीर और महात्मा बुद्ध जैसे धर्म-प्रचारकों ने वैदिक-धर्म का ही नहीं अपितु इन विचारधाओं का विरोध करना भी आवश्यक समझा। इस प्रकार इन धार्मिक विचारों का इतना महत्व अवश्य रहा कि उन्होंने भी अप्रत्यक्षतया अन्य धार्मिक चिन्तनों के लिए मार्ग प्रशस्त किया।

इस काल में हुए धार्मिक आन्दोलनों में से दो आन्दोलन क्रान्तिकारी सिद्ध हुए जिन्होंने दो नवीन धर्मों-बौद्ध और जैनधर्म—को जन्म दिया और इनमें से अन्य दो-भागवत् और शैव धर्म-सुधारवादी सिद्ध हुए जिन्होंने हिन्दू धर्म में महत्वपूर्ण परिवर्तन किये और उसके दो महत्वपूर्ण सम्प्रदाय बन गये।

धार्मिक आन्दोलनों का स्वरूप

इन विभिन्न धार्मिक आन्दोलनों में विभिन्नता रही परन्तु तब भी उनमें कुछ समानताएँ भी थी। वैदिक-धर्म के सुधारवादी आन्दोलनों (भागवत् और शैव धर्म) के अतिरिक्त उन सभी में कुछ समानताएं प्राप्त होती हैं। जिनका प्रतिनिधित्व मुख्यतया उस समय के लोकप्रिय सम्प्रदायों—बौद्ध और जैनधर्म—ने किया। प्रायः उन सभी ने वेद-वाद और पुरोहित-वाद का विरोध किया; यज्ञों और पशु-बलि का विरोध किया तथा अहिंसा पर बल दिया; क्षत्रियों की श्रेष्ठता पर बल दिया; वर्ण का निर्धारण जन्म के आधार पर नहीं अपितु कर्म के आधार पर किये जाने की धारणा को बल दिया; कर्मकाण्डों और धार्मिक क्रियाओं के स्थान पर व्यक्ति की उन्नति के लिए आवश्यक नैतिक आचरण के पालन की विचारधारा को प्रोत्साहन दिया; तथा यह धारणा व्यक्ति को बिना वर्ग, वर्ण, जाति अथवा लिंग-भेद के सभी व्यक्तियों (स्त्री-पुरूषों) को निर्वाण-प्राप्ति सम्भव है। इसके अतिरिक्त, उन्होंने संन्यासी-जीवन को निर्वाण-प्राप्ति के लिए आवश्यक बताया। वैदिक-धर्म में भी संन्यास की व्यवस्था थी परन्तु मूलतया वह गृहस्थ-जीवन और कर्म पर आधारित था। इसके विपरीत, बौद्ध और जैन धर्म ने ही नहीं अपितु अन्य कई धार्मिक विचारधाराओं ने भी संन्यासी जीवन को ही श्रेष्ठ और मोक्ष-प्राप्ति का मार्ग बताया।

(क) जैनधर्म

जैन धार्मिक विचारधारा के अनुसार जैनियों के 24 तीर्थंकर हुए हैं। ऋषभ इनके सबसे पहले तीर्थंकर थे। ऋग्वेद में 'ऋषभ' और 'अरिष्ठनेमि' नामक दो तीर्थंकरों के नाम का उल्लेख हैं। परन्तु 23 वें तीर्थंकर पार्श्वनाथ से पहले के 22 तीर्थंकरों के बारे में कोई विशेष ऐतिहासिक प्रमाण प्राप्त नहीं होते। तब भी यह माना जा सकता है कि जैन विचारधारा अत्यन्त प्राचीन है। इनके 23 वें तीर्थंकर पार्श्वनाथ थे, यह सर्वमान्य है।

पार्श्वनाथ बनारस के राजा अश्वसेन के पुत्र थे। वे 30 वर्ष की आयु में संन्यासी हो गये। 84 दिन के कठोर तप के बाद उन्हें सत्य-ज्ञान की प्राप्ति हुई और उसके पश्चात् उन्होंने अपने उपदेश दिये। 100 वर्ष की आयु में बंगाल के सम्मेद शिखर (पहाड़ी) पर उनकी मृत्यु हुई।

1. वर्धमान महावीर का जीवन

जैन धर्म के मुख्य प्रवर्तक उनके 24 वें तीर्थंकर महावीर हुए। उनका बचपन का नाम वर्धमान था। उनका जन्म पार्श्वनाथ की मृत्यु के 250 वर्ष बाद वैशाली के निकट कुण्डग्राम में 540 ई०पू० के लगभग हुआ। उनके पिता सिद्धार्थ नाय (नाट अथवा नाय) वंश के एक धनवान सरदार थे और उनकी माता त्रिशला वैशाली के लिच्छवि-वंश के एक प्रसिद्ध राजा चेटक की बहिन थी। महावीर का विवाह यशोदा नामक स्त्री से हुआ और प्रियदर्शना नामक उनकी पुत्री थी। अपने माता-पिता की मृत्यु के उपरान्त तीस वर्ष की आयु में महावीर परिवार को त्याग दिया और सन्यासी बन गये। 13 महीने पश्चात् जाड़े के मौसम में उन्होंने वस्त्र त्याग दिये और नग्न साधु बन गये। 'कल्पसूत्र' और 'आचारांगसूत्र' के अनुसार महावीर ने ज्ञान-प्राप्ति के लिए कठोर तपस्या की। तपस्वी जीवन के 12 वर्ष पश्चात् ज्रिम्भिका ग्राम के निकट रिजुपालिका नदी के तट पर साल वृक्ष के नीचे महावीर को सत्य (या केवल) का ज्ञान हुआ जिसके कारण उन्होंने 'केवलिन' पुकारा गया। अपनी इन्द्रियों को जीतने के कारण वे 'जिन' कहलाये और अपने पराक्रम के कारण महावीर के नाम से विख्यात हुए। तत्पश्चात उन्होंने धर्म-प्रचार का कार्य आरम्भ किया। वह आठ महीने धर्म-प्रचार करते थे और चार महीने वर्षा - काल में किसी बड़े नगर में निवास करते थे। चम्पा, वैशाली, राजगृह, मिथिला, श्रावस्ती और इनके निकटस्थ क्षेत्र उनके प्रचार के केन्द्र-स्थान रहे। वह आजीवक सम्प्रदाय के प्रवर्तक गोसाल के सम्पर्क में आये यद्यपि उनसे उनके विचार नहीं मिले। 72 वर्ष की आयु में 468 ई०पू० के निकट पावा अथवा पावापुरी (जिला पटना) में राजा हस्तिपाल के महल में उनकी मृत्यु हुई। जैन-ग्रन्थों के अनुसार उस अवसर पर दो स्थानीय राजवंशों-मल्लिकों और लिच्छवियों-ने दीप-महोत्सव मनाया जो बाद में भारत में दीपावली के त्यौहार के रूप में स्वीकार किया गया, और आज भी मनाया जाता है।

2. प्रमुख जैन सम्प्रदाय

जैन धर्म मुख्यतया दो भागों में विभाजित है—(1) दिगम्बर जैन, और (2) श्वेताम्बर जैन। इनके महावीर के जीवन की घटनाओं, स्त्रियों के द्वारा निर्वाण प्राप्त करना, जैन मुनियों के द्वारा लिये जाने वाले भोजन आदि के बारे में कुछ अन्तर हैं परन्तु मुख्य अन्तर वस्त्र पहनने अथवा न पहनने का है। इसमें भी यह अन्तर जनसाधारण में नहीं है अपितु जैन-मुनियों के सम्बन्ध में हैं। श्वेताम्बर जैन-सफेद वस्त्र धारण करते हैं। जबकि दिगम्बर जैन-मुनियों के लिए नग्न रहना आवश्यक है।

यह विभाजन कब और किस प्रकार हुआ, यह निश्चित रूप से नहीं कहा जा सकता। कुछ विद्वानों के अनुसार 23वें तीर्थंकर पार्श्वनाथ ने नग्न रहने के लिए नहीं कहा था किन्तु वर्धमान महावीर ने नग्न रहने की व्यवस्था दी थी। कुछ विद्वानों के अनुसार, इस कारण जैनियों में यह अन्तर महावीर के समय से ही था। परन्तु, सम्भवतया, यह विभाजन महावीर की मृत्यु के 200 वर्ष पश्चात् हुआ। जैसाकि अधिकांश विद्वान कहते हैं, चन्द्रगुप्त मौर्य के समय में 12 वर्ष तक मगध में गम्भीर अकाल पड़ा जिसके कारण सम्राट चन्द्रगुप्त के खो जाने के भय से पाटलिपुत्र में जैनियों की प्रथम सभा बुलायी जिसमें 14 ''पूर्वों'' को 12 'अंगों' में संकलित किया गया तथा साथ ही साथ श्वेत वस्त्र पहनना भी आरम्भ कर दिया। जब भद्रबाहु के अनुयायी दक्षिण-भारत से मगध में वापस आये तब उन्होंने मगध के जैनियों को श्वेत वस्त्र धारण करते हुए पाया। उन्होंने इसका विरोध किया। जब आपस में कोई समझौता न हो सका तो जैन-सम्प्रदाय दिगम्बर और स्वेताम्बर नामक दो शाखाओं में विभाजित हो गया। बाद में दिगम्बरों ने 12 'अंगों' (जिनमें से एक अब तक प्राप्त नहीं है) को भी प्रामाणिक धार्मिक ग्रन्थ मानने से इन्कार कर दिया।

3. जैन धर्म का प्रसार

वर्धमान महावीर के समय में जैनधर्म कोसल, विदेह, मगध, अंग आदि राज्यों और उनके समीपवर्ती क्षेत्रों में लोकप्रिय हो गया। जैन-संघों और प्रचारकों ने उसके प्रसार में सहायता दी। क्षत्री-शासकों और कुछ गणतन्त्रीय राज्यों ने इसे संरक्षण प्रदान किया। तत्पश्चात् जैन धर्म के प्रसार का मुख्य आधार जैन धर्मावलम्बियों का भारत के विभिन्न प्रदेश में जाकर बसना था। इस प्रकार जैनधर्म का प्रसार उड़ीसा, दक्षिण-भारत, मथुरा, उज्जयनी, जूनागढ़ और गुजरात तक हुआ। मौर्य तथा गुप्त-वंश के शासन-काल के मध्य में जैनधर्म पूर्व में उड़ीसा से लेकर पश्चिम में मथुरा तक फैला हुआ था। परन्तु बाद के समय में इसके प्रमुख स्थान काठियावाड़, गुजरात और राजस्थान का कुछ भाग (जहां श्वेताम्बर सम्प्रदाय प्रमुख था) तथा दक्षिण-भारत में मैसूर और हैदराबाद (जहां दिगम्बर सम्प्रदाय प्रमुख था।) रहे। जैनधर्म का समर्थन करने वाले शासकों में चन्द्रगुप्त मौर्य (जो सम्भवतया बाद में जैनधर्म को मानने लगा था), कलिंग (उड़ीसा) का शासक खारवेल, गुजरात के शासक कुमारपाल और सिद्धराज तथा दक्षिण-भारत के गंग और कदम्ब-वंश के विभिन्न शासक महत्वपूर्ण रहे।

4. जैन धर्म के सिद्धान्त और दर्शन

वास्तव में वर्धमान महावीर ने किसी नवीन धर्म को जन्म नहीं दिया था। पाली-धर्मग्रन्थों में भी महावीर को एक नवीन धर्म का संस्थापक नहीं माना गया है अपितु पहले से स्थापित एक धर्म का सुधारक माना गया है। महावीर से पहले पार्श्वनाथ ने

जैन-सिद्धान्तों का निर्माण किया था। पार्श्वनाथ ने तप और संयम पर बल देने के अतिरिक्त निम्नलिखित चार सिद्धान बताये थे:

1. सत्य-भाषण;
2. अहिंसा;
3. अपरिग्रह (सम्पत्ति का त्याग और उसका संग्रह न करना);
4. अस्तेय (स्वेच्छा से न दी गयी वस्तु को ग्रहण न करना अर्थात् चोरी न करना);

महावीर ने इन चार में एक सिद्धान्त और शामिल कर दिया, और वह था–

5. ब्रह्मचर्य।

जैन-दर्शन हिन्दू सांख्य-दर्शन के बहुत निकट है। ईश्वर में अविश्वास, संसार दु:खमय है, मनुष्य को कर्म के अनुसार फल प्राप्त होता है (कर्म-सिद्धान्त) और 'जीव के आवागमन का सिद्धान्त' (निर्वाण अथवा मोक्ष-प्राप्ति से पहले जीव या आत्मा बारम्बार जन्म लेता है) जैन-दर्शन में भी प्रमुख स्थान रखते हैं।

जैन-दर्शन का विश्वास द्वैतवादी तत्वज्ञान में है। उसके अनुसार प्रकृति और आत्मा दो तत्व हैं। मनुष्य का व्यक्तित्व इन दो तत्वों—प्रकृति (अर्थात् भौतिक तत्व) और आत्मा (अर्थात् आध्यात्मिक तत्व—से मिलकर बना है जिनमें प्रथम तत्व नाशवान और दूसरा तत्व अनन्त (कभी नष्ट न होने वाला) तथा परिवर्तनशील है। द्वितीय तत्व की प्रगति करने से अन्त में मनुष्य निर्वाण प्राप्त कर सकता है।

संक्षेप में, जैन-दर्शन के अनुसार 'जीव' (आत्मा) और 'अजीव' (प्रकृति) के सम्पर्क में आने से कुछ ऐसी शक्तियों का निर्माण होता है जिनके कारण मनुष्य को जन्म, मृत्यु आदि जीवन के विभिन्न अनुभवों से गुजरना पड़ता है जो उसके दु:ख का मुख्य कारण होते हैं। यदि 'जीव और' 'अजीव' (प्रकृति) को संयुक्त न होने दिया जाय तथा पहले से संचित शक्तियों को नष्ट कर दिया जाय तो मनुष्य जन्म, मृत्यु आदि जीवन के विभिन्न अनुभवों से मुक्त होकर निर्वाण प्राप्त कर सकता है।[1] इसमें जैन-दर्शन के सात तत्व अर्थात् 'सत्य' सम्मिलित हैं। ये सात तत्व निम्नवत हैं:

1. कोई ऐसी चीज है जिसे जीव या आत्मा पुकारते हैं।
2. कोई ऐसी चीज है जिसे अजीव (प्रकृति या पुद्गल) पुकारते हैं।
3. 'जीव' और 'अजीव' मिलते हैं।
4. इन दोनों को मिलने से कुछ शक्तियों का निर्माण होता है।

---

1. Hira Lal Jain : *Cultural Heritage of India.*

5. इन दोनों को मिलने से रोका जा सकता है।

6. संचित (अर्थात् पूर्व-जन्म से प्राप्त) शक्तियों को नष्ट किया जा सकता है।

7. निर्वाण (मोक्ष)-प्राति सम्भव है।

उपर्युक्त सात तत्वों के ज्ञान के आधार पर जैन-दर्शन यह बताता है कि 'कर्म' को नष्ट करना आवश्यक है। पहले मनुष्य को बुरे कर्मों से बचना चाहिए और उसके पश्चात् कर्म करना बन्द कर देना चाहिए। इस कार्य को करने के लिए मुनष्य को जैन धर्म के पाँच सिद्धान्तों (सत्य-भाषण, अहिंसा, अपरिग्रह, अस्तेय और ब्रह्मचर्य) का पालन करना चाहिए। एक गृहस्थ-जैन के लिए अन्य साधारण नैतिक नियम भी बनाये गये हैं, जैसे भोजन के समय पर उपस्थित धार्मिक व्यक्तियों को भोजन खिलाना। जैन साधु के लिए कुछ अन्य कठोर नियम हैं। उसे अपने सिर के बालों को जड़ से उखाड़ देना होता है, उसका अपना कोई निवास-स्थान नहीं होता, वह केवल दिन में यात्रा करता है और ध्यान रखता है कि किसी जीव की हत्या न हो, वह चर्चा करते हुए अपनी प्रशंसा अथवा दूसरों की बुराई नहीं करता, वह स्त्रियों के बारे में बात नहीं करता, आदि। जैन साधु के लिए आवश्यक है कि वह अपने को सभी इन्द्रिय-सुखों से मुक्त रखकर ध्यान, चिन्तन और सन्तों की वाणी को सुनने अथवा उनके बारे में पढ़ने में अपना जीवन व्यतीत करे और निर्वाण-प्राप्ति के लिए तैयारी करे।

जैन धर्म में निम्न आठ प्रकार के कर्म बताये गये है:

1. आत्मा को ढकने वाले कर्म,
2. मोह में डालने वाले कर्म,
3. सुख-दु:ख के सम्यक् ज्ञान को रोकने वाले कर्म,
4. गति, शरीर और गतिविधियों का निर्धारण करने वाले कर्म,
5. गोत्र-निर्धारक अथवा सन्तान उत्पन्न करने वाले कर्म,
6. सत्कर्मों में बाधा डालने वाले कार्य,
7. आयु-निर्धारक कर्म, और
8. आत्मा की सम्यक दृष्टि में बाधक कर्म।

जैन धर्म ने पापों की व्याख्या की। उसके अनुसार कर्म-बन्धन में फाँसने वाले कार्य पाप हैं। उसने अठारह प्रकार के पाप बताये हैं। वे हैं—1. अभिमान, 2. हिंसा, 3. कलह, 4. क्रोध, 5. झूठ, 6. परिग्रह (सम्पत्ति अथवा वस्तुओं का संचय किया जाना), 7. राग, मोह या आसक्ति, 8. दोषारोपण, 9. रति या मैथुन, 10. माया, 11. लोभ, 12. चोरी, 13. असंयम, 14. मिथ्या-दर्शन, 15. छल-कपट, 16. निन्दा, 17. चुगली, और 18. द्वेष या ईर्ष्या।

जैनधर्म के अनुसार उपर्युक्त पापों और कर्मों के त्याग द्वारा मनुष्य निर्वाण-प्राप्ति के मार्ग पर अग्रसर होता है।

जैन-दर्शन के अनुसार निर्वाण-प्राप्ति निम्नलिखित तीन बातों पर निर्भर है:

1. सत्य-विश्वास (श्रद्धा),
2. सत्य-ज्ञान, और
3. सत्य-कर्म।

जैनधर्म में इन्हें 'रत्नवैय' (तीन रत्न) पुकारा गया है।

जैनधर्म में अहिंसा पर अत्यधिक बल दिया गया है। जैनधर्म ने अहिंसा के सिद्धान्त की विधिवत, व्याख्या की है। उसके अनुसार हिंसा के तीन स्वरूप होते हैं। प्रथम, शरीरिक हिंसा अर्थात् ऐसी हिंसा जब एक व्यक्ति दूसरे व्यक्ति को जान से मार देता है अथवा किसी अन्य प्रकार से दूसरे व्यक्ति को शारीरिक हानि या कष्ट पहुँचाता है। द्वितीय शाब्दिक हिंसा अर्थात जब एक व्यक्ति दूसरे व्यक्ति को कुवचन बोलकर कष्ट पहुंचाता है। तृतीय, मानसिक हिंसा अर्थात् जब एक व्यक्ति दूसरे व्यक्ति को पहुँचाने हैं। हानि पहुँचाने का विचार मात्र करता है। इसके अतिरिक्त, व्यक्ति हिंसा स्वयं कर सकता है, दूसरे से करा सकता है अथवा किसी को हिंसा करने की स्वीकृति मात्र प्रदान कर सकता है। प्रत्येक स्थिति में वह हिंसा का दोषी हो जाता है। जैन मतावलम्बी पशु-पक्षी, वनस्पति आदि में ही नहीं अपितु जल, पहाड़ आदि में भी जीवन का अस्तित्व मानते है। इस कारण एक जैन के लिए कृषि करना उचित नहीं है। परन्तु जैनधर्म की अहिंसा का स्वरूप नकारात्मक अधिक और सकारात्मक कम है क्योंकि उसमें अहिंसा के सकारात्मक स्वरूप 'प्रेम' पर बहुत कम बल दिया गया है।

जैनधर्म के अनुसार एक गृहस्थ निर्वाण की प्राप्ति नहीं कर सकता। निर्वाण-प्राप्ति के लिए संन्यासी जीवन और तप आवश्यक है।

महावीर ईश्वर में विश्वास नहीं करते थे। उनके अनुसार आत्मा को सर्वोत्तम स्थिति ही ईश्वर है। वे सृष्टि के निर्माण और नष्ट होने में भी विश्वास नहीं करते थे। उनके अनुसार सृष्टि अनन्त है। उसकी उन्नति होती है। अवनित होती है और फिर उन्नति होती है तथा इस प्रकार यह क्रम निरन्तर चलता रहता है। इस कारण जैनधर्म में प्रलय की कल्पना नहीं की गयी है।

यद्यपि जैनधर्म में ईश्वर को स्थान नहीं दिया गया और मनुष्य को ही अपना भाग्य-निर्माता माना गया परन्तु उसमें अनेक महान व्यक्तियों अथवा तीर्थंकरो को अवश्य स्थान दिया गया तथा आवश्यकता होने पर-उसमें हिन्दू देवताओं को भी स्थान प्रदान कर दिया गया। जैन धर्म ने जाति-व्यवस्था पर भी बहुत कठोर आक्रमण नहीं

किया अपितु बाद में उससे समझौता कर लिया; यहां तक कि उसने अस्पृश्यता को भी स्वीकार कर लिया। इसी प्रकार, जैनधर्म ने दास-प्रथा पर आक्रमण नहीं किया यद्यपि दासों के प्रति सद्व्यवहार करने के लिए अवश्य कहा। परन्तु जैनधर्म यह स्वीकार करता है कि निर्वाण-प्राप्ति सभी जाति के व्यक्ति कर सकते है। महावीर स्वामी के बारे में कहा गया है कि उनकी पहली स्त्री-शिष्या एक दासी थी। प्रारम्भ में जैनियों ने स्तूपों की रचना की परन्तु बाद में अपने में मूर्ति-पूजा को स्थान दे दिया। मनुष्य की साधारण दिनचर्या को भी जैन धर्म ने परिवर्तित नहीं किया। जन्म, विवाह, मृत्यु आदि के विभिन्न संस्कार जैनियों में हिन्दुओं की भांति ही होते रहे। इस प्रकार जैन धर्म सर्वदा हिन्दू धर्म के निकट रहा और उसमें उदारता बनी रही। यह एक प्रमुख कारण रहा जिसकी वजह से यद्यपि जैन धर्म सम्पूर्ण भारत में कभी भी न फैल सका परन्तु बौद्धधर्म की भाँति भारत से कभी भी नष्ट नहीं हुआ अपितु आज भी जीवित है।

5. जैन-संघ

महावीर ने अपने समस्त अनुयायियों को ग्यारह (11) गणों में विभक्त किया और प्रत्येक गण (समूह) का एक प्रधान नियुक्त करके धर्म-प्रचार का उत्तरदायित्व उन्हें सौंपा। उन्होंने ही विभिन्न स्थलों पर जैन-संघों की स्थापना की, जो जैन धर्म के प्रचार में सहायक सिद्ध हुए। जैन-संघ के सदस्य चार (4) वर्गों में विभाजित थे—1. भिक्षु, 2. भिक्षुणी, 3. श्रावक और 4. श्राविका। इनमें से भिक्षु और भिक्षुणी संन्यासी जीवन व्यतीत करते थे जबकि श्रावक और श्राविका गृहस्थ थे।

जैन भिक्षु तथा भिक्षुणी के लिए सात्विक और तपस्वी जीवन व्यतीत करना आवश्यक था। उन्हें सम्पूर्ण सांसारिक सुखों का त्याग करना होता था। उनके लिए जैन धर्म के सिद्धान्तों का अक्षरश: पालन करना आवश्यक था। वे न तो छाते का प्रयोग कर सकते थे और न ही पैंरों में चप्पल या जूते पहन सकते। वे किसी खुशबूदार तेल, इत्र या अन्य वस्तु का भी प्रयोग नहीं कर सकते थे। उनका प्रमुख लक्ष्य चरित्र-निर्माण था। दुष्कर्मों से दूर रहकर सद्विचार और सत्कर्मों के द्वारा ही यह लक्ष्य सम्भव हो सकता था। इस प्रकार भिक्षु और भिक्षुणी को अत्यधिक कठोर तपस्वी-जीवन व्यतीत करना होता था।

6. जैन-धर्म के प्रसार के कारण

प्रारम्भ में जैनधर्म एक लोकप्रिय धर्म के रूप में उभरा यद्यपि बाद में वह बौद्ध तथा हिन्दु धर्म की तुलना में खड़ा न हो सका। परन्तु तब भी भारत में, जैनधर्म मतावलम्बी अब भी बड़ी संख्या में है। प्रारम्भिक काल में जैनधर्म की लोकप्रियता के विभिन्न कारण रहे। महावीर ने अपने उपदेश जनसाधारण की भाषा में दिये थे; जैन धर्म ने जाति-भेद को स्वीकार नहीं किया था और स्त्रियों को भी अपने सम्प्रदाय में

सम्मिलित किये जाने की सुविधा प्रदान की थी; जैनधर्म ने कर्मकाण्ड, यज्ञ आदि का विरोध किया और व्यक्ति के नैतिक आचरण पर बल दिया और इस प्रकार जनसाधारण के सम्मुख एक सरल और व्ययहीन धर्म उपस्थित किया; तथा जैन-संघों और जैन-भिक्षुओं ने भी इसके प्रचार में उत्साहपूर्वक भाग लिया। इसके अतरिक्त विभिन्न राजवंशों का संरक्षण भी इसके प्रसार का कारण बना था। महावीर स्वामी के तत्कालीन वज्जि, लिच्छवि तथा मगध के राजवंशों को पारिवारिक संबंध थे, मगध के शासक अजातशत्रु का पुत्र उदयन श्रद्धालु जैन था, सम्भवतया नन्द-वंश के शासक जैनधर्म से प्रभावित थे और चन्द्रगुप्त मौर्य अपने बाद के समय में जैनधर्म का अनुयायी हो गया था। ई०पू० दूसरी सदी में कलिंग-शासक खारवेल जैनधर्म को संरक्षण प्रदान करने वाला हुआ, कुषाण-नरेशों के काल में जैनधर्म मथुरा में फला-फूला तथा छठी सदी तक राजस्थान और गुजरात में भी फैला। 15 वीं से 12 वीं सदी तक दक्षिण-भारत के गंग, कदम्ब, चालुक्य और राष्ट्रकूट शासकों ने जैनधर्म को संरक्षण दिया और 11 वीं सदी में गुजरात में यह प्रभावपूर्ण बना। मुख्यतया शासक सिद्धराज और कुमारपाल के समय में इन सभी ने जैनधर्म के प्रसार में भाग लिया।

7. जैनधर्म के पतन के कारण

भारत में जैन धर्म का पर्याप्त विस्तार हुआ यद्यपि वह बौद्धधर्म की भाँति सम्पूर्ण भारत में कभी न फैल सका। अब भी भारत में जैनधर्म के अनुयायी पर्याप्त बड़ी संख्या में हैं परन्तु उनका प्रभाव-क्षेत्र पर्याप्त सीमित हो चुका है। बौद्ध और हिन्दू धर्म का विरोध, महावीर की मृत्यु के पश्चात् महान जैन-प्रचारकों का अभाव, जैनधर्म का स्वय दो शाखाओं में विभाजन, बाद के समय में महान सम्राटों का संरक्षण प्राप्त न होना, उत्तर-भारत में गुप्त-शासकों के समय में और दक्षिण-भारत में चोल तथा चालुक्य शासकों के संरक्षण में हिन्दू धर्म का पुनरुत्थान, बाद के राजपूत-शासकों के संरक्षण का अभाव आदि जैनधर्म की अवनित के कारण बने।

8. जैनधर्म का भारतीय संस्कृति में सहयोग

जैनधर्म ने भारतीय सभ्यता को सम्पन्न बनाने में सहयोग दिया। उसके धर्म-ग्रन्थों की भाषा प्राकृत थी परन्तु उसने स्थानीय भाषाओं को साहित्यिक भाषाएं बनाने में सहयोग दिया क्योंकि महावीर के उपदेश जनसाधारण की भाषा में दिये गये थे। इसके अतिरिक्त, संस्कृत, कन्नड़ तमिल और तेलगू भाषाओं में भी जैन-ग्रन्थों की रचना की गयी जिससे भारतीय साहित्य धनवान बना। स्थापत्य-कला और शिल्प-कला की दृष्टि से भी उसका महत्वपूर्ण योगदान रहा है। जैन-कला 11वीं और 12वीं सदी में अपनी पराकाष्ठा पर पहुंच गयी। मथुरा, ग्वालियर, जूनागढ़, जुनार, चित्तौड़, आबू के जैन-मन्दिर, चित्तौड़गढ़ का जैन-स्तम्भ, उड़ीसा की हाथी-गुफाएं और मैसूर की बाहुबलि

अथवा गोमतेश्वर की 70 फीट ऊंची मूर्ति जैन-कला के अद्वितीय नमूने स्वीकार किये जाते हैं।

जैनधर्म ने भारतीय समाज को मनोवृत्ति को भी प्रभावित किया है। पशु-पक्षियों के प्रति दया का भाव और उनके लिए अस्पतालों का निर्माण, निर्धन व्यक्तियों को भोजन और वस्त्रों का वितरण तथा अहिंसा की मनोवृत्ति को बढ़ावा देने में जैनधर्म का विशेष सहयोग रहा है।

9. जैनधर्म-ग्रन्थ

जैन-आदिग्रन्थों को 'पूर्व' पुकारा गया था, जिनकी संख्या 14 थी। चन्द्रगुप्त मौर्य के समय में पाटलिपुत्र में हुई पहली जैन-सभा ने इसका संकलन 12 'अंगों' में किया। उसके पश्चात् उनमें से एक 'अंग' खो गया और पहले 11 'अंगों' का 512 ई० में वल्लभी में हुई दूसरी जैन-सभा में पुनः संकलन किया गया। वर्तमान जैन-ग्रन्थ इन 11 अंगों के विभिन्न प्रकार से संकलित किये गये स्वरूप हैं। दिगम्बर-सम्प्रदाय ने भी पृथक से विभिन्न धर्म-ग्रन्थों की रचना की है।

(ख) बौद्ध धर्म

बौद्धधर्म भारत में उत्पन्न हुए नवीन धर्मों में से सबसे अधिक प्रभावशाली सिद्ध हुआ। कुछ विद्वानों का कथन है कि बुद्ध एक नवीन धर्म के संस्थापक न थे अपितु हिन्दू धर्म के सुधारक थे।''[2] उनके अनुसार, बुद्ध एक पैगम्बर न थे अपितु एक महान् संत थे जिन्होंने नैतिकता और सत्कर्म पर बल दिया। बुद्ध ने न कोई नवीन उपदेश दिया और न किसी नवीन धार्मिक क्रिया अथवा नवीन दर्शन का प्रतिपादन किया। इस धारणा का मुख्य कारण यह है कि बौद्ध-दर्शन और हिन्दू सांख्य-दर्शन में बहुत कुछ समानता है। ईश्वर में अविश्वास, संसार दुखमय है, कर्म-सिद्धान्त, जीव के आवागमन का सिद्धान्त और पुनर्जन्म से बचकर निर्वाण की प्राप्ति आदि नवीन विचार न थे। ये सभी विचार जो बौद्ध-दर्शन का आधार बने, हिन्दू सांख्य-दर्शन में प्राप्त होते हैं। बुद्ध ने जो नैतिक नियम बनाये वे भी नवीन न थे अपितु किसी न किसी रूप में पहले से ही उपस्थित थे। बुद्ध ने तो संघो का निर्माण करके नैतिक सिद्धातों का केवल बल प्रदान किया। कर्न ने लिखा है, ''इससे यह परिणाम निकलता कि बुद्ध ने सम्पूर्ण नैतिकता को जन्म दिया था। इसके विपरीत, बुद्ध ने प्राचीन ऋषियों की नैतिकता और सद्गुणों को निरन्तर दोहराया । बौद्ध धर्म ने बुद्धिमानी से ब्राह्मणों के नैतिक नियमों से नैतिकता और

---

2. "Buddha was not an originator of a new religion but a reformer of Hindu religion."

सत्कर्म के अनेक नियमों को ग्रहण कर लिया।"[3] बुद्ध ने जनसाधारण के वर्तमान जीवन के लाभार्थ कोई नवीन मार्ग नहीं बताया। उनके उपदेश केवल भविष्य में आने वाले जीवन अथवा निर्वाण-प्राप्ति से ही सम्बन्धित थे। इस कारण साधारण बौद्ध-मतावलम्बी अपने वर्तमान जीवन को सुखी बनाने हेतु हिन्दुओं की भाँति ही क्रिया-कर्म करता रहा और दैवी शक्तियों पर निर्भर रहा। इस कारण साधारण हिन्दू और साधारण बौद्ध में कोई अन्तर न था।

परन्तु हिन्दू धर्म और बौद्धधर्म में उपर्युक्त समताएँ होते हुए भी यह स्वीकार नहीं किया जा सकता कि बुद्ध केवल हिन्दू धर्म के सुधारक मात्र रहे। बुद्ध का 'कर्म-सिद्धान्त' और 'जीव के आवागमन का सिद्धान्त' हिन्दुओं से भिन्न था। हिन्दुओं के देवता जीव के आवागमन के कष्ट से सर्वथा मुक्त रहते है जबकि बुद्ध के अनुसार 'ब्रह्म' को जो अपने कर्मों के अनुसार फल भुगतना पड़ता है। एक मनुष्य सत्कर्मों के द्वारा निर्वाण अथवा देवत्त्व (ब्रह्म की स्थिति) प्राप्त कर सकता है, परन्तु सत्कर्मों के प्रभाव के नष्ट हो जाने के पश्चात् उसे पुनः मनुष्य बनना पड़ता है। इसी प्रकार, बुद्ध ने ईश्वर के बारे में कल्पना नहीं की थी। हिन्दुओं के ईश्वर अथवा ब्रह्म की भांति बौद्धों का कोई ईश्वर नहीं होता। इसी कारण बौद्ध धर्म में 'भाग्य' की परिभाषा हिन्दुओं से भिन्न है। हिन्दुओं के अनुसार मनुष्य के भाग्य पर ईश्वर का अधिकार होता है, परन्तु बुद्ध के अनुसार मनुष्य के भाग्य का निर्माण वह स्वयं अपने अच्छे अथवा बुरे कर्मों से करता है। इस प्रकार, हिन्दू और बौद्ध-दर्शन में मूल-आधार पर अन्तर है। सांख्य-दर्शन से प्रभावित और प्राचीन आर्य-सभ्यता की पृष्ठभूमिं होते हुए भी बौद्धधर्म एक पृथक धर्म के रूप में संगठित हुआ। महात्मा बुद्ध का आशय कुछ भी रहा हो, परन्तु उनकी मृत्यु के प्रश्चात् बौद्धधर्म अवश्य एक पृथक धर्म बन गया था। सम्राट अशोक ने अपने समय के धार्मिक सम्प्रदायों को पांच भागों में बाँटा था और उनमें से बौद्धधर्म को उसने एक पृथक धार्मिक सम्प्रदाय माना था। डा० ए०एल० बाशम ने लिखा है: "बुद्ध के जीवन-समय में उसकी स्थिति कुछ भी रही हो परन्तु 200 वर्ष के पश्चात बौद्ध धर्म एक पृथक धर्म था।"[4]

---

3. "It does not necessarily follow that Buddha was supposed to have invented the whole of morality. On the contrary, the Master himself repreatedly extols the morals and virtues of ancient *rishis.* Buddhism has wisely adopted many articles of morality and pious customs flowing from the sources of Brahmanist code..." —Kern : *Manual of Buddhism.*

4. "Whatever its position in the Buddha's lifetime, 200 years, Buddhism was a distinct religion."—Dr. A.L. Bashmam : *The Wonder that was India.*

1. महात्मा बुद्ध का जीवन

बुद्ध का बचपन का नाम सिद्धार्थ था। उनका गोत्र गौतम था और ज्ञान-प्राप्ति के पश्चात उन्हें बुद्ध पुकारा गया। इस प्रकार उन्हें गौतम बुद्ध के नाम से पुकारा गया है। उनके पिता शुद्धोधन सांख्य-वंश के राजा थे। उनका राज्य नेपाल की सीमा के निकट था और उसकी राजधानी कपिलवस्तु थी। उनकी मां का नाम महामाया था। कपिलवस्तु के निकट लुम्बिनिवन नामक स्थान पर 566 ई० पू० के लगभग उनका जन्म हुआ। एक सप्ताह के पश्चात ही उनकी माँ की मृत्यु हो गयी जिसके कारण उनका पालन-पोषण उनकी माँ की बहिन महाप्रजापति गौतमी ने किया। उन्हें क्षत्रियोचित शिक्षा प्रदान की गयी, परन्तु उनका मन प्रारम्भ से ही संसार से विरक्त था। 16 वर्ष की आयु में उनका विवाह यशोधरा नामक एक सुन्दर कन्या से कर दिया गया और 28 वर्ष की आयु में उनके एक पुत्र हुआ, जिसका नाम राहुल रखा गया। एक वृद्ध, एक बीमार, एक मुर्दे और एक संन्यासी को देखकर उन्हें गृहस्थ-जीवन से वैराग्य हो गया और 29 वर्ष की आयु में उन्होंने अपने घर और परिवार को त्याग दिया। उन्होंने पहले वैशाली के निकट रहने वाले साधु आराद से और उसके पश्चात् राजगृह के निकट रहने वाले साधु रुद्रक रामपुत्र से शिक्षा प्राप्त करने का प्रयत्न किया परन्तु उन्हें सन्तोष न मिला। तब उन्होंने भोजन त्यागकर व पांच अन्य साधुओं के साथ मिलकर कठोर तप आरम्भ किया। परन्तु इससे भी कोई लाभ न निकला। जब वे मृत्यु के निकट थे तब उन्होंने भोजन स्वीकार कर लिया जिससे उनके पांच साधु-साथी उन्हें छोड़कर चले गये। तत्पश्चात् उन्होंने उरुवेला नामक स्थान पर एक पीपल के वृक्ष के नीचे तप करना आरम्भ किया जहां सुजाता नामक स्त्री ने उन्हें दूध पिलाया। इसी वृक्ष के नीचे बैठकर उन्होंने निरन्तर 49 दिन तक ध्यान किया । तब उन्हें ज्ञान प्राप्त हुआ और तभी से वे महात्मा बुद्ध कहलाने लगे।

सर्वप्रथम, बुद्ध ने सारनाथ (बनारस के निकट) पहुँचकर अपने पहले के पांच साथियों को उपदेश दिया जो 'धम्मचक्र-प्रवर्तक' कहलाया। तत्पश्चात् उन्होंने बनारस, राजगृह, गया, उरुविल्व, नालन्दा, पाटलिपुत्र आदि स्थानों पर अपने उपदेश दिये, और इस प्रकार मगध-राज्य में बौद्धधर्म का प्रचार किया। बिम्बसार, अजातशत्रु तथा मुण्ड जैसे शासक और अनेक धनवान वैश्य और क्षत्री उनके अनुयायी एवं समर्थक हो गये। कोसल-राज्य में बौद्धधर्म का सबसे अधिक प्रचार हुआ। राजा प्रसेनजित उनका समर्थक बन गया और उसकी पत्नी मल्लिका तथा बहनें-सोमा और सकुला-बुद्ध की अनुयायी बन गयीं। बुद्ध ने कपिलवस्तु जाकर अपना पालन करने वाली मां महाप्रजापति गौतम और अपने पुत्र राहुल को भी अपना अनुयायी बनाया। जब बुद्ध वैशाली गये तब उन्होंने वहां की नगर-वधू अम्बपाली को अपना अनुयायी बनाया। वहीं उन्होंने अपने शिष्य आनन्द और अपने को पालने वाली मां गौतमी के अनुरोध पर स्त्रियों को भिक्षुणी

बनाना स्वीकार किया। बुद्ध कौशाम्बी राज्य में भी रहे। राजा उदयन उनसे सन्तुष्ट न था परन्तु उसकी पत्नी सामावती बुद्ध की शिष्या बन गयी। बाद में उदयन भी बौद्धधर्म में श्रद्धा रखने लगा। बुद्ध प्रचार के लिए चम्पा, आपन, कजंगल और पश्चिम में वैरन्जा (मथुरा के निकट) तक गये। अवन्ति के राजा प्रद्योत ने भी उनको निमन्त्रित किया जहां उन्होंने स्वयं न जाकर अपने शिष्य को भेजा। अन्त में, वे मल्ल-राज्य की राजधानी कुशीनारा पहुंचे, जहां 80 वर्ष की आयु में (486 ई०पू०) उनकी मृत्यु हुई।

2. बौद्धधर्म-ग्रन्थ

बौद्धों के पाली भाषा में लिखे गये आदिधर्म-ग्रन्थों को 'त्रिपिटक' पुकारा गया। उनमें से 'सूत-पिटक' मैं बौद्ध धर्म के सिद्धान्तों का उल्लेख है, 'विनय-पिटक' में बौद्ध-संघ के नियम दिये गये हैं, और 'अधिधम्म-पिटक' में बौद्ध-दर्शन की व्याख्या की गयी है। उनके पश्चात् महायान तथा तान्त्रिक अथवा वज्रयान बौद्ध-मतावलम्बियों ने भी अन्य बौद्ध-धर्म-ग्रन्थों की रचना की जिससे धर्म-ग्रन्थों का पर्याप्त विस्तार हुआ है।

3. महात्मा बुद्ध के सिद्धान्त और दर्शन

बुद्ध के सिद्धान्त चार सत्यों पर आधारित थे, जिन्हें वे चार आर्य-सत्य कहा करते थे। वे निम्नलिखित हैं:

1. जीवन दुखयम है।
2. तृष्णा, लालसा, मोह आदि सांसारिक जीवन के कारण हैं।
3. तृष्णा, लालसा, मोह आदि को नष्ट करके इस सांसारिक जीवन को नष्ट किया जा सकता है।
4. जीवन को नष्ट करने के लए मनुष्य को सत्य-मार्ग का ज्ञान होना चाहिए।

बुद्ध के अनुसार सत्य-मार्ग अष्टांग मार्ग है, अर्थात मनुष्य को निम्नलिखित आठ सत्यों का पालन करना चाहिए—

1. सम्यक् दृष्टि अर्थात् चार आर्य-सत्यों को समझते हुए अष्टांग-मार्ग की ओर दृष्टि रखना।
2. सम्यक् संकल्प अर्थात् अन्य व्यक्तियों को हानि पहुँचाकर धन और शक्ति संग्रह नहीं करने का निश्चय करना, विलासिता में न फँसने का निश्चय करना, सभी से प्रेम करने और सभी को सुख पहुँचाने का निश्चय करना, आदि।
3. सम्यक् भाषण अर्थात् सत्य और मीठे शब्दों का प्रयोग जो प्रेम, मित्रता और सहयोग को बढ़ाये तथा असंगत, क्रोध, निन्दा आदि करने वाली भाषा का प्रयोग करना जिससे व्यक्तियों और समाज में वैमनस्य फैलता है।

4. सम्यक् कर्म अर्थात् चोरी, हत्या व्यभिचार आदि दुष्कर्मों को न करना जिसने समाज की हानि होती है अपितु ऐसे कार्य करना जिनसे अन्य व्यक्तियों लाभ हो।
5. सम्यक् निर्वाह अर्थात् अपने जीवन-निर्वाह के लिए वे कार्य करना जिनसे समाज को हानि होती है, जैसे शराब बेचना, जानवर काटना आदि अपितु अच्छे साधनों द्वारा ही. जीविका के लिए उपार्जन करना।
6. सम्यक् प्रयत्न अर्थात् बुरे विचारों को मस्तिष्क से निकालना और उन्हें मस्तिष्क में न आने देना तथा अच्छे विचारों को मस्तिष्क में रखना।
7. सम्यक् भाव अर्थात् दुर्गुण भावों के प्रति सदैव सचेत रहना, सांसारिक लालसाओं और मोहों को बुद्धि में न आने देना और सर्वदा बुरे विचारों को दूर रखने के लिए सजग रहना।
8. सम्यक् ध्यान अर्थात् चित्त की एकाग्रता के लिए समाधिस्थ होना।

बुद्ध के अनुसार जीवन का अन्तिम लक्ष्य निर्वाण है जो मनुष्य की एक ऐसी स्थिति है जिसमें वह समस्त सांसारिक दुखों से ही नहीं अपितु जन्म-मरण से भी छुटकारा पा जाता है।

बुद्ध के अनुसार इस संसार में सभी कुछ अस्थिर है, यहाँ तक कि आत्मा का भी कोई अस्तित्व नहीं है। जीव का आवागमन आत्मा का पुनर्जन्म अथवा आवागमन नहीं है बल्कि मनुष्य की एक क्रिया और उसकी प्रतिक्रिया का परिणाम है। बुद्ध का न ईश्वर में विश्वास था और न आत्मा में। उनके अनुसार व्यक्ति इसे नहीं समझता, यही उसका अज्ञान है। इसी अज्ञान के कारण तृष्णा अथवा लालसा का जन्म होता है, और फिर वही क्रम आरम्भ हो जाता है जो सभी दुखों का कारण है। इस प्रकार, अज्ञान, लालसा, कर्म आदि दुखों एवं पुनर्जन्म के कारण हैं, और केवल ज्ञान के द्वारा ही इन्हें नष्ट किया किया जा सकता है। बुद्ध का पूजा, बलि, यज्ञ आदि में विश्वास नहीं था, और उन्होंने प्रत्येक व्यक्ति को सत्य-ज्ञान और सत्य-कर्म के अनुसार कर्मों को नष्ट करके निर्वाण-प्राप्ति का मार्ग बताया था। उनके अनुसार यदि एक व्यक्ति को यह ज्ञान हो जाय कि आत्मा का कोई अस्तित्व ही नहीं है तो वह अपने स्वयं के अस्तित्व की अस्थिरता और अनावश्यकता को समझ जायेगा। ऐसी स्थिति में उसका सम्बन्ध किसी भी सांसारिक वस्तु से न रह जायेगा। ऐसी स्थिति में उसे ज्ञान हो जायेगा कि संसार में कुछ भी न उसे दुखी कर सकता है और न प्रसन्न। इस प्रकार वह स्वतंत्र हो जायेगा और पूर्णतया, अर्हत अथवा विमुक्ति की स्थिति को प्राप्त कर लेगा। बुद्ध के अनुसार सत्य-ज्ञान और सत्य-कर्म ही निर्वाण-प्राप्त के लिए आवश्यक हैं। इसी कारण उनके सिद्धान्तों में चार आर्य-सत्यों और अष्टांग-मार्ग का प्रमुख स्थान है।

बुद्ध के अन्य नैतिक नियम साधारण थे। उनके अनुसार व्यक्ति स्वयं अपने भाग्य का मालिक है—कोई देवता अथवा ईश्वर नहीं। अच्छे कर्म व्यक्ति की उन्नति करते हैं और बुरे कर्म उसकी उन्नति में बाधा डालते हैं। अच्छे कर्मों के लिए एक व्यक्ति को मध्यम मार्ग ('मध्यमा-प्रतिपत' अथवा तथागत-मार्ग) अपनाना चाहिए। बुद्ध ने एक तरफ पूर्णतया भौतिकवादी विचारधारा का विरोध किया और दूसरी तरफ शरीर को कष्ट देने वाले अत्यधिक तप-मार्ग का विरोध किया। इसी कारण, उनका धर्म-मार्ग मध्यम-मार्ग कहलाया। बुद्ध ने इसके लिए सत्यता, दान, सात्विकता, इन्द्रिय-दमन, सद्व्यवहार, अहिंसा, उदारता, दया, प्रेम आदि गुणों पर बल दिया। व्यक्ति के लिए इन गुणों का ग्रहण करना आवश्यक है। उसे ईर्ष्या, क्रोध, हठ, दम्भ, आत्मप्रशंसा, धोखेबाजी, घृणा आदि अवगुणों से भी मुक्त होना चाहिए। साधारण व्यक्ति को हिंसा, चोरी, झूठ, नशा और अविवाहित जीवन में योनि-सम्बन्धों से बचना चाहिए। एक भिक्षु अथवा भिक्षुणी के लिए इनके अतिरिक्त यह भी आवश्यक था कि वह योनि-सम्बन्धों से पुर्णतया विरक्त रहें और पीले वस्त्र, एक भिक्षा-पात्र, एक उस्तरा, एक सुई और पानी छानने के लिए एक कपड़े के अतिरिक्त अपने पास कोई अन्य वस्तु न रखे।

बुद्ध ने नैतिकता और सदाचार पर बहुत बल दिया। उनका अष्टांग-मार्ग नैतिक नियमों के पालन का ही मार्ग था। बिना उनका पालन किये ज्ञान की प्राप्ति सम्भव नहीं थी। बुद्ध ने चार मुख्य गुणों अर्थात् प्रेम, दया, प्रसन्नता और शान्ति पर बहुत बल दिया। ये गुण जैन धर्म की अहिंसा की भावना और उपनिषदों की विरक्तता की भावना से अधिक सकारात्मक थे।

बौद्धधर्म ने जाति-प्रथा पर भी आक्रमण किया यद्यपि, बाद में, उससे समझौता कर लिया, यहाँ तक कि अस्पृश्यता तक को स्वीकार कर लिया। इसमें सन्देह नहीं कि बौद्धधर्म ने यह स्वीकार किया है कि सभी जाति के व्यक्तियों को निर्वाण-प्राप्ति का अधिकार है और वे उसे प्राप्त भी कर सकते हैं। तब भी उसने जाति-प्रथा से व्यावहारिक रूप में समझौता कर लिया। जातक-कथाओं में एक चाण्डाल को अपवित्र व्यक्ति बताया गया है। उसी प्रकार, जब महायान धर्म ने बोधिसत्वों के विचार को अपने से सम्मिलित किया तब बारम्बार जन्म लेने वाले बुद्ध को ब्राह्मण अथवा क्षत्रिय-कुल में जन्म लेता हुआ तो बताया परन्तु उनसे निम्न जाति में जन्म लेते हुए कभी नहीं बताया।

बौद्धधर्म ने तत्कालीन राजनीति और अर्थ-व्यवस्था को एक नवीन मोड़ देने का भी प्रयत्न किया। उसने राजा का कर्तव्य केवल राज्य में शान्ति स्थापित रखना, चोर-डकैतों से नागरिकों की रक्षा करना और कर वसूल करना मात्र नहीं बताया अपितु उसका कहना था कि क्योंकि बुराईयों का मुख्य कारण निर्धनता और जीविकोपार्जन के लिए कार्य न मिलना है, इस कारण राज्य और राजा का कर्तव्य है कि वह आजीविका

के साधनों में वृद्धि करे अर्थात् कृषि-योग्य भूमि का विस्तार करे, पशु-धन की वृद्धि में सहायता दे और ऐसे कार्य करने वाले व्यक्तियों को धन, बीज, पशु आदि से सहायता करे। इसी प्रकार, राजा को व्यापार में लगे हुए व्यक्तियों को धन से सहायता करनी चाहिए और व्यापार की सुरक्षा के लिए सभी सम्भव प्रयत्न करने चाहिए। इस कार्य की पूर्ति के लिए उसने राज्य को यह भी सलाह दी कि राज्य के कर्मचारियों को ठीक और समय से वेतन मिलना चाहिए जिससे वे नागरिकों का शोषण न करें। इसी आधार पर उसने धनवान व्यक्तियों को भी यह सलाह दी कि वे अपने धन का सदुपयोग सार्वजनिक हित के कार्यों, जैसे तालाब बनवाना, कुएँ खुदवाना, व्यापारिक मार्गों की मरम्मत कराना, मार्गों पर वृक्ष लगाने आदि पर करें। निस्सन्देह, बौद्ध धर्म की यह विचारधारा तत्कालीन राजनीति और अर्थ-व्यवस्था को एक नई दिशा प्रदान करने वाली थी और समय के अनुकूल एवं लाभप्रद थी। इस प्रकार, बुद्ध और उनके बाद के अनुयायियों ने राजनीति और अर्थ-व्यवस्था को समय के अनुकूल बनाने में धर्म को, अप्रत्यक्ष रूप से, सहायता प्रदान की। यह बौद्धधर्म की लोकप्रियता का एक महत्वपूर्ण कारण बना।

इसके अतिरिक्त, बौद्धधर्म की कुछ निम्नलिखित विशेषताएँ भी रहीं जिन्होंने उसके शीघ्र और विस्तृत प्रसार में विशेष योग दिया:

1. बौद्ध-संघों की स्थापना।
2. स्त्रियों के लिए पृथक बौद्ध-संघों की स्थापना।
3. संघ के सभी सदस्यों के अधिकारों का समान होना।
4. जनसाधारण की भाषा में धार्मिक उपदेश देना।

इन सभी ने मिलकर बौद्ध धर्म को तत्कालीन समय में एक जनप्रिय धर्म बना दिया।

4. बौद्ध संघ

महात्मा बुद्ध ने बौद्ध-भिक्षुओं के ध्यान और शिक्षा की सुविधा हेतु बौद्ध-संघों का निर्माण किया। बाद में स्त्रियों के लिए पृथक बौद्ध-संघों की स्थापना की गयी। बौद्ध धर्म के मानने वाले दो प्रकार के होते थे–(1) भिक्षु, तथा (2) उपासक। भिक्षु संन्यासी-जीवन और उपासक गृहस्थ-जीवन व्यतीत करते थे। भिक्षुओं की शिक्षा, दीक्षा, मनन, चिन्तन आदि की सुविधा के लिए तथा उन्हीं में से धर्म-प्रचारक तैयार करने के उद्देश्य से बौद्ध-संघों की स्थापना की गयी। स्वयं बुद्ध ने बौद्ध-संघों के विभिन्न नियमों को बनाया और बाद में भी अन्य विभिन्न नवीन नियम बनाये गये।

15 वर्ष से अधिक आयु के प्रत्येक स्त्री और पुरुष को संघ का सदस्य होने का अधिकार था। उसमें जाति और वर्ग-भेद के लिए कोई स्थान न था। परन्तु कम आयु के

लड़के और लड़कियों को संघ का सदस्य होने के लिए अपने अभिभावकों की स्वीकृति लेन आवश्यक था। चोरों, हत्यारों, कर्जदारों, दासों, राजा के सेवकों तथा रोगियों को संघ का सदस्य नहीं बनाया जाता था। सदस्यता प्राप्त करते समय प्रत्येक व्यक्ति निम्नलिखित शपथ ग्रहण करता था:

1. मैं बुद्ध की शरण में जाता हूँ।
2. मैं धर्म की शरण में जाता हूँ।
3. मैं संघ की शरण में जाता हूँ।

इसके अतिरिक्त, उसे भिक्षुओं के दस नियमों का पालन करने की शपथ भी लेनी पड़ती थी। ये नियम निम्नवत् थे:

1. अन्य किसी व्यक्ति के द्रव्य को प्राप्त करने की इच्छा न करना।
2. हिंसा न करना।
3. असत्य भाषण न करना।
4. मद्यपान अथवा अन्य मादक द्रव्यों का सेवन न करना।
5. व्यभिचार न करना।
6. संगीत अथवा नृत्य में भाग न लेना।
7. अंजन, फूल और सुगन्धित द्रव्यों का प्रयोग न करना।
8. कुसमय भोजन न करना।
9. सुखप्रद बिस्तर पर न सोना।
10. द्रव्य ग्रहण न करना और न उसका संचय करना।

इन शपथों के पश्चात् उसे अपने सिर तथा दाढ़ी-मूँछों के बाल साफ कराने पड़ते थे और उसे पहनने के लिए पीले वस्त्र दिये जाते थे। तत्पश्चात् वह संघ के सदस्यों में से एक को अपना गुरू अथवा उपदेशक चुनता था, जो उसे दस अन्य भिक्षु-सदस्यों के सम्मुख प्रस्तुत करता था। यदि उन दस भिक्षुओं में से कोई भी उसकी सदस्यता का विरोध नहीं करता था, तो उसे 'श्रमण' के रूप में संघ का सदस्य स्वीकार कर लिया जाता था। एक 'श्रमण' दस वर्ष तक अपने गुरू के आदेशों का पालन करते हुए धर्म का पालन करता था। यदि उन दस वर्षों के पश्चात् उसकी योग्यता को स्वीकार कर लिया जाता था, तो उसे संघ का पूर्ण सदस्य अथवा 'भिक्षु' मान लिया जाता था।

बौद्ध-संघों की कोई केन्द्रीय व्यवस्था न थी अपितु प्रत्येक स्थायी संघ स्वतन्त्रता से कार्य करता था। एक व्यक्ति चाहे वह किसी भी संघ का सदस्य होता, उसे सभी संघों

का सदस्य माना जाता था। यही उनकी एकता का आधार था। इसके अतिरिक्त, समय-समय पर बौद्धों की धर्म-सभाएँ बुलायी जा सकती थीं।

प्रत्येक बौद्ध-संघ और उसकी धर्म-सभाएँ पूर्णतया जनतन्त्रीय व्यवस्था के आधार पर कार्य करती थीं। बुद्ध ने स्वयं अपना कोई उत्तराधिकारी निश्चित नहीं किया था। प्रत्येक स्थानीय संघ के सभी सदस्य मिलकर अपना एक प्रधान अथवा 'संघ-परिनायक' चुनते थे। अन्य सभी निर्णय भी बहुमत के आधार पर ही लिये जाते थे और ऐसे सभी अवसरों पर संघ के सभी सदस्यों की उपस्थिति आवश्यक होती थी अथवा अनुपस्थित सदस्यों को अपनी सलाह की सूचना देनी पड़ती थी। संघ की प्रतिदिन की व्यवस्था अथवा धर्म के अतिरिक्त अन्य कार्यों की पूर्ति के लिए संघ स्वयं अपने अधिकारियों की नियुक्ति करता था।

स्त्रियों के संघ पुरुषों से पृथक हुआ करते थे यद्यपि उनकी स्थापना पुरुष-संघों के निकट ही की जाती थी। स्त्री-संघ और भिक्षुणियों के लिए कुछ अन्य नियम भी बनाये गये थे। निस्सन्देह बौद्ध धर्म ने स्त्री-संघ और भिक्षुणियों को पुरुष-संघों और भिक्षुओं से निम्न स्थान प्रदान किया था। स्त्री-संघों का संचालन भी पुरुष-संघों की देखभाल में किया जाता था।

बौद्ध-संघ के संगठन की दो अन्य विशेषताएँ भी प्रमुख मानी गयी थीं। प्रथम, प्रत्येक 15 दिनों में 8वें, 14वें और 15वें दिन संघ के सदस्यों की बैठक होती थी। इस बैठक में धर्मोपदेश दिये जाते थे। इन्हीं बैठकों में प्रत्येक भिक्षु अपनी त्रुटियों अथवा दोषों को सभी के सम्मुख स्वीकार करता था और तदनुसार उसको सही मार्ग पर लाने के सुझाव अथवा दण्ड दिये जाते थे। वर्षा-काल के तीन महीने भिक्षु संघों में निवास करते थे जिसे वे 'वास' पुकारते थे। बाकी के नौ महीने भिक्षु स्वेच्छा से भ्रमण कर सकते थे।

भिक्षु और भिक्षुणियों को संघ के विभिन्न नैतिक और आचरण सम्बन्धी नियमों का पालन करने के अतिरिक्त अपनी आध्यात्मिक प्रगति के लिए विभिन्न क्रियाएँ करनी पड़ती थीं। उनकी एक मुख्य आध्यात्मिक क्रिया योगासन लगाकर अपने मस्तिष्क में क्रमशः बौद्धधर्म के चार मुख्य गुणों—प्रेम, दया, प्रसन्नता और शान्ति—को बैठाना तथा सभी मनुष्यों को इन गुणों से मुक्त देखने का प्रयत्न करना था। इस क्रिया को 'ब्रह्म-विचार' कहा जाता था। उनकी एक मुख्य क्रिया 'सत्य-ध्यान' थी जिसके अनुसार उनसे आशा की जाती थी कि वे सर्वदा अपने कार्य और विचारों के बारे में जागृत रहेंगे और आत्मनन तथा आत्मावलोकन के द्वारा अपनी त्रुटियों को समझते और स्वीकार करते हुए उन्हें दूर करने का प्रयत्न करते रहेंगे।

इस प्रकार, बौद्ध-संघ श्रमणों एवं भिक्षुओं के भिक्षालय और निवास-स्थान, दोनों ही थे। जनसाधारण भी इनके वातावरण और धार्मिक गोष्ठियों से लाभ प्राप्त करता था।

संघों की स्थापना कोई नवीन व्यवस्था न थी। महात्मा बुद्ध के समय से पहले और उनके समय में भी विभिन्न धार्मिक संघों की स्थापना होती रही थी। परन्तु महात्मा बुद्ध ने इस व्यवस्था को श्रेष्ठ और लोकप्रिय बना दिया जिसके कारण बौद्ध-संघ बौद्ध धर्म के ज्ञान, शिक्षा और प्रसार के केन्द्र-स्थान बन गये।

5. बौद्धधर्म का विभाजन, प्रसार और पतन

महात्मा बुद्ध की मृत्यु के कुछ समय पश्चात् मगध की राजधानी राजगृह में बौद्धों की पहली महान् सभा राजा अजातशत्रु की देखरेख में तथा आचार्य महाकश्यप की अध्यक्षता में हुई। इस सभा में बुद्ध के दर्शन और उपदेशों को संकलित करने का प्रयास किया गया। परन्तु यह प्रयास सफल हुआ हो, यह विश्वास नहीं किया जा सकता क्योंकि बौद्ध-ग्रन्थों का संकलन बाद के समय में धीरे-धीरे हुआ, यह अधिक प्रमाणित है।

बुद्ध की मृत्यु के 100 वर्ष पश्चात् 383 ई० पू० में राजा कालशोक अथवा काकवर्मन की देख-रेख में बौद्धों की दूसरी सभा वैशाली में हुई। पूर्व के, मुख्यतया वैशाली और पाटलिपुत्र के बौद्ध-भिक्षुओं ने कुछ नवीन नियमों का निर्माण कर लिया जिन्हें पश्चिम, मुख्यतया कौशाम्बी और अवन्ति के बौद्ध-भिक्षु बुद्ध की शिक्षाओं के विरुद्ध मानते थे। इसका आयोजन आचार्य स्थविरयश ने किया। इस सभा में इन नियमों पर पर्याप्त वाद-विवाद हुआ परन्तु कोई समझौता न हो सका। इस कारण बौद्धधर्म दो शाखाओं में विभाजित हो गया—(1) स्थविरवादिन, जो नवीन नियमों के विरुद्ध थे और बुद्ध के नियमों में कोई परिवर्तन नहीं चाहते थे; तथा (2) महासंघिक, जो नवीन नियमों के पक्ष में थे और बुद्ध के नियमों में कुछ ढिलाई चाहते थे।

बौद्धों की तीसरी सभा सम्राट अशोक के समय (247 ई० पू०) में पाटलिपुत्र में हुई। इस सभा की अध्यक्षता भिक्षु मोग्गलिपुत्त तिस्स ने की। यह सभा नौ माह तक चली। उस समय तक बौद्ध मतावलम्बियों में विभिन्न पारस्परिक मतभेद हो गये थे। डॉ० आर०सी० मजूमदार ने लिखा है: "गौतम की मृत्यु के पश्चात् की दूसरी शताब्दी के बौद्ध धर्म का इतिहास एक धार्मिक संगठन का न होकर भारत के विभिन्न भागों में स्वतन्त्र रूप से उत्पन्न हुए अनेक सम्प्रदायों का इतिहास था।"[5] बौद्धधर्म व अन्य सभी संघों का एक प्रधान होने का अभाव बौद्धधर्म के इस विभाजन का मुख्य कारण बना। इस कारण अशोक के समय तक बौद्धधर्म अनेक छोटे-छोटे सम्प्रदायों में विभाजित हो चुका था। उस समय तक जनसाधारण और कुछ सम्प्रदायों ने बुद्ध को ईश्वर का स्थान

5. "The history of Buddhism of the second century after Gautam's death was no longer the history of a single monastic organization, but of quite a larger number growing independently of one another in different parts of India." — *Dr. R.C. Majumdar.*

प्रदान कर दिया था और बुद्ध का जन्म-स्थान, मृत्यु-स्थान, बोधिवृक्ष, सारनाथ तथा उनके द्वारा दिये गये उपदेशों के विभिन्न स्थान तीर्थ-स्थल बन गये थे। विभिन्न स्थानों पर चैत्य और स्तूप बनने आरम्भ हो गये थे। स्वयं अशोक ने बुद्ध की अस्थियों पर भारत के विभिन्न भागों में स्तूप बनवाये। उस समय तक सम्पूर्ण भारत में बौद्ध-विहार स्थापित हो चुके थे और बौद्धधर्म सर्वाधिक महत्व का धर्म बन चुका था। निस्सन्देह, सम्राट अशोक ने बौद्धधर्म के प्रसार में बहुत बड़ा योग दिया। इस सभा द्वारा बौद्धों के पारस्परिक मतभेदों को तो दूर नहीं किया जा सका, परन्तु इसने 'अभिधम्भ-पिटक' का संकलन किया, 'कथावस्तु' को प्रमाणित ग्रन्थ स्वीकार किया और धर्म-प्रचार हेतु विभिन्न व्यक्तियों को विभिन्न स्थानों पर भेजा।

जिस उत्साह से अशोक ने बौद्धधर्म के प्रचार हेतु कार्य किये उसकी प्रतिक्रिया हुई। अशोक के उत्तराधिकारियों में से किसी ने भी बौद्धधर्म को अंगीकार नहीं किया और जब पुष्यमित्र शुंग ने मौर्य-वंश को नष्ट करके उसके राज्य पर अधिकार कर लिया तो बौद्धधर्म का विरोध अपनी चरम सीमा पर पहुँच गया। परन्तु तब भी बौद्धधर्म की प्रगति रुकी नहीं। 200 ई० पू० से लेकर 200 ई० तक के समय के जो ऐतिहासिक अवशेष प्राप्त हुए हैं उनसे सिद्ध होता है कि बौद्धधर्म उस काल में भी भारत का सर्वाधिक लोकप्रिय धर्म था। मौर्य-युग के पतन के पश्चात् भारत पर शक, कुषाण आदि विदेशी जातियों के आक्रमण हुए और पश्चिमी संसार से भारत का प्रत्यक्ष सम्पर्क स्थापित हुआ। सम्भवतया, इस विदेशी प्रभाव और मुख्यतया ईसाई धर्म-प्रचारकों की भावना ने बौद्धधर्म को प्रभावित किया जो उस समय तक विभिन्न मतभेदों के कारण विभाजित हो चुका था। ऐसे ही समय में सम्राट कनिष्क के शासनकाल में कश्मीर में बौद्धों की चौथी सभा हुई। वसुमित्र ने उस सभा की अध्यक्षता की। उस सभा के समय तक बौद्धधर्म 18 मुख्य सम्प्रदायों में विभाजित हो चुका था। परन्तु इसके पश्चात् उसमें एक बड़ा विभाजन हुआ जिसने बौद्धधर्म को 'हीनयान' और 'महायान' नामक दो प्रमुख सम्प्रदायों में बाँट दिया। बौद्धों की महायान शाखा अधिक लोकप्रिय हुई और उसने भारत में ही नहीं अपितु मध्य-एशिया और उत्तरी-एशिया में भी बौद्धधर्म का प्रचार करने में सफलता पायी। हीनयान मत का प्रभाव भारत में प्राय: समाप्त हो गया, जैसा कि 7वीं सदी में भारत-यात्रा पर आये हुए चीनी यात्री युवान च्वांग के विवरण से स्पष्ट होता है। हीनयान केवल श्रीलंका में लोकप्रिय रहा जहाँ से उसका प्रसार बर्मा, स्याम और दक्षिण-पूर्वी एशिया के देशों में हुआ, जबकि महायान मत सम्पूर्ण भारत में ही नहीं बल्कि सम्पूर्ण मध्य-एशिया, अफगानिस्तान, चीन, जापान आदि देशों में फैला। इस प्रकार, महायान सम्प्रदाय बौद्धधर्म के प्रसार में सबसे अधिक सहायक सिद्ध हुआ।

8वीं सदी में पूर्वी भारत में बौद्धों की एक नवीन शाखा का जन्म हुआ जो बंगाल तथा बिहार में अत्यधिक लोकप्रिय हुई। यह बौद्धों की 'वज्रयान' शाखा थी जो तन्त्र पर आधारित थी। गुप्त-साम्राज्य के पतन के उपरान्त भारत की धार्मिक विचारधारा पर तान्त्रिक विचारधारा का पर्याप्त प्रभाव पड़ा और हिन्दू तथा बौद्ध, दोनों ही धर्म उससे प्रभावित हुए। इसी विचारधारा ने बौद्धों में वज्रयान (The Vehicle of the Thunderbolt) शाखा को जन्म दिया। बिहार में विक्रमशिला बौद्धों की इस शाखा का मुख्य केन्द्र-स्थान बना। यहाँ से भेजे गये धर्म-प्रचारकों के द्वारा तिब्बत में वज्रयान मत का प्रचार हुआ जो 11वीं सदी में वहाँ का प्रमुख धर्म बन गया।

इस प्रकार एक समय ऐसा आया जब बौद्धधर्म भारत का ही नहीं अपितु सम्पूर्ण एशिया का प्रमुख धर्म बन गया। परन्तु बाद में भारत में बौद्ध धर्म नष्ट हो गया। सम्राट अशोक की मृत्यु के पश्चात् बौद्ध धर्म के विरुद्ध जन-भावना जागृत हुई। पुष्यमित्र शुंग ने भी बौद्ध धर्म को हानि पहुँचायी। यद्यपि ये कारण अधिक प्रभावपूर्ण सिद्ध नहीं हुए, परन्तु उसके बाद भी यह क्रम चलता रहा। छठी सदी में हूण राजा मिहिरकुल ने अनेक बौद्ध-विहारों को नष्ट किया और बंगाल के शैव-मतावलम्बी शासक शशांक ने भी बौद्धों का दमन किया। परन्तु बौद्धधर्म की मुख्य हानि इस दमन के कारण नहीं हुई अपितु उसकी स्वयं की आन्तरिक दुर्बलता और हिन्दू धर्म का पुनरुत्थान उसके पतन के मुख्य कारण बने। बौद्ध-संघों की अनैतिकता, गुप्त-शासकों के समय में हिन्दू धर्म का पुनरुत्थान, 8वीं सदी में शंकराचार्य द्वारा हिन्दू धर्म का प्रचार और हिन्दू धर्म द्वारा व्यावहारिक दृष्टि से बौद्धधर्म को अपने धर्म में स्थान प्रदान करना, आदि बौद्धधर्म के पतन के मुख्य कारण बने। राजपूत शासकों ने भी हिन्दू धर्म को संरक्षण प्रदान किया जिसके परिणामस्वरूप उनके समय में बौद्धधर्म केवल बौद्ध-संघों अथवा मठों तक ही सीमित रह गया। मुस्लिम आक्रमणकारियों के लिए इन संघों और मठों का नाश करना सरल हो गया। उन्होंने बौद्ध-मठों को ध्वस्त किया, उनके पुस्तकालयों को जला दिया तथा बहुत बड़ी संख्या में बौद्ध-भिक्षुओं को कत्ल कर दिया। अधिकांश बौद्ध तिब्बत और नेपाल की ओर भाग गये तथा भारत से बौद्ध धर्म समाप्त हो गया।

आधुनिक समय में भारत में बौद्धधर्म को पुनः नवीन जीवन प्राप्त हुआ है। प्रायः एक सौ वर्ष पहले महावीर स्वामी नामक एक व्यक्ति ने बौद्ध धर्म को पुनर्जीवित करने का कार्य आरम्भ किया। उसने बर्मा में उच्च शिक्षा प्राप्त की और, बाद में, कुशीनगर में रहना आरम्भ किया जहाँ महात्मा बुद्ध ने निर्वाण प्राप्त किया था। उसके प्रयत्नों से निकट के स्थानों के व्यक्तियों में बौद्धधर्म के प्रति रुचि उत्पन्न हुई। उसके पश्चात् पाश्चात्य विद्वानों ने जब प्राचीन भारतीय संस्कृति की खोज की तब स्वतः ही बौद्धधर्म की महानता स्पष्ट हुई। 1891 ई० में अनागारिका धर्मपाल ने जो श्रीलंका का निवासी

था, भारत में महाबोधि-सभा को आरम्भ किया जिसने बौद्धधर्म के पुनरुद्धार के लिए महत्वपूर्ण कार्य किया। इन सभी ने वर्तमान सदी में भारतीयों में बौद्धधर्म के प्रति जागृति उत्पन्न की जिसके परिणामस्वरूप स्वतन्त्रता के पश्चात् बौद्ध-धर्मचक्र को भारत के राष्ट्रीय झण्डे में सम्मिलित किया गया। 1956-57 ई० में भारत में महात्मा बुद्ध की 2,500 वीं निर्वाण-तिथि धूमधाम से मनायी गयी। 1959 ई० में तिब्बत के दलाई लामा ने प्राय: 50,000 तिब्बतियों के साथ भारत में शरण ली, जिनमें से प्राय: 1,000 बौद्ध भिक्षु हैं। इससे भी भारत में बौद्धधर्म के प्रति रुचि बढ़ी। इससे भी अधिक बौद्धधर्म के पुनरुत्थान में उस समय सहायता मिली जब अस्पृश्य जातियों के दिवंगत नेता डॉ० बी०आर० अम्बेडकर के 1966 ई० में लाखों व्यक्तियों सहित बौद्धधर्म को स्वीकार कर लिया। इन सभी ने आधुनिक भारत में बौद्धधर्म के पुनरुत्थान की आशाओं को जागृत किया है।

6. प्रमुख बौद्ध-सम्प्रदाय

महात्मा बुद्ध की मृत्यु के पश्चात् बौद्धधर्म विभिन्न शाखाओं में विभाजित हो गया और उसके अन्तर्गत विभिन्न छोटे-छोटे सम्प्रदायों का निर्माण हुआ। परन्तु इन सम्प्रदायों में प्रमुख सम्प्रदाय हीनयान और महायान ही हुए:

(i) **हीनयान सम्प्रदाय**—महात्मा बुद्ध के दर्शन और सिद्धान्तों में विश्वास करने वाले व्यक्तियों का सम्प्रदाय हीनयान सम्प्रदाय कहलाया। ये व्यक्ति किसी भी परिवर्तन के लिए उत्सुक न थे। महात्मा बुद्ध का दर्शन और उनके सिद्धान्त ही उनके लिए निर्वाण-प्राप्ति का सत्य-मार्ग रहे।

(ii) **महायान सम्प्रदाय**—साधारणतया इस सम्प्रदाय को स्थापित करने का श्रेय कनिष्क के समकालीन बौद्ध-विद्वान नागार्जुन को दिया जाता है। नागार्जुन का जन्म विदर्भ (बरार) में एक ब्राह्मण परिवार में हुआ था। वह ब्राह्मण-शास्त्रों का महान ज्ञाता था और महायान-मतावलम्बी होते हुए भी हीनयान-मतावलम्बियों के प्रति पर्याप्त उदार था।

परन्तु वस्तुत: महायान विचारधारा की उत्पत्ति नागार्जुन से पहले हो चुकी थी। महायान सम्प्रदाय की एक विशेषता उसके मतावलम्बियों का विभिन्न 'बोधिसत्वों' (बुद्ध के अवतारों) में विश्वास था। यह विचार सम्भवतया स्वयं महात्मा बुद्ध ने प्रदान किया था। मौर्य-काल में 'बोधिसत्वों' में विश्वास का विचार दृढ़ हो चुका था और सम्राट अशोक भी उनमें विश्वास करता था। स्थविरवादिन सम्प्रदाय (हीनयान) ने स्वयं प्राय: 25 ऐसे बोधिसत्वों की कल्पना की थी जिन्होंने अन्य व्यक्तियों को निर्वाण-प्राप्ति में सहायता प्रदान की। इनके अतिरिक्त, ऐसे भी बोधिसत्व स्वीकार किये गये थे जिन्होंने स्वयं निर्वाण-प्राप्ति का प्रयत्न किया था यद्यपि किसी अन्य को इसमें सहायता

नहीं दी थी। ई० पू० पहली और दूसरी सदी में बने भारहुत और साँची के स्तूपों में बुद्ध की उपासना करते हुए व्यक्ति अंकित किये गये थे। इस कारण यह विश्वास किया जाता है कि कनिष्क के समय में हुई बौद्ध-सभा और नागार्जुन के समय से पहले ही महायान सम्प्रदाय एक प्रभावपूर्ण सम्प्रदाय बन चुका था। परन्तु नागार्जुन के समय में हीनयान और महायान सम्प्रदाय एक-दूसरे से पूर्णतया पृथक हो गये और नागार्जुन ने महायान सम्प्रदाय को एक ठोस दर्शन और विचारधारा प्रदान की जिसके कारण वह एक प्रभावशाली सम्प्रदाय बन सका। डॉ० नलिनाक्ष दत्त ने लिखा है: "महायान बौद्ध धर्म की उत्पत्ति ई० पू० पहली सदी के लगभग आन्ध्र प्रदेश में हुई जो महासंधिकों का केन्द्र-स्थान था। कनिष्क के समय में वह एक मान्य बौद्ध धर्म स्वीकार किया गया और उसके पश्चात् वह पहली और दूसरी सदी में सम्पूर्ण उत्तर-भारत में फैल गया तथा नागार्जुन, आर्यदेव, असंग और वसुबन्धु के संरक्षण में अपनी पराकाष्ठा पर पहुँच गया।"[6]

डॉ० दत्त के उपर्युक्त कथन से यह अनुमान लगता है कि महायान-सम्प्रदाय की विचारधारा की उत्पत्ति भारत में हुई और इस विचारधारा पर किसी विदेशी विचारधारा का प्रभाव नहीं था। परन्तु डॉ० ए०एल० बाशम ने जोरास्ट्रियन धर्म के 'विश्व-उद्धारक' और ईसाई धर्म के 'कष्ट उठाने वाले उद्धारक' के विचार को महायान विचारधारा को प्रभावित करने वाला बताया है। एक स्थान पर वे लिखते हैं: "उत्तर-पश्चिमी भारत के विदेशी आक्रमणकारी शासकों के समय में जोरास्ट्रियन और बौद्ध धर्म एक-दूसरे के सम्पर्क में आये, और सम्भवतया इसके कारण प्राचीन विचारधारा में भविष्य में आने वाले बुद्ध का विचार सम्मिलित हुआ।"[7] एक अन्य स्थल पर उन्होंने लिखा है: "कष्ट उठाते हुए बोधिसत्व का ईसाई धर्म के ऐसे ईश्वर के विचार से बहुत अधिक सामंजस्य है जो अन्यों के लिए अपने जीवन की आहुति दे देता है। इस कारण, हम इस सम्भावना से इन्कार नहीं कर सकते कि यह सिद्धान्त जो पर्शिया (ईरान) में दूसरी सदी से तीव्रता

---

6. "Mahayan Buddhism originated about the first century B.C. in the Andhra country where the Mahasanghikas had their centre; it became a recognised form of Buddhism at the time of Kanishka; and then it spread all over Northern India in the first or second century A.D. to blossom into its full glory under the care of Nagarjuna, Aryadeva, Asanga and Vasubandhu."—Dr. Nalinaksha Dutt : *The Hisotory and the Culture of the Indian People*, Vol. II, "The Age of Imperial Unity".

7. "Under the invading rulers of North-West India Zoroastrianism and Buddhism came into contact, and it was probably through this that idea of future Buddha became part of orthodox belief."—Dr. A.L. Basham : *The Wonder that was India*.

से प्रचलित था, बौद्ध धर्म ने ईसाई धर्म से ग्रहण किया।''[8] परन्तु डॉ० बाशम का यह विचार सर्वमान्य नहीं है।

संघ के नियमों और आचरण के सम्बन्ध में हीनयान और महायान सम्प्रदाय में कोई अन्तर न था और अनेक संघों में हीनयान और महायान मतावलम्बी साथ-साथ रहते थे। परन्तु उनके दर्शन और आदर्शों में मुख्यतया निम्न अन्तर थे:

1. महात्मा बुद्ध ने विभिन्न रूपों में जन्म लिया था और लेंगे, यह हीनयान और महायान, दोनों ही मतावलम्बी स्वीकार करते हैं। इन जन्मों में बुद्ध को 'बोधिसत्व' पुकारा गया। परन्तु इन जन्मों का क्या कारण था? हीनयान मत के अनुसार, बुद्ध के ये जन्म उनकी निर्वाण-प्राप्ति की प्रगति के विभिन्न चरण थे अर्थात् बुद्ध विभिन्न जन्म लेकर धीरे-धीरे निर्वाण-प्राप्ति की ओर प्रगति करते रहे और अन्त में बुद्ध के रूप में निर्वाण प्राप्त कर सके। इस कारण, उनके अनुसार बुद्ध स्वयं भी एक मनुष्य ही थे, यद्यपि वह उनकी प्रगति का अन्तिम चरण था। महायान मत के अनुसार, बुद्ध ईश्वर के एक रूप थे। विभिन्न रूपों में उनके जन्म लेने का कारण उनकी धीरे-धीरे प्रगति न होकर स्वयं कष्ट उठाते हुए अन्य व्यक्तियों को निर्वाण-प्राप्ति में सहायता प्रदान करना था।
2. हीनयान मत स्वयं की निर्वाण-प्राप्ति को व्यक्ति का अन्तिम लक्ष्य मानता है। परन्तु महायान मत इसे स्वार्थ की एक भावना मानता है। उसके अनुसार, अन्य सभी व्यक्तियों को निर्वाण-प्राप्ति में सहायता प्रदान करना व्यक्ति का प्रमुख और अन्तिम लक्ष्य है।
3. हीनयान मत निर्वाण को जीवन और मृत्यु के बन्धन से मुक्त एक स्थायी शान्ति की स्थिति मानता है जो बहुत स्पष्ट नहीं है। महायान मत इस दृष्टि से उपनिषदों के परम-ब्रह्म की कल्पना के निकट पहुँच गया। उसके अनुसार निर्वाण-प्राप्ति बुद्ध का देवत्व स्वरूप में सम्मिलित हो जाना है।
4. हीनयान मत ने बुद्ध की कल्पना ईश्वर के रूप में नहीं की परन्तु महायान मत ने बुद्ध की कल्पना ईश्वर के विभिन्न स्वरूपों में की। 'अमिताभ' उनका एक ऐसा देवता है जो स्वर्ग में निवास करता है। अवलोकितेश्वर या पद्मपाणि, मंजुश्री, वज्रपाणि, मैत्रेय, क्षितिगर्भ आदि उनके प्रमुख देवता बन गये। ये देवता बुद्ध के ही विभिन्न स्वरूप हैं और जीवन तथा मृत्यु से मुक्त हैं।

---

8. "The suffering Bodhisattava so closely resembles the Christian conception of the God who gives his life as a ransom for many that we cannot dismiss the possibility that the doctrine was borrowed by Buddhism from Christianity, which was vigorous in Persia from the second century A.D. onwards." — Dr. A.L. Basham : *The Wonder that was India.*

5. हीनयान मत संसार को पूर्णतया दु:खमय मानता है परन्तु महायान इस विचार को मानते हुए भी एक आशावादी दृष्टिकोण रखता है। उसके अनुसार, प्रत्येक जीव (पशु, पक्षी, मनुष्य आदि) एक प्रकार से बोधिसत्व है। अतएव इनमें से प्रत्येक जीव निर्वाण प्राप्त करेगा।

6. हीनयान मत ने निर्वाण-प्राप्ति हेतु अपने स्वयं के प्रयत्नों पर बल दिया जबकि महायान मत ने बुद्ध के प्रति विश्वास और भक्ति पर बल देना आरम्भ किया।

7. हीनयान मत के ग्रन्थ पाली में लिखे गये जबकि महायान मत के ग्रन्थ संस्कृत में लिखे गये। महायान मतावलम्बियों ने अपने पृथक धार्मिक साहित्य की रचना की, जिनमें '**ललितविस्तार**' को प्राचीनतम ग्रन्थों में से एक माना गया है। उनके अन्य ग्रन्थों में **सधर्म पुण्डरीक, वज्रछेदिका, सुखावती-व्यूह, अष्टसहस्त्रिका, प्रज्ञापारमिता**, और नागार्जुन द्वारा लिखित **माध्यमिक-कारिका** आदि हैं।

इसके अतिरिक्त हीनयान और महायान मतों में दर्शन और सिद्धान्त के आधार पर अन्तर हैं जिनके कारण बौद्ध धर्म का यह विभाजन अन्त तक रहा। महायान मत हिन्दू धर्म के निर्वाण तथा ब्रह्म और ईश्वर के विभिन्न अवतारों के विचार के बहुत निकट है जिसके कारण इसने हिन्दू और बौद्ध धर्म को एक-दूसरे के निकट लाने में सहायता दी। परन्तु इसकी मुख्य विशेषता सभी व्यक्तियों को निर्वाण-प्राप्ति में सहायता प्रदान करने की इच्छा थी जिसके कारण, इसमें धर्म-प्रचार की भावना तीव्र रही और विदेशों में बौद्ध धर्म का प्रचार हुआ।

(*iii*) तान्त्रिक विचारधारा और बौद्धों का वज्रयान-सम्प्रदाय—तान्त्रिक धर्म बौद्धधर्म की एक विशेषता नहीं है अपितु यह जैन और हिन्दू धर्म में भी समान रूप से प्राप्त होता है। हिन्दुओं में शाक्त धर्म के साहित्य के लिए 'तन्त्र', शैव धर्म के तान्त्रिक साहित्य के लिए 'आगम' और वैष्णव धर्म के तान्त्रिक साहित्य के लिए 'संहिता' (काण्ड) अथवा 'रात्र' (ज्ञान) शब्दों का प्रयोग किया गया है। परन्तु साधारणतया इन सभी सम्प्रदायों के साहित्य के लिए एकमात्र 'तन्त्र' शब्द का प्रयोग किया जाता है। बौद्धधर्म में तान्त्रिक धर्म को वज्रयान के नाम से पुकारा गया।

तन्त्र वह ज्ञान है जो यन्त्रों और मन्त्रों की सहायता से निर्वाण-प्राप्ति में विश्वास करता है। यन्त्र रेखाओं अथवा रंगीन चावलों से अंकित किया गया किसी देवी अथवा देवता का प्रतीक-चिह्न होता है अथवा, जैसा कि बाद में हुआ, किसी धातु पर अंकित देवी या देवता की आकृति होती है। इस यन्त्र की उपयोगिता एक यज्ञ-स्थान की भाँति होती है। मन्त्र किसी देवी अथवा देवता को वश में करने के लिए एक विशेष प्रकार की प्रार्थना होती है।

तान्त्रिक धर्म एक ऐसा धर्म है जिसमें सभी व्यक्ति बिना किसी जाति के भेद-भाव के अथवा स्त्री-पुरुष के अन्तर के समान रूप से भाग ले सकते हैं।

तान्त्रिक धर्म की एक मुख्य मान्यता प्रत्येक स्त्री को एक जगत-माता के स्वरूप में स्वीकार करना है। 'महानिर्वाण-तन्त्र' तान्त्रिक धर्म का एक लोकप्रिय ग्रन्थ माना गया है। उसमें उल्लेख है कि सम्पूर्ण जीवन का स्रोत माँ का गर्भ है। इस कारण सृष्टि की निर्माता माँ है, पुरुष नहीं। ब्रह्मा, विष्णु, शिव और अन्य सभी देवताओं की जननी जगत-माता है। इसी कारण वह इन सबसे श्रेष्ठ है। पार्वती, दुर्गा, लक्ष्मी, राधा आदि उस जगत-माता के ही स्वरूप हैं। इसके कारण शक्ति के रूप में जगत-माता की पूजा तान्त्रिक धर्म में प्रमुख है।

तान्त्रिक धर्म की उत्पत्ति का स्रोत प्राचीन हिन्दू धर्म-ग्रन्थों को माना जाता है, मुख्यतया अथर्ववेद को। अथर्ववेद के मन्त्रों की शक्ति देवी-देवताओं को प्रसन्न करने अथवा उन्हें अपने वश में करने की क्षमता, साधनों अथवा उपासकों द्वारा दैवी शक्तियों को प्राप्त करने की क्षमता, आदि में भारतीयों को सदैव आस्था रही। जब वेदों के ज्ञान और महात्मा बुद्ध तथा महावीर की शुद्ध आचरण की व्यवस्था का प्रभाव समाप्त हो गया तब तान्त्रिक विचारधारा का प्रभाव बढ़ा। विभिन्न एकाकी साधकों और तपस्वी साधुओं ने इसमें विश्वास प्रकट किया। उसके पश्चात् बहुत बड़ी मात्रा में तान्त्रिक धर्म-साहित्य का निर्माण हुआ। बौद्ध धर्म पर तान्त्रिक धर्म के प्रभाव का एक अन्य कारण भी बताया जाता है। भारत से बाहर जाने पर बौद्ध धर्म का सम्पर्क चीन, तिब्बत, मंगोलिया और मध्य-एशिया में प्रचलित विभिन्न धार्मिक सम्प्रदायों से हुआ और उसने वहाँ उनके स्थानीय रीति-रिवाजों अथवा देवी-देवताओं को अपने में सम्मिलित कर लिया। उस समझौते से भी बौद्ध धर्म का झुकाव तान्त्रिक धर्म की ओर हुआ। छठी सदी तक तान्त्रिक धर्म और उसके पृथक धार्मिक ग्रन्थों का निर्माण हो चुका था तथा बौद्ध धर्म का तान्त्रिक अर्थात् वज्रयान धर्म 8वीं सदी तक बिहार और बंगाल में पाल-वंश के शासकों के संरक्षण में पूर्णतया स्थापित हो चुका था।

तान्त्रिक धर्म के अनुसार कलियुग में तान्त्रिक धर्म सर्वश्रेष्ठ है। तान्त्रिक धर्म के अनुसार व्यक्ति की आध्यात्मिक प्रगति के विभिन्न चरण माने गये हैं। उसी प्रगति के आधार पर तान्त्रिक धर्म ने अपने अनुयायियों को विभिन्न श्रेणियों में विभाजित किया और सम्भवतया यह विभाजन ही उनके अन्तर्गत विभिन्न क्रियाओं तथा विभिन्न वर्गों का कारण बना। उसने अपने अनुयायियों को मूलतया पशु, वीर और दिव्य नामक तीन श्रेणियों में विभाजित किया। पशु श्रेणी में वेदाचार, वैष्णवाचार, शैवाचार और दक्षिणाचार माने गये; वीर श्रेणी में वामाचार और सिद्धान्ताचार माने गये; तथा दिव्य श्रेणी में कौलाचार माने गये। यही तान्त्रिक धर्म के सात वर्ग बने यद्यपि इन्हें सात सम्प्रदाय नहीं

कहा जा सकता क्योंकि इन सभी का लक्ष्य और दर्शन एक था। परन्तु इन विभिन्न श्रेणी के व्यक्तियों से पृथक-पृथक व्यवहार और मान्यताओं की अपेक्षा की जाती थी। पशु श्रेणी के व्यक्तियों से क्रमशः पूजा, विष्णु-भक्ति, शिव-शक्ति और देवी अथवा शक्ति से मस्तिष्क के आधार पर सम्पर्क करने की आशा की जाती थी। उन्हें सामाजिक नैतिकता का पालन करते हुए उपासना का अधिकार था यद्यपि वे अपनी चौथी अवस्था में कुछेक तान्त्रिक विधियों का प्रयोग भी कर सकते थे। वीर श्रेणी के वामाचार व्यक्तियों के लिए एक गुरू प्राप्त करना आवश्यक था जिसकी सहायता और शिक्षा से वे तान्त्रिक विधियों का प्रयोग भी कर सकते थे। उनके लिए सामाजिक नैतिकता, खान-पान, योनि-सम्बन्धों आदि की बाधाओं को समाप्त करना आवश्यक था। उनके लिए सभी पुरुष शिव अथवा भैरव के स्वरूप थे और सभी स्त्रियाँ शक्ति (भैरवी, योगिनी, कुलनायिका) का स्वरूप थीं। उनके लिए मादक द्रव्यों के प्रयोग और विवाहित स्त्रियों से यौन-सम्बन्ध रखने पर कोई प्रतिबन्ध न था। परन्तु वामाचार को अपनी साधना और क्रियाओं को रात्रि में समाज के अन्य व्यक्तियों से छिपाकर करना पड़ता था। सिद्धान्ताचार के साधक के लिए मद्य, मछली, माँस, मुद्रा (अन्न) और मैथुन सार्वजनिक रूप से मान्य था। वह अपनी साधना पूर्ति के लिए इनका प्रयोग खुले में करता था यद्यपि उनके लिए उचित समय और उचित स्थान आवश्यक था। उनके अनुसार इन सभी वस्तुओं का प्रयोग एक साधक के शरीर और मस्तिष्क को सबल रखता था। परन्तु इस प्रकार की साधना केवल वे ही साधक कर सकते थे जो इनके दोषों, प्रभावों और आसक्तियों से मुक्त हों। इसके अतिरिक्त इनका प्रयोग करने हेतु अन्य सीमाएँ भी निश्चित की गयी थीं ताकि इनका दुरुपयोग न हो। व्यक्ति की अन्तिम अवस्था 'दिव्यशक्ति' थी, जिस पर कोई बन्धन न था। ऐसी स्थिति में एक दिव्य-व्यक्ति (कौलाचार: हृदय से शाक्त, बाह्य दृष्टि से शिव और समाज में वैष्णव था। वह प्रत्येक पदार्थ में स्वयं को और स्वयं में प्रत्येक पदार्थ को पाता था। वह उपनिषदों के ब्रह्म ज्ञान की भाँति की स्थिति थी।

तान्त्रिक साधना के लिए उचित समय, उचित स्थान और उचित क्रिया आवश्यक थी। इसके लिए विविध नियम बनाये गये थे जिनका पालन करना आवश्यक था।

तान्त्रिक धर्म अत्यधिक विवाद का कारण रहा है। अनैतिकता और अनाचार का दोष उस पर लगाया गया है। परन्तु तान्त्रिक धर्म और दर्शन में ऐसी कोई बात नहीं थी। एच०डी० भट्टाचार्य ने लिखा है: "उन्होंने (तान्त्रिक साधकों ने) निश्चय ही देवताओं के मनुष्यों के घरों और हृदयों के निकट ला दिया, उनकी भक्ति-भावना को प्रेरित किया, उनकी दान की भावना को सामूहिक प्रोत्साहन दिया तथा सम्पूर्ण देश में मन्दिरों

के निर्माण के लिए उत्साह प्रदान किया।"[9] परन्तु इस धर्म और दर्शन का दुरुपयोग भी हुआ। स्वार्थी व्यक्तियों ने उसे केवल भौतिक आधार पर लाकर अनैतिकता का आधार बना दिया, जो इसका आशय न था। परन्तु यह एक ऐसी मानवीय दुर्बलता थी जो सभी धर्मों और देशों में पायी जाती है। डॉ० नलिनाक्ष दत्त ने लिखा है: "चाहे वह प्राचीन भारत हो अथवा मिस्र, मध्ययुगीन चीन हो अथवा मध्य-एशिया, आधुनिक यूरोप हो अथवा जापान, हम सभी स्थानों पर एक ही कहानी पाते हैं कि धर्म और दर्शन के नाम पर आवश्यकताओं और परिस्थितियों ने मनुष्य के मस्तिष्क को गन्दगी की उस निकृष्टतम सीमा तक पहुँचा दिया जहाँ तक कि सोचना सम्भव था।"[10]

बौद्ध धर्म पर भी इस तान्त्रिक विचारधारा का प्रभाव पड़ा। असंग, नागार्जुन, वसुबन्धु और आर्यदेव द्वारा स्थापित बौद्धधर्म का गौरव चन्द्रकीर्ति, शान्तिदेव, दिनांग और धर्मकीर्ति के साथ-साथ नष्ट हो गया। बौद्धधर्म तन्त्रवाद से प्रभावित हो गया और वज्रयान सम्प्रदाय का निर्माण हुआ। 7वीं सदी में ही युवान च्वांग (चीनी यात्री) ने विभिन्न बौद्ध-विहारों में तान्त्रिक प्रभाव को पाया था और 8वीं सदी तक बिहार और बंगाल में वज्रयान सम्प्रदाय में देवियों को स्थान प्राप्त हो गया था। हिन्दू देवताओं की भाँति बौद्धधर्म में भी विभिन्न बुद्ध और बोधिसत्वों की पत्नियों की कल्पना कर ली गयी थी। वज्रयान मत ने इस विचार को आगे बढ़ाया। यह विश्वास किया जाने लगा कि संसार में देवताओं की तुलना में देवियाँ अधिक सक्रिय होती हैं और देवियाँ ही देवताओं के निकट पहुँचने का माध्यम है। इन देवियों को 'तारा' पुकारा गया और इनके विभिन्न नाम रखे गये। इनमें से एक प्रमुख देवी 'प्रज्ञापारमिता' थी। निम्न श्रेणी की देवियों को 'मातंगी', 'योगिनी', 'दक्षिनी' आदि नामों से पुकारा गया और हिन्दू देवियों की भाँति उनकी शक्लों और शक्तियों को विभिन्न स्वरूप प्रदान किये गये। मन्त्र और तन्त्र के द्वारा इन देवियों को अपने वश में करने की आस्था प्रबल हो गयी और तान्त्रिक विचारधारा के अनुरूप योनि-सम्बन्धों, खान-पान और नैतिकता के अन्य नियमों का पालन करना इसके अनुयायियों के लिए आवश्यक न रहा बल्कि उनको भंग करना

---

9. "They certainly brought the gods nearer the hearts and homes of men and inspired their devotion, prompted their collective action for charity and gave a fillip to the building of religious edifices all over the country."—Dr. H.D. Bhattacharya, "The Age of Imperial Kanauj", *The History and Culture of the Indian People,* Vol. IV.

10. "Be it ancient India or Egypt, medieval China or Middle East, modern Europe or Japan, we find the same story, viz., that in the name of religion and philosophy, necessity and circumstances have debased human mind to the lowest conceivable vulgarity."—Dr. Nalinaksha Dutt : "The Age of Imperial Kanauj", *The History and Culture of the Indian People,* Vol. IV.

उचित माना गया। तान्त्रिक धर्म ने जिस प्रकार हिन्दू धर्म को प्रभावित करके उसके अन्तर्गत एक नवीन सम्प्रदाय को जन्म दिया उसी प्रकार उसने बौद्धधर्म के वज्रयान सम्प्रदाय को जन्म दिया। वज्रयान सम्प्रदाय का मुख्य उद्देश्य भी निर्वाण की प्राप्ति करना था, और उसके लिए उसमें विभिन्न क्रियाओं के लिए विभिन्न कठोर नियम सम्मिलित किये गये थे। व्यक्ति की आध्यात्मिक प्रगति के प्रति भी वह पूर्ण जागृत था परन्तु मन्त्रों की सिद्धि, देवी-देवताओं को प्रसन्न करने के स्थान पर उन्हें अपने वश में करने का प्रयत्न स्त्री-सम्भोग, मादक द्रव्यों का प्रयोग, नैतिकता के नियमों का उल्लंघन, मन्त्र और तन्त्र का प्रयोग, बलि, यहाँ तक कि मनुष्य-बलि तक की क्रिया, वज्रयान सम्प्रदाय में प्रमुख बन गयी।

7. बौद्धधर्म के उत्थान के कारण

बौद्धधर्म का प्रचार अत्यन्त तीव्रता से हुआ। एक समय में वह भारत का ही नहीं बल्कि विश्व का सर्वाधिक लोकप्रिय धर्म बन गया था। मैक्समूलर ने लिखा था: "आधुनिक समय (तत्कालीन) में भी एशिया में बौद्ध-मतावलम्बियों की संख्या इस्लाम, ईसाई और अन्य सभी धर्मों को मानने वालों की संख्या से अधिक है।"[11] निम्नलिखित विभिन्न कारणों ने बौद्ध धर्म के उत्थान और प्रसार में भाग लिया:

1. बुद्ध का प्रभावशाली व्यक्तित्व—बुद्ध ने राज्य और वैभव को त्यागकर संन्यासी जीवन अपनाया था। उन्होंने धार्मिक ग्रन्थों से ज्ञान प्राप्त नहीं किया था वरन् उनका ज्ञान आत्मज्ञान था। उन्होंने अपने उपदेशों को स्वयं अपने जीवन में ग्रहण किया। सरलता, त्याग, प्रेम, दया, क्षमाशीलता, मृदुभाषण और सभी के साथ समानता का व्यवहार आदि मानवीय गुण उनके आदर्श मात्र न थे बल्कि उन्होंने अपने व्यक्तिगत जीवन में उन सभी गुणों का व्यावहारिक प्रयोग किया था। उनका धर्म प्रचार के स्थान पर व्यवहार पर निर्भर था। अपने इस व्यक्तित्व से उन्होंने बौद्ध धर्म को अपने जीवन में ही लोकप्रिय बना दिया। तत्कालीन विभिन्न शासकों, धनवान व्यक्तियों और गणतन्त्रीय राज्यों के प्रधानों ने उनका सम्मान किया और उन्हें धर्म-प्रचार के लिए विभिन्न सुविधाएँ प्रदान कीं।

2. हिन्दू धर्म के दोष—बुद्ध के समय तक हिन्दू धर्म कर्मकाण्ड, पुरोहितों की श्रेष्ठता, यज्ञ, धन के अपव्यय, पशु-बलि, अज्ञान और आडम्बर से परिपूर्ण हो गया था। साधारण व्यक्ति धर्म को समझा नहीं सकते थे और वे अपने धार्मिक जीवन के लिए ब्राह्मणों के पुरोहित-वर्ग पर आश्रित हो गये थे। ऐसे धर्म के प्रति प्रतिक्रिया स्वाभाविक

---

11. "Even at present day Buddhism counts in Asia a more numerous array of believers than any other faith not excluding Muhammadanism and Christianity." — Max Muller : *Studies in Buddhism.*

थी। बुद्ध ने जो कुछ समझा और जिसका प्रचार किया, वह उस समय के जनसाधारण की आवाज थी। मैक्समूलर ने लिखा है: "जिसे बुद्ध ने अनुभव किया था, उसे कम या अधिक मात्रा में हजारों ने अनुभव किया, और यही उनकी सफता की कुंजी थी।"[12]

3. बौद्ध धर्म के सरल उपदेश—जनसाधारण के लिए बौद्धधर्म का अर्थ केवल नैतिक आचारों का पालन करना था। वे नैतिक नियम व्यक्ति और समाज दोनों के लिए सरल और लाभप्रद थे। बौद्धधर्म ने मध्यम-मार्ग के द्वारा निर्वाण-प्राप्ति का मार्ग बताया था। उस धर्म में न जटिल कर्मकाण्ड था, न जटिल दर्शन, न कठोर तप, न दुष्कर ज्ञान और न जीवन से विरक्ति। साधारण व्यक्ति नैतिक सिद्धान्तों का पालन करते हुए धीरे-धीरे निर्वाण-प्राप्ति के मार्ग पर अग्रसर हो सकते थे। धर्म में यह सरलता न हिन्दू धर्म में थी और न जैनधर्म में।

4. जनसाधारण की भाषा में दिये गये उपदेश—बुद्ध ने अपने उपदेश जनसाधारण की भाषा मगधी में दिये, जिसे सभी समझ सकते थे।

5. बौद्धधर्म में धन का व्यय न होना—हिन्दू धर्म जनसाधारण के लिए बहुत महँगा हो गया था। बिना धन के धार्मिक जीवन सम्भव न था। इसके विपरीत, बौद्ध धर्म में धन के व्यय का कोई प्रश्न न था।

6. सामाजिक समानता पर आधारित धर्म—बौद्धधर्म में सभी जाति के व्यक्तियों का स्तर समान था। हिन्दू धर्म ने ब्राह्मणों की श्रेष्ठता के विचार को इस सीमा तक पहुँचा दिया था कि वैश्य और शूद्र तो क्या, क्षत्री भी निम्न स्तर के समझे जाते थे। असमानता पर आधारित इस सामाजिक व्यवस्था के प्रति घृणा स्वाभाविक थी। इस कारण निम्न जातियों ने ही नहीं बल्कि क्षत्रियों ने भी बौद्धधर्म का स्वागत किया। स्वयं बुद्ध और जैनधर्म के प्रचारक महावीर क्षत्री थे और उन दोनों ने क्षत्री-शासकों से संरक्षण प्राप्त किया, यद्यपि यह भी सर्वस्वीकृत है कि बौद्धधर्म ने जाति-प्रथा और अस्पृश्यता की सामाजिक कुप्रथाओं पर कोई कुठाराघात नहीं किया था।

7. बौद्ध-संघों का संगठन—बौद्ध-संघों ने इस धर्म को विद्वान एवं योग्य धर्म-प्रचारक प्रदान किये। बौद्ध-संघ बौद्धों के विश्राम-स्थल मात्र न थे। वे उनके शिक्षालय थे, जनसाधारण के आकर्षण के केन्द्र-स्थान थे, भिक्षुओं के साधना-स्थल थे और बौद्ध धर्म के ज्ञान, पुस्तकालय, विचारों के आदान-प्रदान एवं साहित्य-निर्माण तथा व्यावहारिक जीवन के उदाहरण थे। इन सभी के कारण वे बौद्ध धर्म के प्रचार के मुख्य साधन बने। संघों की प्रजातन्त्रात्मक प्रणाली प्रत्येक भिक्षु अथवा 'श्रमण' को गौरवपूर्ण स्थान प्रदान

---

12. "What was felt by Buddha has been felt more or less intensely by thousands and this was the secret of his success." — Max Muller : *Studies in Buddhism.*

करती थी, जिससे इन संघों ने योग्य धर्म-प्रचारकों का निर्माण करने में सफलता प्राप्त की, जो बौद्ध धर्म के प्रसार का मुख्य साधन बने। इतिहासकार स्मिथ ने लिखा है, "भिक्षु और भिक्षुणियों का संगठित समुदाय इस धर्म का सबसे प्रभावशाली साधन था।"[13]

8. बौद्ध-प्रचारकों का उत्साह—बुद्ध के पश्चात् भी इस धर्म में अनेक विद्वान और तपस्वी धर्म-प्रचारक हुए। महायान सम्प्रदाय का अन्य व्यक्तियों को निर्वाण-प्राप्ति में सहयोग प्रदान करने का लक्ष्य इसमें अत्यधिक सहायता प्रदान करने वाला सिद्ध हुआ। जीवन का प्रमुख लक्ष्य अन्य व्यक्तियों को निर्वाण-प्राप्ति से सहायता देना है। इस लक्ष्य के आदर्श से प्रेरित होकर बौद्ध-भिक्षु भारत के कोने-कोने में ही नहीं अपितु सम्पूर्ण एशिया के विभिन्न स्थलों में फैल गये। उनके सम्मुख जंगल, पहाड़, मरुस्थल आदि सभी झुक गये। एक लम्बे समय तक नागार्जुन, असंग, वसुमित्र, दिनांग, धर्मकीर्ति, चन्द्रकीर्ति सदृश विद्वानों तथा विभिन्न देशों में धर्म-प्रचार हेतु गये अनेक भिक्षुओं ने इस धर्म को एक समय में एशिया का ही नहीं अपितु विश्व का सबसे प्रमुख धर्म बना दिया।

9. राजकीय संरक्षण—बौद्धधर्म को आरम्भ से ही विभिन्न राजाओं का आश्रय प्राप्त हुआ। बुद्ध के समकालीन शासकों में से बिम्बसार, अजातशत्रु और प्रसेनजित बुद्ध से प्रभावित थे। उनके परिवार के सदस्यों में से कई उनके समर्थक थे, और राजा उदयन भी बाद में उनके प्रति श्रद्धालु हो गया था। उसके पश्चात् महान सम्राट अशोक ने इसके प्रसार में महत्वपूर्ण योगदान दिया। डॉ० हेमचन्द्र राय चौधरी के अनुसार, "अशोक ने गंगा की घाटी में फैले हुए इस धर्म को संसार का सबसे बड़ा धर्म बना दिया।" बाद में सम्राट कनिष्क और महायान सम्प्रदाय की धर्म-प्रचार की तीव्र भावना ने इसके प्रसार में बहुत बड़ा भाग लिया।

10. बदलती हुई आर्थिक परिस्थितियाँ—बौद्धधर्म तत्कालीन बदलती हुई आर्थिक परिस्थितियों के पक्ष में था। वह साम्राज्यवादी युद्धों के पक्ष में नहीं था जिससे कृषि और व्यापार में बाधा आती थी। उसने कृषि-उत्पादन और पशु-धन की वृद्धि पर बल दिया। लोहे के उपकरणों के कृषि में प्रयोग किये जाने से यह सम्भव था। इस कारण, कृषि-योग्य भूमि में विस्तार तथा पशुओं की वृद्धि उस समय की आवश्यकता और माँग थी। बौद्धधर्म ने उस माँग की पूर्ति में सहायता दी। वह कर्ज और ब्याज लेने की व्यवस्था के बारे में चुप रहा तथा समुद्री-व्यापार के अनुकूल रहा। अन्य दृष्टियों से भी वह नवीन व्यापारी-वर्ग के पक्ष में था। उस वर्ग ने उसके प्रसार में पूर्ण सहयोग दिया।

---

13. "The well organized body of monks and nuns was the most effective instrument in the hands of this religion." — *V. Smith.*

डॉ० आर०एस० शर्मा ने कहा है कि "बौद्धधर्म के सिद्धान्त नवीन आर्थिक व्यवस्था तथा उत्पादन के साधनों पर आधारित नगर-जीवन के अनुकूल थे। इस कारण उनकी उन्नति स्वाभाविक थी।"

11. बौद्ध की धार्मिक सभाएँ—समय-समय पर विभिन्न शासकों के संरक्षण में बौद्ध-मतावलम्बियों की चार सभाएँ हुईं। उन सभाओं में न केवल कुछ महत्वपूर्ण निर्णय लिये गये अपितु उनके पश्चात् धर्म के प्रचार के लिए विभिन्न स्थानों पर धर्म-प्रचारक भी भेजे गये। सम्राट अशोक ने तो अपने पुत्र और पुत्री को भी इस आशय से श्रीलंका भेजा था। सम्राट कनिष्क के संरक्षण में विभिन्न विद्वानों ने बौद्धधर्म की महायान शाखा का विकास किया जिसने विदेशों में बौद्धधर्म के प्रसार में बहुत बड़ा भाग लिया। इस प्रकार विभिन्न बौद्ध-सभाएँ भी बौद्धधर्म के प्रसार में सहायक हुईं।

12. बौद्ध-विद्यालय—बौद्धों ने विभिन्न महाविद्यालयों का निर्माण किया। निस्सन्देह, ये विद्यालय बौद्धधर्म की शिक्षा के प्रसार मात्रा के लिए न होकर सभी प्रकार के बौद्धिक विकास के लिए थे। परन्तु विभिन्न बौद्ध विद्वान उन विद्यालयों में एकत्रित होते थे, विदेशों से विद्वान यहाँ शिक्षा-प्राप्ति हेतु आते थे। इस प्रकार, अप्रत्यक्षतया वे विद्यालय बौद्धधर्म के प्रसार में सहायक हुए। नालन्दा का महाविद्यालय एक ऐसा ही विद्यालय था जो संसार में प्रसिद्ध हुआ।

उपर्युक्त विभिन्न कारणों से बौद्ध धर्म का अत्यधिक प्रसार हुआ और उसे विश्व के श्रेष्ठतम धर्मों में स्थान प्राप्त हुआ।

8. बौद्धधर्म के पतन के कारण

बौद्धधर्म एक लम्बे समय तक भारत का ही नहीं अपितु एशिया का सर्वश्रेष्ठ धर्म बना रहा। परन्तु बाद में धीरे-धीरे भारत में प्रायः समाप्त हो गया और एशिया में भी इसका प्रभाव कम हो गया। इस धर्म के पतन के विभिन्न कारण निम्नवत् थे:

1. बौद्ध-संघों में भ्रष्टाचार—बौद्ध-संघों में धन और स्त्रियों के प्रवेश करने से भ्रष्टाचार और विलासिता प्रवेश कर गयी। अनेक सम्राटों और धनवान व्यक्तियों का संरक्षण प्राप्त हो जाने से बौद्ध-संघों और विहारों में सम्पत्ति एवं धन एकत्रित हो गया। यद्यपि भिक्षुणियों के लिए पृथक संघों की स्थापना की गयी थी परन्तु भिक्षुणियों के संघ भिक्षुओं के संघों के निकट होते थे और उनके संचालन का प्रमुख उत्तरदायित्व भिक्षुओं पर ही था। इस प्रकार पुरुष की दो स्वाभाविक दुर्बलताएँ–धन और स्त्री–बौद्ध भिक्षुओं के लिए सुलभ हो गयीं। महायान सम्प्रदाय की रथ-यात्राओं और धार्मिक उत्सवों ने इस धन के प्रयोग और स्त्री-पुरुष के सम्बन्धों को सम्भव बनाया, बुद्ध की प्रतिमाओं की पूजा ने इस धर्म में कर्मकाण्ड को सम्मिलित कर दिया और वज्रयान सम्प्रदाय ने इसमें

योनि-सम्बन्धों एवं मादक द्रव्यों के प्रयोग को व्यावहारिक बना दिया। इन कारणों से बौद्ध-संघ भ्रष्टाचार और व्याभिचार के केन्द्र बन गये तथा भिक्षु एवं भिक्षुणियों के जीवन की सरलता और सात्विकता नष्ट हो गयी। यह भ्रष्टाचार बौद्ध धर्म के बौद्धिक, नैतिक एवं आध्यात्मिक पतन का कारण बना। इससे बौद्ध-प्रचारकों का धार्मिक उत्साह नष्ट हो गया, धर्म को योग्य प्रचारक प्राप्त होने समाप्त हो गये, बौद्ध धर्म में जनसाधारण की श्रद्धा नष्ट हो गयी और बौद्ध धर्म का जीवन-स्रोत सूख गया। बौद्ध धर्म का मुख्य आधार उसके नैतिक नियम थे। धर्म के कर्णधारों द्वारा ही उनके नष्ट किये जाने से धर्म का आधार नष्ट हो गया।

2. बौद्धधर्म का विभिन्न सम्प्रदायों में विभाजन—महायान सम्प्रदाय की उत्पत्ति से पहले ही छोटी-छोटी शाखाओं के अतिरिक्त बौद्धधर्म 18 प्रमुख सम्प्रदायों में विभाजित हो चुका था। महायान सम्प्रदाय की उत्पत्ति एक बहुत बड़ा विभाजन था। कालान्तर में वज्रयान सम्प्रदाय की भी उत्पत्ति हुई। किसी भी सम्प्रदाय की एकता का नष्ट हो जाना उसकी दुर्बलता का एक प्रमुख कारण होता है। हीनयान, महायान और वज्रयान सम्प्रदायों के दार्शनिक मतभेद, लक्ष्य के अन्तर और नैतिक जीवन के आदर्शों के विरोध ने बौद्धधर्म के प्रति जनसाधारण के विश्वास को नष्ट कर दिया।

3. संस्कृत भाषा का बौद्ध ग्रन्थों की भाषा बनना—महायान सम्प्रदाय ने संस्कृत को अपने ग्रन्थों की भाषा बनाया। वज्रयान सम्प्रदाय ने उसका अनुकरण किया। संस्कृत भाषा जनसाधारण की भाषा न थी। इस कारण बौद्धधर्म का जनसाधारण से प्रत्यक्ष सम्पर्क नष्ट हो गया।

4. बौद्धिक पतन—बौद्ध-संघों और भिक्षुओं के अनैतिक जीवन ने बौद्धों की बुद्धि का दिवाला निकाल दिया। चन्द्रकीर्ति, शान्तिदेव, दिनांग और धर्मकीर्ति के साथ ही बौद्धधर्म की बौद्धिक कीर्ति नष्ट हो गयी। इन विद्वानों के पश्चात् हमें महान् बौद्ध विद्वानों का अभाव दिखायी देता है। बौद्धिक गिरावट की स्थिति में बौद्धधर्म नवजागृत हिन्दू धर्म का मुकाबला न कर सका और धीरे-धीरे उसका प्रत्येक आधार नष्ट हो गया।

5. ईश्वर में अविश्वास—बौद्धधर्म का ईश्वर में विश्वास न था। बाद के समय में बोधिसत्वों की उत्पत्ति और महायान सम्प्रदाय द्वारा उनको सक्रिय बनाने की चेष्टा तथा निर्वाण की विचारधारा में परिवर्तन भी बौद्धधर्म को हिन्दू देवी-देवताओं और 'ब्रह्म' के विचार की कल्पना के मुकाबले खड़ा न कर सके। जनसाधारण के लिए हिन्दुओं के ऐसे देवी-देवता जो सर्वदा मनुष्य की सहायता के लिए तत्पर थे, अधिक आकर्षक रहे। इस कारण जनसाधारण के व्यावहारिक जीवन में बौद्धधर्म सर्वदा दुर्बल रहा। बाद में हिन्दू धर्म के पुनरुत्थान से उसकी यह दुर्बलता और अधिक स्पष्ट हो गयी।

6. बाद के समय में राजकीय संरक्षण का अभाव—अशोक के उत्तराधिकारियों में से किसी ने भी बौद्धधर्म का समर्थन नहीं किया। शुंग-शासकों के समय से हिन्दू धर्म को राजाश्रय प्राप्त होना आरम्भ हुआ। कनिष्क और बाद में हर्ष ने बौद्धधर्म को संरक्षण अवश्य प्रदान किया परन्तु शक्तिशाली गुप्त-सम्राट और बाद के राजपूत-शासक हिन्दू धर्म के संरक्षक थे। एक लम्बे समय तक शक्ति और शौर्य की परम्परा, जो बौद्धधर्म की अहिंसा की भावना के विरुद्ध थी, भारत में प्रचलित रही जिसके कारण बौद्धधर्म को राजकीय संरक्षण प्राप्त न हो सका।

7. हिन्दू धर्म का पुनरुत्थान और विभिन्न विचारों को आत्मसात करने की उसकी शक्ति—बौद्धधर्म भारत में हिन्दू धर्म को कभी भी पूर्णतया नष्ट नहीं कर सका था। बाद में हिन्दू धर्म का पुनरुस्थान हुआ। शुंग-शासकों के समय से आरम्भ हुई हिन्दू धर्म की प्रगति गुप्त-शासकों के समय में अपनी पराकाष्ठा पर पहुँच गयी। उसके पश्चात् कुमारिल भट्ट और शंकराचार्य जैसे हिन्दू धर्म के विद्वान प्रचारकों ने भी हिन्दू धर्म को शक्तिशाली बनाया। हिन्दू धर्म के इस पुनरुत्थान में उसकी स्वयं की शक्ति और अन्य धार्मिक विचारों को अपने में आतमसात करने की प्रवृत्ति ने पर्याप्त सहयोग दिया। व्यावहारिक जीवन में एक साधारण बौद्ध उपासक पहले भी एक हिन्दू की भाँति था। परन्तु हिन्दू धर्म में हुए अन्य आकर्षक परिवर्तनों ने जनसाधारण को हिन्दू धर्म के और अधिक निकट ला दिया। हिन्दू धर्म ने बौद्धधर्म की कुछेक अच्छी विशेषताओं को भी अपने में सम्मिलित कर लिया। मूर्तियों का निर्माण, पूजा, रथ-यात्राएँ आदि हिन्दू धर्म में सर्वमान्य हो गये। महात्मा बुद्ध को विष्णु के अवतारों में से एक अवतार स्वीकार कर लिया गया तथा हिन्दुओं के ध्यानमग्न शिव और ध्यानमग्न बुद्ध में कोई अन्तर न रह गया। हिन्दू धर्म में इन परिवर्तनों के पश्चात् बौद्धधर्म में कोई आकर्षण नहीं रह गया। पहले से कहीं सरल और अधिक आकर्षक हिन्दू धर्म ने एक बार फिर भारत के प्रमुख धर्म का स्थान प्राप्त कर लिया। मुसलमानी आक्रमणों से पहले हिन्दू धर्म भारत का प्रमुख धर्म बन चुका था।

8. हूणों तथा मुसलमानों का आक्रमण—पुष्यमित्र शुंग पहला भारतीय शासक था जिस पर बौद्धों ने अपने धर्म को नष्ट करने का आरोप लगाया। उसके पश्चात् मिहिरकुल हूण ने, निस्सन्देह, बौद्धधर्म को नष्ट करने का प्रयत्न किया। गुप्त-काल के अन्तिम समय में होने वाले हूणों के आक्रमणों ने भारत के उत्तर-पश्चिम में फैले हुए बौद्ध-विहारों और संघों को नष्ट करके बौद्ध धर्म को भारत और उसकी उत्तर-पश्चिमी सीमा पर दुर्बल बनाया। 11वीं और 12वीं सदी के मुसलमानी आक्रमणों ने इस धर्म को अन्तिम धक्का लगाया। मुसलमानों के आक्रमणों ने भारत में बचे हुए, मुख्यतया बिहार और बंगाल में, धर्म के सम्मानित संघों और विहारों को नष्ट कर दिया। उसी समय में नालन्दा का महान् विश्वविद्यालय नष्ट हो गया। अनेक भिक्षु और भिक्षुणियाँ कत्ल कर

दिये गये और बाकी रह भी गये, वे नेपाल और तिब्बत की ओर भाग गये तथा भारत से बौद्ध धर्म प्राय: लुप्त हो गया।

उपर्युक्त विभिन्न कारणों से बौद्धधर्म अपनी मातृभूमि से विलुप्त हो गया। इन कारणों में बौद्धधर्म की स्वयं की आन्तरिक दुर्बलताएँ और हिन्दू धर्म का पुनरुत्थान प्रमुख थे। विदेशी आक्रमण उसके विनाश का गौण करना था क्योंकि इतिहास इस बात का प्रमाण है कि मुसलमानी आक्रमणों से पहले ही बौद्धधर्म का प्रभाव भारत से लुप्तप्राय था। मि० हण्टर ने लिखा है: "बौद्धधर्म के पतन का मुख्य कारण तलवार द्वारा दमन किया जाना नहीं बल्कि नवीन धार्मिक आन्दोलन थे। उसके पतन का काल हिन्दू धर्म के उत्थान के काल से मिलता है।"[14] मि० नगेन्द्रनाथ घोष ने लिखा है: "उसके पतन का वास्तविक कारण भारत में अपने अस्तित्व के अन्तिम चरण में बौद्ध-संघों में गिरावट और भ्रष्टाचार का आ जाना था यद्यपि यह इस देश पर होने वाले मुसलमानी आक्रमणों के साथ सम्मिलित अवश्य हो गया।"[15]

९. भारत को बौद्धधर्म की देन

बौद्धधर्म के प्रसार ने भारत को गम्भीरता से प्रभावित किया। सभ्यता के क्षेत्र में उसका योगदान महत्वपूर्ण एवं लाभप्रद रहा। परन्तु राजनीतिक दृष्टि से उसका प्रभाव हानिकारक हुआ। उसने भारत को मुख्यतया निम्न प्रकार से प्रभावित किया:

उसने भारत को एक समय में एक सरल, अल्पव्ययी और रुचिकर धर्म प्रदान किया। उसने उस समय भारत के नैतिक जीवन को उन्नतिशील बनाया। उसने जनसाधारण को कर्मकाण्ड, अपव्यय और बलि आदि कुरीतियों से बचाया। इन कारणों ने भारत को एक लोकप्रिय धर्म प्रदान किया।

रथ-यात्राएँ और धार्मिक उत्सवों का आरम्भ, सम्भवतया, सर्वप्रथम बौद्धधर्म में हुआ, जो बाद में भारत में अन्य सभी धर्मों के अविभाज्य अंग बन गये।

बौद्ध-सघों की स्थापना से भारत में संगठित धार्मिक सम्प्रदायों का समय आरम्भ हुआ। यद्यपि भारत में धार्मिक संघों की स्थापना बौद्धधर्म से पहले भी प्राप्त होती है

---

14. "The downfall of Buddhism seems to have largely resulted from new movements of religious thought rather than from any general suppression by the sword. Its extinction is contemporaneous with the rise of Hinduism/ "—W.W. Hunter, *Buddhism in India*.

15. "The real cause lay in the decay and rottenness which overtook the Buddhist Sanghas in the last stage of its existence in India which, however, coincided with the Muslim invasions of this country."—Nagendra Nath Ghosh : *Early History of India*.

परन्तु इनको जो स्वरूप महात्मा बुद्ध ने प्रदान किया वह पहले कभी न था। इससे धर्म-प्रचार में संघों का महत्व स्पष्ट हुआ और अन्य भारतीय धर्मों ने भी इसका अनुकरण किया।

इसने एक अवसर पर भारत को धार्मिक एकता प्रदान करने में सफलता प्राप्त की।

बौद्धधर्म ने समानता और जनतन्त्र की भावना को प्रोत्साहन किया। बौद्धधर्म ने व्यक्ति और व्यक्ति में जाति, रंग, नस्ल आदि के आधार पर अन्तर नहीं किया। इसने स्त्रियों के लिए भी निर्वाण-प्राप्ति का मार्ग प्रदान किया। बौद्ध-संघों की व्यवस्था पूर्णतया जनतन्त्रवादी थी। इन सभी से जाति-भेद के अन्तरों को नष्ट करने, सभी व्यक्तियों को समान मानने और सभी को समान अवसर व अधिकार प्रदान करने के विचारों को समर्थन और शक्ति प्राप्त हुई।

ईश्वर और देवी-देवताओं के प्रति अविश्वास प्रकट करके बुद्ध ने तर्क और व्यक्तिवाद के विचारों को पुष्ट किया, जो एक नवीन बौद्धिक क्रान्ति का प्रतीक थे। हिन्दू धर्म ने जिस कर्मकाण्ड, आस्था और अन्धविश्वास को जन्म दिया था, उन सभी पर बुद्ध ने गम्भीर प्रहार किये। बुद्ध ने तर्क पर बल दिया और इस दृष्टि से व्यक्ति के महत्व को स्पष्ट किया। प्रत्येक व्यक्ति अपने प्रयत्नों से निर्वाण की प्राप्ति कर सकता है, इस विचार से व्यक्ति के गौरव और आत्मविश्वास में वृद्धि हुई है। अब उसका जीवन ईश्वर की इच्छा अथवा पुरोहितों की कृपा पर निर्भर न रह गया। ये सभी विचार क्रान्तिकारी थे जिन्होंने भारतीय धर्मों और भारतीयों के जीवन को स्थायी रूप से प्रभावित किया।

बौद्ध धर्म ने शिक्षा, विद्या और साहित्य-रचना में महत्वपूर्ण सहयोग दिया। बौद्ध-संघ अथवा विहार शिक्षा के भी केन्द्र-स्थल थे। तक्षशिला, नालन्दा, उदन्तपुरी, विक्रमशिला आदि के विश्वविद्यालय प्रसिद्ध शिक्षा-केन्द्र थे जहाँ हजारों की संख्या में विद्यार्थी रहते थे, बड़े-बड़े पुस्तकालय थे और विदेशों के विद्वान भी शिक्षा ग्रहण करने आते थे। डॉ० ए०एस० अल्तेर लिखते हैं: "संगठित सार्वजनिक शिक्षा-संस्थाओं का उत्थान मुख्यतया बौद्ध धर्म के प्रभाव के कारण था।"[16] नागार्जुन, वसुमित्र, दिनांग, धर्मकीर्ति जैसे विद्वानों ने विद्या और ज्ञान की प्रगति में महत्वपूर्ण योगदान दिया। धर्म और दर्शन की दृष्टि से जो प्रगति इन शिक्षा-केन्द्रों और विद्वानों के सहयोग से हुई वह भारतीय सभ्यता का अभिन्न अंग बनकर रह गयी। बौद्धधर्म के कारण बहुत बड़ी मात्रा में साहित्य का निर्माण हुआ। महायान और वज्रयान सम्प्रदायों ने अपने पृथक धार्मिक ग्रन्थों का निर्माण किया जो भारतीय साहित्य में श्रेष्ठ स्थान रखते हैं। ये ग्रन्थ धर्म और दर्शन के ज्ञान की

---

16. "The rise of organized public educational institutions may be justly attributed to the influence of Buddhism."—*Dr. A.S. Altekar.*

दृष्टि से ही लाभदायक नहीं हैं अपितु इनसे तत्कालीन इतिहास को जानने में भी विशेष सहायता मिलती है। पाली और संस्कृत भाषा में लिखे गये ये ग्रन्थ भारतीय साहित्य की अमूल्य निधियाँ हैं। ललित-विस्तार, मिलिन्दपह्न, महावस्तु, मंजुश्रीमूलकल्प, दिव्यावदान, सारिपुत्र-प्रकरण, बुद्धचरित, आदि ग्रन्थ तथा जातक-कथाएँ भारत को बौद्धधर्म की अमूल्य देन हैं। मुसलमानी आक्रमणों ने बौद्ध-साहित्य को बड़ी मात्रा में नष्ट किया परन्तु जो शेष बचा, उसे बहुत मूल्यमान माना जाता है और विश्व की विभिन्न भाषाओं में उसका अनुवाद किया गया है। भारतीय सभ्यता का अन्तर्राष्ट्रीय शिक्षा-केन्द्र भी इस दिशा में महत्वपूर्ण कार्य कर रहा है।

ललित-कलाओं–मुख्यत: स्थापत्य-कला, शिल्प-कला और चित्रकला–के क्षेत्र में बौद्धधर्म ने भारतीय सभ्यता को अनुपम सहयोग प्रदान किया है। सम्राट अशोक ने विभिन्न स्थानों पर अनेक स्तूप और स्तम्भ बनवाये थे। उनमें से कुछ आज भी प्राप्त हैं। अशोक के स्तम्भ वास्तुकला के अद्वितीय नमूने माने गये हैं। उसके पश्चात् भी स्तूपों तथा चैत्यों का निर्माण होता रहा। इसमें साँची, अमरावती और एलौरा के स्तूप तथा चैत्य सर्वश्रेष्ठ हैं। मूर्तिकला की दृष्टि से भारत में श्रेष्ठ मूर्तियों का निर्माण सर्वप्रथम महात्मा बुद्ध की मूर्तियों के निर्माण से हुआ। गान्धार तथा मथुरा की शिल्पकलाओं ने इस दिशा में अद्वितीय कार्य किया। उसके पश्चात् भी विभिन्न स्थानों पर प्राप्त हुई पत्थर, ताँबे और काँसे की बुद्ध की मूर्तियाँ शिल्प-कला में अपना श्रेष्ठ स्थान रखती हैं। पशु-पक्षियों की आकृतियाँ और उनकी मूर्तियाँ भी अनेक स्थानों पर प्राप्त हुई हैं। अशोक के स्तम्भों पर बने हुए सिंह और धर्मचक्र भी अद्वितीय माने गये हैं। चित्रकला की दृष्टि से बौद्ध-ग्रन्थों में अंकित चित्र और अजन्ता के भित्ति-चित्र संसार में ख्याति प्राप्त कर चुके हैं। बुद्ध का व्यक्तित्व, जीवन-गाथा तथा जातक-कथाएँ स्थापत्य, शिल्प तथा चित्रकला की प्रेरणा-शक्ति बनीं।

बौद्धधर्म ने भारत के धार्मिक जीवन को गम्भीरता से प्रभावित किया। हिन्दू धर्म ने अपने में नवीन परिवर्तन किये। सम्भवतया रथ-यात्राएँ, धार्मिक उत्सव आदि हिन्दुओं ने बौद्धधर्म से प्रेरणा प्राप्त करके ही अपने में सम्मिलित किये। हिन्दुओं में अहिंसा का स्वीकार किया जाना और पशु-बलि की प्राय: समाप्ति बौद्धधर्म के (जैन धर्म का भी इसमें सहयोग है) प्रभाव के कारण है। हिन्दुओं ने बौद्धधर्म की कुछेक अच्छी बातों को अपने में ग्रहण कर लिया जो अभी तक उसका अंग हैं। महात्मा बुद्ध को विष्णु के अवतारों में भी स्वीकार किया गया।

बौद्धधर्म के कारण भारत का विदेशों से घनिष्ठ सम्पर्क स्थापित हुआ। ई० पू० तीसरी सदी से भारत से विभिन्न बौद्ध प्रचारक विदेशों में जाने आरम्भ हो गये और उन्होंने बौद्धधर्म को एशिया का प्रमुख धर्म बना दिया। उसके पश्चात् विदेशों से विभिन्न धार्मिक यात्री भारत आने शुरू हुए। हिन्दुओं ने इसका अनुकरण किया और

तीसरी सदी से हिन्दू धर्म-प्रचारक विदेश जाने लगे। इससे भारत का विदेशों से सांस्कृतिक संपर्क स्थापित हुआ और भारत ने विदेशों में अपनी संस्कृति तथा सभ्यता की स्थापना की जिससे वृहत्तर भारत का निर्माण हुआ। चीन, जापान, मंगोलिया, तिब्बत, नेपाल, सिक्किम, भूटान, मध्य-एशिया, अफगानिस्तान आदि सभी देशों में भारतीय सभ्यता का प्रचार हुआ और दक्षिण-पूर्वी एशिया तो एक प्रकार से भारतीय सभ्यता का अभिन्न अंग बन गया। इन सांस्कृतिक सम्बन्धों के कारण भारत में आने वाले अनेक विदेशी व्यक्ति भारतीय संस्कृति में सम्मिलित हुए। भारत में आने वाले विदेशी आक्रमणकारियों में से अनेक ने भारतीय धर्म और सभ्यता को स्वीकार कर लिया। ऐसे अनेक यूनानी तथा शक राजाओं और अन्य व्यक्तियों के नाम प्राप्त हुए हैं जिन्होंने बौद्ध अथवा हिन्दू धर्म को स्वीकार किया था। भारत में विदेशियों को हिन्दू बनाने की क्रिया, सम्भवतया, बौद्धधर्म की सहनशीलता के फलस्वरूप आरम्भ हुई।

इस प्रकार, बौद्धधर्म ने भारत को विभिन्न निधियाँ प्रदान की हैं, परन्तु कुछ अन्य प्रकार से बौद्धधर्म का भारतीय समाज और राजनीति पर कुप्रभाव भी आया अल्पायु में लड़के और लड़कियों को संघ में प्रवेश करने की आज्ञा देने से तत्कालीन युवा पीढ़ी में अकर्मण्यता, आलस्य और उत्तरदायित्वहीनता की भावना जागृत हुई। संसार से विरक्त होकर युवा पीढ़ी एक दृढ़, विकासशील एवं समृद्धिशाली समाज और राष्ट्र का निर्माण नहीं कर सकती। बौद्ध धर्म ने युवा पीढ़ी को सांसारिक प्रगति से उदासीन करके समाज तथा राष्ट्र को अकर्मण्य और असहाय बना दिया। नवयुवक और नवयुवतियों को अल्पायु में संन्यास ग्रहण करने की प्रेरणा देना प्रकृति के नियम के भी विरुद्ध था। इन्होंने मिलकर एक भ्रष्टाचारी और अनुपयोगी समाज अथवा एक ऐस वर्ग का निर्माण करने में सहायता दी जिसका कुप्रभाव भारतीय जन-जीवन पर आया। इसके साथ अहिंसा की भावना के सम्मिलित हो जाने से राष्ट्र की शक्ति दुर्बल हो गयी। उन कुप्रभावों के परिणामस्वरूप देश की भौतिक उन्नति में बाधा पड़ी और सैनिक दृष्टि से भारत दुर्बल हुआ। मौर्य-वंश का पतन और शुंग-वंश की स्थापना इसी दुर्बलता के परिणाम थे। बाद के समय में मुसलमानी आक्रमणों के अवसर पर भी बौद्ध मतावलम्बियों का व्यवहार लज्जापूर्ण था।

10. बौद्धधर्म और जैनधर्म में समानताएँ तथा असमानताएँ

बौद्ध और जैन, दोनों धर्मों ने बहुत कुछ हिन्दू सांख्य-दर्शन से प्राप्त किया। इसके अतिरिक्त दोनों धर्म एक ही समय में उत्पन्न हुए। इस कारण समान स्त्रोत, समान परिस्थितियों और अपने युग की समान विचारधारा ने दोनों धर्मों को इतना अधिक प्रभावित किया कि दोनों में अनेक समानताएँ प्राप्त होती हैं। इन समानताओं को देखकर कुछ विद्वानों ने यह विचार प्रस्तुत किया था कि जैनधर्म, बौद्धधर्म को ही एक शाखा है

अथवा जैन धर्म की उत्पत्ति का आधार बौद्धधर्म है। मि० वेबर ने लिखा है: ''जैन धर्म, बौद्धधर्म की प्राचीनतम शाखा मात्र है।''[17] मि० लासेन ने लिखा है: ''जैनधर्म, बौद्धधर्म से पृथक हुई शाखा है।''[18] मि० बर्थ ने लिखा है: ''जैनधर्म एक ऐसा सम्प्रदाय है जिसका उत्थान बौद्धधर्म के अन्तर्गत हुआ।''[19] परन्तु इन विद्वानों की विचारधारा को आधुनिक विद्वान स्वीकार नहीं करते। बाह्य दृष्टि से दोनों धर्मों में अनेक समानताएँ होते हुए भी दोनों धर्मों के दर्शन और भावना में इतनी अधिक असमानताएँ हैं कि दोनों धर्मों को पृथक धर्म माना जाना ही उपयुक्त समझा गया है। मि० स्मिथ ने लिखा है कि ''दर्शन अथवा धर्म, किसी भी दृष्टि से क्यों न देखा जाय, ये दोनों सम्प्रदाय पूर्णतया एक-दूसरे से पृथक हैं।''[20] आधुनिक समय के सभी विद्वान इन दोनों धर्मों को पृथक धर्म स्वीकार करते हैं।

(अ) **समानताएँ**—बौद्ध और जैनधर्म में निम्नलिखित समानताएँ हैं:

1. दोनों धर्मों ने अपने विचारों को उपनिषदों के सांख्य-दर्शन से प्राप्त किया। ईश्वर में अविश्वास, जीवन दुखमय है, कर्म-सिद्धान्त, जीव के आवागमन का सिद्धान्त, आदि ऐसे विचार हैं जो सांख्य-दर्शन में प्राप्त होते हैं। इस प्रकार, दोनों धर्मों के विचारों का मूल स्रोत समान था यद्यपि दोनों धर्मों ने अपने-अपने ढंग से इन विचारों में परिवर्तन किया।
2. दोनों धर्म अपने युग की विचारधारा से प्रभावित हुए। इस कारण ये दोनों धर्म हिन्दू धर्म के विरोधी आन्दोलनों के रूप में प्रकट हुए।
3. दोनों धर्मों की उत्पत्ति भारत के उत्तर-पूर्वी भाग में हुई तथा आरम्भ में दोनों के प्रचार के स्थान प्राय: समान थे।
4. दोनों धर्मों ने हिन्दू धर्म के कर्मकाण्ड, जाति-भेद, पशु-बलि, ब्राह्मणों की सामाजिक श्रेष्ठता आदि का विरोध किया।
5. दोनों धर्मों के प्रवर्तक क्षत्रिय राजकुमार थे और दोनों ने क्षत्रिय शासकों से संरक्षण प्राप्त किया।
6. दोनों धर्मों ने अहिंसा पर बल दिया।

---

17. "Jains are merely the oldest sects of Buddhism." — *Mr. Weber.*
18. "Jains had branched off from Buddhists." — *Mr. Lassen.*
19. "Jainism is a sect which took rise in Buddhism."—*Mr. Berth.*
20. "The two systems whether regarded as philosophies or religions are essentially different.—*V. Smith.*

7. दोनों धर्मों ने नैतिक आचरण पर बल दिया।
8. आरम्भ में दोनों धर्मों ने संस्कृत भाषा का बहिष्कार किया। दोनों धर्मों के प्रवर्तकों ने अपने उपदेश जनसाधारण की भाषा में दिये तथा बौद्धधर्म के प्रारम्भिक ग्रन्थ पाली भाषा में और जैनधर्म के प्रारम्भिक ग्रन्थ प्राकृत भाषा में लिखे गये।
9. दोनों धर्मों ने वेदों में विश्वास प्रकट नहीं किया।
10. दोनों धर्मों ने कर्म-सिद्धान्त को स्वीकार किया और यह विश्वास प्रकट किया कि मनुष्य को अपने कर्मों के अनुसार फल की प्राप्ति होती है। इसी के सम्बन्धित 'जीव के आवागमन के सिद्धान्त' को भी दोनों धर्मों ने स्वीकार किया कि मनुष्य का जन्म बारम्बार होता है।
11. दोनों धर्मों ने मोक्ष अथवा निर्वाण की प्राप्ति को मनुष्य का परम लक्ष्य स्वीकार किया। दोनों धर्मों ने यह स्वीकार किया कि धर्म-पालन के द्वारा मनुष्य निर्वाण प्राप्त करके बार-बार जन्म लेने के सम्बन्ध से बच सकता है और इस प्रकार सभी दुखों से मुक्ति प्राप्त कर सकता है।
12. दोनों धर्मों ने ईश्वर में अविश्वास प्रकट किया। मि० मोनियर विलियम्स ने लिखा है: ''दोनों सम्प्रदायों के अनुसार कोई सर्वश्रेष्ठ जीव नहीं है, कोई दैवी जीव नहीं है और कोई पृथक अनन्त आत्मा नहीं है।''

(ब) असमानताएँ—उपर्युक्त समानताओं के होते हुए भी बौद्धधर्म और जैनधर्म में निम्नलिखित महत्वपूर्ण असमानताएँ हैं:

1. जैनधर्म बौद्धधर्म की तुलना में अधिक प्राचीन है। महावीर एक प्राचीन धर्म के सुधारक थे, जबकि महात्मा बुद्ध ने एक नवीन धर्म को प्रारम्भ किया था।
2. दोनों धर्मों की आत्मा और विचार में अन्तर है। जैनधर्म वनस्पति, पत्थर और जल में भी आत्मा अथवा जीव का निवास स्वीकार करता है, जबकि बौद्धधर्म इसे स्वीकार नहीं करता।
3. दोनों धर्मों में अहिंसा पर बल दिये जाने में अन्तर है। जैनधर्म में अहिंसा पर अत्यधिक बल दिया गया है, जबकि बौद्ध-मतावलम्बी इसके सम्बन्ध में बहुत उदार रहे और विदेशों में बौद्ध-मतावलम्बी माँस का भी प्रयोग कर रहे हैं।
4. जाति-भेद का विरोध जैन धर्म की तुलना में बौद्ध धर्म ने अधिक किया।
5. जैनधर्म में अहिंसा के नकारात्मक स्वरूप पर अधिक बल दिया गया है अर्थात् हिंसा न किये जाने पर बल है, जबकि बौद्धधर्म में अहिंसा के सकारात्मक

स्वरूप पर अधिक बल दिया गया है अर्थात् जीव मात्र से प्रेम किये जाने पर बल है। इस प्रकार, बौद्धों का अहिंसा का सिद्धान्त जैनियों के अहिंसा के सिद्धान्त से कहीं अधिक श्रेष्ठ है।

6. जैनधर्म में कठोर तप और त्याग पर अधिक बल दिया गया है, जबकि बौद्धधर्म निर्वाण-प्राप्ति के लिए मध्यम मार्ग को स्वीकार करता है।
7. जैनधर्म में गृहस्थ पुरुष और स्त्रियाँ निर्वाण प्राप्त नहीं कर सकतीं, जबकि बौद्धधर्म में यह सम्भव है।
8. जैनधर्म में कर्म को समाप्त करके मृत्यु के पश्चात् ही निर्वाण-प्राप्ति सम्भव है, जबकि बौद्धधर्म में इसी जीवन में सांसारिक आसक्तियों को नष्ट कर देने से निर्वाण-प्राप्ति सम्भव है।
9. जैनधर्म में संघ-व्यवस्था को उतना अधिक बल नहीं दिया गया है जितना कि बौद्धधर्म में।
10. बौद्धधर्म जैनधर्म की तुलना में अधिक परिवर्तनशील सिद्ध हुआ है। इस कारण बौद्धधर्म का प्रचार विदेशों में भी हुआ जहाँ के स्थानीय धार्मिक विचारों से बौद्धधर्म ने सरलता से समझौता कर लिया।
11. जैनधर्म व्यावहारिक दृष्टि से हिन्दू धर्म के अधिक निकट रहा जिसके कारण इन दोनों धर्मों में अधिक विरोध नहीं हुआ, जबकि बौद्धधर्म तथा हिन्दू धर्म में बहुत विरोध हुआ।
12. जैनधर्म भारत से बाहर नहीं फैला तथा भारत में भी उसका बहुत अधिक विस्तार नहीं हुआ, जबकि बौद्धधर्म विदेशों में भी फैला और एक समय में सम्पूर्ण भारत का प्रमुख धर्म बन गया। जैनधर्म भारत में अब भी जीवित है, जबकि बौद्धधर्म भारत से प्रायः लुप्त हो चुका है। आधुनिक समय में बौद्धधर्म के प्रचारार्थ जो प्रयत्न भारत में किये जा रहे हैं वे भी अधिक प्रभावशाली नहीं माने जा सकते।

इस प्रकार जैनधर्म और बौद्धधर्म में बहुत असमानाएँ हैं, जिनके कारण इन दोनों धर्मों का अस्तित्व एक-दूसरे से पूर्णतया पृथक रहा है। मोनियर विलियम्स ने लिखा है: ''बौद्धधर्म और जैनधर्म अभिभावक और बच्चे की भाँति सम्बन्धित न होकर एक ही अभिभावक के बच्चों की भाँति सम्बन्धित रहे और यद्यपि उनका जन्म एक ही युग में

हुआ परन्तु उनके जन्म में समय का अन्तर था तथा यद्यपि उनमें बहुत कुछ समानता है परन्तु उनकी विशेषताएँ स्पष्ट रूप से पृथक हैं।[21]

(ग) हिन्दू धर्म आन्दोलन

यह युग बौद्धधर्म और जैनधर्म जैसे नवीन धार्मिक सम्प्रदायों के निर्माण तक ही सीमित न रहा बल्कि इसने हिन्दू धर्म के उन आन्दोलनों को भी जन्म दिया जिनके कारण वर्तमान हिन्दू धर्म का निर्माण आरम्भ हुआ। वर्तमान हिन्दू धर्म वेदों, अरण्यकों व उपनिषदों आदि में विश्वास करता है तथा अपने सम्पूर्ण दर्शन, आध्यात्मिक विचारधारा और देवी-देवताओं का आदि-स्रोत उन्हीं को मानता है। परन्तु व्यावहारिक जीवन में वर्तमान हिन्दू जिस धर्म का पालन करते हैं, उसके निर्माण की क्रिया इस युग में हुए हिन्दू धर्म आन्दोलनों से प्रारम्भ हुई। वैदिक धर्म, उपनिषदों व अरण्यकों आदि के दर्शन में हिन्दू अब भी आस्था रखते हैं परन्तु वह धर्म तथा ज्ञान बहुत समय पहले ही एक सीमित वर्ग का धर्म तथा ज्ञान बनकर रह गया था। इस युग में प्रारम्भ हुई विचारधाराओं ने न केवल हिन्दू धर्म में महत्वपूर्ण परिवर्तन किये वरन् वे सम्पूर्ण भारत में व्याप्त होकर जनसाधारण के जीवन का अंग बन गयीं। पुराण, रामायण, महाभारत और भगवद्गीता की मान्यता, भक्ति द्वारा ईश्वर अथवा मोक्ष की प्राप्ति, अवतारवाद, मूर्ति और मन्दिरों की स्थापना तथा पूजा आदि जो वर्तमान हिन्दुओं के धर्म और जीवन में सबसे महत्वपूर्ण स्थान रखते हैं तथा जिन्हें साधारण हिन्दू–चाहे वह स्त्री हो या पुरुष, चाहे ब्राह्मण हो अथवा शूद्र–समझता है, इस युग में पनपे हुए धार्मिक विचारों का ही परिणाम है। यह सभी कुछ गुप्त-काल तक हिन्दू धर्म का अंग बन गया यद्यपि विकास और निर्माण की यह क्रिया मध्य-युग तक चली। समय-समय पर विभिन्न हिन्दू विद्वानों जैसे कुमारिल भट्ट और शंकराचार्य ने प्राचीन वेदों और उपनिषदों के ज्ञान के आधार पर इस प्रवाह को मोड़ देने की चेष्टा की परन्तु वे इस प्रवाह को रोक न सके। मध्य-युग में हुए भक्ति-आन्दोलनों ने पुनः इस प्रवाह में महत्वपूर्ण योगदान दिया। इसके परिणामस्वरूप इस समय में पनपी हुई धार्मिक विचारधाराएँ वर्तमान भारत में सर्वाधिक प्रभावपूर्ण हैं, यहाँ तक कि 19वीं सदी में हुए भारतीय पुनरुद्धार आन्दोलन और उसके प्रवर्तक राजा राममोहन राय, स्वामी दयानन्द, स्वामी विवेकानन्द आदि भी वेदों और हिन्दू आध्यात्मवाद की श्रेष्ठता को स्थापित करने में तो सफल हुए परन्तु जनसाधारण द्वारा स्वीकृत हिन्दू धर्म में परिवर्तन लाने में असफल रहे। वर्तमान हिन्दू धर्म बहुत कुछ वही है जिसका

---

21. "Buddhism and Jainism were not related to each other as parent and child but rather as children of common parent, born at different intervals though at about the same period of time and marked by distinct characteristics, though possessing a strong family of resemblances."—*Monier Williams.*

निर्माण इस युग में पनपी हुई विचारधाराओं के फलस्वरूप हुआ। इन विचारधाराओं के निर्माण में प्रमुख भाग हिन्दुओं के भागवत अथवा वैष्णव और शैव सम्प्रदायों ने लिया।

1. भागवत अथवा वैष्णव सम्प्रदाय

बौद्धधर्म एक समय में भारत का सर्वाधिक लोकप्रिय धर्म बनने के पश्चात् भी भारत से नष्ट हो गया तथा जैनधर्म भारत में बहुसंख्यकों को कभी भी प्रभावित न कर सका। भारत का आदिधर्म वैदिक धर्म रहा और विभिन्न परिवर्तनों के बावजूद आधुनिक समय में भी हिन्दू धर्म के नाम से भारत में सर्वाधिक लोकप्रिय धर्म है। उसके स्वरूप को परिवर्तित करने और उसे लोकप्रिय बनाकर पुन: भारत का सर्वश्रेष्ठ धर्म बनाने में सबसे बड़ा योग हिन्दू धर्म के भागवत अथवा वैष्णव सम्प्रदाय ने दिया। निस्सन्देह, शैव सम्प्रदाय ने भी इसमें बहुत बड़ा भाग लिया परन्तु भागवत और शैव सम्प्रदाय परस्पर विरोधी न होकर एक-दूसरे के पूरक थे। हिन्दू धर्म के इन दोनों सम्प्रदायों की उत्पत्ति का काल भी यही था।

भागवत अथवा वैष्णव सम्प्रदाय के अनुसार विष्णु सबसे बड़ा देवता है। वह 'परम ब्रह्म' है और सृष्टि का पालन करने वाला है। वह बैकुण्ठ में शेषनाग की शैया पर शयन करता है, गरुड़ उसका वाहन है और लक्ष्मी उसकी पत्नी है। उसके चार हाथ हैं और उसका वर्ण साँवला है। उसकी नाभि से कमल का फूल उत्पन्न हुआ है जिससे सृष्टि का निर्माण करने वाले ब्रह्मा का जन्म हुआ है। अन्य सभी देवताओं की उत्पत्ति विष्णु से हुई है। इसके कारण विष्णु ही परम ब्रह्म, परमात्मा, नारायण और 'हरि' है। विभिन्न अवसरों पर उसने विभिन्न रूपों में अवतार लिये हैं। उसी विष्णु की भक्ति और पूजा करना सबसे बड़ा धर्म है।

ऋग्वेद में विष्णु को सूर्य-देवता का प्रतीक स्वीकार किया गया था, परन्तु बाद में वेदों में उसके प्रति भक्ति का कोई आभास नहीं मिलता। इसके कारण वैदिक काल में विष्णु-भक्ति प्रचलित न थी। भण्डारकर के अनुसार, उपनिषदों के उपासना के विचार से भक्ति-सिद्धान्त की उत्पत्ति हुई जो वैष्णव सम्प्रदाय में प्रमुख है। डॉ० आर०सी० मजूमदार ने लिखा: ''भागवत धर्म की उत्पत्ति उस विचारधारा से है जो उपनिषदों से प्रारम्भ हुई।''[22] वासुदेव कृष्ण ने इस वैष्णव सम्प्रदाय को लोकप्रिय बनाया। यदु अथवा यादव-वंश की सात्वत शाखा ने वसुदेव के पुत्र वासुदेव कृष्ण की आराधना और भक्ति को मथुरा में आरम्भ किया। ई० पू० दूसरी सदी के वेसनगर स्तम्भ में तत्कालीन ग्रीक राजदूत के वासुदेव का भक्त होने का उल्लेख किया गया है। ग्रीक राजदूत मैगस्थनीज के वर्णन से भी ज्ञात होता है कि ई० पू० चौथी सदी में मथुरा क्षेत्र में वासुदेव की पूजा

---

22. "Bhagvatism owed its origin to the stream of thought which began with the Upanishads."—Dr. R.C. Majumdar : *Ancient India*.

प्रचलित थी। ई० पू० पाँचवीं सदी में पाणिनि की 'अष्टाध्यायी' में वासुदेव की भक्ति का उल्लेख प्राप्त होता है। 'छान्दोग्य-उपनिषद' में देवकी के पुत्र कृष्ण को ऋषि गोर का शिष्य बताया गया है। इस कृष्ण ने ही भागवत धर्म का प्रचार किया। भगवद्गीता में भी कहा गया है कि भागवत धर्म की शिक्षा ईश्वर ने सूर्य को, सूर्य ने मनु को और मनु ने इक्ष्वाकु को प्रदान की। इन सभी उल्लेखों से प्रतीत होता है कि ई० पू० दूसरी सदी में वासुदेव कृष्ण की पूजा होती थी, ई० पू० चौथी सदी तक यह मथुरा और उसके आसपास के क्षेत्रों में लोकप्रिय हो गयी थी और जिस समय भारत के पूर्वी भाग में बौद्ध और जैनधर्म लोकप्रिय हो रहे थे उस समय भारत के पश्चिमी भाग में भागवत धर्म लोकप्रिय था। इन उल्लेखों से यह भी सिद्ध होता है कि यादव-वंश के वासुदेव और देवकी के पुत्र श्रीकृष्ण ने इस धर्म को लोकप्रिय बनाया और वह स्वयं विष्णु के अवतार माने गये तथा कृष्ण-भक्ति हुई इस धर्म का मुख्य अंग बन गयी। इसी श्रीकृष्ण को महाभारत का समकालीन माना गया है जिसने महाभारत के युद्ध के अवसर पर अर्जुन को गीता का उपदेश दिया। धीरे-धीरे यह सम्प्रदाय सम्पूर्ण भारत में ही नहीं अपितु विदेशों में भी लोकप्रिय हुआ।

भागवत् धर्म का श्रेष्ठ धार्मिक ग्रन्थ 'भगवद्गीता' अथवा 'गीता' है, जो वर्तमान समय में हिन्दुओं का सबसे लोकप्रिय ग्रन्थ है। यद्यपि 'गीता' की रचना का समय ठीक प्रकार नहीं बताया जा सकता परन्तु अधिकांशतया इसे ई० पू० पहली अथवा ई० पू० दूसरी सदी का माना जाता है। 'गीता' में ज्ञान, कर्म तथा भक्ति का अद्वितीय मिश्रण है। 'गीता' के अनुसार मनुष्य की मोक्ष-प्राप्ति के तीन मार्ग हैं—ज्ञान, कर्म और भक्ति। ज्ञान का अर्थ है कि मनुष्य को यह समझना चाहिए कि प्रत्येक मनुष्य में आत्मा का निवास है, आत्मा परमात्मा का ही एक अंश है, आत्मा न कभी मरती है और न कभी जन्म लेती है, आत्मा को न कोई छू सकता है न काट सकता है, आत्मा का न कोई शत्रु है और न कोई मित्र अथवा सम्बन्धी और आत्मा न प्रसन्न होती है और न दुःखी। इस तथ्य को समझना ज्ञान है और यही ज्ञान-मार्ग है जिसके द्वारा आत्मा परमात्मा में लीन हो जाती है और मनुष्य मोक्ष को प्राप्त कर लेता है तथा उसकी आत्मा बार-बार जन्म लेने की क्रिया से बच जाती है। 'गीता' के अनुसार, अज्ञान एक बौद्धिक अभाव नहीं है बल्कि एक आध्यात्मिक अन्धापन है जिसे कर्म-योग तथा यौगिक साधनाओं के द्वारा समाप्त किया जा सकता है। परन्तु ज्ञान के आधार पर मोक्ष-प्राप्ति का मार्ग कठिन है। मोक्ष-प्राप्ति का दूसरा मार्ग कर्म-मार्ग है जिस पर 'गीता' अत्यधिक बल देती है। व्यक्ति को कर्मयोगी होना चाहिए अर्थात् प्रत्येक व्यक्ति को अपने धर्म के अनुसार अपने कर्तव्य अथवा धर्म का पालन करना चाहिए। परन्तु साथ ही साथ, व्यक्ति को अपने किसी भी कर्म से किसी फल की आशा नहीं करनी चाहिए। इस प्रकार, कर्म स्वयं एक लक्ष्य है। इसका परिणाम मनुष्य का लक्ष्य नहीं है। कर्म स्वयं कोई बन्धन नहीं है बल्कि

कर्म के फल की आशा करना एक बन्धन है। कर्म के फल में आसक्ति करना सभी बुराईयों की जड़ है। इस कारण गीता किसी भी व्यक्ति को कर्म छोड़कर संन्यासी बनने के लिए नहीं कहती अपितु उसके अनुसार कर्म के फल की आसक्ति को नष्ट कर देना ही सबसे बड़ा संन्यास है। 'गीता' का कर्म-मार्ग एक ऐसा मार्ग है जिसमें व्यक्ति कर्म करता है परन्तु उसे उसके फल से वैराग्य होता है। 'गीता' के अनुसार, मनुष्य स्वयं कर्म करने वाला नहीं है बल्कि वह तो ईश्वर के हाथों में कर्म की पूर्ति का एक साधन मात्र है। इस कारण जब व्यक्ति स्वयं कर्म करने वाला नहीं है तो उसे कर्म के फल में भी आसक्ति नहीं होनी चाहिए। 'गीता' के अनुसार, "स्वयं को कार्य करने वाला समझना और उसके फल की आशा करना ही 'माया' है।" परन्तु कर्म के फल में वैराग्य व्यक्ति को अकर्मण्य बना सकता है। इसी कारण 'गीता' कर्मयोगी के लक्ष्य को भी बताती है। कर्मयोगी का सांसारिक लक्ष्य उस समाज का हित करना है जिसमें वह रहता है और उसका व्यक्तिगत लक्ष्य अपनी आत्मा की शुद्धि है। इसके अतिरिक्त, कर्मयोगी इसलिए कर्म करता है कि वह कर्म के द्वारा ईश्वर की सेवा करता है। इस कारण कर्मयोगी का प्रत्येक कर्म ईश्वर की सेवा बन जाता है। इसी कारण कर्मयोगी कर्म के फल की आशा नहीं करता बल्कि ईश्वर-भक्त होने के कारण वह यह विश्वास करता है कि ईश्वर स्वयं उसके कर्मों का उचित फल देगा। इस प्रकार, फल-प्राप्ति की इच्छा के बिना कर्म करते हुए एक कर्मयोगी ईश्वर के निकट होता जाता है और अन्त में ईश्वर को प्राप्त कर लेता है। 'गीता' ने वेदों की बलि-प्रथा को भी नवीन रूप प्रदान किया। 'गीता' के अनुसार, "इन्द्रिय-सुखों की बलि देना सबसे बड़ी बलि है।" एक कर्मयोगी के लिए इन्द्रिय-सुखों की बलि देना अर्थात् उसमें आसक्ति न होना आवश्यक है। इस कारण भागवत् सम्प्रदाय पशु-बलि में विश्वास नहीं करता। परन्तु 'गीता' के अनुसार, मोक्ष प्राप्त करने का सबसे सरल मार्ग भक्ति-मार्ग है। ईश्वर से प्रेम और उसकी भक्ति, जो सभी कर सकते हैं, व्यक्ति को मोक्ष प्रदान कर सकती है। 'गीता' में भक्ति-मार्ग और कर्म-मार्ग एक-दूसरे से सम्बन्धित हैं। एक व्यक्ति को कर्मयोगी भी होना चाहिए और ईश्वर का भक्त भी। कर्म उसकी आत्मा की उन्नति में सहायक है और भक्ति उसकी आत्मा को मोक्ष प्रदान करती है। 'गीता' में 'जीव' के आवागमन' के सिद्धान्त को स्वीकार किया गया है। ईश्वर व्यक्ति के धर्म के अनुसार उसे नवीन जीवन प्रदान करता है। 'गीता' में ईश्वर के अवतारों का विचार भी प्राप्त होता है। श्रीकृष्ण ने कहा था कि "जब-जब पृथ्वी पर धर्म नष्ट होता है और अधर्म फैलता है तब-तब मैं जन्म लेता हूँ।" गीता का धर्म अत्यधिक धार्मिक सहिष्णुता पर आधारित है। श्रीकृष्ण ने कहा था कि "मोक्ष के सभी मार्ग व्यक्ति को मेरे पास पहुँचाते हैं।" इस प्रकार 'गीता' ज्ञान, कर्म और ईश्वर-प्रेम, तीनों में विश्वास उत्पन्न करती है। तीनों मिलकर व्यक्ति और समाज की सर्वांगिक उन्नति में सहायक हैं और एक व्यक्ति के

इस जीवन को ही नहीं अपितु इसके पश्चात् के जीवन को भी ठीक करने की क्षमता रखते हैं। आदि-आर्यों की भौतिक जीवन को श्रेष्ठतम बनाने की लालसा और उनकी आध्यात्मिक प्रगति की उत्कण्ठा का इतना श्रेष्ठ और सरल समन्वय किसी अन्य धर्म-ग्रन्थ में प्राप्त नहीं होता और सम्भवतया 'गीता' की लोकप्रियता का सबसे बड़ा कारण यही है।

श्रीकृष्ण और 'गीता' के माध्यम से दिये गये उनके विचारों ने भागवत धर्म को लोकप्रिय बनाने में प्रमुख भाग लिया। परन्तु धीरे-धीरे अन्य कुछ मान्यताएँ भी भागवत धर्म में सम्मिलित होती गयीं जिनके फलस्वरूप वह सम्पूर्ण भारत का धर्म बन गया और उसने जनसाधारण में प्रचलित आधुनिक हिन्दू धर्म का निर्माण किया। प्राचीन ब्राह्मण धर्म ने भागवत् सम्प्रदाय को अपनी ही एक शाखा माना और श्रीकृष्ण को वैदिक देवता विष्णु, नारायण अथवा हरि का अवतार मान लिया। विष्णु के दस अवतार स्वीकार कर लिये गये (मत्स्य अथवा मछली के रूप में अवतार, कछुए के रूप में अवतार, वाराह अथवा शूकर अवतार, नरसिंह अवतार, वामन अथवा बौना अवतार, परशुराम अवतार, राम-अवतार, कृष्ण-अवतार, बुद्ध-अवतार और कल्किन अवतार, जो अभी कलियुग में होना है)। इन सभी विभिन्न अवतारों के रूप में विष्णु की पूजा आरम्भ हो गयी। शिव और ब्रह्मा को भी प्रमुख देवताओं में स्थान दिया गया तथा त्रिमूर्ति (एक ही देवता के तीन स्वरूप) के विचार को भी स्वीकार कर लिया गया। सम्भवतया हिन्दुओं में मूर्ति-पूजा (विष्णु-पूजा) सबसे पहले भागवत सम्प्रदाय में आरम्भ हुई। इससे अन्य देवी-देवताओं की मूर्ति-पूजा आरम्भ हुई। वे सभी हिन्दुओं के देवी-देवता माने गये। सूर्य, इन्द्र, वरुण, यम, कुबेर, वायु, स्कन्ध, कार्तिकेय, सुब्रह्मण्य, गणेश, हनुमान, काम (प्रेम का देवता) आदि हिन्दू देवताओं की पूजा आरम्भ हुई। हिन्दू-देवियों में लक्ष्मी (श्री), सरस्वती, सीता, रूक्मिणी, राधा, पार्वती (उमा, काली, भैरवी आदि नामों से भी विख्यात), सीतला, मनसा (सर्पों की देवी) आदि को प्रमुख स्थान दिया गया। इसके अतिरिक्त, विभिन्न नाग (सर्प), यक्ष, गन्धर्व, अप्सराएँ, ऋषि आदि भी उपासनीय बन गये। पीपल, बरगद, अशोक, तुलसी आदि वृक्ष और कुश तथा दर्भ जैसी घास भी पूजनीय बन गये। हिमालय और कैलाश जैसे पर्वत, सालिग्राम पत्थर (शिव का प्रतीक) और गंगा, यमुना, सरस्वती, नर्मदा, गोदावरी, कृष्णा, कावेरी आदि नदियाँ भी पूजनीय हो गयी थी। ये सभी हिन्दू धर्म में पूजा और भक्ति के पात्र हैं। इन सभी को वैष्णव अथवा भागवत सम्प्रदाय के देवी-देवता तो नहीं माना जा सकता परन्तु वैष्णव सम्प्रदाय की भक्ति की भावना ने इन सभी को भक्ति और उपासना के योग्य बना दिया। वर्तमान युग का हिन्दू इन सभी में आस्था रखता है और इन सभी की अथवा इनमें से एक अथवा कुछ की भक्ति और पूजा अवश्य करता है। इस प्रकार, वैष्णव

अथवा भागवत् सम्प्रदाय ने सम्पूर्ण भारत की धार्मिक विचारधारा को प्रभावित किया और सहिष्णुता तथा भक्ति का वातावरण तैयार करके हिन्दू धर्म की एकता को स्थापित करने में सफलता प्राप्त की। हिन्दुओं में अहिंसा का प्रचार भी भागवत सम्प्रदाय के फलस्वरूप हुआ। हिन्दुओं पर वैष्णव सम्प्रदाय का प्रभाव सबसे गम्भीर है।

कुछ लेखकों का यह कथन है कि भागवत सम्प्रदाय पर ईसाई धर्म का प्रभाव आया था। परन्तु इस विचार को स्वीकार नहीं किया जा सकता क्योंकि वैष्णव सम्प्रदाय की उत्पत्ति ईसाई धर्म से पहले हो चुकी थी। जैन और बौद्ध धर्म ने वैष्णव सम्प्रदाय को निश्चय ही कुछ प्रभावित किया, जैसे अहिंसा का विचार और अवतारों की कल्पना, परन्तु वैष्णव सम्प्रदाय ने भी इन दोनों धर्मों को प्रभावित किया, जैसे जैन-मतावलम्बी बलराम (कृष्ण के भाई) और बासुदेव (श्रीकृष्ण) को अपने 63 महान् पुरुषों में स्थान देते हैं और बौद्धों ने बुद्ध के चरणों की पूजा विष्णु के चरणों की पूजा से प्राप्त की।

2. शैव सम्प्रदाय

भागवत अथवा वैष्णव सम्प्रदाय के समान ही लोकप्रिय सम्प्रदाय शैव सम्प्रदाय है। ईसा के समय से लेकर प्रत्येक हिन्दू विष्णु अथवा शिव (महादेव) को प्रमुख देवता मानता आया है। हिन्दू धर्म में जितना महत्व वैष्णव सम्प्रदाय का है उतना ही शैव सम्प्रदाय का है। समय-समय पर वैष्णव और शैव मतावलम्बियों में प्रतिस्पर्धा और वैमनस्य रहा है परन्तु हिन्दुओं की धार्मिक सहिष्णुता की भावना ने विष्णु और शिव, दोनों को ही हिन्दुओं का प्रमुख देवता मानने के लिए बाध्य किया है।

शिव की उत्पत्ति का आधार ऋग्वेद के रुद्र देवता माना गया है। सम्भवतया द्रविड़ों के ''पाशुपति' देवता ने भी इसके स्वरूप को प्रभावित किया। अथर्ववेद में रुद्र को सबसे बड़ा देवता माना गया और 'श्वेताश्वतर' उपनिषद् ने उसे ब्रह्म का स्वरूप प्रदान किया। बाद में इसी देवता को शिव तथा महादेव के नाम से पुकारा गया। शिव ऐसा देवता माना गया है जो सृष्टि को बनाने वाला है और नष्ट करने वाला भी। शिव की पूजा किसी एक विशेष सम्प्रदाय द्वारा नहीं की जाती थी बल्कि सभी आर्य इसे अपना देवता मानते थे। आधुनिक समय में भी प्रायः सभी हिन्दू इसकी पूजा करते हैं। गृहसूत्रों के काल तथा शैव धर्म की प्रायः सभी विशिष्टताएँ मान्यता प्राप्त कर चुकी थीं। लिंग के रूप में शिव की पूजा, शिव की पत्नी तथा पुत्र आदि सभी का उल्लेख गृहसूत्रों में प्राप्त होता है। इस काल तक शिव की पत्नी ने भी एक स्वतन्त्र देवी का स्थान प्राप्त कर लिया था। उस देवी को महाकाली, महायोगिनी, शंखधारिणी, दुर्गा आदि नामों से पुकारा गया। रामायण और महाभारत में शिव और उनकी पत्नी का उल्लेख अनेक स्थलों पर किया गया है। रामायण में उनको महेश्वर, महादेव, शंकर आदि के नाम से पुकारा गया है। रामायण में उनकी पत्नी को उमा अथवा पार्वती के नाम से पुकारा गया

है और उन्हें हिमालय की पुत्री बताया गया है। रामायण में शिव से सम्बन्धित अन्य कथाएँ जैसे गंगावतरण (गंगा का पृथ्वी पर आना और शिव का उन्हें अपनी जटाजूट में बाँधना), समुद्र-मन्थन और उससे निकले हुए विष को शिव द्वारा पीना जिससे उनका कण्ठ नीला हो गया और वे नीलकण्ठ कहलाये, कामदेव-दहन, दक्ष के यज्ञ का नष्ट किया जाना, उनके पुत्र स्कन्ध का जन्म आदि भी प्राप्त होती हैं। महाभारत में शिव का उल्लेख रामायण से भी अधिक है और उसमें शिव-भक्ति पर बल दिया गया है। परन्तु शैव सम्प्रदाय की स्थापना सम्भवतया ई० पू० दूसरी सदी में लकुलिन (लकुलिस) ने की और सम्वत् आरम्भ होने तक शैव धर्म सम्पूर्ण भारत में प्रचलित हो गया और गुप्त-काल तक यह भागवत सम्प्रदाय की भाँति ही हिन्दुओं का सर्वाधिक लोकप्रिय धार्मिक सम्प्रदाय बन गया। बाद में शैव सम्प्रदाय पाशुपति, शैव, कापालिक और कालमुख सम्प्रदायों में विभाजित हो गया। शिव की पूजा मूर्ति के स्थान पर शिवलिंग के रूप में अधिक की जाती है। शैव सम्प्रदाय हिन्दू धर्म का ही एक सम्प्रदाय है, और भारत में शिव की पूजा बहुत अधिक प्रचलित है।